böhlau

Forschungen zum Römischen Recht

Herausgegeben von
Sebastian Lohsse und Ulrich Manthe

64. Abhandlung

Veronika Kleňová

Die Schenkung unter Auflage im römischen Recht

BÖHLAU VERLAG WIEN KÖLN

FWF Der Wissenschaftsfonds.

Veröffentlicht mit der Unterstützung des
Austrian Science Fund (FWF): PUB 971-G

Die Publikation wurde einem anonymen, internationalen Peer-Review-Verfahren unterzogen

https://doi.org/10.7767/9783412527860

Zugl. Habilitation Universität Linz 2021

Bibliografische Information der Deutschen Nationalbibliothek:
Die Deutsche Nationalbibliothek verzeichnet diese Publikation in der Deutschen Nationalbibliografie; detaillierte bibliografische Daten sind im Internet über http://dnb.d-nb.de abrufbar.

Lektorat: Anja Borkam, Jena
Einbandgestaltung: Michael Haderer, Wien
Satz: Michael Rauscher, Wien
Druck und Bindung: Hubert & Co. BuchPartner, Göttingen
Gedruckt auf chlor- und säurefreiem Papier
Printed in the EU

Vandenhoeck & Ruprecht Verlage | www.vandenhoeck-ruprecht-verlage.com

ISBN 978-3-412-52785-3 (Print)
ISBN 978-3-412-52786-0 (OpenAccess)

Inhalt

Dank . . . 11

Abkürzungen . . . 13

Einleitung . . . 16

Erster Teil: Die Schenkung im Römischen Recht

Erstes Kapitel: Die Entwicklung der Schenkung . . . 27
I. Von der *causa donationis* bis zum selbständigen Vertragstyp . . . 27
II. Die Entwicklung der Schenkung unter dem Einfluss der Schenkungsverbote . . . 28

Zweites Kapitel: Die Schenkungsmerkmale . . . 32
I. *Dat ea mente, ut statim velit accipientis fieri nec ullo casu ad se reverti* 33
II. *Propter nullam aliam causam facit, quam ut liberalitatem et munificentiam exerceat* . . . 37
1. Die klassische *datio ob causam* als remuneratorische Leistung . . 42
2. *Spe datio* . . . 52
III. Ergebnisse und Ausblick . . . 56

Zweiter Teil: Das klassische Juristenrecht

Erstes Kapitel: Schenkung oder *condictio ob rem* . . . 61
I. Die Zweckbestimmung zugunsten des Beschenkten . . . 61
1. *Quis acceperit, ut in suo aedificet* (D. 24,1,13,2) . . . 62
2. *Titio decem donavi ea condicione, ut inde Stichum sibi emeret* (D. 39,5,2,7) . . . 65
3. Resümee . . . 70
II. Die Reduktion der *donatio, ut aliquid facias* auf eine „einzweckige" *datio ob rem* und ihre Konsequenzen für die Erfüllung der Zweckbestimmung . . . 70

1. Die fehlende *causa retinendi* bei der Rückübereignung an den Schenker 72
a. *Dono tibi pecuniam, ut tu mihi eandem crederes* (D. 12,1,20) . 73
b. *Heres pecuniam donasset statulibero, ut sibi eam daret et liber esset* (D. 40,7,11) 82
c. *Ita accepit, ut ei a quo accepit retro reddat* (D. 46,3,67) 84
d. Resümee 88
2. Die fehlende *causa retinendi* bei Übereignung an einen Dritten . 91
a. *Donatio, ut creditori solvat* (D. 14,6,9,1) 91
b. Die Schenkung zum Zweck der *dos*-Bestellung 95
aa. Die erste Fallgruppe: *Datio, ut in dotem daret* 95
bb. Die zweite Fallgruppe: *Donatio pura* und *dos*-Bestellung . 98
cc. *Seiae res dedero, ut ipsa in dotem det* als Muster der *datio, ut in dotem daret* 100
dd. *Si quis uxori ea condicione donavit, ut quod donavit in dotem accipiat* 103
c. Resümee 112

Zweites Kapitel: *Negotium mixtum cum donatione* 114
I. *Servum tibi mancipavero ad hoc, ut eum post quinquennium manumittas* (D. 39,5,18pr.–2) 114
1. Das Objekt der *aliqua donatio* 116
a. Die Zwischenvorteile 116
b. Die aus der Position des Manumissors erworbenen Vermögensvorteile? 117
2. *Quid acti sit, inspiciendum est* 121
3. Die *aliqua donatio* war keine *donatio* im eigentlichen Sinn . . . 121
II. *Fundum patri mancipio dedit, uti post mortem patris restituatur filio* (D. 24,1,49) 124
III. *Donatio, ut post tempus id quod donatum est alii restituatur* (C. 8,54(55)3pr.) 127
IV. Fälle, in denen kein *negotium mixtum cum donatione* angenommen wurde 131
V. Zwischenergebnis 135
1. *Negotium mixtum cum donatione* bei einer *datio ob rem*? 135
a. Der jederzeitige Widerruf *ex paenitentia* 136
b. Das Recht des Empfängers, die Zwischenvorteile zu behalten 140
c. Die Ersitzung der übergebenen Sache vor der Zweckerfüllung 141

2. Die unterschiedlichen Auswirkungen der „materiellen Zugehörigkeit zum Vermögen" des Gebers 141
3. Das *negotium mixtum cum donatione* und die moderne gemischte Schenkung 143

Drittes Kapitel: *Donatio ea lege, ut manumittas* 146
I. Die umstrittene Widerruflichkeit der *lex ut manumittatur* 148
II. Kein Rückforderungsrecht des Schenkers 156
III. Ergebnisse 159
1. Die Verdinglichung der *lex ut manumittatur* 159
2. Die Abgrenzung vom *negotium mixtum cum donatione* 162

Viertes Kapitel: Die Schenkung unter Ehegatten mit einer Zweckbestimmung 165
I. *Donatio manumissionis causa* 165
1. Die Notwendigkeit der sabinischen Konstruktion als Folge der Übergabe ohne Rückforderungsvorbehalt 167
2. Schenkungsobjekt: Das Recht auf Vorteile aus der Freilassung . 173
II. *Donatio sepulturae causa* 176
III. *Donatio honoris causa* 180
IV. Die Schenkung zur Deckung der notwendigen Aufwendungen der Ehefrau 184
V. Zwischenergebnis 189

Fünftes Kapitel: Keine auflösend bedingte Schenkung im klassischen Recht 191
I. *Die donatio mortis causa* 191
1. Die *donatio mortis causa* als ein gemischtes Geschäft 193
2. Die Ersitzung der *mortis causa* geschenkten Sache vor dem Tod des Schenkers 199
a. *Donatio mortis causa* in der Gestalt einer *datio ob rem* 199
b. *Donatio mortis causa* in der Gestalt einer *fiducia cum amico* . 203
aa. Die gemeinsame Grundlage der *pro-suo*-Ersitzung bei der *donatio mortis causa* und dem *negotium mixtum cum donatione* in den Fiduziafällen 205
c. Die *usucapio pro suo* bei allen *dationes ob rem*? 208
II. Die *donatio inter sponsum et sponsam* 210
III. Ergebnis 219

Sechstes Kapitel: Klage auf Erfüllung der Auflage? 221
I. Keine *donatio* in Pomp. D. 19,5,16pr. 222
II. *Donatio hereditatis* in Pap. D. 39,5,28 225
III. Die *permutatio* in Ulp. D. 10,2,20,3 228
IV. Zwischenergebnis 231

Siebtes Kapitel: *Donatio rei* und stipulierte Auflage 232
I. Scaev. D. 32,37,3 232
1. Keine widerrufliche *donatio inter vivos* 234
2. Kein der *donatio mortis causa* vergleichbarer Fall 235
II. Die Kombination von *lex dicta* und Stipulation in Scaev. D. 45,1,135,3 238
III. Der Vorläufer der späteren *donatio ea lege, ut manumittas* mit dinglich eintretender Freiheit in Scaev. D. 45,1,122,2 242
IV. Zwischenergebnis 247

Dritter Teil: Die Konstitutionen des 3. Jahrhunderts

Erstes Kapitel: Alexander Severus 251
I. *Si ea lege sorori donavit, ut creditoribus ipsa satisfaceret* (C. 4,6,2) . 251
1. Die Gewährung einer Rückforderungsklage bei gleichzeitiger Bejahung der Schenkung 252
2. Eine analoge Grundlage der Kondiktion bei der *datio dotis causa* (C. 2,3,10 = C. 5,14,1)? 255
3. Die Grundlage der Kondiktion in Imp. Alex. Severus C. 4,6,2 . . 260

Zweites Kapitel: Valerian und Gallienus 263
I. *Ea lege a te esse donatum, ut certa tibi alimenta praeberet* (C. 8,54(55),1) 263
II. *Ea lege in vos collata donatio, ut neutri alienandae suae portionis facultas ulla competeret* (C. 4,6,3) 266
1. Dingliche Wirkung des Veräußerungsverbots? 267
III. Zwischenergebnis zu Alexander Severus, Valerian und Gallienus . 270

Drittes Kapitel: Diokletian 272
I. Die Unwiderruflichkeit der Schenkung und die Fortsetzung des klassischen Musters „entweder eine Schenkung oder eine *condictio ob rem*“ 272

1. *Interest multum, utrumne donandi animo dedit, an ob manumittendam filiam* (C. 4,6,6) 272
2. *Si in possessionem rei causa donationis, ut te aleret, induxisti* (C. 4,38,3) 273
II. Die *actio praescriptis verbis* des Schenkers 276
1. *Ea lege rebus donatis Candido, ut quod placuerat menstruum seu annuum tibi praestaret* (C. 4,64,8) 276
2. Die Konkurrenz der Stipulationsklage und der *actio praescriptis verbis* 277
a. Die Verwandtschaft mit der *permutatio* 278
b. *Donatio ea condicione, ut creditoribus donatoris solveret* (C. 8,53(54),22) 280
III. Die Unmöglichkeit der Erfüllung der *lex dicta* 283
IV. Die *donatio temporalis* 289
1. Die auferlegte Restitution des Geschenks an einen Dritten (Fr. Vat. 286) 289
2. *Dono dedisti ita, ut post mortem eius qui accepit ad te rediret* (Fr. Vat. 283) 294
V. *Ea lege donationis causa pecunia Titio numerata, ut statim donatori mutuo detur* (Herm. D. 39,5,33,1) 296
VI. Zwischenergebnis 299

Vierter Teil: Das justinianische Recht

Erstes Kapitel: *Donatio quae sub modo conficitur* – Begriffsbedeutung . . . 307
I. *Modus* im Bereich des Erbrechts 308
II. Begriffliche Abgrenzung der *donatio sub modo* von den sonstigen Schenkungen unter Auflage 312

Zweites Kapitel: Die Klagen des Schenkers bei Nichterfüllung der Auflage 316
I. Der Schenkungswiderruf wegen Undanks 316
II. Das Verhältnis der Undanksregelung zu den Auflagen, die die Rechtsgestalt einer *lex dicta* oder einer Stipulation hatten 319
III. Die Klagen des Schenkers bei Nichterfüllung des *modus* 322

Drittes Kapitel: Die Differenzierung zwischen einer *datio ob rem* und einer Schenkung unter Auflage 330
I. Die Zweckbestimmung zugunsten des Beschenkten 330

II. Die anfängliche Unmöglichkeit der Auflagenerfüllung 332
III. Zwischenergebnis zu Justinian 333
1. Die Auflagen in der Rechtsgestalt der *lex dicta* 333
2. Die nichtklagbaren Nebenabreden 334
3. Die *donatio sub modo* 334

Zusammenfassung der Ergebnisse 336

Literaturverzeichnis 344
Quelleneditionen und Übersetzungen 344
Sekundärliteratur 345

Sachregister 366

Quellenregister 371

Dank

Als sich mir im Januar 2015 die Gelegenheit einer Assistentenstelle in Linz bot, war ich von der römischen, insbesondere Julians Bedingungslehre fasziniert. Aus den fruchtbaren Fachgesprächen, die meine Arbeit in Linz von Anfang an bereicherten, ergab sich aber bald, dass nicht die Bedingung, sondern die Schenkungsauflage einer neuen Untersuchung wert wäre. Für diese Anregung wie auch für den großzügigen wissenschaftlichen Freiraum danke ich herzlich dem damaligen Kreis der Linzer Professoren, Peter Apathy, Georg Klingenberg und Markus Wimmer, und ebenso der Johannes Kepler Universität Linz, die mir 2021 die Lehrbefugnis für das Fach verliehen hat. Dass eine Drucklegung der Schrift auch im deutschen Sprachraum möglich war, verdanke ich vor allem den Gutachtern im Habilitationsverfahren, den Professoren Ulrich Manthe, Dietmar Schanbacher und Tiziana Chiusi. Meinem Förderer in der tschechisch-slowakischen Forschungsgemeinschaft unseres Faches, Professor Michal Skřejpek, und der Universität Trnava, an der ich mich kurz davor habilitieren konnte, bin ich in steter Dankbarkeit verpflichtet.

Besonderer Dank gebührt den Herausgebern der Reihe, Professor Ulrich Manthe und Professor Sebastian Lohsse, die, obwohl das Deutsche nicht meine Muttersprache ist, nicht zögerten, die Untersuchung in die *Forschungen zum Römischen Recht* aufzunehmen. Ihre Hinweise, Verbesserungen und kritischen Nachfragen haben mich viel gelehrt. Professor Markus Wimmer, der mir vermittelt hat, niemals das Bemühen aufzugeben, einen Gedanken noch präziser auszudrücken, verdanke ich auch die umsichtige sprachliche und stilistische Korrektur des Manuskripts. Für sein anhaltendes Interesse über die Jahre hinweg sowie für viele wertvolle Anmerkungen und Denkanstöße schulde ich Professor Andreas Wacke tiefe Dankbarkeit. Dem österreichischen Fond zur Förderung der wissenschaftlichen Forschung danke ich für die großzügige Förderung und Übernahme der Kosten der Drucklegung.

Dem Andenken meines akademischen Lehrers, Professor Peter Blaho, der mich zum Römischen Recht geführt und meine Arbeit in den Anfängen mit viel

Zuneigung und Freude gefördert hat, widme ich dieses Buch, dessen Entstehen er nicht mehr erleben konnte.

Trnava, zu Silvester 2022 Veronika Kleňová

Abkürzungen

a.	*anno*
AcP	Archiv für die civilistische Praxis (Zeitschrift)
ad h. l.	ad hunc locum
APal.	Annali del Seminario giuridico dell' Università di Palermo (Zeitschrift)
apv	*actio praescriptis verbis*
Bas.	Basilicorum libri LX ed. HEIMBACH ua., Tom. IV, Lipsia, 1846, Nachdruck, Frankfurt am Main, 2014; ed. SCHELTEMA ua., Series B, Vol. VII, Groningen, 1965; Series A, Vol. VI, Groningen, 1969
BIDR	Bullettino dell'istituto di diritto romano „Vittorio Scialoja" (Zeitschrift)
Bd.	Band
C.	Codex Iustinianus (Corpus iuris civilis, Vol. II, ed. P. KRÜGER, 15. ed. Dublin/Zürich, 1970)
Cons.	Consultatio veteris cuiusdam iurisconsulti (FIRA II, S. 591ff.)
C. Th.	Codex Theodosianus (ed. Th. MOMMSEN, 4. ed., Dublin/Zürich, 1971)
D.	Digesta Iustiniani (Corpus iuris civilis, Vol. I, ed. Th. MOMMSEN/P. KRÜGER, 22. ed. Dublin/Zürich, 1973)
ders.	derselbe
dies.	dieselbe(n)
Dg.	Dankesgabe
FIRA II.–III.	Fontes iuris romani antejustiniani. II (Auctores, ed. J. BAVIERA, Florentia, 1968), III (Negotia, ed. V. ARANGO-RUIZ, Florentia, 1968)
Fr. Vat.	Fragmenta Vaticana (FIRA II, S. 461ff.; Collectio librorum iuris anteiustiniani, Tom. 3, ed. Th. MOMMSEN, Berlin, 1890, S. 1ff.)
Fg.	Festgabe
FHI	Forum historiae iuris (Zeitschrift)

Fs.	Festschrift
Fn.	Fußnote
Gai. Inst.	Gai Institutiones (ed. M. DAVID, ed. minor, Leiden, 1964)
Heimb.	s. Bas. (ed. HEIMBACH)
Hg./hg.	Herausgeber/herausgegeben von
HKK	Historisch-kritischer Kommentar zum BGB. Bd. III. Schuldrecht: Besonderer Teil. §§ 433–853. Tübingen: Mohr Siebeck, 2013
ibid.	ibidem
Itp.	Interpolation
Jahrb.	Jahrbücher für die Dogmatik des heutigen römischen und deutschen Privatrechts (Zeitschrift)
Jher. Jahrb.	Jherings Jahrbücher (Zeitschrift)
Just. Inst.	Institutiones (Corpus iuris civilis, Vol. I, ed. P. KRÜGER, 22. ed. Dublin/Zürich, 1973)
JZ	Juristenzeitung (Zeitschrift)
Krit. Vjschr.	Kritische Vierteljahresschrift für Gesetzgebung und Rechtswissenschaft (Zeitschrift)
MfRG	Magazin für Rechtswissenschaft und Gesetzgebung (Zeitschrift)
mwN.	mit weiteren Nachweisen
N.	Note
Nov. Theod.	Novellae Theodosiani (ed. P. M. MEYER, 4. ed. Dublin/Zürich, 1971)
nmcd	*negotium mixtum cum donatione*
OIR	Orbis iuris romani (Zeitschrift)
ÖJZ	Österreichische Juristenzeitung (Zeitschrift)
ÖNZ	Österreichische Notariatszeitung (Zeitschrift)
Pauli Sent.	Sententiarum receptarum libri V (FIRA II, S. 317ff.)
rell.	*reliqua* („das Übrige“)
RIDA	Revue internationale des droits de l'antiquité (Zeitschrift)
Sc.	*senatusconsultum*
Schelt.	s. Bas. (ed. SCHELTEMA)
Schol.	Scholion zu Bas.
SCom.	Seminarios complutenses de derecho romano (Zeitschrift)
SDHI	Studia et documenta historiae et iuris (Zeitschrift)
SZ	Zeitschrift der Savigny-Stiftung für Rechtsgeschichte, Romanistische Abteilung (Zeitschrift)
Tom.	Tomus
TR	Tijdschrift voor Rechtsgeschiedenis (Zeitschrift)
ua.	und andere

usw.	und so weiter
WdB	Wegfall der Bereicherung
ZCP	Zeitschrift für Civilrecht und Prozeß (Zeitschrift)

Einleitung

Die Schenkung[1] stellt den Inbegriff eines lukrativen zweiseitigen Rechtsgeschäfts dar; sie besteht in einer Leistung oder dem Versprechen einer Leistung, die nach dem Parteiwillen ohne Gegenleistung erfolgt. Der Schenker wendet freigebig zu, er opfert einen Teil seines Vermögens, und da er dafür im Gegenzug keinen wirtschaftlichen Vorteil erhält, hat Jhering[2] in der Schenkung einen Akt „der vermögensrechtlichen Selbstverleugnung" gesehen. In den modernen Zivilgesetzbüchern steht die Unentgeltlichkeit als das die Schenkung bestimmende Merkmal im Vordergrund[3]. Wird der Zuwendung eine Nebenabrede beigefügt, die den Beschenkten zu einem Tun oder einem Unterlassen verpflichtet (Auflage), so kann der Charakter des Rechtsgeschäfts als Schenkung fraglich sein; dies besonders bei Auflagen wie etwa, der Beschenkte solle dem Schenker einen monatlichen Lebensunterhalt leisten, der Beschenkte solle die Gläubiger des Schenkers befriedigen, oder der Beschenkte habe an seine Schwester eine bestimmte Summe als Gleichstellungsgeld zu zahlen. Weniger fraglich ist der Schenkungscharakter dagegen dann, wenn der Schenker eine Verwendung des Geschenks im Interesse des Beschenkten auferlegt, etwa dass der Beschenkte das geschenkte Geld zum Hausbau verwenden solle, oder vielleicht auch dann, wenn der Beschenkte die geschenkte Sache nach einer bestimmten Zeit an einen Dritten restituieren solle, sodass er die Nutzungen der Zwischenzeit behalten darf.

Zieht man die Fülle der möglichen Auflageninhalte in Betracht, so überrascht es nicht, dass die heutige Zivilistik mehrere Rechtsfiguren unterscheidet: die Zweck-

1 Zum Begriff der „Schenkung" PFEIFER in HKK, Bd. III, S. 443ff.; HAFERKAMP, Fs. Meincke 2015, S. 129–141.

2 JHERING, Der Zweck im Recht, I. Bd.³, S. 55f.

3 § 938 ABGB: Ein Vertrag, wodurch eine Sache jemandem unentgeltlich überlassen wird, heißt eine Schenkung. § 516 Abs. 1 BGB: Eine Zuwendung, durch die jemand aus seinem Vermögen einen anderen bereichert, ist Schenkung, wenn beide Teile darüber einig sind, dass die Zuwendung unentgeltlich erfolgt. Art. 239 Abs. 1 OR (ZGB): Als Schenkung gilt jede Zuwendung unter Lebenden, womit jemand aus seinem Vermögen einen andern ohne entsprechende Gegenleistung bereichert.

schenkung, die Schenkung mit einer unerheblichen Zweckangabe (Wunschschenkung), die auflösend bedingte Schenkung[4], Schenkung unter Auflage, gemischte Schenkung (*negotium mixtum cum donatione*[5]) und schließlich die kausale Verknüpfung von Leistung und Gegenleistung[6]. Die Grenze zwischen diesen Rechtsfiguren ist häufig so verschwommen, dass eine Schenkung mit einem Nebenzweck im jeweils vorliegenden Fall mehreren von ihnen entspricht[7]. Die Literatur bietet verschiedene Abgrenzungskriterien[8]: das Wertverhältnis zwischen dem Geschenk und der Auflage[9] oder ob die Auflagenerfüllung im Interesse des Beschenkten, des Schenkers oder eines Dritten liegt. Weiterhin soll sich die Auflage dadurch auszeichnen, dass ihre Erfüllung auf Grundlage und aus dem Wert der Zuwendung zu leisten ist[10], oder noch stärker einschränkend, dass eine Schenkungsauflage nur in einem Handeln oder Unterlassen mit dem Schenkungsobjekt selbst beziehungsweise seinen Früchten bestehen kann[11]. Schließlich könnte die Schenkung unter Auflage insbesondere von der Zweckschenkung danach abgegrenzt werden, ob sich der Schenker die Klage auf Auflagenerfüllung oder auf Rückgabe des ganzen Geschenks vorbehalten hat[12].

---

4 Vgl. den auf die Schenkung unter Auflage analog anzuwendenden § 710 ABGB. Nach dieser Bestimmung ist die Auflage im Fall ihrer verschuldeten Nichterfüllung „im Zweifel als auflösende Bedingung zu behandeln". Da die Erfüllung einer Resolutivbedingung *ipso iure* wirkt, soll die Schenkung bei Nichterfüllung der Auflage aufgelöst werden, ohne dass dies eines Widerrufs des Schenkers bedarf. Die Von-selbst-Auflösung der Schenkung zieht aber die unerwünschte Konsequenz nach sich, dass der Schenker nicht auf Auflagenerfüllung klagen kann. Vgl. die verschiedenen Meinungen dazu: Obermayr, ÖNZ 12 (1969), S. 178–181; Rabl, ÖNZ 3 (1998), S. 97–107.

5 Die Tendenz, die Auflage als Entgelt und die Schenkung unter Auflage somit als „Unterart der gemischten Schenkung" zu betrachten, ist deutlich bei Sokolowski, Ausgewählte Probleme der Auflagenschenkung, S. 193–222; Sokolowski, Die modale Schenkung, S. 162–170.

6 Hierzu auch unten Fn. 190. Zu den einzelnen Rechtsfiguren: Medicus, Bürgerliches Recht[18], S. 261ff.; Hoppenz in BGB Kommentar[9], S. 963; Elischer, Darování a jeho podoby, S. 37; 88ff. und Koch in Münchener Kommentar, Bd. 4[8], S. 1216f.; 1279.

7 Vgl. die Ausführungen von Kieffer, Schenkung unter Auflage nach B. G. B., S. 20ff.

8 Zu den Abgrenzungskriterien zwischen Schenkung unter Auflage und gemischter Schenkung weiterführend Sokolowski, Ausgewählte Probleme der Auflagenschenkung, S. 203ff.

9 Siehe unten Fn. 18 und 23.

10 Hoppenz in BGB Kommentar[9], S. 968; Koch in Münchener Kommentar, Bd. 4[8], S. 1277.

11 Kieffer, Schenkung unter Auflage nach B. G. B., S. 21f.

12 Dies wäre im Rahmen des BGB denkbar: Bei der Zweckschenkung kann der Schenker die erwartete Leistung nicht verlangen, ihm steht nur die *condictio ob rem* (§ 812 Abs. 1 S. 2 Alt. 2 BGB) zu. Demgegenüber hat er bei der Schenkung unter Auflage den Anspruch auf Vollziehung der Auflage (§ 525 Abs. 1 BGB); bei Nichterfüllung der Auflage kann der Schenker die Rückgabe des Geschenks nur insoweit fordern, als das Geschenk zur Vollziehung der Auflage hätte verwendet werden müssen (§ 527 Abs. 1 BGB). Hierzu Medicus, Bürgerliches Recht[18], S. 263. In Bezug auf das österreichische Recht: Binder in Schwimann ABGB Praxiskommentar, Bd. 4[3], S. 696: Bei der Zweckschenkung

Sucht man in der Literatur zum Römischen Recht, welche Kriterien eine Schenkung unter Auflage bestimmen, so findet man eine ebenso gespaltene Meinungslage. Diese betrifft nicht nur die Frage, wo die Römer eine Schenkung unter Auflage und wo dagegen ein entgeltliches Geschäft sahen, sondern weist auch andere offene Probleme auf, die sogleich kurz anzuführen sind. Die bisherigen Untersuchungen der Schenkung unter Auflage nach Römischem Recht waren zunächst von der Pandektistik[13], später von der Interpolationenforschung geprägt. In der Zeit der Interpolationenkritik, doch nicht ohne nachwirkenden Einfluss der Pandektenwissenschaft, entstanden auch die letzten zwei monografischen Bearbeitungen von Haymann (1905)[14] und Lehfeldt (1911)[15]. Für die spätere Forschung war insbesondere die Arbeit von Haymann prägend. Doch zeigen die zahlreichen (und nicht immer überzeugenden) Interpolationsannahmen Haymanns[16], dass man – statt nach einer einheitlichen römischen Auflagenlehre zu suchen – vielmehr den einzelnen Entwicklungsphasen Beachtung schenken muss. Es ist das Ziel der vorliegenden Arbeit, mittels einer historisch orientierten Untersuchung näher an die römischen Quellen heranzukommen und die Schenkung unter Auflage in ihrer Entwicklung darzustellen.

Das Interesse der Romanistik galt bisher hauptsächlich zwei immer noch offenen Problemkreisen: 1) der bereits angedeuteten Abgrenzung der Schenkung unter Auflage von einem entgeltlichen Geschäft und 2) der Klage des Schenkers bei Nichterfüllung der Auflage[17].

1. Die Pandektistik beschränkte die Schenkung lediglich auf den Teil, in dem die Zuwendung den Wert der Auflage überschritt. So meinte etwa Brinz: Die Schenkung unter Auflage sei zwar keine unentgeltliche Gabe mehr, „allein immer noch Schenkung, insofern immer noch ein Überschuß der Gabe über die Gegenleistung vorliegt“[18]. Savigny[19] betrachtete die römische *donatio sub modo* als ein

---

sei „der Endzweck der Zuwendung ausdrücklich zur Bedingung erhoben“, die Nichterfüllung führe somit zur Aufhebung der Schenkung. Ferner ERTL in Klang Kommentar, §§ 938 bis 1001³, S. 61.

13 SCHEURL, Zur Lehre von den Nebenbestimmungen, S. 245ff.; BENNER, Über die donatio sub modo, S. 1ff.

14 HAYMANN, Die Schenkung unter einer Auflage, S. 1ff. Dazu JACOB, Franz Haymann und die Schenkung unter Auflage, S. 1ff.

15 LEHFELDT, Die Schenkung unter einer Auflage, S. 1ff.

16 So wie auch jene von SCHULZ, Fs. Zitelmann 1913, S. 3ff.

17 Siehe den Überblick bei BIONDI, Successione testamentaria e donazioni², S. 714ff.

18 BRINZ, Lehrbuch der Pandekten. 4. Bd.², S. 249. PUCHTA, Pandekten¹², S. 110: Durch die Verpflichtung werde die Schenkung „modificirt, insofern nur das, was nach der Erfüllung als Bereicherung übrig bleibt, als Betrag der Schenkung betrachtet werden kann“. Siehe ferner zum Merkmal der Unentgeltlichkeit den Meinungsüberblick bei LEHFELDT, Die Schenkung unter einer Auflage, S. 48ff.

19 SAVIGNY, System, 4. Bd., S. 280ff.

gemischtes Rechtsgeschäft, das aus zwei „Hälften" bestand: einer Schenkung und einem Kontrakt „nach der Form *do ut des* oder *do ut facias*". Doch lässt sich mit dieser Auffassung schwer die Tatsache vereinbaren, dass der Schenker bei Nichterfüllung der Auflage die ganze Zuwendung zurückfordern konnte und nicht nur den Wert der Auflage. Wenn das ganze Geschenk kondiziert werden konnte, worin bestand dann der Unterschied oder die Grenze zwischen einer *donatio sub modo* und einer „einzweckigen" Leistung, die nur um eines künftigen Erfolgs willen geschah (*datio ob rem*)[20]?

Haymann[21] vermutete die Grenze zwischen der Schenkung unter Auflage und einem entgeltlichen Geschäft im Inhalt der Auflage: Ein *modus simplex*, der auf den eigenen Vorteil des Empfängers abziele, enthalte keine Gegenleistung und lasse daher den Schenkungscharakter unberührt. Ein *modus qualificatus*, der dem Empfänger eine Leistung an den Geber oder einen Dritten auferlege, stelle dann keine Gegenleistung dar (und sei daher eine *Schenkungs*auflage), wenn die auferlegte Leistung ihre Bedeutung für die Interessen des Schenkers erst durch die Zuwendung empfangen habe. Wenn dagegen die auferlegte Leistung der Zuwendung „selbständig, koordiniert" gegenüberstehe, liege ein synallagmatischer Vertrag vor, weil die Auflage für den Schenker „von selbständiger Bedeutung" sei. Als „nicht römisch" lehnte die Unterscheidung Haymanns bereits Lehfeldt[22] ab, der wiederum an die Werttheorie anknüpfte und meinte, um eine Schenkung könne es nur dann gehen, wenn die Auflage nach der Vorstellung der Parteien den Wert des Geschenks nicht übersteige[23]. Diese Meinungsverschiedenheiten rechtfertigen einen erneuten Versuch, nicht nur die Grenze zwischen Schenkung unter Auflage und entgeltlichem Geschäft zu ziehen, sondern die Schenkung unter Auflage auch von den verwandten Rechtsfiguren einer *datio ob rem* und einer *datio ob causam* abzugrenzen.

2. Das nächste Hauptproblem betrifft die Klage des Schenkers bei Nichterfüllung der Auflage. Nach einer Strömung von Meinungen[24] war die Schenkungsauf-

---

20 Siehe auch die Problemstellung bei Talamanca, Studi Metro, Tom. VI, 2010, S. 278f.

21 Haymann, Die Schenkung unter einer Auflage, S. 22ff.; 56ff.

22 Lehfeldt, Die Schenkung unter einer Auflage, S. 52ff.; 57ff.

23 Dies bedeute aber nicht unbedingt, so Lehfeldt, ibid., S. 59ff., dass bei ungleichwertigen Leistungen immer eine Schenkung vorliegen müsse, denn bei ungleichwertigen Leistungen entscheide der *animus donandi* darüber, ob die dem Empfänger auferlegte Leistung eine Schenkungsauflage oder eine *merces* sei.

24 Thomann, Die Schenkung unter einer Auflage, S. 5ff.; ferner Schulz, Fs. Zitelmann 1913, S. 3ff., der auch die auf Erfüllung gerichtete *actio praescriptis verbis* Diokletians für interpoliert hielt; mit ihm Wesenberg, Verträge zugunsten Dritter, S. 31. Ähnlich Mitteis, Römisches Privatrecht, S. 201ff., und Lotmar, SZ 33 (1912), S. 349f., die insoweit Haymann (siehe sogleich unten) folgten, als der Schenker doch in denjenigen Fällen eine *condictio* gehabt habe, in denen er dem Beschenk-

lage im klassischen Recht nicht erzwingbar; erst die Kompilatoren hätten durch planmäßige Interpolationen dem Schenker eine *condictio* gewährt. Um die Auflage erzwingbar zu machen, habe es im klassischen Recht besonderer Abreden bedurft, wie Stipulation oder *fiducia*, die jedoch eigene, von der Schenkung unabhängige Grundlagen der Klagbarkeit hatten.

Eine andere Autorengruppe vertritt die Ansicht, der Schenker habe bereits im klassischen Recht eine *condictio ob rem*[25] oder/und eine auf Erfüllung gerichtete *actio praescriptis verbis* (*actio in factum*)[26] gehabt. Haymann[27] unterschied auch hier zwischen der Auflage zugunsten des Beschenkten (*modus simplex*) und der Auflage zugunsten des Schenkers oder eines Dritten (*modus qualificatus*). Bei Nichterfüllung des *modus simplex* habe der Schenker bereits im klassischen Recht eine Kondiktion gehabt; beim *modus qualificatus* dagegen nur dann, wenn die Auflage dem Beschenkten aufgegeben habe, sich des Erwerbs wieder zu entäußern. Für alle anderen Fälle habe erst Justinian die Kondiktion gewährt. Spätestens seit Diokletian habe der Schenker aber mit der *actio praescriptis verbis* auf Erfüllung der Auflage klagen können.

Die auch von Lehfeldt[28] vertretene These, nach der der Schenker bereits im klassischen Recht wegen Nichterfüllung der Auflage das Geschenk habe kondizieren können, entbehrt jedoch der Erklärung, wie diese Kondiktion mit der *donatio* in Einklang zu bringen ist, wenn eine Schenkung nach Julian und Ulpian gerade den Willen des Schenkers voraussetzte, das Geschenk unter keinen Umständen zurückzubekommen (*dat ea mente ... nec ullo casu ad se reverti*)[29]. Die Lösung der Frage, ob dem Schenker im klassischen Recht eine Klage wegen Nichterfüllung der Auflage zustand, veranlasste die meisten Interpolationsannahmen. Besonders

---

ten auferlegt habe, sich des geschenkten Gegenstandes selbst wieder zu entäußern. In den sonstigen Fällen, wo die Rückforderung scheinbar bezeugt werde, handle es sich entweder um Ausnahmen oder um Fälle der *fiducia* oder um anderweitige Interpolationen. Zu diesem Ergebnis kam neuerdings auch Ribas Alba, De la donación al contrato, S. 160–166. Gegen Klassizität der *actio praescriptis verbis* bei der Schenkungsauflage De Francisci, Συναλλαγμα, S. 254ff.

25 Koschembahr/Lyskowski, Die condictio als Bereicherungsklage, S. 203ff.; Pflüger, Zur Lehre vom Erwerbe, S. 71f.; Hähnchen, Die causa condictionis, S. 94f.; Murillo Villar, La revocación de las donaciones, S. 77ff., nach dem der Schenkungswiderruf wegen Nichterfüllung der Auflage als Bestrafung des undankbaren Beschenkten interpretiert wurde.

26 Kaser, Das römische Privatrecht 1², S. 259; Knütel, Stipulatio poenae, S. 173; 282 mit N. 5; Artner, Agere praescriptis verbis, S. 159f.; 220.

27 Haymann, Die Schenkung unter einer Auflage, S. 22ff.; 127ff.

28 Lehfeldt, Die Schenkung unter einer Auflage, S. 84ff. Die Klassizität der *actio praescriptis verbis* des Schenkers hat Lehfeldt bestritten.

29 Siehe unten erster Teil, zweites Kapitel I., S. 33ff. Den Widerspruch lässt auch die neueste Literatur unbeachtet; siehe Kaser/Knütel/Lohsse, Römisches Privatrecht²², S. 127 (§ 20, Rn. 21).

in diesem Bereich könnte eine auf die Entwicklung der Schenkungsauflage orientierte Untersuchung die Gründe herausarbeiten, aus denen die Auflage in den einzelnen Perioden klagbar oder nicht klagbar war. Ziel der vorliegenden Arbeit ist es zu zeigen, dass sich bei der Klagbarkeit einer Schenkungsauflage vier Entwicklungsstadien abgrenzen lassen; diese bestimmen zugleich den Aufbau und Gliederung der vorliegenden Arbeit: das klassische Juristenrecht, die Konstitutionen der ersten Hälfte des 3. Jahrhunderts, die Konstitutionen von Diokletian und schließlich das justinianische Recht.

Außer diesen beiden offenen Grundfragen, mit denen sich auch die moderne Zivilistik auseinandersetzt, weist die römischrechtliche Schenkung unter Auflage weitere Probleme auf:

3. Nicht befriedigend geklärt ist der Begriff *modus*[30], der heute als Terminus technicus für die Schenkungsauflage verwendet wird. Mit Pernice ist *modus* erst in drei Titelüberschriften der justinianischen Kodifikation technisch für Auflage nachgewiesen[31]. Eine der Titelüberschriften betrifft die *donatio* im C. 8,54(55) *De donationibus quae sub modo vel condicione vel ex certo tempore conficiuntur*, zwei andere betreffen die testamentarischen Verfügungen[32]. Schon bei flüchtigem Quellenüberblick fällt auf, dass die meisten Texte, in denen dem Beschenkten ein bestimmtes Tun oder Unterlassen auferlegt wurde, nicht in C. 8,54(55) enthalten sind, obschon man gerade dies erwarten würde, indem der Titel den Begriff *donatio sub modo* in die Rechtsterminologie einführte. Es stellt sich die Frage, ob es die Intention der justinianischen Kommission war, diejenigen Auflagen, die nicht im Titel C. 8,54(55), sondern in anderen Codextiteln ihren Platz fanden, nicht als *modus* zu betrachten.

Außerhalb der Titelüberschriften ist der Begriff *modus* für die Schenkungsauflage im Übrigen kaum zu finden[33]. Einer Auflage entsprechen viel öfter die Bezeichnungen *lex* oder *ea lege donavit* sowie *condicio* oder *ea condicione donavit*. Aufgrund dieser Vielfalt lässt sich auch der Untersuchungsgegenstand nicht auf einen bestimmten Begriff verengen. Die vorliegende Arbeit nimmt daher alle

30 Zur Entwicklung des Modusbegriffs THOMANN, Die Schenkung unter einer Auflage, S. 12ff.

31 PERNICE, Labeo. 3. Bd. 1. Abt., S. 12ff.

32 D. 35,1 *De condicionibus et demonstrationibus et causis et modis eorum, quae in testamento scribuntur*; C. 6,45 *De his quae sub modo legata vel fideicommissa relinquuntur*.

33 In den Digesten kommt *modus* im Zusammenhang mit der *donatio* oft in einer anderen Bedeutung als „Auflage" vor. Zum *modus donationis* in Pap. D. 39,5,31,1 = Fr. Vat. 254 siehe unten in Fn. 96; *eo modo ... donaverit* in Iul. D. 41,1,37,1 bedeutet nur „auf die Weise geschenkt hat". Oftmals bezeichnet *modus* das erlaubte Schenkungsmaß im Sinn der *lex Cincia*. Zu den verschiedenen Bedeutungen von *modus* ausführlich PERNICE, Labeo. 3. Bd. 1. Abt., S. 13ff.; DI SALVO, Impostazione terminologica, S. 147–198.

Fälle in den Blick, in denen der Schenker durch die schenkungshalber erbrachte Leistung zugleich einen anderen Zweck verfolgte, der über den ersten typischen Schenkungszweck hinausging[34]. Unbeachtet bleiben hingegen diejenigen Fälle, in denen der Schenker den zweiten Zweck als eine Bedingung formulierte (z. B. *si Stichum (non) manumiserit, si Titium adoptaverit*)[35].

4. Klarzustellen ist ferner das Verhältnis der justinianischen Undanksregelung zur Schenkung unter Auflage. Justinian nahm die Nichterfüllung einer Auflage unter die Undanksfälle auf und gestattete dem Schenker aus diesem Grund, das Geschenk (wegen Undanks) zurückzufordern. Gestützt darauf, erklärte Haymann[36] die *condictio ob rem* des Schenkers in vielen Texten für interpoliert[37]. Anders sei unerklärlich, warum Justinian dem Schenker neben der ihm bereits zustehenden *condictio ob rem* noch ein zweites, jedoch schwächer wirkendes Rückforderungsrecht[38] gewährt haben solle. „Liegt hier nicht die gegenteilige Annahme viel näher, erst Justinian habe in der *revocatio propter ingratitudinem* dem Schenker … grundsätzlich gestattet, seine Gabe zurückzufordern, und habe diesen Schutz der Auflageabrede noch dadurch verstärkt, dass er in einigen interpolierten Stellen, die er dem Kodextitel *de condictione ob causam datorum* einreihte, diese neugebackene Kondiktion einfach den Grundsätzen der klassischen *condictio ob rem* unterstellte?“[39] Damit erweckt Haymann aber die Gegenfrage, wozu Justinian sich die Mühe gemacht haben sollte, die *condictio ob rem* in die Quellen hineinzuinterpolieren, wenn sich der Schenker bei Nichterfüllung der Auflage ohnehin auf die Undanksregelung stützen konnte. Der generelle Interpolationsverdacht ist in diesem Fall wohl übereilt. Vielmehr bedarf es der Suche nach Gründen, die Justinian bewogen, die Nichterfüllung einer Auflage unter die Undanksfälle einzuordnen, obschon dem Schenker für diesen Fall bereits die *condictio ob rem* zur Verfügung stand.

5. Schließlich ist der Frage nachzugehen, ob eine inhaltlich gleiche Auflage verschiedene Rechtswirkungen haben konnte, je nachdem, in welcher Form sie der Schenkung beigefügt war. Aussagekräftig könnte in diesem Fall die häufig belegte

---

34 Daher: „zweiter Zweck“. Für „Nebenzweck“ Pernice, Labeo. 3. Bd. 1. Abt., S. 3.

35 Im Unterschied zu einer Bedingung, die gewöhnlich mit „*si*“ eingeleitet wird, wird der untersuchte Zweck in den Quellen mit „*ut*“ ausgedrückt. Die Bedingung erzeugte keine Verpflichtung des Beschenkten. Stand ihre Erfüllung in der Macht des Beschenkten (*condicio potestativa*), so entschied dieser allein über das Schicksal der Schenkung.

36 Haymann, Die Schenkung unter einer Auflage, S. 130ff.

37 Außer den oben unter 2), S. 20 erwähnten Ausnahmen.

38 Während die Schenkung wegen Undanks nur der Schenker selbst widerrufen konnte, stand die *condictio ob rem* auch seinem Erben zu.

39 So Haymann, Die Schenkung unter einer Auflage, S. 132.

Freilassungsauflage sein, die in den Quellen als Inhalt einer *lex dicta*, einer fiduziarischen Vereinbarung wie auch einer Stipulation vorkommt.

Die erfolgreiche Beantwortung der angedeuteten Problemkreise wurzelt in der Frage, wie die römischen Juristen die *donatio* begriffen. Die Vereinbarkeit einer „Schenkung" mit einer „Auflage" ist dadurch vorbestimmt, wie weit oder wie eng eine Rechtsordnung den Schenkungsbegriff auffasst. Um dies zu klären, wird zunächst den Merkmalen der römischen Schenkung und den Gründen und Umständen nachgegangen, die die Weite des Schenkungsbegriffs prägten. Danach ist zu erhellen, wodurch die *donatio* von den verwandten Rechtsfiguren der *spe datio*, *datio ob causam* und *datio ob rem* abzugrenzen ist. Auf der Basis der daraus gewonnenen Ergebnisse soll die Schenkung unter Auflage untersucht werden.

Erster Teil:
Die Schenkung im Römischen Recht

Erstes Kapitel: Die Entwicklung der Schenkung

I. Von der *causa donationis* bis zum selbständigen Vertragstyp

Bekanntlich war die *donatio* im klassischen Römischen Recht kein eigener Vertragstyp, sondern lediglich eine *causa donandi* oder *donationis*, ein Titel, der die verschiedenen Rechtsgeschäfte (*mancipatio, in iure cessio, traditio, stipulatio, acceptilatio, pactum de non petendo*) rechtfertigte und bereicherungsfest machte[40]. Erst die gesetzliche Regelung Konstantins öffnete der Schenkung den Weg zum selbständigen Geschäftstypus, indem Konstantin für die Sachschenkungen (und nur für diese) eine besondere Form vorschrieb[41]: Um die Vornahme der Schenkung nach außen sichtbar und unstrittig zu machen[42], war die Übergabe der geschenkten Sache „vor herbeigerufener Nachbarschaft" (*advocata vicinitate*[43]) zu vollziehen und darüber eine schriftliche Urkunde (die den Namen des Schenkers, das Recht und die Sache bezeichnen musste)[44] sowie ein Protokoll durch einen zuständigen Richter oder Magistrat[45] zu errichten. Unter Justinian wurde die Schen-

40 Dazu ausführlich BIONDI, Scritti Ferrini, Vol. I, 1947, S. 107ff., und ders. in Successione testamentaria e donazioni², S. 674ff.

41 Fr. Vat. 249 (Impp. Constan., Licinius; a. 316); Imp. Constan. C. Th. 8,12,1 = C. 8,53(54),25 und C. 5,37,21. Dazu mwN. BIONDI, Successione testamentaria e donazioni², S. 644f.; 680ff.; LEVY, West Roman Vulgar Law, S. 138ff.; KASER, Das römische Privatrecht 2², S. 395; CHIUSI, in: Staudingers Kommentar, S. 9; 11. Zur postklassischen Entwicklung ausführlich ARCHI, RIDA³ 5 (1958), S. 391–426; DUPONT, RIDA³ 9 (1962), S. 291–324.

42 Wohl um die Rechtsstreite zu vermeiden und möglicherweise auch im Fiskalinteresse; für Letzteres KASER, Das römische Privatrecht 2², S. 395, mit LEVY, West Roman Vulgar Law, S. 138; BENÖHR, Fs. Meincke 2015, S. 51. Rechtsstreitigkeiten über die Existenz und Wirksamkeit einer Schenkung kamen viel öfter vor als etwa beim Kauf, da die *donatio* auf die einseitige Bereicherung des Beschenkten gerichtet war; hierzu vgl. zuletzt HARKE, Iuris prudentia Diocletiana, S. 254ff.

43 Fr. Vat. 249,6.

44 Fr. Vat. 249,5–6.

45 Imp. Constan. C. Th. 8,12,3. Eine Schenkung, die die Formvorschriften nicht erfüllte, war ungültig; Fr. Vat. 249,10.

kung schließlich zu einem selbständigen Vertrag, der bereits dadurch zustande kam, dass der Schenker seinen Schenkungswillen kundtat[46]. Diese Willensäußerung *verpflichtete* den Schenker (ähnlich wie der Kaufvertrag den Verkäufer) zur Übereignung des geschenkten Gegenstandes[47]. Dadurch verlor die *donatio* den bisherigen Realcharakter[48], blieb aber eine Erwerbs-*causa*: Übereignete der Schenker den Schenkungsgegenstand, so erfolgte die Übereignung nicht *causa solvendi* (nicht, um ein Versprechen zu erfüllen), sondern *causa donandi* (um eine Freigebigkeit auszuüben). Die von Konstantin eingeführten Insinuationserfordernisse modifizierte Justinian[49] und bezog sie zusammen mit den Formvorschriften nur auf solche Schenkungen, die 300, später 500 Solidi überstiegen. Schenkungen, die das Erfordernis der behördlichen Insinuation nicht erfüllten, waren im Überschuss nichtig[50].

II. Die Entwicklung der Schenkung unter dem Einfluss der Schenkungsverbote

Die Konkretisierung der Schenkung zu einem eigenen Geschäftstyp erfolgte unter dem Einfluss zweier Schenkungsverbote[51], die das Bedürfnis mit sich brachten,

46 Just. Inst. 2,7,2: ... *perficiuntur autem cum donator suam voluntatem scriptis aut sine scriptis manifestaverit.* Doch setzte der Vollzug der Schenkung die Einwilligung des Beschenkten voraus. Der Vertragscharakter der Schenkung äußerte sich auch darin, dass der Schenker nach der Erklärung des Schenkungswillens die *donatio* nicht beliebig widerrufen konnte (Just. Inst. 2,7,2: ... *donationes ... quae omnino non comparantur legatis: quae si fuerint perfectae, temere revocari non possunt*). Vgl. auch heute zu den Gründen für das Erfordernis der Zustimmung des Beschenkten Ertl in Klang Kommentar, §§ 938 bis 1001³, S. 18. Ein Vorteil darf schon deswegen niemandem aufgedrängt werden, weil er oftmals auch unliebsame gesellschaftliche Verpflichtungen oder Kosten nach sich zieht. Die Annahme des Geschenks durch den Beschenkten ist deutlich in Fr. Vat. 282 (Diocl., Maxim.): ... *portiones eorum qui donant ad eos qui dono accipiunt transitum faciunt.* Vgl. auch Ulp. D. 39,5,19,2: *Non potest liberalitas nolenti adquiri.* Zur Diskussion über das Erfordernis der Annahme der Schenkung während der Kodifikationsarbeiten am BGB: Pfeifer in HKK, Bd. III, S. 446; Benöhr, Fs. Meincke 2015, S. 52ff.

47 Imp. Just. C. 8,53(54),35,5; Just. Inst. 2,7,2. Biondi, Successione testamentaria e donazioni², S. 690.

48 Chiusi, in Staudingers Kommentar, S. 12.

49 Zur Entwicklung von Konstantin bis zu Justinian Marezoll, ZCP 1 (1828), S. 2ff. Zur Schenkung im justinianischen Recht auch Meincke, FHI 2010, S. 1ff.; Chiusi, in Staudingers Kommentar, S. 12.

50 Imp. Just. C. 8,53(54),34pr./1; C. 8,53(54),36,3. Siehe dazu Staffhorst, Die Teilnichtigkeit, S. 143f. Zur Form der Schenkung Biondi, Successione testamentaria e donazioni², S. 689ff.; Savigny, System, 4. Bd., S. 203ff.; Marezoll, MfRG 4 (1844), S. 175–203.

51 Biondi, Successione testamentaria e donazioni², S. 632.

die verbotene *causa donationis* zu individualisieren und sie von anderen *causae* zu unterscheiden. Das ältere Verbot enthielt die *lex Cincia de donis et muneribus* aus dem Jahr 204 v. Chr.[52], die übermäßige Schenkungen verbot. Spätestens am Anfang des Prinzipats[53] folgte ihm das Verbot der Schenkungen unter Ehegatten, das in den Quellen auf die *mores* zurückgeführt wird[54]. Hierzu im Einzelnen:

Die *lex Cincia*[55] verbot *donationis causa* vorgenommene Zuwendungsakte, die über ein gewisses, uns unbekanntes[56] (möglicherweise relatives[57]), Maß hinausgingen. Vom Verbot ausgenommen waren nur Schenkungen an bestimmte nahe Angehörige (*personae exceptae*[58]). Das cincianische Gesetz war *lex imperfecta,* es enthielt keine Sanktion für Schenkungen, die das Höchstmaß überstiegen[59]. Eine vollzogene Schenkung war daher gültig und konnte in der Regel nicht zurück-

---

52 Zur *lex Cincia* Karlowa, Römische Rechtsgeschichte. 2. Bd., S. 585ff.; Garofalo, BIDR 15 (1903), S. 310–312; Mitteis, Römisches Privatrecht, S. 153ff.; Biondi, Scritti Ferrini, Vol. I, 1947, S. 110ff.; ders. in Successione testamentaria e donazioni², S. 633ff.; Casavola, Lex Cincia, S. 1ff.; Wesener, SZ 78 (1961), S. 485–493; Archi, Studi Solazzi, 1948, S. 740–762; ders. in La donazione, S. 13ff.; 145ff.; Pringsheim, SZ 78 (1961), S. 474ff.; Kaser, Über Verbotsgesetze, S. 20–29; Gonzales, RIDA³ 34 (1987), S. 161–171; Slapnicar, Gratis habitare, S. 84ff.

53 Genauere Zeitbestimmung ist in der Literatur strittig, siehe Biondi, Successione testamentaria e donazioni², S. 649ff.; Gade, Donationes inter virum et uxorem, S. 88ff.; 105, der das Verbot in das zweite vorchristliche Jahrhundert einordnet; Stagl, TR 85 (2017), S. 143ff. führt das Verbot auf die *Lex Iulia et Papia* zurück; Buongiorno, Il divieto, S. 29ff., für Datierung des Verbots vor 95/84 v. Chr.

54 Ulp. D. 24,1,1: *Moribus apud nos receptum est, ne inter virum et uxorem donationes valerent.* Misera, Der Bereicherungsgedanke, S. 238ff. Zum Grund und zur Herkunft des Ehegattenschenkungsverbots Misera, Fs. Kaser 1976, S. 407–435; Manzo, Labeo 37 (1991), S. 342–350; Gade, Donationes inter virum et uxorem, S. 45ff.; Stagl, TR 85 (2017), S. 141–165; Buongiorno, Il divieto, S. 32ff.

55 Nach der herrschenden Meinung enthielt die *lex Cincia* zwei verschiedene Verbote: ein spezielles, das Zuwendungen an Gerichtsredner (Rhetoren), die *munera ob causam orandam,* betraf (und im ersten Teil der *lex Cincia* behandelt wurde), und ein generelles, das Schenkungen über einen bestimmten Betrag hinaus verbot. Auf das Zuwiderhandeln gegen das Verbot der Zuwendung an den Gerichtsredner war eine *poena* gesetzt (Tac. ann. 13,42: *poenaque Cinciae legis adversum eos, qui pretio causas oravissent*), vermutlich auf einen mehrfachen Betrag des Empfangenen. Tac. ann. 11,5: *legemque Cinciam flagitant, qua cavetur antiquitus ne quis ob causam orandam pecuniam donumve accipiat;* Tac. ann. 15,20. Hierzu Wesener, SZ 78 (1961), S. 487; Pringsheim, SZ 78 (1961), S. 477; Karlowa, Römische Rechtsgeschichte. 2. Bd., S. 586; Mommsen, Römisches Strafrecht, S. 705f.; Bělovský, Advokacie a jurisprudence, S. 38ff.; zuletzt Du Plessis, Letting and Hiring, S. 100f. Die Anordnung der *lex Cincia,* die die *munera ob causam orandam* verbot, geriet mit der Zeit außer Gebrauch; dazu Visky, IURA 15 (1964), S. 17ff.; Bablitz, Actors and audience, S. 143ff.

56 Zu den einzelnen Hypothesen Casavola, Lex Cincia, S. 27ff.

57 Eine Quote des Vermögens des Schenkers?; siehe Karlowa, Römische Rechtsgeschichte. 2. Bd., S. 587; Casavola, Lex Cincia, S. 36.

58 Dazu ausführlich Casavola, Lex Cincia, S. 53ff.

59 Ulp. lib. sing. 1,1: *prohibet, exceptis quibusdam cognatis, et si plus donatum sit, non rescindit.*

gefordert werden[60]. Betroffen vom Verbot waren nur Schenkungen, die noch nicht vollständig abgewickelt waren (*donationes imperfectae*). Bei diesen konnte der Schenker gegen die auf Vollendung der Schenkung gerichtete Klage des Beschenkten die *exceptio legis Cinciae*[61] vorschützen[62] und dadurch die Verurteilung über das erlaubte Maß (*supra legitimum modum*)[63] verhindern[64]. Abgeschafft wurde die *lex Cincia* am Anfang des 4. Jahrhunderts[65]. Diejenigen Texte, die ursprünglich das cincianische Verbot betrafen, bezogen die justinianischen Kompilatoren auf die Insinuationserfordernisse.

Das Verbot von Schenkungen unter Ehegatten untersagte Schenkungen zwischen allen Angehörigen der beiden Hausverbände[66] und betraf Vermögensver-

60 Ein generelles Rückforderungsrecht des Schenkers kannte das klassische Recht nicht. Die *condictio* in Fr. Vat. 266 beruhte auf den Grundsätzen der Rückforderbarkeit des *indebitum solutum* und setzte somit voraus, dass der Schenker seine Einredemöglichkeit nicht kannte. Hierzu Biondi, Successione testamentaria e donazioni², S. 638; Kaser, Über Verbotsgesetze, S. 21, N. 6, und zur *condictio* in den Delegationsfällen S. 21ff.; Staffhorst, Die Teilnichtigkeit, S. 147ff. Zur *restitutio in integrum* Krüger, SZ 60 (1940), S. 80ff.

61 Oder die *exceptio in factum concepta*; Fr. Vat. 310. Auf die Frage, wann die eine oder die andere Einrede anzuwenden war, muss hier nicht eingegangen werden; siehe dazu Wacke, TR 40 (1972), S. 253ff., gegen Wolf, Causa stipulationis, S. 135ff., der meinte, dass die *exceptio legis Cinciae* nur dann anwendbar gewesen sei, wenn die *stipulatio* oder die *mancipatio* „tituliert" gefasst worden seien (das heißt, wenn die *causa donationis* ausdrücklich in der *rogatio* des Schenkungsversprechens oder in der Manzipationsformel benannt worden sei).

62 Denkbar ist auch die Denegation der Klage, wenn die Gesetzwidrigkeit bereits *in iure* feststand und der Beschenkte das Geschenk in voller Höhe einzuklagen versuchte; Kaser, Über Verbotsgesetze, S. 21; Staffhorst, Die Teilnichtigkeit, S. 146: Hätte der Beschenkte nur den erlaubten Höchstbetrag eingeklagt, dann würde ihm Prätor die Klage in dieser Höhe erteilen.

63 Wacke, TR 40 (1972), S. 255; ausführlich zur „honorarrechtlichen Teilnichtigkeit" der Schenkung Staffhorst, Die Teilnichtigkeit, S. 144ff.

64 Beim bloßen Schenkungsversprechen war die Einrede gegen die Stipulationsklage des Beschenkten gerichtet. Anwendung fand die Einrede auch bei Sachschenkungen: Hatte der Schenker eine Sache mittels *mancipatio* übereignet, aber noch nicht tradiert, so gewährte ihm der Prätor gegen die *rei vindicatio* des Beschenkten ebenfalls die *exceptio legis Cinciae.* Eine nicht vollkommen abgewickelte Schenkung lag ferner in jenen Fällen vor, in denen der Schenker gegen den Beschenkten noch eine offene Klagemöglichkeit hatte: Hatte der Schenker eine *res mancipi* an den Beschenkten bloß tradiert und verlangte er sie später mit der *rei vindicatio* zurück, dann schützte ihn der Prätor gegen die *exceptio rei donatae et traditae* des Beschenkten mit der *replicatio legis Cinciae.* Hatte der Schenker *donationis causa* eine Schuld durch *pactum de non petendo* erlassen und klagte er später auf Erfüllung, dann stand der *exceptio pacti* des Beschenkten die *replicatio legis Cinciae* des Schenkers entgegen. Vgl. dazu weiterführend Siber, SZ 53 (1933), S. 136ff.

65 Durch Kaiser Konstantin?, Fr. Vat. 249,10 (jedoch lückenhaft überliefert); dazu Biondi, Successione testamentaria e donazioni², S. 644ff.; Siber, SZ 53 (1933), S. 148, N. 1.; Kaser, Das römische Privatrecht 2², S. 399, N. 46.

66 Ulp. D. 24,1,3,2–8.

schiebungen, die bei bestehender Ehe erfolgten[67]. Das Eingreifen des Ehegattenschenkungsverbots setzte die Erfüllung des Merkmals „*pauperior – locupletior*" voraus, wonach nur jene Schenkung verboten war, aufgrund derer der Beschenkte bereichert und der Schenker dementsprechend „entreichert" wurde[68]. Eine verbotswidrige Schenkung war nichtig[69]. Nach der Senatsrede[70] von Antoninus Caracalla im Jahr 206 n. Chr. (*oratio Severi*)[71] konnte eine Ehegattenschenkung mit Tod des Schenkers konvaleszieren, wenn er vor dem Beschenkten starb und die Schenkung zu Lebzeiten nicht widerrufen hatte.

Unter dem Einfluss dieser Verbote entwickelte sich die Schenkung nicht auf eine positive, sondern eher negative Weise. Mehr als das Streben nach Ausformung einer allgemeinen Schenkungsdefinition[72] beschäftigte die klassischen Juristen die Frage, ob eine bestimmte Zuwendung von einem der Schenkungsverbote betroffen war. Um die Gabe dem Geltungsbereich eines der Verbote zu entziehen, beschränkten sich die Klassiker oft auf die Benennung eines relevanten Grundes, der dem betrachteten Rechtsgeschäft den Schenkungscharakter nahm[73]. Es überrascht daher nicht, dass die Tendenz, ein Rechtsgeschäft als gültig aufrechtzuerhalten, dazu führte, dass *der Schenkungsbegriff eingeschränkt und seine negativ entwickelten Begriffsmerkmale relativ streng wurden*, wie dies im Weiteren verdeutlicht werden soll.

---

67 Ulp. D. 24,1,3,1.

68 Clem. D. 24,1,25: *nam ius constitutum ad eas donationes pertinet, ex quibus et locupletior mulier et pauperior maritus in suis rebus fit*; MISERA, Der Bereicherungsgedanke, S. 6ff.

69 Das Eigentum ging an den Beschenkten nicht über und der Schenker konnte die übergebene Sache vindizieren (Cels. D. 24,1,48; Paul. D. 24,1,36pr.), nach der Konsumption durch den Beschenkten kondizieren (Ulp. D. 24,1,5,18; siehe hierzu auch unten in Fn. 208). Zur Berücksichtigung des Wegfalls der Bereicherung MISERA, Der Bereicherungsgedanke, S. 84ff. Eine Obligation war unwirksam, und der Schenker konnte das bereits geleistete nach den Grundsätzen des *indebitum solutum* zurückfordern. Ungültig war auch ein Schulderlass (Ulp. D. 24,1,3,10; Ulp. D. 24,1,5,1; weitere Quellenbelege bei BIONDI, Successione testamentaria e donazioni², S. 657, N. 3).

70 Ein Antrag, der dem *Sc.* voranging.

71 Die Rede hielt Caracalla noch unter der Mitregenschaft seines Vaters, woraus sich die geläufige Bezeichnung *oratio Severi* erklärt; Ulp. D. 24,1,32. Zur *oratio Severi* BIONDI, Successione testamentaria e donazioni², S. 666ff.; SIBER, SZ 53 (1933), S. 104ff.

72 Zu mangelnder Schenkungsdefinition LEHFELDT, Die Schenkung unter einer Auflage, S. 9ff.

73 Dazu auch LEHFELDT, Die Schenkung unter einer Auflage, S. 9ff.

Zweites Kapitel: Die Schenkungsmerkmale

Eine Art von Schenkungsdefinition ist nur für die *donatio rei* überliefert; diese Definition stammt von Julian (D. 39,5,1pr.). Es überrascht nicht, dass sie ausgerechnet die Sachschenkung betrifft, weil diese der Urfall[74] und, wie sich aus der Quellenrelation schließen lässt, später auch die häufigste Schenkungsform war[75]. Die *donatio rei* stellte einen Erwerbs- und Behaltensgrund sowie einen Usukapionstitel (*pro donato*)[76] dar.

D. 39,5,1pr. (IULIANUS libro septimo decimo digestorum)
Donationes complures sunt. dat aliquis ea mente, ut statim velit accipientis fieri nec ullo casu ad se reverti, et propter nullam aliam causam facit, quam ut liberalitatem et munificentiam exerceat: haec proprie donatio appellatur. dat aliquis, ut tunc demum accipientis fiat, cum aliquid secutum fuerit: non proprie donatio appellabitur, sed totum hoc donatio sub condicione est. item cum quis ea mente dat, ut statim quidem faciat accipientis, si tamen aliquid factum fuerit aut non fuerit, velit ad se reverti, non proprie donatio dicitur, sed totum hoc donatio est, quae sub condicione solvatur. qualis est mortis causa donatio.

Der Julian-Text unterscheidet zwischen drei Schenkungsarten: einer *donatio* im eigentlichen Sinn (*proprie*[77] *donatio appellatur*), einer suspensiv bedingten *donatio* und einer *donatio*, die unter einer Bedingung aufgelöst wird.

---

74 MISERA, Der Bereicherungsgedanke, S. 82.

75 Richtig MITTEIS, Römisches Privatrecht, S. 153; LEHFELDT, Die Schenkung unter einer Auflage, S. 16ff.

76 Paul. D. 41,6,1pr.: *Pro donato is usucapit, cui donationis causa res tradita est: nec sufficit opinari, sed et donatum esse oportet.* Zum Titel *pro donato* ausführlich HOFMOKL, Ersitzungstitel, S. 105ff., der diesen wie folgt erklärt (S. 110): „*Pro donato* stammt von *donatum* und *donatum* von *donare*, von der Äußerung des *animus donandi* des Donators, also von der Handlung auf Seiten derjenigen Person, auf deren Willensäußerung der Besitzer seine *voluntas accipiendi* stützt".

77 In der Sache macht es keinen Unterschied, ob in der ursprünglichen Fassung *proprie* oder *pura* stand. Wohl ist auch *pura* denkbar, sodass der Text urspünglich nur zwischen einer *donatio pura* und einer *donatio sub condicione* unterschied. Die resolutiv bedingte Schenkung, wie diese im letz-

Die *donatio* im eigentlichen Sinn liegt nach Julian vor, wenn der Schenker eine Sache in der Absicht übergibt, dass 1) der Beschenkte sogleich ihr Eigentümer werde, 2) die Sache in keinem Fall an den Schenker zurückkehre und 3) wenn der Grund der Hingabe kein anderer als die Ausübung von Freigebigkeit und Mildtätigkeit[78] sei. Durch das erste Begriffsmerkmal unterscheidet sich die Schenkung im eigentlichen Sinn von der aufschiebend bedingten *donatio* (*hoc donatio sub condicione est*). Bei dieser soll der Beschenkte das Eigentum an der geschenkten Sache erst dann erwerben, wenn ein künftiges Ereignis eintritt. Der auflösend bedingten *donatio* fehlt dagegen das zweite Begriffsmerkmal „*dat ea mente ... nec ullo casu ad se reverti*", da der Schenker in der Absicht übergibt, die geschenkte Sache zurückzubekommen (*velit ad se reverti*), wenn etwas geschieht oder nicht geschieht; so gestaltet ist auch die *donatio mortis causa*. In der Literatur hält man den Schluss des Julian-Textes *item cum ... donatio* vielfach für unecht[79]. Wir teilen diesen Verdacht und versuchen unten[80] nachzuweisen, dass das klassische Recht keine auflösend bedingte Schenkung kannte. Die *causa donandi* war auch bei der Schenkung auf den Todesfall unvereinbar mit dem Rückforderungsrecht des Schenkers.

Die bedingte Schenkung können wir an dieser Stelle beiseitelassen. Den Rahmen für die Klagbarkeit einer Schenkungsauflage und die Vereinbarkeit einer Auflage mit der Schenkung überhaupt bilden die genannten Begriffsmerkmale einer Schenkung im eigentlichen Sinn. Sie sind an dieser Stelle daher näher zu erörtern.

I. *Dat ea mente, ut statim velit accipientis fieri nec ullo casu ad se reverti*

Das Begriffsmerkmal „der Schenker übergibt in der Absicht, dass er die geschenkte Sache in keinem Fall zurückerhält" kennt auch Ulpian und erwähnt es als Kriterium für die Unterscheidung der Schenkung von zwei anderen Arten der Freigebigkeit (*liberalitas*) – nämlich von der Leihe und der Bittleihe.

---

ten Teil des Textes vorkommt, ist nicht julianisch (siehe unten im zweiten Teil, fünften Kapitel I., S. 192ff.) Für *pura* Stock, Zum Begriff der donatio, S. 38f.

78 Siehe auch unten in Fn. 191.

79 Siehe unten in Fn. 741.

80 Im zweiten Teil, fünften Kapitel, S. 191ff.

D. 43,26,1 (ULPIANUS libro primo institutionum)
pr.: Precarium est, quod precibus petenti utendum conceditur tamdiu, quamdiu is qui concessit patitur. § 1: Quod genus liberalitatis ex iure gentium descendit. § 2: Et distat a donatione eo, quod qui donat, sic dat, ne recipiat, at qui precario concedit, sic dat quasi tunc recepturus, cum sibi libuerit precarium solvere. § 3: Et est simile commodato: nam et qui commodat rem, sic commodat, ut non faciat rem accipientis, sed ut ei uti re commodata permittat.

Dem Prekarium, der Leihe und der Schenkung war die *liberalitas* gemeinsam[81]. Nach § 2 bestand der Unterschied zwischen ihnen darin, dass der *precario dans* (und ebenso der Verleiher[82]) die hingegebene Sache nicht endgültig verlieren wollte, der Schenker dagegen schon, indem er die Sache in der Absicht gab, sie nicht zurückzuerhalten (*sic dat, ne recipiat*)[83].

Über das Zustandekommen des Schenkungsmerkmals „*qui donat, sic dat, ne recipiat*" lassen sich mit Casavola[84] folgende Vermutungen anstellen: Nach Casavola hatte die *donatio* ursprünglich lediglich possessorische[85] Wirkung[86]. Sie habe

81 Auf die Ähnlichkeit zwischen *precarium* und Schenkung, die in der Unentgeltlichkeit lag, weisen auch Paul. D. 43,26,14 und Ulp. D. 47,2,14,11 hin. Die Tatsache, dass sich Schenkung und Bittleihe durch andere Merkmale unterschieden, muss noch kein Zeichen für die Unechtheit der angeführten Stellen sein. Zu den Itp.-Verdächtigungen vgl. KASER, SZ 89 (1972), S. 121f.; ZAMORANI, Precario habere, S. 196ff.; BESELER, SZ 50 (1930), S. 75.

82 Ähnliches galt nach § 3 auch für das *commodatum*, denn auch der Verleiher gab nicht in der Absicht, das Eigentum an der Sache zu verlieren. Die Absicht, „das Eigentum nicht zu verlieren" (beim *commodatum*), stellte Ulpian der Absicht „die Sache zurückzubekommen" (beim *precarium*) gleich: Wer die übergebene Sache zurückbekommen wollte, wollte das Eigentum gar nicht übertragen – er übergab sie nur zum Gebrauch. Möglicherweise galt dies ursprünglich auch für das *mutuum*; vgl. SCHWARZ, Die Grundlage der condictio, S. 278ff., nach dem *mutuum dare* ursprünglich als *rem utendam dare* (und nicht als *rem accipientis facere*) aufgefasst wurde. Ferner zur *datio ob rem* vgl. KUPISCH, Ungerechtfertigte Bereicherung, S. 13, der den Eigentumsübergang bei der *datio ob rem* damit erklärt, dass diese „ursprünglich als abschließende Behaltenskausa angesehen worden sein" könne. Anders in Bezug auf D. 43,26,1,2 STOCK, Zum Begriff der donatio, S. 36f. Ausgehend von *qui precario concedit, sic* d a t sah Stock den einzigen Unterschied zwischen *donatio* und *precarium* in dem zweiten Begriffsmerkmal „*nec ullo casu ad se reverti*", denn *dare* müsse die Eigentumsübertragung bezeichnen.

83 Behielt sich der Schenker die Innehabung zurück oder die spätere Rückgabe zur Innehabung, so stand dies dem Begriffsmerkmal „*qui donat, sic dat, ne recipiat*" nicht entgegen: Ulp. D. 6,1,77.

84 CASAVOLA, Lex Cincia, S. 137ff.

85 Bei den *res mancipi* habe der Beschenkte eine *possessio ad usucapionem* erlangt (CASAVOLA, Lex Cincia, S. 147).

86 Damit sei zu erklären, dass zur Zeit der *lex Cincia* auch Schenkungen zwischen Gewalthaber und Gewaltunterworfenem und zwischen Personen *sub eiusdem potestate* gültig gewesen seien (CASAVOLA, Lex Cincia, S. 105ff.; 144).

dem Beschenkten bloß eine faktische „disponibilità" über die Sache verliehen, die von den anderen Formen der *liberalitas* (dem *precarium* und dem *commodatum*[87]) nur dadurch zu scheiden gewesen sei, dass bei der Schenkung der Geber nicht gewollt habe, dass der Empfänger ihm die Sache zurückgebe[88] (= *ne recipiat; nec ullo casu ad se reverti*). Zu dieser Zeit bildete sich das Begriffsmerkmal „übergibt in der Absicht, die Sache unter keinen Umständen zurückzubekommen" als ein für die Schenkung charakteristisches Attribut aus. Die strukturelle Wandlung der Schenkung von einer possessorischen zu einer eigentumsübertragenden geschah nach Casavola[89] gegen Ende der Republik, als die *res nec mancipi* (als häufigste Objekte der damaligen Schenkung) vom neu begründeten *dominium*[90] erfasst wurden und die formlose *traditio* die *dominium*-übertragende Wirkung erlangte[91]. Damit sei an das *dono dare* automatisch die eigentumsübertragende Wirkung geknüpft worden. Dies war eine natürliche Folge des Schenkungswillens, der immer auf den endgültigen Verlust der Sache gerichtet werden musste[92]. Damit wurde die *donatio* zur *causa* für den Eigentumserwerb.

Zur Zeit Julians und später Ulpians war die Schenkung bereits eine typische *iusta causa traditionis*[93]. Dennoch wurde das Schenkungsmerkmal „*qui donat, sic dat, ne recipiat*" beibehalten[94] und von beiden Juristen besonders betont. Es

---

87 Zum Alter des *commodatum* SLAPNICAR, Gratis habitare, S. 41ff.

88 CASAVOLA, Lex Cincia, S. 152ff.

89 CASAVOLA, Lex Cincia, S. 142ff.; 164f.

90 Das archaische Recht kannte nur das auf die *res mancipi* beschränkte *mancipium*. Nur die *res mancipi* bildeten das Objekt der *vindicatio*, der *mancipatio* und der *usucapio*. Hierzu auch KASER, SZ 68 (1951), S. 147ff.

91 Im Wesentlichen Casavola zustimmend WESENER, SZ 78 (1961), S. 490f. Kritisch zur ursprünglich possessorischen Wirkung der *donatio* TALAMANCA, BIDR 64 (1961), S. 249ff.

92 Denn derjenige, der die Sache zurückbekommen wollte, wollte das Eigentum gar nicht übertragen, siehe oben in Fn. 82. Es ist somit unvollkommen, wenn HOFMOKL, Ersitzungstitel, S. 112, sagt: „*pro donato possidet* ein jeder, dem der Besitz als Ausdruck der Liberalität bewilligt wurde", denn dies konnte ebenso gut für den Prekaristen gelten. Zur Liberalität musste auch der Wille des Gebers, die Sache dem Empfänger für immer zu belassen, hinzutreten. Vgl. ferner bei der *solutio*, für die auch galt, dass *nummi*, die so gegeben wurden, dass sie der Geber wieder zurückbekommt, nicht als veräußert anzusehen sind: Ulp. D. 46,3,55: *Qui sic solvit, ut reciperet, non liberatur, quemadmodum non alienantur nummi, qui sic dantur, ut recipiantur.*

93 Vgl. Ulp. D. 6,2,7,3: *Sed et si quis ex lucrativis causis rem accepit, habet Publicianam, quae etiam adversus donatorem competit: est enim iustus possessor et petitor, qui liberalitatem accepit*; in Verbindung mit Ulp. D. 6,2,3,1: *qui igitur iustam causam traditionis habet, utitur Publiciana.*

94 Vgl. auch Mod. D. 21,1,62: *sane de dolo donator obligare se et debet et solet, ne quod benigne contulerit fraudis consilio revocet. Revocet* kann sich hier auch auf den Schenker beziehen (das schließt nicht die Erläuterung von GLÜCK, Pandekten, 20. Teil, 1. Abt.[2], S. 44, mit N. 20, aus) und der Schlussteil *ne quod benigne contulerit fraudis consilio revocet* somit bedeuten: damit er das, was er aus Wohlwollen zugewendet hat, nicht aufgrund einer Lüge zurückfordert. Die Lüge bestünde in der nach-

wird unten[95] gezeigt, dass nun zwischen einer Schenkung und einer *datio ob rem* abzugrenzen war, nämlich in jenen Fällen, in denen von den Parteien zwar die Eigentumsübertragung gewollt war (*dat ea mente, ut statim velit accipientis fieri*), der Beschenkte die Sache aber nur unter der Voraussetzung behalten sollte, dass er etwas tut oder dass etwas geschieht. Da die Übereignung (aufgrund der immer noch schwebenden *condictio ob rem*) nicht zur endgültigen Vermögensverschiebung führte, lag keine Schenkung vor[96].

Das Merkmal „*qui donat, sic dat, ne recipiat*" wurde noch unter Diokletian bewahrt[97], jedoch bereits eingekleidet in eine neue Terminologie der Unwiderruflichkeit der Schenkung: *perfecta donatio revocari*[98] oder *rescindi*[99] *non potest*. Seit Konstantin begann das Merkmal an Bedeutung zu verlieren, indem allmählich

träglichen Behauptung des Schenkers, er habe nicht geschenkt (nicht aufgrund einer *causa donandi* übergeben) und daher zurückfordern dürfe. Im Ergebnis ähnlich Lehfeldt, Die Schenkung unter einer Auflage, S. 68, N. 111, der dies aber nicht in den Zusammenhang mit dem Schenkungsmerkmal „*qui donat, sic dat, ne recipiat*" brachte. Darauf, dass der *Schenker* keine Klage auf Rückgabe des Geschenks hatte, deutet auch Ulp. D. 47,2,14,11 hin: *Is qui precario servum rogaverat subrepto eo potest quaeri an habeat furti actionem. et cum non est contra eum civilis actio (quia simile donato precarium est) ideoque et interdictum necessarium visum est, non habebit furti actionem. plane post interdictum redditum puto eum etiam culpam praestare et ideo et furti agere posse.*

95 Im zweiten Teil, ersten Kapitel, S. 61ff.

96 Die Rückforderung durch die Schenkerin lehnte auch Papinian ab: Fr. Vat. 254 (Pap. lib. XII resp.): *Species extra dotem a matre viro filiae nomine traditas filiae, quae praesens fuit, donatas et ab ea viro traditas videri respondi, nec matrem offensam repetitionem habere vel eas recte vindicare, quod vir cavisset extra dotem usibus puellae sibi traditas, cum ea significatione non modus donationis declaretur nec ab usu proprietas separetur, sed peculium a dote puellae distingueretur.* Dazu Pauli Sent. 5,11,1 und Pap. D. 39,5,31,1 mit interpoliertem Schluss. Papinian hat im gegenständlichen Fall das Vorliegen eines *modus donationis* verneint; die Schenkung an die Tochter war gültig, und die Mutter konnte die Rückgabe des Geschenks nicht verlangen. Aus den Worten *modus donationis* kann man noch nicht schließen, dass Papinian das Geschäft auch dann als Schenkung betrachten würde, wenn die Mutter zurückfordern könnte.

97 Alexander Severus, Valerian und Gallienus gewährten dem Schenker am Anfang des 3. Jahrhunderts das Rückforderungsrecht wegen Nichterfüllung der Auflage (dazu unten im dritten Teil, S. 251ff.); doch war dies nur eine kurze Zwischenphase; Diokletian beseitigte das Rückforderungsrecht des Schenkers wieder. Die Ablehnung des Rückforderungsrechts ergibt sich indirekt auch als folgenden, kurz vor Diokletian erlassenen Konstitutionen: Imp. Probus C. 8,55(56),2: *Si apud provinciae praesidem aviam filiae tuae quasi paenitentia ductam subtracta instrumenta donationum igni exussisse constiterit, vereri te non oportet, ne id, quod iure vires acceperat, ex post facto possit in dubium revocari* (a. 277). Impp. Carus, Carinus, Numer. C. 8,55(56),3: *Possessionem, quam in vos emancipatos per donationem mater contulit, ex paenitentia sola alienare non potuit* (a. 284). Hierzu auch Felgentraeger, Antikes Lösungsrecht, S. 33f.

98 C. 4,6,6.

99 C. 4,38,3; weitere Quellenbelege unten Fn. 1067.

der Kreis der Personen erweitert wurde[100], die die Schenkung wegen Undanks widerrufen konnten[101], sowie durch Einführung der Widerruflichkeit einer unter Verlobten erfolgten Schenkung[102]. Ganz geschwächt wurde das Merkmal im justinianischen Recht. Justinian gewährte den Schenkungswiderruf wegen Undanks aus bestimmten Gründen jedem Schenker[103] und erkannte eine resolutiv bedingte *donatio mortis causa* an[104]. Schließlich gestattete er bei der Sachschenkung dem Schenker, wegen Nichterfüllung einer Auflage die Rückgabe des Geschenks mit der *condictio ob causam datorum* und bei der *donatio sub modo* zusätzlich mit der *vindicatio utilis* zu verlangen[105].

II. *Propter nullam aliam causam facit, quam ut liberalitatem et munificentiam exerceat*

Das zweite Begriffsmerkmal der Sachschenkung bestand nach Julian (D. 39,5,1pr.) darin, dass der Schenker das Geschenk aus keinem anderen Grund hingibt, als um Freigebigkeit (*liberalitas*) und Mildtätigkeit (*munificentia*) auszuüben. Auf die Bedeutung von *liberalitas* oder *munificentia* gingen weder Julian noch Ulpian in D. 43,26,1[106] näher ein. An einer anderen Stelle stellte Ulpian der *liberalitas* die Schuldverpflichtung (*necessitas debiti*) gegenüber[107], was darauf hinweist, dass er unter *liberalitas* die Freiwilligkeit verstand. Ähnlich sagte Papinian im Zu-

100 Zur Widerruflichkeit der Schenkung durch den Patron bereits Imp. Philippus (a. 249) Fr. Vat. 272 = C. 8,55(56),1; hierzu LEVY, Weströmisches Vulgarrecht, S. 245ff.

101 Fr. Vat. 248; Impp. Constantius, Constans C. Th. 8,13,2; C. Th. 8,13,1 (a. 349), vgl. dazu C. 8,55(56),7 (hierzu im vierten Teil, zweiten Kapitel I., S. 317); C. Th. 8,13,4; C. Th. 8,13,3 = C. 8,55(56),8 (a. 355); Impp. Theodos., Valent. C. Th. 8,13,6 = C. 8,55(56),9 (a. 426). Hierzu REGGI, Studi Francisci, Vol. III, 1956, S. 235ff.; KASER, Das römische Privatrecht 2^2, S. 399 mwN.

102 Imp. Constan. C. Th. 3,5,2; C. 5,3,15; dazu im zweiten Teil, fünften Kapitel II., S. 211f.

103 Dazu im vierten Teil, zweiten Kapitel I., S. 316ff.

104 Dazu im zweiten Teil, fünften Kapitel I., S. 191ff.

105 Dazu im vierten Teil, S. 316ff.

106 Siehe oben in diesem Kapitel, im Abschnitt I., S. 34.

107 Ulp. D. 50,10,2pr.: *Qui liberalitate, non necessitate debiti, reditus suos interim ad opera finienda concessit, munificentiae suae fructum de inscriptione nominis sui operibus, si qua fecerit, capere per invidiam non prohibetur.* Vgl. auch Mod. D. 34,4,18: *Rem legatam si testator vivus alii donaverit, omnimodo exstinguitur legatum. nec distinguimus, utrum propter necessitatem rei familiaris an mera voluntate donaverit, ut, si necessitate donaverit, legatum debeatur, si nuda voluntate, non debeatur: haec enim distinctio in donantis munificentiam non cadit, cum nemo in necessitatibus liberalis exsistat.* Dazu GIARO, Excusatio necessitatis, S. 96f.; 167; RIBAS ALBA, De la donación al contrato, S. 154ff.

sammenhang mit der *lex Cincia*[108], dass als Schenkung nur das anzusehen sei, was ohne eine rechtliche Verbindlichkeit überlassen werde: *Donari videtur, quod nullo iure cogente conceditur.* Damit war wohl auch die Erfüllung einer Naturalobligation aus dem Schenkungsbegriff ausgeklammert. Ob auch die Erfüllung einer sittlichen oder gesellschaftlichen Pflicht[109] (man denke an Geburtstags- und Hochzeitsgeschenke[110]) aus dem Schenkungsbegriff ausgenommen wurde (um die Anwendung der Schenkungsverbote auszuschließen[111]), muss hier offenbleiben[112]. Die *liberalitas* war nach Ulp. D. 43,26,1 der Bittleihe[113], Leihe und Schenkung gemeinsam, woraus zu entnehmen ist, dass der Begriff nicht nur die Freiwilligkeit, sondern auch die Unentgeltlichkeit[114] abdeckte[115].

108 D. 50,17,82 (Pap. libro nono responsorum) = D. 39,5,29pr. (Pap. libro duodecimo responsorum). Lenel, Palingenesia I., Pap. 680, S. 935, ordnete den Text unter den Titel „*Ad legem Cinciam*" ein.

109 Zur „Verpflichtung" zu schenken, die eng mit der Würde eines Senators verbunden war (in Bezug auf Ulp. D. 39,5,7,3): Bürge, SZ 97 (1980), S. 140. Vgl. auch Ulp. D. 24,1,5,15: *Si quis rogatus sit praecepta certa quantitate uxori suae hereditatem restituere et is sine deductione restituerit, Celsus libro decimo digestorum scripsit magis pleniore officio fidei praestandae functum maritum quam donasse videri.*

110 Die sogenannten *munera*, die aber eine viel breitere Bedeutung hatten: Ulp. D. 50,16,194: *Inter „donum" et „munus" hoc interest, quod inter genus et speciem: nam genus esse donum Labeo a donando dictum, munus speciem: nam munus esse donum cum causa, ut puta natalicium, nuptalicium.* Marci. D. 50,16,214: *„munus" proprie est, quod necessarie obimus lege more imperiove eius, qui iubendi habet potestatem. „dona" autem proprie sunt, quae nulla necessitate iuris officiis et sponte praestantur: quae si non praestentur, nulla repraehensio est et, si praestentur, plerumque laus inest. sed in summa in hoc ventum est, ut non quodcumque munus, id et donum accipiatur, at quod donum fuerit, id munus recte dicatur.* Varro, De lingua latina 5,179: *Et munus quod mutuo animo qui sunt dant officii causa.* Weitere literarische Quellenbelege bei Casavola, Lex Cincia, S. 144ff.

111 Eine Schenkung unter Ehegatten sah Pomponius im Fall eines „übermäßig großen" Geburtstagsgeschenks in D. 24,1,31,8: *Si vir uxori munus immodicum Calendis Martiis aut natali die dedisset, donatio est.* Gemeint war offenbar: Dies *ist* eine Schenkung und damit verbotswidrig.

112 Zur Diskussion darüber, ob die sogenannten Pflicht- und Anstandsschenkungen dem heutigen Schenkungsrecht unterliegen, Ertl, in Klang Kommentar, §§ 938 bis 1001³, S. 25ff.; vgl. hierzu § 534 BGB.

113 *Liberalitas* auch in Ulp. D. 43,26,2,2: *Et naturalem habet in se aequitatem, namque precarium revocare volenti competit: est enim natura aequum tamdiu te liberalitate mea uti, quamdiu ego velim, et ut possim revocare, cum mutavero voluntatem.*

114 Zum Unterschied zwischen Prekarium, Leihe und Schenkung zutreffend Jhering, Der Zweck im Recht, I. Bd.³, S. 55f.: Die Schenkung sei ein *Akt der Selbstverleugnung*, ein Akt, der dem Handelnden ein Opfer, also eine Verleugnung seiner selbst zumute. Von der Schenkung müsse man die uneigennützigen Handlungen (liberale Geschäfte) wie *commodatum, precarium, depositum* unterscheiden. Diese seien *Akte der Selbstlosigkeit*, sie brächten dem Handelnden zwar keinen Vorteil, aber auch keinen Nachteil. Zum Unterschied zwischen Schenkung und *commodatum* Slapnicar, Gratis habitare, S. 74ff.

115 Zum Unterschied zwischen Unentgeltlichkeit und Liberalität auch Kulka, ÖJZ 18 (1969), S. 477–482.

Die *liberalitas* als Begriffsmerkmal der klassischen römischen Schenkung ist im Schrifttum oftmals bestritten worden[116]. So meinte Levy[117], das „Motiv der Uneigennützigkeit (*liberalitas*) des Schenkers" habe keine Rolle gespielt. „Egoistische Schenkungen waren wie im frühen so im späten Römerreich an der Tagesordnung, so nachdrücklich auch das christliche Schrifttum dieser Zeit auf Selbstlosigkeit im Geben drang. Justinian erwies diesem Postulat nur gelegentlich einen Lippendienst (D. 39,5,1pr.: [*et propter … exerceat*]), und vorher begegnet es in der Rechtsliteratur überhaupt nicht".

Die Unechtheit des Satzes *propter nullam aliam causam facit, quam ut liberalitatem et munificentiam exerceat* (Iul. D. 39,5,1pr.) wird oft als allgemeine Meinung dargestellt, begründet wird sie jedoch nur sporadisch[118]. Der Hinweis auf Iul. D. 12,1,20, wo Julian die *liberalitas* nicht erwähnt, ist kein hinreichendes Argument. In D. 12,1,20 erfolgte die Eigentumsübertragung schon deswegen nicht aufgrund einer Schenkung, weil der Geber nicht in der Absicht gab, die geschenkte Sache unter keinen Umständen zurückzubekommen[119]. Die Feststellung, dass das Begriffsmerkmal „*qui donat, sic dat, ne recipiat*" nicht erfüllt war, genügte als Begründung dafür, dass keine Schenkung vorlag. Julian hielt es nicht für nötig, sich auch mit dem anderen Begriffsmerkmal zu beschäftigen. Eine Begründung bot Pringsheim[120] in einer breiteren Abhandlung, die die *liberalitas* als Begriff der klassischen Zeit größtenteils in Zweifel zieht. Der Satz sei für Julian überflüssig. „The gloss probably intended to underline that the transfer must be made *donationis causa* because the preceding sentence would also be true for *traditio ex empti causa*; [*propter nullam aliam causam*] emphasizes the *causa donationis*. … Moreover Julian would not have expressed his opinion in such

116 Pringsheim, Studi Albertario, Vol. 1, 1953, S. 670, streicht auch die ganzen §§ 1 und 2 in D. 43,26,1. Zur *liberalitas* bei Cicero und Seneca Burckhard, Fg. Bekker, 1899, S. 26f.; zum *beneficium* Ribas Alba, De la donación al contrato, S. 167ff.

117 Levy, Weströmisches Vulgarrecht, S. 239.

118 Die Itp.-Annahmen, die an Beseler, Beiträge zur Kritik, S. 110, zurückgehen, unterscheiden sich nur durch das vermutete Alter des Einschubs: vorjustinianische Schullehre oder erst Justinian. Légier, La libéralité conditionnelle, S. 156f.; Archi, La donazione, S. 280; Pringsheim, SZ 78 (1961), S. 480; Di Paola, Donatio mortis causa, S. 4; Kaser, Das römische Privatrecht 2^2, S. 398, N. 33; Knobbe-Keuk, Fs. Flume, Bd. II, 1978, S. 150, N. 4, S. 156, N. 35, zustimmend mit Pringsheim, SZ 42 (1921), S. 287 und anderen zititierten Autoren. Dagegen für die Echtheit Behrends, SZ 97 (1980), S. 474; Broise, Animus donandi, S. 34ff., N. 24, der, mit Hinweis auf Bas. 47,1,1 mit Schol. 2 (Heimb. IV, S. 563 = Schol. 1 Schelt. B VII., S. 2750), nur *et munificentiam* streicht.

119 Zum Text im zweiten Teil, ersten Kapitel II.1.a, S. 73ff.

120 Pringsheim, Studi Albertario, Vol. 1, 1953, S. 678f. Dagegen mit Zweifeln an der generellen Verdächtigung der *liberalitas* Kaser, SZ 89 (1972), S. 121 mit N. 80.

a complicated and involved way. He could insert *donandi animo* or *liberalitatis causa* before *statim.*"

Es ist nicht notwendig, in die Debatte über die Klassizität des Begriffs *liberalitas* einzusteigen, denn unabhängig davon, ob der Begriff klassisch ist oder nicht, würde es in der Definition Julians (D. 39,5,1pr.) an einem durchaus charakteristischen Merkmal fehlen, wenn dort außer *dat aliquis ea mente, ut statim velit accipientis fieri nec ullo casu ad se reverti* keine weitere Beschreibung stünde. Es ist mehr als wahrscheinlich, dass Julian neben dem Merkmal „*nec ullo casu ad se reverti*" auch ein anderes erwähnte, das die Unentgeltlichkeit und Freiwilligkeit der Leistung ausdrückte. Und dies konnte er wohl mit *propter nullam aliam causam facit, quam ut liberalitatem et munificentiam exerceat* sagen[121]. Zieht man in Betracht, dass der Schenkungsbegriff durch die Schenkungsverbote geprägt war, dann ist auch die Betonung *propter nullam aliam causam facit* gut verständlich. Das Vorliegen eines zusätzlichen Motivs oder Grundes (*alia causa*), aus dem der Schenker neben der *liberalitas* schenkte, konnte in vielen Fällen ein geeignetes Argument gegen das Eingreifen des betroffenen Schenkungsverbots sein. Bei den Leistungen, die ohne rechtliche Verbindlichkeit des Leistenden (*nullo iure cogente*) und ohne Gegenleistung (und somit *liberalitate*) erfolgten, konnte gerade die Betonung *propter nullam aliam causam facit* noch einen zusätzlichen Spielraum für ein freieres Ermessen darbieten, ob eine Schenkung vorlag oder eben *aliae causae* überwogen, die der Leistung den Schenkungscharakter nahmen.

Ein Beispiel dafür bietet Ulp. D. 39,5,19,6[122], wo ein Versprechen freiwillig und unentgeltlich erfolgte und Ulpian mit Pegasus dennoch den Schenkungscharakter verneinte[123] und damit die Anwendung der *exceptio legis Cinciae*[124] ausschloss. Die Stipulation war hier unter der *condicio iurisiurandi* abgeschlossen: „Ich ver-

121 *Liberalitas* auch in Ulp. D. 2,15,1: *Qui transigit, quasi de re dubia et lite incerta neque finita transigit. qui vero paciscitur, donationis causa rem certam et indubitatam liberalitate remittit.* Ulp. D. 6,2,7,3: *Sed et si quis ex lucrativis causis rem accepit, habet Publicianam, quae etiam adversus donatorem competit: est enim iustus possessor et petitor, qui liberalitatem accepit.*

122 Ulp. D. 39,5,19,6: *Denique Pegasus putabat, si tibi centum spopondero hac condicione, si iurasses te nomen meum laturum, non esse donationem, quia ob rem facta es<se>t <stipulatio> [res secuta est].* „*Res secuta est*" war für die Frage, ob eine Schenkung vorliegt, die hier Ulpian mit Pegasus erörterte, von keiner Bedeutung. Dies macht die zitierte, von Schwarz, Die Grundlage der condictio, S. 144, vorgeschlagene Rekonstruktion des Textes wahrscheinlich.

123 Mit *non esse donationem* hat Pegasus die Schenkung durchaus geleugnet. Anders Erxleben, Die condictiones, S. 267, nach dem Pegasus lediglich das Dasein einer „reinen und vollkommenen Schenkung" leugnete, die Stipulation aber als ein besonderer Fall einer *donatio sub modo* aufgefasst werden könnte.

124 Lenel, Palingenesia II., Ulp. 1689, S. 867, ordnete D. 39,5,19,6 unter die Rubrik „*Ad legis Cinciae exceptionem*" ein.

spreche dir hundert, wenn du schwörst, meinen Namen zu tragen." Die Ablehnung der Schenkung begründete Pegasus mit *quia ob rem facta es<se>t <stipulatio>*. Es war keine Schenkung, obwohl der vom Promissor verfolgte künftige Zweck (die „*res*") keine Gegenleistung im wirtschaftlichen Sinn zum Inhalt hatte; dem Versprechenden ging es nur darum, seinen Namen vor dem Aussterben zu bewahren[125]. Doch sah Pegasus in der bezweckten Namensübernahme eine *alia causa*, die der Stipulation den Charakter einer reinen Mildtätigkeit (*liberalitas*) nahm. Es würde ins Bild passen, dass eine Schenkung deswegen abgelehnt wurde, weil der Promissor nicht *propter nullam aliam causam, quam ut liberalitatem et munificentiam exerceat* versprach[126].

Eine eigene Fallgruppe, bei der das Merkmal „*propter nullam aliam causam*" dazu diente, um die Anwendung der Schenkungsverbote auszuschließen, konnten die sogenannten *dationes ob causam* sein. Bevor wir zu diesen übergehen, ist kurz darauf hinzuweisen, dass das Begriffsmerkmal „*propter nullam aliam causam*" dagegen nicht notwendig war, um eine *datio ob rem* (Leistung zu einem künftigen Zweck) dem Schenkungsbegriff zu entziehen. Da dem *dans ob rem* bei Zweckverfehlung die *condictio ob rem* zustand, scheiterte die Schenkung bereits am Merkmal „der Schenker gibt so, dass er das Hingegebene nicht zurücknehmen will" (*qui donat, sic dat, ne recipiat*).

---

125 Vgl. den Zweck der Arrogation und des Arrogationstestaments bei Lübtow, Studi Francisci, Vol. primo, 1956, S. 424.

126 In der Literatur herrscht die Ansicht, dass der prätorische Erlass der Eidesbedingung, der bei den Verfügungen von Todes wegen Anwendung fand (Ulp. D. 28,7,8), nicht auf die Rechtsgeschäfte unter Lebenden ausgedehnt worden sei (Huschke, ZCP 14 (1840), S. 413f.; Calore, La rimozione del giuramento, S. 183, N. 77 (jedoch mit Bedenken); Harke, Der Eid, S. 32). Somit hatte eine zur Stipulation beigefügte *condicio iurisiurandi* die Wirkung einer gewöhnlichen Bedingung und wurde erfüllt, sobald der Stipulator geschworen hatte. Da hier eine suspensiv bedingte Stipulation vorlag, konnte *ob rem facta es<se>t <stipulatio>* nicht technisch eine *stipulatio ob rem* bezeichnen, bei der der Promissor bei Zweckverfehlung mit der *condictio liberationis* die Befreiung von der Verbindlichkeit verlangen könnte (Ulp. D. 12,7,1,1: *Sed et si ob causam promisit, causa tamen secuta non est, dicendum est condictionem locum habere.* Wohl kann man mit Schwarz, Die Grundlage der condictio, S. 130; 205, annehmen, dass das *ob causam* in D. 12,7,1,1 später das ursprüngliche *ob rem* ersetzte; zur klassischen Bedeutung von *ob causam* siehe sogleich unter 1.). Läge in D. 39,5,19,6 dagegen eine *stipulatio ob rem* im technischen Sinn vor, so könnte die Schenkungsablehnung eventuell auch in analoger Anwendung des Begriffsmerkmals „*qui donat, sic dat, ne recipiat*" liegen, da die Leistungsverpflichtung bei einer *stipulatio ob rem* nicht endgültig bestünde, indem der Promissor bei Zweckverfehlung (wenn der Stipulator seinen Namen nicht trug) entweder die *condictio liberationis* erheben oder sich gegen die Stipulationsklage mit der *exceptio doli* wehren könnte.

1. Die klassische *datio ob causam* als remuneratorische Leistung

Es ist fraglich, ob die terminologische Übereinstimmung zwischen *datio ob causam* und dem julianischen Merkmal „*propter nullam aliam causam facit, quam ut liberalitatem et munificentiam exerceat*" zufällig ist. *Causa* ist ein Begriff mit vielfältiger Bedeutung[127], es lässt sich aber nicht ausschließen, dass Julian mit *propter nullam aliam causam* aus dem Schenkungsbegriff jene Leistungen herausnehmen wollte, die Pomponius (D. 12,6,52[128]) und Paulus (D. 12,6,65,2[129]) als *ob causam datum* bezeichneten, also die freiwillig (*nullo iure cogente*) erfolgten, belohnenden Leistungen.

Das klassische Recht unterschied die *datio ob causam* von der *datio ob rem*[130]. Während *ob rem* gegeben wurde, um einen *künftigen* Zweck zu erreichen, und die *res* somit das *worum* der Leistung schilderte[131], war *causa* bei der *datio ob causam* eine *praeterita*, sie bezeichnete einen in der Vergangenheit liegenden Umstand[132]. Derjenige, der *ob causam* leistete, leistete nicht *um*, sondern *weil*[133]. Als Beispiel der *datio ob causam* führte Pomponius (D. 12,6,52) an: „Wenn ich deswegen etwas gebe, *weil* ich etwas von dir erhalten habe oder *weil* etwas von dir getan worden ist"; und Paulus (D. 12,6,65,2): Wenn ich gebe, „*weil* ich etwa angenommen habe, dass meine Geschäfte vom Empfänger gefördert worden sind". Solche belohnen-

127 Siehe jüngst SCHERMAIER, Dg. Nishimura 2018, S. 296ff.

128 Pomp. D. 12,6,52: *Damus aut ob causam aut ob rem: ob causam praeteritam, veluti cum ideo do, quod aliquid a te consecutus sum vel quia aliquid a te factum est, ut, etiamsi falsa causa sit, repetitio eius pecuniae non sit: ob rem vero datur, ut aliquid sequatur, quo non sequente repetitio competit.*

129 Paul. D. 12,6,65,2: *Id quoque, quod ob causam datur, puta quod negotia mea adiuta ab eo putavi, licet non sit factum, quia donari volui, quamvis falso mihi persuaserim, repeti non posse.* Zu D. 12,6,65 ausführlich PELLECCHI, SDHI 64 (1998), S. 79ff.

130 JAHR, SZ 80 (1963), S. 142f. mit N. 9; HONSELL, Die Rückabwicklung, S. 81f. Gegen die klassische Unterscheidung zwischen *ob causam* und *ob rem* etwa LIEBS, JZ 33 (1978), S. 698f., mit N. 25, der jedoch die Gegenüberstellung von *datio ob causam* und *ob rem* in D. 12,6,52; D. 12,6,65pr. und D. 12,5,1pr. unerklärt ließ. Auf den Kontrast weist er später in LIEBS, Essays for T. Honoré, 1986, S. 173, hin.

131 Dazu, dass die Klassiker als Kondiktionstatbestand nur ein *ob rem datum* – *re non secuta* kannten und erst das nachklassische Recht für den *künftigen* Zweck auch den Begriff *causa* verwendete, der sich schließlich im justinianischen Recht durchsetzte (D. 12,4 *De condictione causa data causa non secuta*; C. 4,6 *De condictione ob causam datorum*), ausführlich SCHWARZ, Die Grundlage der condictio, S. 117ff.

132 Vgl. auch Ulp. D. 35,1,12: *Si ita legatum sit: „quoniam filius maior ex arca mea decem sustulit, heres minor filius decem e medio sumito", debetur legatum, quia idcirco relictum est, ut condicio filiorum exaequaretur. et sane haec causa est: nam causa in praeteritum, poena in futurum confertur.*

133 Anders erklärt den Unterschied zwischen der *datio ob rem* und der *datio ob causam* CHAUDET, Condictio causa data, S. 121f., nach dem *res* (in der *datio ob rem*) die wirklichen Gegenleistungen bezeichnete, im Gegensatz zu *causa* (in der *datio ob causam*), die eher für allgemeine Zwecke geeignet war, bei denen kein Vermögensinteresse des Veräußerers bestand.

den Zuwendungen waren im alltäglichen römischen Leben tief verwurzelt, sie waren verbreitet und wurden erwartet[134]. Oft erfüllten sie die Funktion des Entgelts[135], das jedoch „außerhalb des Vertrags, in der Sphäre der Gesellschaft“[136] erfolgte; daher nahmen sie auch einem unentgeltlichen Vertrag seinen unentgeltlichen Charakter nicht[137].

Entgegen der in der Literatur vorherrschenden Meinung ergibt sich aus den überlieferten Quellen nicht, dass die Klassiker solche belohnenden Leistungen allgemein als „remuneratorische Schenkungen“ ansahen[138]. Insbesondere in den Texten, wo die Schenkung in Bezug auf die Anwendung der *lex Cincia* betrachtet wird, wurde der remuneratorische Charakter als Argument *gegen* eine Schenkung verwendet. So nahm Papinian in D. 39,5,27[139] nur eine *gemischte Schenkung* an (Belohnung und Schenkung), wenn Regulus dem Rhetor Nicostratus[140] das Wohnen in seinem Dachgeschoss mit der Begründung gestattete: „weil du sowohl im-

134 Siehe auch unten in Fn. 179.

135 Auf das der Empfänger keinen rechtlichen Anspruch hatte.

136 Bürge, SZ 97 (1980), S. 141.

137 Zur *remuneratio* des Auftragsnehmers, die dem Auftrag nicht den unentgeltlichen Charakter nahm: Ulp. D. 17,1,6pr.: *Si remunerandi gratia honor intervenit, erit mandati actio.* Ebenfalls ließen auch die an sich unentgeltlichen Dienstleistungen eines Patrons (Verteidigung im Prozess, Bürgschaftsleistung) der Sitte nach eine Belohnung erwarten, dazu Bürge, SZ 97 (1980), S. 139ff. mit Verweis auf D. 39,5,19,1 (zum Text in Fn. 152). Zu den Zuwendungen an die Gerichtsredner (*munera ob causam orandam*) in Fn. 55.

138 Dafür aber Lehfeldt, Die Schenkung unter einer Auflage, S. 66; Levy, Weströmisches Vulgarrecht, S. 239; Kaser, Das römische Privatrecht 2², S. 399 (ders. aber in Das römische Privatrecht 1², S. 601, N. 2, mit der Bemerkung, dass der *donatio* das *ob causam datum* gegenübersteht); Honsell, Die Rückabwicklung, S. 82; Pellecchi, SDHI 64 (1998), S. 137; Ribas Alba, De la donación al contrato, S. 171ff., mit der Anmerkung „obwohl sie an die Kategorie der *datio ob causam* grenzt“. Die Dualität der Schenkungen ist nach Ribas Alba bereits in der *lex Cincia* belegt, die zwischen *donum* und *munus* unterschied. *Munus* (in der *lex Cincia* auf die *munera ob causam orandam* bezogen) sei eine Art der remuneratorischen Schenkung gewesen. Zum Unterschied zwischen *donum* und *munus* Ulp. D. 50,16,194; Marci. D. 50,16,214 (in Fn. 110). Zum christlichen Einfluss auf die remuneratorischen Schenkungen seit Konstantin Reggi, Studi Francisci, Vol. III, 1956, S. 229–247.

139 Pap. D. 39,5,27: *Aquilius Regulus iuvenis ad Nicostratum rhetorem ita scripsit: „quoniam et cum patre meo semper fuisti et me eloquentia et diligentia tua meliorem reddidisti, dono et permitto tibi habitare in illo cenaculo eoque uti“. defuncto Regulo controversiam habitationis patiebatur Nicostratus et cum de ea re mecum contulisset, dixi posse defendi non meram donationem esse, verum officium magistri quadam mercede remuneratum Regulum ideoque non videri donationem sequentis temporis irritam esse. quod si expulsus Nicostratus veniat ad iudicem, ad exemplum interdicti, quod fructuario proponitur, defendendus erit quasi loco possessoris constitutus, qui usum cenaculi accepit.* Reiche Literatur und Auseinandersetzung mit den Itp.-Annahmen im älteren Schrifttum bei Broise, Animus donandi, S. 83ff.

140 Zu den in D. 39,5,27 erwähnten Personen siehe Babusiaux, Papinians Quaestiones, S. 16; 247f.

mer bei meinem Vater gewesen bist als auch mich durch deine Beredsamkeit und deine Sorgfalt gebildet hast". Die *donatio*, auf die sich die *lex Cincia* bezog[141], betraf nach Papinian nur das[142], was über die Belohnung der Dienste hinausging. Im remuneratorischen Umfang war die Wohnungsüberlassung keine Schenkung[143]. Somit war der Wert der Schenkung[144] für den *modus legis Cinciae* erst ab der Zeit zu berechnen, zu der die *officia magistri*[145] bereits angemessen belohnt wurden.

Ulpian[146] unterschied in D. 17,1,10,13 und 12pr. zwischen *remuneratio* und *donatio* beim Schulderlass für den Bürgen[147]. Wenn der Gläubiger dem Bürgen die Schuld *principaliter donando* erließ, hatte der Bürge keinen Regress gegen den Hauptschuldner[148]. Der durch die Schenkung erworbene Vorteil bestand nur in

Papinian wurde wahrscheinlich erst nach dem Erbenstreit geboren und konnte daher in der Sache selbst keinen Rat gegeben haben; so Manthe, SZ 131 (2014), S. 454.

141 Nach dem palingenetischen Zusammenhang erörterte Papinian den Fall in Bezug auf die Anwendung der *lex Cincia*; Lenel, Palingenesia I., Pap. 354, S. 876 („*Ad legem Cinciam*"). Dafür zuletzt auch Babusiaux, Papinians Quaestiones, S. 247ff.

142 Papinian hat die Schenkung nicht völlig verneint, dies ergibt sich aus: *non videri donationem sequentis temporis irritam esse.* Jedoch gegen eine Schenkung Savigny, System, 4. Bd., S. 95 mit N. n; Stock, Zum Begriff der donatio, S. 43; Slapnicar, Gratis habitare, S. 61.

143 *Non meram donationem esse, verum officium magistri quadam mercede remuneratum Regulum* bedeutet: In der Wohnungsüberlassung ist nicht nur eine *donatio* zu sehen, sondern gewissermaßen auch Belohnung für die Dienste des Lehrers. Doch für eine Schenkung auch in dem remuneratorischen Umfang Ribas Alba, De la donación al contrato, S. 176f. Der Itp.-Verdacht von *meram* und *ideoque non … irritam esse* überzeugt nicht, dafür aber Reggi, Studi Francisci, Vol. III, 1956, S. 244f.

144 Als Berechnungsmaßstab für die *lex Cincia* diente das verkehrsübliche Entgelt für das Wohnen, das Nicostratus ersparte; dazu im Zusammenhang mit Pomp. D. 39,5,9pr. Misera, Der Bereicherungsgedanke, S. 187f.; Slapnicar, Gratis habitare, S. 84.

145 Der Lohn (*merces* oder *honorarium*) der *praeceptores studiorum liberalium* (*rhetores, grammatici, geometrae*) war zur Zeit von Papinian bereits in der *cognitio extraordinaria* durchsetzbar; Ulp. D. 50,13,1.

146 Keine *donatio*, sondern eine eigene Form des Entgelts – ein *honorarium*, sah Ulpian in der *remuneratio* der Dienste eines Feldmessers: Ulp. D. 11,6,1pr.: *non crediderunt veteres inter talem personam locationem et conductionem esse, sed magis operam beneficii loco praeberi et id quod datur ei, ad remunerandum dari et inde honorarium appellari.* Nach Paulus (D. 10,1,4,1) gebührte dem Feldmesser sogar *merces* aus der *locatio conductio*. Zum Widerspruch zwischen den zwei Texten zuletzt Du Plessis, Letting and Hiring, S. 99f.

147 Ulp. D. 17,1,10,13: *Si fideiussori donationis causa acceptum factum sit a creditore, puto, si fideiussorem remunerari voluit creditor, habere eum mandati actionem:* [*multo magis, si mortis causa accepto tulisset creditor vel si eam liberationem legavit.*] Ulp. D. 17,1,12pr.: *Si vero non remunerandi causa, sed principaliter donando fideiussori remisit actionem, mandati eum non acturum.* Der letzte Satz in Fr. 10,13 (*multo magis rell.*) ist nach der überwiegenden Meinung unklassisch; dazu zuletzt Neumann, Der Bürgenregress, S. 90.

148 Durch die *acceptilatio* gegenüber dem Bürgen wurde auch der Hauptschuldner befreit; Ulp. D. 46,4,13,7; Ulp. D. 46,4,16,1.

der Schuldbefreiung; anders dagegen, wenn ihn der Gläubiger durch den Schulderlass belohnen (*remunerari*) wollte[149]. Wäre der Bürge durch die *acceptilatio* hier nur von seiner Bürgenschuld befreit, so wäre er noch nicht um das geschuldete Geld belohnt[150]. Die Belohnung holte er sich gleichsam durch den Bürgenregress nun vom Schuldner. Die *remuneratio* kam aber vom Gläubiger her; es war sein Wille zu belohnen, der hier nach Ulpian die regressauslösende Wirkung herbeiführte. Dies war möglich, denn der Gläubiger konnte dies auch dadurch erreichen, dass er das Geld vom Bürgen tatsächlich annahm, dadurch den Bürgenregress auslöste und daraufhin das „Gezahlte" als Belohnung dem Bürgen zurückgab[151]. Die beiden Texte zeigen, dass Ulpian die Begriffe *remunerari* und *donare* weder als gleichbedeutend noch als gleichwirkend in den Rechtsfolgen ansah.

In D. 39,5,19,1[152], in einer Abhandlung über die *exceptio legis Cinciae*[153], verneinte Ulpian mit Labeo den Schenkungscharakter jener Leistungen, mit denen Freundschaftsdienste belohnt wurden, wie z. B. Beistehen im Prozess, Bürgschaftsleistung oder anderer Dienste, die dem Leistenden in irgendeiner Weise nützlich waren[154]. Nach § 5 desselben Fragments enthielten ferner diejenigen Stipulationen keine Schenkung, die *ob causam* geschahen.

149 Anders Donatuti, Studi, Vol. primo, S. 303ff., nach dem Ulpian das unterscheidende Kriterium darauf aufgebaut hat, ob der Gläubiger dem Bürgen oder dem Hauptschuldner schenken wollte. In diesem Sinn bereits Savigny, System, 4. Bd., S. 90f. Dagegen Neumann, Der Bürgenregress, S. 91f.

150 Vgl. das *abesse ei pecunia* in Pomp. D. 17,1,47pr.: *Iulianus ait, si fideiussori uxor doti promiserit, quod ei ex causa fideiussoria debeat, nuptiis secutis confestim mandati adversus debitorem agere eum posse, quia intellegitur abesse ei pecunia eo, quod onera matrimonii sustineret.* Hierzu ausführlich Neumann, Der Bürgenregress, S. 87ff.

151 So zutreffend Neumann, Der Bürgenregress, S. 93. Dort (S. 92ff.) auch zu einer zweiten Juristenmeinung, der zufolge die *acceptilatio* immer regressauslösend wirkte.

152 Ulp. D. 39,5,19,1: *Labeo scribit extra causam donationum esse talium officiorum mercedes ut puta: si tibi adfuero, si satis pro te dedero, si qualibet in re opera vel gratia mea usus fueris.*

153 Nach Lenel, Palingenesia II., Ulp. 1689, S. 867, stand der Text bei Ulpian unter der Rubrik „*Ad legis Cinciae exceptionem*".

154 Es ist wahrscheinlicher, dass Ulpian in D. 39,5,19,1 eine *stipulatio mercedis* und nicht eine *datio mercedis* erörterte. Zum einen spricht dafür der Wortlaut „wenn ich dir Beistand oder für dich Bürgschaft leiste usw.", der wohl den möglichen Stipulationsinhalt beschreibt, etwa: „versprichst du mir hundert, wenn ich dir Beistand leiste?". Zum anderen macht die palingenetische Einordnung die Stipulation wahrscheinlich, denn im Fall einer durch die *datio* vollzogenenen Belohnung hätte die *exceptio legis Cinciae* ohnedies einen geringen Spielraum; in den meisten Fällen ginge es um die *traditio* des Geldes, die sogleich mit der Hingabe vollständig abgewickelt wäre. Vgl. aber D. 39,5,3, wo Ulpian unter demselben Titel („*Ad legis Cinciae exceptionem*") doch eine Sachschenkung behandelte (unten in Fn. 220).

D. 39,5,19,5 (ULPIANUS libro septuagensimo sexto ad edictum)
Sed et hae stipulationes, quae ob causam fiunt, non habent donationem.

Causa konnte hier wohl eine *causa praeterita* sein, sodass mittels der Stipulation Belohnung für einen bereits erbrachten Dienst versprochen wurde[155].

In D. 12,6,65,2 begründete Paulus den Kondiktionsausschluss bei der *datio ob causam* mit den Worten „weil ich schenken wollte" (*quia donari*[156] *volui*). Daraus hat Schwarz geschlossen, die Klassiker hätten die *datio ob causam* generell als Schenkung angesehen[157].

D. 12,6,65,2 (PAULUS libro septimo decimo ad Plautium)
Id quoque, quod ob causam datur, puta quod negotia mea adiuta ab eo putavi, licet non sit factum, quia donari volui, quamvis falso mihi persuaserim, repeti non posse.

Aus D. 12,6,65,2 lässt sich jedoch noch nicht entnehmen, dass Paulus eine *datio ob causam* grundsätzlich als Schenkung im rechtstechnischen Sinn beurteilte[158]. Mit *quia donari volui* konnte Paulus nur meinen: Wusste der *dans ob causam*, dass er zur Belohnung des empfangenen Dienstes nicht verpflichtet war, und leistete er dennoch, dann ist er eher so anzusehen, als habe er schenken wollen, und es ist daher bedeutungslos, ob die von ihm angenommene *causa* tatsächlich erfolgte

155 Vgl. jedoch SCHWARZ, Die Grundlage der condictio, S. 128, der den § 5 für eine Randglosse hielt. Dazu zwang ihn seine These, dass die Klassiker eine *datio ob causam* als Schenkung sahen (siehe in Fn. 157), während Ulpian in § 5 einer *stipulatio ob causam* den Schenkungscharakter absprach. Dass „die Klassiker bald gesagt haben sollten, *datio ob causam* sei Schenkung (D. 12,6,65,2), bald *stipulatio ob causam* sei keine Schenkung, ist unerträglich". Zu D. 12,6,65,2 siehe sogleich unten im Text.

156 Der passive Infinitiv ist auffällig und passt nicht.

157 SCHWARZ, Die Grundlage der condictio, S. 123. Zu dem Schluss, dass die *datio ob causam* eine Schenkung gewesen sei, kam aufgrund dieser Stelle offenbar auch HARKE, IURA 54 (2003), S. 56ff.; 61 und neuerdings SOBCZYK, TR 89 (2021), S. 364; 378. Ähnlich BEHRENDS, Fs. Wacke 2001, S. 39: „kondiktionsrechtlich unerhebliche Zweckschenkung"; S. 48: „motivierte Schenkung, deren Motiv kondiktionsrechtlich nicht in Betracht kam". Für eine Schenkung auch RIBAS ALBA, De la donación al contrato, S. 177.

158 Und dies noch weniger in der von SCHWARZ, Die Grundlage der condictio, S. 145, rekonstruierten Fassung, in der an Stelle von „*quia donari volui*", „*cui donare volui*" steht; nach Ausfall *quia* ist die Schenkung nicht mehr Argument für den Kondiktionsausschluss. Aus sprachlichen Gründen hielt D. 12,6,65,2 für interpoliert auch HAYMANN, Die Schenkung unter einer Auflage, S. 37, N. 1.

oder *falsa*[159] war[160]. Er steht jenem gleich, der wissentlich ein *indebitum* zahlte, und hat daher keine Kondiktion[161].

Eine gewisse Neigung von Paulus, eine freiwillige Belohnung als *donatio* zu betrachten, könnte man eher in Pauli Sent. 5,11,6 sehen. Freilich müsste man annehmen, dass der Verfasser des in Pauli Sent. 5,11,6 überlieferten Textes tatsächlich Julius Paulus war[162], oder zumindest, dass der Sentenzenverfasser hier aus paulinischem Material schöpfte[163]. In Pauli Sent. 5,11,6 wurde die Belohnung als

---

159 Nicht überzeugend ist die These von SACCOCCIO, Si certum petetur, S. 223ff., dass der Kondiktionsausschluss lediglich die Fälle betroffen habe, in denen eine „*causa* giustificativa" zunächst bestanden habe, später aber weggefallen sei (*causa finita*), wodurch das in der Vergangenheit liegende *factum* des Empfängers den Charakter der *causa* verloren habe (daher sage Pomponius in D. 12,6,52 *falsa causa*). Habe dagegen die *causa* von vornherein nicht bestanden, so sei die *datio ob causam* rückforderbar gewesen. Paulus sagte aber ausdrücklich: *licet non sit factum* – die vom *dans* angenommene Handlung des Empfängers geschah nicht. Die These von Saccoccio lässt sich auch aus D. 19,2,19,6 nicht gewinnen, da der Text im ersten Teil einen von den *dationes, quod negotia mea adiuta ab eo putavi* unterschiedlichen Fall beschreibt. Für die *dationes ob causam* war die fehlende Verpflichtung des Gebers charakteristisch: Er wollte den Empfänger für seine Dienste belohnen, obschon er wusste, dass er dazu nicht verpflichtet war. Dagegen bildete in D. 19,2,19,6 der Mietvertrag die Grundlage für die Verpflichtung zur Zahlung des Mietzinses. Hatte der Mieter für das ganze Jahr bezahlt, so wurde die Zahlung nicht schon deswegen zum *indebitum*, weil das gemietete Haus nach sechs Monaten einstürzte. Aus diesem Grund hatte Mela die *condictio indebiti* verneint, gewährte aber die *actio conducti* auf Rückzahlung des Mietzinses für die restliche Zeit.

160 Ähnlich wie auch ein Vermächtnis gültig blieb, wenn es sich erwies, dass das „weil" des Legats falsch war. Zur Regel *falsa causa non nocet* bei testamentarischen Verfügungen: Ulp. lib. sing. 24,19; Gai. D. 35,1,17,2; Just. Inst. 2,20,31; jedoch Pap. D. 35,1,72,6: *Falsam causam legato non obesse verius est, quia ratio legandi legato non cohaeret: sed plerumque doli exceptio locum habebit, si probetur alias legaturus non fuisse.* Paul. D. 28,5,93,1. Zu den Ausnahmen VOCI, Diritto ereditario romano 2², S. 857ff.

161 Paul. D. 50,17,53: *Cuius per errorem dati repetitio est, eius consulto dati donatio est.* Paul. D. 46,2,12: *Si quis delegaverit debitorem, qui doli mali exceptione tueri se posse sciebat, similis videbitur ei qui donat, quoniam remittere exceptionem videtur.* In diesem Zusammenhang meinte auch SCHWARZ, Die Grundlage der condictio, S. 115, dass, wenn die Klassiker wissentliche Leistung eines *indebitum* mit der Schenkung verglichen hätten, so es sich ausschließlich „um eine juristische Konstruktion, mit deren Hilfe bestimmte Rechtssätze angewandt oder die Anwendung anderer ausgeschlossen werden sollte, um so dem Einzelfall gerecht zu werden", gehandelt habe.

162 Die Pauli-Sent.-Stelle ist interpoliert auch in einem Paulus-Fragment in den Digesten überliefert: D. 39,5,34,1 (Paul. libro quinto sententiarum): *Si quis aliquem a latrunculis vel hostibus eripuit et aliquid pro eo ab ipso accipiat, haec donatio inrevocabilis est: non merces eximii laboris appellanda est, quod contemplatione salutis certo modo aestimari non placuit.* Statt *non merces* F2 (*corrector ordinarius*) für *nam merces*; MOMMSEN/KRÜGER, Corpus iuris civilis²², ad h. l., N. 14. Für den paulinischen Ursprung der *Iulii Pauli sententiarum receptarum ad filium libri V* neuerdings RUGGIERO, Ricerche sulle Pauli Sententiae, S. 1ff.; entschieden dagegen LIEBS, SZ 136 (2019), S. 465–479.

163 Zu der These, dass der Sentenzenverfasser aus den Werken von Paulus geschöpft habe, vgl. LEVY, Gesammelte Schriften I, S. 226, N. 27; NOORDRAVEN, Die Fiduzia, S. 9 (nachklassische „Bearbei-

Schenkung beurteilt, jedoch wollte der Verfasser diese gerade deswegen, weil sie eine Belohnung enthielt, dem Geltungsbereich der *lex Cincia* entziehen[164].

Pauli Sententiae 5,11,6
Ei, qui aliquem a latrunculis vel hostibus eripuit, in infinitum donare non prohibetur (si tamen donatio et non merces eximii laboris appellanda est), quia contemplationem salutis certo modo aestimari non placuit.

Wenn jemand die Rettung vor Straßenräubern oder Feinden belohnt, dürfe man der Schenkung keine Obergrenze setzen, weil das zur Rettung dienende Handeln sich nicht schätzen lässt. Obschon der Verfasser die Leistung als Schenkung beurteilte, drückte er doch Zweifel darüber aus, ob eine solche Leistung nicht eher ein Lohn für eine außergewöhnliche Mühe war: *si tamen donatio et non merces eximii laboris appellanda est.* Es ist wenig wahrscheinlich, dass der Verfasser nur aufgrund des besonderen Charakters des belohnten *labor* (der Lebensrettung) zögerte, eine *merces* anzunehmen[165]. Denn die *merces* als Entgelt für die Lebensrettung war den Klassikern nicht fremd; Belege dafür finden sich in Pauli Sent. 1,7,5[166] und Ulp. D. 4,2,9,1[167].

tung einer Reihe von Texten des klassischen Juristen Paulus"). Guter Meinungsüberblick hierzu findet sich bei LIEBS, Die Rolle der Paulussentenzen, S. 164ff. Gegen diese Meinungen LIEBS, Römische Jurisprudenz in Africa², S. 42ff., nach dem der Verfasser der *Pauli Sententiae* ein Provinzialjurist war, der wahrscheinlich in Afrika wirkte und dort auch die Sentenzen im sehr späten 3. Jahrhundert verfasste. Der Sentenzenverfasser habe aus Ulpian, Paulus, Marcian, Papinian, Modestin und ebenso aus dem Codex Gregorianus und Codex Hermogenianus geschöpft (S. 58ff. und zusammenfassend S. 110).

164 WINDSCHEID, Lehrbuch des Pandektenrechts, Bd. 2⁹, S. 565, N. 11; LEVY, Weströmisches Vulgarrecht, S. 239; CASAVOLA, Lex Cincia, S. 38ff.; BEHRENDS, SZ 96 (1979), S. 355.

165 Vgl. aber BEHRENDS, SZ 96 (1979), S. 354f.

166 Pauli Sent. 1,7,5: *Si aliquis, ut se de vi latronum vel hostium vel populi liberaret, aliquid mancipavit vel promisit, ad metum non pertinet: mercedem enim depulsi metus tribuit.* Die Belohnung für die Lebensrettung sei nicht *metus causa* geleistet, es sei vielmehr „ein Lohn (*merces*) für das Abwehren der Furcht". Im Unterschied zu Pauli Sent. 5,11,6, zahlte der *aliquis* in Pauli Sent. 1,7,5, „um gerettet zu werden", und nicht, um die bereits erfolgte Lebensrettung zu belohnen. Dafür spricht nicht nur die Formulierung in Pauli Sent. 1,7,5: *ut se de vi latronum vel hostium vel populi liberaret,* sondern auch der erörterte Zusammenhang. Stellte sich die Frage, ob die Zahlung oder das Versprechen nicht *metus causa* vorgenommen wurden, so mussten sie erfolgen, als sich der Leistende noch in Gefahr befand. Bei Belohnung der bereits erfolgten Lebensrettung würde sich die Drucksituation nicht stellen und damit auch nicht die Frage nach der Anwendung des Edikts. Dabei ging es in den meisten Fällen um Versprechen einer künftigen Leistung, da eine in Gefangenschaft vorgenommene Manzipation schwer vorstellbar ist. Siehe dazu auch MARTENS, Durch Dritte verursachte Willensmängel, S. 22ff. Zum *metus* zuletzt GAULHOFER, Metus, S. 1ff.

167 Ulp. D. 4,2,9,1: *Animadvertendum autem, quod praetor hoc edicto generaliter et in rem loquitur nec*

Es stellt sich die Frage, worauf der Verfasser mit dem Argument *quia contemplationem salutis certo modo aestimari non placuit* abzielte. Warum solle sich die *lex Cincia* nur deswegen nicht auf eine *donatio* beziehen, weil die Lebensrettung nicht in Geld bewertet werden könne? Eine denkbare Erklärung wäre, dass der Verfasser zunächst so zu entscheiden versuchte, wie Papinian in D. 39,5,27, das heißt, er wollte die Leistung des Geretteten als eine gemischte Schenkung beurteilen[168], etwa: Im remuneratorischen Umfang war die *datio* keine Schenkung; die *lex Cincia* betraf lediglich das, was über die Belohnung (*merces*) hinausging. Da sich aber die Lebensrettung nicht auf bestimmte Weise bewerten ließ, ließ sich auch nicht feststellen, in welchem Umfang das Gegebene ein Äquivalent, also *merces* (und keine Schenkung) war. Der Verfasser beurteilte die Leistung daher im ganzen Umfang als *donatio*, jedoch nur als eine besonderer Art, für die die Obergrenze der *lex Cincia* nicht galt. In einem anderen Fall, wenn sich der belohnte Dienst dagegen bewerten ließe, hätte er den Belohnungscharakter vielleicht als Argument gegen die Schenkung verwendet, da er damit die Auswirkung der *lex Cincia* direkt ausschließen könnte[169]. Man fragt sich aber, wodurch sich eine solche eigenartige Schenkung, auf die sich das Verbot der *lex Cincia* nicht bezog, von einer *datio ob causam* unterschied.

Aus den erörterten Texten ergibt sich, dass die klassischen Juristen (wenn auch nicht immer, so doch) auch freiwilligen remuneratorischen Leistungen den Schenkungscharakter verwehrten, nicht selten in der Absicht, die Anwendung der *lex Cincia* auszuschließen. Im Unterschied zur *datio ob rem* genügte bei der *datio ob causam* nicht das Begriffsmerkmal „der Schenker gibt so, dass er das Ge-

---

adicit a quo gestum: et ideo sive singularis sit persona, quae metum intulit, vel populus vel curia vel collegium vel corpus, huic edicto locus erit. sed licet vim factam a quocumque praetor complectatur, eleganter tamen Pomponius ait, si quo magis te de vi hostium vel latronum vel populi tuerer vel liberarem, aliquid a te accepero vel te obligavero, non debere me hoc edicto teneri, nisi ipse hanc tibi vim summisi: ceterum si alienus sum a vi, teneri me non debere, ego enim operae potius meae mercedem accepisse videor. Eine Schenkung in D. 4,2,9,1 verneint auch Ribas Alba, De la donación al contrato, S. 164. Zum Text auch Kupisch, Fs. Huwiler 2007, S. 434f.

168 D. 39,5,27: *non meram donationem esse, verum officium magistri quadam mercede remuneratum.* Hierzu oben in Fn. 139ff.

169 Vgl. Paul. D. 39,5,8: *Quae liberti imposita libertatis causa praestant, ea non donantur: res enim pro his intercessit.* Die *res* bezieht sich auf die bereits erfolgte Freilassung. Das, was der Freigelassene dem Patron leistete, sah Paulus einigermaßen als Gegenleistung für die gewährte Freiheit. Für die Verneinung der Schenkung konnte hier jedoch auch die Tatsache eine Rolle spielen, dass der *libertus* (im Unterschied zu dem *dans ob causam*) gegen den Patron nicht ohne jede rechtliche Verpflichtung war; wenigstens die Dienste waren mit der *actio operarum* durchsetzbar (Ulp. D. 38,1,2,1), dazu Kaser, Das römische Privatrecht 1², S. 300.

schenk nicht zurücknehmen will", um die Leistung dem Anwendungsbereich der Schenkungsverbote zu entziehen. *Datio ob causam* war eine Belohnung für bereits geleistete Dienste; der Geber gab daher regelmäßig in der Absicht, das Eigentum an der Sache endgültig zu verlieren[170]. Die Kondiktion des Gebers war sogar dann ausgeschlossen, wenn sich die *causa* (= das „weil" der Leistung) als falsch erwies[171]. Sollte die belohnende Zuwendung dennoch dem Geltungsbereich der Schenkungsverbote entzogen werden, so bot sich das Begriffsmerkmal *„propter nullam aliam c a u s a m facit, quam ut liberalitatem et munificentiam exerceat"* an: Der „Schenker" leistete nicht aus reiner Freigebigkeit und Mildtätigkeit, da er mit der Leistung die erbrachten Dienste des Empfängers (wenn auch freiwillig, so doch) belohnte[172].

Die kausale Verknüpfung zwischen Geschenk und Gegengeschenk

Eine Rolle für die Unterscheidung zwischen einer Schenkung und einer bloßen *datio ob causam* spielte die kausale Verknüpfung, auf die Pomponius in D. 12,6,52 mit *cum ideo do, quod aliquid a te consecutus sum* hinweist, also „wenn ich deswegen gebe, weil ich etwas von dir bekommen habe".

In den Digesten ist eine Vielzahl von gegenseitigen Sachschenkungen unter Ehegatten überliefert, die die klassischen Juristen trotz der Gegenseitigkeit als Schenkungen behandeln und darum die Anwendung der Regeln erörtern, die eine Ehegattenschenkung betreffen (Ehegattenschenkungsverbot, *oratio Severi*)[173]. Den Quellen lässt sich aber nicht entnehmen, welches Kausalverhältnis

170 Anders als bei einer gewöhnlichen Schenkung war die belohnende Zuwendung auch nicht mit der Erwartung des Gebers verbunden, dass sich der Empfänger in der Zukunft dankbar erweist; somit wäre hier auch ein Schenkungswiderruf wegen Undanks „begrifflich ausgeschlossen". Vgl. dazu mit Bezug auf das geltende Recht: PFEIFER in HKK, Bd. III, S. 449; ERTL in Klang Kommentar, §§ 938 bis 1001[3], S. 59f.

171 Paul. D. 12,6,65,2; Pomp. D. 12,6,52.

172 Vgl. hierzu die in Bezug auf das BGB umstrittene Ansicht, ob eine ursprünglich als Schenkung erbrachte Leistung unter Einbeziehung einer nachträglichen Zuwendung in einen entgeltlichen Vertrag umgewandelt werden könne. Dafür mwN. KOCH in Münchener Kommentar, Bd. 4[8], S. 1217f. Zwischen einem entgeltlichen Vertrag und einer remuneratorischen Schenkung, also zwischen einer „Ent-" und „Belohnung" unterscheidet Koch nach dem Willen des Zuwendenden: „Bei der Entlohnung ist der Zuwendende der Auffassung, dass die vorhergehende Leistung des anderen einen (höheren) Lohn verdient. … Bei der Belohnung will der Zuwendende das bisherige Vertragsverhältnis nicht ändern, aber sich dem Anderen für dessen Freigebigkeit oder gute Vertragserfüllung seinerseits erkenntlich zeigen".

173 Lab. a Paulo epit. D. 24,1,67; Ulp. D. 24,1,7,2; Ulp. D. 24,1,32,9 und 14; Marci. D. 39,6,26. In D. 24,1,67 sah Labeo auch in der zweiten Übergabe (Gegengeschenk von der Ehefrau an den Mann) eine Schenkung (*ea mente facta fuerit qua ceterae donationes*). Das Gegengeschenk hatte er dem Geltungsbereich des Ehegattenschenkungsverbots deswegen entzogen, weil dadurch die

zwischen den Sachleistungen bestand, ob also die erste Schenkung Motiv der Gegenschenkung war oder ob sie unabhängig voneinander erfolgten. Gesagt wird meistens nur *invicem sibi donaverint*[174] oder *donationes mutuae*[175].

Es ist denkbar, dass die Gegenschenkung dann nicht als Schenkung gesehen wurde, wenn sie in kausaler Verbindung mit dem erlangten Geschenk stand, das heißt, wenn das erlangte Geschenk den Hauptgrund der „Gegenschenkung" bildete[176]. Analog verneinte Ulpian in D. 19,5,17,3[177] aufgrund fehlender Unentgeltlichkeit einen Leihvertrag, wenn sich der Verleiher vom Entlehner im Gegenzug eine Sache auslieh. Dieses Rechtsgeschäft beurteilte er vielmehr als einheitlichen Gebrauchstauschvertrag[178]. Es ist aber auch möglich, dass die gegenseitigen Sachschenkungen aufgrund ihrer weiten Verbreitung[179] anders behandelt wurden als

---

Ent- und Bereicherung aus der ersten Schenkung rückgängig gemacht wurde. Vgl. dazu MISERA, Der Bereicherungsgedanke, S. 79f.; 150ff.

174 D. 24,1,7,2; D. 24,1,32,14 (*invicem donationibus factis*); D. 39,6,26.

175 D. 24,1,32,14.

176 In D. 5,3,25,11 nahm Ulpian beim Gegengeschenk ausdrücklich eine Art von Tausch an (*velut genus quoddam hoc esset permutationis*). Weitgehende Schlüsse lassen sich daraus aber nicht ziehen, da er hier lediglich die Frage der Bereicherung erörterte. Dazu überzeugend bereits SAVIGNY, System, 4. Bd., S. 93, N. k. Kein Austauschverhältnis nahmen Diokletian und Maximian in C. 5,3,10 an: *Si filiae tuae sponsus ei mancipium donavit ac tu in eum iumenta liberalitatis ratione contulisti nec nuptiis secutis contra iuris rationem quod dederat abstulit, non invicem datorum restitutio, sed eius quod illicite rapuit repetitio competit.* Daraus, dass die Kaiser die Rückforderung des Gegebenen ablehnten (*non invicem datorum restitutio*), ergibt sich, dass sie beide *dationes* als unwiderrufliche Schenkungen betrachteten. Bestand zwischen den Schenkungen ein Kausalverhältnis, so hatte dieses keine Rechtskonsequenzen.

177 Ulp. D. 19,5,17,3: *Si, cum unum bovem haberem et vicinus unum, placuerit inter nos, ut per denos dies ego ei et ille mihi bovem commodaremus, ut opus faceret, et apud alterum bos periit, commodati non competit actio, quia non fuit gratuitum commodatum, verum praescriptis verbis agendum est.* Zum Text SLAPNICAR, Gratis habitare, S. 62f.

178 Vgl. auch Marci. D. 19,5,25: *Si operas fabriles quis servi vice mutua dedisset, ut totidem reciperet, posse eum praescriptis verbis agere*; Gai. Inst. 3,144: *Vel si rem tibi utendam dederim et invicem aliam rem utendam acceperim, quaeritur, an locatio et conductio contrahatur.*

179 Die Erwartung einer *remuneratio* im Sinn eines „Gegengeschenks" war der römischen Natur allem Anschein nach nicht fremd; siehe MACCORMACK, Labeo 31 (1985), S. 138ff. So sagte auch Ulpian, dass der Schenker sich durch die Zuwendung den Empfänger auf natürlicher Weise zur *remuneratio* verpflichtete. Ulp. D. 5,3,25,11: *nec si donaverint, locupletiores facti videbuntur, quamvis ad remunerandum sibi aliquem naturaliter obligaverunt.* Mit *naturaliter obligaverunt* meinte Ulpian freilich nicht die *naturalis obligatio* im eigenen Sinn, sondern nur eine moralische Verbindlichkeit, ein Gegengeschenk zu geben. Dazu ausführlich MAREZOLL, ZCP 1 (1828), S. 31ff. Vgl. dazu auch Gai. D. 47,2,55(54),1: *nec movere quem debet, quasi nihil lucri sui gratia faciat: species enim lucri est ex alieno largiri et beneficii debitorem sibi adquirere. unde et is furti tenetur, qui ideo rem amovet, ut eam alii donet.* Zum Itp.-Verdacht von *quamvis ad remunerandum rell.* in D. 5,3,25,11 und *nec movere rell.* in D. 47,2,55(54),1 siehe REGGI, Studi Francisci, Vol. III, 1956, S. 237ff. mwN. Vgl.

die Belohnung eines geleisteten Dienstes. Während im letzteren Fall der remuneratorische Charakter eine Schenkung ausschloss, konnte bei den Sachschenkungen das Gegengeschenk als Schenkung im eigentlichen Sinn betrachtet werden. Ähnlich wird der Schenkungscharakter eines Gegengeschenks auch heute nicht angezweifelt[180].

Damit haben wir jene Fälle ausgeschöpft, in denen der Schenkungswille durch einen in der Vergangenheit liegenden Umstand motiviert war. Diese Fallgruppe ist nun von einer *spe* datio abzugrenzen. Bei der *spe datio* hoffte der Geber, durch die Leistung einen bestimmten Vorteil zu gewinnen. Dadurch, dass der Zuwendungswille hier durch die Erwartung eines *zukünftigen Erfolgs* motiviert war, war die *spe datio* bereits der Schenkung unter Auflage verwandt.

2. *Spe datio*

Auch nach Schwarz[181] trennten die Klassiker die Begriffe *datio ob rem* und *datio ob causam* voneinander ab. *Res* beziehe sich auf die Zukunft und sei der bei der Leistung vereinbarte Leistungserfolg, bei dessen Nichteintritt der Geber das Hingegebene mit der *condictio ob rem* zurückfordern könne. *Causa* sei dagegen ein in dem Sinn rechtlich unbedeutsamer Beweggrund, dass ihre Nichtexistenz den Geber nicht zur Kondiktion berechtige. Schwarz meinte aber, dass sich der mit *causa* bezeichnete Beweggrund „ebenso gut auf einen in der Zukunft erwarteten wie auf einen in der Vergangenheit vorgestellten Umstand" habe beziehen können[182]. Den Aussagen der Quellen entspricht dies allerdings nicht. In den Texten, in denen für die Bezeichnung *datio ob causam* konkrete Beispiele genannt werden (Pomp. D. 12,6,52; Paul. D. 12,6,65,2), verweist die *causa* auf einen in der Vergangenheit liegenden Umstand[183]. Die These von Schwarz findet ferner auch in den

---

Bürge, SZ 97 (1980), S. 142: „Auf der wirtschaftlichen Seite sind die aufgrund einer unentgeltlich erbrachten Leistung erworbenen Verpflichtungen zu Erkenntlichkeiten eine bedeutende Erwerbsquelle der begüterten Kreise."

180 Mit dem „Paradebeispiel Weihnachten": Pfeifer in HKK, Bd. III, S. 441 mit N. 9. Dagegen fehlt es an der Unentgeltlichkeit dann, wenn bei der Schenkung ausgemacht wird, dass der Schenker wieder beschenkt werden muss; vgl. § 942 ABGB.

181 Schwarz, Die Grundlage der condictio, S. 122.

182 Im Ergebnis ähnlich Pellecchi, SDHI 64 (1998), S. 137ff. mit N. 213, nach dem die *causa praeterita* als Kriterium einer *datio ob causam* überschätzt wurde. Paul. D. 12,6,65,2 sei ein Beleg dafür, dass der Grund für den Kondiktionsausschluss eher im *animus donandi* des Gebers bestanden habe.

183 Dafür, dass die *datio ob causam* vergangenheitsorientiert war, auch Pflüger, Zur Lehre vom Erwerbe, S. 111f. (*ob causam datum* sei „das für einen schon empfangenen Gegenwert Gegebene"); Ernst, Die datio ob rem, S. 35; Harke, IURA 54 (2003), S. 54ff.; 61, und neuerdings Sobczyk,

von ihm angeführten Quellen D. 12,4,3,7; C. 4,6,7 und C. 2,4,25 keine Unterstützung. Bezog sich der Beweggrund auf einen in der Zukunft erwarteten Umstand, so war es eher üblich, ihn als *spes* zu bezeichnen (und nicht als *causa*).

D. 12,4,3,7 (ULPIANUS libro vicensimo sexto ad edictum)
Sed si servus, qui testamento heredi iussus erat decem dare et liber esse, codicillis pure libertatem accepit et id ignorans dederit heredi decem, an repetere possit? et refert patrem suum Celsum existimasse repetere eum non posse: sed ipse Celsus naturali aequitate motus putat repeti posse. quae sententia verior est, quamquam constet, ut et ipse ait, eum qui dedit ea spe, quod se ab eo qui acceperit remunerari existimaret vel amiciorem sibi esse eum futurum, repetere non posse opinione falsa deceptum.

Ulpian erörtert zunächst einen Fall der *datio propter condicionem*: Ein Sklave zahlte dem Erben zehn, um die dadurch bedingte testamentarische Freiheit zu erwerben. Später erfuhr er, dass ihm die Freiheit auch unbedingt aus dem Kodizill zuteil wurde. Celsus billigte in diesem Fall, anders als sein Vater, eine Kondiktion des *propter condicionem* Geleisteten[184]. Dieser Fall sei aber von einer reinen *spe datio* (*dedit ea spe*) zu unterscheiden, wenn jemand etwa in der Hoffnung gibt, dass er vom Empfänger belohnt werde (*remunerari*) oder dass der Empfänger ihm freundlicher gesinnt sein werde. Diesem stehe die Kondiktion nach der herrschenden Meinung[185] (*constet*) nicht zu, wenn sich seine Hoffnung nicht verwirkliche (*repetere non posse opinione falsa deceptum*).

Die *spes* bezeichnete eine bestimmte Erwartung des Gebers. Sie war deswegen nur eine Hoffnung, weil sie keine Verpflichtung des Empfängers erzeugte; dieser musste von der Erwartung des Gebers nicht einmal wissen. Die *spes* schilderte also ein rechtlich unerhebliches Motiv, dessen Nichtverwirklichung keine Auswirkung auf den Bestand des Leistungsgrundes hatte. Rechtliche Relevanz konnte das Motiv erst dadurch erlangen, dass sich der Geber die Rückforderung für den

TR 89 (2021), S. 362ff.; 378, der meint jedoch (S. 365), dass „already at the end of classical law *datio ob rem* became displaced by *datio ob causam*"; (siehe hierzu auch oben in Fn. 131).

184 Der Sklave, der bei der Zahlung nicht von der im Kodizill enthaltenen unbedingten Freilassung wusste, zahlte, *um* die Freiheitsbedingung zu erfüllen; der Freiheitserwerb bildete für ihn den *Zweck* der Leistung. Es ist daher wenig wahrscheinlich, dass Celsus *pater* die Kondiktion nur deswegen ablehnte, weil er „die Erfüllung der Bedingung als rechtlich unbeachtliche Hoffnung des Leistenden" auffasste; doch dafür HARKE, Argumenta Iuventiana (1999), S. 125. Gegen Harke zutreffend HAUSMANINGER, Fs. Mayer-Maly 2002, S. 275f. Dort (S. 276ff.) auch zu den Gründen der Kontroverse zwischen Celsus *pater* und Celsus *filius*. Zum Text zuletzt ausführlich mit weiterführender Literatur KLEITER, Entscheidungskorrekturen, S. 169ff., mit BABUSIAUX, SZ 129 (2012), S. 761f.

185 So richtig HAUSMANINGER, Fs. Mayer-Maly 2002, S. 275f.

Fall vorbehielt, dass seine Erwartung nicht erfüllt wurde. Dadurch wurde die *spe datio* zu einer *datio ob rem*.

C. 4,6,7 (26./30. August 293/Honoré 1941/20[186])
Imperatores Diocletianus et Maximianus AA. et CC. Gerontio
Si repetendi, quod donabas uxori eius, quem ad proficiscendum tecum huiusmodi liberalitate provocare proposueras, nullam addidisti condicionem, remanet integra donatio, cum levitati perfectam donationem revocare cupientium iure occurratur.

Der Geber hoffte, den Ehemann durch die *donatio* an dessen Frau zum gemeinsamen Reisen zu veranlassen, fügte aber keine *condicio repetendi* bei. Nachdem er in seiner Erwartung enttäuscht worden war, wollte er das Hingegebene zurückbekommen. Diokletian lehnte die Rückforderung ab, „denn das Recht steht dem Leichtsinn derer, die eine perfekte Schenkung widerrufen wollen, entgegen". Der Hoffnung, die das Motiv der Schenkung war, sprach Diokletian jeglichen Einfluss auf den Bestand beziehungsweise die Fortdauer der Schenkung ab. Umgekehrt lässt sich aus dem Reskript schließen, dass der Geber dann zurückfordern könnte, wenn er nicht leichtsinnig gehandelt und der *datio* eine *condicio repetendi* beigefügt hätte. Dadurch, dass er die Erfüllung seiner Erwartung zum Inhalt der *condicio repetendi* erhoben hätte, hätte er das Motiv zugleich zum Zweck der Leistung gemacht. Bei Verfehlung des Zwecks stünde ihm die *condictio ob rem* zu, da er sich das Behalten des Hingegebenen durch die Empfängerin nur für den Fall der Zweckerfüllung wünschte. Das Geschäft entspräche in solchem Fall der Rechtsfigur der *datio ob rem*[187].
Ausdrücklich erwähnt ist die *spes* in einem späteren Reskript von Diokletian und Maximian.

C. 2,4,25 (12. April 294/Honoré 2292/20)
Imperatores Diocletianus et Maximianus AA. et CC. Marcellae et Cyrillae
Si maiores quinque et viginti annis cum patruo sive avunculo vestro transegistis vel ei debita donationis causa sine aliqua condicione remisistis, non idcirco, quod hoc huius hereditatis captandae causa, id est spe futurae successionis, vos fecisse proponatis, aliis ei succedentibus instaurari finita debent.

186 Die Zahl vor dem Schrägstrich bezeichnet die Nummer in der Palingenesia of Latin Private Rescripts von Honoré; die Zahl nach dem Schrägstrich die Nummer des Sekretärs.

187 Zur Unterscheidung zwischen Schenkung und *datio ob rem* siehe auch Diocl., Maxim. C. 4,6,6 im dritten Teil, dritten Kapitel I.1, S. 272f.

Einige Nichten verglichen sich mit ihrem Onkel oder erließen ihm *donationis causa* eine Schuld in der Hoffnung, später seine Erbschaft zu erlangen (*spe futurae successionis*). Machten sie das Motiv nicht zum Inhalt der Vereinbarung über die *transactio* oder über den Schulderlass (*sine aliqua condicione*), so dürfe, wenn andere ihn beerbten, der Rechtsstreit nicht wieder aufgenommen[188] oder die erlassene Schuld nicht eingefordert werden. Wieder spricht das Reskript der Hoffnung jegliche rechtliche Relevanz ab, obwohl der erwartete Erbschaftserwerb wirtschaftlich von nicht unerheblicher Bedeutung war.

Dass der Schenker in einer bestimmten Hoffnung leistete, widersprach nach Diokletian und Maximian offenbar nicht der Schenkungsnatur (deutlich in C. 4,6,7: *remanet integra d o n a t i o, cum levitati perfectam donationem revocare cupientium iure occurratur*), und dies unabhängig davon, worauf sich die Hoffnung bezog. Ulpian dagegen erwähnte in D. 12,4,3,7 keine Schenkung. Dafür jedoch, dass auch die klassischen Juristen in der *spe datio* eine Schenkung sahen, spricht Iav. D. 24,1,64.

D. 24,1,64 (Iavolenus libro sexto ex posterioribus Labeonis)
Vir mulieri divortio facto quaedam idcirco dederat, ut ad se reverteretur: mulier reversa erat, deinde divortium fecerat. Labeo: Trebatius inter Terentiam et Maecenatem respondit si verum divortium fuisset, ratam esse donationem, si simulatum, contra.

Ein Mann hatte seiner Frau nach der Scheidung etwas gegeben, um sie zur Rückkehr zu bewegen. Nach Trebatius war eine solche *donatio* gültig, wenn die Scheidung *verum* war. Die Scheidung musste ernsthaft gemeint, also der Ehekonsens ernsthaft beendet gewesen sein[189], denn wäre die Beendigung der Ehe nur vorge-

---

188 Die Entscheidung liegt auf einer Linie mit anderen Reskripten von Diokletian und Maximian zum Vergleich: C. 2,4,16: *Causas vel lites transactionibus legitimis finitas imperiali rescripto resuscitari non oportet* (a. 293) und C. 2,4,39: *Quamvis eum qui pactus est statim paeniteat, transactio rescindi et lis instaurari non potest: et qui tibi suasit intra certum tempus licere a transactione recedi, falsum adseveravit* (a. 294).

189 Auf die wahre Scheidung deutete nach mehrheitlicher Juristenmeinung eine lange Trennung oder die Eingehung der Ehe mit einer anderen Person: Iav. D. 24,1,64: *sed verum est, quod Proculus et Caecilius putant, tunc verum esse divortium et valere donationem divortii causa factam, si aliae nuptiae insecutae sunt aut tam longo tempore vidua fuisset, ut dubium non foret alterum esse matrimonium: alias nec donationem ullius esse momenti futuram.* Marcel. D. 23,2,33: *Plerique opinantur, cum eadem mulier ad eundem virum revertatur, id matrimonium idem esse: quibus adsentior, si non multo tempore interposito reconciliati fuerint nec inter moras aut illa alii nupserit aut hic aliam duxerit, maxime si nec dotem vir reddiderit.* Paul. D. 24,2,3: *Divortium non est nisi verum, quod animo perpetuam constituendi dissensionem fit. itaque quidquid in calore iracundiae vel fit vel dicitur, non prius ratum est, quam si perseverantia apparuit iudicium animi fuisse: ideoque per calorem misso*

täuscht gewesen, so wäre die Zuwendung wegen Verstoßes gegen das Ehegattenschenkungsverbot nichtig. Offenbar stand also die Hoffnung des Ehemannes *ut ad se reverteretur* dem Schenkungscharakter nicht im Wege[190].

III. Ergebnisse und Ausblick

Mangels anderer Schenkungsdefinitionen ist die in Iul. D. 39,5,1pr. überlieferte Charakteristik einer Sachschenkung von besonderer Bedeutung. Danach lag eine Schenkung im eigentlichen Sinn vor, wenn der Schenker das Eigentum an den Beschenkten in der Absicht übertrug, dass die geschenkte Sache zu ihm unter keinen Umständen zurückkehrt (*nec ullo casu ad se reverti*), und wenn er aus keinem anderen Grund zuwendete, als nur um Freigebigkeit und Mildtätigkeit auszuüben (*propter nullam aliam causam facit, quam ut liberalitatem et munificentiam*[191] *exerceat*). Entgegen der herrschenden Meinung[192] ist das Begriffsmerkmal „*propter nullam aliam causam ... exerceat*" klassisch. Obwohl es uns in dieser Abstraktheit in den Quellen nicht mehr begegnet, drückt das Merkmal die Freiwilligkeit und Unentgeltlichkeit einer Schenkung aus und erfasst eine ganze Reihe von Entscheidungen, in denen die Klassiker den sogenannten remuneratorischen Leistungen (*datio* oder *stipulatio ob causam*) den Schenkungscharakter absprachen, *um die Anwendung der lex Cincia auszuschließen*[193]. Mit dem zweiten Begriffsmerkmal „*nec ullo casu ad se reverti*" klammerten die klassischen Juristen dagegen jene Leistungen aus dem Schenkungsbegriff aus, bei denen sich der Geber das Rückforderungsrecht für einen bestimmten Fall vorbehielt, wofür im folgenden Kapitel die Quellenbelege vorzubringen sind.

---

repudio si brevi reversa uxor est, nec divortisse videtur. Vgl. dazu EISENRING, Die römische Ehe, S. 183ff., die in D. 24,1,64 einen Beweis dafür sieht, dass die Scheidung „ein Rechtsakt und nicht einfach eine soziale Tatsache" gewesen sei.

190 Anders dagegen das deutsche Zivilrecht, das die Zuwendung des Mannes an seine Frau, um sie zur Rückkehr zu bewegen, nicht als Schenkung, sondern als eine kausale Verknüpfung der Leistung und *Gegenleistung* beurteilt und dem Ehemann bei Nichterfüllung seiner Erwartung die Kondiktion wegen Zweckverfehlung (§ 812 Abs. 1 S. 2 Alt. 2) gewährt; siehe KOCH in Münchener Kommentar, Bd. 4^8, S. 1216f.

191 *Liberalitatem et munificentiam* ist möglicherweise Hendiadyoin.

192 Die oben in Fn. 117, 118 und 120 Genannten.

193 Es war üblich, die remuneratorischen Zuwendungen dadurch dem Anwendungsbereich der *lex Cincia* zu entziehen, dass man den Schenkungscharakter verneinte. Eher eine Ausnahme bildete Pauli Sent. 5,11,6, wo der Verfasser gegen die Anwendung der *lex Cincia* mit einem besonderen Charakter der Schenkung (Belohnung für die Lebensrettung) argumentierte.

1. Belohnende Leistung *(datio ob causam)*, Zweckleistung *(datio ob rem)* und Leistung in einer Hoffnung *(spe datio)* – Begriffsabgrenzung

Die erörterten Rechtsfiguren können voneinander wie folgt abgegrenzt werden: Bei der *datio ob causam* leistete der Geber, um den Empfänger für eine *bereits erbrachte* Leistung zu belohnen. Bei der *spe datio* wandte der Geber dagegen in der Hoffnung auf einen bestimmten *künftigen* Vorteil zu. Sowohl das in der Vergangenheit liegende Motiv (*causa*) als auch die auf die Zukunft bezogene Hoffnung (*spes*) stellten rechtlich *un*bedeutsame Beweggründe dar und ließen somit keine Rückforderung zu, wenn sich die angenommene *causa* später als falsch erwies oder wenn der Leistende in seiner Hoffnung enttäuscht wurde. Infolge des Rückforderungsausschlusses war bei beiden das Schenkungsmerkmal „*nec ullo casu ad se reverti*" erfüllt. Unterschiedlich betrachtet wurde das Vorliegen des Merkmals „*propter nullam aliam causam facit, quam ut liberalitatem et munificentiam exerceat*". Bei der *datio ob causam* sahen die klassischen Juristen dieses meistens als nicht gegeben. Obwohl der Geber zur Belohnung nicht verpflichtet war, war die *remuneratio* doch eine Art von Gegenleistung und daher keine Schenkung[194]. Die *spe datio* hingegen wurde als Schenkung betrachtet. Auch wenn der *dans* hoffte, sich durch die Schenkung eine bestimmte „Belohnung" zu verschaffen, war deren tatsächlicher Erwerb unsicher, und der *dans* verfügte über keine Mittel zur Erzwingung des erhofften Vorteils. Hätte er sich für den Fall, dass seine „Hoffnung" nicht erfüllt würde, ein Rückforderungsrecht ausbedungen, so läge statt der *spe datio* eine *datio ob rem* vor.

2. Ausgangspunkt der weiteren Untersuchung

Verfolgte der Schenker mit seiner Leistung den Erwerb eines *künftigen* Vorteils, so war für die Beurteilung als Schenkung lediglich die Tatsache relevant, dass der erstrebte Vorteil nicht die Grenzen einer Hoffnung überschritt. Unabhängig vom Inhalt der Hoffnung lag eine Schenkung vor, wenn sich der Schenker kein Rückforderungsrecht für den Fall vorbehielt, dass er in seinen Erwartungen enttäuscht wird.

Die bisherigen Ergebnisse stellen die bereits erwähnte These von Haymann[195] in Frage, wonach für den Schenkungscharakter einer Leistung der Inhalt einer Auflage entscheidend war und nicht die Tatsache, ob dem Schenker das Rück-

194 Die Klassiker sahen aber auch die Schenkung als etwas, was einem wegen eines „Verdienstes" (*ob meritum*) zuteil wurde: Ulp. D. 17,2,9: *Nec adiecit Sabinus hereditatem vel legatum vel donationes mortis causa sive non mortis causa, fortassis haec ideo, quia non sine causa obveniunt, sed ob meritum aliquod accedunt.*

195 Siehe oben in der Einleitung bei Fn. 21 und 27.

forderungsrecht zustand. Haymann zufolge ließ eine Auflage zugunsten des Beschenkten den Schenkungscharakter unberührt, obwohl der Schenker wegen Nichterfüllung der Auflage das Geschenk kondizieren konnte. Entgegen dieser Auffassung scheint es sich jedoch so zu verhalten, dass nicht der Inhalt der Auflage darüber entschied, ob sich die Leistung trotz beigefügter „Auflage" noch als Schenkung qualifizieren ließ, sondern das Rückforderungsrecht des Gebers. Das Rückforderungsrecht zerstörte überhaupt eine Schenkung. Diese Vermutung ist in der folgenden Quellenuntersuchung zu erhärten.

Zweiter Teil:
Das klassische Juristenrecht

Erstes Kapitel: Schenkung oder *condictio ob rem*

I. Die Zweckbestimmung zugunsten des Beschenkten

Betrachten wir zunächst Zweckbestimmungen, deren Erfüllung im Interesse des Empfängers lag. An der Erfüllung von Auflagen der Art „damit der Empfänger ein Haus auf dem eigenen Grundstück errichtet", „damit er auf dem eigenen Grundstück aussät", „damit er sich den Sklaven Stichus kauft" hatte der Geber kein Vermögensinteresse. Einer „Gegenleistung" entsprachen diese Zweckbestimmungen auch dann nicht, wenn man die „Gegenleistung" in einem so weiten Sinn wie Pegasus verstand, der in D. 39,5,19,6 die Schenkungsnatur einer Stipulation ablehnte, wenn die Stipulation unter der Bedingung „wenn der Stipulator schwört, meinen Namen zu tragen" abgeschlossen war[196].

Eine Zweckbestimmung, deren Erfüllung lediglich dem Beschenkten zum Vorteil gereicht, pflegt die Literatur als *modus simplex* zu bezeichnen. Nach Haymann[197] ist für den *modus simplex* charakteristisch, „daß im Sinn des Geschäfts das vom Empfänger geforderte Verhalten ausschließlich dem Besten des Empfängers selbst dienen soll, daß somit dieses Verhalten für den Schenker nur dadurch mittelbar Bedeutung gewinnt, daß er die Zwecke des Empfängers zu den seinen macht". Der *modus simplex* ließ nach Haymann den Schenkungscharakter der Zuwendung unberührt, und bei seiner Nichterfüllung stand dem Schenker bereits im klassischen Recht der Kondiktionenschutz zu[198]. Träfe die These von Haymann zu, so würde bei der Schenkung unter Auflage das Merkmal „*qui donat, sic dat, ne recipiat*"[199] ins Abseits geraten. Stattdessen wäre die in Freiwilligkeit und Unentgeltlichkeit bestehende *liberalitas* das einzige Kriterium, das darüber ent-

196 Dazu siehe im ersten Teil, zweiten Kapitel II. mit Fn. 122ff.

197 Haymann, Die Schenkung unter einer Auflage, S. 25.

198 Haymann, Die Schenkung unter einer Auflage, S. 37. Anders Pernice, Labeo. 3. Bd. 1. Abt., S. 4, der im *modus simplex* nur einen Rat sah und die Rückforderung daher für unzulässig hielt.

199 Hierzu siehe im ersten Teil, zweiten Kapitel I., S. 33ff.

schieden hätte, ob eine Leistung eine Schenkung darstellte. Entstünde ferner eine Verpflichtung des Beschenkten[200] auch dann, wenn die Auflage lediglich in seinem Interesse lag, so würde sich die Schenkung vom Vermächtnis unterscheiden, bei dem eine solche „Auflage" lediglich den Charakter eines unverbindlichen Rats hatte[201]. Ähnliches galt auch für das *mandatum*: *si tua tantum gratia tibi mandem, supervacuum est mandatum et ob id nulla ex eo obligatio nascitur*[202].

Die überlieferten Quellen unterstützen die These von Haymann indes nicht. Einer der deutlichsten Belege findet sich in D. 24,1,13,2, wo Ulpian dem Schenker die Kondiktion bei Nichterfüllung der im Interesse des Empfängers liegenden Zweckbestimmung versagt.

1. *Quis acceperit, ut in suo aedificet* (D. 24,1,13,2)

D. 24,1,13,2 (Ulpianus libro trigesimo secundo ad Sabinum)
Cum quis acceperit, ut in suo aedificet, condici ei id non potest, quia magis donari ei videtur: quae sententia Neratii quoque fuit: ait enim datum ad villam extruendam vel agrum serendum, quod alioquin facturus non erat is qui accepit, in speciem donationis cadere. ergo inter virum et uxorem hae erunt interdictae.

Für den Fall, dass jemand (*quis* = *aliquis*, meint also noch nicht den Fall unter Ehegatten) etwas mit der Zweckbestimmung empfing, auf eigenem Grundstück ein Gebäude zu errichten, lehnt Ulpian die Kondiktion wegen Zweckverfehlung mit der Begründung ab, dass es eher so aussehe, als sei es dem Empfänger geschenkt. Auch Neraz, so Ulpian, sei dieser Auffassung gewesen.

Weiter habe Neraz ausgeführt, dass das zum Bau eines Hauses oder zur Aussaat auf einem Acker Gegebene unter den Tatbestand einer Schenkung falle, *wenn andernfalls der Empfänger das Bauen oder Aussäen nicht zu tun beabsichtigte*. Ulpian fügt sodann hinzu, solche Schenkungen seien unter Ehegatten verboten. Nicht nur aus dem Schlusssatz ergibt sich, dass Ulpian den Teil *ait rell.* – anders

200 Sei es zur Auflagenerfüllung, sei es zur Rückgabe des Geschenks bei Nichterfüllung der Auflage.

201 Anders aber, wenn die Auflage als Vorsichtsmaßnahme in Bezug auf den „weniger fleißigen" Vermächtnisnehmer diente: Pap. D. 35,1,71pr.: *Titio centum ita, ut fundum emat, legata sunt: non esse cogendum Titium cavere Sextus Caecilius existimat, quoniam ad ipsum dumtaxat emolumentum legati rediret. sed si filio fratri alumno minus industrio prospectum esse voluit, interesse heredis credendum est atque ideo cautionem interponendam, ut et fundus comparetur ac postea non alienaretur*. Zur Auflage beim Vermächtnis zuletzt Di Salvo, Il legato modale, S. 1ff. und Ankum, TR 87 (2019), S. 351–355.

202 Gai. D. 17,1,2pr. und 6; Gai. Inst. 3,156; Ulp. D. 17,1,6,5. Eine Ausnahme galt dann, wenn der Mandatar nicht gehandelt hätte, ohne beauftragt zu sein; Ulp. D. 17,1,6,5: *si non esses facturus, nisi ego mandassem, nisi mea non interfuit, tamen erit mandati actio*.

als den Ausgangsfall – auf eine Ehegattenschenkung bezog. Der Bezug auf einen vom Ausgangsfall verschiedenen Sachverhalt ergibt sich auch daraus, dass Ulpian im ersten Satz die Leistung als Schenkung ansah, ohne dass es darauf ankomme, ob der Empfänger vor der Schenkung das Bauen vorhatte. Das Textstück „was der Empfänger andernfalls nicht zu tun beabsichtigte" war nicht notwendig, um eine Schenkung unter Nichtehegatten zu charakterisieren oder sie auf diese Weise von einer *datio ob rem*[203] oder einer „Schenkung unter Auflage"[204] abzugrenzen. Denn auch dann, wenn der Empfänger vor der Schenkung ohnedies bauen oder aussäen wollte, läge ebenso eine Schenkung vor, wie anhand von Iul. D. 39,5,2,7 zu einem anderen Fall sogleich zu zeigen ist[205]. Während die Worte *quod alioquin facturus non erat is qui accepit* bei einer Schenkung unter Nichtehegatten keine Rolle spielten, entschieden sie – wie unten noch hervorzukehren ist[206] – bei einer Ehegattenschenkung darüber, ob die Schenkung gegen das Ehegattenschenkungsverbot verstieß[207]. Die Bedeutung der Passage für eine Ehegattenschenkung lässt dementsprechend vermuten, dass schon Neraz in der ab *ait* zitierten Aussage gerade diesen Fall einer Schenkung erörterte. Wahrscheinlich macht dies ferner die Formulierung *in speciem donationis cadere*, die wohl bedeutet: „fällt unter eine Schenkung" = „fällt unter das Verbot der Schenkung". Dass Ulpian im ersten Fall aus D. 24,1,13,2 *keine* Schenkung unter Ehegatten annahm (erster

---

203 Anwendbar als Kriterium für die Abgrenzung einer nichtkondizierbaren Leistung von einer *datio ob rem* wären die Worte *quod alioquin facturus non erat is qui accepit* etwa dann, wenn man das – in seiner Verwendung etwas schillernde – *alioquin* als „überhaupt nicht/ohnehin nicht" verstehen würde: Wusste der Geber, dass der Empfänger zum Bauen oder Aussäen überhaupt nicht/ohnehin nicht („sowieso nicht") bereit war, und gab er dennoch, so konnte er nicht kondizieren. Er wäre so anzusehen, als hätte er geschenkt. Dann aber wäre für die Beurteilung der Leistung als Schenkung nicht der Inhalt der Zweckbestimmung entscheidend – um den es in D. 24,1,13,2 jedoch geht –, sondern die Leistung des Gebers trotz der Kenntnis, dass der Empfänger die Zweckbestimmung nicht erfüllt. Die Kondiktion wäre dem Geber nach demselben Prinzip verwehrt wie jenem, der wissentlich auf eine Nichtschuld zahlte; Paul. D. 50,17,53: *Cuius per errorem dati repetitio est, eius consulto dati donatio est* (hierzu siehe näher in Fn. 161).

204 Wir folgen nicht der Behauptung von MISERA, Der Bereicherungsgedanke, S. 115, N. 116, dass die Passage *quod alioquin facturus non erat* zur Abgrenzung „einer normalen Schenkung von einer Schenkung unter Auflage" gedient habe, und zwar in dem Sinn, dass *quod alioquin facturus non erat* bedeutet habe, dass keine Schenkung *unter Auflage* vorliege (sondern eine „normale Schenkung").

205 Iul. D. 39,5,2,7: *si vero alias quoque donaturus Titio decem, quia interim Stichum emere proposuerat, dixerim in hoc me dare, ut Stichum emeret, causa magis donationis … existimari debebit.*

206 Im zweiten Teil, vierten Kapitel IV., S. 185f.

207 Wenn die Beschenkte ohne die Schenkung nicht gebaut hätte, wurden mit der Schenkung nicht ihre notwendigen Aufwendungen gedeckt, weil die Errichtung eines Bauwerkes offenbar nicht nötig war. Die Schenkung war daher verbotswidrig und somit nichtig. Wenn die Beschenkte dagegen bauen musste, weil ihre Gebäude etwa durch einen Brand vernichtet waren, war die Schenkung gültig.

Satz), im zweiten Fall dann aber eine Schenkung unter Ehegatten zugrunde legte (*ait rell.*), ergibt sich schließlich daraus, dass die Entscheidung im Ausgangsfall (*condici ... non potest*) auf den zweiten Teil nicht mehr passen würde. Verstieß die Schenkung *ad villam extruendam vel agrum serendum, quod alioquin facturus non erat is qui accepit* nach Ulpian gegen das Verbot der Ehegattenschenkung, dann hatte dies – im Unterschied zum Ausgangsfall – eine andere Rechtsfolge: Der Schenker konnte das Hingegebene vindizieren und, falls es der Beschenkte verbrauchte (etwa zur Erfüllung der Zweckbestimmung), die bestehende Bereicherung kondizieren[208].

Mit dem Ergebnis, dass sich der Ausgangsfall *nicht* auf eine Ehegattenschenkung bezieht, erübrigt sich zugleich die etwas gezwungene Erläuterung von Haymann[209], der die ganze Stelle auf die Ehegattenschenkung bezog, um zu dem Ergebnis zu kommen, unter Nichtehegatten habe dem Schenker bei Nichterfüllung des *modus simplex* doch eine Kondiktion zugestanden[210].

Um im Ausgangsfall die Kondiktion wegen Nichterfüllung der Zweckbestimmung zu verneinen, brauchte Ulpian nur auf die Schenkungsabsicht des Gebers

208 Im Unterschied zum Ausgangsfall wäre die Kondiktion nicht eine *ob rem*, sondern eine *sine* oder *ex iniusta causa*, die bei einer nichtigen Ehegattenschenkung wohl auf ein *incertum* gerichtet wurde, weil dem Kläger die noch vorhandene Bereicherung regelmäßig nicht bekannt war (zur *condictio incerti* siehe MISERA, Der Bereicherungsgedanke, S. 226ff.); vgl. Gai. D. 24,1,6: *Quia quod ex non concessa donatione retinetur, id aut sine causa aut ex iniusta causa retineri intellegitur: ex quibus causis condictio nasci solet.* Im Folgenden wird für die Kondiktion des unter Ehegatten Geschenkten die Bezeichnung *condictio ob iniustam causam* verwendet, die in der Literatur gebräuchlicher ist. Zu weiteren Anwendungsfällen der *condictio ex iniusta causa* siehe HÄHNCHEN, Die causa condictionis, S. 64ff.; 121f., und dies. in SZ 121 (2004), S. 385ff., wonach das *condicere ex iniusta causa* im klassischen Recht keinen Oberbegriff gebildet habe, der alle Kondiktionstatbestände umfasse. Vielmehr sei diese, von einem Teil der Juristen gewährte Kondiktion auf die Fälle beschränkt worden, in denen „der Besitz einer Sache in unrechtmäßiger Weise erlangt wurde, ohne dass aber tatsächlich ein *furtum* vorlag" (SZ 121 (2004), S. 394). Die *condictio ex iniusta causa* sei somit kein Unterfall der *condictio furtiva*, habe aber mit dieser gemeinsam, dass es sich in beiden Fällen um eine *condictio possessionis* handle. Eine Ausnahme stelle in diesem Zusammenhang die Kondiktion bei der Schenkung unter Ehegatten dar, da diese Ulpian in D. 24,1,5,18 ausdrücklich auf den Fall der Konsumption des Geschenks eingeschränkt habe. Anders HARKE, IURA 54 (2003), S. 49ff., nach dem der Tatbestand der *condictio ex iniusta causa* nicht auf *furtum*-ähnliche Fälle beschränkt war, sondern als Oberbegriff alle Fälle eines unrechtmäßigen Eingriffs in fremdes Eigentum abdeckte. Damit habe der Tatbestand der *condictio ex iniusta causa* die Komplementärfunktion zur *condictio sine causa* erfüllt, die dagegen als Leistungskondiktion alle Fälle eines freiwilligen Vermögensverlustes umfasst habe. Im Sinne dieser Zweiteilung versteht Harke (S. 68ff.) auch die Aussage von Gaius in D. 24,1,6 (*id aut sine causa aut ex iniusta causa retineri intellegitur*).

209 HAYMANN, Die Schenkung unter einer Auflage, S. 30ff.

210 Haymann folgend LEHFELDT, Die Schenkung unter einer Auflage, S. 53, N. 88.

hinzuweisen. Wenn er sagte, *Schenkung und Kondiktion des Schenkers schlossen einander aus*, so wiederholte er damit seinen Standpunkt *qui donat, sic dat, ne recipiat*, der bereits aus D. 43,26,1,2 bekannt ist[211]. Ulpian blieb auf einer Linie mit Julian, nach dem nur derjenige schenkte, der eine Sache in der Absicht übergab, sie unter keinen Umständen zurückzubekommen (D. 39,5,1pr.: *dat aliquis ea mente, ... nec ullo casu ad se reverti*).

Ein *acceperit, ut in suo aedificet* dürfte im antiken Denken nur den Anschein einer erwiesenen Wohltat gehabt haben[212], die keine Rückforderbarkeit in sich schloss[213], sodass *magis donari* vorlag und nicht eine *datio ob rem*[214]. Selbst bei einer vom Geber bestimmten Verwendung im eigenen Vermögen des *accipiens* hatte der Beschenkte noch die freie Wahl der Verwendung. Es wäre aber voreilig, aus D. 24,1,13,2 den Schluss zu ziehen, dass im Fall einer „Auflage zugunsten des Beschenkten" immer eine Schenkung angenommen und die Kondiktion des Gebers ausgeschlossen wurde. Wir werden aus Iul. D. 39,5,2,7 sogleich sehen, dass das Rechtsgeschäft auch bei der Zweckbestimmung, deren Erfüllung im Interesse des Empfängers lag, nicht als Schenkung angesehen werden musste, und zwar dann nicht, wenn der Geber die Zuwendung ersichtlich nur für den Fall gedacht hatte, dass der Empfänger die Zweckbestimmung auch erfüllt. Unter diesen Umständen stand dem Geber die *condictio ob rem* zu und diese hatte zur Folge, dass die Klassiker die Leistung des Gebers als eine *datio ob rem* sahen. Die Tatsache, dass die „Auflage" keine Gegenleistung enthielt und die Gabe trotz der „Auflage" ihren unentgeltlichen Charakter behielt, war nicht das einzige Kriterium, das darüber entschied, ob eine Leistung eine Schenkung darstellte.

2. *Titio decem donavi ea condicione, ut inde Stichum sibi emeret* (D. 39,5,2,7)

D. 39,5,2,7 (IULIANUS libro sexagensimo digestorum)
Tertio decem donavi ea condicione, ut inde Stichum sibi emeret: quaero, cum homo antequam emeretur mortuus sit, an aliqua actione decem recipiam. respondi: facti magis

---

211 Siehe dazu im ersten Teil, zweiten Kapitel I., S. 34.

212 Vgl. Seneca, de benef. 5,18.

213 Vgl. Seneca, de benef. 7,23,3: *Cum dicimus beneficium repeti non oportere*; und zu „keine Klage wird es geben, keine Rückforderung": Seneca, de benef. 3,14,2: *Etiam atque etiam, cui des, considera: nulla actio erit, nulla repetitio. Erras, si existimas succursurum tibi iudicem; nulla lex te in integrum restituet, solam accipientis fidem specta. Hoc modo beneficia auctoritatem suam tenent et magnifica sunt; pollues illa, si materiam litium feceris.* Erwies sich der *accipiens* als undankbar, empfand der Geber offenbar nur ein „ich habe eine Wohltat verloren" (*perdidi beneficium*), vgl. Seneca, de benef. 7,29,1.

214 Siehe sogleich im 2. Abschnitt.

quam iuris quaestio est: nam si decem Titio in hoc dedi, ut Stichum emeret, aliter non daturus, mortuo Sticho condictione repetam: si vero alias quoque donaturus Titio decem, quia interim Stichum emere proposuerat, dixerim in hoc me dare, ut Stichum emeret, causa magis donationis quam condicio dandae pecuniae existimari debebit et mortuo Sticho pecunia apud Titium remanebit.

Ego schenkte Titius[215] zehn *ea condicione*, Titius solle sich dafür einen Sklaven Stichus kaufen. *Ea condicione* steht hier nicht für eine aufschiebende Bedingung, die den Eigentumsübergang durch den Sklavenkauf bedingte. Vielmehr beabsichtigte *Ego* einen sofortigen Eigentumsübergang, damit Titius als Eigentümer das Geld zum Kauf des Sklaven verwenden konnte.

War Stichus gestorben, bevor Titius ihn kaufen konnte, so stellte sich die Frage, ob *Ego* mit irgendeiner Klage die Rückgabe des Geldes verlangen konnte. Diese Frage war Julian zufolge eine vom Willen des *Ego* abhängige *quaestio facti*[216], also eine Auslegungsfrage mit zwei möglichen Auslegungsergebnissen. Erstens: Wollte *Ego* die zehn *nur* für den Fall geben, dass Titius den Stichus kaufte, machte er dies also zur Bedingung, so lag eine *condicio dandae pecuniae* vor. Dann war das Rechtsgeschäft *keine* Schenkung[217], weil das „nur für den Fall" zugleich bedeutete, dass *Ego* sich für den Gegenfall (der Zweckverfehlung) ein Rückforderungsrecht vorbehielt (*aliter non daturus*). Das Schenkungsmerkmal „*qui donat, sic dat, ne recipiat*" war hier nicht erfüllt. Die Schenkungsabsicht des *Ego* wurde bei diesem Auslegungsergebnis ihres Schenkungscharakters entkleidet; was „zweizweckig" schien (*donatio* und Sklavenkauf durch den Beschenkten), war auf nur einen Zweck, nämlich nur noch auf den zweiten Zweck der Auflage reduziert und bildete daher die Figur der *datio ob rem*[218]. Zweitens: Im Fall *alias quoque donaturus*, in dem *Ego* unabhängig davon schenken wollte, ob es dann auch zum Kauf

215 *Tertio* zu Beginn des Textes ist ein Lese- oder Schreibfehler; Mayer-Maly, SZ 117 (2000), S. 16.

216 Vgl. *magis facti quam iuris* in Marci. D. 22,1,32pr.

217 Der konkrete Grund, aus dem *Ego* nur für den Fall der Zweckverwirklichung geben wollte, war dabei irrelevant, ebenso wie die Tatsache, ob er an der Zweckverwirklichung irgendein Interesse hatte. Die Begründung, infolge derer der Geber im ersten Fall (*causa donationis*) kein Interesse an der Zweckverwirklichung hatte, im zweiten (*condicio dandae pecuniae*) aber schon, etwa weil er dem zu kaufenden Sklaven einen milden Herrn verschaffen wollte, fügt dem Text etwas hinzu, was er nicht enthält. So jedoch Savigny, System, 4. Bd., S. 282, N. g, und mit ihm Erxleben, Die condictiones, S. 265.

218 Im Ergebnis ähnlich Schwarz, Die Grundlage der condictio, S. 143f.; Pringsheim, SZ 78 (1961), S. 35; Pellecchi, SDHI 64 (1998), S. 109, mit N. 132; Klingenberg, Fs. Hausmaninger 2006, S. 125f.; Michel, Gratuité, S. 267f. Dafür, dass Julian „Schenkung und Auflage als Alternativen" begriff und „die Zuwendung unter Auflage statt der *donatio* allein dem Kondiktionstatbestand der *datio ob rem* zuordnete", neuerdings auch Harke, Iuris prudentia Diocletiana, S. 280.

kam, *blieb es bei der Schenkung*, sodass Titius die zehn behalten konnte[219]. *Ego* erwähnte den Kauf des Stichus, weil er wusste, dass Titius den Stichus kaufen wollte (*quia interim Stichum emere proposuerat*). Die Worte *ut Stichum emeret* stellten in dieser Variante nicht einmal einen Rat oder eine Empfehlung dar, weil Titius bereits vorhatte, den Stichus zu kaufen; nur fehlten ihm etwa die Mittel dazu.

Die Gegenüberstellung der *condicio dandae* und der *causa donationis* findet sich auch bei Ulpian. Die Kompilatoren schlossen das Fragment an den Julian-Text an.

D. 39,5,3 (ULPIANUS libro septuagensimo sexto ad edictum)
Et generaliter hoc in donationibus definiendum est multum interesse, causa donandi fuit an condicio: si causa fuit, cessare repetitionem, si condicio, repetitioni locum fore.

Im Allgemeinen ist nach Ulpian bei Schenkungen zu unterscheiden, ob eine *causa donandi* oder eine *condicio* beabsichtigt war, denn während bei der *causa donandi* das Hingegebene[220] nicht zurückgefordert werden kann, ergibt sich bei der *condicio* für die Kondiktion (= *repetitio*) Raum.

Unter *causa* ist nach Haymann[221] in D. 39,5,3 „die bloße Namhaftmachung der Veranlassung der Gabe“ zu verstehen, unter *condicio* dagegen „die verbindlich gedachte Zwecksatzung“, wobei Ulpian in beiden Fällen eine Schenkung bejaht habe. Ähnlich habe auch Julian in D. 39,5,2,7 beide Fälle als *donatio* beurteilt[222], die Kondiktion dem Schenker aber nur dann gewährt, wenn der Kauf des Stichus mehr als ein guter Rat gemeint gewesen sei. Haymann zwingt also den *condicio-dandae*-Fall unter die Figur der Schenkung unter Auflage und stützt darauf seine

219 Vgl. auch Ulp. D. 27,2,1,3: *Certe non male dicetur, si legatarius vel heres educationem recuset testamento sibi iniunctam, denegari ei actiones debere exemplo tutoris testamento dati: quod ita demum placuit, si idcirco sit relictum: ceterum si esset relicturus, etiamsi educationem recusaturum sciret, non denegabitur ei actio, et ita divus Severus saepissime statuit.*

220 Die Schenkungsform erwähnte Ulpian nicht, ausgehend von *repetitio* ist aber klar, dass er – ähnlich wie Julian in D. 39,5,2,7 – die Sachschenkung vor Augen hatte. Nach der palingenetischen Einordnung wurden beide Fälle im Zusammenhang mit der *lex Cincia* erörtert: Julian D. 39,5,2,7 unter der Rubrik *Ad legem Cinciam: de donationibus* (LENEL, Palingenesia I., Iul. 747, S. 466); Ulpian D. 39,5,3 unter dem Titel *Ad legis Cinciae exceptionem* (LENEL, Palingenesia II., Ulp. 1688, S. 867).

221 HAYMANN, Die Schenkung unter einer Auflage, S. 31. Zustimmend mit Haymann LEHFELDT, Die Schenkung unter einer Auflage, S. 53 mit N. 88.

222 So auch ERXLEBEN, Die condictiones, S. 266, der zwischen einer *donatio sub modo* (wenn der Schenker kondizieren konnte) und einer „reinen und darum unwiderruflichen Schenkung“ (wenn dem Schenker kein Rückforderungsrecht zustand) unterschied.

These, bei einer Auflage zugunsten des Beschenkten habe der Schenker bei Nichterfüllung der Auflage bereits im klassischen Recht kondizieren können.

Diese Erläuterung von Haymann entspricht jedoch nicht dem Satz *causa magis donationis quam condicio dandae pecuniae existimari debebit*, mit dem Julian in D. 39,5,2,7 die Kondiktion in der zweiten Variante ablehnte, denn der Satz bedeutet: Es geht um eine Schenkung und nicht um eine Leistung, bei der der Sklavenkauf Bedingung der Geldübergabe wäre (*condicio dandae pecuniae*). Die Begründung würde ihren Sinn verlieren, wenn es auch dann um eine Schenkung ginge, wenn der Sklavenkauf Bedingung der Geldübergabe war. Vielmehr unterschied Julian zwischen einer Schenkung (*causa donationis*) und einem anderen Geschäft, das keine *causa donationis* in sich trug. Dafür sprechen auch die von Julian verwendeten Verben. Das am Beginn stehende *Titio decem donavi* präzisierte Julian später, wenn er im Fall der *condicio dandae pecuniae* nur das Verb *dare* benutzte: *si decem Titio in hoc dedi, ut Stichum emeret, aliter non daturus*, während er in dem zweiten Fall, bei der *causa donationis*, wieder schrieb: *si vero alias quoque donaturus Titio decem*. Die Äußerung Ulpians ist nur kürzer, enthält aber die gleiche Terminologie, die uns schon bei Julian begegnet ist, und es wäre daher auffällig, wenn Ulpian nicht dieselbe Differenzierung meinte. *Causa donandi fuit an condicio* bedeutet „ob das eine Schenkung oder demgegenüber eine *condicio dandi*, also ein Rechtsgeschäft, das keine *causa donandi* enthält, war". Mit Julian und übereinstimmend mit Ulp. D. 24,1,13,2 lehnt Ulpian die *condictio* ab, wenn eine Schenkung vorliegt (*si causa* [*sc. donandi*] *fuit, cessare repetitionem*).

In Iul. D. 39,5,2,7 lag die Erfüllung der Zweckbestimmung demnach im Interesse des Titius, und dennoch blieb offen, ob die *datio* Schenkung oder *condicio dandae* war. Nicht immer also, wenn die Zweckbestimmung im Interesse des Empfängers lag, wahrte dies auch den Schenkungscharakter, wie Haymann gemeint hat. Als im Interesse des Titius gelegen ist die Zweckbestimmung deswegen zu sehen, weil Titius den Sklaven für sich (*sibi*) kaufen sollte. Das Geld musste er zwar ausgeben, die Ausgabe bestand aber in einer surrogierenden Verwendung, sodass Titius auch nach Erfüllung der Auflage noch bereichert wäre.

Obwohl die Schenkung in der Variante *aliter non daturus* nicht zustande kam, erwarb Titius dennoch das Eigentum am Geld. Dies ermöglichte *die* Reduktion des Rechtsgeschäfts auf eine „einzweckige" *datio ob rem*[223], die statt der Schen-

---

223 Zur Tendenz, die Eigentumsübertragung zu begünstigen, zutreffend Behrends, Fs. Wacke 2001, S. 34f.: „Die Übereignungen sind im Zweifel zu begünstigen und die Prüfung etwaiger Zweifel dem Bereicherungsrecht zuzuweisen". Vgl. Gai. D. 41,1,9,3: *nihil enim tam conveniens est naturali aequitati quam voluntatem domini volentis rem suam in alium transferre ratam haberi.* Hierzu Laborenz, Solutio als causa, S. 293: Die Berücksichtigung des Willens der Parteien – insbeson-

kung zur *iusta causa traditionis* wurde. In dem Zeitpunkt, da *Ego* die zehn auszahlte, konnte Stichus noch gekauft, also der zweite Zweck erreicht werden. An der Unwirksamkeit der Schenkung kam Julian nicht vorbei, aber die Reduktion auf die *datio ob rem* passte immer noch genau zum Willen des *Ego*: Er hatte eine Rückforderung wegen Zweckverfehlung, und der „zweite" Zweck konnte auch nach der Reduktion noch erreicht werden. Dass *Ego* durch den Kauf des Stichus kein wirtschaftliches Äquivalent erwarb, spielte für eine *datio ob rem* (und somit auch für die Reduktion) keine Rolle. Die *res* konnte einen beliebigen Inhalt haben, entscheidend war nur, dass der Empfänger ohne die *res* nicht haben sollte[224]. So wie in den meisten Fällen einer *datio ob rem* erzeugte die Übereignung der zehn (*re obligari*) auch hier lediglich die durch Zweckverfehlung bedingte Rückgabeobligation. Zur Zweckerfüllung war Titius aber nicht verpflichtet[225].

Die *datio ob rem* rechtfertigte den Eigentumsübergang[226], sie war eine *causa dandi*. Der Rechtsgrund zum endgültigen Behalten (*causa retinendi*) hing aber noch von der Erfüllung der *condicio dandi* (*condicio dandae pecuniae*) ab, also von der Verwirklichung des Leistungszwecks – vom Kauf des Stichus[227]. Da der Leistungszweck im vorliegenden Fall darin lag, das Geld zum Kauf des Stichus zu verwenden, bezog sich die *causa retinendi* im Ergebnis erst auf diesen als das durch die Zweckverwirklichung erworbene Surrogat. Starb Stichus vor dem Kauf, so wurde die Zweckerreichung nachträglich unmöglich. Da der Rechtsgrund zum endgültigen Behalten nicht mehr entstehen konnte, durfte *Ego* das Geld mit der *condictio ob rem* zurückverlangen. Wenn *Ego* nun wegen Zweckverfehlung die zehn kondizierte, konnte Titius der *condictio* nicht eine *exceptio doli* mit der Begründung entgegenhalten, dass die Rückforderung selbstwidersprüchlich zum

dere des Veräußerers –, das Eigentum zu übertragen, sei als ein Gebot der natürlichen Billigkeit angesehen worden.

224 So richtig Schwarz, Die Grundlage der condictio, S. 144.

225 Die *actio praescriptis verbis* war bei einer *datio ob rem* im klassischen Recht eher die Ausnahme. Vgl. Celsus D. 12,4,16: *Dedi tibi pecuniam, ut mihi Stichum dares: utrum id contractus genus pro portione emptionis et venditionis est, an nulla hic alia obligatio est quam ob rem dati re non secuta? in quod proclivior sum: et ideo, si mortuus est Stichus, repetere possum quod ideo tibi dedi, ut mihi Stichum dares.* Ernst, Die datio ob rem, S. 30f.; Honsell, Die Rückabwicklung, S. 74; Kupisch, Ungerechtfertigte Bereicherung, S. 12; Klingenberg, Fs. Hausmaninger 2006, S. 120. In Bezug auf das geltende Recht siehe Sorge, Verpflichtungsfreier Vertrag, S. 1ff.

226 Hierzu allgemein Kaser, BIDR 64 (1961), S. 85.

227 Der Rechtsgrund der Rückforderungsklage (*causa condictionis*) bestand bei der *datio ob rem* im Fehlen des Behaltensgrunds (*causa retinendi*); dazu überzeugend Schwarz, Die Grundlage der condictio, S. 117ff., zusammenfassend S. 229f. Zur *causa condictionis* zahlreiche Literatur, zuletzt Kupisch, Ungerechtfertigte Bereicherung, S. 1ff.; Saccoccio, Si certum petetur, S. 1ff.; Hähnchen, Die causa condictionis, S. 1ff., mit Harke, SZ 121 (2004), S. 678–681.

Schenkungswillen des *Ego* sei[228]. *Ego* wollte eben nicht für jeden Fall *geben*, sondern nur für jenen, dass der bestimmte Zweck erreicht wird. Damit war die *donatio* eliminiert und somit auch eine *exceptio doli* ausgeschaltet.

3. Resümee

In den bisher beobachteten Fragmenten einer Schenkung mit beigefügter Zweckbestimmung (Ulp. D. 24,1,13,2; Iul. D. 39,5,2,7; Ulp. D. 39,5,3) zeigte sich: Über den Schenkungscharakter entschied Julian nicht nach dem Inhalt der Zweckbestimmung, sondern nach der Bedeutung, die die Zweckbestimmung für den Schenker hatte. Auch wenn das Merkmal der *liberalitas* (Freigebigkeit) als erfüllt anzusehen war, indem die Leistung freiwillig erfolgte und die Zweckbestimmung *nur* im Interesse des Empfängers lag, verneinte Julian den Schenkungscharakter, wenn der Schenker *nur für den Fall* schenken wollte, dass der Beschenkte die Zweckbestimmung erfüllt[229]. Da dies in Wahrheit keine Schenkung war, korrigierte Julian den „Schenker", eliminierte die *donatio* und deutete die *d o n a t i o, ut aliquid facias* um in eine „einzweckige" *d a t i o, ut aliquid facias* (= *datio ob rem*).

Donationis causa gab dagegen nur, wer wollte, dass der Beschenkte das Geschenk unabhängig davon behält, ob dieser die Zweckbestimmung erfüllt. Wenn die Schenkung die *causa* der Übergabe war, konnte der Schenker das Geschenk wegen Nichterfüllung der Zweckbestimmung nicht kondizieren (so Ulp. D. 24,1,13,2 und die Variante *alias quoque donaturus* bei Iul. D. 39,5,2,7). *Eine Schenkung unter Auflage ist weder bei Julian noch bei Ulpian in D. 39,5,3, der das Abgrenzungskriterium Julians aufnahm, zu finden.*

Die Meinung Haymanns, dem Schenker habe bei Nichterfüllung des *modus simplex* eine Kondiktion zugestanden, hat sich nicht bestätigt. Vielmehr schlossen Schenkung und Rückforderungsrecht des Schenkers einander aus. Die weitere Untersuchung der Quellen wird das noch erhärten, und zwar unabhängig davon, in wessen Interesse die Auflage war.

II. Die Reduktion der *donatio, ut aliquid facias* auf eine „einzweckige" *datio ob rem* und ihre Konsequenzen für die Erfüllung der Zweckbestimmung

War die „Schenkung unter Auflage" ihres Schenkungscharakters entkleidet, weil der Schenker das Rückforderungsrecht hatte, so stellt sich die Frage, wie sich das

228 Ulp. D. 12,1,18pr.

229 In diesem Sinn zuletzt auch SORGE, Verpflichtungsfreier Vertrag, S. 664ff.; 670.

Misslingen der Schenkung und die daraus folgende Reduktion auf die *datio ob rem* auf die Auflagenerfüllung auswirkten. Besonders aussagekräftig sind in diesem Zusammenhang diejenigen Texte, in denen die Auflage (Zweckbestimmung) in der Rückübereignung oder Weiterveräußerung der „geschenkten" Sache bestand. Ihr dogmatischer Wert liegt darin, dass sie die Eigentümerposition desjenigen erläutern, der zwar Eigentum an einer Sache hatte, diese aber wirtschaftlich nicht zu seinem Vermögen gehörte, weil er deren Rückgabe aus der Kondiktion schuldete; mit anderen Worten die Rechtslage desjenigen, *der zwar das Eigentum, aber keinen Rechtsgrund zum endgültigen Behalten der Sache hatte.*

Schwarz[230] hat gezeigt, dass die Römer als *credita pecunia* juristisch-technisch „nur anvertrautes Geld" im Sinn von „zur Rückgabe gebundenes Geld" bezeichneten, wobei der Begriff breiter verwendet wurde. *Credita* sei diejenige *pecunia* gewesen[231], die zwar zugezählt wurde, die man aber nicht als endgültig aus dem Vermögen des Zahlenden ausgeschieden betrachtet habe, z. B. ein irrtümlich als Nichtschuld hingezahltes Geld. Diese Vorstellung ist auch bei den *dationes ob rem* zu beobachten: *Auch nach dem dare an den Empfänger blieb die hingegebene Sache an das Vermögen des Gebers gebunden, und diese obligatorische Gebundenheit dauerte bis zur Zweckerreichung*[232]. Dies trifft sich mit der grundlegenden Untersuchung von Ernst zur *datio ob rem*[233]. Ernst kehrt hervor, dass *res non secuta est* ein Zustand sei, „der sogleich vom Moment der Leistung an besteht, der also nicht erst begründet werden muss, sondern allenfalls beendet werden kann, indem die *res* herbeigeführt wird".[234] „Die *condictio* wird begründet durch die *datio*" und nicht erst durch *res non secuta est*, die „mangelnde Zweckerreichung" wirke „also nicht forderungsbegründend" als „vielmehr … die Herbeiführung der *causa* forderungsvernichtend"[235].

---

230 Schwarz, Die Grundlage der condictio, S. 283.

231 In diesem Bezug erklärt Schwarz, Die Grundlage der condictio, S. 282, *credere* etymologisch als „Vertrauen in die Redlichkeit des anderen setzen" oder spezieller „hingeben im Vertrauen auf die Redlichkeit des Empfängers". Vgl. Ulp. D. 12,1,1,1: *credendi generalis appellatio est.*

232 Die ähnliche Rechtslage von Sachen, die einerseits als *indebitum solutum*, andererseits *ob rem* gegeben wurden, zeigt sich auch in der Kondizierbarkeit der Früchte. Die in der Zwischenzeit gezogenen Früchte musste der Empfänger unabhängig davon zurückgeben, ob der Geber die Sache wegen *indebitum solutum* oder wegen Zweckverfehlung (*re non secuta*) kondizierte: Paul. D. 22,1,38,1–3; D. 12,6,15pr.; siehe auch in Fn. 763.

233 Ernst, Die datio ob rem, S. 29ff.

234 Ernst, Die datio ob rem, S. 42. Dazu verweist Ernst auf Donellus, der dieses „gleichsam dauernde Rückforderungsrecht" (so Ernst, S. 42) aussprach mit *non eo minus verum est, causam secutam non esse, etsi sequi potest postea*, was man so übersetzen kann: Denn nicht weniger wahr ist, dass *causa non secuta* (zu interpretieren: die Kondiktionslage) schon da ist, auch wenn die *causa* später folgen kann.

235 Ernst, Die datio ob rem, S. 42. Eine verfrühte *condictio* hätte der *accipiens* mit der *exceptio doli*

Dasselbe Bild bringt die Untersuchung unserer Quellenmasse hervor. Bei *donare, ut mihi eandem crederes*[236] oder *donare, ut in dotem det*[237], wo keine Frist für die Auflagenerfüllung[238] gesetzt war, war die hingegebene Sache ab der Hingabe an den „Beschenkten" bis zur Auflagenerfüllung kondizierbar[239] und somit an das Vermögen des „Schenkers" gebunden, was eine Schenkung gerade ausschloss. Diese Gebundenheit wirkte sich dann in besonderer Weise auf die Erfüllung der Zweckbestimmung aus.

1. Die fehlende *causa retinendi* bei der Rückübereignung an den Schenker

Zu erörtern sind die Folgen der Reduktion auf eine *datio ob rem* zunächst in den Fällen, in denen die Zweckbestimmung dem Beschenkten die Rückübereignung der geschenkten Sache an den Schenker auferlegte. Um eine fehlende *causa retinendi* und die folgende Quellenanalyse verständlicher zu machen, erscheint es hilfreich, die Ergebnisse kurz vorwegzunehmen.

Die klassisch-römische Schenkung stellte nicht nur den Rechtsgrund für die Eigentumsübertragung dar, sondern auch den Rechtsgrund für das endgültige Behalten der geschenkten Sache (*causa retinendi*). Misslang die Schenkung, weil sich der „Schenker" das Rückforderungsrecht wegen Nichterfüllung der Auflage vorbehielt, so war der „Beschenkte" zwar Eigentümer der empfangenen Sache aus der *datio ob rem*, hatte aber keinen Behaltensgrund. Infolge der fehlenden *causa retinendi* hatte der nun richtig als *accipiens ob rem* betrachtete Eigentümer die Sache nicht „in seinem Vermögen". Vielmehr sah das klassische Recht die Sache als noch nicht aus dem Vermögen des „Schenkers" ausgeschieden an, da dieser mit der Kondiktion bis zur Zweckerreichung (*res secuta*) den obligatorischen Zugriff auf sie hatte. Es wird sich zeigen, dass die fehlende *causa retinendi* zur Folge hatte,

abwehren können. Wenn „der Leistende erklärt hat, bei Herbeiführung eines bestimmten Erfolgs könne der Empfänger das Geleistete behalten", wäre es widersprüchliches Verhalten, sofort zu kondizieren. Dem Empfänger sei „jedenfalls die Zeit zu lassen, die er bei umgehendem Tätigwerden braucht, um diesen Erfolg herbeizuführen" (S. 43).

236 Siehe sogleich in diesem Kapitel II.1.a., S. 73ff.

237 Unten in diesem Kapitel II.2.b., S. 95ff.

238 Also für die Darlehensauszahlung oder die *dos*-Bestellung.

239 Nach Julian (D. 12,1,19pr.) hatte der *dans* vor dem Ablauf der für die Zweckerreichung gesetzten Frist keine Kondiktion wegen Zweckverfehlung. D. 12,1,19pr.: *veluti si Titio decem dedero, ut Stichum intra Calendas manumitteret, ante Kalendas nullam actionem habebo, post Kalendas ita demum agere potero, si manumissus non fuerit.* Nach Ulpian war die Kondiktion sogar vor Fristablauf lediglich *gehemmt* (D. 12,4,3,3: *inhibenda erit repetitio*); hierzu zutreffend ERNST, Die datio ob rem, S. 40 mit N. 64, nach dem der Gebrauch des Wortes *inhibenda* deutlich macht, „dass die Klage an sich vom Moment der Leistung an begründet ist: nur ist sie während des Fristablaufs gehemmt". Hierzu ausführlicher im zweiten Teil, zweiten Kapitel V.1.a., S. 136ff.

dass der „Beschenkte" die Auflage nicht erfüllen konnte, wenn diese in der Rückübereignung der Sache an den „Schenker" bestand.

a. *Dono tibi pecuniam, ut tu mihi eandem crederes* (D. 12,1,20)

Den Charakter einer Gegenleistung hatte auch jene Zweckbestimmung nicht, nach der der Beschenkte das geschenkte Geld an den Schenker als Darlehen zurückzahlen sollte – *dono tibi pecuniam, ut tu mihi eandem crederes.* Die Auflagenerfüllung führte auch nicht zum Verlust der erworbenen Zuwendung; zwar bestand die Auflagenerfüllung in der Rückgabe der geschenkten Geldsumme, durch die Darlehensgewährung erwürbe der Beschenkte aber die Klage auf Rückzahlung des Geldes. Durch die Auflagenerfüllung verlöre er somit nur die zeitweilige Nutzung des Kapitals[240].

D. 12,1,20 (Iulianus libro octavo decimo digestorum)
Si tibi pecuniam donassem, ut tu mihi eandem crederes, an credita fieret? dixi in huiusmodi propositionibus non propriis verbis nos uti, nam talem contractum neque donationem esse neque pecuniam creditam: donationem non esse, quia non ea mente pecunia daretur, ut omnimodo penes accipientem maneret: creditam non esse, quia exsolvendi causa magis daretur, quam alterius obligandi. igitur si is, qui pecuniam hac condicione accepit, ut mihi in creditum daret, acceptam dederit, non fore creditam: magis enim meum accepisse intellegi debeo. [sed haec intellegenda sunt propter suptilitatem verborum: benignius tamen est utrumque valere].

Palingenetisch gehört das Fragment zum Dotalrecht unter den Titel „*Soluto matrimonio dos quemadmodum petatur*"[241]. Mit dem Hinweis auf C. 5,3,1[242] hat Lenel offenbar angenommen, dass Julian den Fall einer Schenkung und Rückzahlung als Darlehen mit jenem der Schenkung und Rückzahlung als *dos* verglich[243]. Im zweiten Fall stellte sich die Frage, ob die beschenkte Frau nach Auflösung der

240 So zutreffend Haymann, Die Schenkung unter einer Auflage, S. 71.

241 Lenel, Palingenesia I., Iul. 302, S. 369, mit N. 2.

242 Impp. Sever., Antonin. C. 5,3,1: *Multum interest, si ea, quae donat vir futurus, tradiderit uxori et postea in dotem acceperit, an vero donandi animo dotem auxerit, ut videatur accepisse, quod non accepit. priore enim casu donatio non impeditur, et res, quae in ea causa sunt, dotis effectae iudicio de dote peti possunt: posteriore autem nihil actum est donatione et, quod in dotem datum non est, non potest repeti.* Zum Text siehe unten in diesem Kapitel II.2.b.dd, S. 106.

243 Dafür auch Baldus, Regelhafte Vertragsauslegung, S. 619; in diesem Sinn auch Backhaus, Casus perplexus, S. 112. Anders Knütel, SZ 95 (1978), S. 488, N. 3, nach dem es in D. 12,1,20 um eine Schenkung des Bräutigams an die Braut gehen konnte, bei der beide irrtümlich die *lex Cincia* für einschlägig hielten und daher ein „Vollzugsmanöver ausführten", wonach der Bräutigam das „kreditierte" Geld als *dos* übernommen hatte. Nach Daube, Roman Law, S. 110f., erörterte Julian

Ehe die *in dotem* gegebene Sache mit der *actio rei uxoriae* verlangen konnte, im ersten, ob der Beschenkte *Tu* das Geld mit der Darlehensklage zurückfordern konnte. Auf den Unterschied zwischen den zwei Zweckbestimmungen kommen wir später zurück[244].

Ego schenkte *Tu* Geld mit der Auflage, dass *Tu* ihm das geschenkte Geld als Darlehen zurückzahlt. Fraglich war, ob ein Darlehen zustande kam, wenn *Tu* das Geld an *Ego* zurückgab (*an credita fieret*). Julian verneint nicht nur die Gültigkeit des Darlehens, sondern auch die der Schenkung. Der letzte Satz *sed haec intellegenda sunt propter suptilitatem verborum: benignius tamen est utrumque valere*, wonach im Gegensatz zum Vorangehenden plötzlich sowohl die Schenkung als auch das Darlehen gelten sollten, wird zu Recht nahezu einhellig für unecht gehalten[245]. Nach der ausführlichen Begründung der Entscheidung, wonach ein solches Rechtsgeschäft weder eine Schenkung noch ein Darlehen sei, konnte Julian kaum zu dem Schluss kommen, dass beide *causae* gelten sollten[246]. Der Schlusssatz wurde später nachgeschoben. Fraglich ist jedoch, ob es sich um eine justinianische Veränderung handelt. *Suptilitas* war ein beliebter Ausdruck Justi-

---

ursprünglich eine Schenkung mit auferlegter Rückzahlung *dotis causa*. Eher dagegen WIEACKER, Labeo 17 (1971), S. 62, N. 15.

244 Unten in diesem Kapitel II.2.b.dd, S. 105.

245 LENEL, Palingenesia I., Iul. 302, S. 369, N. 3; SCHLOSSMAN, Jher. Jahrb. 44 (1902), S. 384ff.; HAYMANN, Die Schenkung unter einer Auflage, S. 59, N. 3; S. 71; ARCHI, La donazione, S. 40 (mit anderen Itp.-Annahmen); BROISE, Animus donandi, S. 53 (mit weiteren Itp.-Annahmen); KNOBBE-KEUK, Fs. Flume, Bd. II, 1978, S. 170; BEHRENDS, SZ 97 (1980), S. 475; BETTI, Fs. Koschaker, I. Bd., 1939, S. 317; LIEBS, Hermogenians iuris epitomae, S. 76f. (mit anderen Itp.-Annahmen); LIEBS, SZ 135 (2018), S. 428ff.; BACKHAUS, Casus perplexus, S. 113f.; BIRKS, The Irish Jurist 23 (1988), S. 114; SACCOCCIO, Si certum petetur, S. 361f. (mit weiteren Itp.-Annahmen); HARKE, Argumenta Iuventiana - Argumenta Salviana, S. 194. Eher für echt halten den Satz KNÜTEL, SZ 95 (1978), S. 488, N. 3 und HAUSMANINGER, Fg. Kaser 1986, S. 70, N. 73. Zur Klassizität des Wortes *benignus* WUBBE, Symbolae David, Tom. 1, 1968, S. 237–262; WUBBE, Fg. Herdlitczka 1972, S. 295–314.

246 Die Echtheit des letzten Satzes verteidigt neuerdings KLEITER, Entscheidungskorrekturen, S. 145ff. Er meint, dass Julian die „spitzfindige Argumentationskette“ genutzt und sie ad absurdum geführt habe, um seine wohlwollende Korrektur der Tatbestandsvoraussetzungen zu verdeutlichen. Dabei muss Kleiter aber zugeben (N. 674), dass Julian mit dem letzten Satz (*sed haec rell.*) nicht nur seine in D. 12,1,20 erwähnten Argumente „relativiert“, sondern auch andere eigene Aussagen, insbesondere die Schenkungsvoraussetzungen in D. 39,5,1pr. Dies wäre bei Julian ungewöhnlich. Die Erläuterung von Kleiter überzeugt ferner deswegen nicht, weil die „Spitzfindigkeit“ auf der falschen Interpretation der Argumentation Julians aufgebaut ist (hinsichtlich derer Kleiter im Wesentlichen Backhaus folgt, siehe unten im Text). Gegen die Annahme von Kleiter, dass Julian hier ein formloses Schenkungsversprechen als zulässig anerkannte, richtig BABUSIAUX, SZ 129 (2012), S. 761; denn auch wenn der letzte Satz tatsächlich echt wäre, würde Julian das Rechtsgeschäft nicht als Schenkungsversprechen sehen. *Ego* wäre zur Rückzahlung *aus dem Darlehen* verpflichtet.

nians[247]; offenbar verwendeten auch die Kompilatoren den Begriff (*suptilitas, suptilis*) oft, um „die Spitzen und Härten des klassischen Rechts" zu bezeichnen, die „von der Milde (*humanitas, benignitas*) der Byzantiner" zu beseitigen waren[248]. Zudem hätten die Kompilatoren auch ein Motiv: einen Text von Hermogenian (D. 39,5,33,1), mit dem sie die Äußerung Julians durch die Interpolation in Einklang bringen wollten.

D. 39,5,33,1 (Hermogenianus libro sexto iuris epitomarum)
Ea lege donationis causa pecunia Titio numerata, ut statim donatori mutuo detur, non impeditur dominii translatio: ac propterea isdem nummis donatori creditis novum dominium in his quaeritur.

Der Hermogenian-Text entstand in der Zeit von Kaiser Diokletian um die Wende vom 3. zum 4. Jahrhundert, als die Schenkung unter Auflage bereits einer teilweise abweichenden Regelung unterzogen wurde. Den Text erörtern wir daher unten[249] bei der Erläuterung der Prinzipien der diokletianischen Entwicklungsstufe.

Doch wird gerade dieses Motiv zum Wanken gebracht, wenn man berücksichtigt, dass die Texte D. 39,5,33,1 und D. 12,1,20 verschiedenen Massen angehören[250]. Will man hier daher eine Interpolation annehmen, so war sie eher nicht durch den Hermogenian-Text inspiriert. Gut denkbar ist allerdings auch eine frühere Herkunft des Schlusssatzes, wie sie Manthe[251] vorschlägt: Nach dieser Deutung „geht die Veränderung im Julian-Text auf die Randnote eines Lesers des 4. Jahrhunderts zurück, welche bei der <späteren> Umschrift der julianischen Digesten von der Rolle in einen Codex in den Text geriet, der dann nach der ‚Flaschenhals'-Erklärung Wieackers[252] einen neuen Archetyp darstellte". Bei Julian hat der Schlusssatz jedenfalls gefehlt.

In D. 12,1,20 wollte der Schenker über das geschenkte Geld noch eine Zeit lang disponieren, zugleich aber dem Beschenkten bereits eine Klage einräumen, mit der dieser die Auszahlung des Geldes vom Schenker später einfordern könne. Durch die *donatio, ut tu mihi eandem crederes* intendierten die Parteien drei Zahlungsbewegungen: 1. das Hinzahlen *causa donandi* an *Tu*, durch die *Tu* zum

247 Imp. Just. C. 5,12,30pr. und 1; C. 5,12,31,6; C. 6,23,31pr. und 5; C. 6,43,1pr.; C. 6,49,7pr. ua.

248 Heumann/Seckel, Handlexikon[11], S. 564, *subtilis* unter 2b). Doch ist damit noch lange nicht gesagt, dass *suptilitas* bzw. *suptilis* überall in den Digesten interpoliert ist, siehe hierzu: Liebs, SZ 135 (2018), S. 429, N. 139 mwN.; Hausmaninger, Fg. Kaser 1986, S. 59ff.

249 Im dritten Teil, dritten Kapitel V., S. 296ff.

250 Der Julian-Text gehört zur Sabinus-Masse, der Hermogenian-Text zur Papinian-Masse.

251 Mir freundlicherweise mitgeteilt im Habilitationsgutachten zu dieser Arbeit.

252 Wieacker, Textstufen, S. 117.

Eigentümer des Geldes würde; 2. die Darlehensauszahlung *causa credendi* an *Ego*, wodurch der Beschenkte die Darlehensklage auf Rückzahlung erwürbe; 3. die Darlehensrückzahlung an *Tu*, die letztlich zum endgültigen Erwerb des Geldes seitens des Beschenkten führte.

Den beabsichtigten Zweck könnte *Ego* statt mit der *donatio, ut crederes* einfacher mit einem Schenkungsversprechen erreichen. Die Schenkungsstipulation wäre für den Beschenkten aber eine unbefriedigende Lösung, wenn die als Schenkung versprochene Summe das in der *lex Cincia*[253] bestimmte Maß überstiege, denn dann könnte der Schenker der Stipulationsklage des Beschenkten die *exceptio legis Cinciae* entgegenstellen und dadurch die Verurteilung über das erlaubte Maß[254] verhindern. Es ist daher denkbar, dass mit der *donatio, ut crederes* dem *Tu* eine sicherere Klagemöglichkeit eingeräumt werden sollte[255].

Nach der überwiegenden Meinung hat Julian beide *causae* gerade deswegen für ungültig erklärt, weil die Parteien mit der Darlehensverbindlichkeit das Schenkungsversprechen verdecken und die *lex Cincia* umgehen wollten[256]. D. 12,1,20 enthält aber keinen Hinweis darauf, dass das Motiv der julianischen Entscheidung tatsächlich die von den Parteien beabsichtigte Gesetzesumgehung wäre[257]. Die Argumentationsweise Julians berechtigt vielmehr zu der Annahme, dass hinter seiner Entscheidung rechtstechnische Gründe standen. Wäre die Umgehung der *lex Cincia* der entscheidende Grund, so wäre die Nichtigkeit beider *causae* möglicherweise überschießend, denn in Frage käme auch eine *exceptio in factum*, mit der der Schenker die vom Beschenkten erworbene Darlehensklage aufgrund des *in fraudem legis Cinciae agere* entkräften könnte[258].

Backhaus[259] versteht die Begründung Julians so: Die beabsichtigte Rückgabe der Geldstücke als Darlehen habe das Geschäft des Schenkungscharakters beraubt, weil sie dem Begriffsmerkmal „der Schenker gibt so, dass er das Geschenk nicht zurücknehmen will" widersprochen habe (*donationem non esse, quia non ea*

253 Zur *lex Cincia* siehe im ersten Teil, ersten Kapitel II., S. 29f.

254 Siehe in Fn. 63.

255 Dafür ARCHI, La donazione, S. 40; BROISE, Animus donandi, S. 60f.

256 SCHLOSSMAN, Jher. Jahrb. 44 (1902), S. 382f.; BACKHAUS, Casus perplexus, S. 111ff. Die Umgehung der *lex Cincia* ist ein mögliches Motiv auch nach BETTI, Fs. Koschaker, I. Bd., 1939, S. 317, der Hauptgrund der Nichtigkeit beider Geschäfte (*donatio* und *mutuum*) sei aber „bestimmt durch einen wohl erkennbaren Gegensatz zwischen der kausalen Willensrichtung der Parteien, die sich in typischer Weise rekonstruieren läßt, und dem objektiven Typus des abgeschlossenen Doppelgeschäfts".

257 In diesem Punkt ähnlich KLEITER, Entscheidungskorrekturen, S. 148f. Ohne einen ausdrücklichen Bezug auf die *lex Cincia* auch CASAVOLA, Lex Cincia, S. 155.

258 Zu *in fraudem legis Cinciae agere* WACKE, TR 40 (1972), S. 256ff.

259 BACKHAUS, Casus perplexus, S. 109ff.

mente pecunia daretur, ut omnimodo penes accipientem maneret). *Ego* sei Eigentümer der Geldstücke geblieben[260], weil der *traditio* eine *causa* (die Schenkung) gefehlt habe. Da *Tu* nicht Eigentümer der Geldstücke geworden sei, habe durch die Hingabe an *Ego* kein Darlehen zustande kommen können (*magis enim meum accepisse intellegi debeo*). Außerdem sei für das Zustandekommen des Darlehens ein auf die Verpflichtung des Darlehensnehmers gerichteter *animus obligandi* wesensnotwendig. Daran fehle es hier, weil *Tu* das Geld mehr zwecks Erfüllung seiner Verpflichtung aus der Auflage geleistet habe als in der Absicht, den *Ego* zur Rückzahlung zu verpflichten (*exsolvendi causa magis daretur, quam alterius obligandi*).

Dagegen ist einzuwenden: Wenn Backhaus meint, dass *Tu* nicht das Eigentum am Geld erworben habe, da der *traditio* (nachdem die *donatio* gescheitert sei) eine *iusta causa* gefehlt habe, so konnte Julian die Frage des Darlehens kurz damit beantworten, dass *Tu* kein Darlehen gewähren konnte, weil er nicht Eigentümer der Geldstücke wurde, das Zustandekommen des Darlehens aber die Eigentumsübertragung vom Gläubiger an den Schuldner voraussetzte[261]. Stattdessen schrieb Julian, dass die Rückübereignung an *Ego* lediglich so verstanden (!) werden müsse, als hätte *Ego* sein Geld erhalten (*magis enim meum accepisse intellegi debeo*). Um das Zustandekommen des Darlehens zu verneinen, bedurfte Julian noch eines zusätzlichen Arguments: Das Rück-*dare* an *Ego* geschah nicht *obligandi*, sondern eher (!) *exsolvendi causa* (*exsolvendi causa magis daretur, quam alterius obligandi*). Mit *magis* meinte Julian, dass eine Verpflichtung des *Ego* zur Darlehensrückzahlung (*dare obligandi causa*) insofern nicht ganz fern lag, als *Tu* – entgegen Backhaus – Eigentümer der erhaltenen *nummi* war, richtiger aber ein *dare exsolvendi causa* vorlag, indem *Tu* vielmehr seine Rückzahlungsverpflichtung aus der *condictio ob rem* erfüllte (siehe sogleich unten). Wäre *Tu* nicht Eigentümer der *nummi* geworden, so wäre ein *dare obligandi causa* von vornherein ausgeschlossen und Julian hätte sich dieses Argument sparen können. Für den Eigentumsübergang an *Tu* und später von *Tu* an *Ego* zurück spricht letztlich auch das von Julian verwendete Verb *dare*: *non ea mente pecunia d a r e t u r, ut omnimodo penes accipientem maneret; creditam non esse, quia exsolvendi causa magis d a r e t u r; acceptam d e d e r i t.*

260 Ähnlich das ältere Schrifttum; Überblick bei KNOBBE-KEUK, Fs. Flume, Bd. II, 1978, S. 169f. So auch HAUSMANINGER, Fg. Kaser 1986, S. 70, N. 73.

261 Paul. D. 12,1,2,2: *Appellata est autem mutui datio ab eo, quod de meo tuum fit: et ideo, si non faciat tuum, non nascitur obligatio.* Ähnlich Gai. Inst. 3,90: *unde etiam mutuum appellatum est, quia quod ita tibi a me datum est, ex meo tuum fit.* Vgl. zur Etymologie und ursprünglichen Bedeutung von *mutuum* KELLY, The Irish jurist 5 (1970), S. 156ff.

Eigener Deutungsvorschlag

Die Argumente Julians werden deutlicher, wenn man sie mit Iul. D. 39,5,2,7 erläutert.

1. Misslingen der Schenkung

Es ist richtig, dass die *ut*-Abrede, die in D. 12,1,20 im Rück-*dare* an den Schenker bestand, dem Schenkungsmerkmal „*qui donat, sic dat, ne recipiat*" widersprach. Der Vergleich mit D. 39,5,2,7 zeigt aber, dass der Inhalt der Zweckabrede in D. 12,1,20 nicht das allein Entscheidende für das Misslingen der Schenkung sein musste. In D. 39,5,2,7, in der Variante „und sonst würde ich nicht geben" (*aliter non daturus*), verneinte Julian die *donatio*, weil es dem Schenker (*Ego*) so sehr auf die Zweckerreichung (Kauf des Stichus) ankam, dass er anders nicht schenken wollte. Da damit *Ego* bei Zweckverfehlung *ad se reverti* wollte, scheiterte die Schenkung an dem – schlüssig mitzuverstehenden – Rückforderungsvorbehalt[262].

Das gleiche Muster konnte auch in D. 12,1,20 die Grundlage der Entscheidung sein, wo Julian schrieb: *non ea mente pecunia daretur, ut omnimodo penes accipientem maneret*; *Ego* wollte nicht, dass die *nummi* unter allen Umständen bei *Tu* bleiben. Ausgedrückt mit den Worten, die Julian in D. 39,5,2,7 verwendete: Da *Ego* das Geld nur für den Fall gab, dass er es als Darlehen zurückbekommt, andernfalls würde er nicht geben, konnte er das Geld mit der *condictio ob rem* zurückfordern, wenn *Tu* ihm das Darlehen nicht gewährte[263]. Die Schenkung scheiterte erst an dem Rückforderungsvorbehalt. Hätte *Ego* dagegen auch für den Fall schenken wollen, dass *Tu* die Zweckbestimmung nicht erfüllt (das Darlehen nicht gewährt), so hätte Julian die *donatio* wahrscheinlich bejaht, da die Darlehensgewährung nicht zur *condicio dandi* würde[264].

2. Eigentumserwerb durch den „beschenkten" Tu

Außer Betracht bleiben kann, dass *Tu* das Eigentum am Geld originär durch die Vermengung mit eigenem Geld erwarb[265], Julian deutet mit *dare* auf den deriva-

---

262 Ähnlich BEHRENDS, Fs. Wacke 2001, S. 39, N. 61: In dem Fall lag keine Schenkung vor, weil der Vorbehalt stets eine *condictio* erzeugte.

263 *Ego* hatte keine Klage, mit der er *Tu* direkt auf Zweckerfüllung (Darlehensgewährung) klagen könnte. Die *datio ob rem* erzeugte regelmäßig lediglich die Verpflichtung zur Rückgabe bei Verfehlung des Leistungszwecks (*condictio ob rem*). Vgl. hierzu oben in Fn. 225.

264 So wie in D. 39,5,2,7: *si vero alias quoque donaturus Titio decem … causa magis donationis quam condicio dandae pecuniae existimari debebit.*

265 Auch wenn *Ego* die Geldstücke nicht in einem Säckchen (*sacculus*) übergeben hätte, würde sich für die *commixtio* kein Zeitraum ergeben, da die Rückgabe an ihn wahrscheinlich sogleich erfolgte. Vgl. BACKHAUS, Casus perplexus, S. 109, N. 10.

tiven Eigentumserwerb hin[266]. Die *causa traditionis* war die *datio ob rem*[267]. In der „Schenkung unter Rückforderungsvorbehalt", die aber keine Schenkung war, sah Julian (so wie oben in D. 39,5,2,7 im Fall *aliter non daturus*) nur eine *datio ob rem*, hier eine *datio ob rem* zur Rückauszahlung[268]. So wie jede *datio ob rem* stellte auch die *datio, ut crederes* die *causa* für den Eigentumserwerb dar[269]. *Tu* wurde Eigentümer der Münzen, das Geld gehörte ihm aber nicht endgültig, da er bei Nichtgewährung des Darlehens aus der *condictio ob rem* haftete.

Es entsprach dem römischen System der Zweckzuwendungen, wenn *Tu* das Eigentum erwarb, obschon der bezweckte Erfolg (eine gültige Darlehensgewährung an *Ego*) nicht eintreten konnte [siehe sogleich unten 3])[270]. Die Quellen liefern viele Belege dafür, dass eine Zweckzuwendung auch dann eine taugliche *iusta causa traditionis* war, wenn die Zweckerreichung unmöglich war: Die *traditio* übertrug das Eigentum, wenn zum Zweck der Schuldtilgung geleistet wurde, der Tilgungszweck aber nicht erreicht werden konnte, weil keine Schuld bestand (*indebitum solutum*). Das Gleiche galt für die *datio propter condicionem*: Hatte jemand geleistet, um eine testamentarische Bedingung zu erfüllen, so ging das Eigentum auch dann an den Empfänger über, wenn das Testament ungültig und der Erwerb des bedingten Vorteils somit unmöglich war[271]. Auch die *traditio* zum Zweck der *dos*-Bestellung übertrug das Eigentum, obschon die *dos* wegen eines Ehehindernisses nicht zustande kommen konnte[272]. Wenn in den Texten auch nicht immer ausdrücklich gesagt

---

266 Gai. Inst. 4,4: *cum scilicet id dari nobis intellegatur, quod ita datur, ut nostrum fiat.*

267 Es wurde nicht nachgewiesen, dass die *traditio* des Geldes keine *iusta causa* brauchte; siehe hierzu Kaser, TR 29 (1961), S. 216ff. Gegen eine solche Sonderregel spricht auch die von Ulpian verteidigte Meinung in der bekannten Antinomie zu Julian: Ulp. D. 12,1,18pr.: *magisque nummos accipientis non fieri, cum alia opinione acceperit.* Fehlte die Einigung der Parteien über die *causa* der Übereignung (*causa donationis* oder *causa credendi*), so hatte Ulpian die eigentumsübertragende Wirkung der *traditio* verneint und damit das Erfordernis einer *iusta causa* bestätigt.

268 Mit dem Satz *dixi in huiusmodi propositionibus non propriis verbis nos uti, nam talem contractum neque donationem esse neque pecuniam creditam* meinte Julian vielleicht gerade: Das Rechtsgeschäft sei nicht nichtig, das Eigentum gehe über (von *Ego* an *Tu* und von *Tu* an *Ego* zurück), nur würden die Worte hier nicht in ihrer eigentlichen Bedeutung verwendet, denn das Geschäft sei weder Schenkung noch Darlehen. Vielmehr bestehe es (werde es aufrechterhalten) in der Konstruktion der *datio ob rem*. Vgl. hierzu Kleiter, Entscheidungskorrekturen, S. 146, N. 644.

269 Die Eigentumsübertragung an *Tu* muss man daher nicht damit begründen, dass Julian kein strenger Kausalist war und für die *traditio* somit nicht unbedingt eine bestehende *causa* für nötig befand (Iul. D. 41,1,36; Ulp. D. 12,1,18pr.). Vgl. Behrends, SZ 97 (1980), S. 475, der aber offenbar auch die *datio ob rem* als *causa traditionis* vertritt.

270 Zur Tendenz des Römischen Rechts, die Eigentumsübertragung zu begünstigen, siehe auch in Fn. 223.

271 Proc. D. 12,6,53 in der zweiten, *alius*-Variante; Herm. D. 12,4,2; Paul. D. 12,6,65,3.

272 Pap. D. 12,7,5pr.–1; Marcel. D. 23,3,59,2; Nerat. D. 12,4,8; Herm. D. 23,3,74; Ulp. D. 42,5,17,1 (*minor-duodecim-annis*-Variante).

wurde, dass der Empfänger das Eigentum erwarb, so ergibt sich dies doch aus dem Umschwenken auf die Kondiktion[273]. Die Frage, ob der Erfolgseintritt möglich war, stellte sich bei der Eigentumsübertragung nicht. Denn die Zweckerreichung entschied nicht über die Eigentumsübertragung, sondern erst über die Kondiktionsfestigkeit; ihre Prüfung war daher dem Bereich des Kondiktionsrechts überlassen[274].

3. An credita fieret?

Nun zahlte *Tu* das Geld *credendi causa* an *Ego* zurück. Kam ein Darlehen zustande? *Tu* wurde aus der *datio ob rem* Eigentümer des Geldes, da er aber dessen Rückgabe an *Ego* schuldete[275], bezeichnete *Ego* das Geld immer noch als „mein" (*magis enim meum accepisse intellegi debeo*), „mein" im Sinn von *aes suum*[276] oder etwa, ähnlich wie die Juristen von einer Dotalsache sagen, *suam rem mulier recipere videtur* oder *proprium recipere videtur*, die Frau scheint das Eigene zurückzubekommen, weil der Mann *soluto matrimonio* Rückgabe der *dos* an die Frau schuldete[277].

---

273 Ulp. D. 7,9,12: *proditum est neminem rem suam nisi furi condicere posse.* Gai. Inst. 4,4. In den erwähnten Fällen handelte es sich nicht um Anwendungsbereiche der ausnahmsweise gewährten Besitzkondiktion. Ein guter Überblick der überlieferten Anwendungen der *condictio possessionis* findet sich bei Hähnchen, Die causa condictionis, S. 118f. und bei Kaser/Knütel/Lohsse, Römisches Privatrecht[22], S. 350, Rz. 9. Zur *condictio ex iniusta causa* siehe oben in Fn. 208. Zur Frage der Konkurrenz zwischen der *rei vindicatio* und *condictio* neuerdings Van Der Wal, Nemo condicit rem suam, S. 9ff. Gegen die von Saccoccio, Si certum petetur, S. 97ff., aufgestellte These, die Kondiktion habe nach den *veteres* und den frühen Sabinianern keine Eigentumsübertragung, sondern allein unberechtigtes Innehaben (*id quod ex iniusta causa apud alium est*) vorausgesetzt: Sturm, SZ 124 (2007), S. 513ff. und ders. in SZ 126 (2009), S. 546ff.; 555ff., gegen Heine, die insoweit Saccoccio folgt. Vgl. aber Schermaier, SZ 135 (2018), S. 799f., nach dem die Besitzkondiktion im Römischen Recht keine Ausnahmestellung hatte, und Schanbacher, TR 60 (1992), S. 17ff., wonach die bereicherungsrechtliche *condictio certae creditae pecuniae* (im Gegensatz zur Darlehenskondiktion und der *condictio certae rei*) nach einigen Juristen mit dem zurückgebliebenen Eigentum verträglich war.

274 Dies sah bereits Behrends, Fs. Wacke 2001, S. 20ff., der zwischen subjektivem Übereignungsgrund und objektivem Behaltensgrund unterschied: „Der Übereignungsgrund ist in dem Fall gegeben, wenn die Parteien sich subjektiv über ihn geeinigt haben; die Frage, ob die *causa* objektiv vorliegt, ist dagegen Thema des Bereicherungsrechts."

275 Ergibt sich aus: *exsolvendi causa magis daretur.*

276 So richtig Behrends, SZ 97 (1980), S. 475, mit dem Hinweis auf D. 12,6,44: *Repetitio nulla est ab eo qui suum recepit, tametsi ab alio quam vero debitore solutum est.* Zu *aes suum* und *aes alienum*: Ulp. D. 50,16,213,1: *„aes alienum" est, quod nos aliis debemus: „aes suum" est, quod alii nobis debent.* Zutreffend erläutert den Sinn Savigny, System, 5. Bd., S. 514f., N. c): *Aes alienum*, „nämlich das Geld, welches aus fremdem Vermögen in unser Eigenthum gekommen ist, und wieder einmal in des Gebers Eigenthum zurückkehren soll". Weitere Quellenbelege bei Hähnchen, Die causa condictionis, S. 38, N. 124. Zur uralten Bedeutung des Begriffs *aes alienum* Lübtow, Beiträge, S. 110ff.

277 Gai. D. 35,2,81,1: *Dos relegata extra rationem legis Falcidiae est, scilicet quia suam rem mulier re-*

Es kann befremden, dass das Geld als „geschuldet" aufgefasst wurde, denn *Tu* war bereit, das Darlehen auszuzahlen, die Zweckverfehlung stand somit nicht fest, und die *condictio ob rem* wäre daher verfrüht. Allerdings bestimmten die Parteien für die Darlehensauszahlung keine Frist, die *Ego* abzuwarten hätte, um die Zweckverfehlung behaupten zu können. Dies konnte der Grund dafür sein, dass die Kondiktion bereits ab dem Zeitpunkt der *datio* an *Tu* gegeben war. Noch wahrscheinlicher erscheint aber, dass die Feststellung der Zweckverfehlung für Julian nicht ausschlaggebend war. Bereits die bloße Möglichkeit, die *condictio ob rem* anstellen zu können, genügte dafür, dass Julian das Geld als „geschuldetes" ansah, da die obligatorische Bindung an das Vermögen des *Ego* tatsächlich erst mit der Zweckverwirklichung endgültig wegfiel[278]. Diese Auffassung wird sich im Folgenden durch weitere Quellenuntersuchungen erhärten: Solange die Möglichkeit bestand, die Kondiktion anstellen zu können, sah man das Geld als rückforderbar an das Vermögen des *dans ob rem* gebunden und somit aus diesem noch nicht endgültig ausgeschieden[279]. Dies war hier noch dadurch verstärkt, dass auch die „Auflage" im Rück-*dare* bestand. Wer so gibt, damit er zurückbekommt, will eigentlich die Sache nicht aus der Hand geben, er will immer noch „die Hand auf der Sache" haben. Da das Geld zum Zeitpunkt der Rückgabe an *Ego* infolge seines offenen Rückforderungsrechts (*condictio ob rem*) wirtschaftlich noch seinem Vermögen zuzurechnen war, war *Ego* so anzusehen, als hätte er „das Seine" zurückempfangen (*magis enim meum accepisse intellegi debeo*). Mit dem Geld, dessen Rückgabe an *Ego Tu* schuldete, konnte *Tu* an *Ego* kein wirksames Darlehen auszahlen. Offenbar sah Julian die Rückgabe an den *dans* als Erfüllung der Verpflichtung aus der *condictio ob rem*, so, als ob der *accipiens ob rem* die Rückgabe immer in der Absicht vornähme: „ich gebe

cipere videtur. Pauli Sent. 4,1,1: *Ab uxore, cui vir dotem praelegavit, fideicommissum relinqui non potest, quia non ex lucrativa causa testamento aliquid capit, sed proprium recipere videtur.* Im ähnlichen Sinn sagte Ulpian in D. 33,4,2,1, dass die Frau die *dos* „eher [als geschuldete] zurückempfangen, als dass sie sie erhalten hat" (*dotem enim recepisse eam magis quam accepisse*); die Frau erwarb nicht *ex causa lucrativa*, weil der Mann nur das hinterlassen hatte, was er als eine Schuld zurückzugeben verpflichtet war. Nach der heute herrschenden Meinung war der Mann Eigentümer der Dotalsachen; vgl. den Meinungsüberblick hierzu bei Stagl, Favor dotis, S. 246ff., der allerdings die *dos* so sieht (S. 292ff.), dass sie im „funktional gespaltenen Solidareigentum" zwischen Mann und Frau gestanden habe.

278 Siehe hierzu die Ausführungen von Ernst oben bei Fn. 233ff.

279 Vgl. bei der *fiducia* im zweiten Teil, zweiten Kapitel V.2, S. 141ff. Vgl. auch bei der *donatio mortis causa*, die bis zum Tod des Schenkers ebenfalls die Gestalt einer *datio ob rem* hatte: Pap. D. 39,6,42,1: *Cum pater in extremis vitae constitutus emancipato filio quaedam sine ulla condicione redhibendi donasset ac fratres et coheredes eius bonis contribui donationes Falcidiae causa vellent, ius antiquum servandum esse respondi: non enim ad alia constitutionem pertinere, quam quae lege certa donarentur et morte insecuta quodammodo bonis auferrentur spe retinendi perempta.* Zum Text im zweiten Teil, fünften Kapitel I.1, S. 194.

zurück, weil ich mich entschieden habe, den Leistungszweck (die *res*) nicht zu erfüllen". Mit *exsolvendi causa magis daretur, quam alterius obligandi* entschied Julian, dass *Tu* neben dem Erfüllungszweck keinen anderen (die Darlehensgewährung) erreichen könne: *Tu* hatte vielmehr seine Rückgabepflicht aus der *condictio ob rem* erfüllt als den *Ego* zur Rückzahlung des Darlehens verpflichtet.

Im Unterschied zu D. 39,5,2,7, konnte hier die Reduktion auf eine „einzweckige" *datio ob rem* nicht zu dem von den Parteien beabsichtigten Zweck führen. *Tu* konnte die Darlehensklage nicht erwerben. Nach dem Scheitern der Schenkung und der folgenden Reduktion auf eine *datio, ut tu mihi eandem crederes* entstand eine perplexe Situation: Das Darlehen würde nur zustande kommen, wenn *Ego* bei Darlehensauszahlung keine *condictio ob rem* hätte, und die *condictio ob rem* würde er erst verlieren mit dem Zustandekommen des Darlehens, was wiederum nicht möglich war.

Die Zweckverwirklichung (die Erfüllung der Auflage) wäre dagegen dann möglich, wenn die Schenkung gültig wäre. Bildete die Rückzahlung als Darlehen nicht den Inhalt einer *condicio dandi*, sondern wäre sie nur ein unverbindlicher Rat, könnte die Schenkung zustande kommen[280]. Mit der Schenkung hätte *Tu* den Rechtsgrund für das endgültige Behalten des Geldes erworben (*causa retinendi* = Schenkung) und sein Eigentum wäre nicht mit dem Rückforderungsrecht des *Ego* gebunden. Wenn *Tu* unter diesen Umständen das Eigentum zurück an *Ego* übertragen hätte, dann würde 1) *Tu* nicht *exsolvendi causa* übergeben, weil er dem Schenker nicht aus der *condictio ob rem* haftete, und 2) könnte man nicht sagen, dass *Ego* so anzusehen sei, als hätte er sein eigenes Geld bekommen, weil *Ego* kein Rückforderungsrecht und somit auch keinen Anspruch auf die übergebenen Geldstücke hätte.

Einen ähnlichen Fall[281], in dem die Rückgabe des „geschenkten" Geldes nicht zur Auflagenerfüllung führen konnte, weil das Geld bei der Rückgabe an den „Schenker" obligatorisch an ihn gebunden war[282], überliefert Pomponius.

b. *Heres pecuniam donasset statulibero, ut sibi eam daret et liber esset* (D. 40,7,11)

D. 40,7,11 (POMPONIUS libro quarto decimo ad Sabinum)
Si heres pecuniam donasset statulibero, ut sibi eam daret et liber esset, non fieri liberum Aristo ait: sed si in plenum ei donasset, fieri liberum.

---

280 So auch BIRKS, The Irish Jurist 23 (1988), S. 113.

281 Eine auf Rück-*dare* gerichtete Zweckbestimmung erörterte auch Paulus in D. 24,1,59; dazu unten in diesem Kapitel II.2.b.dd, S. 103ff.

282 Mit anderen Worten: Er bekam ihm geschuldetes Geld, und zwar geschuldet im Sinn von obligatorisch, mit *condictio* rückforderbar gebundenes Geld.

Einem Sklaven war unter der Bedingung der Geldzahlung die direkte testamentarische Freiheit hinterlassen. Der Erbe schenkte ihm in sein *peculium,*[283] den Betrag, den der *statuliber*, um frei zu werden, zu zahlen hatte mit der Zweckbestimmung, der Sklave solle ihm das Geld zurückgeben, um die Freiheitsbedingung zu erfüllen (*ut sibi eam daret et liber esset*). Nach Aristo wird der Sklave durch Rückzahlung desselben Geldes nicht frei. Hätte jedoch der Erbe dem Sklaven ohne Zweckbestimmung (*in plenum*) geschenkt, so könnte der Sklave durch die Rückzahlung frei werden.

Die Frage der Eigentumsübertragung ist in der Konstellation *dominus – servus* hinfällig, da auch die ins Sklavenpekulium gelangte Summe im Eigentum des Erben stand[284]. Aristo beurteilte den Fall aber dennoch analog zu einem entsprechenden Rechtsgeschäft unter Freien, und sein Ergebnis korrespondiert mit der Entscheidung Julians in D. 12,1,20[285]. „Schenkte" der Erbe das Geld nur zu dem Zweck, dass es der Sklave zurückgibt, um die Freiheitsbedingung zu erfüllen, so konnte er das Geld bei Zweckverfehlung zurückfordern. Da er nicht in der Absicht übergab, dass der Sklave das Geld unter allen Umständen behalten darf (also auch dann, wenn er das Geld anders verwenden wollte), konnte die Übergabe an den Sklaven nicht aufgrund einer Schenkung erfolgen[286], weil eine *datio* unter Rückforderungsvorbehalt keine Schenkung war[287]. Der Sklave erwarb das Geld, schuldete dieses aber dem Erben. Durch die Rückgabe des Geldes an den Erben erfüllte der Sklave die Freiheitsbedingung nicht, weil er sich nicht mit Zahlung des geschuldeten Geldes befreien konnte[288]. Der Erbe bekam nur das zurück, was ihm ohnedies zustand (oder mit den Worten Julians in D. 12,1,20 gesagt: *magis*

283 Backhaus, Casus perplexus, S. 116 mit N. 45.

284 Zur Frage, ob das *peculium* nicht nur faktisch, sondern auch rechtlich als Vermögen des Gewaltunterworfenen anzusehen war, siehe Brinkhof, Een studie over het peculium, S. 1ff., mit Apathy, SZ 96 (1979), S. 398–407.

285 Darauf verwiesen bereits: Haymann, Die Schenkung unter einer Auflage, S. 71, N. 1 (doch bestand die analoge Grundlage der Entscheidungen nicht darin, dass der Beschenkte in diesen Fällen kein Eigentum erwarb); Betti, Fs. Koschaker, I. Bd., 1939, S. 319.

286 So richtig zuletzt Backhaus, Casus perplexus, S. 116.

287 Das Schenkungsmerkmal *„qui donat, sic dat, ne recipiat"* war nicht erfüllt.

288 Vgl. Nerat. D. 40,7,17: *Si decem heredi dedisset, iussus est liber esse: decem habet et tantundem domino debet: dando haec decem non liberabitur. nam quod statulibero ex peculio suo dare explendae condicionis causa concessum est, ita interpretari debemus, ut non etiam ex eo dare possit, quod extra peculium est. nec me praeterit hos nummos peculiares posse dici, quamvis, si nihil praeterea servus habeat, peculium nullum sit. sed dubitari non oportet, quin haec mens fuerit id constituentium, ut quasi ex patrimonio suo dandi eo nomine servo potestas esset, quia id maxime sine iniuria dominorum concedi videbatur. quod si ultra quis progredietur, non multum aberit, quin etiam eos nummos, quos domino subripuerit, dando statuliberum condicioni satisfacturum existimet.*

enim meum accepisse intellegi debeo)[289]. Die Rückgabe an den Erben erschöpfte sich in der Erfüllung der Rückgabeverpflichtung gegenüber dem Erben, einen anderen Zweck konnte der Sklave dadurch nicht erreichen.

Zu einem anderen Ergebnis gelangte Pomponius (oder noch Aristo?) dann, wenn der Erbe das Geld ohne Zweckbestimmung schenkte[290]. Dann konnte der Sklave das Geld in sein *peculium* erwerben und es nach Belieben verwenden, weil der Erbe sich nicht das Recht auf Rückgabe vorbehielt. Somit war der Erbe bei Rückempfang nicht so anzusehen, als hätte er das ihm Zustehende zurückbekommen. Und da der Sklave nicht zur Rückgabe verpflichtet war, leistete er auch nicht *exsolvendi*, sondern *condicionis implendae causa*.

Diese *in-plenum*-Variante, in der die Schenkung zustande kommen konnte, bestand immer dann, wenn der Schenker übergab, ohne sich das Rückforderungsrecht für den Fall auszubedingen, dass die Zweckbestimmung nicht erfüllt wird. Die bloße Tatsache, dass er wollte, der Sklave solle ihm das Geld zurückgeben, hatte keine rechtliche Bedeutung, sofern er keine Klage hatte, mit der er die Rückgabe (bei Zweckverfehlung) erzwingen konnte. Dies bekräftigt die Vermutung, dass die Schenkung auch in D. 12,1,20 zustande kommen könnte, wenn *Ego* den Zweck *ut tu mihi eandem crederes* nicht zum Inhalt der *condicio dandi* gemacht hätte.

c. *Ita accepit, ut ei a quo accepit retro reddat* (D. 46,3,67)

Ein Rück-*dare* enthält auch die Zweckbestimmung in D. 46,3,67.

D. 46,3,67 (Marcellus libro tertio decimo digestorum)
Si quis duos homines promiserit et Stichum solverit, poterit eiusdem Stichi dominium postea consecutus dando liberari. in nummis minor vel prope nulla dubitatio est: nam et apud Alfenum Servius eum, qui minus a debitore suo accipere et liberare eum vellet, respondit posse saepius aliquos nummos accipiendo ab eo eique retro dando ac rursus accipiendo id efficere: veluti, si centum debitorem decem acceptis liberare creditor velit, ut, cum decem acceperit, eadem ei retro reddat, mox ab eo accipiat ac novissime retineat: etsi in dubitationem a quibusdam hoc male deducatur, quod non possit videri is qui ita accepit, ut ei a quo accepit retro reddat, solvisse potius quam [decessisse] <reddidisse >[291].

289 Vgl. Iav. D. 40,7,39,2: *Si heres servo pecuniam ad negotiandum dedisset, statuliberum eam ipsam numerando liberari ex testamento non posse Labeo Trebatius responderunt, quia reddere eam magis quam dare videretur. ego puto, si peculiares nummi fuerunt, ex testamento eum liberum futurum.*

290 Der Itp.-Verdacht ist bei dem letzten Satz *sed si … liberum* unbegründet; anders aber Betti, Fs. Koschaker, I. Bd., 1939, S. 317; 319. Dagegen Backhaus, Casus perplexus, S. 115, N. 44.

291 So bereits Fuchs, Kritische Studien, S. 23; dafür auch Knobbe-Keuk, Fs. Flume, Bd. II, 1978, S. 169, N. 87. Anders zuletzt Bretone, Ius controversum, S. 774, mit Mommsen/Krüger, Cor-

Marcellus beschreibt zwei Fälle, von denen in unserem Zusammenhang der zweite von Belang ist. Der Gläubiger wollte seinen Schuldner, der hundert schuldete, gegen Zahlung von zehn befreien. Bereits Servius war der Meinung, dies könne der Gläubiger damit bewirken, dass er mehrmals dieselben Geldstücke vom Schuldner annehme[292], ihm dann zurückgebe und wieder annehme. Marcellus stimmt dieser Lösung zu[293] und kritisiert die Gegenmeinung der *quidam*, der zufolge derjenige, der so empfange, damit er dem, von dem er empfangen habe, wieder zurückgebe, eher zurückzugeben (*reddidisse*) als zur Schulderfüllung zu zahlen scheine (*solvisse*).

Die Parteien dürften nach außen den Anschein erwecken wollen, dass die Befreiung des Schuldners durch eine vollständige *solutio* erfolgte[294]. Auf welcher *causa* die Rück-*traditio* an den Schuldner beruhte, wird nicht erwähnt, naheliegend wäre jedoch die Schenkungsabsicht[295] des Gebers.

Die ausdrückliche Beifügung der Zweckbestimmung *ut retro reddat* erwähnt Marcellus erst im Schlussteil bei der Schilderung der Meinung der *quidam*.

Die Meinung der *quidam*

Zunächst stellt sich die Frage, welches *dare* mit der Zweckbestimmung „damit er wieder zurückgibt" (*ut retro reddat*) verbunden war. Die Antwort findet sich im Schlusssatz: *non possit videri is qui ita accepit, ut ei a quo accepit retro reddat, solvisse potius quam [decessisse] <reddidisse>*. *Solvisse* bezeichnet die Erfüllung der

---

pus iuris civilis[22], ad h. l., N. 8. Zu verschiedenen Rekonstruktionsvorschlägen ausführlich Birks, The Irish Jurist 23 (1988), S. 105ff. Die Interpretationsversuche, die an *decessisse* festhalten, überzeugen nicht recht; vgl. Schneider in Schilling/Sintenis, Das Corpus Juris Civilis, 4. Bd., S. 751 mit N. 101; anders als Schneider bezieht Kroppenberg, SZ 126 (2009), S. 297, *solvisse* und *decessisse* auf den Schuldner – insoweit übereinstimmend mit der hier vertretenen Deutung (siehe sogleich unten) –, doch ist dagegen anzumerken, dass *solvisse* und *decessisse* parallel konstruiert aktive Perfektinfinitive sind und *decessisse* daher nicht passiv zu verstehen ist in dem von Kroppenberg angenommenen Sinn „erlassen zu bekommen".

292 Rechnerisch: zehn Mal.

293 So auch Harke, Si error, S. 64, mit Hinweis auf Marcel. D. 46,3,72,4 – das zwischenzeitliche Eigentum des *stipulator* beeinträchtigte die Tauglichkeit einer Sache zur *solutio* nicht.

294 Um so die Zahlungsfähigkeit des Schuldners zu inszenieren und seine Infamierung zu vermeiden; hierzu Kroppenberg, Die Insolvenz, S. 327; Kroppenberg, SZ 126 (2009), S. 297; Daube, Roman Law, S. 93f. Vielleicht war ein zivilrechtlicher Teilerlass im vorliegenden Fall auch gar nicht möglich; siehe Schlossman, Jher. Jahrb. 44 (1902), S. 389, N. 2; Knütel, Studi Sanfilippo III., 1983, S. 373f.

295 Daube, Roman Law, S. 93; Kroppenberg, SZ 126 (2009), S. 297. Nicht zu unterschätzen ist auch, dass der Gläubiger auf diese Weise eine Abhängigkeit geschaffen und seinen „wirtschaftlichen und machtpolitischen Einfluss" gemehrt hatte; hierzu Kroppenberg, Die Insolvenz, S. 328ff.; und zur ähnlichen Wirkung einer zinlosen Darlehensgewährung Bürge, SZ 97 (1980), S. 137f.

ursprünglichen Schuld und bezieht sich daher auf die Leistung des Schuldners. Es war der Gläubiger, der dem Schuldner ermöglichen wollte, sich durch Zahlung eines geringeren Betrags als des geschuldeten zu befreien, und der daher Grund hatte, dem Schuldner die *nummi* mit der Zweckbestimmung zurückzugeben, dass ihm der Schuldner diese wieder zurückgibt. Betroffen von der Zweckbestimmung auf Rück-*dare* war also nicht das *dare causa solvendi*[296], sondern die (wahrscheinlich) als Schenkung beabsichtigte Rückgabe an den Schuldner[297].

Somit ist der Sachverhalt so zu rekonstruieren: Der Schuldner leistete die zehn *causa solvendi* an den Gläubiger. Der Gläubiger wurde zum Eigentümer der zehn, eine Teilerfüllung trat ein. Dann gab der Gläubiger dieselben Münzen dem Schuldner mit der Zweckbestimmung *ut retro reddat* zurück. Es liegt nahe, dass der Gläubiger das Eigentum an den Schuldner übertragen wollte, damit dieser durch die Rückgabe den weiteren Solutionserfolg erreichen konnte. Zugleich wollte er das Eigentum aber nur vorübergehend verlieren, *nur für den Fall*, dass ihm der Schuldner die Münzen wieder zurückgibt.

Die *quidam* meinten, dass der Schuldner durch die zweite Zahlung an den Gläubiger nicht den Solutionserfolg erreichen könne, „weil er eher zurückgegeben (*reddidisse*) als erfüllt hat (*solvisse*)". *Reddere* bedeutet die Erfüllung der Rückgabepflicht und bezeichnet die Rückübereignung[298]. Mit *reddere* konnten die *quidam* wohl die Erfüllung der Verbindlichkeit aus der Kondiktion meinen[299]. Da der Gläubiger das Eigentum an den Schuldner nur für den Fall übertragen wollte, dass der Schuldner das Geld zur *solutio* verwendet, erwarb er für den Fall der Zweckverfehlung die Rückforderung (die *condictio ob rem*). An dem Rückforderungsrecht scheiterte die Schenkung[300] und die Leistung des Gläubigers

296 Sonst könnte die *solutio* nicht eintreten; vgl. Ulp. D. 46,3,55: *Qui sic solvit, ut reciperet, non liberatur, quemadmodum non alienantur nummi, qui sic dantur, ut recipiantur.*

297 So richtig Birks, The Irish Jurist 23 (1988), S. 107f. Anders dagegen Knütel, Studi Sanfilippo III., 1983, S. 374: „wenn die Valuta dem Gläubiger so geleistet wird, dass er sie zurückgewähren soll". Für den Bezug des letzten Satzes auf den Gläubiger bereits Schneider in Schilling/Sintenis, Das Corpus Juris Civilis, 4. Bd., S. 751 mit N. 101.

298 *Reddere* hat die Bedeutung von *dare*, das heißt Übereignung (siehe oben in Fn. 266), vgl. Celsus D. 50,16,94: *Verbum „reddendi" quamquam significatum habet retro dandi, recipit tamen et per se dandi significationem.* Allerdings findet sich auch die Bedeutung „Rückgabe an denjenigen, dem die Sache gehört", vgl. Ulp. D. 13,6,3,1: *Si reddita quidem sit res commodata, sed deterior reddita, non videtur reddita, quae deterior facta redditur, nisi quid interest praestetur: proprie enim dicitur res non reddita, quae deterior redditur,* und „Rückübertragung des Besitzes"; vgl. Paul. D. 12,6,15,1: *Sed et si nummi alieni dati sint, condictio competet. ut vel possessio eorum reddatur.*

299 Dagegen für *depositum* Birks, The Irish Jurist 23 (1988), S. 105f. Für ein *commodatum* Gamauf, Vindicatio nummorum, S. 221, mit Hinweis auf Gai. D. 13,6,4.

300 Dafür, dass die *donatio* misslang, weil der Gläubiger „das Geld gerade nicht in der Absicht aus der

wurde in eine *datio ob rem* umgedeutet. Die *datio ob rem* diente als *causa* für den Eigentumsübergang an den Schuldner und sicherte zugleich den Gläubiger für den Fall ab, dass der Schuldner das Geld nicht freiwillig zurückgibt. Indem für die Rückgabe an den Gläubiger keine Frist bestimmt war, war das Geld ab der Hingabe an den Schuldner kondizierbar und somit weiterhin an das Vermögen des Gläubigers gebunden; die materielle Zugehörigkeit des Geldes zum Vermögen des Gläubigers blieb auch nach der formalen Eigentumsübertragung an den Schuldner bestehen. Wenn der Schuldner die zehn an den Gläubiger zurückzahlte, war dieser eher so anzusehen, als hätte er „sein" (= das ihm zustehende) Geld zurückbekommen. Durch Annahme des gleichsam eigenen Geldes konnte keine Teilerfüllung eintreten, vielmehr erfüllte der Schuldner die Verbindlichkeit aus der Kondiktion.

Die *quidam* vertraten damit die gleiche Meinung wie Julian in D. 12,1,20[301]. Obwohl der Schuldner Eigentümer des Geldes war, konnte er durch die Rückgabe an den Gläubiger nicht den Solutionserfolg erreichen, den er dagegen erreichen könnte, wenn die Münzen nicht kondizierbar an das Vermögen des Gläubigers gebunden wären, das heißt, wenn der Gläubiger das Geld an den Schuldner *in plenum* zurückgegeben hätte (die Zweckbestimmung wäre dann nicht Inhalt der *condicio dandi*, und die Rückgabe an den Schuldner könnte daher aufgrund der *causa donandi* erfolgen).

Die Meinung von Marcellus und Servius

Nach Marcellus und Servius sollte dagegen der *solutio*-Erfolg nicht verhindert sein, und diese Meinung wird als die herrschende dargestellt (*in nummis minor vel prope nulla dubitatio est*). Es ist jedoch zu bemerken, dass in dem Textteil, in dem Marcellus die Meinung von Servius wiedergibt, nicht ausdrücklich erwähnt wird, dass die Rückgabe an den Schuldner mit der Zweckbestimmung *ut retro reddat* erfolgte. Marcellus konnte übersehen haben, dass sich Servius *apud Alfenum* mit einem Fall befasste, in dem das Rück-*dare* an den Gläubiger vielleicht beabsichtigt war, der Gläubiger die *nummi* aber an den Schuldner *in plenum* übergeben hatte[302]. In Anknüpfung an den Eingangsfall konnte Servius lediglich die

---

Hand gegeben hatte, es nicht wieder zurückzuerhalten" (D. 39,5,1pr.: *nec ullo casu ad se reverti*), Gamauf, Vindicatio nummorum, S. 220.

301 So auch Knobbe-Keuk, Fs. Flume, Bd. II, 1978, S. 169. Nach Behrends, SZ 97 (1980), S. 474, war Julian der prominenteste Vertreter der *quidam*-Ansicht. Es war nicht selten, dass die Meinung Julians von anderen Juristen kritisiert wurde (wie auch in D. 46,3,67 von Marcellus), siehe Manthe, Dg. Nishimura, S. 192.

302 Vgl. Knütel, Studi Sanfilippo III., 1983, S. 370f., nach dem sich die *prope nulla dubitatio* sogar auf die Fälle beziehen konnte, „in denen der Stipulator das auf Grund der Teilzahlung erlangte

Frage erörtern, ob der Schuldner mit denselben Münzen mehrmals eine Teilerfüllung erreichen konnte. Wenn Marcellus später die Meinung der *quidam* zitierte, unterschätzte er die Rolle der ausdrücklich beigefügten Zweckbestimmung *ut retro reddat*.

Servius konnte eine ähnliche Entscheidung wie Pomponius in D. 40,7,11 (*sed si in plenum ei donasset, fieri liberum*[303]) treffen. Wenn der Gläubiger das Geld an den Schuldner *in plenum* übergeben hätte, wäre die *datio* nicht mit der *condicio dandi* behaftet und dem Gläubiger stünde daher kein Rückforderungsrecht zu. Mit der Hingabe an den Schuldner wäre das Geld – weil nicht kondizierbar – aus dem Vermögen des Gläubigers endgültig ausgeschieden. Unter diesen Umständen könnte die *donatio* zustande kommen. Der Schuldner erwürbe das Recht, das Geld endgültig zu behalten, und es wäre seine Sache, wie er über das Geld verfügen wollte. Zahlte er es an den Gläubiger zurück, so träte der Solutionserfolg ein, weil der Schuldner das Geld dem Gläubiger nicht schuldete – also kein *reddere*.

d. Resümee

In den erörterten drei Fragmenten (Iul. D. 12,1,20; Pomp. D. 40,7,11; Marcel. D. 46,3,67) war dem „Beschenkten" auferlegt, die empfangene Sache an den „Schenker" zurückzugeben. In D. 40,7,11 (der Erbe gab dem *statuliber* eine bestimmte Geldsumme, damit der Sklave sie zurückgab, um die Freilassungsbedingung zu erfüllen) und in D. 46,3,67 (der Gläubiger gab dem Schuldner die Teilzahlung zurück, um damit wieder zu zahlen) war die auferlegte Rückgabe im ausschließlichen Interesse des „Beschenkten" (weil er dadurch frei werden oder seine Schuld tilgen konnte). In D. 12,1,20 („Schenkung" des Geldes zur Darlehensgewährung zurück an den „Schenker") könnte der „Beschenkte" trotz der Rückgabe durch die dadurch erworbene Darlehensklage bereichert bleiben. Dennoch verneinte Julian in D. 12,1,20 die *donatio*, Marcellus erwähnte sie in D. 46,3,67 gar nicht erst, und es ist annehmbar, dass Pomponius in D. 40,7,11 dem gleichen Muster wie Julian folgte.

Somit erhärtet sich: Obschon eine Zweckbestimmung im Interesse des Beschenkten lag, konnte eine Schenkung nicht zustande kommen, wenn der „Schenker" *nur* für den Fall geben wollte, dass der „Beschenkte" der Zweckbestimmung nachkommt. Dann lag, wie gesehen[304], eine *datio ob rem* vor. In allen drei Frag-

---

Geld wieder ausgegeben hat und in denen es dann über diverse Dritte zufällig wieder an den Promittenten gelangt ist".

303 Eine *donatio in plenum* befindet sich auch in Impp. Severus, Antoninus C. 5,3,1; die Absicht des Schenkers, das Geschenkte als *dos* zurückzubekommen, wurde dort nicht zum Inhalt einer *condicio dandi* erhoben. Zum Text siehe unten in diesem Kapitel II.2.b.dd, S. 106.

304 Zutreffend Schwarz, Die Grundlage der condictio, S. 142: Die Klassiker hätten, „wenn es sich

menten war die Zweckbestimmung auf die Rückgabe der geschenkten Sache gerichtet. Allein der Wille des Schenkers, die geschenkte Sache zurückzubekommen, müsste jedoch dann nicht zu einer verfehlten Schenkung führen, wenn die gewünschte Rückgabe nicht die Grenzen der Hoffnung (*spes*) überschritt, also dann, wenn eine vorbehaltene *condictio ob rem* nicht mitzuverstehen war.

Während die Parteien in D. 39,5,2,7 (*Titio decem donavi ea condicione, ut inde Stichum sibi emeret*) auch nach Reduktion auf die *datio ob rem* das gewünschte Ergebnis immer noch erreichen konnten (dass der Empfänger den Stichus kaufte und ihn behielt), erreichte man mit der Reduktion dann nicht mehr den beabsichtigten Erfolg, wenn die Zweckbestimmung dem Empfänger die Rückgabe der Sache auferlegte. Die Rückgabe war in diesen Fällen nur die Erfüllung der Rückgabeverpflichtung aus der *condictio ob rem*, und diese verhinderte die gleichzeitige Erfüllung eines anderen Zwecks (Darlehensgewährung, Erfüllung der Freilassungsbedingung oder Schuldtilgung). Eine „Auflagenerfüllung", wenn diese in einem Rück-*dare* bestand, musste mit Geld, auf das der Geber noch den Zugriff mit der *condictio ob rem* hatte, immer fehlschlagen. Mit der Hingabe an den Empfänger war die Kondiktionslage begründet, die durch das Rück-*dare* beendet wurde. Diese von Ernst[305] – zu anderen Quellen – erkannte römische Anschauung zeigt auch das Bild der Quellen zu Iul. D. 12,1,20; Pomp. D. 40,7,11; Marcel. D. 46,3,67.

Denkbar ist, dass die obligatorische Gebundenheit an das Vermögen des Gebers[306] eine besondere Konsequenz davon war, dass die Rückgabe *gerade aus der Kondiktion* geschuldet war. Die Kondiktion war Fortwirkung[307] des untergegangenen Eigentums[308] – sie war anzustellen, wenn der Empfänger Sachen aus dem Vermögen des Gebers erwarb, für deren Behalten er jedoch keinen Rechtsgrund

um den Fall der mit einer Leistung verbundenen Zweckbestimmung handelte, die Frage i. allg. gar nicht so gestellt: liegt hier eine ‚Schenkung unter Auflage' vor?, sondern: ist es überhaupt eine Schenkung oder ist es eine *datio* (*promissio*) *ob rem*, ist es eine *donatio* oder ist es ein *negotium gestum* ... ?". Ähnlich Simonius, Die donatio mortis causa, S. 211, N. 22: „Die Condictio bei der Donatio sub modo beruhte darauf, daß die Klassiker in diesem Geschäft gar keine Schenkung, sondern eine Datio ob rem sahen".

305 Siehe oben bei Fn. 234f.

306 Zur materiellen Zugehörigkeit zum Vermögen des Gebers auch im zweiten Teil, zweiten Kapitel V.2, S. 141ff.

307 Zum Rechtsfortwirkungsgedanken mwN. Hähnchen, Die causa condictionis, S. 127f.

308 Savigny, System, 5. Bd., S. 515: „Überall also erscheint die *condictio* als der Ersatz, der anstatt der verlorenen Vindication eintritt". Vgl. Lübtow, Beiträge, S. 110ff., nach dem die Urkondiktion eine „Vindikationskondiktion" war, sodass auch *aes alienum* ursprünglich „wortwörtlich" verstanden wurde. Dem im Wesentlichen zustimmend Hähnchen, Die causa condictionis, S. 126f.

hatte[309]. Zwar verlor der Geber sein Eigentum durch die Übergabe an den Empfänger. Solange aber der Empfänger keinen endgültigen Behaltensgrund hatte, band die Kondiktion die Sache noch an das Vermögen[310] des Gebers[311]. Möglicherweise wäre der Fall anders zu betrachten und die Zweckverwirklichung dann möglich, wenn der Geber statt der Kondiktion eine *actio praescriptis verbis* hätte, sodass der Empfänger[312] die Zweckverwirklichung schuldete. Im späteren Recht könnte etwa Herm. D. 39,5,33,1 ein Beleg für diese Ansicht sein[313]. Jedenfalls überwogen im klassischen Recht diejenigen Fälle, in denen der *dans ob rem* eine *condictio* und nicht die *actio praescriptis verbis* hatte.

309 Zum vermuteten deliktischen Ursprung der *condictio*: Kaser, Das altrömische ius, S. 286f.; ders. in Das römische Privatrecht 1², S. 593; Schwarz, Die Grundlage der condictio, S. 278: Der Darlehensnehmer, „der die Herausgabe verweigerte, beging ein diebstahlähnliches Delikt, beging *furtum sine subreptione*". Eher zurückhaltend dazu mit neueren Literaturangaben Hähnchen, Die causa condictionis, S. 38f.; 127 mit N. 609. Zum Ursprung der *condictio* ferner Skřejpek, Mistero della *condictio*, S. 106–112.

310 Vgl. Mod. D. 41,1,52: *Rem in bonis nostris habere intellegimur, quotiens possidentes exceptionem aut amittentes ad reciperandam eam actionem habemus.* Doch hatte der Text wahrscheinlich keinen Bezug auf die *condictio*, sondern auf die *actio Publiciana*. *In bonis habere* würde somit das bonitarische Eigentum bezeichnen. Dafür die überwiegende Meinung: Kaser, SZ 78 (1961), S. 183f., jedoch mit der relativierenden Bemerkung, dass sich weder der ursprüngliche Zusammenhang noch der Grad der Echtheit erkennen ließen; Söllner, SZ 122 (2005), S. 34. Den „sachenrechtlichen Zusammenhang" vermuten auch Ankum/Gessel-de Roo/Pool, SZ 105 (1988), S. 352; 367f.; mit der Bemerkung, dass der Jurist hier einen weiten Eigentumsausdruck verwendet habe; es gebe keinen Grund dafür, die „Definition" auf das bonitarische Eigentum zu beschränken. Auf das prätorische Eigentum bezog Blank, SZ 99 (1982), S. 307, auch die Aussage in Paul. D. 50,17,15: *Is, qui actionem habet ad rem reciperandam, ipsam rem habere videtur.* Wahrscheinlicher ist aber, dass Paulus hier mit der *actio ad rem reciperandam* die *actio fiduciae* meinte; siehe unten in Fn. 527.

311 Beim Darlehen spiegelte sich diese Auffassung im Begriff *aes alienum* wider (siehe in Fn. 276 und 308). Die Betrachtung der übergebenen Sache als „aus dem Vermögen des Gebers noch nicht endgültig ausgeschieden" im Sinn von „an sein Vermögen obligatorisch gebunden" hatte bei der *datio ob rem* noch größere Berechtigung als beim Darlehen, denn die dargeliehenen Sachen waren dazu bestimmt, dass sie der Darlehensnehmer verbrauchte und nur dieselbe Menge zurückgab. Bei der *datio ob rem* dagegen war die Sache nicht zur sofortigen beliebigen Verwendung übergeben. Der Empfänger sollte sie entweder zum bestimmten Zweck verwenden oder einen anderen vom *dans* bestimmten Zweck herbeiführen. Erst dadurch erwarb er den Rechtsgrund, der zum Behalten und damit auch zur beliebigen Verwendung der Sache berechtigte. Zu diesem Unterschied zwischen dargeliehenem Geld und *ob rem* übergebenen Geld siehe auch in Fn. 339.

312 Die klassischen Juristen hätten eine Schenkung wohl auch dann verneint und den Fall als eine *datio ob rem* beurteilt, wenn die mit der *actio praescriptis verbis* geltend zu machende Auflagenerfüllung geschuldet war; siehe dazu im zweiten Teil, sechsten Kapitel, S. 221ff.

313 Siehe dazu im dritten Teil, dritten Kapitel V., S. 296ff. Im Unterschied zum klassischen Recht war die Schenkung unter Diokletian mit der *actio praescriptis verbis* bereits vereinbar.

2. Die fehlende *causa retinendi* bei Übereignung an einen Dritten

Die Wirkung der fehlenden *causa retinendi* (als Folge einer verfehlten Schenkung) war bei einer auf Rückübereignung gerichteten Auflage möglicherweise weniger ersichtlich, weil sich die Unerfüllbarkeit der Auflage bequem auch dadurch begründen ließ, dass dem „Schenker" eine ihm geschuldete (ihm also wirtschaftlich zustehende) Sache zurückgegeben wurde. Viel deutlicher sind die Folgen der fehlenden *causa retinendi* dann, wenn dem „Beschenkten" die Übereignung der „geschenkten" Sache an einen Dritten auferlegt war.

a. *Donatio, ut creditori solvat* (D. 14,6,9,1)

Die Folge, dass der „Beschenkte" bei der Erfüllung der Zweckbestimmung keinen Rechtsgrund zum endgültigen Behalten der Sache hatte, war in D. 14,6,9,1 die Fiktion des direkten Übergangs aus dem Vermögen des *dans ob rem* an den Dritten. Schon dieser Text folgt dem Denkbild eines *proficisci de bonis*[314] des *dans ob rem*, obwohl dieser nicht mehr der Eigentümer war.

D. 14,6,9,1 (Ulpianus libro vicensimo nono ad edictum)
Si ab alio donatam sibi pecuniam filius creditori solverit, an pater vindicare vel repetere possit? et ait Iulianus, si quidem hac condicione ei donata sit pecunia, ut creditori solvat, videri a donatore profectam protinus ad creditorem et fieri nummos accipientis: si vero simpliciter ei donavit, alienationem eorum filium non habuisse et ideo, si solverit, condictionem patri ex omni eventu competere.

Ein Haussohn zahlte das ihm von einem *alius* geschenkte Geld an seinen Darlehensgläubiger. Es stellte sich die Frage, ob der Vater das gezahlte Geld vom Darlehensgläubiger vindizieren oder kondizieren konnte. Die Zahlung an den Darlehensgläubiger konnte hier scheitern wegen fehlender Verfügungsmacht des unter der väterlichen Gewalt stehenden *filius familias*[315]. Julian entschied die Frage je nachdem, ob das Geld dem Haussohn *hac condicione ut creditori solvat* oder *simpliciter* geschenkt wurde.

Im ersten Fall schenkte der *alius* mit der *condicio* „dass er an seinen Gläubiger zahlt"[316]. Es ist sehr wahrscheinlich, dass Julian ähnlich wie in den oben erörterten D. 39,5,2,7 und D. 12,1,20 auch in D. 14,6,9,1 mit *hac condicione* den Fall bezeich-

314 Vgl. die Denkfigur bei Ulp. D. 23,3,5pr.: *Profecticia dos est, quae a patre vel parente profecta est de bonis vel facto eius*. Dazu noch näher unten.

315 Somit nicht etwa als direkte Folge des Verstoßes gegen das *SC Macedonianum*; palingenetisch gehört der Text in die Rubrik *Ad senatus consultum Macedonianum*; so Lenel, Palingenesia II., Ulp. 878, S. 609.

316 Die *condicio* lautete nicht *si creditori solvat*, es war nicht eine Suspensivbedingung, die die Schen-

nete, in dem der „Schenker" nur unter der Voraussetzung geben wollte, dass der „Beschenkte" der Zweckbestimmung nachkommt, sodass die Zweckbestimmung den Inhalt einer sogenannten *condicio dandi* bildete. Und gleich wie in D. 39,5,2,7 stellte Julian der *condicio dandi* im ersten Fall die *donatio* im zweiten (*simpliciter ei donavit*) gegenüber. Im ersten Fall sei die Zahlungsbewegung so anzusehen, als wäre das Geld unmittelbar vom *alius* an den Darlehensgläubiger gelangt; die fehlende Verfügungsmacht des Sohns verhinderte nicht den Eigentumsübergang an den Gläubiger, der auf diese Weise Eigentümer der *nummi* wurde. Schenkte der *alius* das Geld dagegen ohne Zweckbestimmung (ohne *condicio dandi*), so stand dem Vater zumindest[317] die *condictio* zu, weil der Sohn keine Verfügungsbefugnis über das Geld hatte.

Condicio dandi

Wollte der *alius* nur für den Fall dem Sohn das Geld zuwenden, dass dieser damit die Darlehensschuld tilgte, und hätte er sonst nicht gegeben, so hatte der *alius* bei Zweckverfehlung die *condictio ob rem*. Wenn Julian sagte: *hac condicione ei d o n a t a sit pecunia*, und: *a d o n a t o r e profectam protinus ad creditorem*, verwendete er den Begriff „schenken" nicht im technischen Sinn[318], denn die Schenkung scheiterte an der Nichterfüllung des Schenkungsmerkmals „der Schenker gibt so, dass er das Geschenk nicht zurücknehmen will". Die Entscheidung Julians *videri a donatore profectam protinus ad creditorem* lässt sich mit der misslungenen *donatio* wie folgt erläutern: Die beabsichtigte Schenkung unter Auflage (*d o n a t i o , ut creditori solvat*) reduzierte sich auf eine „einzweckige" *datio ob rem* (*d a t i o , ut creditori solvat*). Diese war für den Sohn *causa* des Eigentumserwerbs am Geld, das der Vater durch seinen Sohn erwarb[319]. Damit stellte sich überhaupt

---

kung und damit den Eigentumsübergang bis zur Erfüllung der Zweckbestimmung aufschieben würde.

317 So für *ex omni eventu* in dem betreffenden Zusammenhang Wacke, SZ 112 (1995), S. 305, N. 192. Zur Klage des Vaters siehe unten bei Fn. 321ff.

318 Es war nicht ungewöhnlich, die Begriffe untechnisch zu gebrauchen, um zu zeigen, wie die betroffenen Personen das Rechtsgeschäft auffassten. So Iul. D. 12,1,20: *Si tibi pecuniam donassem, ut tu mihi eandem crederes, an credita fieret? dixi in huiusmodi propositionibus non propriis verbis nos uti, nam talem contractum neque donationem esse neque pecuniam creditam* (zum Text oben in diesem Kapitel II.1.a, S. 73ff.). Siehe auch D. 16,3,27, wo Paulus die Begriffe *matrimonium* und *dos* verwendete, obwohl es um ein Verhältnis zwischen einer freien Frau und einem Sklaven ging und der Status des Mannes den Parteien bekannt war (zur Kenntnis der Parteien ähnlich Scheidel, SZ 110 (1993), S. 649). Zum nichtjuristischen, alltäglichen Sprachgebrauch des Wortes *donatio* mit weiteren Quellenbelegen Chiusi, IURA 60 (2012), S. 236ff.

319 Dafür, dass das Eigentum an den Gläubiger durch die Mittelsperson (und nicht direkt) überging, auch Windscheid, Voraussetzung, S. 23, jedoch mit einer anderen Begründung. Windscheid

erst das Problem, ob der Vater die *vindicatio nummorum* oder die *condictio* gegen den Gläubiger hatte, nachdem der Sohn an diesen gezahlt hatte. Doch lag in der *datio ob rem* für den Sohn keine *causa retinendi*, da dem *alius* für den Fall der Zweckverfehlung das Rückforderungsrecht zustand. Damit war das Geld noch nicht endgültig aus dem Vermögen des *alius* ausgeschieden, materiell gehörte es noch zu seinem Vermögen. Somit erklärt sich, dass das Geld noch vom Vermögen des *alius* herkam und der Fall wie eine Drittzahlung zu werten war, obwohl der Durchgangsfall (D „schenkte" an den Sohn, der Vater erwarb durch ihn, und der Sohn zahlte an seinen Gläubiger) real da war und das Problem aufwarf. *Videri* meint eine Wertung, die einer Fiktion des direkten Übergangs vom Vermögen des *alius* (*dans ob rem*) an den Gläubiger sehr nahekommt[320]. Dass der *condicio-dandi*-Fall wie eine Drittzahlung zu sehen ist, ist also nicht damit zu begründen, dass die Schenkung unwirksam war und der Sohn mit fremdem Geld, nämlich jenem des Schenkers, zahlte. Dies wäre ein Fall der Drittzahlung durch den Sohn als Gehilfen, der aber nicht aus einer Wertung („es ist so anzusehen") hervorginge und das *videri protinus* nicht recht erklärte.

Erst als Folge des „fingierten" direkten Übergangs aus dem Vermögen des Dritten war der Vater aus dem Spiel und es hatte keine Konsequenz, dass der Sohn ohne seine Zustimmung an den Gläubiger zahlte. Die *vindicatio nummorum* oder *condictio* hatte der Vater also nicht.

Gültige Schenkung

Die fehlende Verfügungsbefugnis des Sohns verhinderte den Eigentumsübergang an den Gläubiger dagegen dann, wenn das Geld bei der Hingabe an den Gläubiger bereits

erklärte D. 14,6,9,1 damit, dass die in der Auflage des Weitergebens enthaltene Voraussetzung das Gegebene gegen den Erwerb durch den Vater geschützt habe. Es sei in das Eigentum des Gläubigers übergegangen, als wäre die Mittelsperson, durch die es an ihn gelangt sei, *sui iuris* gewesen. Dem Haussohn sei in diesem Fall gleichsam eine Eigentumsfähigkeit *ad hoc* beigelegt worden. Entgegen Windscheid kann aus D. 23,3,5,9 (siehe sogleich unten) entnommen werden, dass die Entscheidung - *videri a donatore profectam protinus ad creditorem* – auch in der Situation richtig wäre, in der die Zwischenperson tatsächlich eine *persona sui iuris* wäre, weil diese keine *causa retinendi* hätte. Vgl. Wacke, SZ 112 (1995), S. 306, wonach der Vater jedoch auch nicht für eine logische Sekunde das Eigentum am Geld erwarb und der Sohn über das Geld des Schenkers mit dessen Zustimmung verfügte, gleich wie § 267 BGB (Leistung durch Dritte).

320 Ein *videri* war nicht typisch für eine Fiktion; hier war nur aus wertender Betrachtung die tatsächlich bestehende Durchgangssituation ausgeschaltet – weil der Sohn keine *causa retinendi* hatte und das Geld daher „nicht vom Vater herkam" – und wie eine direkte Zahlung des *alius* an den Gläubiger angesehen. Vgl. Heumann/Seckel, Handlexikon[11], S. 623f., unter *videre*. Auch Bund, Untersuchungen zur Methode Julians, S. 122ff., erwähnt im Kapitel „Fiktion" kein *videri*. Als Fiktionsfälle behandelt er überwiegend jene Stellen, in denen *perinde habetur, ac* vorkommt.

endgültig aus dem Vermögen des *alius* ausgeschieden war. Der *alius* schenkte *simpliciter*, also entweder überhaupt ohne Zweckbestimmung oder auch mit Beifügung *ut creditori solvat*. Diese Worte hatten aber nicht den Charakter einer *condicio dandi*, weil der *alius* auch für den Fall schenken wollte, dass das Geld nicht zur Schuldtilgung verwendet wird. „Damit du an den Gläubiger zahlst" erwähnte er vielleicht nur, weil er wusste, dass der *filius* dies tun wollte. Das Merkmal *„qui donat, sic dat, ne recipiat"* war in dieser Variante erfüllt, sodass die Barschenkung zustande kam. Hier hatte der Sohn die *donatio* als endgültigen Behaltensgrund und der Vater erwarb durch seinen Sohn das Geld. Erst in dieser Variante kam das Geld aus dem Vermögen des Vaters und nicht mehr aus dem des Schenkers. An eine „Fiktion" des direkten (*protinus*) Übergangs aus dem Vermögen des *alius* war hier nicht zu denken. Der Sohn konnte nur mit Zustimmung des Vaters über das Geld verfügen. Da dies hier nicht der Fall war, blieb der Vater Eigentümer der *nummi* und könnte sie vindizieren. Ob Julian dem Vater tatsächlich eine Kondiktion gewährte und damit anders als Marcellus in Ulp. D. 12,1,14 entschied[321], kann hier offenbleiben[322]. Auffällig wäre jedoch, dass Julian die Konsumption des Geldes[323] durch den Gläubiger nicht erwähnte[324].

---

321 Ulp. D. 12,1,14: *Si filius familias contra senatus consultum mutuatus pecuniam solverit, patri nummos vindicanti nulla exceptio obicietur: sed si fuerint consumpti a creditore nummi, Marcellus ait cessare condictionem, quoniam totiens condictio datur, quotiens ex ea causa numerati sunt, ex qua actio esse potuisset, si dominium ad accipientem transisset: in proposito autem non esset. denique per errorem soluti contra senatus consultum crediti magis est cessare repetitionem*. Dafür, dass die Meinung von Marcellus lediglich den Fall betraf, in dem der Gläubiger das vom Sohn empfangene Geld in gutem Glauben konsumierte, während Julian den Fall einer bösgläubigen Konsumption vor Augen hatte und die von ihm gewährte Kondiktion somit die *condictio furtiva* war, bieten die Texte keine Anhaltspunkte; vgl. hierzu Glück, Pandekten, 14. Teil, 2. Abt., S. 318ff.

322 Die überwiegende Meinung liest den Schlusssatz in D. 14,6,9,1 *vindicationem patri (...) competere*; siehe Fuchs, Iusta causa, S. 227, und mit ihm Kaser, TR 29 (1961), S. 195 mit N. 84; Rastätter, Marcelli notae, S. 55 (hält den Schlusssatz für eine nachklassische Überarbeitung, S. 55 mit N. 47); Liebs, IURA 32 (1981), S. 285 (eher für eine justinianische Interpolation). Echt ist die Entscheidung *condictionem patri ex omni eventu competere* nach Wacke, SZ 112 (1995), S. 305, N. 192. Zum Text vgl. auch Lucrezi, Senatusconsultum Macedonianum, S. 95, N. 156.

323 *Consumere nummos* hat wohl eine breitere Bedeutung und schließt auch die *commixtio nummorum* mit ein. Vgl. Wacke, BIDR 79 (1976), S. 127: Der Konsument sei stets derjenige, der die Vindikationsmöglichkeit beseitigt, wobei die ununterscheidbare Vermengung mit eigenem Geld den Hauptfall der *consumptio nummorum* darstelle (S. 123). Gamauf, Vindicatio nummorum, S. 228ff.; 234, erklärt den Begriff *consumere nummos* durch seine prozessuale Funktion: *Consumere* sei ein Sammelbegriff für verschiedene Stellungnahmen des Beklagten im vorprozessualen Stadium, denen im Zusammenhang mit Geld gemeinsam sei, dass sich das Geld nach dem *consumere* nicht mehr im Besitz des Beklagten befinde, sodass dieser nicht mehr zu einer *rei vindicatio* auf das Geld passivlegitimiert sei.

324 Die ausdrückliche Erwähnung der Konsumption war wohl die Regel; vgl. Ulp. D. 12,6,29: *et si quidem exstant nummi, vindicabuntur, consumptis vero condictio locum habebit.*; Ulp. D. 12,1,11,2;

In der ersten Variante (*hac condicione donavit*) schlug die *donatio* infolge der *condictio ob rem* fehl, obwohl der *alius* kaum ein eigenes Interesse daran haben konnte, dass der Sohn seinen Gläubiger befriedigte. Die Konsequenz, dass die Schenkung deswegen misslang, weil der *alius* die *condictio ob rem* hatte, belegt – wie sogleich zu zeigen ist – auch D. 23,3,5,9, wo Julian eine *datio, ut in dotem daret* erörterte. Dieser Text unterstützt zugleich die These, dass der Vater in der Variante *hac condicione donavit* das Eigentum erworben hatte und Julian mit der „Fiktion" des direkten (*protinus*) Übergangs aus dem Vermögen des *alius* deswegen arbeitete, weil der *alius* im Zeitpunkt der Hingabe an den Gläubiger noch das Rückforderungsrecht hatte. Infolge des Rückforderungsrechts wurde in D. 23,3,5,9 eine analoge Lösung angewendet: Wenn dem Vater eine Sache mit der Zweckbestimmung übergeben wurde, er solle damit die Mitgift für seine Tochter bestellen, so wird die bestellte *dos* eine *adventicia*, als ob die Sache an den Schwiegersohn direkt aus dem Vermögen des *dans ob rem* überginge, obschon der Vater bei der Übergabe an den Schwiegersohn Eigentümer der Sache war.

b. Die Schenkung zum Zweck der *dos*-Bestellung

aa. Die erste Fallgruppe: *Datio, ut in dotem daret*

D. 23,3,5,9 (ULPIANUS libro trigesimo primo ad Sabinum)
Si quis certam quantitatem patri donaverit ita, ut hanc pro filia daret, non esse dotem profecticiam Iulianus libro septimo decimo Digestorum scripsit: obstrictus est enim ut det aut, si non dederit, condictione tenetur. hoc et in matre iuris esse ait, si forte sub ea condicione uxor marito det, ut pro filia genero in dotem daret, nec videri uxorem marito donasse rectissime ergo ait, ut non sit interdicta donatio iure civili: non enim ad hoc dedit, ut ipse habeat, sed ut genero pro filia expendat: denique si non dederit, condictione tenetur. esse igitur dotem istam adventiciam Iulianus ait: et ita utimur[325].

Ein Dritter schenkte (*donaverit*) eine bestimmte Geldsumme einem Vater mit der Zweckbestimmung, der Vater solle damit die Mitgift für seine Tochter bestellen (*ut hanc pro filia daret*). Die bestellte *dos* wurde nach Julian nicht eine Mitgift

Pomp. D. 12,1,12; Ulp. D. 12,1,13pr.–2; Ulp. D. 12,1,18,1; Iul. D. 12,1,19,1; Pap. D. 23,3,81; Ulp. D. 24,1,5,18; Gai. D. 26,8,9,2; Pomp. D. 44,7,24,2; Paul. D. 46,1,56,2; Ulp. D. 46,3,14,8; Pomp. D. 46,3,17; Pap. D. 46,3,94,2; Ulp. D. 40,7,3,9 (am Schluss) und andere. Die Texte, in denen die *consumptio nummorum* nur stillschweigend vorausgesetzt wird, sind nicht nur selten, sondern auch umstritten. Zu Pomp. D. 46,3,19 siehe KASER, TR 29 (1961), S. 196 mit N. 91, gegen FUCHS, Iusta causa, S. 211f.; WACKE, BIDR 79 (1976), S. 128 mit N. 332.

325 Zu den Itp.-Annahmen im älteren Schrifttum ALBERTARIO, Dos profecticia, S. 286f.

väterlicherseits (*dos profecticia*), denn der Vater war verpflichtet, das Geld weiterzugeben, oder, wenn er das nicht tat, haftete er aus der Kondiktion (*obstrictus est enim ut det aut, si non dederit, condictione tenetur*). Ebenso konnte keine *dos profecticia* in dem Fall bestellt werden, wenn der Vater das Geld mit der gleichen Zweckbestimmung von seiner Ehefrau erhielt. Unter den Ehegatten stellte sich überdies die Frage, ob die Übereignung zum Zweck *ut in dotem daret* nicht am Ehegattenschenkungsverbot scheiterte. Doch sah Julian in diesem Fall wegen des gesetzten *ut*-Zwecks keine verbotene *donatio*: Die Ehefrau übergab nicht zu dem Zweck, dass der Ehemann das Geld endgültig behielt, sondern dass er es dem Schwiegersohn sogleich für die Tochter weitergab. Somit konnte sie gegen den Ehemann mit der *condictio ob rem* vorgehen, wenn er die Mitgift nicht bestellte[326].

Die Schenkung konnte Julian verneinen, weil der Ehemann aus dem Vermögen seiner Frau nicht bereichert wurde: und zwar um das Geld nicht, weil er dieses *in dotem* weitergeben sollte, und um Zwischenvorteile nicht, weil die *dos*-Bestellung sogleich erfolgen sollte[327]. Dies war aber nicht das allein Entscheidende für die Verneinung der Schenkung[328]. Julian konnte die Bereicherung des Ehemannes (= Schenkung) deswegen ausschließen, weil die Ehefrau mit der Kondiktion wegen Zweckverfehlung vorgehen und damit verhindern konnte, dass der Ehemann das Geld behielt.

Die bei der Übereignung getroffene Abrede *ut in dotem daret* begründete eine Realobligation des Vaters, das Geld bei Verfehlung des *dos*-Zwecks an den Geber (die Ehefrau oder den Dritten) zurückzugeben (*si non dederit, condictione tenetur*). Da der Geber durch die Übereignung noch rückforderungsberechtigt

326 Pap. D. 24,1,52,1: *nam quo casu inter exteros condictio nascitur, inter maritos nihil agitur*, galt also nicht absolut. Eher wird sich die Aussage von Papinian lediglich auf die *donatio mortis causa* beziehen oder, genereller, auf jene Fälle, denen gemeinsam war, dass die *res secuta* dem Ehegatten einen Behaltensgrund für die übereignete Sache verschaffen sollte. (Auch die durch sofortige Übereignung vollzogene *donatio mortis causa* hatte unter Nichtehegatten die Gestalt einer *datio ob rem*, dazu siehe im zweiten Teil, fünften Kapitel I., S. 191ff. Unter Ehegatten war der Eigentumsübergang bei der Todesschenkung regelmäßig bis zum Tod des Schenkers aufgeschoben; siehe dazu Simonius, Die donatio mortis causa, S. 275ff.; 281ff.)

327 Wenn die Zweckbestimmung unter Ehegatten erst später zu erfüllen war, half man sich entweder mit der Konstruktion, 1) dass auch die in der Zwischenzeit erworbenen Früchte zu restituieren waren (so bei der Abrede „*uti post mortem restituatur filio*"; D. 24,1,49; siehe im zweiten Teil, zweiten Kapitel II., S. 124ff.) oder 2) dass die Ehefrau erst dann das Eigentum an der übergebenen Sache erwarb, wenn sie mit der Zweckverwirklichung anfing (z. B. bei der Abrede *ut manumittatur*; D. 24,1,7,8–9; siehe im zweiten Teil, vierten Kapitel I., S. 165ff.). Zur „Ersparnisbereicherung" siehe unten bei D. 24,1,5,8 im zweiten Teil, vierten Kapitel II., S. 176f.

328 Vgl. aber z. B. Broise, Animus donandi, S. 67, der den Grund für die Schenkungsverneinung *lediglich* darin sah, dass die Frau nicht in der Absicht übergab, den Ehemann zu bereichern.

war, hatte er nicht in der Absicht gegeben, das Geld unter keinen Umständen zurückzuerhalten, *er schenkte also nicht*[329]. Die Julian-Meinung hält auch Ulpian für zutreffend (*rectissime ergo ait*), womit zum Ausdruck gebracht ist, dass das am Anfang stehende *patri donaverit* nicht technisch[330] zu verstehen ist[331]. Obwohl der Eigentumsübergang wegen der *condictio ob rem* des Gebers nicht *causa donandi* geschah[332], erwarb der Vater das Eigentum dennoch. An Stelle der Schenkung unter Auflage[333] wurde eine „einzweckige" *datio ob rem*[334] zur *causa* für den Eigentumserwerb (*causa dandi*).

Durch die Weitergabe an den Schwiegersohn konnte der Vater keine *dos profecticia* bestellen. Eine *dos profecticia* lag vor, wenn die *dos* aus dem Vermögen des Vaters[335] stammte[336]. Hier war der Vater Eigentümer aus der *datio ob rem*, die Sache kam aber dennoch nicht aus seinem Vermögen, weil er ein Eigentümer ohne *causa retinendi* war. Die *causa retinendi* konnte nur die *donatio* darstellen (etwa wenn der Geber ohne Rückforderungsvorbehalt geleistet hätte). Hier konnte der Vater die Sache nicht behalten, er war *obstrictus* nach zwei Richtungen, nämlich gebunden an die Zweckabrede *ut det* und an die *condictio*. Eine materielle Vermehrung seines Vermögens lag somit nicht vor[337], die Bereicherung des Vaters war bloß eine formale. In materieller Hinsicht gehörte das Geld noch zum Vermögen des Gebers. Dieser begründete durch die Hingabe des Geldes an den Vater die Kondiktionslage, die erst mit der *vollendeten* Zweckerreichung (*dos*-Bestellung) beendet werden konnte. Noch in dem Zeitpunkt, als der Vater das Geld als Mitgift an den Schwiegersohn übergab, war dieses an das Vermögen des Gebers obliga-

---

329 Doch für eine „donazione modale" ARCHI, Studi Albertario, Vol. 2, 1953, S. 237, N. 2; S. 259, N. 1, der meinte, ohne jedoch auf die relevanten Quellen Bezug zu nehmen, auf eine Schenkung unter Auflage habe sich das Schenkungsmerkmal „*qui donat, sic dat, ne recipiat*" nicht bezogen.

330 Zum untechnischen Gebrauch siehe in Fn. 318.

331 So auch SCHWARZ, Die Grundlage der condictio, S. 145, mit der Bemerkung, es sei möglich, dass an Stelle von *donaverit* ursprünglich *dederit* gestanden habe. Ähnlich LEHFELDT, Die Schenkung unter einer Auflage, S. 49, N. 80, der aber den Grund dafür, dass Ulpian hier nur eine *datio ob rem* angenommen hatte, *lediglich* in der mangelnden Bereicherung des Vaters sah. Für *datio ob rem* auch SCHLEI, Schenkungen unter Ehegatten, S. 70.

332 So auch PELLECCHI, SDHI 64 (1998), S. 109 mit N. 132.

333 *Donatio, ut pro filia in dotem daret.*

334 *Datio, ut pro filia in dotem daret.*

335 Oder eines anderen Vorfahren im Mannesstamm; siehe KASER, Das römische Privatrecht 1^2, S. 334.

336 Ulp. D. 23,3,5pr.: *Profecticia dos est, quae a patre vel parente profecta est de bonis vel facto eius.*

337 Ähnlich TIGERSTRÖM, Das römische Dotalrecht, S. 53f.: Das Vermögen des Vaters sei nicht vermehrt worden; das dem Vater Übergebene sei nicht sein freies Vermögen gewesen. Tigerström nahm in D. 23,3,5,9 aber dennoch eine Schenkung an.

torisch gebunden[338]. Die Hingabe zur *dos* sah man daher so an, dass die Sache direkt aus dem Vermögen des Gebers an den Schwiegersohn überging, obwohl das Eigentum vom Vater an den Schwiegersohn übertragen wurde. Der Schwiegersohn erwarb die Sache *causa dotis* vom Vater, aber aus dem Vermögen des *dans ob rem* (der Ehefrau oder des Dritten), der bis dahin die *condictio ob rem* hatte[339]. Damit war die bestellte *dos* eine *adventicia*[340].

bb. Die zweite Fallgruppe: *Donatio pura* und *dos*-Bestellung

Während in D. 23,3,5,9 *donatio* und *dos profecticia* verfehlt waren, waren beide dann gültig, wenn ein Dritter in der Absicht, dem Vater zu schenken, selbst die geschenkte Sache an den Schwiegersohn übergab.

D. 23,3,5,2 (Ulpianus libro trigesimo primo ad Sabinum)
Quod si quis patri donaturus dedit[341], Marcellus libro sexto[342] Digestorum scripsit hanc quoque a patre profectam esse: et est verum.

Wenn jemand, der dem Vater eine Sache schenken wollte, diese als Mitgift für dessen Tochter direkt an den Schwiegersohn übergab, so stammte die *dos* vom Vater (*dos profecticia*). Hier lag im Sinn der Durchgangstheorie[343] eine bloß gedachte *datio causa donationis* vom Schenker an den Vater[344] und einen Denkschritt später eine gedachte *datio causa dotis* vom Vater an den Schwiegersohn vor.

338 Daran änderte auch die Tatsache nichts, dass dessen *condictio ob rem* in dem Moment entfiel, da der Schwiegersohn das Eigentum *causa dotis* erwarb.

339 Die *dos profecticia* konnte dagegen dann zustande kommen, wenn die Mitgift mit dargeliehenem Geld bestellt wurde (Pap. D. 23,3,81; Ulp. D. 23,3,5,8,). Obschon der Mitgiftbesteller auch in diesem Fall dem Darlehensgeber aus der Kondiktion haftete, war das kreditierte Geld von vornherein dazu bestimmt, dass es der Darlehensnehmer auf beliebige Weise vebrauchte (und nicht dieselben Münzen zurückgab). Der Vater konnte eine *dos profecticia* auch dann bestellen, wenn er zwar nicht Eigentümer der zur *dos* gebenen Sache war, diese aber deswegen aus seinem Vermögen stammte, weil er sie kaufte und somit einen Behaltensgrund hatte. Pomp. D. 23,3,6,1: *Si pater alienum fundum bona fide emptum in dotem dedit, ab ipso profectus intellegitur.*

340 Während der Vater eine *dos profecticia* vom Ehemann zurückfordern konnte, wenn die Tochter in aufrechter Ehe starb (D. 24,2,5), verblieb die *dos adventicia* in diesem Fall dem Mann. Um diese Konsequenz zu vermeiden, musste sich der Mitgiftbesteller die Rückgabe im Todesfall stipulationsweise versprechen lassen. Ulp. lib. sing. 6,5: *Adventicia autem dos semper penes maritum remanet, praeterquam si is, qui dedit, ut sibi redderetur, stipulatus fuit; quae dos specialiter ‚recepticia' dicitur.* Dazu ausführlich Bechmann, Das römische Dotalrecht 2, S. 422ff.

341 Scilicet: *in dotem.*

342 *Libro septimo* nach Lenel, Palingenesia I., Marcell. 80, S. 601, N. 5.

343 Ulp. D. 24,1,3,12.

344 Eine *donatio* als Erwerbstitel im Deckungsverhältnis auch in Iul. D. 39,5,2,2: *Cum vero ego Titio*

So wie oben in D. 23,3,5,9, bestand auch hier der Vorteil des Vaters darin, dass er sich den Aufwand einer eigenen Sache zur *dos*-Bestellung ersparte. Obschon die geschenkte Sache nicht dazu bestimmt war, dass sie der Vater behielt, nehmen Ulpian und Marcellus eine *donatio* an. Damit wird deutlich, dass für das Misslingen der Schenkung in D. 23,3,5,9 nicht allein die Tatsache ausschlaggebend sein konnte, dass der Vater die Sache weitergeben musste[345] (also nicht nur *non enim ad hoc dedit, ut ipse habeat, sed ut genero pro filia expendat*), sondern auch die Kondiktion, aus der der Vater in D. 23,3,5,9 für den Fall haftete, dass er die Sache nicht *in dotem* gibt.

Hier dagegen war eine *donatio* an den Vater möglich, da der Schenker keine *condictio ob rem* hatte. Die Frage der Kondiktion stellte sich hier gar nicht, weil der Vater die *dos*-Bestellung und somit die direkte Übergabe durch den Schenker an den Schwiegersohn wollte; in diesem Sinn disponierte er bereits über das Geschenk. Die Schenkung an den Vater konnte daher zustande kommen. Für eine juristische Sekunde erwarb der Vater nicht nur das Eigentum, sondern durch die Schenkung auch den Rechtsgrund zum endgültigen Behalten der Sache (die *causa retinendi*). Beim Eigentumsübergang *dotis causa* an den Schwiegersohn war die Sache aus dem Vermögen des Dritten, der keine Rückforderung hatte, bereits endgültig ausgeschieden. Die *in dotem* gegebene Sache konnte somit als aus dem Vermögen des Vaters stammend angesehen und die Mitgift als *profecticia* bestellt werden[346]. Oben in D. 23,3,5,9, im Fall der verfehlten Schenkung, ging das Eigentum den Weg vom *dans ob rem* an den Vater und von diesem zum Schwiegersohn und der Übergang aus dem Vermögen direkt vom *dans ob rem* an den Schwiegersohn. Hier ging *beides*, sowohl der Übergang aus dem Vermögen als auch der Eigentumsübergang vom Schenker an den Vater und von diesem zum Schwiegersohn.

Bei der Kombination einer Schenkung mit einem *dos*-Zweck lassen sich also zwei Fälle unterscheiden: erstens eine *d a t i o, ut in dotem daret*, bei der dem Ge-

---

pecuniam donaturus te, qui mihi tantundem donare volebas, iussero Titio promittere, inter omnes personas donatio perfecta est. Dazu THIELMANN, Scritti Guarino 5, 1984, S. 2309f.; WIMMER, OIR 4 (1998), S. 139ff.; zuletzt BESSENYŐ, SZ 133 (2016), S. 227f.

345 So aber MISERA, Der Bereicherungsgedanke, S. 160.

346 Zum Ergebnis, dass der Beschenkte der Besteller der *dos* war und nicht der Schenker, der die Sache an den Ehemann tatsächlich übergab, kam Ulpian auch in D. 23,3,51: *Si res, quas filiae emancipatae pater donavit, ex voluntate eius postea in dotem pro ea datae sunt, a filia dotem, non a patre videri datam.* Wenn der Schenker in D. 23,3,5,2 oder D. 23,3,51 die zur *dos* bestimmte Sache *vor der Eheschließung* an den künftigen Ehemann übergäbe und die Ehe später nicht geschlossen würde, dann wäre es im ersten Fall der beschenkte Vater, im zweiten die beschenkte *filia*, die die Sache vom Verlobten wegen Zweckverfehlung kondizieren könnten. Hierzu in KLEŇOVÁ, Societas et Iurisprudentia 4 (2019), S. 69ff.

ber die Kondiktion für den Fall zustand, dass der Empfänger die Sache nicht zur *dos*-Bestellung verwendete, und zweitens eine einfache, ohne Zweckbestimmung und Rückforderungsvorbehalt erfolgte *donatio* mit nachfolgender *dos*-Bestellung. Im ersten Fall war das Begriffsmerkmal „*qui donat, sic dat, ne recipiat*" nicht erfüllt, sodass das Rechtsgeschäft daher nicht als Schenkung angesehen werden konnte. Die *datio, ut in dotem daret* war eine „einzweckige" *datio ob rem*, und zwar gleichgültig, ob der Empfänger die Mitgift für einen Dritten oder für sich selbst bestellen sollte. Zu dieser Fallgruppe gehört auch D. 23,3,9pr.

cc. *Seiae res dedero, ut ipsa in dotem det* als Muster der *datio, ut in dotem daret*

D. 23,3,9pr. (Ulpianus libro trigesimo primo ad Sabinum)
Si ego Seiae res dedero, ut ipsa suo nomine in dotem det, efficientur eius, licet non in dotem sint datae: sed condictione tenebitur.

Ego gab Seia Sachen mit der Zweckbestimmung, Seia solle sie im eigenen Namen *in dotem* geben. Seia wurde Eigentümerin (*efficientur eius*); für den Fall aber, dass die *dos*-Bestellung ausblieb, haftete sie dem Geber *Ego* aus der *condictio ob rem*. Im weiteren Verlauf des Textes erörtert Ulpian Fälle einer *dotis datio ante nuptias*[347]. Der Ausgangsfall scheint jedoch die Situation bereits nach der Eheschließung zu betrachten, daher stellte sich hier nicht die Frage, was mit den Sachen geschehen sollte, wenn die Ehe nicht geschlossen wurde. Ulpian geht offenbar davon aus, dass die *dos* gleich mit der Übergabe an den Mann zustande kam.

Ulpian erwähnt keine Schenkung, und der Text enthält auch sonst keinerlei Hinweise darauf, dass er in der Übergabe an Seia eine *donatio* sähe. Dennoch hat die überwiegende Literatur hier eine *donatio* an Seia befürwortet[348] und behauptet, der Fall sei von jenem zu unterscheiden, in dem nicht der Frau, sondern ihrem Vater mit der Zweckabrede *ut in dotem pro filia det* gegeben wurde (D. 23,3,5,9) und wo daher eine *datio ob rem* vorgelegen habe. Bechmann[349] meinte, dass die Zweckbestimmung dem Rechtsgeschäft nicht den Schenkungscharakter genom-

347 Dazu sogleich unten.

348 Kaser, Das römische Privatrecht 1², S. 259 mit N. 78. Mit der Annahme, es sei eine Schenkung, hielt die *condictio* für unecht Schulz, Fs. Zitelmann 1913, S. 4. Für eine Schenkung auch Pernice, Labeo. 3. Bd. 1. Abt., S. 200, N. 5, bei dem die Grenze zwischen einer Schenkung und einer *datio ob rem* jedoch verschwommen ist, indem er einerseits eine *donatio* annimmt, andererseits zugibt, sie werde nach den Grundsätzen einer *datio ob causam* behandelt. Mit nicht stichhaltiger Begründung für eine Schenkung auch Archi, Studi Albertario, Vol. 2, 1953, S. 237, N. 2; S. 259, N. 1.

349 Bechmann, Das römische Dotalrecht 1, S. 211.

men habe, da die Zweckerreichung im eigenen Interesse der Seia gewesen sei. Dies widerspricht jedoch den oben bereits erörterten Digestenstellen, die gezeigt haben, dass es für die klassischen Juristen irrelevant war, in wessen Interesse die Zweckbestimmung lag. Unabhängig vom Inhalt der Zweckbestimmung lehnten sie eine *donatio* ab, wenn sich der Geber eine Kondiktion für den Fall vorbehalten hatte, dass die Zweckbestimmung nicht erfüllt wird. Und diese hatte hier *Ego* auch gegen die Seia (*sed condictione tenebitur*).

Mit einer anderen Begründung haben eine Schenkung an Seia Haymann[350] und Burckhard[351] bejaht. Nach Burckhard ist „die wesentliche Voraussetzung der Schenkung, das Geben zu definitivem Haben" (*ea mente daretur, ut omni modo penes accipientem maneret*; D. 12,1,20) hier gegeben, da die Mitgift für Seia bestellt wurde. Ihr sei in der Weise gegeben worden, „dass das Empfangene trotz des Gebens der *dos* ihr selbst verbleibt und durch das Geben der *dos* nicht aufhört, Bestandteil ihres Vermögens zu sein". Haymann fügte hinzu, dass der „Maßgabe" zufolge die Frau lediglich für die Dauer der Ehe auf eigene wirtschaftliche Nutzung zugunsten des gemeinsamen Hausstands habe verzichten müssen. Die Sache sei ihr aber endgültig zugewandt. Diese Argumentation deckt freilich nicht den Fall, dass Seia die Sache nicht *in dotem* gab und *Ego* sie daher wegen Zweckverfehlung kondizieren konnte. Mit der Kondiktion musste sich Haymann daher anders auseinandersetzen und kam zu einem widersprüchlichen Ergebnis: Trotz der Kondiktion habe die Übergabe an Seia deswegen eine *donatio* sein können, weil mit der Zweckbestimmung der Beschenkten geheißen gewesen sei, sich der geschenkten Sache wieder zu entäußern. In diesen Fällen hätten bereits die Klassiker dem *Schenker* ausnahmsweise eine Kondiktion gewährt (ein Beispiel dafür sei C. 8,54(55),3pr.)[352]. Einerseits sollte die Schenkung nach Haymann bejaht werden, da die zur *dos* gegebene Sache während der Ehe lediglich in „temporärer Nutzung" des Mannes und die Sache der Seia daher endgültig zugewandt war (da „bekanntlich nach der ökonomischen Auffassung die *dos* im Vermögen der Ehefrau steht"). Andererseits sieht Haymann aber eine Analogie zwischen diesem und jenem Fall, in dem mit der Abrede geschenkt wurde *ut post tempus id quod donatum est alii restituatur* (C. 8,54(55),3pr.), wo die Restitution an den Dritten einen endgültigen Verlust des Geschenkten bedeutete.

350 Haymann, Die Schenkung unter einer Auflage, S. 72, N. 2.

351 Burckhard, Fg. Dernburg 1900, S. 35f.

352 Haymann, Die Schenkung unter einer Auflage, S. 127f.; ihm folgte Mitteis, Römisches Privatrecht, S. 201, N. 24.

Der in C. 8,54(55),3pr. überlieferte Fall, auf den später einzugehen ist[353], unterscheidet sich von D. 23,3,9pr. wesentlich dadurch, dass die Restitution erst nach einer bestimmten Zeit vorzunehmen war; die Rückforderung war für die bestimmte Zwischenzeit ausgeschlossen, was ermöglichte, in der Zwischenzeit eine Schenkung der Zwischenvorteile zu sehen. Das *ius vetus* betrachtete aber auch dort nicht die Sache selbst als geschenkt[354]. Seia dagegen sollte die erlangte Sache sogleich *in dotem* geben, die Kondiktionslage war somit gleich mit der Hingabe an Seia begründet[355]. Eine Schenkung bei gleichzeitigem Rückforderungsrecht des Schenkers lässt sich im Seia-Fall nicht durch die Ähnlichkeit mit C. 8,54(55),3pr. erklären.

Ulpian spricht von keiner Schenkung, und dies, obwohl die *dos* für Seia bestellt werden sollte. Auf den Inhalt der Zweckbestimmung lässt es Ulpian erst gar nicht ankommen, da das Schenkungsmerkmal „*qui donat, sic dat, ne recipiat*" bereits am Rückforderungsvorbehalt des *Ego* scheiterte. Schon aus diesem Grund wurde hier lediglich eine „einzweckige" *datio ob rem* gesehen.

Eine Schenkung an Seia liegt in D. 23,3,9pr. weder in dem erwähnten ersten noch in den danach erörterten Fällen vor. Der ganze Text lautet:

Si ego Seiae res dedero, ut ipsa suo nomine in dotem det, efficientur eius, licet non in dotem sint datae: sed condictione tenebitur. quod si pro ea res ego dem, si quidem ante nuptias, interest qua condicione dedi, utrum ut statim fiant accipientis an secutis nuptiis: si statim, nuntio misso condicam: sin vero non statim, potero vindicare, quia meae res sunt. quare et si sequi nuptiae non possunt propter matrimonii interdictionem, ex posteriore casu res meae remanebunt.

Anders als im Ausgangsfall übergab *Ego* nun die Sachen vor der Eheschließung direkt an den Verlobten, um für Seia die *dos* zu bestellen. Es ist nach Ulpian zu unterscheiden, ob er sie so gab, dass sie gleich Eigentum des Empfängers werden, oder so, dass der Eigentumsübergang durch die Eheschließung suspensiv bedingt wird[356]. Im ersten Fall kann *Ego* bei ausgebliebener Ehe kondizieren, im zweiten vindizieren. Relevant für unseren Zusammenhang ist die Variante des sofort gewollten Eigentumsübergangs.

353 Unten im zweiten Teil, zweiten Kapitel III., S. 127ff.

354 Das klassische Juristenrecht betrachtete das Rechtsgeschäft in C. 8,54(55),3pr. als ein *negotium mixtum cum donatione*; dazu im zweiten Teil, zweiten Kapitel III., S. 130f.

355 Siehe hierzu oben S. 71 bei Fn. 234f.

356 Zu Unrecht hielt ALBERTARIO, Sulla dotis datio ante nuptias, S. 319f., die Variante des suspensiv bedingten Eigentumsübergangs für unklassisch. Dagegen ausführlich bereits KÖNIG, SDHI 29 (1963), S. 154ff.

Während im Ausgangsfall die Schenkung an Seia an der Kondiktion des *Ego* zwingend scheitern musste, wäre sie in dem folgenden Fall *si pro ea res ego dem, ut statim fiant accipientis* eventuell zu bejahen; dies jedoch nur dann, wenn *Ego* die Sache an den Verlobten in der Absicht übergäbe, zunächst der Seia zu schenken. Dann könnte die Übergabe an den Verlobten mit Hilfe der Durchgangstheorie so interpretiert werden, dass *Ego* zunächst der Seia schenkte und diese ihn anwies, die geschenkte Sache dem Verlobten zu übergeben. Die *donatio* an Seia könnte zustande kommen, weil sie für keinen einzigen Moment dem *Ego* aus der Kondiktion haftete (der Fall würde somit in die Fallgruppe „*donatio pura* und *dos*-Bestellung" gehören). Wenn Seia die Ehe später nicht geschlossen hätte, könnte sie selbst die Sache vom Verlobten kondizieren. Dies war aber nicht der Fall, da Ulpian[357] die Kondiktion dem *Ego* gewährt (*si statim, nuntio misso condicam*). Das *negotium* zwischen *Ego* und dem Verlobten hatte kein in der Schenkung an Seia bestehendes Zwischenglied. Wir folgen daher nicht der Annahme von Haymann[358], dass der Fall *si pro ea res ego dem, ut statim fiant accipientis* dem Ausgangsfall gleichsteht und in beiden Fällen eine Schenkung an Seia vorliegt. Die Ähnlichkeit zwischen den zwei Fällen besteht demgegenüber darin, dass beide nach der klassischen Auffassung eine *datio ob rem* darstellen, im Ausgangsfall zwischen *Ego* und Seia, im zweiten Fall zwischen *Ego* und dem Verlobten. Der Zweck der ersten *datio ob rem* war das *dare in dotem*, das Seia im eigenen Namen vorzunehmen hatte, der Zweck der letzten die *dos*, die erst mit der Ehe zustande kommen konnte[359].

dd. *Si quis uxori ea condicione donavit, ut quod donavit in dotem accipiat*

Dem Ausgangsfall in D. 23,3,9pr. *ego Seiae res dedero, ut ipsa in dotem det* stellt die überwiegende Meinung den Fall in D. 24,1,59 gleich.

D. 24,1,59 (Paulus libro secundo sententiarum = Pauli Sent. 2,23,7)
Si quis uxori ea condicione donavit, ut quod donavit in dotem accipiat, defuncto eo donatio convalescit.

Wenn ein Ehemann seiner Frau mit der Zweckbestimmung schenkt, dass er das Geschenkte als *dos* zurückerhält[360], konvalesziert die Schenkung nach der *oratio*

357 Anders als Paulus in D. 12,4,9pr. in der ersten Variante *si donaturus mulieri*; siehe in Kleňová, Societas et Iurisprudentia 4 (2019), S. 70f.

358 Haymann, Die Schenkung unter einer Auflage, S. 72, N. 2.

359 Zur *dotis datio ante nuptias* als *datio ob rem* im zweiten Teil, fünften Kapitel I., S. 196ff.

360 *Dos*-Bestellung verstieß nicht gegen das Ehegattenschenkungsverbot; siehe Ulp. D. 24,1,21,1, dazu Wacke, Zeszyty prawnicze 15.2 (2015), S. 90f.

Severi[361] mit dem Tod des Mannes. Paulus (?)[362] geht davon aus, dass der Schenker die *donatio* zu Lebzeiten nicht widerrief, sonst wäre die Konvaleszenz ausgeschlossen[363]. Die Schenkung zum Zweck der Rückgabe als *dos* sollte vermeiden, dass die Frau undotiert war, oder richtiger, dass es nach außen hin nicht so aussah, als wäre die Frau *mulier indotata*[364]. Der Schenker dürfte nicht nur die Vermögenslage der Frau verbessert haben wollen; eine Rolle spielte wohl auch die Sorge über das gesellschaftliche Ansehen der Ehe, denn die Höhe der Mitgift war auch maßgeblich für „den sozialen Rang der Familien beider Seiten"[365]. Um die Rückgabe als Mitgift zu sichern, fügte der Mann der Zuwendung die *condicio dandi „ut quod donavit in dotem accipiat"* bei, sodass er berechtigt war, die hingegebenen Sachen zurückzufordern, sollte die Frau nicht zum Rück-*dare in dotem* bereit sein.

Haymann[366] vertrat hier die gleiche These wie oben im Seia-Fall (D. 23,3,9pr.): Die Zweckbestimmung habe der Leistung an die Ehefrau nicht den Schenkungscharakter genommen, weil das *ut in dotem accipiat* keine Gegenleistung darstelle; im wirtschaftlichen Sinn bedeute die Zweckbestimmung lediglich den Vorbehalt temporärer Nutzung. Es sei somit eine Schenkung und als solche, weil sie zwischen Ehegatten vorgenommen wurde, unterliege sie dem Ehegattenschenkungsverbot und könne daher erst mit dem Tod des Schenkers konvaleszieren. Eine Schenkung sah hier auch Burckhard[367] mit dem Argument, dass die Schenkungsvoraussetzung des endgültigen Habens hier erfüllt gewesen sei. Dies ist bis heute die überwiegende Meinung, der zufolge die Schenkung *nur* am Verstoß gegen das Ehegattenschenkungsverbot scheiterte[368]. Dem Schenkungsmerkmal *„qui donat, sic dat, ne recipiat"* habe auch nicht die Tatsache widersprochen, dass die *dos*-Be-

361 Ulp. D. 24,1,32. So die herrschende Meinung, zuletzt Backhaus, Casus perplexus, S. 118. Anders jedoch Siber, SZ 53 (1933), S. 127, N. 2.

362 Ob der Autor tatsächlich Julius Paulus war, ist unsicher. Nach der Digesteninskription stammt der Text aus dem zweiten Buch der Sentenzen (= Pauli Sent. 2,23,7), den Kompilatoren diente also offenbar nicht ein Originalwerk von Paulus, sondern die sogenannten pseudopaulinischen Sentenzen als Vorlage. Zur Herkunft der Pauli Sentenzen siehe in Fn. 162f. Vgl. Liebs, Römische Jurisprudenz in Africa², S. 77f., wonach zwischen den vorangehenden Paragrafen der Pauli Sent. (2,23,3 und 5) Parallelen zu Ulpians Sabinuskommentar (32. und 33. Buch) bestehen. Eine Parallele zu Pauli Sent. 2,23,7 fand (erwähnt) Liebs nicht.

363 Ulp. D. 24,1,32,2ff.

364 Zur sozialen Anschauung einer *mulier indotata* Stagl, Favor dotis, S. 65ff., mit dem Ergebnis (S. 73): „Für die Römer war es ein großes Übel, wenn eine Braut ohne Mitgift heiraten sollte".

365 Stagl, Favor dotis, S. 22.

366 Haymann, Die Schenkung unter einer Auflage, S. 72f. Die Zweckbestimmung sah Haymann (S. 47 mit N. 2) als *modus qualificatus*. Wäre es nicht konsequenter, einen *modus simplex* anzunehmen, da der *dos*-Zweck im Interesse der beschenkten Frau lag?

367 Burckhard, Fg. Dernburg 1900, S. 36.

368 Betti, Fs. Koschaker, I. Bd., 1939, S. 313; Backhaus, Casus perplexus, S. 118f.

stellung hier (im Unterschied zum Seia-Fall) ein Rück-*dare* an den Schenker voraussetzte. Die überwiegende Literatur nimmt zwar an, dass Julian (D. 12,1,20[369]) eine *donatio* wegen einer auf Rück-*dare* gerichteten Zweckbestimmung ablehnte, der Fall Julians, in dem es um Rück-*dare* als Darlehen ging (*ut tu mihi eandem crederes*), sei aber von D. 24,1,59 zu unterscheiden: Das *reddere* zum Zweck der Mitgift sei anders gesehen worden als das *reddere* zum Zweck eines Darlehens. Bei einem Dotalgut, das auch während der Ehe das Vermögen der Frau nicht vollständig verlassen habe, sei das Schenkungsmerkmal „*qui donat, sic dat, ne recipiat*" gegeben.

Es fällt auf, dass die genannten Autoren einen wesentlichen Unterschied zwischen den Zweckbestimmungen sehen, einmal die geschenkte Sache als *dos*, ein andermal als Darlehen zurückzuübereignen. Um wie viel mehr aber verlässt Geld das Vermögen des Beschenkten, wenn es als Darlehen gewährt ist? In beiden Fällen behält der Beschenkte wirtschaftlich das Geschenk, indem er durch das Rück-*dare* die Rückforderungsklage hat. Die Stellung des Darlehensgebers ist sogar besser, da seine Rückforderung nur befristet ist[370]. Dagegen konnte die *dos*-Bestellerin die Rückforderung erst bei Beendigung der Ehe geltend machen, und die *dos* wäre zudem gegebenenfalls durch *retentiones ex dote* gemindert. Endete die Ehe durch den Tod der Frau, so konnte der Mann die Mitgift behalten[371]. Auch beim Darlehen hätte die Beschenkte nur die temporäre Nutzung des Kapitals verloren. Die überwiegende Meinung, die sich auf den Inhalt der Zweckbestimmung konzentriert, scheint die Tatsache zu übersehen, dass das Schenkungsmerkmal „der Schenker gibt so, dass er das Geschenk nicht zurücknehmen will" in D. 24,1,59 und auch in D. 12,1,20 scheitern musste, *ohne dass es auf den Inhalt der Zweckbestimmung überhaupt ankam*. Wenn sich jemand einer Sache nur unter der Voraussetzung entäußern will, dass er sie, sei es als *dos*, sei es als Darlehen, zurückbekommt, dann behält er sich das Rückforderungsrecht für den Gegenfall vor. Schon aus diesem Grund will der Geber nicht, dass der Empfänger die Sache endgültig, unter allen Umständen behält. *Welchen Inhalt die Zweckbestimmung hat, ist dabei bedeutungslos*. Es ist möglich, dass auch Paulus in D. 24,1,59 sah, dass das Rechtsgeschäft keine Schenkung, sondern *datio ob rem* war, weil der Mann nicht die Absicht hatte, der Beschenkten das Haben auch für den Fall zu verschaffen, dass sie die Zweckbestimmung nicht erfüllt. Wir werden aber sogleich noch sehen, dass dies bei Paulus nur eine Zwischenüberlegung bildete und

369 Siehe oben in diesem Kapitel II.1.a, S. 73ff.

370 Zur Frage der Befristung siehe die Entwicklung bei KASER, Eranion Maridakis, Vol. I, 1963, S. 155ff.

371 Die *dos* wäre in D. 24,1,59 weder eine *profecticia* noch eine *recepticia*.

er hier die *datio ob rem* nicht gelten ließ, weil sie den Sinn des Geschäfts nicht erreichen konnte.

Für die Ansicht, dass die Zweckbestimmung *ut in dotem daret* trotz der Kondiktion des Schenkers nicht dem Merkmal „*qui donat, sic dat, ne recipiat*" widersprach, bieten die Quellen, soweit wir sehen, keine Unterstützung. Sie lässt sich auch aus C. 5,3,1 nicht gewinnen.

C. 5,3,1 (Honoré 211/3[372])
Imperatores Severus et Antoninus AA. Metrodoro
Multum interest, si ea, quae donat vir futurus, tradiderit uxori et postea in dotem acceperit, an vero donandi animo dotem auxerit, ut videatur accepisse, quod non accepit. priore enim casu donatio non impeditur, et res, quae in ea causa sunt, dotis effectae iudicio de dote peti possunt: posteriore autem nihil actum est donatione et, quod in dotem datum non est, non potest repeti.

Die kaiserliche Kanzlei unterscheidet zwei Fälle: Es ist auseinanderzuhalten, ob der künftige Ehemann das Geschenk seiner Verlobten übergab und später als *dos* zurückerhielt oder ob er in Schenkungsabsicht die *dos* der Frau nur vergrößerte, damit es schien, er habe empfangen, was er tatsächlich nicht empfing. Im ersten Fall ist die Schenkung gültig und die Sachen können nach Beendigung der Ehe mit der Dotalklage zurückgefordert werden. Das Schenkungsverbot griff nicht ein, da die Schenkung noch vor der Ehe vollzogen wurde. In der zweiten Alternative *donandi animo dotem auxerit* sind sowohl die Schenkung als auch die *dos*-Bestellung unwirksam, beide scheiterten am fehlenden *dare*[373].

Im ersten Fall, der in unserem Zusammenhang interessiert, sagt der Text nicht, dass der Mann *ea condicione*[374] schenkte *ut in dotem reciperet*[375]. Der Satz enthält auch sonst keinerlei Hinweis darauf, dass der Mann der Frau nur für den Fall schenken wollte, dass er das Geschenkte als *dos* zurückbekommt[376]. War durch das *dare* an die Frau nicht das Rückforderungsrecht wegen Nichterfüllung der

372 Im Codex Iust. findet sich die Konstitution ohne Zeitangabe. Honoré, Palingenesia of Latin Private Rescripts, identifizierte den Sekretär als Sekretär Nr. 3, der nach Honorè, Emperors and Lawyers², S. 73; 86ff. im Libellamt von Juli 209 bis November 211 tätig war.

373 Zur Deutung im älteren Schrifttum Ferretti, Le donazioni tra fidanzati, S. 63f.; 252f.

374 Keine *ut*-Abrede auch in Paul. D. 6,2,12pr.

375 Anders Betti, Fs. Koschaker, I. Bd., 1939, S. 318, N. 29, der den Fall jenem in D. 24,1,59 (Pauli Sent. 2,23,7) gleichstellte und in beiden eine „wirkliche Schenkung unter Auflage" annahm.

376 Auch wenn es etwa üblich war, dass die Frau die vom Mann geschenkten Sachen diesem als Mitgift zurückgab, bedeutet es noch lange nicht, dass der künftige Mann die Rückgabe *in dotem* zum Inhalt einer *condicio dandi* machte. Vgl. die spätere Konstitution Nov. Theod. 14,1,3 = C. 5,9,5,1: *Haec observari praecipimus, licet res ante nuptias donatae, ut adsolet fieri, in dotem a muliere redi-*

Zweckbestimmung begründet, so war die Schenkung gültig. Mit der Schenkung erwarb die Frau Eigentum an den geschenkten Sachen, die nicht kondizierbar an das Vermögen des Mannes gebunden waren. Sie konnte daher durch die Rückübereignung eine *dos* bestellen.

Für die überwiegende Meinung, nach der die Abrede *ut in dotem daret* den Schenkungscharakter unberührt ließ, wenn die Beschenkte eine *dos* für sich bestellen sollte, böte also D. 24,1,59 das stärkste und zugleich einzige Argument: Hätte Paulus in dem Fall nicht eine (verbotswidrige) Schenkung gesehen, so könnte er sie nach der *oratio Severi* nicht konvaleszieren lassen.

Doch so einfach liegen die Dinge nicht. Im *donare* des Mannes an seine Frau, damit er das „Geschenkte" von ihr als *dos* zurückempfängt, konnte durchaus auch Paulus eine *datio ob rem* gesehen haben. Überlegen wir aber die Konsequenzen daraus: Aus der *datio ob rem* hätte der Mann die *condictio ob rem*, wenn die Frau nicht sogleich zurückgäbe, da für das Rück-*dare* keine Frist gesetzt war. Zwar hätte die Frau das Eigentum erworben[377], doch blieben die Sachen schuldrechtlich durch die Kondiktion an das Vermögen des Mannes gebunden; mit der Rückübereignung *in dotem* bekäme der Mann nur *suum* zurück, in dem gleichen Sinn, wie es bei Iul. D. 12,1,20 heißt: *magis enim meum accepisse intellegi debeo.* Das Rück-*dare* beendete nur die Kondiktionslage aus der *condictio ob rem*, nicht aber erfüllte die Frau damit die „Auflage"[378]. Die *dos* scheiterte somit: Mit etwas, was dem Mann geschuldet ist, kann ihm die Frau keine *dos* bestellen[379]. Mit dem Rück-*dare* kehrte das Eigentum wieder an den Mann zurück und die Frau hätte nach dem Tod des Mannes weder die Dotalklage noch die Vindikation aufgrund konvaleszierter Schenkung gegen seine Erben (da bloß *datio ob rem* und nicht eine *donatio* vorlag).

Diese Konsequenz wäre aber gegen den Sinn des Geschäfts *ea condicione donavit, ut in dotem accipiat*: Nach dem Tod des Mannes sollte die Frau aus *quod donavit* versorgt sein. Das ergibt sich sowohl aus *donavit* als auch aus *ut in dotem accipiat.* Das Geschäft nun nach dem Tod des Mannes als *dos*-Bestellung zu „retten", ist nicht möglich. Die *dos*-Bestellung war von Anfang an ausgeschlossen,

---

gantur. Theodosius II. und Valentinian III. bezeichneten es als zu ihrer Zeit (a. 439) „üblich", dass die Frau mit den vom Mann vor der Ehe geschenkten Sachen die *dos* bestellte.

377 Als *datio ob rem* wäre das Eigentum bereits zu Lebzeiten des Mannes auf die Frau übergegangen (wie in D. 23,3,5,9: *nec videri uxorem marito donasse rectissime ergo ait, ut non sit interdicta donatio iure civili*; siehe oben in diesem Abschnitt unter aa., S. 95ff.). So auch Marcel. D. 24,1,49 (zum Text im zweiten Teil, zweiten Kapitel II., S. 124ff.). Bei einer *donatio* wäre dagegen nicht nur die *causa donandi*, sondern auch das Verfügungsgeschäft nichtig: Ulp. D. 24,1,3,10–11.

378 Siehe oben in diesem Kapitel II.1.d., S. 88ff.

379 Mit Julian ist zu vermuten, dass der Rückempfang einer durch Rückforderungsrecht gebundenen Sache eher Erfüllung der Verbindlichkeit aus der Kondiktion als Begründung eines Dotalverhältnisses wäre (*exsolvendi causa magis daretur, quam alterius obligandi*; vgl. Iul. D. 12,1,20).

weil der Mann *suum*[380] *recepit*, und über diese Schwierigkeit kommt man auch jetzt nicht hinweg. Paulus konnte dem Sinn des Geschäfts aber sehr einfach zum Durchbruch verhelfen, indem er die *condicio dandi*, die der Schenkung beigefügt war, eliminierte, weil diese nun keine Rolle mehr spielte[381]. Damit war das eine Hindernis[382], das der Schenkung entgegenstand, beseitigt, sodass sich überhaupt erst eine Schenkung ergab, die allerdings noch am Schenkungsverbot scheiterte. Von dem Geschäft, das aus einer aus zwei Gründen verfehlten Schenkung[383] und einer verfehlten *dos* bestand, blieb letztlich eine Schenkung übrig, die Paulus nach der *oratio Severi* konvaleszieren lassen konnte. Darin lag ein gewisser *favor* der Schenkungskonvaleszenz. Wenn die Juristen die Möglichkeit sahen, nach der *oratio Severi* eine Schenkung konvaleszieren zu lassen, so beschritten sie diesen Weg auch, wie sogleich noch aus C. 5,15,2 zu zeigen ist. Damit erreichte Paulus die beabsichtigte Versorgung der Frau nach dem Tod ihres Mannes aus der Schenkungskonvaleszenz, weil sie sich aus der *dos* nicht erreichen ließ.

Aus konvaleszierter Schenkung konnte die Frau die Sachen von den Erben des Mannes vindizieren. Die Gegenmeinung, die eine *actio rei uxoriae* vertritt, überzeugt nicht recht[384]. Die Dotalklage würde voraussetzen, dass Paulus nicht nur die Schenkung, sondern auch die *dos*-Bestellung konvaleszieren ließ. Stock ging noch weiter und vermutete, dass der Gegenstand der Schenkung nach Paulus nicht die übereignete Sache selbst, sondern die *actio rei uxoriae* gewesen sei[385]. Für diese Annahmen bietet der Text wenig Unterstützung, da Paulus nur sagt: *defuncto eo donatio convalescit*, von der *dos* spricht er nicht. Wie Bremer ferner zeigte, wirkte die Konvaleszenz nach der *oratio Severi ex nunc*[386]. Erst Justinian verordnete, dass sie, wie eine Ratihabition, rückwirkende Kraft hatte[387]. In der Zeit von Paulus

380 Wie schon vorhin: *Suum* deswegen, weil der Mann durch den Zugriff mit der Kondiktion gleichsam „noch die Hand auf der Sache hatte" und die Rückgabe – mit Ernst (bei Fn. 234f.) – nur die Kondiktionslage beendete.

381 Denn auch die *condictio ob rem* für den Fall, dass die Frau nicht *in dotem* zurückgibt, war mit Rück-*dare* an den Mann bereits obsolet.

382 Nämlich die *condicio dandi*, aus der sich das Rückforderungsrecht des „Schenkers" ergab, das dem Merkmal *„qui donat, sic dat, ne recipiat"* widersprach.

383 Die Schenkung in aufrechter Ehe war von zwei Hindernissen betroffen: von der *condicio dandi* und – wäre es eine Schenkung – vom Ehegattenschenkungsverbot.

384 So aber Meyerfeld, Die Lehre von den Schenkungen, S. 83.

385 Und weil diese erst nach Auflösung der Ehe entstehe, liege hier eine – nicht verbotene – *donatio mortis causa* vor; so Stock, Zum Begriff der donatio, S. 39.

386 Die Rückwirkung trat nur bei der *donatio mortis causa* ein; Bremer, AcP 51 (1868), S. 228. So auch Backhaus, Casus perplexus, S. 118.

387 Imp. Just. C. 5,16,25,2: *et silentium donatoris vel donatricis et specialis confirmatio ad illud tempus referatur, quo donatio conscripta sit: sicut et alias ratihabitiones negotiorum ad illa reduci tempora oportet, in quibus contracta sunt* (a. 528).

konnte die Frau das Eigentum *ipso iure* erst mit dem Tod des Schenkers erwerben[388]. Erst dann hätte sie die *dos* gültig bestellen können. Unwahrscheinlich ist, dass Paulus die Entstehung der Mitgift nach der Beendigung der Ehe (= nach dem Tod des Ehemannes) gutheißen wollte[389]. Eine Mitgift hatte die Funktion, dem Mann die Lasten der Ehe zu erleichtern und die Ehe zu stabilisieren[390]. Nach dem Tod des Mannes waren diese Aufgaben gegenstandslos. Von den Zwecken, die der Mann mit der Zuwendung ursprünglich verfolgte, spielte nach seinem Tod nur die gewünschte Versorgung der Frau eine Rolle. Um diesen Zweck zu erreichen, genügte die schlichte Schenkungskonvaleszenz. Da Paulus mit der Entscheidung letztlich nur die Versorgung der Frau und somit nur ihre Vermögensinteressen bevorzugte, scheint hier ein *favor dotis* eine geringere Rolle zu spielen[391], denn dieser war eine Privilegierung aller Zwecke der Mitgift und „nicht … nur eine Privilegierung der Frau als solcher"[392].

Wie bereits erwähnt, ist D. 24,1,59 nicht der einzige Beleg, in dem ein *favor* der Schenkungskonvaleszenz zu beobachten ist. Auch in C. 5,15,2 konvaleszierte die Schenkung nach der *oratio Severi*, obschon sie bei Lebzeiten des Schenkers bereits aus einem anderen Grund als wegen Verstoßes gegen das Schenkungsverbot nichtig war.

C. 5,15,2 (5. Dezember 229/Honoré 828/10)
Imperator Alexander Severus A. Papinianae
Quod de suo maritus constante matrimonio donandi animo in dotem adscripsit, si eandem donationem [legitime confectam][393] non revocavit, qui incrementum doti dedit, et

388 Im Augenblick des Todes ging das Eigentum, das bisher beim Schenker verblieben war, *ipso iure* auf den Beschenkten über; einer abermaligen Tradition bedurfte es nicht. Hierzu Bremer, AcP 51 (1868), S. 207. Ulp. D. 24,1,32,1: *Oratio autem imperatoris nostri de confirmandis donationibus non solum ad ea pertinet, quae nomine uxoris a viro comparata sunt, sed ad omnes donationes inter virum et uxorem factas, ut et ipso iure res fiant eius cui donatae sunt.*

389 Paulus lehnte auch die Gültigkeit einer *dos* ab, die eine Frau für den Fall ihres Todes versprochen hatte: Paul. D. 23,3,20: *Iulianus scribit valere talem stipulationem: „cum morieris, dotis nomine tot dari?" quia et pacisci soleant, ne a viva exhibeatur. quod non esse simile accepi: aliud est enim differre exactionem, aliud ab initio in id tempus stipulari, quo matrimonium futurum non sit. idque et Aristoni et Neratio et Pomponio placet.* Ähnlich Tryphon. D. 23,3,76: *non idem dicendum est in persona mulieris, si mulier mortis suae causa dotem promiserit, quia nisi matrimonii oneribus serviat, dos nulla est.*

390 Hierzu zuletzt Stagl, Favor dotis, S. 23ff.

391 Dass es den Römern nicht fremd war, die persönlichen Interessen der Frau der *dos* und ihrer „gesellschaftspolitische[n] Funktion" vorzuziehen, zeigt nicht zuletzt das Institut der Parapherna; hierzu Stagl, Favor dotis, S. 222ff.

392 Auch konnte sich „das Interesse am Bestand der Mitgift von dem Interesse der Frau sehr stark unterscheiden", hierzu Stagl, Favor dotis, S. 25.

393 *Legitime confectam* hielt für interpoliert auch Siber, SZ 53 (1933), S. 126f., kam aber zu einem

durante matrimonio mortem obiit, ab heredibus mariti, quatenus interposita liberalitas munita est, peti potest.

Der Ehemann hatte während der Ehe ihm gehörende Sachen schenkungshalber als Gegenstände der *dos* in die Dotalurkunde eingetragen, um das Heiratsgut zu vermehren. Er starb in aufrechter Ehe, ohne die Schenkung widerrufen zu haben. Nach Alexander Severus kann die Frau die der *dos* schriftlich hinzugefügten Sachen von den Erben des verstorbenen Ehemannes herausverlangen. Mit *donationem non revocavit* und *durante matrimonio mortem obiit* bezieht sich die Entscheidung auf die *oratio Severi*: Mit dem Tod des Ehemannes konvaleszierte die Schenkung, und dies berechtigt die Frau zur Eigentumsklage[394].

Der Sinn des *adscribere* ist strittig[395], jedoch scheint der Vorgang (mit *de suo ... donandi animo in dotem adscripsit*) jenem in C. 5,3,1 (*donandi animo dotem auxerit, ut videatur accepisse, quod non accepit*) zu entsprechen: Der Ehemann hatte die Mitgift nur vergrößert, damit es schien, als habe er von der Ehefrau empfangen, was er nicht empfangen hatte. Noch kurz vor Alexander Severus entschieden Septimius Severus und Antoninus Caracalla in C. 5,3,1, dass, wenn der künftige Ehemann in Schenkungsabsicht das Heiratsgut nur vergrößerte, ohne die Sachen auch faktisch der Frau zu übergeben, um sie später als Mitgift zurückzuerhalten, *nihil actum est donatione et, quod in dotem datum non est, non potest repeti.* Sowohl die Schenkung als auch die *dos* scheiterten am fehlenden *dare*. Es ist wenig wahrscheinlich, dass nach Alexander Severus für eine *donatio* und *dos*-Bestellung das formlose Eintragen in die Dotalurkunde genügte[396]. Eher war die *donatio* auch in C. 5,15,2 zu Lebzeiten des Ehemannes bereits infolge der fehlenden *datio*

anderen Ergebnis. Der Kaiser habe entschieden: *quatenus <stipulatione> interposita liberalitas munita <non> est, peti <non> potest.* Sowohl die Schenkung als auch die Mitgift seien an der fehlenden Übergabe gescheitert; die Ehefrau habe sich die Leistung vom Mann auch nicht stipulieren lassen. Hätte sie sich diese stipulieren lassen, dann könnte sie klagen; die Klagbarkeit der *stipulatio* hätte aber nicht auf *confirmatio* entsprechend der *oratio Severi* beruht, sondern hätte sich eher darauf gestützt, dass die Stipulation dann als eine *donatio mortis causa* zu beurteilen gewesen wäre.

394 In diesem Sinn wohl auch Bechmann, Das römische Dotalrecht 2, S. 255, N. 1. Dass Alexander Severus in C. 5,15,2 mit *peti potest* die Eigentumsklage (und nicht etwa die Dotalklage) meinte, kann man vor allem aus *quatenus interposita liberalitas munita est* schließen: Lediglich die *liberalitas*, die Schenkung, wurde mit dem Tod des Ehemannes verwirklicht. Die *dos* blieb vom Kaiser unbeachtet.

395 Siehe Siber, SZ 53 (1933), S. 126f., gegen Bremer, AcP 51 (1868), S. 223ff. Zur Bedeutung von *adscriptum* in Imp. Alex. Severus C. 5,11,1 (a. 231) vgl. Stagl, Favor dotis, S. 133.

396 *Ab heredibus mariti ... peti potest* wäre unerklärlich, wenn die Ehefrau die Sachen bereits bei sich hatte. Dennoch für die Übergabe an die Ehefrau (und gegen die Rücktradition an den Ehemann) Bremer, AcP 51 (1868), S. 224ff.

nichtig[397]. Dennoch ließ sie Alexander Severus mit dem Tod des Mannes konvaleszieren. Hier sieht man den *favor* der Konvaleszenz, indem man sich über die fehlende *datio* hinwegsetzte. Ähnlich konnte Paulus in D. 24,1,59 über das andere Schenkungshindernis der *condicio dandi* hinweggehen.

Fassen wir zusammen: Wenn man mit der herrschenden Meinung argumentierte, dass der *dos*-Zweck in D. 24,1,59 einer Schenkung nicht den Schenkungscharakter nahm und daher das Geschäft immer noch als Schenkung konvaleszieren konnte, so wäre es zumindest auffällig, dass sich Paulus hier gegen andere Juristenmeinungen (Julian, Ulpian[398]) stellte. Plausibel scheint vielmehr, dass Paulus auch in diesem Punkt mit den genannten Juristen konform ging und nur die *condicio dandi* eliminierte, um die Konvaleszenz einer schlichten Schenkung nach der *oratio Severi* zuzulassen. Nur in diesem einen Fall, aus dem Motiv heraus, die Ehefrau in eine bessere Lage zu bringen und zugleich den vom Mann beabsichtigten Zweck (Versorgung der Frau nach seinem Tod) zu erreichen, ließ Paulus die *datio ob rem* hier nicht gelten. Die herrschende Deutung stellt D. 24,1,59 auf die gleiche Linie mit *ego Seiae res dedero, ut ipsa suo nomine in dotem det* in Ulp. D. 23,3,9pr., obwohl dort keine *donatio* steht. Sie sieht beide Fälle gleich gelagert, weil die Empfängerin in beiden Fällen die *dos* für sich bestellen sollte und damit – so ihre These – die Schenkungsvoraussetzung des definitiven Habens erfüllt gewesen sei. Doch dürften sie übersehen haben, dass die Voraussetzung des definitiven Habens in Ulp. D. 23,3,9pr. schon deswegen nicht erfüllt war, weil der Geber *Ego* die Kondiktion hatte und daher nicht *sic dat, ne recipiat*. Schließlich hat sich schon oben gezeigt, dass Ulpian eine *donatio* unter *condicio dandi* nicht als Schenkung sah[399]. Es lässt sich daher aus D. 24,1,59 nicht eine *donatio* auf D. 23,3,9pr. herüberziehen, sondern eher umgekehrt ist die Sichtweise einer *donatio* unter *condicio dandi* als eine *datio ob rem* auch in D. 24,1,59 plausibler, nur überspielte sie Paulus dort.

Der Vollständigkeit halber ist anzumerken, dass es zusätzlich zu den beiden Formen einer Schenkung mit dem zusätzlich verfolgten *dos*-Zweck (*datio, ut in*

---

397 Ein Besitzkonstitut lässt sich nicht annehmen, da bei diesem die Ehefrau Besitzerin werden müsste, sodass der Ehemann in Zukunft in ihrem Namen besitzen würde. Der Ehemann wollte die Ehefrau aber nicht zur Besitzerin der Dotalsachen machen; so richtig PUCHTA, Ueber die Convalescenz, S. 339, N. i: „Man müsse sagen, es liege in dem Einschreiben eine doppelte Tradition, vom Mann an die Frau (als Constitutum) und von der Frau an den Mann (als b. m. tr.).“

398 Julian und Ulpian lehnten den Schenkungscharakter ab, wenn dem Geber die Kondiktion wegen Nichterfüllung der Zweckbestimmung zustand. Deutlich Ulp. D. 23,3,5,9: *hoc et in matre iuris esse ait, si forte sub ea condicione uxor marito det, ut pro filia genero in dotem daret, nec videri uxorem marito donasse.*

399 Ulp. D. 23,3,5,9, hierzu oben in diesem Abschnitt unter aa., S. 95ff.

dotem daret und *donatio pura* mit nachfolgender *dos*-Bestellung) noch eine dritte gab; die sogenannte *donatio dotis causa*, auf die Fr. Vat. 269 mit Ulp. D. 23,3,34 hindeuten. Die *donatio dotis causa* bezeichnet eine Schenkung an die dotierte Frau, die der *dos*-Bestellung nicht voranging, sondern erst mit der *dos*-Bestellung entstehen konnte. Das Schenkungsobjekt war in diesem Fall nicht die Sache selbst, sondern die *actio rei uxoriae*. Der *dos*-Besteller übergab eine Sache an den Ehemann, um durch die *dos*-Bestellung der Frau zu schenken. Scheiterte die *dos*-Bestellung, dann wurde auch die *donatio* nichtig, weil ihr Gegenstand (die *actio rei uxoriae*) erst durch die *dos*-Bestellung erzeugt werden konnte. Der *dos*-Besteller war bei der *donatio dotis causa* der Schenker selbst, weswegen diese Schenkungsform nicht dem Muster einer Schenkung unter Auflage entspricht. Auf die *donatio dotis causa* ist daher hier nicht weiter einzugehen[400].

c. Resümee

Die Untersuchung der Fälle, in denen die Zweckbestimmung dem Beschenkten auferlegte, die empfangene Sache an einen Dritten zu übereignen, bestätigte abermals, dass der Inhalt der „Auflage" nicht darüber entschied, ob das Geschäft eine *donatio* war oder der Schenkungscharakter dadurch verloren ging. *Datio* unter der Auflage, mit der empfangenen Sache die Mitgift für die Tochter zu bestellen, oder an die Frau, damit sie selbst die *dos* bestellte, lag zweifellos im Interesse des Beschenkten. Dennoch wurde das Rechtsgeschäft nicht als Schenkung, sondern als eine *datio ob rem* angesehen, wenn der „Schenker" im Fall der Zweckverfehlung mit der Kondiktion zurückfordern konnte.

Während der zweite Zweck nach der Reduktion auf eine „einzweckige" *datio ob rem* nicht zu erreichen war, wenn die Zweckbestimmung in der Rückgabe an den „Schenker" bestand[401], war dies wiederum[402] dann möglich, wenn die Zweckbestimmung dem „Beschenkten" die Weiterveräußerung an einen Dritten auferlegte. Doch zeigen die untersuchten Quellen die besonderen Folgen der Weiterveräußerung einer durch die Kondiktion gebundenen Sache: Nachdem die Schenkung wegen Rückforderungsrechts des Schenkers misslungen war, ging das Eigentum an den „Beschenkten" aufgrund der *datio ob rem* über. Der „Beschenkte" erwarb zwar Eigentum, *hatte die Sache aber nicht in seinem Vermögen*, da ihm die *causa retinendi* fehlte[403]; die materielle Zugehörigkeit der übergebenen Sache zum Ver-

400 Dazu KLEŇOVÁ, Societas et Iurisprudentia 4 (2019), S. 63–97.

401 Siehe oben in diesem Kapitel II.1, S. 72ff.

402 Ähnlich wie in D. 39,5,2,7 (*Titio decem donavi ea condicione, ut inde Stichum sibi emeret*), siehe oben in diesem Kapitel I.2, S. 65ff.

403 Keinen endgültigen Behaltensgrund hatte er nicht deswegen, weil er an den Dritten herausgeben

mögen des „Schenkers“ blieb trotz der Eigentumsübertragung an den „Beschenkten“ bestehen[404]. Übertrug der „Beschenkte“ die Sache auflagenkonform weiter, so ging sie direkt aus dem Vermögen des „Schenkers“ in das Vermögen des Dritten über, obwohl das Eigentum im Weg vom „Schenker“ an den „Beschenkten“ und von diesem weiter an den Dritten ging. Die Folgen des direkten Übergangs aus dem Vermögen des „Schenkers“ belegt Ulp. D. 23,3,5,9: Mit dem durch die *condictio ob rem* gebundenen Geld konnte der Vater keine *dos profecticia* bestellen, da die Sache nicht aus seinem Vermögen kam[405]. Die gleiche Folge, nur auf andere Weise, zeigt Ulp. D. 14,6,9,1 bei der „Schenkung“ an den Haussohn, damit er seine Darlehensschuld zahlt. Zahlte er an seinen Gläubiger, so war dies Zahlung mit *nummi* des Vaters (dem er sie erwarb), aber (immer noch) aus dem Vermögen des „Schenkers“. Als Konsequenz daraus, dass er aus dem Vermögen des „Schenkers“ zahlte, benötigte er für eine auflagentreue Zahlung nicht die Verfügungsbefugnis seines Vaters.

---

sollte, sondern weil das „Geschenkte“ rückforderbar mit der *condictio ob rem* an das Vermögen des „Schenkers“ gebunden blieb.

404 Zur materiellen Zugehörigkeit zum Vermögen des Gebers auch im zweiten Teil, zweiten Kapitel V.2, S. 141ff.

405 Gleichwohl aber aus seinem Eigentum: vgl. ähnlich Ulp. D 23,3,9pr.: *efficientur eius* (wenn der Frau selbst gegeben wurde). Vgl. eine ähnliche Konstruktion bei den Dotalsachen: Paul. D. 50,1,21,4: *Idem respondit constante matrimonio dotem in bonis mariti esse: sed et si ad munera municipalia a certo modo substantiae vocentur, dotem non debere computari.* Der Mann war bei bestehender Ehe zwar Eigentümer der Dotalsachen, doch wurden diese nicht seinem Vermögen angerechnet, wenn es darum ging, dass er nach der Größe seines Vermögens zu den bürgerlichen Diensten berufen wurde. Zur vergleichbaren Rechtslage einer durch die Kondiktion und einer durch das Dotalverhältnis gebundenen Sache siehe auch oben S. 80 mit Fn. 277.

Zweites Kapitel: *Negotium mixtum cum donatione*

In den bisher erörterten Fällen konnte eine *donatio* nur dann zustande kommen, wenn die Nichterfüllung der Zweckbestimmung keine rechtlichen Konsequenzen nach sich zog, wenn also die Zweckbestimmung nicht die Grenzen der Hoffnung überschritt. In den folgenden Kapiteln sind dagegen jene Rechtsfiguren darzustellen, in denen das klassische Recht eine Schenkung (wenn auch nur im beschränkten Umfang) bejahte und die Nichterfüllung der Zweckbestimmung zugleich rechtliche Folgen hatte. Als Erstes ist das *negotium mixtum cum donatione* zu erörtern, in dem eine *fiducia cum amico contracta* mit der Schenkung der Zwischenvorteile gemischt war.

I. *Servum tibi mancipavero ad hoc, ut eum post quinquennium manumittas* (D. 39,5,18pr.–2)

D. 39,5,18 (Ulpianus libro septuagensimo primo ad edictum)
pr.: Aristo ait, cum mixtum sit negotium cum donatione, obligationem non contrahi eo casu, quo donatio est, et ita et Pomponius eum existimare refert.
§ 1: Denique refert Aristonem putare, si servum tibi [tradidero] <mancipavero> ad hoc, ut eum post quinquennium manumittas, non posse ante quinquennium <fiduciae> agi, quia donatio aliqua inesse videtur: aliter atque, inquit, si ob hoc tibi [tradidissem] <mancipavissem>, ut continuo manumittas: hic enim nec donationi locum esse et ideo esse obligationem. sed et superiore casu quid acti sit, inspiciendum Pomponius ait: potest enim quinquennium non ad hoc esse positum, ut aliquid donetur.[406]

Palingenetisch gehört der Text in das 71. Buch des Ediktkommentars von Ulpian unter die Rubrik „*De precario*". Der Geber bezweckte die Freilassung des übergebenen Sklaven durch den Empfänger, woraus sich entnehmen lässt, dass

406 Änderungen mit Lenel, Palingenesia II., Ulp. 1606, S. 842.

er Eigentum nach *ius civile* an ihn übertragen wollte. Somit ist es weniger wahrscheinlich, dass Ulpian auch in diesem Text die Bittleihe erörterte und die Meinungsverschiedenheit zwischen Aristo und Pomponius die Frage betraf, ob für die fünfjährige Zwischenzeit eine *donatio* (Aristo) oder ein *precarium ad tempus* (Pomponius) anzunehmen sei[407].

Überzeugender ist die überwiegend vertretene Meinung, nach der der Text ursprünglich von einer *fiducia cum amico contracta* zum Zweck der Freilassung handelte[408]. Der Anknüpfungspunkt zum *precarium* konnte in der jederzeitigen Widerruflichkeit der Freilassungsfiduzia liegen. Ähnlich wie der *precario dans*, konnte auch der Fiduziant die fiduziarisch übergebene Sache jederzeit zurückfordern[409]. Aufgrund der freien Widerruflichkeit bildeten die *fiducia cum amico* und das *precarium* den Gegensatz zu einer Schenkung[410]. Da das *pactum fiduciae* nur die Manzipation begleitete[411], war diese in D. 39,5,18pr.–1 sehr wahrscheinlich durch die *traditio* ersetzt.

Um eine einfache *fiducia* ging es nach Aristo dann nicht, wenn ein Sklave mit der Abrede manzipiert wurde[412], dass ihn der Fiduziar *erst nach* fünf Jahren frei-

---

407 Dafür aber BABUSIAUX, Id quod actum est, S. 62ff. Babusiaux interpretiert so: Aristo habe das *precarium ad tempus* noch nicht gekannt, Pomponius aber schon (insofern konform mit KASER, SZ 89 (1972), S. 113ff.). Die fünfjährige Frist sei für Pomponius mehrdeutig gewesen, nach ihm könne also nicht nur eine Schenkung, sondern auch ein *precarium ad tempus* gemeint sein. Schwierigkeiten bereitet dann aber, den Empfänger in einer Position zu sehen, aus der er als ziviler oder bonitarischer Eigentümer (Gai. Inst. 1,35) wirksam freilassen konnte. Soweit Babusiaux nur eine *traditio* als Übergabe zum Bittbesitz annimmt, bei der die Eigentumsübertragung ja nicht gewollt war, könnte der Empfänger weder das bonitarische noch durch Ersitzung das zivile Eigentum erwerben.

408 SIBER, Krit. Vjschr. 9 (1904), S. 310; HAYMANN, Freilassungspflicht und Reurecht, S. 38; ders. in Die Schenkung unter einer Auflage, S. 61; ERBE, Die Fiduzia, S. 153ff.; AMELOTTI, La donatio mortis causa, S. 123; SIMONIUS, Die donatio mortis causa, S. 201; ARCHI, Studi Volterra, Vol. I, 1971, S. 687; BROISE, Animus donandi, S. 68ff.; SANTORO, APal. 37 (1983), S. 227f. („più probabile"); NOORDRAVEN, Die Fiduzia, S. 74ff.; WUBBE, SZ 108 (1991), S. 516; BERTOLDI, Il negozio fiduciario, S. 90 ff.

409 PERNICE, Labeo. 3. Bd. 1. Abt., S. 131; KOSCHEMBAHR-LYSKOWSKI, Die condictio als Bereicherungsklage, S. 50f.; ERBE, Die Fiduzia, S. 153; NOORDRAVEN, Die Fiduzia, S. 64; 192.

410 Zum Unterschied zwischen *precarium* und *donatio* Ulp. D. 43,26,1,2; dazu im ersten Teil, zweiten Kapitel I., S. 34.

411 Eventuell auch die *in iure cessio* (Gai. Inst. 2,59; 3,201), nicht aber die *traditio*; dazu zuletzt NOORDRAVEN, Die Fiduzia, S. 143ff.; so auch KASER, Der Privatrechtsakt, S. 71. Die *fiducia* konnte die *traditio* nicht begleiten, weil sie keine *iusta causa* war und somit die Eigentumsübertragung durch die abstrakten Übertragungsarten (*mancipatio* und *in iure cessio*) voraussetzte (hierzu bei Fn. 437ff.).

412 Die fiduziarische Übereignung zu Freilassungszwecken konnte häufig als Ersatz für die mangelnde direkte Stellvertretung verwendet werden. Wollte ein Eigentümer den Sklaven freilassen, sich aber

lässt. Ein solches Rechtsgeschäft war ein *negotium mixtum cum donatione* (im Folgenden abgekürzt als *nmcd*), in welchem dem fiduziarischen Schuldverhältnis *aliqua donatio* vorausging. Während ihrer Dauer (innerhalb der fünfjährigen Zeitspanne) schaltete die *aliqua donatio* die *actio fiduciae* des Fiduzianten aus (*obligationem non contrahi eo casu, quo donatio est*)[413]. Die Streitfrage, ob die *actio fiduciae* lediglich auf Remanzipation[414] oder auch auf Vollzug des im *pactum fiduciae* vereinbarten Zwecks[415] gerichtet werden konnte, kann hier offenbleiben, da Aristo mit *non posse ante quinquennium agi* die *actio fiduciae* innerhalb der fünfjährigen Zwischenzeit überhaupt verneinte: Der Fiduziant konnte weder vorzeitig auf Freilassung klagen noch die Freilassungsfiduzia widerrufen und den Sklaven zurückfordern.

1. Das Objekt der *aliqua donatio*

a. Die Zwischenvorteile

Die im *negotium*[416] eingeschlossene *aliqua donatio* nahm Aristo an, um damit den Fiduziar vor dem vorzeitigen Verlust des Sklaven zu schützen, und dies offenbar aus folgender Erwägung heraus: Wenn die Freilassung erst fünf Jahre nach der Übereignung erfolgen sollte, durfte der Fiduziant dem Fiduziar nicht vorzeitig die Möglichkeit entziehen, aus dem Gebrauch des Sklaven zu profitieren. Wohl ging Aristo davon aus, dass der Fiduziar die aus dem Zwischeneigentum gezogenen Früchte (*fructus medii temporis*) behalten durfte. Darin konnte der wesentliche

---

zugleich die Reise zum Prätor nach Rom ersparen, so manzipierte er den Sklaven an einen Freund und bat ihn, den Sklaven *vindicta* freizulassen. (Die *manumissio vindicta* war wohl auch schon vor der Abschaffung des *census* im Prinzipat, mit der die *manumissio censu* abkam, üblicher als die *manumissio censu*; siehe KASER, SZ 61 (1941), S. 173; die Literatur zur *manumissio vindicta* unten in Fn. 623.) Bekannt ist noch ein zweiter Fall: Auch ein *curator* des Geisteskranken durfte dessen Sklaven nicht freilassen, weil die Freilassung nicht unter die Verwaltung des Vermögens fiel. Der *curator* konnte den Sklaven aber an einen Dritten mit Freilassungsabrede übereignen (Pomp. D. 40,1,13). Hierzu NOORDRAVEN, Die Fiduzia, S. 73ff.; 87.

413 Nicht überzeugend LOTMAR, SZ 33 (1912), S. 321, wonach der Fiduziant auch nach Ablauf der fünfjährigen Frist nicht mit der *actio fiduciae* klagen konnte.

414 KOSCHEMBAHR/LYSKOWSKI, Die condictio als Bereicherungsklage, S. 45ff.; BELOCCI, La struttura della fiducia II., S. 85ff. (siehe auch in Fn. 486).

415 PERNICE, Labeo. 3. Bd. 1. Abt., S. 131; ERBE, Die Fiduzia, S. 157ff.; NOORDRAVEN, Die Fiduzia, S. 68f.; WOLFF, Trust, S. 203 (jedoch mit der Bemerkung (S. 204), dass eine Klage auf die Erfüllung (auf Freilassung) des *pactum fiduciae* „zwar theoretisch möglich, aber praktisch nicht durchführbar war").

416 Das *negotium* als Begriff hatte eine breitere Bedeutung; es bezeichnete im Allgemeinen ein Rechtsgeschäft, aus dem eine Klage (= Obligation) entstand. Vgl. Ulp. D. 19,5,15: *et quidem conventio ista non est nuda, ut quis dicat ex pacto actionem non oriri, sed habet in se negotium aliquod.*

Unterschied zu einer einfachen *fiducia cum amico* bestehen, die ausschließlich im Interesse des Fiduzianten vereinbart war: Wenn nur ein *negotium* vorlag, behielt der Fiduziant den Anspruch auf die in der Zwischenzeit aus der übereigneten Sache erwachsenen Vorteile[417], und dies unabhängig davon, ob der Fiduziar später die Sache zum vereinbarten Zweck verwendete oder diese an den Fiduzianten rückübereignete. Der Fiduziant war auch nach Übereignung als derjenige anzusehen, dem die wirtschaftlichen Vorteile an der Sache zustanden[418]. Wenn das *negotium* demgegenüber mit *aliqua donatio* gemischt war, konnte der Fiduziar die in der Zwischenzeit erwachsenen Vorteile behalten, sodass diese das eigentliche Objekt der *aliqua donatio* bildeten[419].

Der übereignete Sklave selbst war nicht als geschenkt anzusehen, da der Fiduziar ihn nicht endgültig behalten konnte. Eine *donatio* des Sklaven scheiterte am Schenkungsmerkmal „*qui donat, sic dat, ne recipiat*". Auch wenn die Meinung zuträfe, dass der Fiduziant auf Erfüllung der Freilassungsabrede klagen konnte, war sein Rückforderungsrecht bei der *fiducia* durchaus nicht außer Spiel, weil er immer auch das Recht hatte, die Freilassungsvereinbarung zu widerrufen und den Sklaven zurückzufordern (*paenitentia*)[420]. Zwar konnte er beim *nmcd* von diesem Recht erst nach Ablauf der Frist Gebrauch machen, die *aliqua donatio* berechtigte den Fiduziar somit zum *befristeten* Behalten des Sklaven, sie verschaffte ihm aber nicht den Rechtsgrund zum *endgültigen* Behalten, den eine *donatio* im eigentlichen Sinn voraussetzte. Endgültig behalten konnte der Fiduziar nur die Zwischenvorteile.

b. Die aus der Position des Manumissors erworbenen Vermögensvorteile?

Es ist fraglich, ob überhaupt und, wenn ja, in welchem Umfang der Fiduziar beim *nmcd* die Patronatsrechte[421] und weitere Vermögensvorteile aus der Freilassung

---

417 Analog bei der *fiducia cum creditore contracta*, wo der Betrag der gesicherten Forderung um die erzielten Erträge vermindert wurde; Pauli Sent. 2,13,2: *Quidquid creditor per fiduciarium servum quaesivit, sortem debiti minuit.* Dazu zuletzt NOORDRAVEN, Die Fiduzia, S. 164f.; 176ff.; 229ff.

418 WOLFF, Trust, S. 202; 228: Dem Fiduzianten sollten „alle wirtschaftlichen Vorteile zufließen". NOORDRAVEN, Die Fiduzia, S. 166ff.; 178ff.; PERNICE, Labeo. 3. Bd. 1. Abt., S. 138f.

419 Vgl. beim Legat Ulp. D. 32,3,1: *Iulianus scribit, si servus mihi legatus sit eumque manumittere rogatus sim, fideicommissum a me relinqui non posse, scilicet si pure roget: nam si sub condicione vel in diem, propter fructum medii temporis posse me obligari nec Iulianus dubitaret.*

420 Die *aliqua donatio* wäre in Bezug auf den Sklaven wahrscheinlich auch dann keine echte Schenkung, wenn der Fiduziant nur auf Erfüllung der Freilassungsabrede klagen könnte, da die *donatio* mit der *obligatio* überhaupt unvereinbar war; siehe die Ergebnisse im zweiten Teil, sechsten Kapitel, S. 221ff.: Eine durch die Übergabe der „geschenkten" Sache erzeugte Verpflichtung des Empfängers schloss die *donatio* aus.

421 Zum Inhalt der Patronatsrechte statt vieler KASER, Das römische Privatrecht 1^2, S. 118f.; 298ff. und ders. in SZ 58 (1938), S. 88ff.

erwerben und behalten konnte. Relevant waren hauptsächlich die *operae liberti*[422] (oder die statt dieser versprochene Geldsumme[423]) sowie das Erbrecht des Patrons[424]. Wirtschaftlich nicht unerheblich war auch das, was der Fiduziar von dem Sklaven oder einem Dritten als Entgelt für die Freilassung erhielt.

Zunächst darf festgestellt werden, dass die Patronatsrechte auch jener Freilasser erwerben konnte, dem ein Sklave unter Freilassungsauflage übereignet wurde. Bei Verkauf und Schenkung mit der *lex dicta „ut manumittatur"* (*donatio ea lege, ut manumittas*), ist belegt, dass die Patronatsrechte eingeschränkt wurden, wenn der Käufer oder der Beschenkte der *lex* nicht nachkam, sodass der Sklave *ex constitutione Marci ipso iure* frei wurde[425]. Daraus lässt sich *e contrario* schließen, dass der Käufer oder der Beschenkte das volle Patronat erwarben, wenn sie den Sklaven abredegemäß freiließen[426]. Die Tatsache, dass die Initiative zur Freilassung vom Veräußerer und nicht vom Freilasser ausging, schloss somit den Erwerb der Patronatsrechte durch den Freilasser nicht aus[427].

Der Freilasser hatte beim *nmcd* jedoch eine andere Stellung als der Beschenkte bei der *donatio ea lege, ut manumittas*. Wie noch zu zeigen ist[428], war die *donatio*

---

422 Die versprochenen *operae* sah man als Gegenleistung für die Wohltat der Freilassung an. Die Verpflichtung zur Leistung der *operae* hatte ihre Grundlage im Versprechen der *operae* und nicht im *status liberti*; sie war also nicht von der *potestas patroni* abgeleitet; dazu WALDSTEIN, Operae libertorum, S. 251; 380; 385.

423 Paul. D. 37,14,6,1; Clem. D. 40,9,32,2; dazu WALDSTEIN, Operae libertorum, S. 250.

424 Das zivile Intestaterbrecht einschließlich prätorischer Korrekturen, vgl. Gai. Inst. 3,40–41. KASER, Das römische Privatrecht 1², S. 697; 701 mwN. und zuletzt KNÜTEL, Fs. Meincke 2015, S. 207–217; ders. in SZ 134 (2017), S. 280–309.

425 Dazu im zweiten Teil, dritten Kapitel, S. 146ff.

426 So auch WALDSTEIN, Operae libertorum, S. 203; 207, trotz Impp. Sever., Antonin. C. 6,3,2, die verstümmelt sein könne.

427 Es wäre daher nicht richtig, einen mit der Freilassungsabrede übereigneten Sklaven jenem gleichzustellen, dem eine *fideicommissaria libertas* erteilt wurde und zu dem der *rogatus*-Freilasser nur ein beschränktes Patronat erwerben konnte (Ulp. D. 38,1,7,4: *Rescriptum est a divo Hadriano et deinceps cessare operarum persecutionem adversus eum, qui ex causa fideicommissi ad libertatem perductus est.* Pap. D. 27,1,24: *Nequaquam credendum est ei privilegium excusationis ablatum, cui fideicommissaria libertas soluta est: nam in toto fere iure manumissor eiusmodi nihil iuris ut patronus adversus liberti personam consequitur, excepto quod in ius vocare patronum iniussu praetoris non debet.* Paul. D. 2,4,9). In diesem Sinn aber NOORDRAVEN, Die Fiduzia, S. 89f., der den gemeinsamen Nenner darin sieht, dass der *dominus* nicht persönlich die Initiative zur Freilassung ergriffen habe. Bei der *fideicommissaria libertas* habe der Sklave dem Testator, bei der Übereignung mit der Freilassungsauflage dem Veräußerer die Freiheit zu verdanken. Dagegen zeigte WALDSTEIN, Operae libertorum, S. 191ff.; 200, dass auch bei der fideikommissarischen Freiheit die Tatsache, dass der *rogatus* zur Freilassung verpflichtet war, nicht der einzige Grund für die Beschränkung seiner Patronatsrechte gewesen sei.

428 Unten im zweiten Teil, dritten Kapitel, S. 146ff.

ea lege, ut manumittas eine Schenkung im eigentlichen Sinn, der Freilasser ließ den Sklaven aus der Position des Beschenkten frei. Im Unterschied zur *donatio ea lege, ut manumittas* bildete nicht der Sklave selbst das Objekt der im *nmcd* eingeschlossenen *aliqua donatio*, sondern nur die Zwischenvorteile. Mit Ablauf der (in D. 39,5,18pr.-1 fünfjährigen) Frist wurde die *aliqua donatio* aufgelöst und das Geschäft bestand nunmehr als einfache *fiducia* fort. Bei der Freilassung hatte der Fiduziar daher nicht mehr die Stellung eines Beschenkten, sondern eher nur die Rechtsposition desjenigen, der für den Fiduzianten ein Geschäft führte. Der Erwerb der Patronatsrechte sollte somit der für die *fiducia cum amico* geltenden Regelung unterliegen.

Will man sich nicht auf nicht belegte Vermutungen[429] einlassen, so ist anzunehmen, dass der Fiduziar als Manumissor das Patronat erwarb[430]. Eine andere

429 Bei der Freilassung hatte der Fiduziar (im Unterschied zum Beschenkten bei der *donatio ea lege, ut manumittas*) keinen Rechtsgrund zum endgültigen Behalten des Sklaven, da sein Eigentum mit der *actio fiduciae* gebunden war. Mit dieser konnte der Fiduziant die Rückgabe des Sklaven verlangen; somit war der Sklave bei der Manumission noch nicht endgültig aus dem Vermögen des Fiduzianten ausgeschieden. Oben (im zweiten Teil, ersten Kapitel II., S. 70ff.) war für die *datio ob rem* gezeigt worden, dass die fehlende *causa retinendi* bewirkte, dass der *accipiens ob rem* zwar Eigentümer der empfangenen Sache war, diese aber so angesehen wurde, als ob sie noch im Vermögen des *dans ob rem* stünde. Diese Anschauung könnte bei Vollziehung der Freilassungsauflage zur Konsequenz haben, dass, da der Sklave durch die *actio fiduciae* noch an das Vermögen des Fiduzianten gebunden war, der Fiduziant als jener anzusehen war, der durch die Freilassung die Patronatsrechte erwarb. Doch ist dies sehr unsicher.

430 Noordraven, Die Fiduzia, S. 88f., hat aus Marcel. D. 37,15,3 geschlossen, dass die Patronatsrechte des Fiduziars auf ein Mindestmaß reduziert worden seien. Doch scheint dies der Text nicht herzugeben. Es ist nämlich entgegen Noordraven nicht zwingend, dass Marcellus mit *an ab eo servo, qui cum esset alienus in fidem eius devenit* auf eine fiduziarische Übereignung hinwies. Die Textpassage passt besser für einen *suis nummis emptus*. Ein Sklave kommt in der vertrauensvollen Erwartung zu einem Dritten und bittet diesen, ihn zu kaufen und freizulassen, wofür er dem Dritten eine bestimmte Geldsumme zahlt. Nimmt man mit Noordraven den Bezug auf die *fiducia manumissionis causa* dennoch an, so sagt der Text nur: Nahm der Fiduziar vom Sklaven Geld für seine Freilassung an, so kann er diesen später nicht verklagen, wenn er ihm als *libertus* nicht genügend Respekt erweist (*accusatio ingrati liberti*). Mit der Freilassung hat er nur seinem Dienst (*opera*) Genüge getan. Noordraven meint, statt des Fiduziars könne der Fiduziant den Freigelassenen wegen Undankbarkeit verklagen, da der Fiduziant es gewesen sei, der den Auftrag zur Freilassung erteilt und somit den Sklaven begünstigt habe. Bezöge sich D. 37,15,3 tatsächlich auf die Freilassungsfiduzia, so würde dieser Text nur einen Teil der Patronatsrechte betreffen. Es ist fraglich, wem die restlichen Freilassungsvorteile zustanden. Mit Noordraven für eine *fiducia manumissionis causa* in D. 37,15,3 auch Wubbe, SZ 108 (1991), S. 516f. Dagegen für einen *suis nummis emptus* in D. 37,15,3 Finkenauer, Fs. Knütel 2009, S. 349, N. 43; Heinemeyer, Der Freikauf des Sklaven, S. 320, N. 186.; Liebs, SZ 135 (2018), S. 468. Erwähnt wird die *fides* im Zusammenhang mit dem Freikauf des Sklaven mit eigenem Geld auch in Ulp. D. 2,4,10pr.: *sed si suis nummis emi et fidem fregi, pro patrono non habebor*; ähnliche Differenzierung wie in D. 37,15,3,

Frage ist freilich, ob er die erworbenen Vermögensvorteile auch behalten konnte. Sie ist aus der Natur der *fiducia* zu beantworten. Es lag im Wesen der *fiducia* als Freundschaftsdienst, dass der Fiduziar im Interesse des Fiduzianten handelte und aus der *fiducia* daher keinen Vorteil erlangte[431]. Somit ist es wenig wahrscheinlich, dass er die aus der Freilassung erworbenen Vermögensvorteile behalten konnte[432]. Seine Pflichten konnten ähnlich denen des Ehemannes in D. 24,3,24,4 sein[433]: Ließ ein Mann die dotalen Sklaven mit Zustimmung seiner Frau frei und führte er dies als ein Geschäft (*negotium*) für sie, so erwarb er zwar die Patronatsrechte, musste aber seiner Frau Sicherheit dafür leisten, dass er ihr alles herausgibt, was er aus dem Vermögen des Freigelassenen oder aus dessen Verbindlichkeit erlangt (*quidquid ad eum ex bonis liberti vel ex obligatione pervenisset*).

Es ist denkbar, dass der Freilasser-Fiduziar den Sklaven hieß, die *operae* direkt dem Fiduzianten zu versprechen[434]. Entgegen Noordraven ist die Auffassung vorzuziehen, dass der Fiduziar auch die Erbschaft nach dem verstorbenen *libertus* nicht behalten konnte. Die Herausgabe des erlangten Erbes konnte der Fiduziant entweder mit der *actio fiduciae* verlangen[435] oder er ließ sich vom Fiduziar Sicherheit dafür leisten, dass dieser ihm alles herausgibt, was künftig (auch *ex hereditate liberti*) an ihn gelangt[436]. Schließlich war es möglich, dass der Fiduziar auch das an den Fiduzianten herausgeben musste, was er für die Freilassung von dem Sklaven oder einem Dritten bekommen hatte.

---

findet sich auch in Impp. Sever., Antonin. C. 6,4,1pr.: *Multum interest, utrum quis suis nummis emptus ac manumissus sit ab emptore, an a domino suo data pecunia mereatur libertatem. priore enim casu ad contra tabulas admitti patronum non placet, posteriore omnia iura patronatus retinet.*

431 Noordraven, Die Fiduzia, S. 88.

432 Dies wird noch überzeugender, wenn man sich die Gründe vergegenwärtigt, aus denen man zur *fiducia manumissionis causa* griff – siehe oben in Fn. 412.

433 Dazu eingehender im zweiten Teil, vierten Kapitel I.1, S. 171f.

434 Noordraven, Die Fiduzia, S. 89. Zur Leistung der *operae* an Dritte Waldstein, Operae libertorum, S. 251ff.

435 Das findet Noordraven, Die Fiduzia, S. 177, für wenig wahrscheinlich.

436 Vgl. Iul. D. 19,1,23: *Si quis servum, quem cum peculio vendiderat, manumiserit, non solum peculii nomine, quod servus habuit tempore quo manumittebatur, sed et eorum, quae postea adquirit, tenetur et praeterea cavere debet, quidquid ex hereditate liberti ad eum pervenerit, restitutu iri. Marcellus notat: illa praestare venditor ex empto debet, quae haberet emptor, si homo manumissus non esset: non continebuntur igitur, quae, si manumissus non fuit, adquisiturus non esset.* Da der Text aus dem 13. Buch der Digesten stammt, wo Julian nicht den Kauf, sondern die *fiducia* erörterte, nahmen bereits Lenel, SZ 3 (1882), S. 120 und zuletzt Noordraven, Die Fiduzia, S. 164, an, dass Julian zunächst die *fiducia* erörtert und später einen Exkurs über den überlieferten Parallelfall beim Kauf eingefügt habe. Wenn der Fiduziar verpflichtet war, den Sklaven zurückzugeben und ihn entgegen der Vereinbarung freiließ, habe ihn die gleiche Haftung wie den Verkäufer in D. 19,1,23 getroffen.

Die Vermögensvorteile, die der Fiduziar aus der Stellung des Freilassers erwerben konnte, bildeten somit nicht das Objekt der *aliqua donatio*. Es war freilich möglich, dass der Fiduziant später auf die Herausgabe der Freilassungsvorteile verzichtete, sodass darin eine nachträgliche Schenkung an den Fiduziar läge.

2. *Quid acti sit, inspiciendum est*

Wenn der Sklave sogleich freigelassen werden sollte (*si ob hoc tibi mancipavissem, ut continuo manumittas*), ergab sich für die *aliqua donatio* kein Raum. Die *obligatio* kam sogleich mit der Übereignung zustande und dem Fiduzianten stand von diesem Augenblick an auch das freie Widerrufsrecht zu.

Das Vorhandensein einer *aliqua donatio* war aber auch dann nicht zwingend, wenn der gesetzte Freilassungszweck erst *nach* einer bestimmten Frist zu erreichen war. Die fünfjährige Frist musste nicht dazu bestimmt sein, um dem Fiduziar „etwas zu schenken" (*ut aliquid donetur*). Damit meinte Pomponius offenbar, dass, wenn der Fiduziant ein einfaches *negotium* beabsichtigte, der Fiduziar alle Vermögensvorteile (also auch die Zwischenvorteile) an den Fiduzianten herausgeben musste. Das fiduziarische Schuldverhältnis entstand sogleich mit der Übereignung, ähnlich, als wäre der Sklave zur sofortigen Freilassung übereignet.

Bei der inhaltlich gleichen Zweckabrede (*ut post quinquennium manumittas*) kamen also beide Möglichkeiten in Betracht, sowohl das *negotium mixtum cum donatione* als auch eine einfache *fiducia* (*negotium*) ohne jegliche Schenkung. D. 39,5,18pr.–1 belegt wiederum, dass der Inhalt der Zweckabrede für die Einordnung eines Rechtsgeschäfts als Schenkung nicht entscheidend war. Bestimmend war hier der Wille des Fiduzianten, die Zwischenvorteile zuzuwenden. Ferner ist D. 39,5,18pr.–1 ein weiterer Beleg für die Unvereinbarkeit einer Schenkung mit der Obligation des Beschenkten. Wenn die *fiducia* eine *aliqua donatio* einschließen sollte, konnte die Verpflichtung des Fiduziars erst nach der Auflösung der Schenkung entstehen.

3. Die *aliqua donatio* war keine *donatio* im eigentlichen Sinn

Dass die *donatio aliqua* nicht als eine *donatio* im eigentlichen Sinn angesehen wurde, belegt D. 39,5,18,2.

D. 39,5,18,2 (ULPIANUS libro septuagensimo primo ad edictum)
Idem Aristo ait, si [donationis causa] in hoc [tradatur] <mancipetur> servus, ut post quinquennium manumittatur, sit autem alienus, posse dubitari an usucapiatur, quia aliquid donationis interveniret. et hoc genus quaestionis in mortis causa donationibus versari Pomponius ait et magis putat ut, si ita donetur, ut post quinquennium manumittatur, posse dici usucapionem sequi.

Donationis causa im ersten Satz ist auffällig; die Frage nach der Ersitzungsmöglichkeit begründete Aristo im weiteren Verlauf des Satzes mit *quia aliquid donationis interveniret.* Wenn gleich am Anfang stünde, dass der Sklave *donationis causa* manzipiert wurde, so würde sich diese weitere Begründung erübrigen. Im Gegensatz zu *donationis causa* korrespondiert *aliquid donationis* mit der *aliqua donatio* im § 1. Aristo erörterte, ob ein fremder Sklave, der manzipiert wurde, um nach fünf Jahren freigelassen zu werden, ersessen werden konnte, *weil* das Geschäft *auch etwas aus einer Schenkung* in sich hatte und daher nicht eine reine *fiducia* war.

Eine einfache *fiducia cum amico* gewährte dem Fiduziar keinen Ersitzungstitel[437], weil die fiduziarische Vereinbarung keine *iusta causa* war. Sie brauchte immer ein abstraktes Verfügungsgeschäft (*mancipatio* oder *in iure cessio*), an das sie anknüpfte, um auszudrücken, dass die Eigentumsübertragung lediglich *fidi fiduciae causa* erfolgte[438]. Das *pactum fiduciae* zielte *nicht auf die Eigentumsübertragung*, sondern *auf die Beschränkung des Eigentums des Fiduziars*[439].

Aristo fragte, ob das *aliquid donationis* die Rechtsposition des Fiduziars nicht in der Weise änderte, dass dieser nun die Sache doch ersitzen konnte[440]. Und Pomponius meinte, dass, wenn der Sklave so geschenkt worden sei, um nach fünf Jahren freigelassen zu werden, könne man eher sagen, dass die Ersitzung statt-

437 Mitteis, Römisches Privatrecht, S. 163, N. 44; Erbe, Die Fiduzia, S. 189; Amelotti, La donatio mortis causa, S. 124.

438 Vgl. die *formula fiduciae: Quod A^s A^s N^o N^o fidi fiduciae causa fundum q.d.a. mancipio dedit, quam ob rem ut inter bonos bene agier oportet et sine fraudatione, quidquid ob eam rem N^m N^m A^o A^o dare facere praestare oportet, eius iudex N^m N^m A^o A^o c.s.n.p.a.* So die wahrscheinlichste Rekonstruktion nach Noordraven, Die Fiduzia, S. 338.

439 Wolff, Trust, S. 193. Zum gleichen Ergebnis, wenn auch mit anderer Begründung, kam bereits Bechmann, Der Kauf, 1. Teil, S. 290ff., nach dem die *fiducia* – solle sie etwas mehr „als rechtlich irrelevante Massgabe" sein (S. 293) – die Eigentumsübertragung als vollendetes und in sich abgeschlossenes Rechtsgeschäft voraussetzte. Dies sei die Manzipation, der die *fiducia*, die ein unfertig gebliebener Realkontrakt sei (S. 292), als zweites Geschäft hinzutreten könne. Bechmann im Wesentlichen zustimmend Lenel, SZ 3 (1882), S. 114: Ein bloß fiduziarischer Vertrag sei keine *iusta causa* und die *traditio fiduciae causa* somit untauglich gewesen, das fiduziarische Verhältnis zu begründen.

440 Anders Noordraven, Die Fiduzia, S. 75f.; 184f., nach dem Aristo in Fr. 18,2 die Frage erörterte, „ob die bereits begonnene Ersitzung des Fiduzianten beim Fiduziar weiterläuft, oder ob letzterer, da von einer Schenkung die Rede ist, eine neue Ersitzung beginnt". Mit *usucapionem sequi* habe sich Pomponius für die erste Möglichkeit entschieden: Die Ersitzung des Fiduzianten folge (*sequi*) auch nach der Übergabe an den Fiduziar. Dagegen ist einzuwenden: Aristo fragt, ob der Sklave *überhaupt* ersessen werden kann (*an usucapiatur*). Dieser Zweifel Aristos wäre unbegründet, wenn es nur darum ginge, ob die beim Fiduzianten begonnene Ersitzung beim Fiduziar weiterlief oder ob der Fiduziar eine neue Ersitzung begann, denn in fünf Jahren müsste der Fiduziar den Sklaven in beiden Varianten ersitzen.

finde. Der Text wird unten[441] eingehender erörtert. An dieser Stelle interessiert nur Folgendes: Sowohl die Ausdrucksweise (*donatio aliqua, aliquid donationis*) als auch die Zweifel an der Ersitzung des „Beschenkten" zeigen, dass die *aliqua donatio* Aristos bezüglich des Sklaven keine *donatio* im eigentlichen Sinn war. Die *causa donationis* würde keine Zweifel an der Ersitzung des Beschenkten erwecken, *pro donato* war zu dieser Zeit bereits ein typisierter Usukapionstitel[442]. Vielmehr konnte der Fiduziar den Sklaven nicht *pro donato* ersitzen, weil das Schenkungsmerkmal „*qui donat, sic dat, ne recipiat*" in Bezug auf diesen nicht erfüllt war. D. 39,5,18,2 ist aber ein Beleg dafür, dass bei der *fiducia* ausnahmsweise eine Ersitzung zugelassen war, nämlich wenn dem Fiduziar erlaubt war, für eine bestimmte Zeit die Vorteile aus der Sache *für sich* zu ziehen. Die Schenkung der Zwischenvorteile verlieh dem Besitz des Fiduziars einen *pro-suo*-Charakter, innerhalb der fünfjährigen Frist besaß er den Sklaven „als eigenen für sich"; dies brachte ihn in die Ersitzungslage *pro suo*[443]. Mit der Ersitzung erlosch freilich nicht die fiduziarische Bindung, die nach Ablauf der fünfjährigen Frist wirksam wurde.

Dafür, dass die *donatio aliqua* keine echte Schenkung des Sklaven war und das *nmcd* im Wesentlichen den treuhänderischen Charakter behielt[444], spricht indirekt auch die Tatsache, dass Ulpian die *constitutio Marci*[445] nicht erwähnte, obwohl sein 71. Buch *Ad edictum* wahrscheinlich späteren Datums[446] als die Konstitution ist. Haymann[447] und Lotmar[448] haben überzeugend gezeigt, dass sich die

441 Im zweiten Teil, fünften Kapitel I.2.b, S. 203ff.

442 Paul. D. 41,6,1pr.ff. (siehe in Fn. 76). Anders HARKE, Argumenta Pomponiana, S. 23, nach dem der Ersitzungstitel in D. 39,5,18,2 doch die Schenkung war und nur fraglich war, ob die Schenkung auch dann als Ersitzungstitel dienen konnte, wenn der Sklave dem Beschenkten nicht für immer, sondern nur bis zum bestimmten Zeitpunkt der Freilassung gehören sollte. Wie unten (im zweiten Teil, fünften Kapitel I.2.b, S. 204) ausgeführt wird, konnte dies für das spätere, möglicherweise erst justinianische Recht zutreffen.

443 Mit weiterer Begründung im zweiten Teil, fünften Kapitel I.2.b.aa, S. 205f.

444 Durch die Worte *donationis causa* oder *fidi fiduciae causa* bei der Manzipation und/oder in der Manzipationsurkunde wurde nach außen deutlich gemacht, ob die *übergebene Sache* geschenkt oder zu Fiduziazwecken manzipiert war. Siehe dazu auch RABEL, SZ 27 (1906), S. 294. Zur Formel *fidi fiduciae causa* siehe auch WATSON, SZ 79 (1962), S. 329ff.

445 Dazu im zweiten Teil, dritten Kapitel, S. 146ff.

446 *Ad edictum libri* wurden frühestens unter Septimius Severus und Caracalla verfasst; siehe KARLOWA, Römische Rechtsgeschichte, 1. Bd., S. 743; LENEL, Palingenesia II., S. 421, N. 2; HONORÉ, Ulpian, S. 129ff.

447 HAYMANN, Freilassungspflicht und Reurecht, S. 35ff.

448 LOTMAR, SZ 33 (1912), S. 322f., der jedoch meinte, dass die *constitutio Marci* in D. 39,5,18,1 deswegen nicht erwähnt worden sei, weil der Text vor der *constitutio* verfasst worden sei.

Konstitution nur auf die Schenkung und den Verkauf eines Sklaven bezog, nicht aber auf die *fiducia cum amico* und die *datio servi, ut manumittas* (*datio ob rem*).

II. *Fundum patri mancipio dedit, uti post mortem patris restituatur filio* (D. 24,1,49)

Ohne den Begriff *negotium mixtum cum donatione* zu erwähnen, beschreibt auch Marcellus eine ähnliche Rechtsfigur in dem Fall, dass ein Grundstück mit der Abrede übereignet wurde, es solle nach dem Tod des Empfängers an einen Dritten restituiert werden.

D. 24,1,49 (MARCELLUS libro septimo digestorum)
Sulpicius Marcello. mulier, quae ad communem filium volebat, qui in potestate patris erat, post mortem patris fundum pervenire, eum patri [tradidit] <mancipio dedit>, uti post mortem restituatur filio. quaero, an donatio tibi videatur, ut nihil agatur, an valeat quidem, sed mulieri potestas datur, si noluerit, eum repetere. respondit: si color vel titulus, ut sic dixerim, donationi quaesitus est, nihil valebit [traditio] <mancipatio>, idem si hoc exigit uxor, ut aliquid ex ea re interim commodi sentiret maritus: alioquin si solo eius ministerio usa est et id egit, ut vel revocare sibi liceret vel ut res cum omni emolumento per patrem postea ad filium transiret, cur non idem perinde sit ratum ac si cum extraneo tale negotium contraxisset, hoc est extraneo in hanc causam [tradidisset] <mancipio dedisset>?[449]

Eine Mutter wollte dem gemeinsamen Sohn ein Grundstück schenken. Da der Sohn noch in der väterlichen Gewalt ihres Ehemannes stand, läge in der Schenkung an den Sohn eine verbotswidrige Schenkung unter Ehegatten an seinen Vater, dem der Sohn das Grundstück erwürbe[450]. Die Mutter griff daher zu einer interessanten Lösung: Sie manzipierte das Grundstück direkt an den Ehemann mit der Zweckbestimmung, dieses solle nach dem Tod des Mannes an den Sohn restituiert werden. Sowohl der Charakter der Zweckvereinbarung wie auch die später im Text erwähnte freie Widerruflichkeit unterstützen die überwiegend angenommene These, dass die Mutter dazu die *fiducia* verwendete[451].

---

449 Die Änderungen mit LENEL, Palingenesia I., Marcel. 90, S. 603f.

450 Ulp. D. 24,1,3,4: *Secundum haec si mater filio, qui in patris potestate esset, donet, nullius momenti erit donatio, quia patri quaeritur.*

451 BETTI, Fs. Koschaker, I. Bd., 1939, S. 308, N. 15; ERBE, Die Fiduzia, S. 136ff.; WESENBERG, Verträge zugunsten Dritter, S. 39; LÉGIER, La libéralité conditionnelle, S. 173; ARCHI, La donazione, S. 38f.; ders. in Studi Volterra, Vol. I, 1971, S. 686; MISERA, Index 3 (1972), S. 407; BROISE, Animus donandi, S. 61ff.; APATHY, Die Treuhandschaft, S. 10; NOORDRAVEN, Die Fiduzia, S. 108f.;

Sulpicius fragte Marcellus, ob in dem Rechtsgeschäft eine verbotswidrige *donatio* an den Vater zu sehen und die Übereignung daher nichtig sei oder ob die Übereignung gelte, der Mutter aber das Recht zustehe, das Grundstück jederzeit zurückzufordern, wenn sie später die Restitution an den Sohn nicht mehr wolle (*si noluerit, eum repetere*). Offenbar genügte nach Sulpicius das Widerrufsrecht der Mutter dafür, dass das Rechtsgeschäft nicht als Schenkung anzusehen war. Neben der freien Widerruflichkeit erwähnte Marcellus noch eine zweite Voraussetzung für den Eigentumsübergang an den Vater: Aus dem Zwischeneigentum am Grundstück durfte er keine Vorteile ziehen. Der Vater konnte das Eigentum somit nur dann erwerben, wenn die Frau das Grundstück in der Weise übergab, dass sie es jederzeit zurückfordern durfte, oder auch[452], dass es an den Sohn später samt aller Nutzungen zu restituieren sei. Dann bediente sich die Frau lediglich der Hilfe des Ehemannes und das *negotium* konnte somit genauso gelten, als wäre es mit einem *extraneus* abgeschlossen.

Die zwei von Marcellus genannten Voraussetzungen hängen miteinander zusammen: Wenn sich die Frau die freie Widerruflichkeit vorbehielt, so drückte sie damit zugleich aus, dass die *fiducia* keine *aliqua donatio* einschloss, da diese mit der gleichzeitigen Existenz der Obligation unvereinbar war. Da das *negotium* keine *aliqua donatio* in sich trug, konnte der Ehemann nicht durch Vorteile aus dem Zwischeneigentum bereichert werden. Das Vorliegen einer einfachen *fiducia* wäre auch dann ersichtlich, wenn nur vereinbart wäre, dass der Vater das Grundstück mit allen Nutzungen an den *filius* restituieren solle. Damit hätte die Frau zum Ausdruck gebracht, dass die Restitution nicht deshalb bis zum Tod des Man-

---

SCEVOLA, Negotium mixtum cum donatione, S. 136, N. 56; BERTOLDI, Il negozio fiduciario, S. 148ff. FERCIA, Fiduciam contrahere, S. 1ff., erwähnt den Text nicht. Gegen eine *fiducia* etwa BABUSIAUX, Id quod actum est, S. 64f., nach der kein Anlass besteht, die *traditio* im Text zwingend als Interpolation für *mancipatio* anzusehen. Gegen *fiducia* auch LIEBS, Essays for Tony Honoré 1986, S. 173, N. 65, mit der Begründung: „for an obligation to make a certain testamentary disposition was contrary to *boni mores*. Thus there remains only the possibility of a *datio ob rem*". Mit Liebs auch DOSTALÍK, Condictiones, S. 109. Wäre aber die *fiducia* wegen Verletzung der Testierfreiheit sittenwidrig, dann müsste konsequent auch die Zweckvereinbarung der *datio ob rem* sittenwidrig sein. Vgl. auch Pap. D. 40,8,8 (im zweiten Teil, dritten Kapitel I., S. 148), wo die Auflage, die geschenkten Sklaven letztwillig freizulassen (*mancipia mater filiae donaverat, ut filia curaret ea post mortem suam esse libera*), offenbar auch nicht als sittenwidrig angesehen wurde. Zu den Unterschieden zwischen *fiducia* und *datio ob rem* siehe unten in diesem Kapitel V.1, S. 135ff.

452 Das *vel-vel* hat hier keine ausschließende Kraft; vgl. LEUMANN/HOFMANN/SZANTYR, Lateinische Grammatik, 2. Bd., S. 502. Denkbar ist auch, dass Marcellus mit *vel-vel* meinte: Behielt sich die Ehefrau die freie Widerruflichkeit, ohne ausdrücklich zu sagen, dass die Zwischenvorteile an den Sohn herauszugeben sind, so hatte der Mann diese an sie zu restituieren. Dies schließt aber nicht aus, dass der Ehefrau das freie Widerrufsrecht auch dann zustand, wenn die Zwischenvorteile an den Sohn herauszugeben waren.

nes hinausgeschoben war, um ihm die Vorteile aus dem Zwischeneigentum zu schenken. Da für die Zwischenzeit keine Schenkung beabsichtigt war, entstand die *obligatio* aus der jederzeit widerruflichen Fiduzia sogleich mit der Übergabe[453].

Die Differenzierung von Marcellus – 1) *negotium* mit freiem Widerrufsrecht und Ausschluss einer Bereicherung des Vaters oder 2) *negotium* mit verdeckter Schenkung (*color vel titulus donationi*), das dagegen das Widerrufsrecht ausschließt und das Behalten der Zwischenvorteile zulässt – entspricht der Differenzierung von Aristo und Pomponius. Offenbar war es nicht selten, die Zweckverwirklichung *post tempus* hinauszuschieben, um dem Fiduziar die Vorteile aus dem Zwischeneigentum zu überlassen. War eine solche Vereinbarung einmal getroffen, so konnte sie der Fiduziant innerhalb der gesetzten Frist nicht einseitig widerrufen. Aristo nannte ein solches Geschäft *negotium mixtum cum donatione*[454]. Zwischen Ehegatten war nicht einmal dieses erlaubt.

Die Entscheidung von Marcellus zeigt, dass als Gegenstand der im *nmcd* enthaltenen und unter Ehegatten verbotenen Schenkung nicht das Grundstück selbst, sondern nur die Zwischenvorteile anzusehen waren. Dies ergibt sich deutlich daraus, dass der Ehemann, wenn seine Bereicherung durch Zwischenvorteile ausgeschlossen war (*vel ut res cum omni emolumento per patrem postea ad filium transiret*), das Eigentum am Grundstück erwerben konnte. Fiel die Bereicherung um die Zwischenvorteile durch deren Restitution weg, so hatte das Rechtsgeschäft den Charakter eines reinen *negotium* und war unter Ehegatten erlaubt[455]. Das Grundstück war nicht als geschenkt anzusehen[456], da die Ehefrau mit der *actio fiduciae* seine Rückgabe verlangen konnte, wodurch das Merkmal „*qui donat, sic dat, ne recipiat*" nicht erfüllt war.

---

453 Den Schlusssatz *cur non idem perinde sit ratum ac si cum extraneo tale negotium contraxisset* interpretiert Erbe, Die Fiduzia, S. 138, in dem Sinn, dass bei reinem Treuhandverhältnis der Fiduziar die Früchte der Zwischenzeit nicht habe behalten dürfen. Dies stimmt mit dem Ergebnis überein, zu dem wir oben im Zusammenhang mit D. 39,5,18pr.-2 gelangten.

454 Für *negotium mixtum* in D. 24,1,49 auch Lehfeldt, Die Schenkung unter einer Auflage, S. 49, N. 80.

455 Wäre dagegen das Grundstück selbst als geschenkt anzusehen, dann fielen die Früchte, die der beschenkte Ehegatte aus der geschenkten Sache gewann, nicht unter das Ehegattenschenkungsverbot. Diese könnte der beschenkte Ehegatte behalten. Ulp. D. 24,1,17pr.: *De fructibus quoque videamus, si ex fructibus praediorum quae donata sunt locupletata sit, an in causam donationis cadant. et Iulianus significat fructus quoque ut usuras licitam habere donationem.* Dazu Misera, Der Bereicherungsgedanke, S. 162.

456 Und dies wäre das Grundstück auch dann nicht, wenn die Obligation erst *post tempus* entstehen würde. Die Aufschiebung der Obligation konnte nur zur Schenkung der Zwischenvorteile (und somit der Rechtsfigur des *nmcd*) führen, die unter Ehegatten auch verboten war, nicht aber zur Schenkung des Grundstücks.

Haymann[457] meinte, dass die Römer bei den Restitutionsauflagen zwischen einer Schenkung unter Auflage und einem *nmcd* unterschieden hätten. Marcellus habe nur ein *nmcd* (und nicht eine Schenkung unter Auflage) annehmen können, weil die Restitution lediglich eine Leistung gewesen sei, die der Vater im Interesse der Mutter übernommen habe; die Restitution habe für die Interessen der Mutter eine selbständige Bedeutung gehabt. Dem *nmcd* bei Marcellus stellte Haymann die *donatio, ut post tempus alii restituatur* in C. 8,54(55),3pr. gegenüber (dazu sogleich), wo dagegen eine Schenkung unter Auflage vorliege: In C. 8,54(55),3pr. habe die Restitutionspflicht eine „unselbständige Aufgabe", „dem Umfang der Zuwendung eine Schranke zu ziehen". „Der Zuwendende will die Sache dem anderen zuwenden, aber sie ihm nicht endgültig, sondern nur für einen bestimmten Zeitraum belassen". Dieses Differenzierungskriterium überzeugt schon deswegen nicht, weil es nicht ersichtlich ist, warum die auferlegte Restitution auch in Marcellus D. 24,1,49 nicht als „Schranke der Zuwendung" angesehen werden könnte, wenn der Vater die Zwischenvorteile behalten dürfte. Auch in C. 8,54(55),3pr. war der Empfänger letztlich nur aus den Zwischenvorteilen bereichert[458].

Vielmehr scheint ein einfacheres Differenzierungskriterium im klassischen Recht eine Rolle zu spielen: Wollte der Fiduziant, dass der Fiduziar die Vorteile des Zwischeneigentums behält, so lag ein *nmcd* vor. Wenn er dagegen keine Bereicherung des Fiduziars beabsichtigte, hatte das Geschäft die Rechtsfigur eines einfachen *negotium*. Eine Schenkung unter Auflage, die das Grundstück zum Gegenstand hätte, nahmen die Klassiker entgegen Haymann nicht an, weil dem Fiduzianten in beiden Fällen die *actio fiduciae* zustand, mit der er – wenn auch erst *post tempus* – auf Rückgabe des Grundstücks klagen konnte.

III. *Donatio, ut post tempus id quod donatum est alii restituatur* (C. 8,54(55)3pr.)

Es ist möglich, dass die klassischen Juristen auch in C. 8,54(55),3pr. nur ein *nmcd* sahen.

---

457 Haymann, Die Schenkung unter einer Auflage, S. 59–61.

458 Im Unterschied zu C. 8,54(55),3pr. nahm Haymann, Die Schenkung unter einer Auflage, S. 60, in D. 24,1,49 eine Schenkung unter Auflage auch dann nicht an, wenn der Vater die Früchte behalten könnte: „Wenn somit dem *pater* auch gestattet sein sollte, die Früchte der Zwischenzeit zu behalten, so hat doch die ihm auferlegte Rückgabepflicht nicht die Bedeutung, den Umfang der ihm zuteil gewordenen Zuwendung einzuschränken, sondern gerade durch die treue Hand des Gewalthabers soll dem *filius* das Eigentum an dem *fundus* für den Zeitpunkt gesichert werden, in welchem er zuerst solchen Eigentums fähig wird".

C. 8,54(55),3pr. (21. September 290/Honoré 1632/19)
Imperatores Diocletianus et Maximianus AA. Iuliae Marcellae
Quotiens donatio ita conficitur, ut post tempus id quod donatum est alii restituatur, veteris iuris auctoritate rescriptum est, si is in quem liberalitatis compendium conferebatur stipulatus non sit, placiti fide non impleta, ei qui liberalitatis auctor fuit vel heredibus eius condicticiae actionis persecutionem competere.

Ähnlich wie bei Marcellus hatte auch hier der Empfänger die empfangene Sache nach Ablauf einer bestimmten Zeit (*post tempus*) an einen Dritten zu restituieren. Der überwiegenden Meinung zufolge wollte der Geber auch dem Dritten gegenüber schenken[459], was am ehesten zutreffen wird[460].

Nach dem *ius vetus* stand dem Schenker eine *actio condicticia* für den Fall zu, dass der Beschenkte der Restitutionsabrede nicht nachkam (*placiti fide non impleta*). Die *actio condicticia* hatten der Schenker oder seine Erben aber nur dann, wenn zwischen dem Beschenkten und dem Dritten keine Stipulation abgeschlossen war. Hat der Beschenkte die Restitution dem Dritten stipulationsweise versprochen, konnte dieser nach Zeitablauf die Herausgabe direkt vom Beschenkten verlangen. Wenn der Dritte nicht den Vorteil der Stipulationsklage hatte, war ein mittelbarer Weg erforderlich: Bei ausgebliebener Erfüllung konnte der Schenker die geschenkte Sache vom Beschenkten zurückfordern[461] und selbst an den Dritten leisten[462] oder, kürzer, dem Dritten die Rückforderungsklage abtreten[463].

Die Rechtsnatur der *actio condicticia* ist in der Literatur umstritten. Das Reskript ist auch in den Fragmenta Vaticana[464] überliefert, doch fehlt dort der ursprünglich die Klage betreffende Textteil, sodass man lediglich auf C. 8,54(55),3pr.

---

459 Zuletzt Talamanca, Studi Metro, Tom. VI, 2010, S. 253; 270, N. 60.

460 Die Worte *in quem liberalitatis compendium conferebatur* sind nicht eindeutig. Sie lassen sich deuten: 1) „an den der *Vorteil* der Schenkung zu übertragen ist", was eher auf eine Schenkung an den Dritten hinweisen würde; möglich ist aber auch 2) „an den der *Überschuss* an solcher Schenkung zu übertragen ist" oder, frei übersetzt, 3) „zugunsten dessen die Freigebigkeit eingeschränkt (gekürzt) ist", was den Grund der gewollten Restitution demgegenüber offenließe.

461 Trotz der Regel der *condemnatio pecuniaria* konnte sich der Beklagte nach den Sabinianern auch bei einem *iudicium stricti iuris* dadurch befreien, dass er die geschuldete Sache zwischen *litis contestatio* und Urteil *in natura* an den Kläger herausgab, denn *omnia iudicia absolutoria sunt.* Gai. Inst. 4,114; Kaser/Hackl, Das römische Zivilprozessrecht[2], S. 297, mwN.

462 Zu den Risiken dieser mittelbaren Lösung siehe im dritten Teil, dritten Kapitel IV.1, S. 291.

463 Erxleben, Die condictiones, S. 300.

464 Fr. Vat. 286: *Iuliae Marcella<e. Quoties donatio ita conficitur, ut post tempus> id quod donatum est alii restit<uatur, veteris iuris auctoritate rescriptum est,> si is in quem liberalitatis compen<dium conferebatur stipulatus non sit, placiti> fide non servata, ei qui libera<litatis auctor fuit vel heredibus eius condicticiae actionis> persecutionem competere.*

angewiesen ist. Eine Meinung hält die *actio condicticia* für unecht[465] und ersetzt sie mit der *actio fiduciae*[466]; eine andere Autorengruppe deutet sie als *condictio*[467]. *Persecutionem competere* belegt auch die Doppelüberlieferung in Fr. Vat. 286; es ist daher wenig wahrscheinlich, dass das *ius vetus* nach Diokletian dem *auctor liberalitatis* keine Klage gewährte und diese erst Justinian in das Reskript hineininterpolierte. Justinian hätte dies auch nicht nötig gehabt, da bereits die *divi principes* dem Dritten eine direkte *actio utilis* gegen den Beschenkten gewährten (so der nachfolgende § 1[468]). Vielmehr stand dem *auctor liberalitatis* eine Rückforderungsklage bei Nichterfüllung der Restitutionsabrede bereits nach dem *ius vetus* zu.

Es fragt sich, ob das Rückforderungsrecht der Zuwendung nicht den Schenkungscharakter nahm. Mit *ius vetus* bezeichnet Diokletian das Juristenrecht der vorangegangenen Jahrhunderte und somit wohl auch die Periode, in der Aristo und Marcellus tätig gewesen waren[469]. Die bis jetzt erörterten Quellen zeigen, dass das Rückforderungsrecht des Schenkers im klassischen Recht zur Ablehnung einer *donatio* führte, und dies unabhängig davon, ob dieses mit der *condictio ob rem* oder mit der *actio fiduciae* durchsetzbar war. Dennoch steht in C. 8,54(55),3pr. *d o n a t i o ita conficitur, ut post tempus id quod d o n a t u m est alii restituatur.* Wie noch zu zeigen ist[470], folgte Diokletian der klassischen Meinung und hielt die *donatio* ebenso für unvereinbar mit der Rückforderung des Schenkers. Wenn er sich nun auf das *ius vetus* beruft, dann wohl, um zu zeigen, dass bereits das *ius vetus* bei einer *donatio, ut post tempus alii restituatur* eine Ausnahme annahm. Die Bezeichnung *actio condicticia* ist auch für Diokletian ungewöhnlich. In den überlieferten Konstitutionen zieht er die *repetitio* oder die *condictio* vor. Im Ergebnis spielt es jedoch keine Rolle, ob hinter der *actio condicticia* die Kondiktion steckt

---

465 Schulz, Fs. Zitelmann 1913, S. 7, der den Ausdruck *actio condicticia* auch überall in den Digesten für „durchweg interpoliert" hielt. Ein guter Meinungsüberblick findet sich bei Erbe, Die Fiduzia, S. 197, N. 7; Talamanca, Studi Metro, Tom. VI, 2010, S. 259ff. Dazu auch Murga, RIDA³ 15 (1968), S. 353ff.; Saccoccio, Si certum petetur, S. 31, N. 62; S. 560, N. 23. Gegen die generelle Verdächtigung der *actio condicticia* Kaser, Das römische Privatrecht 2², S. 67, N. 20.

466 Schulz, Fs. Zitelmann 1913, S. 8; Wesenberg, Verträge zugunsten Dritter, S. 31; Schwarz, Die Grundlage der condictio, S. 144, N. 12; S. 272.

467 Haymann, Die Schenkung unter einer Auflage, S. 127, 157f. gefolgt von Mitteis, Römisches Privatrecht, S. 201, N. 24. Für *condictio ob rem* Valiño, Actiones utiles, S. 205f.; Knütel, SCom 20–21 (2007/2008), S. 272; Talamanca, Studi Metro, Tom. VI, 2010, S. 253; Finkenauer, SZ 135 (2018), S. 246. Für eine *condictio incerti* Giffard, L'actio civilis incerti, S. 137ff.

468 Dazu im dritten Teil, dritten Kapitel IV.1, S. 289ff.

469 Zum *ius vetus* siehe Corcoran, The Empire of the Tetrarchs, S. 69ff. Zur Bedeutung von *veteres* siehe in Fn. 820.

470 Unten im dritten Teil, dritten Kapitel, S. 272ff.

oder ob sie eine Interpolation der ursprünglichen *actio fiduciae* ist. Beide standen mit der Schenkung sowohl im klassischen als auch im diokletianischen Recht im Widerspruch[471].

Nicht nur die im ersten Kapitel[472] zitierten Quellen, sondern auch die ähnlichen Fälle in D. 39,5,18pr.–2 und D. 24,1,49 machen es unwahrscheinlich, dass das *ius vetus* die übergebene Sache selbst als *geschenkt* ansah, da diese der „Schenker" bei Nichterfüllung der Restitutionsauflage zurückfordern konnte. Vielmehr betrachteten die Klassiker lediglich die in der Zwischenzeit gezogenen Früchte als Schenkungsobjekt. Nur diese konnte der „Beschenkte" endgültig behalten, nur bezüglich dieser verschaffte ihm die *donatio* eine *causa retinendi*. Bei dieser Konstruktion entspräche das Rechtsgeschäft dem *negotium mixtum cum donatione* Aristos[473], wodurch sich auch die Zulässigkeit der *actio condicticia* erklärt. Lag ein *nmcd* vor, so bedeutete dies: Das Entstehen der Obligation aus dem *negotium* war bis zum Ablauf der bestimmten Frist ausgeschlossen – das Recht, die Früchte zu ziehen, konnte der Schenker dem Beschenkten nicht vorzeitig nehmen. Die Klage auf Rückgabe der Sache erwarb der Schenker erst mit Fristablauf, vorausgesetzt, dass der Beschenkte die Restitution nicht dem Dritten versprochen hatte. Da in der Zwischenzeit eine *aliqua donatio* bestand, die den Beschenkten zum Behalten der Früchte berechtigte, konnte der Schenker nach Fristablauf nur die Sache selbst zurückverlangen und nicht auch die in der Zwischenzeit gezogenen Früchte.

Wenn der Beschenkte dem Dritten später die Restitution promittierte, so fragt sich, wie dann die *actio condicticia* des Schenkers mit der Stipulationsklage des Dritten konkurrierte. Denkbar ist, dass der Fall ähnlich einer Verpflichtungsanweisung so gesehen wurde, als hätte der Schenker den Beschenkten angewiesen, die Leistung der geschenkten Sache dem Dritten zu promittieren. Die Konsequenz wäre, dass sich der Beschenkte durch das *promittere*[474] an den Dritten von seiner Rückgabeverpflichtung gegenüber dem Schenker befreite. Die Verpflichtung zur Rückgabe an den Schenker würde somit durch die Verpflichtung zur Leistung an den Dritten ersetzt.

---

471 Vereinbar mit einer Schenkung war dagegen bereits im klassischen Recht eine „stipulierte Auflage"; dies sogar dann, wenn der Beschenkte dem Schenker die Rückgabe der geschenkten Sache versprach (siehe dazu unten bei Scaev. D. 32,37,3 im zweiten Teil, siebten Kapitel I., S. 232ff.). Die mit dem Dritten abgeschlossene Stipulation konnte somit das Rechtsgeschäft nicht des Schenkungscharakters berauben. Die Ausnahme, auf die Diokletian hinwies, bezog sich lediglich auf die *actio condicticia*, deren Grundlage die *datio causa donandi* sein sollte (*re obligari*). Die auf Restitution gerichtete Stipulationsklage des Dritten war unproblematisch.

472 S. 61ff.

473 Für ein *negotium mixtum cum donatione* in C. 8,54(55),3 auch LEHFELDT, Die Schenkung unter einer Auflage, S. 83, N. 132.

474 Nicht erst durch die Leistung; siehe dazu KASER, SZ 77 (1960), S. 465f.

Diokletian übersah, dass das *ius vetus* auch bei der Restitutionsauflage nur ein *nmcd* angenommen hatte, und verstand so die *aliqua donatio* falsch als eine Schenkung im eigentlichen Sinn. In dieser Überzeugung schrieb er: *id quod donatum est alii restituatur* (der Beschenkte habe die *geschenkte Sache* an einen Dritten zu restituieren). Das *ius vetus* hatte dagegen nur die Zwischenvorteile als geschenkt angesehen, nicht auch die Sache selbst.

Es wird unten noch gezeigt, dass das *nmcd* nur bei der *fiducia cum amico contracta* gerechtfertigt war. Die *datio ob rem* wies dagegen solche Eigenschaften auf, die die Einschiebung der *aliqua donatio* unnötig machten. Vorläufig lässt sich somit schließen, dass das klassische Recht bei der *fiducia* zwischen einem *negotium* und einem *negotium mixtum cum donatione* je nachdem unterschied, ob der Fiduziant dem Fiduziar die Zwischenvorteile schenken wollte.

IV. Fälle, in denen kein *negotium mixtum cum donatione* angenommen wurde

Kein *nmcd* erwähnt Gaius, wenn der übereignete Sklave *post mortem* des Fiduzianten freizulassen war.

D. 17,1,27,1 (Gaius libro [nono] <decimo>[475] ad edictum provinciale)
Si servum ea lege tibi [tradidero] <mancipio dedero>, ut eum post mortem meam manumitteres, constitit obligatio: potest autem et in mea quoque persona agendi causa intervenire, veluti si paenitentia acta servum reciperare velim.

Der Text gehört in das 10. Buch *Ad Edictum Provinicale* unter die Rubrik „*Mandati vel contra*“[476]. Trotz dieser Einordnung hat die Meinung von Lenel[477] und Pernice[478] breite Zustimmung gefunden[479], dass Gaius kein *mandatum*, sondern eine *fiducia* erörtert habe. Da Gaius in den Institutionen (3,158) alle *mandata post*

---

475 Krüger in Mommsen/Krüger, Corpus iuris civilis^{22}, ad h. l., N. 8; Lenel, Palingenesia I., Gai. 232, S. 214, N. 2; Kaiser, SZ 134 (2017), S. 509 mit N. 143.

476 Lenel, Palingenesia I., Gai. 232, S. 214.

477 Lenel, Palingenesia I., Gai. 232, S. 214.

478 Pernice, Labeo. 3. Bd. 1. Abt., S. 129.

479 Koschembahr/Lyskowski, Die condictio als Bereicherungsklage, S. 50; Siber, Krit. Vjschr. 9 (1904), S. 310; Erbe, Die Fiduzia, S. 146; Légier, La libéralité conditionnelle, S. 215; Watson, Contract of Mandate, S. 139; 152; Harder, Fg. Lübtow 1970, S. 525; Belocci, La struttura della fiducia II., S. 89f. (mit der Annahme „il negozio non sia da considerare un vero e proprio negozio di *fiducia*“; siehe in Fn. 486); Randazzo, Leges mancipii, S. 157f.; Noordraven, Die Fiduzia, S. 66ff.; Wubbe, SZ 108 (1991), S. 516; Riechelmann, Paenitentia, S. 36ff.; Bertoldi, Il negozio

mortem grundsätzlich verworfen habe, indem eine Obligation nicht erst in der Person des Erben habe entstehen können[480], sei es wenig wahrscheinlich, dass er hier ohne Bedenken ein *mandatum post mortem* für gültig erklärt habe. Es trifft zwar zu, dass Gai. Inst. 3,158 lediglich den Fall erwähnte, in dem ein Geschäft nach dem Tod des *Beauftragten* besorgt werden sollte (*mandatum post mortem mandatarii*)[481], während in unserem Fall der Sklave nach dem Tod des „Auftraggebers" freizulassen war[482]. Auch hielt Gaius das Rechtsgeschäft in D. 17,1,27,1 gerade deswegen für gültig, weil die Obligation bereits zu Lebzeiten des „Auftraggebers" zustande kam. Gegen das *mandatum* und für die *fiducia* spricht aber, dass der Sklave hier zum Zweck der Freilassung übergeben wurde. Da diese mit voller zivilrechtlicher Wirkung nur der zivile Eigentümer vornehmen konnte, passt eine *mancipatio* mit fiduziarischer Abrede zu diesem Zweck viel besser[483].

Die *obligatio* entstand bei der einfachen *fiducia* sogleich mit der Übergabe[484], da der Fiduziant die Fiduzia jederzeit widerrufen und die Remanzipation der fiduziarisch übergebenen Sache verlangen konnte. Ein Klagegrund konnte somit bereits in der Person des Fiduzianten entstehen (*potest autem et in mea quoque persona agendi causa intervenire*). Zudem behielt der Fiduziant auch nach der Übereignung den Anspruch auf die Früchte. Daher könnte *agendi causa* auch darauf zu beziehen sein, dass er mit der *actio fiduciae* die Restitution der Früchte verlangte.

Gaius sah offenbar keinen Anlass zu erwägen, ob in der Zwischenzeit nicht etwa eine *aliqua donatio* vorlag, obwohl die Freilassung erst *post mortem* des Fiduzianten vorzunehmen war. Wünschte der Fiduziant, dass der Sklave erst nach

---

fiduciario, S 134f.; Marra, Fiduciae causa, S. 255ff.; 266. Fercia, Fiduciam contrahere, S. 1ff. erwähnt die Stelle nicht.

480 Gai. Inst. 3,158: *Item si quis quid post mortem meam faciendum mihi mandet, inutile mandatum est, quia generaliter placuit ab heredis persona obligationem incipere non posse.* Zu den Ausnahmen Watson, Contract of Mandate, S. 152f.

481 Lotmar, SZ 33 (1912), S. 320, N. 1.

482 Es ist nicht erwiesen, dass ein *mandatum* für die Zeit nach dem Tod des Auftraggebers erteilt werden konnte; so die überwiegende Meinung, siehe bei Kaser, Das römische Privatrecht 1^{2}, S. 578, N. 22; Zimmermann, The Law of Obligations, S. 425; Kaser/Knütel/Lohsse, Römisches Privatrecht^{22}, S. 336, § 55, Rz. 5.

483 Dazu eingehend Noordraven, Die Fiduzia, S. 66, N. 82.

484 Obwohl im Text *ea lege tibi [tradidero] <mancipio dedero>* steht, ist es unwahrscheinlich, dass die *mancipatio* – statt des *pactum fiduciae* – mit einer *lex mancipio dicta* begleitet wurde, weil diese keine klagbare Obligation erzeugte (siehe im zweiten Teil, siebten Kapitel II. und III., S. 238ff.); *ea lege* konnte den ursprünglichen Bezug auf die *fiducia* ersetzen. In diesem Sinn auch Noordraven, Die Fiduzia, S. 67. Will man in D. 17,1,27,1 eine *datio, ut manumittas* (*datio ob rem*) annehmen, so stößt man sich am *ius paenitendi*, das im Bereich der klassischen *datio ob rem* strittig ist – siehe unten in diesem Kapitel V.1.a, S. 136ff.

seinem Tod freigelassen werde, so hatte er dafür nach Gaius wohl andere Gründe, als dem Fiduziar die Zwischenvorteile zu schenken. Der Fall wurde somit anders betrachtet als jener in D. 24,1,49, wo die auferlegte Restitution nach dem Tod des *Fiduziars* vorzunehmen war und wo Marcellus die Absicht, dem Fiduziar die Zwischenvorteile zu schenken, für nicht ausgeschlossen hielt. Andererseits: Wenn Gaius ein *nmcd* annähme, käme er letztlich auch zum Verstoß gegen die Regel *ab heredis persona obligationem incipere non posse.* Bis zum Tod des Fiduzianten müsste die *aliqua donatio* vorliegen und diese schlösse die *obligatio* aus, die somit erst nach dem Tod des Fiduzianten entstehen könnte.

Eine *aliqua donatio* zieht auch Ulpian in D. 12,4,5,1 nicht in Betracht, wenn der übereignete Sklave *intra tempus* freizulassen war[485]. Daraus, dass der Fiduziant dem Fiduziar das Recht gewährte, innerhalb einer Frist den genauen Zeitpunkt der *manumissio* frei zu bestimmen, ist noch keine Schenkungsabsicht zu entnehmen.

D. 12,4,5,1 (Ulpianus libro secundo disputationum)
Si servum quis [tradiderit] <mancipaverit> alicui ita, ut ab eo intra certum tempus manumitteretur, si paenituerit eum qui [tradiderit] <mancipaverit> et super hoc eum certioraverit et fuerit manumissus post paenitentiam, attamen actio [propter paenitentiam] <fiduciae> competit ei qui dedit. plane si non manumiserit, constitutio succedit facitque eum liberum, si nondum paenituerat eum qui in hoc dedit.

Auch hier vertritt die überwiegende Meinung eine *fiducia manumissionis causa* und liest an Stelle der *actio propter paenitentiam* die *actio fiduciae*[486]. Ein Sklave wurde mit der fiduziarischen Abrede manzipiert, dass ihn der Fiduziar innerhalb einer bestimmten Frist freilässt. Da in dem *negotium* keine *aliqua donatio* enthalten war, konnte der Fiduziant die Freilassungsfiduzia jederzeit widerrufen und

---

485 Vgl. auch Iul. D. 17,1,30; für den ursprünglichen Bezug auf *fiducia* die herrschende Meinung zuletzt Noordraven, Die Fiduzia, S. 69ff.; Bertoldi, Il negozio fiduciario, S. 100ff.; Marra, Fiduciae causa, S. 249ff.; 266.

486 Lenel, Palingenesia II., Ulp. 43, S. 390f.; Pernice, Labeo. 3. Bd. 1. Abt., S. 134; Erbe, Die Fiduzia, S. 148f.; Noordraven, Die Fiduzia, S. 80ff.; Riechelmann, Paenitentia, S. 31ff.; Ernst, Die datio ob rem, S. 46f. (jedoch mit der Bemerkung (S. 47), es sei sachlich nicht anstößig, „wenn man die Bejahung der Klagemöglichkeit auf die *condictio* (*ob rem*) bezieht"); Bertoldi, Il negozio fiduciario, S. 196ff.; Marra, Fiduciae causa, S. 260f.; 266. *Fiducia* vertritt in D. 12,4,5,1 auch Belocci, La struttura della fiducia II., S. 98ff., nach dem die *fiducia manumissionis causa* jedoch keine echte *fiducia* war; der Hauptzweck einer gewöhnlichen *fiducia* bestehe nämlich in der Remanzipation, während die Verpflichtung des Fiduziars bei der *fiducia manumissionis causa* auf die Freilassung gehe. Von *si paenituerit rell.* hielt den Text für interpoliert Haymann, Freilassungspflicht und Reurecht, S. 35ff. Fercia, Fiduciam contrahere, S. 1ff., erwähnt den Text nicht.

tat dies auch. Obwohl er den Fiduziar vom Widerruf unterrichtet hatte, ließ dieser den Sklaven dennoch frei. Strittig war, ob der Fiduziant auch nach Freilassung erfolgreich die *actio fiduciae* anstellen konnte. Mit *attamen* meint Ulpian: Obschon der Fiduziar durch die Freilassung der ursprünglichen Vereinbarung gemäß gehandelt hat[487], kann der Fiduziant die *actio fiduciae* dennoch erheben, da er die Freilassungsabrede widerrief[488].

Der letzte Satz, der sich auf einen anderen Sachverhalt bezieht, verdient an dieser Stelle deshalb eine Erläuterung, da das Schrifttum auf ihn die These stützt, dass die Freilassungsfiduzia bereits im klassischen Recht zum Geltungsbereich der *constitutio Marci* gehört habe[489]. Der Fiduziant widerrief die Freilassungsfiduzia nicht, der Fiduziar ließ den Sklaven jedoch nicht frei. Nach der überlieferten Fassung wurde der Sklave frei *ex constitutione Marci.* Die Echtheit des letzten Satzes haben Haymann und Lotmar zu Recht bestritten und gezeigt[490], dass erst die Kompilatoren das klassische Treuhandgeschäft unter den Schutz der Konstitution stellten. Ursprünglich bezog sich die Konstitution nur auf den Kauf und später die Schenkung. Es ist zu bemerken, dass der letzte Satz einen anderen Sachverhalt erörtert, der mit dem vorangehenden nichts zu tun hat. Wenn er überhaupt ulpianisch ist, haben ihn die Kompilatoren einem anderen Kontext entnommen. Da der ursprüngliche Zusammenhang unbekannt ist, spricht der Schluss weder für noch gegen die Anwendung der *constitutio Marci* auf die Freilassungsfiduzia.

Im Gegensatz zum zweiten Teil enthält der erste Teil *si servum ... dedit* zumindest einen klassischen Gedanken und belegt im Einklang mit D. 39,5,18pr.–2 das Recht des Fiduzianten, die Fiduzia, wenn sie keine *aliqua donatio* einschloss, jederzeit zu widerrufen.

487 So richtig Noordraven, Die Fiduzia, S. 81.

488 Anders beim Verkauf: Wenn der Verkäufer die Freilassungsauflage widerrief und der Käufer dennoch den Sklaven freiließ, hatte der Verkäufer keine Klage gegen ihn. Mit dem Widerruf schaltete der Verkäufer nur die Anwendung der *constitutio Marci* aus und befreite dadurch den Käufer von dem *ipso iure* einzutretenden Eigentumsverlust am Sklaven; Pap. D. 18,7,8 (siehe in Fn. 610).

489 Erbe, Die Fiduzia, S. 148f.; ihm zustimmend Belocci, La struttura della fiducia II., S. 100: „la ragione per cui interviene l'imperatore" könne die Tatsache sein, dass die Erfüllung der Freilassungsabrede mit der *actio fiduciae* undurchsetzbar sei (indem die *actio fiduciae* nur auf *remancipatio* gerichtet gewesen sei); Noordraven, Die Fiduzia, S. 83f.; Riechelmann, Paenitentia, S. 35; Ernst, Die datio ob rem, S. 48; Wolff, Trust, S. 215f.

490 Siehe oben Fn. 447f.

V. Zwischenergebnis

Außer Ulp. D. 39,5,18pr.–2, wo der Begriff *nmcd* belegt ist, haben wir diese Rechtsfigur auch in Marcel. D. 24,1,49 und Diocl. Maxim. C. 8,54(55),3pr. angenommen. Allen drei Texten war gemeinsam, dass der Empfänger die empfangene Sache eine bestimmte Zeit[491] behalten konnte und sie nach Ablauf dieser Zeit auf eine Weise verwenden sollte, die zum Eigentumsverlust führte (Freilassung des empfangenen Sklaven in D. 39,5,18pr.–2 oder Restitution auf einen Dritten in D. 24,1,49 und C. 8,54(55),3pr.).

D. 39,5,18pr.–2 und D. 24,1,49 bezogen sich auch nach der überwiegenden Meinung ursprünglich auf die *fiducia cum amico*. Zu C. 8,54(55),3pr. sind die Meinungen gespalten, ein Teil der Literatur sieht in der *actio condicticia* eine *condictio ob rem*; die Übereignung hätte somit die Rechtgestalt einer *datio ob rem*. Neuerdings hat Babusiaux[492] die *fiducia* auch in D. 24,1,49 bestritten, und Ribas Alba[493] mit Scevola sogar in D. 39,5,18pr.–2, wo sie eine atypische *datio, ut facias* angenommen haben[494]. Dies führt zu der Frage, ob die klassischen Juristen das Vorliegen der *aliqua donatio* unabhängig davon bejahten, in welcher Form das *negotium* vorgenommen wurde. Konnte das *nmcd* außer der *fiducia cum amico* auch bei einer *datio ob rem* gegeben sein, wenn der gesetzte Zweck erst nach einer bestimmten Frist (*post tempus*) zu verwirklichen war?

1. *Negotium mixtum cum donatione* bei einer *datio ob rem*?

Die Frage ist je nachdem zu beantworten, ob die *aliqua donatio* an der Rechtsfigur der *datio ob rem* etwas ändern konnte. Bei der *fiducia* bestanden zwischen einem reinen *negotium* und einem *nmcd* drei Unterschiede: 1) Aufgrund der *aliqua donatio* konnte der Fiduziar die Erträge der Zwischenzeit behalten[495]. 2) Mit

491 In Marcel. D. 24,1,49 sollte die Restitution nach dem Tod des Vaters (des Empfängers) erfolgen, somit zu einem *dies certus an, incertus quando*.

492 Babusiaux, Id quod actum est, S. 64f.

493 Ribas Alba, De la donación al contrato, S. 159f.

494 Scevola, Il negozio misto con donazione, S. 263ff.; ders. in Negotium mixtum cum donatione, S. 81ff., 127ff. (mit Schmidlin, SZ 129 (2012), S. 849f.): Aristo habe ein *do ut manumittas* (offenbar im Sinn von Ulp. D. 2,14,7,2) verbunden mit einem *pactum de non petendo in tempus* (für die fünf Jahre) betrachtet. Der *dans* habe *ante quinquennium* nicht klagen können, da der Klage die *exceptio pacti conventi* entgegenstehe. Die *condictio ob rem* habe der *dans* im Fall der Nichtfreilassung erst nach dem Fristablauf. Scevola erwägt eine atypische Vereinbarung nach dem Muster *dedi ut aliquid facias*, bemerkt aber, dass abweichend von der Rechtsfigur *do ut aliquid facias* hier keine synallagmatische Beziehung vorliege. Dem folgt Marra, Fiduciae causa, S. 265.

495 Nur die Zwischenvorteile (und nicht auch die fiduziarisch übergebene Sache selbst) wurden als geschenkt angesehen.

der Annahme der *aliqua donatio* schützte Aristo den Fiduziar gegen jederzeitige Rückforderung des Fiduzianten, die ihm vorzeitig das Recht entziehen könnte, die Zwischenvorteile zu ziehen. Somit konnte die *obligatio* erst mit dem Fristablauf (also nach der Auflösung der *aliqua donatio*) entstehen. 3) Während der „bloße Fiduziar" die übergebene Sache nicht ersitzen konnte, war dies beim *nmcd* möglich. Die Ersitzung war beim *nmcd* wohl eine *usucapio pro suo*, die dadurch begründet war, dass der Fiduziar in der Zwischenzeit im eigenen Interesse besaß (um die Früchte erwerben zu können)[496].

Es wird wohl zutreffen, dass die *datio ob rem* als Ersatz in denjenigen Fällen in Betracht kam, in denen die Parteien nicht die *fiducia* verwenden konnten[497]. Bei der *traditio* war die *fiducia* nicht zugelassen und somit auch den Peregrinen ohne *commercium* nicht zugänglich[498]. Um ihnen derartige Geschäfte zu ermöglichen[499], bei denen die Römer zur *fiducia* zurückgriffen, gewährte man ihnen die *condictio*[500]. Dennoch scheint es, dass sich die *datio ob rem* von der *fiducia* in bestimmten Punkten unterschied. Das Einschieben der *aliqua donatio* in die *datio ob rem* hätte keinen besonderen Sinn, da die *datio ob rem* bereits in ihrer Gestalt jene Rechtswirkung hatte, die die *fiducia* erst in der Rechtsgestalt des *nmcd* erlangte. Dies ist im Einzelnen darzulegen:

a. Der jederzeitige Widerruf *ex paenitentia*

Die *datio ob rem* unterschied sich von der *fiducia cum amico* im Wesentlichen dadurch, dass sie auch Geschäfte mit Austauschcharakter verwirklichte, sodass der Empfänger das Geleistete behalten konnte, wenn er die vom *dans* vorgegebenen Behaltensvoraussetzungen erfüllte[501]. Während die *fiducia* ausschließlich den Interessen des Fiduzianten diente und jederzeit frei widerruflich war, wurden bei der *datio ob rem* auch die Interessen des Empfängers berücksichtigt. Eine *condictio* des *dans* in den Fällen, wo er erklärte, dass der *accipiens* das Hingegebene bei

496 Hierzu im zweiten Teil, fünften Kapitel I.2.b.aa, S. 205ff.

497 Koschembahr/Lyskowski, Die condictio als Bereicherungsklage, S. 51ff.

498 Gai. Inst. 2,65: *nam mancipationis et in iure cessionis … ius proprium est civium Romanorum.* Ulp. lib. sing. 19,4; Kaser, SZ 61 (1941), S. 183; ders. in Das römische Privatrecht 1², S. 414ff.

499 Möglich ist, dass auch die römischen Bürger statt der *fiducia cum amico* dann öfter zur *datio ob rem* griffen, wenn es um eine *res nec mancipi* ging. Zwar käme die *fiducia* auch bei diesen Sachen in Betracht, da sie auch die *in iure cessio* begleiten konnte (Ulp. lib. sing. 19,9; siehe auch oben Fn. 411), es war jedoch einfacher, eine Sache ohne Mitwirken des Prätors zu übereignen. Vgl. Gai. Inst. 2,25: *quod enim ipsi per nos praesentibus amicis agere possumus, hoc non est necesse cum maiore difficultate apud praetorem aut apud praesidem provinciae agere.*

500 Koschembahr-Lyskowski, Die condictio als Bereicherungsklage, S. 51f.

501 Die einseitige Bestimmung der Behaltensvoraussetzungen betont Ernst, Die datio ob rem, S. 38f.

Zweckverwirklichung behalten könne, wäre selbstwidersprüchlich, wenn er dem *accipiens* keine Gelegenheit ließe, die Behaltensvoraussetzung zu erfüllen[502].

Gestützt auf die nicht stimmige Quellenlage, ist die Klassizität des Reurechts bei der *datio ob rem* überwiegend bestritten worden[503]. Die Digesten enthalten einerseits Texte, die *gegen* eine freie Widerruflichkeit der *datio ob rem* sprechen: entweder direkt, indem sie vor dem Fristablauf jede Rückforderungsklage verneinen (*si Titio decem dedero, ut Stichum intra Calendas manumitteret, ante Kalendas nullam actionem habebo*)[504], oder indirekt, indem sie die Kondiktion erst aufgrund der Zweckverfehlung gewähren[505]. Andererseits ist die sogenannte *condictio ex paenitentia* in einigen Ulpian-Texten belegt, die sich aber in dem Maß ihrer Glaubwürdigkeit stark unterscheiden. Während in Ulp. D. 12,4,5,2 das Reurecht im Wesentlichen überzeugt[506], erweckt dieses in Ulp. D. 12,4,5pr.[507] und insbesondere in Ulp. D. 12,4,3,2–3 Zweifel

---

502 Siehe Fn. 235, dort mit Ernst.

503 Mit unterschiedlicher Annahme des Ursprungs gegen die Klassizität der *condictio ex paenitentia*: Pernice, Labeo. 3. Bd. 1. Abt., S. 261ff.; Haymann, Freilassungspflicht und Reurecht, S. 55ff.; Lehfeldt, Die Schenkung unter einer Auflage, S. 90; Schwarz, Die Grundlage der condictio, S. 266f.; Flume, Fs. Niedermeyer 1953, S. 113; Simonius, Die donatio mortis causa, S. 119; Kaser, Zur Methodologie, S. 93, und zurückhaltender Ernst, Die datio ob rem, S. 45ff. (siehe in Fn. 507f. und 517). Für klassisch hält die *condictio ex paenitentia* Riechelmann, Paenitentia, S. 39ff.

504 Iul. D. 12,1,19pr.: *et cum pecunia daretur, ut aliquid fieret, quamdiu in pendenti esset, an id futurum esset, cessabit obligatio: cum vero certum esse coepisset futurum id non esse, obligabitur qui accepisset: veluti si Titio decem dedero, ut Stichum intra Calendas manumitteret, ante Kalendas nullam actionem habebo, post Kalendas ita demum agere potero, si manumissus non fuerit.*

505 Pomp. D. 12,6,52: *ob rem vero datur, ut aliquid sequatur, quo non sequente repetitio competit.* Paul. D. 12,6,65,4: *Quod ob rem datur, ex bono et aequo habet repetitionem: veluti si dem tibi, ut aliquid facias, nec feceris.* Pap. D. 19,5,7: *Si tibi decem dedero, ut Stichum manumittas, et cessaveris, confestim agam praescriptis verbis, ut solvas quanti mea interest: aut, si nihil interest, condicam tibi, ut decem reddas.* Sehr deutlich bei der *datio dotis ante nuptias*, die vor der Eheschließung ebenfalls die Rechtsfigur einer *datio ob rem* hatte: Nerat. D. 12,4,8: *non magis id repeti possit, quam quod sponsa sponso dotis nomine dederit, donec maneat inter eos adfinitas: quod enim ex ea causa nondum coito matrimonio datur, cum sic detur tamquam in dotem perventurum, quamdiu pervenire potest, repetitio eius non est.* Weitere Belege unten in Fn. 805.

506 Ulp. D. 12,4,5,2: *Item si quis dederit Titio decem, ut servum emat et manumittat, deinde paeniteat, si quidem nondum emptus est, paenitentia dabit condictionem, si hoc ei manifestum fecerit, ne si postea emat, damno adficietur: si vero iam sit emptus, paenitentia non facit iniuriam ei qui redemit, sed pro decem quae accepit ipsum servum quem emit restituet aut, si ante decessisse proponatur, nihil praestabit, si modo per eum factum non est. quod si fugit nec culpa eius contigit qui redemit, nihil praestabit: plane repromittere eum oportet, si in potestatem suam pervenerit, restitutum iri.*

507 Der Texteil *sed cum liceat paenitere ei qui dedit* taucht in D. 12,4,5pr. etwas überraschend auf, nachdem die Äußerung Ulpians mit *potest dici repetitionem cessare* bereits als beendet scheint. Für möglich hält eine justinianische Itp. in D. 12,4,5pr. auch Ernst, Die datio ob rem, S. 55. Ulp. D. 12,4,5pr.: *Si pecuniam ideo acceperis, ut Capuam eas, deinde parato tibi ad proficiscendum*

an der Echtheit[508]. Wenn Ulpian in D. 12,4,3,3 sagt, dass die Rückforderung innerhalb der für die Zweckerreichung bestimmten Frist gehindert werde (*inhibenda erit repetitio*), er aber sogleich hinzufügt: *nisi paeniteat*, so ist dies eine für den klassischen Juristen auffallend sinnwidrige Aussage. War der *dans* innerhalb der Frist am *repetere* gehindert, so musste dies doch auch für die aus Reue angestellte Kondiktion gelten[509]. Ebenso ungeschickt eingefügt ist die Zulassung des Reurechts in § 2 desselben Fragments. Der Texteinschub in den §§ 2 und 3 konnte mit der Abschaffung der *fiducia* zusammenhängen. In den Quellen, die ursprünglich eine *fiducia cum amico* behandelten und dem Fiduzianten eine freie Widerruflichkeit gewährten, beließen die Kompilatoren auch nach Ersetzung der Fiduzia das Reurecht (so in dem bereits erwähnten Ulpian-Fragment D. 12,4,5,1[510]). Um die Lehre zu vereinheitlichen, wurde die *paenitentia* auch in andere Texte eingeschoben[511]; auf diese Weise dürfte das *paenitere* auch in D. 12,4,3,2–3 hineingeraten sein.

Vergleicht man D. 12,4,3,2–3 mit D. 12,4,5,1, einem Fragment, das als Vorbild für den Einschub der *paenitentia* in D. 12,4,3,2–3 dienen konnte[512], so ergibt sich: Während die Vereinbarung in D. 12,4,5,1 „ich gebe dir Sklaven, damit du diesen freilässt" einem fiduziarischen Charakter entspricht (*Ego* bediente sich lediglich der freundschaftlichen Hilfe des *Tu*, der den Sklaven als „Stellvertreter" freizulassen hatte[513]) und die Zulassung des Reurechts des *Ego* somit gut verständlich ist, gilt dies nicht für D. 12,4,3,2–3. Denn dort hatte

---

condicio temporis vel valetudinis impedimento fuerit, quo minus proficiscereris, an condici possit, videndum: et cum per te non steterit, potest dici repetitionem cessare: sed cum liceat paenitere ei qui dedit, procul dubio repetetur id quod datum est, nisi forte tua intersit non accepisse te ob hanc causam pecuniam. nam si ita se res habeat, ut, licet nondum profectus sis, ita tamen rem composueris, ut necesse habeas proficisci, vel sumptus, qui necessarii fuerunt ad profectionem, iam fecisti, ut manifestum sit te plus forte quam accepisti erogasse, condictio cessabit: sed si minus erogatum sit, condictio locum habebit, ita tamen, ut indemnitas tibi praestetur eius quod expendisti.

508 Ulp. D. 12,4,3,2: *Sed si tibi dedero, ut Stichum manumittas: si non facis, possum condicere,* [*aut si me paeniteat, condicere possum*]. § 3: *Quid si ita dedi, ut intra certum tempus manumittas? si nondum tempus praeteriit, inhibenda erit repetitio,* [*nisi paeniteat*]: *quod si praeteriit, condici poterit.* Mit ausführlicher textgeschichtlicher Erklärung hält die bezeichneten Passagen für justinianisch auch Ernst, Die datio ob rem, S. 50ff.; 55.

509 Gleichsinnig Ernst, Die datio ob rem, S. 52. Die klassische Kondiktion war eine einheitliche Klage, deren Formel sich lediglich in Bezug auf den Gegenstand (*certa pecunia* oder *certa res*), nicht aber nach den Kondiktionstypen unterschied; hierzu Ernst, Die datio ob rem, S. 37; Kaser, Das römische Privatrecht 1², S. 594.

510 Oben in diesem Kapitel IV., S. 133.

511 So überzeugend bereits Lenel, SZ 9 (1888), S. 181f.

512 D. 12,4,5,1 (Ulp. 2 disp.) und D. 12,4,3,2–3 (Ulp. 26 ad ed.) gehören beide in die sabinianische Masse.

513 Zu dieser Verwendung der *fiducia* siehe oben in Fn. 412.

die Zweckvereinbarung „ich gebe dir etwas, damit du (deinen) Sklaven freilässt“[514] bereits einen typischen Austauschcharakter.

Damit ist freilich nicht auszuschließen, dass die klassischen Juristen in bestimmten Fällen eine aus Reue angestellte Kondiktion auch bejahten: so etwa Ulpian in D. 12,4,5,2. Es fällt aber auf, dass die Zahl der Quellen, in denen die *paenitentia* vorkommt, sehr gering ist[515] und Ulpian die Reue in D. 12,4,5pr./2 bei Zweckzuwendungen bejahte, wo für die Zweckerreichung *keine Frist* gesetzt war[516]. In solchen Fällen fiel es den Juristen offenbar leicht, eine Kondiktion aus *paenitere* anzuerkennen, weil das *paenitet* in einer *re-non-secuta*-Lage ausgesprochen wurde. Ohne Fristsetzung sollte der *accipiens* den Zweck sogleich verwirklichen. *Paenitere* als eigenständige Grundlage einer Kondiktion war dann unnötig, weil sich schon strukturell aus der *condictio ob rem* ergab, dass der Zustand *re non secuta* bereits ab Sachhingabe andauerte[517] und der *dans* – da keine Frist bestimmt war – die Zweckverfehlung stets behaupten konnte. Mit *paenitet* machte er nur klar, dass er die Zweckverwirklichung nicht mehr wollte[518]. Setzte der *dans* für

514 Hier für die Fallvariante: *datio nummi ut dominus servum manumittat* auch Ernst, Die datio ob rem, S. 50.

515 Außer der in Fn. 508 zitierten Ulp. D. 12,4,3,2–3 (wo eine Interpolation wahrscheinlich ist), ist die *paenitentia* bei einer *datio ob rem* nur noch in Ulp. D. 12,4,5pr. und 2 belegt. Vgl. Riechelmann, Paenitentia, S. 17ff., nach dem D. 12,4,5,2 von einem *mandatum* handelt; dagegen Klingenberg, Fs. Hausmaninger 2006, S. 129.

516 Zumindest wird die Frist in den Texten nicht erwähnt.

517 Vgl. hierzu Ernst, Die datio ob rem, S. 54: „Allerdings besteht die sachliche Bedeutung, dass *liceat paenitere ei qui dedit* (D. 12,4,5pr. Ulp. 2 disp), nicht darin, dass dem Leistenden die sofortige Rückforderung überhaupt gestattet ist: Dass der Leistende im Grundsatz zur Anstellung der *condictio* auch schon berechtigt ist, bevor endgültig feststeht, dass der Empfänger sich nicht so wie gewünscht verhalten wird, entspricht vielmehr der Rechtsfigur der *datio ob rem*, die ja auf einer zunächst *causa*-losen Leistung aufbaut. Es unterliegt nur die *ex paenitentia* angestellte *condictio* gewissen Einschränkungen zum Schutz des Empfängers.“

518 *Ohne Fristsetzung* ergab sich gleichsam ein „offenes Spiel“, je nachdem, ob der *dans* die Reue noch rechtzeitig aussprach. Bei Reue *vor* begonnener Zweckverwirklichung drang die *condictio ob rem* einredefrei schlicht aus der *re-non-secuta*-Lage durch. Begann aber der *accipiens* bereits mit der Zweckverwirklichung, konnte das *paenitet* insofern zu spät kommen, als ihm der *dans* dann frustrierte Aufwendungen ersetzen musste (so etwa in Ulp. D. 12,4,5pr.: *Si pecuniam ideo acceperis, ut Capuam eas, … si ita se res habeat, ut, licet nondum profectus sis, ita tamen rem composueris, ut necesse habeas proficisci, vel sumptus, qui necessarii fuerunt ad profectionem, iam fecisti, ut manifestum sit te plus forte quam accepisti erogasse, condictio cessabit: sed si minus erogatum sit, condictio locum habebit, ita tamen, ut indemnitas tibi praestetur eius quod expendisti*), oder, je nach Lage des Falls, eine *paenitentia* überhaupt zu spät gekommen wäre (so bei Ulp. D. 12,4,5,2: *Item si quis dederit Titio decem, ut servum emat et manumittat, … si vero iam sit emptus, paenitentia non facit iniuriam ei qui redemit, sed pro decem quae accepit ipsum servum quem emit restituet*).

die Zweckerreichung hingegen eine Frist, so wäre es verfrüht, vor Fristablauf *res non secuta* zu behaupten. Mit der Fristbestimmung begab er sich der Möglichkeit, *intra tempus* zu kondizieren[519].

Es ist gut möglich, dass auch Ulpian in der ursprünglichen Fassung von D. 12,4,3,2–3 zwischen dem Fall unterschied, in dem für die Freilassung keine Frist gesetzt war (§ 2), und jenem, in dem die Freilassung innerhalb einer bestimmten Frist erfolgen sollte (§ 3). In § 2 meinte er etwa: „Wenn ich dir etwas gebe, damit du einen Sklaven freilässt, ohne dafür eine Frist zu bestimmen, kann ich kondizieren, wenn du die Freilassung nicht sogleich vornimmst". Eine *paenitentia* war nicht nötig, da er eben die Zweckverfehlung sogleich behaupten konnte. In § 3 beschrieb Ulpian dagegen den Fall, in dem eine Frist bestimmt war, und fragte: „Was aber, wenn ich dir etwas so gebe, dass du innerhalb einer Frist freilässt?" Und er antwortete: „Dann wird die Rückforderung vor Fristablauf zu hindern sein" (*inhibenda erit repetitio*). Zwar war auch hier der bereits ab dem Moment der *datio* bestehende Zustand *re non secuta* gegeben, nur war die Kondiktion bis Fristablauf noch gehemmt. Das *nisi paeniteat* ist hier, wie bereits gesagt, ein sinnwidriger Fremdkörper.

Ein generelles Recht des Gebers, die *ob rem* gegebene Sache *vor Ablauf einer gesetzten Frist* jederzeit willkürlich zurückzufordern, ergibt sich aus den Quellen also nicht und entspricht auch nicht dem Austauschcharakter der *datio ob rem*. Wenn der *dans ob rem* bei einer gesetzten Frist ohnedies erst nach ihrem Ablauf die übereignete Sache zurückfordern konnte, war der Schutz, den die Annahme der *aliqua donatio* dem Fiduziar verlieh, bei der *datio ob rem* nicht nötig.

b. Das Recht des Empfängers, die Zwischenvorteile zu behalten

Auch bezüglich der in der Zwischenzeit gezogenen Früchte scheint die Rechtsstellung des *accipiens* bei der *datio ob rem* anders zu sein als jene des Fiduziars. Die Kondiktion der Früchte ist in den Quellen nur in Verbindung mit der Kondiktion auf Rückgabe der Sache überliefert – also erst bei der Zweckverfehlung[520]. Hatte der *accipiens* den gesetzten Zweck erfüllt, so konnte er die Früchte der Zwischenzeit offenbar behalten. Somit könnte die *aliqua donatio* die Rechtsfigur der *datio ob rem* nur dann ändern, wenn sie dem *accipiens* einen Behaltensgrund für die Früchte auch für den Fall verschaffen könnte, dass der Zweck verfehlt wurde

519 In diesem Sinn auch Honsell, Die Rückabwicklung, S. 74 mit N. 1, nach dem „das Reurecht" dem Geber zustand, ausgenommen die Fälle, in denen für die Zweckverwirklichung eine Frist vereinbart worden war.

520 Paul. D. 22,1,38,1/3; Iul. D. 12,4,7,1; Paul. D. 12,4,12 (dazu auch im zweiten Teil, fünften Kapitel I.1, S. 196f., mit Fn. 763 und 809); siehe dazu Kaser, Restituere als Prozessgegenstand², S. 53f.; Schwarz, Die Grundlage der condictio, S. 273.

(dann läge statt einer *datio ob rem* ein *nmcd* vor). Ein solcher Fall ist in den Quellen aber, soweit ersichtlich, nicht belegt, die Antwort kennen wir also nicht.

c. Die Ersitzung der übergebenen Sache vor der Zweckerfüllung

Bei der *fiducia* berechtigte das Vorhandensein einer *aliqua donatio* den Fiduziar zur Ersitzung der übergebenen Sache. Die *fiducia* stellte sonst keinen Usukapionstitel dar, sie war nicht als *iusta causa traditionis* anerkannt und rechtfertigte auch nicht eine *usucapio pro suo*, weil der Fiduziar die empfangene Sache nicht „als eigene" besaß. Es ist möglich, dass sich die *datio ob rem* auch in diesem Punkt von der *fiducia* unterschied. Die *usucapio pro suo* ist nämlich bei der *donatio mortis causa* und der *dotis datio ante nuptias* belegt, die beide – vor dem Tod des Schenkers im ersten und vor der Eheschließung im zweiten Fall – auch die Rechtsgestalt einer *datio ob rem* hatten[521]. Somit ist es denkbar, dass die *usucapio pro suo* vor der Zweckverwirklichung zumindest seit Julian[522] bei jeder *datio ob rem* möglich war, was sich aus dem Gegensatz zur *fiducia* erklären lässt. Im Unterschied zum Fiduziar besaß der *accipiens ob rem* vor der Zweckverwirklichung im eigenen Interesse, indem er die Früchte der Zwischenzeit behalten konnte (falls er den Zweck später verwirklichte). Die *datio ob rem* war ferner ein vom Prätor anerkannter Erwerbsgrund (*iusta causa traditionis*), sodass sich die *usucapio pro suo* bei dieser auf einen tatsächlich bestehenden, aber nicht speziell benannten Eigentumserwerbsgrund stützen konnte[523].

Daraus ergibt sich, dass die Annahme einer *aliqua donatio* an der Rechtsfigur der *datio ob rem* nicht viel ändern konnte. Entgegen Scevola[524] meinen wir daher, dass Aristo in Ulp. D. 39,5,18pr.-2 einen Fall der *fiducia cum amico* erörterte und das *nmcd* wahrscheinlich auf diese Rechtsfigur beschränkt war.

2. Die unterschiedlichen Auswirkungen der „materiellen Zugehörigkeit zum Vermögen" des Gebers

Der Fiduziar besaß die empfangene Sache nicht als eigene, obwohl er Eigentümer war. Zwar hatte er formell das volle Eigentum, das er aber als *materiell* fremdes anzusehen hatte. Diese innere Spaltung in Eigentum des Fiduziars und Zugehörigkeit zum Vermögen des Fiduzianten[525] weist eine gewisse Ähnlichkeit mit der

521 Dazu im zweiten Teil, fünften Kapitel I.1 und 2, S. 193ff.

522 Iul. D. 39,6,13pr.; Julian wird auch in Ulp. D. 41,9,1,2 und Fr. Vat. 111 zitiert.

523 Hierzu näher im zweiten Teil, fünften Kapitel I.2.c, S. 208ff.

524 Siehe in Fn. 494.

525 KASER, SZ 99 (1982), S. 272, sprach von einer „funktionellen Eigentumsteilung". Nach WOLFF, Trust, S. 201f., kann man zwischen Fiduzianten und Fiduziar nicht von rechtlich, doch aber von faktisch geteiltem Eigentum sprechen. „Die Rechte des Fiduzianten ergeben sich aus dem *pactum*

datio ob rem auf. Auch der *accipiens ob rem* war vor der Zweckverwirklichung Eigentümer, die mit der *condictio ob rem* gebundene Sache gehörte jedoch materiell noch zum Vermögen des *dans*; so lange, wie die Möglichkeit bestand, dass der *dans* sie wegen Zweckverfehlung kondizierte, war die Sache nicht endgültig aus seinem Vermögen ausgeschieden. Wie oben gezeigt wurde[526], kamen die Folgen dieser fortwährenden wirtschaftlichen Zugehörigkeit zum Vermögen des *dans* insbesondere dann zum Ausdruck, wenn der Zweck der *datio ob rem* in der Weiterveräußerung oder in der Rückübereignung der Sache bestand.

Trotz der äußeren Ähnlichkeit mit der *datio ob rem* war die Zugehörigkeit der fiduziarisch übereigneten Sache zum Vermögen des Fiduzianten[527] viel stärker und ihre Rechtsfolgen vielschichtiger als jene der *datio ob rem*. Dies zeigt bereits die *usureceptio ex fiducia*[528], die bei einer *datio ob rem* keine Anwendung fand. Bei der *fiducia* erklärt man die Möglichkeit des Fiduzianten, durch einjährigen Besitz das Eigentum auch ohne Titel und ohne *bona fides* zurückzuersitzen, damit, dass die dem Fiduziar manzipierten oder injurezedierten Sachen „in gewissem Sinn zugleich Sachen des Fiduzianten geblieben sind“[529].

---

fiduciae und nicht aus seiner besonderen Position als ‚Quasieigentümer‘ oder aus einer besonderen Behandlung der fiduziarisch übertragenen Sachen als Sondervermögen“.

526 Im zweiten Teil, ersten Kapitel II., S. 70ff.

527 D. 50,17,15 (Paulus 4 ad Sab.): *Is, qui actionem habet ad rem reciperandam, ipsam rem habere videtur.* Es ist möglich, dass Paulus hier mit der *actio ad rem reciperandam* auf die *actio fiduciae* des Fiduzianten Bezug nahm. Palingenetisch gehört der Text unter den Titel „*De legatis*“, und Lenel, Palingenesia I. Paul. 1673, S. 1260, knüpfte ihn an D. 32,72, wo Paulus die Frage erörterte, was alles mitumfasst war, wenn der Erblasser „seine“ Sachen vermachte. In D. 32,73,2, auf deren Zusammenhang mit D. 50,17,15 Lenel, Palingenesia I. Paul. 1673, S. 1260, N. 3, ebenfalls hinwies, sagte Ulpian, dass auch die zum Pfand gegebenen Sachen des Schuldners als seine Sachen vermacht waren: Ulp. D. 32,73,2: *Eos vero, quos quis pignori hypothecaeve dedit, sine dubio inter suos legasse videbitur debitor: creditor nequaquam.* Es ist Daube, SZ 76 (1959), S. 210 mit N. 209; 261, zuzustimmen, dass sich sowohl D. 50,17,15 als auch D. 32,73,2 ursprünglich auf die *fiducia cum creditore* bezogen. Dies ist wohl wahrscheinlicher als der Bezug auf *pignus* oder *hypotheca*, denn bei diesen wäre die Aussage banal, indem der Schuldner auch nach der Verpfändung Eigentümer blieb. Bei der *fiducia cum creditore contracta* dagegen war der Erblasser (der Fiduziant) nicht mehr Eigentümer der Sache, da ihm aber die *actio fiduciae* zustand, war die Sache unter „seine“ einzubeziehen. Bei der *fiducia* gewinnt folglich auch der Schlusssatz in D. 32,73,2 (*creditor nequaquam*) an Bedeutung: Obschon der Gläubiger (Fiduziar) Eigentümer der Sache war, war diese dennoch nicht unter „seinen“ zu verstehen. Zu Mod. D. 41,1,52: *Rem in bonis nostris habere intellegimur, quotiens possidentes exceptionem aut amittentes ad reciperandam eam actionem habemus*, siehe in Fn. 310.

528 Gai. Inst. 2,59–60; 3,201.

529 Kaser, SZ 99 (1982), S. 272.

Nur für die *fiducia* galt ferner die von Gaius überlieferte Ausnahme beim *legatum per praeceptionem*[530]. Der Fiduziant konnte die fiduziarisch übereignete Sache *per praeceptionem* vermachen[531], obwohl Gegenstand des Vorwegvermächtnisses nur jene Sachen sein konnten, die im Eigentum des Erblassers standen (*res hereditariae*)[532]. Gaius begründete die für die *fiducia cum creditore* (Sicherungsübereignung) geltende Ausnahme damit, dass die Miterben vom Richter gezwungen werden konnten, das geschuldete Geld zu bezahlen und die Sache auf diese Weise auszulösen. Bildete eine dem Gläubiger fiduziarisch manzipierte Sache eine Ausnahme, so musste dies umso mehr für jene Sachen gelten, die der Erblasser seinem Freund (*fiducia cum amico contracta*) übereignete, da die Erben diese vom Fiduziar jederzeit (und nicht erst nach der Schuldtilgung) zurückfordern konnten[533]. Hätte auch der *dans ob rem* die Sache mit Präzeptionslegat hinterlassen können, so hätte Gaius dies wohl erwähnt. Der Grund dafür, dass der *dans ob rem* in Gai. Inst. 2,220 nicht vorkommt, wird wohl darin liegen, dass dieser nicht einen so freien Rückgriff auf die Sache hatte wie der Fiduziant.

Unterschiedliche Auswirkungen hatte die materielle Zugehörigkeit zum Vermögen des Gebers schließlich auch in Bezug auf die Zwischenvorteile, wie dies oben[534] gezeigt wurde.

3. Das *negotium mixtum cum donatione* und die moderne gemischte Schenkung

Der Begriff *negotium mixtum cum donatione* ist seit Savigny[535] zur Bezeichnung einer gemischten Schenkung verwendet worden, obschon beide weniger gemeinsam haben, als es auf den ersten Blick scheint. Unter *negotium mixtum cum donatione* im weiteren Sinn hat Savigny alle Fälle begriffen, in denen einer Gabe eine Gegenleistung gegenübersteht, die einen geringeren Wert als die Gabe hat, sodass darin eine partielle Bereicherung des Empfängers liegt. Ein und dieselbe Handlung sei zum Teil Schenkung, zum Teil ein anderes Rechtsgeschäft. Im engeren Sinn bezeichne *negotium mixtum cum donatione* eine Schenkung unter Auflage. Die Auflagenleistung hat Savigny als eine partielle Gegenleistung betrachtet, wo-

530 Gai. Inst. 2,220; Gai. D. 10,2,28; siehe NOORDRAVEN, Die Fiduzia, S. 173ff.

531 Nicht aber *per vindicationem*; Pauli Sent. 3,6,69.

532 Dies, weil fremde Sachen nicht in das Verfahren der Nachlassaufteilung (*iudicium familiae erciscundae*) aufgenommen werden konnten, während aber die durch *legatum per praeceptionem* vermachten Gegenstände nur in diesem Verfahren dem Erben durch Urteil zugesprochen werden konnten: Gai. Inst. 2,219.

533 Ähnlich war auch die *usureceptio ex fiducia* bei der *fiducia cum amico* „in jedem Fall" zulässig, während sie bei der *fiducia cum creditore* bestimmten Beschränkungen unterlag; siehe in Gai. Inst. 2,60.

534 In diesem Kapitel, V.1.b, S. 140 und vorher S. 116f.

535 SAVIGNY, System, 4. Bd., S. 99f.; 280ff.

nach die Schenkung unter Auflage aus zwei Bestandteilen – Verpflichtung und Schenkung – bestehe, die einzeln betrachtet werden müssten. Ähnlich wird die gemischte Schenkung auch heute definiert: „Ein einheitliches gemischtes Geschäft, bei dem ein entgeltlicher Kontrakt mit einem Schenkungsvertrage verbunden wird, sodass der Wert der Leistung der einen Partei den Wert der Leistung der anderen übersteigt, wobei der eine Kontrahent entreichert und der andere bereichert wird“[536].

Die Grenze zwischen der Verpflichtung und der Schenkung wird in der modernen gemischten Schenkung horizontal gezogen; die Verpflichtung des Empfängers entsteht gleichzeitig mit der Schenkung und vermindert ihren Wert. Demgegenüber war die Grenze zwischen dem *negotium* und der *donatio* in dem *nmcd* Aristos vertikal gesetzt und darin besteht auch der wesentliche Unterschied zwischen den zwei Rechtsfiguren. Die zwei Bestandteile (*aliqua donatio* und *negotium*) des römischen *negotium mixtum cum donatione* waren voneinander zeitlich in der Weise getrennt, dass das *negotium* seine volle Wirkung erst dann entfalten konnte, wenn die *aliqua donatio* ihre bereits verlor. So lange, wie die Schenkung bestand, war der Empfänger nicht verpflichtet[537] (*obligationem non contrahi eo casu, quo donatio est*). Die *aliqua donatio* war gerade nicht mit einer Verpflichtung „beschwert“[538].

Dem *nmcd* Aristos entspricht auch nicht recht das Merkmal „dass der Wert der Leistung der einen Partei den Wert der Leistung der anderen Partei übersteigt“, denn trifft es zu, dass das *nmcd* auch dann vorlag, wenn das *pactum fiduciae* Restitution an einen Dritten zum Inhalt hatte, so lässt sich die Restitution nicht als eine teilweise Gegenleistung sehen. Bei der Freilassungsauflage könnte man die partielle Gegenleistung etwa in der Bezahlung der Freilassungssteuer[539] sehen, vorausgesetzt, dass sie der Fiduziar zu zahlen hatte[540]. Wenn es aber der Freigelassene war, der die Steuer zahlte, so setzte sich das *nmcd* – ähnlich wie bei der Restitutionsauflage – nicht aus einem entgeltlichen und einem unentgeltlichen Teil zusammen. Vielmehr war das *nmcd* im ganzen Umfang unentgeltlich; die Erfüllung der *obligatio* führte lediglich zum Verlust der empfangenen Sache, entweder durch die Zweckverwirklichung (Freilassung oder Restitution an einen Dritten) oder durch Remanzipation an den Fiduzianten bei Zweckverfehlung. Die Auflage beschränkte die Bereicherung des Fiduziars nur zeitlich.

---

536 So zuletzt Sokolowski, Die gemischte Schenkung, S. 235.

537 Archi, La donazione, S. 38: „la *mancipatio fiduciaria* muta *causa* nel tempo“.

538 So richtig bereits Haymann, Die Schenkung unter einer Auflage, S. 48f.

539 Die von jeder Freilassung zu entrichten war: 5 % vom Wert des Sklaven: vgl. Lotmar, SZ 33 (1912), S. 342.

540 Hierzu Lotmar, SZ 33 (1912), S. 342f.

Die Definition der modernen gemischten Schenkung würde eher zu den Fällen des Verkaufs zu einem schenkungshalber geringeren Kaufpreis passen[541]. Beschränkt auf das Missverhältnis beider Leistungen entspricht der modernen gemischten Schenkung beispielsweise auch die *donatio* in Pap. D. 39,5,27 (*non meram donationem esse, verum officium magistri quadam mercede remuneratum Regulum*), wo die Gewährung der *habitatio* teilweise als Belohnung für die *officia magistri* geschah[542]. Eine gemischte Schenkung ist letztlich auch in Ulp. D. 12,1,11,1[543] zu sehen: Durch eine *datio* von zehn wurde sowohl die Schenkung in Höhe von eins vollzogen als auch zugleich die Realobligation zur Rückzahlung der als *mutuum* gezahlten neun begründet.

541 Die (entgegen Kaser, Das römische Privatrecht 1^2, S. 601, N. 3) eine vom *negotium mixtum* Aristos (D. 39,5,18pr.–2) unterschiedliche Rechtsgestalt hatten. Ulp. D. 18,1,38: *Si quis donationis causa minoris vendat, venditio valet: totiens enim dicimus in totum venditionem non valere, quotiens universa venditio donationis causa facta est: quotiens vero viliore pretio res donationis causa distrahitur, dubium non est venditionem valere. hoc inter ceteros: inter virum vero et uxorem donationis causa venditio facta pretio viliore nullius momenti est.* Ulp. D. 24,1,5,5; dazu Misera, Der Bereicherungsgedanke, S. 120ff.; Scevola, Negotium mixtum cum donatione, S. 172ff.; 199ff.

542 Dazu im ersten Teil, zweiten Kapitel II.1, S. 43.

543 Ulp. D. 12,1,11,1: *Si tibi dedero decem sic, ut novem debeas, Proculus ait, et recte, non amplius te ipso iure debere quam novem.*

Drittes Kapitel: *Donatio ea lege, ut manumittas*

Die Vereinbarkeit einer Schenkung (im eigentlichen Sinn[544]) mit der Freilassungsauflage erkannte das klassische Recht in denjenigen Fällen an, auf die sich die Konstitution von Mark Aurel[545] bezog. Nach dieser zwischen den Jahren 177 und 180 erlassenen Konstitution wurde ein mit Freilassungsauflage übereigneter Sklave *ipso iure* frei, wenn der Empfänger des Sklaven die Freilassungsauflage nicht erfüllte. Trat die Freiheit *ex constitutione Marci* ein, so erwarb der mit der Auflage beschwerte Empfänger zwar die Patronatsstellung[546], jedoch mit lediglich beschränkten Patronatsrechten: Von ihm auferlegte *operae* waren wirkungslos (*nullum effectum habebunt*)[547]; auch konnte er den *libertus* wegen Undankbarkeit nicht anklagen (keine *accusatio ingrati liberti*)[548]. Die anderen Patronatsrechte standen ihm aber zu[549].

---

544 Das heißt einer Schenkung, die den übergebenen Sklaven zum Gegenstand hatte und nicht nur die Zwischenvorteile, wie dies beim *negotium mixtum cum donatione* der Fall war.

545 Als Autor des Erlasses wird in den Quellen meistens nur Mark Aurel genannt. C. 4,57,2–3pr. und D. 40,8,3 erwähnen als Mitautor auch Commodus, doch konnte dieser in der betreffenden Zeit aufgrund seines Alters und „des allgemeinen geschichtlichen Übergewichts des Vaters in der Sammtherrschaft" keinen bedeutenden Anteil an der Verordnung haben; so zutreffend Lotmar, SZ 33 (1912), S. 306.

546 Call. D. 40,8,3: *perinde haberi, ac si ab eo, a quo debuit manumitti, manumissus esset.* Ulp. D. 38,16,3,3: *Is plane, quem hac lege emi, ut manumittam, etsi ex constitutione divi Marci pervenerit ad libertatem, tamen, ut eadem constitutione expressum est, meus libertus est.* Mod. D. 37,14,8,1: *Servus non manumissus libertatem consequitur is, qui ea lege distractus est, ut manumittatur intra tempus: quod superveniens, licet non manumittatur, faciet tamen libertum emptoris.* Ulp. D. 2,4,10pr.: *Sed si hac lege emi ut manumittam, et ex constitutione divi Marci venit ad libertatem: cum sim patronus.*

547 Ulp. D. 38,1,13pr. Dazu eingehend Waldstein, Operae libertorum, S. 203.

548 Ulp. D. 40,9,30pr.: *Si quis hac lege servum emerit, ut manumittat, et non manumittente eo servus ad libertatem pervenerit ex constitutione divi Marci, an possit ut ingratum accusare, videamus. et dici potest, cum non sit manumissor, hoc ius eum non habere.* Der Textteil *cum non sit manumissor* steht nicht in Widerspruch zu *meus libertus est* bzw. *cum sim patronus* in den in Fn. 546 zitierten Quellen: Der Käufer (oder der Beschenkte) war nicht *manumissor*, da er eine *manumissio* nicht vornahm. Dennoch wurde der *ex constitutione* Freie sein *libertus*, indem der Freiheitserwerb *ex constitutione* zur Folge hatte, dass der mit der Freilassungsauflage Beschwerte beschränkte Patronatsrechte erwarb.

549 Ulp. D. 2,4,10pr.: *cum sim patronus, in ius vocari non potero.* Ulp. D. 26,4,3,2: *Sed et si hac lege emit,*

Die *constitutio Marci* betraf im klassischen Recht den Sklavenverkauf und die Sklavenschenkung[550]. Die Gründe, die einen Eigentümer bewogen, einen Sklaven mit Freilassungsauflage zu verkaufen oder zu verschenken, statt ihn selbst freizulassen, hat Lotmar bereits aufgezeigt[551]. Strittig ist, ob die *donatio* im anfänglichen Anwendungsbereich der *constitutio Marci* lag oder ob die Regelung erst später auf sie ausgedehnt wurde[552]. Die zweite Möglichkeit erscheint aufgrund Imp. Alex. Severus C. 4,57,1[553] wahrscheinlicher: Während unumstritten war, dass sich die Konstitution auf den Kauf bezog, erweckte ihre Anwendung bei der Schenkung offenbar Zweifel, die Alexander Severus mit *quoniam placuit non solum ad venditos, sed etiam ad donatos eam legem, ut manumitterentur, pertinere* beseitigte.

Bei der Schenkung bildete die Freilassungsauflage in den Fällen, auf die sich die *constitutio Marci* bezog, den Inhalt einer *lex donationis* beziehungsweise einer die Übereignung begleitenden *lex dicta*[554] (*donationis causa dedit lege dicta, ut ad libertatem perducereris*[555]); aus diesem Grund bezeichnen wir diese Fallgruppe mit *donatio ea lege, ut manumittas*. Auf die Auflagenform kommen wir unten noch zurück.

Das Vorhandensein einer *donatio* teilten die Juristen bei der Sachverhaltsschilderung einfach mit, ohne an ihr zu zweifeln. Während in den im vorigen Kapitel erörterten Fällen das *negotium* nur dann eine *aliqua donatio* enthielt (und somit ein *negotium mixtum cum donatione* war), wenn die Freilassung *nach* einer bestimmten Frist vorzunehmen war, spielte die Freilassungsfrist in diesen Fällen keine Rolle. Das Rechtsgeschäft war eine Schenkung unabhängig davon, ob der Sklave *post* oder *intra tempus* freizulassen war; oft erwähnten die Juristen bei der Schilderung des Sachverhalts die Freilassungsfrist überhaupt nicht[556]. Während

---

ut manumitteret, et ex constitutione divi Marci ad Aufidium Victorinum pervenit ad libertatem, dicendum est tutorem esse. Ulp. D. 38,16,3,3: *legitima eius hereditas mihi deferetur.* Ulp. D. 38,2,3,3: *Sed si hac lege emit quis, ut manumittat, ad hanc partem edicti pertinebit* (*bonorum possessio contra tabulas*). Ulp. D. 23,2,45pr.

550 Nicht dagegen die *fiducia cum amico contracta* und die *datio ob rem*; siehe oben Fn. 447f.

551 LOTMAR, SZ 33 (1912), S. 340ff.

552 Für letzteres JHERING, Jahrb. 10 (1871), S. 549; PERNICE, Labeo. 3. Bd. 1. Abt., S. 132; KOHLER, Archiv für bürgerliches Recht 12 (1897), S. 45; HAYMANN, Freilassungspflicht und Reurecht, S. 5 mit N. 3; S. 19; BUCKLAND, The Roman Law of Slavery, S. 628f.; MCGINN, SZ 107 (1990), S. 323. Dafür, dass die *donatio* im ursprünglichen Anwendungsbereich der *constitutio Marci* lag, LOTMAR, SZ 33 (1912), S. 318. Offengelassen bei FINKENAUER, Die Rechtsetzung Mark Aurels, S. 38.

553 Zum Text eingehend sogleich unten.

554 Pap. D. 40,8,8; Mod. D. 1,5,22; Ulp. D. 40,2,16,1; Ulp. D. 40,2,20,1. *Lex* befindet sich auch in Ulp. D. 24,1,7,8, wo die *constitutio Marci* aber keine Anwendung fand, da es sich um eine Ehegattenschenkung handelte; dazu im zweiten Teil, vierten Kapitel I.1, S. 169.

555 Imp. Alex. Severus C. 4,57,1.

556 Mod. D. 1,5,22; Ulp. D. 40,2,16,1; Ulp. D. 40,2,20,1; Pap. D. 40,1,20pr.

ferner aus dem *negotium mixtum cum donatione* mit Ablauf der Freilassungsfrist eine Obligation entstand, ist eine Klage bei der *donatio ea lege, ut manumittas* gar nicht erwähnt.

I. Die umstrittene Widerruflichkeit der *lex ut manumittatur*

In der Literatur ist umstritten, ob der Schenker oder Verkäufer das Freilassungsgebot nach der Übereignung des Sklaven widerrufen und somit die Anwendung der *constitutio Marci* ausschließen konnten. Die jederzeitige Widerruflichkeit des Freilassungsgebots wird überwiegend für klassisch gehalten[557]. Finkenauer[558] sieht in ihr eine Bestätigung dafür, dass nicht der *favor libertatis*, sondern die Durchsetzung des auf Freilassung zielenden Willens des Veräußerers das Hauptmotiv der Konstitution gewesen sei. Dagegen hat im älteren Schrifttum Haymann[559] die Widerruflichkeit bekämpft und sich dabei hauptsächlich auf D. 40,8,1[560] gestützt. Er meinte, dass der Geber im klassischen Recht das Freilassungsgebot nur bei der *fiducia manumissionis causa* habe widerrufen können[561], nicht aber bei der Schenkung und dem Verkauf, die von der *constitutio Marci* betroffen gewesen seien[562]. Die Widerruflichkeit der *lex ut manumittatur* ist im Folgenden an denjenigen Texten zu überprüfen, die die Schenkung betreffen.

D. 40,8,8 (Papinianus libro nono responsorum)
Mancipia mater filiae donaverat, ut filia curaret ea post mortem suam esse libera: cum donationis legi non esset obtemperatum, ex sententia constitutionis divi Marci libertates optingere matre consentiente respondi: quod si ante filiam mater vita decessit, omnimodo.

Eine Mutter schenkte ihrer Tochter Sklaven mit der Auflage, die Tochter solle dafür sorgen, dass diese nach dem Tod der Tochter frei werden. Vorgesehen war,

557 Lotmar, SZ 33 (1912), S. 360ff.; zuletzt Finkenauer, Die Rechtsetzung Mark Aurels, S. 39f. und mit ihm Klinck, SZ 129 (2012), S. 729f.

558 Finkenauer, Die Rechtsetzung Mark Aurels, S. 43f.

559 Haymann, Freilassungspflicht und Reurecht, S. 1ff.

560 Paul. D. 40,8,1: *Si servus venditus est, ut intra certum tempus manumitteretur, etiamsi sine herede decessissent et venditor et emptor, servo libertas competit: et hoc divus Marcus rescripsit. sed et si mutaverit venditor voluntatem, nihilo minus libertas competit.*

561 Haymann, Freilassungspflicht und Reurecht, S. 35ff.

562 Dementsprechend hielt Haymann die Voraussetzung des *perseverare in eadem voluntate* bzw. *non mutata venditoris voluntate* in einer Reihe von Quellen für interpoliert; außer der im Haupttext zitierten Stellen auch in Call. D. 40,8,3; Paul. D. 18,7,3 (beide in Fn. 566); Impp. Diocl., Maxim. C. 4,57,6.

dass die geschenkten Sklaven der Tochter bis zu deren Tod noch dienten und dass diese die Sklaven letztwillig freilasse. Wenn die Tochter der *lex donationis* nicht nachkomme, würden die Sklaven mit Tod der Tochter *ipso iure* aus der *constitutio Marci* frei[563]. Wenn *matre consentiente* echt und auch der *quod-si*-Satz noch Teil des Responsums ist[564], trat die Wirkung der Konstitution nur mit Einverständnis der Mutter ein. Der Konsens musste aktuell bei Freiheitserwerb *ex constitutione* vorliegen. Das ergibt sich aus dem aktiven Präsenspartizip in *libertates optingere matre consentiente*, das auf den Zeitpunkt zu beziehen ist, in dem die Konstitution ihre Wirkung entfaltete. Und ferner ist dies aus dem *omnimodo* des Schlusssatzes zu interpretieren: Starb die Mutter vor der Tochter, so erwarben die Sklaven die Freiheit *jedenfalls* (*omnimodo*). Das heißt: Selbst wenn die Mutter ihren Freilassungswillen geändert haben sollte, trat der Freiheitserwerb *ex constitutione* jedenfalls ein[565]. Konnte die Mutter einen aktuellen Konsens nicht mehr bilden, weil sie zum Freilassungstermin bereits tot war, so wirkte die Konstitution offenbar losgelöst vom Konsenserfordernis. Auf das Einverständnis der Erben der Mutter kam es nicht an[566]. Mit *omnimodo* war ausgeschlossen, eine widerrufende Willensäußerung, die nicht zum rechten Zeitpunkt kam, zu beachten. Ein geänderter Wille war bedeutungslos, weil die Mutter, wäre sie nicht gestorben, auch von einem Widerruf bis zum Freilassungstermin wieder hätte abgehen können. Insofern kommt in dem *responsum* von Papinian doch ein gewisser *favor libertatis* zum Vorschein. Demnach genügte ein früherer Widerruf nicht, um die Anwendung der *constitutio Marci* auszuschließen, denn die Schenkerin könnte den Freiheitserwerb *ex constitutione Marci* nur dann verhindern, wenn sie in der Lage wäre, den Widerruf der *lex ut manumittatur* am Freilassungstermin auszusprechen oder zu bestätigen[567].

---

563 Wenn die Tochter den Sklaven im Testament die direkte Freiheit hinterließ, wurden die Sklaven mit Erbschaftsantritt frei, also erst später als bei Verletzung der Freilassungsauflage.

564 Aufällig ist allerdings, dass Papinian beim *responsum* nicht wusste, ob die Mutter noch am Leben oder bereits tot war. Mit dem *quod-si*-Satz müsste Papinian dies offengelassen haben.

565 So auch Lotmar, SZ 33 (1912), S. 372.

566 Vgl. auch Call. D. 40,8,3: *Eum, qui ita venit, ut intra tempus manumitteretur, cum dies praestandae libertatis venerit vivente venditore et perseverante in eadem voluntate, perinde haberi, ac si ab eo, a quo debuit manumitti, manumissus esset: mortuo autem venditore non esse heredum eius voluntatem explorandam divus Marcus cum filio suo rescripsit.* Paul. D. 18,7,3: *Si quis hac lege veniit, ut intra certum tempus manumittatur: si non sit manumissus, liber fit, si tamen is qui vendidit in eadem voluntate perseveret: heredis voluntatem non esse exquirendam.*

567 Ähnlich Lotmar, SZ 33 (1912), S. 380: „Der Widerrufswille ist wandelbar, ambulatorisch. … Nur der Widerrufswille schließt die Wirkung der *constitutio* aus, der zu der Zeit besteht, wo diese *constitutio* eingreift".

Der Text ergibt allerdings auch dann einen guten Sinn, wenn man *matre consentiente* und *quod si ante filiam mater vita decessit, omnimodo* mit Haymann[568] und zuletzt auch Waldstein[569] streicht. Papinian konnte sich nur mit der Frage beschäftigt haben, ob die *constitutio Marci* auch bei einer Schenkung eingriff oder ob sie auch dann ihre Wirkung entfaltete, wenn die Beschenkte bereits tot war, denn bei Tod der Beschenkten könnte die bei der Konstitution auch sonst bezeugte Folge *perinde haberi, ac si ab eo, a quo debuit manumitti, manumissus esset*[570] oder sinngleich *meus libertus est*[571] problematisch gewesen sein.

Dafür, dass *matre consentiente* und *quod si ante filiam mater vita decessit, omnimodo* ein späterer Zusatz sein könnten, spräche, dass eine fast sinngleiche Wortfolge auch in C. 4,57,1 auftaucht (*si modo Patroclius non contrariae voluntatis fuerit aut si iam decesserit*), wo sich noch stärkere Gründe für einen Texteinschub finden.

C. 4,57,1 (8. November 222/Honoré 520)
Imperator Alexander Severus A. Patricensi
Si Patroclius, posteaquam te Hermiae donationis causa dedit lege dicta, ut, si quindecim annis continuis servisses, ad libertatem perducereris ita, ut civis Romanus esses, tempore peracto, si modo Patroclius non contrariae voluntatis fuerit aut si iam decesserit, ad libertatem pervenisti, quoniam placuit non solum ad venditos, sed etiam ad donatos eam legem, ut manumitterentur, pertinere, nec te potuit semel translato dominio in Hermiam postea alii Patroclius vendere: et ideo non de praestanda tibi libertate, quam ex constitutione iam fueras adeptus, litigare debuisti, sed libertatem quam obtinueras defendere.

Patroclius schenkte Hermia einen Sklaven mit der *lex dicta*, dass dieser nach fünfzehnjährigem ununterbrochenem Sklavendienst so freigelassen werden solle, dass er die römische Bürgerschaft erlange. Nachdem der Sklave nach Ablauf der fünfzehn Jahre von Hermia nicht freigelassen worden war, verlangte er die Freilassung (*de praestanda libertate litigare*); offenbar wusste er nicht, dass die *constitutio Marci* auch seinen Fall betraf. Möglicherweise suchte er bereits – ähnlich wie ein fideikommissarisch Freigelassener – Hilfe beim Prätor, sodass Hermia entweder gezwungen war, der *lex ut manumittatur* nachzukommen, oder er wurde nach durchgeführtem Versäumnisverfahren ohne ihr Zutun aus einem der *senatuscon-*

568 Haymann, Freilassungspflicht und Reurecht, S. 28f.

569 Waldstein, Operae libertorum, S. 202, N. 7.

570 Call. D. 40,8,3.

571 Ulp. D. 38,16,3,3.

sulta frei[572]. Alexander beschied dem Sklaven, dass er *ex constitutione Marci* bereits frei geworden sei und daher die Freilassung nicht erst habe beanspruchen müssen. Er habe die erhaltene Freiheit lediglich zu verteidigen, also entweder in einem mit Hilfe des *adsertor libertatis* begonnenen Freiheitsprozess (*vindicatio in libertatem*) oder etwa dann, wenn ihn Hermia *in servitutem* vindizierte.

Um die bereits erworbene Freiheit *ex constitutione Marci* zu begründen, argumentiert Alexander Severus folgendermaßen: 1) Die *lex ut manumittatur* und die, wie er meint, auf diese anzuwendende *constitutio Marci* beziehen sich nicht nur auf die verkauften, sondern auch auf die geschenkten Sklaven. 2) Nachdem Patroclius das Eigentum an Hermia übertragen hatte, konnte er den Sklaven nicht an einen anderen verkaufen und damit die Wirkung der Schenkungsauflage beeinträchtigen.

Zur Entschiedenheit, mit der Alexander Severus am Ende der Konstitution schreibt: *quam ex constitutione iam fueras adeptus*, sowie dazu, dass der Sklave die bereits erlangte Freiheit zu verteidigen habe, passt nicht der Bedingungssatz *si modo Patroclius non contrariae voluntatis fuerit aut si iam decesserit*. Dazu hat Haymann[573] richtig bemerkt, dass der Kaiser am Schluss der Stelle gar nichts von dem Reurecht wisse, „das ihm am Anfang der Stelle Kummer bereitet und dessen Nichtbetätigung er mit *si modo* für den Anfragenden herbeiwünscht". Ferner habe Patroclius nach Haymann durch den nachträglichen Verkauf zu verstehen gegeben, er wünsche die der Beschenkten auferlegte Freilassung nicht mehr, die Wirkung der Konstitution solle somit ausgeschlossen sein.

Eine sichere Annahme, dass Patroclius den Sklaven später tatsächlich verkaufte, erlaubt die Konstitution nicht. Die Tatsache aber, dass der Kaiser einen Verkauf erwähnte, deutet darauf hin, dass dieser in der Anfrage erwähnt wurde; möglicherweise vermutete ihn der Sklave. Die Bemerkung von Haymann trifft insofern zu, als ein späterer Verkauf als Widerruf der gegenüber Hermia ausgesprochenen Freilassungsauflage zu sehen wäre, und dies in beiden denkbaren Alternativen: Verkaufte der Schenker den Sklaven später mit Beifügung derselben *lex*, so drückte er damit aus, dass er nicht Hermia, sondern den Käufer als Freilasser wollte. Wenn er den Sklaven später ohne Freilassungsgebot verkaufte, bedeutete dies, dass er die Freilassung überhaupt nicht mehr wollte. Dennoch beschränkt sich der Kaiser nur auf die Bemerkung, dass Patroclius den Sklaven nicht mehr „verkaufen konnte"; die Frage, ob darin der Widerruf der Freilassungsauflage liegt, lässt er unbeachtet. Einen Widerruf, der die Wirkung der Konstitution ausschlösse, scheint der Kaiser in einem späteren Verkauf nicht zu sehen.

---

572 Siehe Krüger, SZ 48 (1928), S. 170ff.

573 Haymann, Freilassungspflicht und Reurecht, S. 33.

Hinter *nec te potuit semel translato dominio in Hermiam postea alii Patroclius vendere* kann Folgendes stecken: Der Fall dürfte in der Anfrage so dargestellt worden sein, dass Patroclius nach der Schenkung auch unter der *lex dicta* der Freilassung den Sklaven an einen Dritten verkaufte. Kam die Von-selbst-Wirkung der Freiheit *ex constitutione Marci* dann aus der *lex dicta* des Verkaufs oder aus der *lex dicta* der Schenkung? Da sich die *constitutio Marci* ausdrücklich nur auf den Verkauf bezog, konnte die Konkurrenz problematisch gewesen sein. Die Entscheidung lautete, dass die *constitutio Marci* auch auf Schenkungen anzuwenden war, sodass die *lex dicta* bereits mit der Übertragung des Eigentums an Hermia wirkte und zur von selbst eingetretenen Freiheit führte. Eine zweite *lex dicta* konnte schon deshalb nicht wirken, weil Patroclius nicht mehr Eigentümer des Sklaven war und damit keine dinglich wirkende Freilassungsauflage anordnen konnte.

Ein weiteres Argument gegen die Widerruflichkeit der *lex ut manumittatur* hat Haymann[574] aus D. 40,1,20,3 gewonnen, wo ein mit Freilassungsgebot übereigneter Sklave dem *statuliber* gleichgestellt wurde.

D. 40,1,20,3 (Papinianus libro decimo responsorum)
Tempore alienationis convenit, ut homo libertatis causa [traditus] <mancipatus> post quintum annum impletum manumitteretur et ut certam mercedem interea menstruam praeberet. condicionem libertati mercedes non facere, sed obsequio temporariae servitutis modum praestitutum esse respondi: neque enim in omnibus libertatis causa [traditum] <mancipatum> comparari statulibero.[575]

Bei der Übereignung des Sklaven war vereinbart worden, dass dieser freizulassen sei, wenn fünf Jahre vergangen seien und er eine bestimmte monatliche Abgabe (*mercedes*) an den Empfänger geleistet habe. Der Sklave befand sich fünf Jahre lang beim Empfänger, erfüllte aber nicht die verabredeten *mercedes* (also weder zahlte er noch leistete er die entsprechenden Dienste). Fraglich war, ob der Sklave mit Ablauf der fünf Jahre frei geworden war. Papinian vergleicht nicht nur den *libertatis causa mancipatus* mit einem *statuliber*, sondern stellt ihn sogar besser, indem er die auferlegte Leistung der *mercedes*, die beim *statuliber* eine Freiheitsbedingung darstellen würde, lediglich als Maß (*modus*[576]) für die Dienste beurteilt, die der Sklave während der zeitlichen Sklaverei leisten *müsse*. Papinian meint, die *mercedes* seien dazu bestimmt, den Sklaven zu schützen, damit ihn der Empfänger nicht übermäßig belastete.

574 Haymann, Freilassungspflicht und Reurecht, S. 14f.
575 Zu den gekennzeichneten Textänderungen Lenel, Palingenesia I., Pap. 634, S. 928.
576 Vgl. zur Bedeutung von *modus* Pernice, Labeo. 3. Bd. 1. Abt., S. 14f.

Dem Text lässt sich nicht entnehmen, ob die Übereignung *causa emptionis* oder *causa donationis* erfolgte[577]. Auch die Abrede *ut certam mercedem interea menstruam praeberet* lässt auf eine *causa* nicht schließen, denn die Einschränkung der zu leistenden Dienste ist bei beiden denkbar; beim Kauf wäre sie mit einem niedrigeren Kaufpreis verbunden[578]. Dies ist aber nicht entscheidend, da die *constitutio Marci* sowohl beim Verkauf als auch bei der Schenkung anwendbar war[579] und die Widerruflichkeit der *lex ut manumittatur* somit den gleichen Regeln unterliegen sollte. Eine reine *fiducia* ist auszuschließen, weil durch die monatlichen *mercedes* die Bereicherung des Empfängers vorgesehen war[580]. Somit käme allenfalls ein *negotium mixtum cum donatione* in Betracht. Bei diesem erwähnte Ulpian (D. 39,5,18,pr.–2) die *constitutio Marci* jedoch nicht[581], was der These entspricht, dass sich die Konstitution im klassischen Recht lediglich auf Verkauf und Schenkung bezog[582]. Papinian erwähnt in D. 40,1,20,3 die *constitutio Marci* zwar auch nicht, die erörterte Ähnlichkeit mit dem *statuliber* würde aber ohne ihre Anwendung der Grundlage entbehren, da erst die Konstitution die Rechtslage des *libertatis causa mancipatus* verdinglichte.

Wenn Papinian sagt, dass der *libertatis causa mancipatus* nicht *in allem* mit dem *statuliber* zu vergleichen sei, so geht er davon aus, dass beide im Wesentlichen eine ähnliche Rechtsstellung haben[583] und nur in diesem einen Punkt, dass nämlich die Leistung der monatlichen Abgaben bei Ersterem keine Freiheitsbedingung darstellt, ein Unterschied zu machen ist. Könnte nun der Schenker/Verkäufer die *lex ut manumittatur* widerrufen, so schiene es unpassend, den *libertatis causa mancipatus* mit einem *statuliber* zu vergleichen, denn die Statulibertät wird mit Erbantritt zu einer unveränderlichen Lage (*condicio immutabilis*)[584]. Weder der Erblasser[585] noch der Erbe noch ein künftiger Eigentümer kann den Freiheits-

577 Für Verkauf Haymann, Freilassungspflicht und Reurecht, S. 38f.; Lotmar, SZ 33 (1912), S. 366.

578 Vgl. aber Erbe, Die Fiduzia, S. 150.

579 Wenn Papinian das 10. Buch der *Responsorum* schrieb, war die *constitutio Marci* bereits auch auf die Schenkung anwendbar, wie dies Pap. D. 40,8,8 (siehe oben) belegt.

580 Für fiducia Pernice, Labeo. 3. Bd. 1. Abt., S. 15; Erbe, Die Fiduzia, S. 150.

581 Siehe im zweiten Teil, zweiten Kapitel I., S. 114ff.

582 Siehe im zweiten Teil, zweiten Kapitel I.3 mit Fn. 447f.

583 So wie ein *statuliber* benötigte auch ein *libertatis causa mancipatus* für den Freiheitserwerb keine Freilassung. Die Freilassungsauflage wirkte ebenso gegen Dritte, weswegen auch er – wie ein *statuliber* – „seine Lage mit sich trug". Vgl. Ulp. D. 40,5,24,21 (*cum sua causa alienetur*); Jhering, Jahrb. 10 (1871), S. 498. Zur Ähnlichkeit der Rechtsstellungen ferner Lotmar, SZ 33 (1912), S. 356; 366; Finkenauer, Die Rechtsetzung Mark Aurels, S. 42.

584 Ulp. D. 40,7,9,3: *Statuliberi condicio ita demum immutabilis est, si adita hereditas fuerit.*

585 *Statuliber* wurde der Sklave erst nach dem Tod des Erblassers.

erwerb verhindern[586]; die Freiheit hängt nun *nur* vom Eintritt der im Testament gesetzten Bedingung ab. So fragte Haymann[587], ob man bei dem *sub lege manumissionis* manzipierten Sklaven von einer *causa immutabilis* reden könne, wenn der Manzipant die Macht hätte, durch „bloße Reue jederzeit alle Anwartschaft auf Freiheit zu vernichten". Die Bemerkung von Haymann trifft zu. Den Vergleich mit dem *statuliber* würde es stören, hätte der unter Freilassungsauflage geschenkte Sklave eine viel unsicherere Aussicht auf die Freiheit. Und die Unsicherheit des Freiheitserwerbs scheint auch Papinian beseitigen zu wollen, indem er die Erfüllung der auferlegten *mercedes* nicht als Freiheitsbedingung betrachtet. Darin ist ein weiteres Indiz gegen die Widerruflichkeit des Freilassungsgebots zu sehen. So wie mit Eigentumsübergang an den Erben die Statulibertät unentziehbar wurde, wäre es nur konsequent, dass auch beim *libertatis causa mancipatus* mit Eigentumsübergang an den Beschenkten ein Widerruf der Freilassungsauflage durch den Schenker wirkungslos wäre. Gehörte dem Schenker der Sklave nicht mehr, so konnte er dessen *condicio* nicht mehr verschlechtern.

Ebenfalls gegen die Widerruflichkeit der *lex ut manumittatur* spricht der Vergleich mit der Stellung des Veräußerers beim Freilassungsverbot (*ne manumittatur*), dessen Verdinglichung[588] wohl auch auf einer Konstitution beruhte[589]. Bei diesem ist kein Widerrufsrecht belegt[590], obschon es sich umso mehr erwarten

586 Impp. Diocl., Maxim. C. 7,2,13: *Statuliberis datam libertatem adimi ab herede non posse certum est: nec alienatio nec usucapio statulibero, quominus existente condicione libertatem consequatur, nocere potest.* Ulp. D. 40,7,9,1: *Si statuliberum non eadem condicione heres vendat, causa eius immutabilis est et luere se ab eo potest simili modo ut ab herede.*

587 Haymann, Freilassungspflicht und Reurecht, S. 15.

588 Mittels der Klausel *ne manumittatur* änderte der Veräußerer die *condicio servi*, indem er dem übereigneten Sklaven endgültig (beziehungsweise auf eine bestimmte Zeit) die Möglichkeit, frei zu werden, wegnahm. Der Sklave war nicht mehr ein freilassungsfähiges Objekt. Marci. D. 40,9,9,2: *Qui hac lege venierint, ne manumittantur, … licet manumittantur, tamen ad libertatem non perveniunt.* Paul. D. 40,1,9: *Servus hac lege venditus, ne manumittatur, … ad libertatem perduci non potest.* Ulp. D. 40,1,4,9: *In illis sane servis non intervenit constitutio, qui in totum perduci ad libertatem non possunt, ut puta … hac lege venierit …, ne umquam manumitteretur.* Dazu eingehend Sicari, Leges venditionis, S. 121ff.

589 Wofür spricht Ulp. D. 40,4,9,1: *Quod constitutum est vetitum in testamento ad libertatem perduci non posse manumitti, hoc ad eos pertinere puto, qui testatoris fuerunt vel heredis: servo enim alieno id irrogari non poterit.* So auch Klinck, Papinian D.18,7,6pr., S. 87; Wilinski, Index 5 (1974/75), S. 325. Hierzu mwN. in Kleňová, Caro amico (Fs. Skřejpek) 2017, S. 219ff.

590 Entgegen Lotmar, SZ 33 (1912), S. 370. Keinen Beleg für die Widerruflichkeit eines vertraglichen Freilassungsverbots bieten diejenigen Texte, die dem Erblasser das Recht gewährten, das testamentarische Freilassungsverbot zu widerrufen. Freilich konnte der Erblasser, der im Testament ein Freilassungsverbot anordnete, den betreffenden Sklaven noch wirksam freilassen, denn das testamentarische Freilassungsverbot konnte erst mit der Wirksamkeit des Testaments die dingliche Wirkung erwerben, so Paul. D. 40,5,40,1: *Lucius Titius Stichum servum Maevio legavit et petit,*

ließe, als diese Klausel für den Sklaven ungünstig war (und oft zu seiner Bestrafung diente)[591]. Bei einer den Sklaven begünstigenden Klausel *ne prostituatur* kannte das Römische Recht das Widerrufsrecht auch nicht[592]. Wieder aufheben konnte ein Verkäufer nur das Aufenthaltsverbot (*ne aliquo loci moretur* beziehungsweise *ut exportetur*), da hier die *lex* lediglich den *auctor legis* schützte, damit er keiner Gefahr ausgesetzt war[593].

Kein Argument für die Widerruflichkeit der *lex ut manumittatur* lässt sich schließlich aus den Worten Ulpians in D. 24,1,7,8 *donator non sibi vult legem imponi nec potest* entnehmen[594]. Entgegen Lotmar[595] bedeutet der Satz nicht, dass der Schenker auch nach der Übereignung durch seine Auflage nicht gebunden war und sie daher widerrufen konnte. Der Satz bezog sich auf die *donatio manumissionis causa* unter Ehegatten, bei der der Schenker so lange Eigentümer des Sklaven blieb, bis der Beschenkte „mit der Freilassung anfing". In diesem Kontext bedeutet der Satz, dass, bevor das Eigentum am Sklaven an den Beschenkten überging, die *lex* und mit ihr die *constitutio Marci* nicht in Kraft traten, da der Schenker immer noch Eigentümer war und als solcher nicht sich selbst eine *lex* auferlegen konnte (das ergibt sich aus dem letzten Satz der Stelle: *dominio igitur penes se remanente nequaquam effectum habebit constitutio*). Das Gleiche sagte Paulus vom Erblasser, der dem Vermächtnisnehmer ein testamentarisches Freilassungsverbot auferlegte: *non sibi legem dixisset, sed legatario*[596]. Da der Erblas-

---

ut neque ab eo neque ab herede eius umquam manumitteretur. Paulus respondit testatorem potuisse postea hunc servum ad libertatem perducere, quia non sibi legem dixisset, sed legatario (hierzu auch sogleich unten); Imp. Alex. Severus C. 3,36,5.

591 Vgl. zur Möglichkeit der Willensauslegung Impp. Valer., Gallien. C. 7,12,2. Das Freilassungsverbot konnte offenbar nur in Fällen des öffentlichen Interesses durchbrochen werden, z. B. wenn der Sklave den Mörder seines Herrn aufdeckte; Ulp. D. 29,5,3,15: *Hi quoque, qui non potuerunt alias ad libertatem pervenire, ut puta si hac lege distractus erat quis, ne manumitteretur, poterunt propter hoc, quod in commune utile est, ad libertatem pervenire.* Dazu auch Sicari, Leges venditionis, S. 125, N. 7.

592 Ulp. D. 2,4,10,1: *Prostituta contra legem venditionis venditorem habebit patronum, si hac lege venierat, ut si prostituta esset, fieret libera. at si venditor, qui manus iniectionem excepit, ipse prostituit, quoniam et haec pervenit ad libertatem, sub illo quidem, qui vendidit, libertatem consequitur, sed honorem haberi ei aequum non est, ut et Marcellus libro sexto digestorum existimat.* Imp. Alex. Severus C. 4,56,1; Paul. D. 40,8,7.

593 Ulp. D. 18,7,1: *Si fuerit distractus servus, ne aliquo loci moretur, qui vendidit in ea condicione est, ut possit legem remittere, ipse Romae retinere. quod et Papinianus libro tertio respondit: propter domini enim, inquit, securitatem custoditur lex, ne periculum subeat.*

594 Zum Text im zweiten Teil, vierten Kapitel I.1, S. 169.

595 Lotmar, SZ 33 (1912), S. 370.

596 Paul. D. 40,5,40,1, siehe in Fn. 590.

ser sich nicht selbst das Verbot auferlegte, war er an dieses nicht gebunden und konnte als Eigentümer den Sklaven noch wirksam freilassen.

Somit dürfen wir schließen, dass die Unwiderruflichkeit der *lex ut manumittatur* in das klassische System der „Sklavenklauseln" insgesamt besser passen und den Vergleich mit dem *statuliber* gut erklären würde. Es würde auch dem Zweck der Konstitution, die das Freilassungsgebot mit dinglicher Wirkung ausstattete, entsprechen, wenn der Veräußerer die Anwartschaft auf die Freiheit nicht mehr entziehen konnte. Gegen Finkenauer hat Klinck gezeigt, dass Mark Aurel doch vereinzelt im Sinn eines *favor libertatis* entschied und gegen die Interessen der Sklavenhalter die *libertas* bevorzugte[597]. Dies erlaubt jedoch noch nicht das Ergebnis, dass das *perseverare in eadem voluntate* als Voraussetzung für das Eingreifen der *constitutio Marci* überall unecht wäre[598]. Dazu müssten alle Texte untersucht werden, die den Verkauf betreffen, wofür hier kein Raum ist[599]. Letztlich ist das Recht des Schenkers, die *lex ut manumittatur* zu widerrufen, dogmatisch erst in Verbindung mit der Frage interessant, ob der erfolgte Widerruf dem Schenker auch das Recht gewährte, den geschenkten Sklaven zurückzufordern. Und selbst diejenigen Stimmen der Literatur, die das Widerrufsrecht für klassisch halten, meinen, dass der Schenker oder der Verkäufer den Sklaven nach dem Widerruf nicht habe zurückfordern können[600].

II. Kein Rückforderungsrecht des Schenkers

Dafür, dass der Schenker nicht das Recht hatte, nach Widerruf der *lex ut manumittatur* den geschenkten Sklaven zurückzufordern, spricht auch C. 4,57,1, wo Alexander Severus sagt: *nec te potuit semel translato dominio in Hermiam postea alii Patroclius vendere.* Damit versagt er dem Schenker, Patroclius, das Recht, den Sklaven von der Beschenkten zurückzufordern und an einen Dritten zu übereignen.

Ein weiterer Beleg gegen das Rückforderungsrecht des Schenkers liegt in der Selbstverständlichkeit, mit der die klassischen Juristen die *donatio* in diesen Fällen wiederholt annahmen. Dies begegnet auch bei Ulpian[601], der an anderen Stel-

597 Klinck, SZ 129 (2012), S. 724–735.

598 Siehe in Fn. 562 zur Itp.-Annahme Haymanns.

599 Vgl. die Untersuchung von Lotmar, SZ 33 (1912), S. 371ff.

600 Lotmar, SZ 33 (1912), S. 360ff.; 381 und neuerdings Finkenauer, Die Rechtsetzung Mark Aurels, S. 39.

601 Ulp. D. 40,2,16,1: *Si quis minori viginti annis hac lege servum dederit aut pretio accepto vel donationis causa, ut eum liberum faciat, potest ille causam manumissionis istius probare, hoc ipsum*

len[602] das Rückforderungsrecht in direkten Gegensatz zur *donatio* stellte. Bei der *donatio ea lege, ut manumittas* war das Merkmal „*qui donat, sic dat, ne recipiat*" erfüllt.

Bereits Haymann[603] und Lotmar[604] haben erkannt, dass zwischen dem Rückforderungsausschluss und dem Von-selbst-Erwerb der Freiheit aus der *constitutio Marci* ein Zusammenhang bestanden habe. Dem ist zu folgen. Der Schenkung und dem Verkauf war gemeinsam, dass der Manzipant das Eigentum in beiden Fällen endgültig verlor und somit den Sklaven nicht mehr selbst freilassen konnte[605]. Daher war die Anwendung der *constitutio Marci* hier von besonderer Bedeutung. Dagegen behielt der Geber bei der fiduziarischen Übereignung[606] das Recht, den Sklaven zurückzufordern, was ihm die Möglichkeit verlieh, ihn selbst freizulassen. Freilich garantierte die Rückforderungsklage nicht, dass er den Sklaven auch tatsächlich zurückbekam[607]. Dennoch griff die *constitutio Marci* nicht ein, wenn der Geber das Rückforderungsrecht hatte, da ihm der obligatorische Zugriff auf den Sklaven auch die Möglichkeit eröffnete, über die Freilassung noch anders entscheiden zu können. Dies entsprach durchaus dem Charakter einer fiduziarischen Übereignung, für die der jederzeitige Widerruf typisch war. Für den Fiduzianten

---

allegans legem datam, et perducere ad libertatem: ergo hic debet ostendere hoc inter ipsos actum, ut proinde vel ex lege donationis vel ex affectione eius qui dedit res aestimetur. Ulp. D. 40,2,20,1: *Sed et si hac lege ei servus fuerit donatus, ut manumittatur, permittendum erit manumittere, ne constitutio divi Marci superveniens cunctationem consulis dirimat.* Ähnlich Pap. D. 40,1,20pr.: *Causam minor viginti annis, qui servum donatum manumittendi gratia accepit, ex abundanti probat post divi Marci litteras ad Aufidium Victorinum: etenim, si non manumiserit, ad libertatem servus perveniet.*

602 D. 24,1,13,2; D. 39,5,3; D. 23,3,5,9; dazu im zweiten Teil, ersten Kapitel, S. 62ff. und 95ff.

603 Haymann, Freilassungspflicht und Reurecht, S. 36ff.

604 Lotmar, SZ 33 (1912), S. 322.

605 Zur *manus iniectio* beim Verkauf siehe sogleich unten.

606 *Fiducia cum amico* war bei der Übereignung zu Freilassungszwecken wohl üblicher als eine *datio ob rem*. Aufgrund des Austauschcharakters kam eine *datio ob rem* dagegen dann häufiger vor, wenn eine Sache (meistens Geld) übergeben wurde, damit der Empfänger einen eigenen Sklaven freilässt. In dem Fall waren auch die Interessen des Empfängers geschützt, sodass der Geber nicht jederzeit, sondern erst bei Zweckverfehlung das Geld kondizieren konnte. Hierzu siehe im zweiten Teil, zweiten Kapitel V.1.a, S. 136ff.

607 Nicht nur das Prinzip der *condemnatio pecuniaria* konnte seine Aussichten verschlechtern, wenn der Fiduziar den Sklaven nicht freiwillig zurückgab. Es bestand immer auch das Risiko, dass der Fiduziar den Sklaven abredewidrig an einen Dritten veräußerte, gegen den der Fiduziant mit der *actio fiduciae* nicht vorgehen konnte. Andererseits überlegte sich ein Fiduziar, dem die infamierende *actio fiduciae* (siehe in Fn. 656) drohte, die abredewidrige Handlung sicher zweimal. Ferner befriedigte die Möglicheit, den Sklaven zurückzubekommen, dann nicht, wenn der Fiduziant die Freilassung durch den Fiduziar bezweckte, weil er etwa selbst nicht die Manumission mit voller zivilrechtlicher Wirkung vornehmen konnte. Dazu weiterführend Lotmar, Marc Aurels Erlaß, S. 341ff.; Finkenauer, Die Rechtsetzung Mark Aurels, S. 35f.

konnte analog gelten, was Ulpian mit Papinian in Bezug auf einen Eigentümer sagte[608]: Eine *lex*, aus der der Sklave von selbst frei werde, könne ein Eigentümer nicht sich selbst auferlegen, sondern nur jenem, an den er das Eigentum übertrage. Ebenfalls konnte sich derjenige nicht eine absolut wirkende *lex* auferlegen, der den Sklaven mittels einer persönlichen Klage zurückfordern konnte.

Somit griff die *constitutio Marci* nur in denjenigen Fällen ein, in denen der *auctor legis* das Eigentum am Sklaven endgültig verlor – bei Schenkung und bei Verkauf. Beim Verkauf sah Papinian[609] sogar bei vorbehaltener *manus iniectio* keinen Grund dafür, dass eine *manus iniectio* die Wirkung der Konstitution ausschließe. Zwar hätte der Verkäufer noch den Zugriff auf den Sklaven, die *manus iniectio* hatte aber eine andere Funktion als das Rückforderungsrecht bei der *fiducia*. Die für den Fall der Nichterfüllung der Freilassungsabrede vorbehaltene *manus iniectio* diente *nur* dazu, *den Sklaven zu schützen* und ihn freilassen zu können, wenn dies der Käufer unterließ. Daher erübrigte sich die *manus iniectio*, wenn der Sklave aus der *constitutio Marci* frei wurde.

Es darf also als Ergebnis gelten, dass der Schenker nach Widerruf des Freilassungsgebotes den Sklaven nicht zurückfordern konnte. Denken wir nun die Konsequenzen eines – zwar nicht ganz auszuschließenden, aber eher unsicheren – Widerrufsrechts zu Ende: Der Widerruf hätte nur zur Folge, dass der Beschenkte nachträglich in die Position käme, als hätte er den Sklaven ohne Freilassungsgebot erworben. Für die *constitutio Marci* wäre dann kein Raum mehr; der Beschenkte blieb Eigentümer, und sein Eigentum war nun nicht mehr durch die Freiheit des Sklaven befristet. Ließ er nach Widerruf der *lex ut manumittatur* den Sklaven frei, so hatte der Schenker keinen Anspruch gegen ihn. Die Willensänderung des Schenkers bewirkte nicht, dass das Freilassungsgebot zu einem, sei es dinglich, sei es obligatorisch wirkenden Freilassungsverbot wurde. Da der Schenker infolge der Übereignung an den Beschenkten nicht mehr Eigentümer des Sklaven war, käme ein dinglich wirkendes Freilassungsverbot zu spät. Die *mutata voluntas* machte das Freilassungsgebot auch nicht zu einem obligatorisch wirkenden Freilassungsverbot, wie analog zum Kauf auszuschließen ist: Denn in D. 18,7,8[610] sagte Papinian: *ex vendito actionem manumisso servo vel mutata venditoris vo-*

608 Ulp. D. 24,1,7,8; zum Text im zweiten Teil, vierten Kapitel I.1, S. 169.

609 Pap. D. 40,1,20,2: *Puellam ea lege vendidit, ut post annum ab emptore manumitteretur: quod si non manumisisset, convenit, uti manum iniceret aut decem aureos emptor daret. non servata fide nihilo minus liberam ex sententia constitutionis fieri respondit, quoniam manus iniectio plerumque auxilii ferendi causa intervenit: itaque nec pecunia petetur, cum emolumentum legis voluntatem venditoris secutum sit.*

610 Pap. D. 18,7,8: *Quaesitum est, si quis proprium servum vendidisset et ut manumitteretur intra certum tempus, praecepisset ac postea mutasset voluntatem et emptor nihilo minus manumisisset, an*

luntate evanuisse. Übersetzt man *vel* schlicht mit „oder“, dann erlosch die *actio venditi* bereits aufgrund der Willensänderung des Verkäufers. Ließ der Käufer nach Widerruf frei, so betraf dies nicht mehr den Verkäufer. Liest man *vel* mit der überwiegenden Meinung in steigerndem Sinn als „sogar (auch) wenn“[611], dann ist die Aussage von Papinian noch direkter: Er lehnte die *actio venditi* auch nach der gegen den Widerruf vollzogenen Freilassung ab.

III. Ergebnisse

1. Die Verdinglichung der *lex ut manumittatur*

Die *constitutio Marci* dürfte sich ursprünglich noch nicht auf Schenkungen bezogen haben, sondern erst später auf diese ausgedehnt worden sein, da sich sonst das Interpretationsproblem in C. 4,57,1 (a. 222) nicht gestellt hätte. Wie weit diese Ausdehnung zurückreichte, lässt sich nicht sicher sagen, jedenfalls muss man sie mit Papinian annehmen[612]. Seitdem brauchte der Schenker keinen Rechtsbehelf mehr, um die Erfüllung des Freilassungsgebots abzusichern. Kam der Beschenkte der Auflage nicht rechtzeitig nach, erwarb der Sklave die Freiheit *ipso iure* aus der Konstitution. Diese durch die Konstitution abgesicherte Wirkung der *lex ut manumittatur* hatte zur Folge, dass der Beschenkte an dem freizulassenden Sklaven lediglich ein zeitlich beschränktes Eigentum erwarb[613]. Zwar war eine *donatio* nichtig, wenn der Schenker das Eigentum des Beschenkten durch den Vorbehalt des dinglichen Rückfalls beschränkte[614], nicht aber, wenn die zeitliche Eigentumsbeschränkung im Freiheitserwerb des geschenkten Sklaven bestand.

Das Schenkungsmerkmal „*qui donat, sic dat, ne recipiat*“ war in der *donatio ea lege, ut manumittas* erfüllt. Zurückfordern konnte der Schenker den Sklaven auch[615] dann nicht, wenn er das Freilassungsgebot widerrief und damit das Eingreifen der Konstitution ausschaltete. Der Widerruf glich einer nachträglichen

---

aliquam eo nomine actionem haberet. dixi ex vendito actionem manumisso servo vel mutata venditoris voluntate evanuisse.

611 Misera in Behrends/Knütel/Kupisch/Seiler, Corpus iuris civilis. Bd. III, S. 513; in diesem Sinn auch Feust in Schilling/Sintenis, Das Corpus Juris Civilis, 2. Bd., S. 397; Haymann, Freilassungspflicht und Reurecht, S. 17, mit N. 1.

612 Vgl. Papinian im 9. Buch *Responsorum* (D. 40,8,8), das unter Severus und Caracalla verfasst wurde (Lenel, Palingenesia I., S. 881, N. 6).

613 So bereits Lotmar, SZ 33 (1912), S. 360.

614 Fr. Vat. 283: *Si praediorum stipendiariorum proprietatem dono dedisti ita, ut post mortem eius qui accepit ad te rediret, donatio inrita est, cum ad tempus proprietas transferri nequiverit.* Zum Text im dritten Teil, dritten Kapitel IV.2, S. 294ff.

615 Der Fall der Zweckverfehlung konnte seit dem Erlass der Konstitution nicht mehr eintreten.

Zuwendung an den Beschenkten, weil dadurch die zeitliche Beschränkung seines Eigentums wegfiel.

Die *lex ut manumittatur* erzeugte keine klagbare Verpflichtung des Beschenkten, weder der Schenker noch der Sklave[616] selbst benötigte eine Klage. Vielleicht konnte der mit der *lex ut manumittatur* geschenkte Sklave vor dem Erlass der *constitutio Marci* Hilfe beim Magistrat suchen, wenn ihn der Beschenkte nicht freiließ[617] (analog zu einem fideikommissarisch Freigelassenen[618]), doch erübrigte sich auch dies, nachdem er aus der *lex ut manumittatur* eine dingliche Anwartschaft auf die Freiheit erworben hatte.

Statt der bisher vertrauten Bezeichnung einer Zweckbestimmung *ea condicione* heißt das Freilassungsgebot *lex*: *lex donationis* (Pap. D. 40,8,8); *hac lege dederit donationis causa*; *lex data*; *ex lege donationis* (Ulp. D. 40,2,16,1); *hac lege fuerit donatus* (Ulp. D. 40,2,20,1); *donationis causa dedit lege dicta* (Imp. Alex. Severus C. 4,57,1[619])[620]. Es wird zutreffen, dass die *lex* in diesen Fällen nicht zufällig vorkam, sondern tatsächlich eine *lex mancipio dicta* bezeichnete[621]. Die Manzipation war unter römischen Bürgern wohl die häufigste Form der Übereignung eines Sklaven zu Freilassungszwecken. Dort, wo sich in den Quellen unverkürzte Formulierungen der *lex ut manumittatur* finden, wünschte sich der Schenker eine Freilassung nach *ius civile*, die zum Erwerb des Bürgerrechts (und nicht nur der Latinität[622]) führte[623]. Es ist somit naheliegend, dass, wenn der Schenker ziviler

616 Vgl. die Verpflichtung des *rogatus* gegenüber dem mit der *fideicommissaria libertas* begünstigten Sklaven: Krüger, SZ 48 (1928), S. 170f.; ausführlich bereits Jhering, Jahrb. 10 (1871), S. 519ff. Ähnlich beim *suis nummis emptus*, dazu Finkenauer, Fs. Knütel 2009, S. 347.

617 Siehe auch im zweiten Teil, siebten Kapitel III., S. 246 mit Fn. 966.

618 Ulp. D. 40,5,24,21. Vgl. die Vielfalt der Fälle in Herm. D. 5,1,53. Eine analoge Anwendung der für einen fideikommissarisch Freigelassenen geltenden Regelung auch in Ulp. D. 5,1,67 (auf den *suis nummis emptus*).

619 Doch bezeichnete Alexander Severus mit *lex* auch Abreden, die lediglich obligatorische Verbindlichkeit erzeugten; siehe im dritten Teil, ersten Kapitel, S. 251ff.

620 Zu den Bezeichnungen, die beim Kauf begegnen, siehe Lotmar, SZ 33 (1912), S. 331.

621 Siehe dazu auch im zweiten Teil, siebten Kapitel III., S. 242ff. Kaser, Studien zum römischen Pfandrecht, S. 53, N. 300; Noordraven, Die Fiduzia, S. 79. Anders Lotmar, SZ 33 (1912), S. 333. Zu den *leges privatae* Georgesco, Essai d'une théorie; mit Stoll, SZ 53 (1933), S. 582–587.

622 Ulp. lib. sing. 1,16; 22,8; Gai. Inst. 1,35; hierzu Avenarius, Der pseudo-ulpianische liber, S. 189f.; 413.

623 Alex. Severus C. 4,57,1: *donationis causa dedit lege dicta, ut, si quindecim annis continuis servisses, ad libertatem perducereris ita, ut civis Romanus esses*. Scaev. D. 45,1,122,2: *Flavius Hermes hominem Stichum manumissionis causa donavit et ita de eo stipulatus est: „si hominem Stichum, de quo agitur, quem hac die tibi donationis causa manumissionisque dedi, a te heredeque tuo manumissus vindictaque liberatus non erit, quod dolo malo meo non fiat, poenae nomine quinquaginta dari stipulatus est Flavius Hermes, spopondit Claudius"*; zum Text siehe im zweiten Teil, siebten Kapitel

Eigentümer war, er den Sklaven manzipierte, damit der Beschenkte als quiritischer Eigentümer die zivile Freilassung vornehmen konnte[624]. Warum der Manzipant die *lex mancipio dicta* einer formlosen Abrede vorzog[625], ist offensichtlich. Die vor der Manzipation, aber bereits vor den Zeugen ausgesprochene *lex dicta* erleichterte ihm die Beweisführung für den Fall, dass der Beschenkte die Auflage nicht erfüllte. Außerdem war die *lex mancipio dicta* auch eine passende Form für ein dinglich wirkendes Freilassungsgebot, da sie auch sonst dazu verwendet wurde, die veräußerte Sache mit dinglichen Beschränkungen zu belasten[626].

Die Freiheit trat *ex constitutione* nur dann ein, wenn der Erwerber den Sklaven nicht rechtzeitig freiließ. Somit könnte man auf den Gedanken kommen, die Konstitution habe die Obligation für den Fall ihrer Nichterfüllung dinglich geschützt[627]. Richtiger erscheint jedoch, dass die *constitutio Marci* die Freilassungsauflage selbst verdinglichte[628], oder anders, dass sie die *lex ut manumittatur* mit dinglicher Wirkung ausgestattet hatte. Durch die rechtzeitige Vornahme des Freilassungsaktes vermied der Beschenkte lediglich die Einschränkung seiner Patronatsrechte, die der Freiheitserwerb *ex constitutione* zur Folge hatte.

Diese Verdinglichung der Freilassungsauflage wird deutlicher, wenn man das Freilassungsgebot mit einem Prostitutionsverbot vergleicht, für dessen Verletzung der Verkäufer als Sanktion die Freiheit der Sklavin anordnete. Aufgrund der Klausel *ne prostituatur et, cum prostitutam fuisset, ut liberam esset* wurde die verkaufte Sklavin frei, wann immer sie prostituiert wurde und unabhängig davon, wer zu diesem Zeitpunkt ihr Eigentümer war[629]. Durch das Freiwerden *ex lege venditionis* erwarb der Verkäufer als *auctor legis* die Patronatsrechte[630], weil

III., S. 242ff. Zur Entstehung und Entwicklung des Bürgerrechtserwerbs durch eine Freilassung Kaser, SZ 61 (1941), S. 165ff. Zur *manumissio vindicta* Tondo, Aspetti simbolici, S. 1ff.; Wolf, Symposion Wieacker 1991, S. 61–96.

624 Die *traditio* eines Sklaven, bei der zwar nach der Ersitzung durch den Beschenkten auch die *manumissio iusta* möglich wäre, war eher ein seltener Fall. Vgl. aber Lotmar, SZ 33 (1912), S. 325f.; 333.

625 Eine *lex mancipio dicta* benötigte wahrscheinlich keine spezielle Formel, war aber insoweit förmlich, dass sie den Manzipationsakt begleitete und vor den Zeugen geschah.

626 Insbesondere mit Dienstbarkeiten. Hierzu auch im zweiten Teil, siebten Kapitel II. mit Fn. 945, und III., S. 241ff.

627 Vgl. Jhering, Jahrb. 10 (1871), S. 548f.

628 Vgl. Rabel, SZ 27 (1906), S. 328: „Verdinglichung der Treuhänderpflichten". Vgl. dazu Wimmer, Fs. Hausmaninger 2006, S. 348.

629 Zur Eviktionshaftung des Verkäufers in solchen Fällen Kleňová, TR 85 (2017), S. 470ff.

630 Ulp. D. 2,4,10,1: *Prostituta contra legem venditionis venditorem habebit patronum, si hac lege venierat, ut si prostituta esset, fieret libera.* Mod. D. 37,14,7pr.: *Divus Vespasianus decrevit, ut, si qua hac lege venierit, ne prostitueretur et, si prostituta esset, ut esset libera, si postea ab emptore alii sine condicione veniit, ex lege venditionis liberam esse et libertam prioris venditoris.*

er das Prostitutionsverbot durch eine bedingt vorgenommene Freiheitsverfügung abgesichert hatte[631]. Nicht die Zweckerreichung (Verhinderung der Prostitution) war hier verdinglicht, wie dies bei der *lex ut manumittatur* der Fall war. Dies war beim Prostitutionsverbot nicht möglich. Das Freiwerden war hier lediglich eine dinglich wirkende Sanktion für den Fall des Verstoßes gegen das Prostitutionsverbot. Die Auswirkung der Sanktion konnte nur sekundär die weitere Verbotsverletzung verhindern – als Freie konnte sie sich der Prostitution entziehen. Beim Prostitutionsverbot behielt sich der Verkäufer für den Fall der Verbotsverletzung einen bedingten Freiheitserwerb der Sklavin *aus seiner Person* vor[632]. Dies traf für die *lex ut manumittatur* nicht zu. Der Freiheitserwerb erfolgte beim Freilassungsgebot selbst dann nicht aus der Person des Schenkers, wenn der Beschenkte die Freilassung unterließ. Der Schenker, der mit der Klausel *ut manumittatur* einen Sklaven übereignete, übertrug sein Eigentum am Sklaven endgültig und restlos. Die Klausel *ut manumittatur* kann somit nicht interpretiert werden, als ob sie hieße: *ut manumitteretur et, ni manumissa esset, libera esset*[633], da bei ihr die bedingte Freiheitsverfügung des Veräußerers (*si manumissus non esset, liber esto*) fehlte, aufgrund derer der Schenker selbst die Patronatsrechte erwerben könnte[634].

2. Die Abgrenzung vom *negotium mixtum cum donatione*

Die Fälle, in denen ein Sklave in Schenkungsabsicht und mit Freilassungsauflage übereignet wurde, können bereits in zwei Gruppen[635] gegliedert werden. In der einen war das Rechtsgeschäft ein *negotium mixtum cum donatione (nmcd)*, vorausgesetzt, dass die Manumission erst *post tempus* durchzuführen war und der Fiduziant dem Fiduziar die Vorteile des Zwischeneigentums zuwenden wollte. Im Wesentlichen behielt das *nmcd* den fiduziarischen Charakter, nur mit der Beson-

631 Imp. Alex. Severus C. 4,56,2 (*libertas mulieri existente condicione competit*). Für die „automatisch eintretende Freiheit“ KLINCK, Papinian D.18,7,6pr., S. 84; FINKENAUER, Die Rechtsetzung Mark Aurels, S. 42, N. 193; WIMMER, Fs. Hausmaninger 2006, S. 348; BUCKLAND, The Roman Law of Slavery, S. 603; MITTEIS, Römisches Privatrecht, S. 182, N. 62. Anders MCGINN, SZ 107 (1990), S. 318: „The grant of freedom had to be confirmed by a magistrate“.

632 Vgl. WIMMER, Fs. Hausmaninger 2006, S. 347: „bedingt vorweggenommene Freiheitsverfügung des Verkäufers“.

633 So erwog es KOHLER, Archiv für bürgerliches Recht 12 (1897), S. 43.

634 Vgl. auch Call. D. 40,12,37: *Conventio privata neque servum quemquam neque libertum alicuius facere potest.* Daraus schloss LOTMAR, SZ 33 (1912), S. 352 mit N. 1, dass man das *liber esto* als Sanktion nur beim Prostitutionsverbot vereinbaren habe können; beim Freilassungsgebot sei eine solche Sanktion nichtig gewesen. Dies ist jedoch nicht zwingend; mit *conventio privata* konnte Callistratus eine Vereinbarung meinen, die nicht die Veräußerung des Sklaven begleitete.

635 Zu zwei weiteren siehe im folgenden Kapitel I., S. 165ff., und ferner im zweiten Teil, siebten Kapitel III., S. 242ff.

derheit, dass die Obligation bis zum bestimmten Freilassungstermin durch das Bestehen der *aliqua donatio* aufgeschoben war. In der zweiten Gruppe (*donatio ea lege, ut manumittas*) wurde eine Schenkung des Sklaven im eigentlichen Sinn bejaht, und dies unabhängig davon, wann der Beschenkte den übereigneten Sklaven freizulassen hatte. Vom *nmcd* unterschied sich die *donatio ea lege, ut manumittas* dadurch, dass sie keine klagbare *obligatio* erzeugte. Die *constitutio Marci*, die auf das *nmcd* nicht angewendet wurde, hatte hier die Freilassungsauflage mit dem Von-selbst-Erwerb der Freiheit ausgestattet.

Beide Fallgruppen – sowohl das *nmcd* (Ulp. D. 39,5,18pr.–2), als auch eine *donatio ea lege, ut manumittas* (Ulp. D. 40,2,20,1) – kannte Ulpian in der Zeit nach dem Erlass der Konstitution von Mark Aurel[636]. Falsch wäre daher die Annahme, dass nach dem Erlass der *constitutio Marci* eine unentgeltliche Übereignung des Sklaven mit Freilassungsauflage immer als Schenkung im eigentlichen Sinn anzusehen war. Eher unterschied das klassische Recht nach bestimmten Kriterien zwischen der *donatio, ea lege ut manumittas* mit Anwendung der *constitutio Marci* und dem *nmcd*, bei dem die Konstitution nicht eingriff. Das unterscheidende Kriterium lag in der Form, in welcher die Freilassungsauflage angeordnet war – *lex mancipio dicta* oder *pactum fiduciae*.

Behielt sich der Geber bei der Übereignung die Rückforderung des Sklaven vor, indem er das Freilassungsgebot mittels des *pactum fiduciae* anordnete, so wollte er die *ex constitutione Marci ipso iure* eintretende Freiheit vermeiden. Bei Nichterfüllung der Freilassungsabrede konnte er den Sklaven zurückbekommen und hatte es in der Hand, ob er den Sklaven freiließ oder nicht. Dementsprechend betraf die Konstitution nur Fälle, in denen der Schenker das Eigentum am Sklaven endgültig preisgeben wollte. Dies waren diejenigen Fälle, in denen die Freilassungsauflage zum Inhalt der *lex mancipio dicta* wurde. Die vor der Manzipation vom Manzipanten ausgesprochene *lex dicta* erzeugte kein Rückforderungsrecht des Manzipanten[637], weswegen die *donatio ea lege, ut manumittas* als Schenkung des Sklaven im eigentlichen Sinn beurteilt werden konnte – „*sic dat, ne recipiat*“ war erfüllt. Die *constitutio Marci* war nötig, da der Schenker nicht die Möglichkeit hatte, den Sklaven zurückzubekommen, um ihn selbst freizulassen. Ein daraus folgender weiterer Unterschied zwischen der *donatio ea lege, ut manumittas* und

636 Zur zeitlichen Einordnung, wann Ulpian den im Fragment 71 ad ed. D. 39,5,18,1 überlieferten Text verfasste, siehe in Fn. 446. Ulpianus 2 de off. cons. D. 40,2,20,1 hatte Ulpian unter Caracalla geschrieben; so LENEL, Palingenesia II., S. 951, N. 1.

637 Da dem Schenker aus der *lex dicta* keine Klage entsprang, war es vor dem Erlass der *constitutio Marci* üblich, bei der *lex dicta ut manumittatur* mit dem Beschenkten zusätzlich eine *stipulatio poenae* abzuschließen; siehe unten bei Scaev. D. 45,1,122,2 im zweiten Teil, siebten Kapitel III., S. 242ff.

dem *nmcd* betraf auch die Bereicherung des Empfängers um die Vorteile aus der Patronatsstellung. Der Schenker, indem er bei der *donatio ea lege, ut manumittas* den Sklaven in der Absicht übereignete, das Eigentum endgültig preiszugeben, wollte, dass dem Empfänger alle durch den Sklaven künftig erworbenen Vorteile zugutekamen, und somit auch die aus dem Patronat. Anders beim *nmcd*: Ab dem Zeitpunkt, zu dem der Fiduziant die Freilassung anordnete, bestand das Rechtsgeschäft als ein rein fiduziarisches Schuldverhältnis weiter, aus dem der Fiduziar nicht profitieren sollte; die durch die Freilassung erworbenen Vermögensvorteile hatte er an den Fiduzianten zu restituieren.

Viertes Kapitel: Die Schenkung unter Ehegatten mit einer Zweckbestimmung

Bei den Ehegattenschenkungen sind Fälle überliefert, in denen die Schenkung aufgrund der beigefügten Zweckbestimmung dem Anwendungsbereich des Ehegattenschenkungsverbots entzogen wurde. Zu diesen gehörten die *donatio manumissionis causa, sepulturae causa, honoris causa* und schließlich die *donatio*, durch die der Schenker notwendige Aufwendungen der Beschenkten bestritt.

Zu beginnen ist mit der *donatio manumissionis causa*, die sich von der gerade erörterten *donatio ea lege, ut manumittas* unterscheidet.

I. *Donatio manumissionis causa*

Über eine *donatio* zum Zweck der Freilassung berichtet Ulpian:

D. 24,1,7,9 (Ulpianus libro trigesimo [primo] <secundo>[638] ad Sabinum)
Manumissionis causa donatio facta valet, licet non hoc agatur, ut statim ad libertatem, sed quandoque perducatur. proinde si, ut post certum tempus manumittat, uxori suae [tradidit] <mancipio dedit>[639], tunc demum eius fiet, cum tempore impleto manumittere coeperit: quare antea manumittendo nihil agit. nam et illud sciendum est: si uxori quis suae donaverit, ut intra annum manumittat, deinde non manumiserit ea intra annum, postea manumittendo nihil agit.

Eine *donatio manumissionis causa* war unter Ehegatten nicht nur dann gültig, wenn der Beschenkte den geschenkten Sklaven sogleich (*statim*) freizulassen hatte, sondern auch dann, wenn die Freilassung erst *quandoque*, also *intra* oder

---

638 Mommsen/Krüger, Corpus iuris civilis[22], ad h. l., S. 348, N. 11; neuerdings Buongiorno, Il divieto, S. 126.

639 Lenel, Palingenesia II., Ulp. 2767, S. 1141, N. 3.

post certum tempus vorzunehmen war. Der beschenkte Ehegatte konnte das Eigentum am Sklaven jedoch nicht sogleich mit der Übergabe erwerben, sondern, nach der auf Masurius Sabinus zurückgehenden Konstruktion[640], erst dann, wenn er mit dem Freilassungsakt rechtzeitig anfing. Damit erwarb er für eine logische Sekunde das Eigentum, das er durch die Freilassung sogleich wieder verlor. Der Kurzerwerb schaltete das Verbot der Ehegattenschenkungen nicht ein, weil der Beschenkte nicht um den Sklaven reicher[641] wurde[642], ermöglichte es aber, den Freilassungszweck zu verwirklichen, indem der Beschenkte als ziviler Eigentümer freiließ. Befand sich dagegen der freizulassende Sklave in einer Rechtslage, in der er nicht zur Freiheit gelangen konnte[643], war die Schenkung wirkungslos[644]. Der Eigentumserwerb am Sklaven setzte voraus, dass sich der Freilassungszweck auch erreichen ließ.

Die sabinische Konstruktion *tunc fit servus eius cui donatur, cum coeperit libertas imponi* hat das ältere Schrifttum für unklassisch gehalten[645]. Der Haupteinwand richtete sich dagegen, dass die Manzipation (die bei einem Sklaven wohl die Regel war), hier im Widerspruch zu ihrer Befristungs- und Bedingungsfeindlichkeit[646], suspensiv bedingt sein müsse. Doch ist der Verdacht gegen die Echtheit mit Misera nicht mehr glaubhaft[647]. Die Lehre von Sabinus setzte sich trotz der Bedingungsfeindlichkeit der Manzipation durch (eine Rolle spielte dabei wohl

640 Ulp D. 24,1,7,8, siehe unten.

641 Vgl. Ulp. D. 24,1,5,16: *Cum igitur nihil de bonis erogatur, recte dicitur valere donationem. ubicumque igitur non deminuit de facultatibus suis qui donavit, valet, vel, etiamsi deminuat, locupletior tamen non fit qui accepit, donatio valet.* Dazu Misera, Der Bereicherungsgedanke, S. 22ff.

642 In dem Erwerb für eine logische Sekunde lag „so etwas wie ein sofortiger Wegfall der Bereicherung"; so zutreffend Misera, Der Bereicherungsgedanke, S. 21, N. 74. Auch die durch Freilassung erworbenen Vermögensvorteile waren vom Ehegattenschenkungsverbot nicht betroffen, siehe unten in diesem Kapitel unter 2, S. 173ff.

643 Etwa wenn er mit Freilassungsverbot belastet war; zur Klausel *ne manumittatur* siehe oben in Fn. 588ff.

644 Ulp. D. 24,1,9pr.: *Si eum uxori donet maritus, qui eius erat condicionis, ne umquam ad libertatem perduci possit, dicendum est omnino nihil agi hac donatione.*

645 Pernice, Labeo. 3. Bd. 1. Abt., S. 137, N. 1; Haymann, SZ 38 (1917), S. 240, N. 1; Stock, Zum Begriff der donatio, S. 20f., nach dem der Eigentümer des Sklaven der „Schenker" blieb. Der „beschenkte Ehegatte" konnte den Sklaven nur mit Einwilligung des Eigentümers (des Schenkers) freilassen und, mangels Eigentums, nur formlos (*inter amicos, per epistulam*).

646 Vgl. Pap. D. 50,17,77, wo *emancipatio* wohl interpoliert statt *mancipatio* ist; Kaser, Das römische Privatrecht 1², S. 255; dazu auch Bruck, Bedingungsfeindliche Rechtsgeschäfte, S. 6ff.

647 Siehe die von Misera, Der Bereicherungsgedanke, S. 11f., angeführten Gründe. Für die Echtheit der sabinischen Konstruktion auch Erbe, Die Fiduzia, S. 164, N. 2; S. 197, N. 1; Avenarius, Der pseudo-ulpianische liber, S. 266, mit N. 96. Vgl. ferner Kaser, SZ 59 (1939), S. 49f., nach dem die Manzipation auch beim *testamentum per aes et libram* und *nexum* mit einer aufschiebenden Bedingung verbunden war.

auch der *favor libertatis*[648]) und wurde später auf Schenkungen *sepulturae causa* und *ad oblationem dei* erweitert[649]. Zudem lag hier auch nicht eine Bedingung vor, die der Manzipant setzte, sondern die aufgeschobene Wirkung der Manzipation war nur Folge der juristischen Konstruktion. Es ist dies ein weiteres Beispiel dafür, wie die Römer dem Zweck des Geschäftes in den von Schenkungsverboten gezogenen Grenzen zum Durchbruch zu verhelfen wussten[650].

1. Die Notwendigkeit der sabinischen Konstruktion als Folge der Übergabe ohne Rückforderungsvorbehalt

Es wurde schon gezeigt[651], dass die Juristen den Eigentumsübergang auch unter Ehegatten bejahten, wenn eine Sache zu einem bestimmten Zweck unter Vorbehalt der Rückforderung übereignet wurde. So entschied Ulpian mit Julian in D. 23,3,5,9[652]: Gab die Frau ihrem Mann eine Sache, damit er mit dieser die Mitgift für die Tochter bestellte[653], so erwarb der Mann Eigentum. Darin lag keine verbotswidrige Schenkung, weil der Mann für den Fall, dass er die *dos* nicht bestellt, aus der *condictio ob rem* haftete. Da der Mann die Mitgift sogleich zu bestellen hatte, musste sich Julian auch nicht mit der Frage befassen, ob der Mann durch die Zwischenvorteile aus dem Vermögen der Frau bereichert war. Die sabinische Konstruktion wandte aber auch Marcellus (D. 24,1,49)[654] nicht an, wenn die Frau ihrem Mann ein Grundstück gab, damit es der gemeinsame Sohn nach dem Tod des Vaters erhielt[655]. Obwohl der Mann erst letztwillig über das Grundstück zugunsten des Sohns verfügen sollte, konnte er das Eigentum sogleich mit

648 Pauli Sent. 2,23,2: *Manumissionis gratia inter virum et uxorem donatio favore libertatis recepta est, vel certe quod nemo ex hoc fiat locupletior: ideoque servum manumittendi causa invicem sibi donare non prohibentur.* Die Zulassung der *donatio manumissionis causa* wird im Text doppelt begründet. Zuerst mit dem *favor libertatis*, dann mit dem Bereicherungsausschluss (*vel certe quod nemo ex hoc fiat locupletior*). Denkbar ist die Bedeutung: Um die Freiheit des Sklaven zu begünstigen, fand man den Weg, wie die *donatio manumissionis causa* dem Anwendungsbereich des Schenkungsverbots entzogen werden kann. Für *favor libertatis* als Grund der Zulassung Misera, Der Bereicherungsgedanke, S. 10; 21f.

649 Zur *donatio sepulturae causa* siehe sogleich unten II. Zur *donatio ad oblationem dei* in Fn. 705.

650 Weitere Beispiele: Zum Ehegattenschenkungsverbot siehe bereits oben zu D. 24,1,59 im zweiten Teil, ersten Kapitel II.2.b.dd, S. 103ff., und D. 24,1,49 im zweiten Teil, zweiten Kapitel II., S. 124ff. Zum Verbot der *lex Cincia* im ersten Teil, zweiten Kapitel II., S. 43ff., wo belohnenden Leistungen (*dationes ob causam*) der Schenkungscharakter abgesprochen wurde, um sie dem Geltungsbereich der *lex Cincia* zu entziehen.

651 Siehe sogleich Fn. 652 und 654.

652 Siehe im zweiten Teil, ersten Kapitel II.2.b, S. 95.

653 *Ut pro filia genero in dotem daret.*

654 Oben im zweiten Teil, zweiten Kapitel II., S. 124.

655 *Uti post mortem restituatur filio.*

Manzipation erwerben. Für den sofortigen Eigentumsübergang genügte die Tatsache, dass sich die Frau das Recht vorbehielt, die *fiducia* jederzeit widerrufen zu können. Der Vorbehalt der freien Widerruflichkeit bedeutete zugleich, dass das Rechtsgeschäft ein einfaches *negotium* war und das Grundstück samt aller Zwischenvorteile an den Sohn restituiert werden sollte. Daher benötigte Marcellus die sabinische Konstruktion nicht, nach der der Mann das Eigentum nur für eine logische Sekunde vor seinem Tod erwerben könnte.

Bei der Übergabe zum Zweck der Freilassung kommt dagegen die Argumentation, die die Gültigkeit der Eigentumsübertragung mit der freien Widerruflichkeit beziehungsweise mit der Haftung aus der *condictio ob rem* begründete, nicht vor. Es wurde durchwegs eine *donatio manumissionis causa* angenommen und das Eingreifen des Schenkungsverbots überall mit Hilfe der sabinischen Konstruktion vermieden. Dies wirft die Frage auf, ob es besondere Gründe dafür gab, warum der Schenker bei der Freilassungsauflage nicht zur fiduziarischen Übereignung griff oder warum er sich keine *condictio ob rem* vorbehielt.

Die Annahme, dass die *fiducia manumissionis causa* unter Ehegatten nicht üblich war, weil eine infamierende Klage[656] dem Wesen der Ehe widersprach[657], gibt schon deswegen keine befriedigende Antwort, weil die *fiducia cum amico* unter Ehegatten auch nicht ganz ausgeschlossen war[658], wie dies D. 24,1,49 belegt, wo auch die herrschende Literatur[659] den ursprünglichen Bezug auf die *fiducia* vertritt.

Als Erklärung käme in Betracht, dass sich der Schenker das Rückforderungsrecht deswegen nicht vorbehielt, weil er wollte, dass der Sklave bei Nichterfüllung der Zweckbestimmung aus der *constitutio Marci ipso iure* frei wurde. Im vorigen Kapitel wurde versucht zu zeigen, dass sich die *constitutio Marci* lediglich auf diejenigen Übereignungen bezog, die zum endgültigen Eigentumsverlust führten. Wenn dem Geber das Recht zustand, bei Verfehlung des Freilassungszwecks den Sklaven zurückzufordern, griff die Konstitution nicht ein. Die *constitutio Marci* war aber jünger als die sabinische Konstruktion und bezog sich nach ihrem Erlass gerade deswegen nicht auf die *donationes manumissionis causa* unter Ehegatten, weil sie mit der bereits bestehenden sabinischen Konstruktion unvereinbar war. Dies berichtet Ulpian:

---

656 Gai. Inst. 4,182; weitere Quellenbelege bei NOORDRAVEN, Die Fiduzia, S. 221, N. 22. Zur *infamia* KASER, SZ 73 (1956), S. 220ff.

657 ERBE, Die Fiduzia, S. 138; 163f.; der aber in D. 24,1,49 auch eine *fiducia cum amico* vertrat.

658 Dafür, dass die *fiducia* unter Ehegatten möglich war, richtig MISERA, Der Bereicherungsgedanke, S. 9, N. 7.

659 Siehe in Fn. 451.

D. 24,1,7,8 (Ulpianus libro trigesimo [primo] <secundo>[660] ad Sabinum)
Uxori quis donavit servum ita, ut eum intra annum manumitteret: an, si mulier non obtemperet voluntati, constitutio divi Marci imponat ei libertatem, si vir vel vivit vel etiam diem suum obierit? et ait Papinianus, cum Sabini sit sententia recepta, qui putat tunc fieri servum eius cui donatur, cum coeperit libertas imponi ideoque nec si velit mulier post exactum tempus possit manumittere, recte dici non esse constitutioni locum nec voluntatem mariti posse constitutioni locum facere, cum proprium servum possit manumittere: quae sententia mihi quoque probatur, quia venditor sive donator non sibi vult legem imponi nec potest, sed ei qui accepit: dominio igitur penes se remanente nequaquam effectum habebit constitutio.

Eine dinglich wirkende *lex*, die bei Fristablauf das Freiwerden des Sklaven bewirkte, wollte ein Eigentümer sich nicht selbst auferlegen und konnte es auch nicht, sondern nur jenem, an den er das Eigentum am Sklaven übertrug. Als Eigentümer war der Schenker jedoch in der Lage, den Sklaven selbst freizulassen. Da die Anwendung der *constitutio Marci* die Eigentumsübertragung an den Beschenkten voraussetzte, war sie unter Ehegatten ausgeschlossen oder genauer aus zwei Gründen nicht notwendig: Zum einen konnte die Beschenkte das Eigentum am Sklaven nur dadurch erwerben, dass sie mit der Freilassung fristgemäß begann. Hatte sie begonnen, war die Anwendung der Konstitution nicht mehr erforderlich. Zum anderen: Wenn die Freilassung binnen eines Jahres (*intra annum*) erfolgen sollte, konnte die Beschenkte das Eigentum *nur innerhalb dieser Frist* erwerben. Die Konstitution konnte dagegen erst eingreifen, wenn der Sklave nicht rechtzeitig freigelassen wurde, also mit dem Ablauf eines Jahres, zu einem Zeitpunkt, da die Beschenkte das Eigentum aber nicht mehr erwerben konnte.

Obwohl die von Ulpian gestellte Frage lautete, ob die *constitutio Marci* dem Sklaven die Freiheit verschafft *si vir vel vivit vel etiam diem suum obierit*, geht Ulpian auf die Möglichkeit *si vir diem suum obierit* später gar nicht ein. Misera hat gemeint, der Text sei verkürzt wiedergegeben und die Entscheidung ursprünglich von der Anwendbarkeit der *oratio Severi* abhängig gewesen[661]. Wenn die *oratio Severi* auf die *donatio manumissionis causa* anwendbar wäre, würde die Beschenkte mit dem Tod des Ehemannes das Eigentum am Sklaven erwerben, ohne dass sie mit der Freilassung beginnen müsste. Hätte sie den Sklaven nicht fristgemäß freigelassen, dann könnte sich die Frage stellen, ob die *constitutio Marci* dem Sklaven die Freiheit verschaffte. Doch war die Anwendbarkeit der *oratio Severi* bei der *donatio manumissionis causa* unwahrscheinlich, zum einen, weil die *donatio manumissionis causa* nicht eine verbotswidrige und somit nichtige Schenkung war,

660 Mommsen/Krüger, Corpus iuris civilis^{22}, ad h. l., S. 348, N. 11.

661 Misera, Der Bereicherungsgedanke, S. 13, N. 25.

die konvaleszieren könnte[662]; bis zum Freilassungstermin war sie lediglich in der Schwebe und konnte durch die *manumissio* bereits zu Lebzeiten des Schenkers wirksam werden. Zum anderen berichtet Gaius in D. 24,1,8, dass die *donatio manumissionis causa* nicht mehr wirksam werden konnte, wenn einer der Ehegatten vor fristgemäßer Freilassung starb[663]:

D. 24,1,8 (GAIUS libro undecimo ad edictum provinciale)
Si, antequam servus manumittatur, morte aut divortio solutum fuerit matrimonium, resolvitur donatio: inesse enim condicio donationi videtur, ut manente matrimonio manumittatur.

Wurde die Ehe vor der (fristgemäßen) Freilassung durch die Scheidung oder durch den Tod eines der Ehegatten aufgelöst, so löste sich auch die Schenkung auf (*resolvitur donatio*). *Resolvitur donatio* bedeutet, dass die Schenkung, die bisher in Pendenz gewesen war, nach der Auflösung der Ehe nicht mehr wirksam werden konnte; der Schwebezustand war beendet[664]. Nach dem Tod des Schenkers konnte die Frau das Eigentum am Sklaven nicht mehr erwerben[665]. Dem würde widersprechen, wenn sie dennoch durch Anwendung der *oratio Severi* mit dem Tod des Schenkers Eigentümerin werden könnte.

Es ist allerdings denkbar, dass Ulpian in D. 24,1,7,8 mit *vel etiam diem suum obierit* darauf hinwies, dass der verstorbene Schenker weder die Freilassung widerrufen[666] noch den Sklaven selbst freilassen konnte, womit das Argument *cum*

662 Dass die *donatio manumissionis causa* als eine gültige Schenkung betrachtet war, belegt Afr. D. 30,109pr.: *Si quando quis uxori suae ea, quae vivus donaverat volgari modo, leget, non de aliis donationibus videri eum sentire ait, quam de his quae iure valiturae non sunt: alioquin et frustra legaturus sit atque si ita exprimat: „quae uxori iure donavero" vel ita: „quae uxori manumissionis causa donavero, ea ei lego": nam inutile legatum futurum est.* Fraglich ist jedoch, ob das Legat in dem letzten Fall (*quae uxori manumissionis causa donavero, ea ei lego*) gültig wäre, wenn die Frau den Sklaven zu Lebzeiten des Mannes nicht freiließe, denn die *donatio manumissionis causa* konnte nach dem Tod des Mannes nicht mehr wirksam werden (siehe sogleich unten D. 24,1,8). Vgl. LOTMAR, SZ 33 (1912), S. 329, N. 4. Zum Text WACKE, Mélanges Sturm 1999, S. 560f.

663 Ähnlich bei der *donatio sepulturae causa*; siehe Ulp. D. 24,1,5,9 unten in diesem Kapitel, unter II., S. 176.

664 Vgl. Ulp. D. 24,1,11,10: *Si maritus uxori donaverit mortis causa eaque diverterit, an dissolvatur donatio? Iulianus scripsit infirmari donationem nec impendere.* Statt *nec impendere* ist mit Mommsen in MOMMSEN/KRÜGER, Corpus iuris civilis[22], ad h. l., N. 16, *nec iam pendere* zu lesen.

665 Bereits aufgrund der in Gai. D. 24,1,8 überlieferten Regel konnte das Eigentum an die Ehefrau nach dem Tod des Schenkers nicht mehr übergehen (hätte sie den Sklaven auch freilassen wollen). Das Problem *non possint in dominio eius effici cui datae sunt, quia post mortem incipiat dominium discedere ab eo qui dedit* spielte hier also keine Rolle (siehe Ulp. D. 23,3,9,1; anders jedoch Iul. D. 39,5,2,5). Hierzu WACKE, Fs. Huwiler 2007, S. 651–674.

666 Vgl. oben im zweiten Teil, dritten Kapitel I.: Pap. D. 40,8,8 und Call. D. 40,8,3 (in Fn. 566).

proprium servum possit manumittere entfiel. Um dem Sklaven die Freiheit zu sichern, käme daher eventuell die Konstitution in Betracht. Im weiteren Verlauf befasste sich Ulpian mit dieser Alternative jedoch nicht mehr, da bereits aus dem Vorangehenden deutlich wurde, dass die Beschenkte das Eigentum nur durch die Freilassung selbst erwerben konnte[667].

Fragt man also nach dem Grund, warum sich der Schenker keine Rückforderung vorbehielt, so lässt sich sagen: nicht deswegen, weil er den Freiheitserwerb aus der *constitutio Marci* gewollt hätte, sondern eher deswegen, weil er bezweckte, seiner Frau die *durch die Freilassung zu erwerbenden Vermögensvorteile* zuzuwenden[668]. Hätte der Ehemann zur *fiducia* gegriffen, dann könnte die Frau das Eigentum am Sklaven sogleich mit Übergabe erwerben, freilich nur unter zwei Voraussetzungen, die hier analog zu Marcel. D. 24,1,49 anzuwenden wären: 1) dass der Mann das jederzeitige Widerrufsrecht hatte und 2) dass die Frau nicht die bis zur Freilassung gezogenen Früchte behalten konnte. Dann läge ein einfaches *negotium* vor und dieses wäre auch unter Ehegatten gültig. Ein einfaches *negotium* würde bei der Freilassungsfiduzia aber zugleich bedeuten, dass die Frau auch die aus der Patronatsstellung erworbenen Vermögensvorteile an den Mann herausgeben müsste. Dies lag im Wesen der Freilassungsfiduzia, wie bereits gezeigt wurde[669], und lässt sich generell für ein *negotium* auch aus D. 24,3,24,4 entnehmen.

D. 24,3,24,4 (Ulpianus libro trigesimo tertio ad edictum)
Si vir voluntate mulieris servos dotales manumiserit, si quidem donare ei mulier voluit, nec de libertatis causa impositis ei praestandis tenebitur: quod si negotium inter eos gestum est, utique tenebitur, ut officio iudicis caveat restituturum se mulieri, quidquid ad eum ex bonis liberti vel ex obligatione pervenisset.

Der Mann war bereits Eigentümer der Dotalsklaven, als sich die Frau mit der Freilassung einverstanden erklärte[670]. Der Text zeigt den Unterschied zwischen dem Fall, wenn der

667 Aus dem gleichen Grund lässt sich schließen, dass die Anwendung der *constitutio Marci* auch dann ausgeschlossen war, wenn der Sklave erst *post tempus* freizulassen war, obschon Ulpian in D. 24,1,7,8 die Anwendung ausdrücklich nur im Bezug auf die *donatio ut intra annum manumitteret* verneinte.

668 Der beschenkte Ehegatte konnte die Patronatsrechte erwerben; die in Ulp. D. 49,17,6 gestellte Frage lautete, ob der beschenkte *filius familias miles* oder sein *pater familias* zum Patron des freigelassenen Sklaven wurde (so auch Misera, Der Bereicherungsgedanke, S. 66f.), und nicht, ob der Sklave *libertus* der Schenkerin oder des Beschenkten wurde.

669 Oben im zweiten Teil, zweiten Kapitel I.1, S. 120.

670 Die Dotalsklaven *invita uxore* freizulassen, war dem Mann nach der *lex Iulia* verboten; hierzu Stagl, Favor dotis, S. 34; 227f.; vgl. aber jüngst Forschner, Servus dotalis, S. 99ff.; 104ff.

Mann die Sklaven nur im Interesse der Frau (aufgrund eines *mandatum*?[671]) freiließ, und jenem, wenn die Freilassungsbefugnis erteilt wurde, um dem Mann zu schenken. In beiden Fällen erwarb der Mann als Eigentümer der Dotalsklaven die Patronatsstellung. Wenn ihm die Frau bei Erteilung der Zustimmung nicht schenken wollte (= *si negotium inter eos gestum est*), musste er Sicherheit leisten, dass er ihr bei Auflösung der Ehe alles herausgibt, was an ihn als Freilasser gelangen wird[672]. Hatte sie demgegenüber eine Schenkungsabsicht, konnte er die *manumissionis causa* erworbenen Vermögensvorteile behalten[673], in dem Fall sprach Paulus von *donare manumittendi causa*[674].

Übergab dagegen der Mann seiner Frau einen Sklaven, ohne dass er zur fiduziarischen Übereignung griff oder ohne dass er sich eine *condictio ob rem* für den Fall der Zweckverfehlung vorbehielt, so bekundete er damit, dass die Übergabe kein *negotium* verkörperte und die Frau die Freilassung somit im eigenen Interesse vornehmen solle und die dadurch erworbenen Vermögensvorteile behalten könne. Da der Grund der Übergabe nicht ein *negotium*, sondern eine Schenkung war, konnte die Frau wegen des Schenkungsverbots das Eigentum nicht sogleich mit der Übergabe erwerben. Man benötigte die sabinische Konstruktion, um das Schenkungsobjekt auf das erlaubte Maß zu reduzieren – nicht der Sklave, sondern nur die durch die Freilassung erworbenen Vermögensvorteile[675] waren als geschenkt anzusehen[676]. Das Recht des Empfängers, die Freilassungsvorteile zu behalten, begründete eine *donatio* auch dann, wenn der Sklave zur sofortigen

671 Archi, Studi Volterra, Vol. I, 1971, S. 685f. Dagegen für Geschäftsführung ohne Auftrag Pringsheim, SZ 42 (1921), S. 282.

672 *Ex bonis liberti* in D. 24,3,24,4 deutet wohl auch auf die vom *libertus* erworbene Erbschaft hin. Zur Einschränkung der Herausgabepflicht zutreffend Buckland, The Roman Law of Slavery, S. 584: „He need not account for extraneous benefactions from the *libertus*, and thus not for any share of the estate of the *libertus*, to which he was instituted, beyond his share as patron". Hatte der *libertus* dem Ehemann die *operae* geleistet (und nicht ihren Schätzwert), dann war er der Frau gegenüber wahrscheinlich nicht auf den Wertersatz verpflichtet – vgl. D. 24,3,64,2. Siehe dazu auch Misera, Der Bereicherungsgedanke, S. 59ff. Die Herausgabepflicht betraf wohl auch die vom Sklaven oder einem Dritten für die Freilassung gezahlte Geldsumme; vgl. Ulp. D. 24,3,64pr.: *Si vero negotium gerens mulieris non invitae maritus dotalem servum voluntate eius manumiserit, debet uxori restituere quidquid ad eum pervenit.* Hierzu weiterführend neuerdings Forschner, Servus dotalis, S. 109ff.

673 Ulp. D. 24,3,62: *Quod si vir voluntate mulieris servos dotales manumiserit, cum donare ei mulier voluit, nec de libertatis causa impositis ei praestandis tenebitur.*

674 Paul. D. 24,3,63: *Et desinit servus in dote esse, quia, cui manumittendi causa donare liceret, ei quodammodo donaret, quod permitteret manumittere.*

675 Die in Verbindung mit der Freilassung erworbenen Vorteile waren hier nicht Früchte der geschenkten Sache, sondern das Schenkungsobjekt selbst.

676 Anders jedoch Erbe, Die Fiduzia, S. 164.

Freilassung übergeben wurde, denn auch in diesem Fall waren die Vorteile aus der Freilassung geschenkt.

Da *kein* eine Verpflichtung begründendes *negotium* zustande kam, hatte der Schenker auch keine Klage, mit der er die Freilassung, sei es unmittelbar durch Klage auf Erfüllung, sei es mittelbar durch Rückforderung wegen Zweckverfehlung, erzwingen könnte. Es lag allein in der Macht der Beschenkten, den Sklaven freizulassen und während des Freilassungsaktes (für eine juristische Sekunde) Eigentümerin zu werden. Die Anwendung der sabinischen Konstruktion hatte zur Folge, dass die Verwirklichung des Freilassungszwecks zum Inhalt einer Potestativbedingung für den Erwerb des Sklaven wurde[677]. Mit anderen Worten: Was der Schenker bezweckte, machte die juristische Konstruktion zu einer Bedingung für den Eigentumserwerb oder: Aus dem *ut* wurde in der Konstruktion ein *si*. Diese Wollensbedingung war aber keine „echte" Bedingung, mit der *der Schenker* den Eigentumsübergang von der Freilassung abhängig machte, als vielmehr eine Wirksamkeitsvoraussetzung aus Juristenkonstruktion, die das Eingreifen des Schenkungsverbots vermied. Darin stand sie einer Rechtsbedingung (*condicio iuris*)[678] nahe.

2. Schenkungsobjekt: Das Recht auf Vorteile aus der Freilassung

Mit der *donatio manumissionis causa* – einer bis zum Beginn der Freilassung pendenten Schenkung – wurden Vorteile geschenkt, die mit der Freilassung zusammenhingen. Patronatsrechte und andere durch die Freilassung erlangte Vorteile verstießen nicht gegen das Verbot der Ehegattenschenkungen, weil sie der Beschenkte nicht aus dem Vermögen des Schenkers erwarb. Deutlich zeigt dies D. 24,1,9,1:

677 Aus den Quellen ergibt sich keinerlei Hinweis darauf, dass der Schenker durch Willensänderung den Eigentumserwerb des Beschenkten verhindern könnte. Entgegen Misera, Der Bereicherungsgedanke, S. 14, ist die Analogie zur *donatio mortis causa* (Ulp. D. 24,1,22) hier unzutreffend, da für den Widerruf eines Rechtsgeschäfts von Todes wegen andere Regeln galten. Vielmehr hatte der Schenker bei der *donatio manumissionis causa* seit der Übergabe des Sklaven nur ein durch das *coeperit manumittere* resolutiv bedingtes Eigentum am Sklaven. Unabhängig vom Beschenkten konnte der Eigentumserwerb am Sklaven nur dann scheitern, wenn die Ehe vor der fristgemäßen Freilassung durch Tod oder Scheidung aufgelöst wurde. Zum Unterschied zwischen einem unbedingten Rechtsgeschäft mit Verpflichtung des Empfängers und einem bedingten Rechtsgeschäft ohne Verpflichtung des Empfängers Iul. D. 18,1,41pr.

678 Zur Rechtsbedingung mit weiteren Literaturnachweisen Kleňová/Takáč, TR 1–2 (2015), S. 79, N. 7f.

D. 24,1,9,1 (ULPIANUS libro trigesimo secundo ad Sabinum)
Si pecunia accepta mulier manumiserit vel operas ei imposuerit, ait Iulianus operas quidem eam licito iure imposituram et tenere obligationem nec videri mulierem ex re viri locupletiorem fieri, cum eas libertus promittat: quod si pretium ob manumissionem acceperit mulier et sic manumiserit, si quidem ex peculio suo dedit, nummos mariti manere, si vero alius pro eo dedit, fient nummi mulieris: quae sententia recte se habet.

Eine Frau ließ den vom Mann *manumissionis causa* geschenkten Sklaven[679] frei. Legte sie dem Sklaven Dienstleistungen auf, so war er verpflichtet, diese ihr nach seiner Freilassung zu leisten. Die *obligatio* des Freigelassenen war nach Julian nicht vom Schenkungsverbot betroffen, da die Frau durch die *operae* nicht aus dem Vermögen des Mannes bereichert wurde (die *operae* versprach der *libertus*)[680]. Die Argumentation Julians spiegelt die Tatsache wider, dass eine gültige *obligatio* erst nach der Freilassung entstehen konnte[681]. Ließ sich die Frau noch vor der Freilassung die *operae* vom Sklaven versprechen, war das Versprechen ohne Rechtswirkung. Erst durch Erneuerung des Versprechens nach der *manumissio* konnte eine gültige Obligation zustande kommen, und zu diesem Zeitpunkt stand der Freigelassene nicht mehr im Eigentum des Mannes.

Julian befasste sich lediglich mit den *operae*, anzunehmen ist jedoch, dass die Patronatsrechte in ihrer Gesamtheit vom Schenkungsverbot nicht betroffen waren. Auch durch den Erwerb der (restlichen[682]) Patronatsrechte war die Frau nicht aus dem Vermögen des Mannes bereichert, da diese erst durch die Freilassung begründet wurden.

Auch ein anderer, in Verbindung mit der Freilassung erworbener Vermögensgewinn war offenbar nicht selten: das Entgelt für die Freilassung. Bei diesem unterschied Julian je nachdem, ob der Sklave aus dem *peculium* für seine Freilassung zahlte oder ein Dritter für ihn. Im ersten Fall blieben die Münzen, die der Sklave vor der Freilassung[683] an die Frau zahlte, Eigentum des Mannes. Da das Pekulium dem Mann gehörte, wäre die Frau aus dem Vermögen des Mannes verbotswidrig

679 So richtig STOCK, Zum Begriff der donatio, S. 22; MISERA, Der Bereicherungsgedanke, S. 56.

680 Der Ehemann konnte, auch ohne eine *donatio manumissionis causa*, die *operae* für seine Frau versprechen lassen – vgl. Ven. D. 40,12,44,1.

681 Und dies unabhängig davon, ob die Verpflichtung durch Eid oder eine *stipulatio* begründet wurde; Ulp. D. 38,1,7,2: *Iurare autem debet post manumissionem, ut obligetur: et sive statim sive post tempus iuraverit, obligari.* Ven. D. 40,12,44pr. Zur Begründung der Verpflichtung zu *operae* WALDSTEIN, Operae libertorum, S. 239ff.

682 Genau genommen bildeten die *operae* nicht Inhalt der Patronatsrechte, siehe in Fn. 422.

683 MISERA, Der Bereicherungsgedanke, S. 56.

bereichert worden[684]. Zahlte dagegen ein Dritter, so konnte die Frau Eigentum am Geld erwerben. Vom Schenkungsverbot war eine solche Zahlung trotz der Tatsache, dass der Mann das Geld erwerben könnte, hätte er den Sklaven selbst freigelassen, nicht betroffen. Hier griff der Rechtsgedanke ein, dass der Mann nicht ärmer wurde, wenn er nicht erwarb, was er erwerben könnte[685]. Nach dieser Begründung war auch bedeutungslos, ob der Schenker von der Bereitschaft des Dritten, für die Freilassung zu zahlen, wusste, sodass er auf das Geld zugunsten der Frau verzichtete[686].

Neben dem *negotium mixtum cum donatione* und der *donatio ea lege, ut manumittas* ist die *donatio manumissionis causa* unter Ehegatten bereits die dritte Form einer mit dem „Freilassungszweck" kombinierten Schenkung. Allen drei Formen war gemeinsam, dass die Schenkung nur in dem Umfang entstehen konnte, in dem sie mit keiner Obligation belastet war. Die *donatio ea lege, ut manumittas* erzeugte keine klagbare Verpflichtung des Beschenkten und war daher eine Schenkung im eigentlichen Sinn, deren Objekt sowohl der Sklave als auch die Zwischen- und Freilassungsvorteile waren. Die *donatio manumissionis causa* unter Ehegatten, die erst mit der Freilassung zustande kam, erzeugte ebenfalls keine Verpflichtung des Beschenkten, dieser konnte daher alle in Verbindung mit der Manumission erworbenen Vermögensvorteile behalten. Dagegen war beim *nmcd* nur die Zwischenzeit von der Obligation befreit und somit konnten nur die Zwischenvorteile als geschenkt angesehen werden.

---

684 Zur Frage, auf welchen Streitpunkt sich die ulpianische Betonung *quae sententia recte se habet* bezieht, siehe MISERA, Der Bereicherungsgedanke, S. 57ff.

685 Er wird nur nicht reicher, aber dadurch nicht ärmer. Ulp. D. 24,1,5,13: *neque enim pauperior fit, qui non adquirat, sed qui de patrimonio suo deposuit.*

686 In solchen Fällen trifft man in den Quellen sowohl auf *donatio valet* als auch auf *non videtur ea esse donatio.* Ulp. D. 24,1,5,13: *Si maritus heres institutus repudiet hereditatem donationis causa, Iulianus scripsit libro septimo decimo Digestorum donationem valere: neque enim pauperior fit, qui non adquirat, sed qui de patrimonio suo deposuit. repudiatio autem mariti mulieri prodest, si vel substituta sit mulier vel etiam ab intestato heres futura.* Ulp. D. 24,1,5,14: *Simili modo et si legatum repudiet, placet nobis valere donationem, si mulier substituta sit in legato vel etiam si proponas eam heredem institutam.* Pomp. D. 24,1,31,7: *Quod legaturus mihi aut hereditatis nomine relicturus es, potes rogatus a me uxori meae relinquere et non videtur ea esse donatio, quia nihil ex bonis meis deminuitur.*

II. *Donatio sepulturae causa*

Eine der *donatio manumissionis causa* ähnliche Struktur hatte die *donatio sepulturae causa*, auf die später die sabinische Konstruktion ausgedehnt wurde.

D. 24,1,5 (ULPIANUS libro trigesimo secundo ad Sabinum)
§ 8: Concessa donatio est sepulturae causa: nam sepulturae causa locum marito ab uxore vel contra posse donari constat et si quidem intulerit, faciet locum religiosum. hoc autem ex eo venit, quod definiri solet eam demum donationem impediri solere, quae et donantem pauperiorem et accipientem faciet locupletiorem: porro hic non videtur fieri locupletior in ea re quam religioni dicavit. nec movit quemquam, quod emeret, nisi a marito accepisset: nam etsi pauperior ea fieret, nisi maritus dedisset, non tamen idcirco fit locupletior, quod non expendit.
§ 9: Haec res et illud suadet, si uxori maritus sepulturae causa donaverit, ita demum locum fieri intellegi mulieris, cum corpus humatur: ceterum antequam fiet religiosus, donantis manet. proinde si distraxerit mulier, manet locus donatoris.

Wenn eine Ehefrau ihrem Mann (oder umgekehrt) ein Grundstück[687] zum Zweck der Bestattung[688] schenkte, konnte der Beschenkte das Eigentum am Grundstück erst durch die Bestattung selbst erwerben. Im Unterschied zu den die *donatio manumissionis causa* betreffenden Texten ist hier Ulpian nicht mehr so präzis, wenn er die Anwendung der sabinischen Konstruktion mit *ita demum locum fieri intellegi mulieris, cum corpus humatur* beschreibt. Ein *cum humare coeperit*, das sich bei Anwendung der Konstruktion erwarten ließe, fehlt. Ungenau sind auch die Worte *antequam fiet religiosus, donantis manet* – man könnte leicht den Eindruck gewinnen, dass die Beschenkte das Grundstück erst nach der Bestattung erwarb, also erst einen bereits *religiosus* gewordenen *locus*. Eine solche Interpretation ist aber unhaltbar, weil die *donatio* einer *res religiosa* nichtig und der Eigentumserwerb an einer solchen ausgeschlossen wäre[689]. Vielmehr war die

687 Der Begriff *locus* konnte eventuell auch andere zur Bestattung bestimmte Plätze umfassen; siehe KASER, SZ 95 (1978), S. 28f.

688 In den meisten Fällen ging es um Bestattung eines Dritten. Der Fall, in dem der Beschenkte selbst in dem geschenkten Grundstück bestattet wurde, bildete eine Ausnahme, die Bedenken erweckte, weil die Ehe durch den Tod aufgelöst wurde (Ulp. D. 24,1,5,11, dazu sogleich unten).

689 Imp. Antonin. C. 3,44,2; e contrario zu Ulp. D. 11,7,6,1: *Si adhuc monumentum purum est, poterit quis hoc et vendere et donare. si cenotaphium fit, posse hoc venire dicendum est: nec enim esse hoc religiosum divi fratres rescripserunt. Monumentum purum* war ein Grundstück oder ein Grabmal, wo noch keine Beisetzung stattgefunden hatte: Ulp. D. 11,7,2,4: *Purus autem locus dicitur, qui neque sacer neque sanctus est neque religiosus, sed ab omnibus huiusmodi nominibus vacare videtur.*

donatio sepulturae causa darauf gerichtet, den Beschenkten zum Eigentümer des Grundstücks zu machen, damit er als Eigentümer auf dem eigenen Grundstück bestatten konnte.

Aus der gelockerten Formulierung, mit der Ulpian die sabinische Konstruktion beschreibt, kann man schließen, dass es sich um eine analoge Ausdehnung der bereits länger bekannten Regel handelte[690]. Statt der theoretischen Lösung trat hier bereits die reale Voraussetzung in den Vordergrund. *Ita demum locum fieri intellegi mulieris, cum corpus humatur* bedeutet: Ohne erfolgreiche Umwandlung des *locus* in eine *res religiosa* kann die *donatio* nicht wirksam werden[691]. Tatsächlich erwirbt die Beschenkte den *locus* erst, wenn er *religiosus* wird, der fiktive Zwischenerwerb für eine logische Sekunde ist aber dennoch hinzuzudenken.

Mit der Einbringung des Leichnams oder der Asche[692] hörte das Grabgrundstück auf, privatrechtliches Eigentum zu sein. Es wurde zu einer den *dii Manes*[693] geweihten *res religiosa*, die nunmehr *extra patrimonium* des Beschenkten stand[694]. So wie bei der *donatio manumissionis causa* führte auch hier die Zweckverwirklichung zur Umwandlung des geschenkten Objekts. Da die Ehegattenschenkung erst bei Vorliegen des Begriffspaars *pauperior – locupletior* gegen das Schenkungsverbot verstieß, stand der *donatio sepulturae causa* bei Anwendung der sabinischen Konstruktion nichts im Wege. Durch den Verlust des Grundstücks wurde der Schenker zwar ärmer, die Beschenkte aber weder vor noch nach der Verwirklichung des Bestattungszwecks reicher. Vor der Verwirklichung des Bestattungszwecks war sie nicht bereichert, weil sie das Eigentum am Grundstück lediglich für eine logische Sekunde erwarb. Nach der Zweckverwirklichung lag auch keine Bereicherung vor, weil der *locus* zu einer *res religiosa* wurde und somit keinen Vermögensgewinn darstellte (*non videtur fieri locupletior in ea re quam religioni dicavit*). Ohne Bedeutung war letztlich auch, dass die Frau eine Grabstätte gekauft, wenn sie von ihrem Mann keine geschenkt bekommen hätte. Obschon sie ohne

---

Nach der Bestattung war das Grundstück allen privatrechtlichen Verfügungsgeschäften entzogen; siehe Kaser, SZ 95 (1978), S. 34.

690 Nach Misera, Der Bereicherungsgedanke, S. 16; 21, gehörte die sabinische Konstruktion einer späteren Entwicklungsphase, wobei ursprünglich die *donationes manumissionis* und *sepulturae causa* sofort wirksam waren. Mit vielen Itp.-Annahmen hielt die *donatio sepulturae causa* für nichtig Stock, Zum Begriff der donatio, S. 18ff. Gegen Stock bereits Biondi, Successione testamentaria e donazioni², S. 663, N. 4.

691 Vgl. Ulp. D. 24,1,9pr., siehe in Fn. 644.

692 Und nicht etwa bereits mit der Grabgründung; siehe Kaser, SZ 95 (1978), S. 30f.

693 Kaser, SZ 95 (1978), S. 18f.; Düll, Fs. Schulz, I. Bd., 1951, S. 194ff.

694 *Nullius in bonis*; Gai. Inst. 2,1–9; Gai. D. 1,8,1pr.; Ulp. D. 8,5,1: *sepulchra autem nostri dominii non sunt.* Peterlongo, Studi Albertario 1953, S. 27–42; De Dominicis, RIDA³ 13 (1966), S. 177–204; Domisch, Zum Status von Gräbern, S. 111–131.

Schenkung ärmer wäre, wurde sie nicht deswegen reicher, weil sie keine Aufwendungen hatte[695].

So wie bei der *donatio manumissionis causa* stand auch in diesem Fall dem Schenker kein Rückforderungsrecht zu, das dem Rechtsgeschäft den Schenkungscharakter nehmen könnte. Die Anwendung der sabinischen Konstruktion machte auch hier den Rückforderungsvorbehalt für den Fall der Zweckverfehlung unnötig. Die Beschenkte erwarb das Eigentum erst dann, wenn sie mit der Zweckverwirklichung anfing; der Fall, dass sie Eigentümerin wäre, ohne dass das Grundstück zur Grabstätte geworden wäre, konnte nicht eintreten.

Die sabinische Konstruktion beschrieb Ulpian in § 9 als allgemein anwendbar. Offensichtlich wurde sie unabhängig davon verwendet, wann der Bestattungszweck zu erreichen war (sogleich oder erst *intra/post certum tempus*).

Die Schenkung konnte durch Verwirklichung des Bestattungszwecks lediglich bei aufrechter Ehe zustande kommen. Wohl kann man mit Misera[696] annehmen, dass Ulpian in D. 24,1,5,9 darauf zielte, wenn er sagte: *proinde si distraxerit mulier, manet locus donatoris*[697]. *Distrahere* bedeutete hier die Auflösung der Ehe durch Scheidung[698], nicht den Verkauf des *locus*[699]. Eine Ausnahme war zugelassen, wenn die Ehe durch den Tod der Beschenkten aufgelöst und die Beschenkte selbst in dem geschenkten Grundstück bestattet wurde.

D. 24,1,5,11 (Ulpianus libro trigesimo secundo ad Sabinum)
Sed et si ipsa fuerit illo illata, licet morte eius finitum est matrimonium, favorabiliter tamen dicetur locum religiosum fieri.

Ulpian sagt nicht ausdrücklich, dass die Beschenkte das Eigentum erwirbt, sondern nur, dass das Grundstück durch Bestattung der Frau religiös wird. Zu diesem Ergebnis käme er auch dann, wenn die Beschenkte das Eigentum nicht erworben hätte und sie von ihrem Mann/Schenker dort bestattet worden wäre. Zur Zeit der

695 Dazu ausführlich Misera, Der Bereicherungsgedanke, S. 25; 176f. Die Begründung *nam etsi pauperior ea fieret, nisi maritus dedisset, non tamen idcirco fit locupletior, quod non expendit* ist eine Kontraparallele zu *neque enim pauperior fit, qui non adquirat, sed qui de patrimonio suo deposuit* (Ulp. D. 24,1,5,13). Die Ersparnis von Aufwendungen wurde anders betrachtet als der Fall, wenn die Frau durch Eintreten ihres Mannes von einer bereits bestehenden Schuld befreit wurde (Iav. D. 24,1,50pr.) oder wenn der Mann ihr eine Schuld erließ (Ulp. D. 24,1,3,10; Ulp. D. 24,1,5,1).

696 Misera, Der Bereicherungsgedanke, S. 19, N. 60, mit Hinweis auf Gai. D. 24,2,2pr.

697 „Ebenso wenn sich die Frau scheiden ließe, bleibt der *locus* Eigentum des Mannes." Dazu noch Fn. 698.

698 Zu dieser Bedeutung von *distrahere* siehe Heumann/Seckel, Handlexikon[11], S. 153, *distrahere* unter 1). *Proinde* ist hier somit mit „ebenso" zu übersetzen.

699 Doch für Verkauf neuerdings Buongiorno, Il divieto, S. 124f.

Bestattung wäre der Schenker noch Eigentümer und könnte das Grundstück mit der Bestattung zu einer *res religiosa* machen. Wäre dies jedoch der Gedanke Ulpians gewesen, dann wäre seine Begründung mit *favorabiliter dicetur* überflüssig gewesen[700], zumal es unumstritten war, dass ein Eigentümer sein Grundstück mit der Bestattung zu einem religiösen Ort machen konnte[701].

Eher meinte Ulpian: Obwohl der Eigentumserwerb am geschenkten Grundstück durch den Tod der Beschenkten unmöglich werden sollte, sei dennoch *favorabiliter* zu sagen, dass die Beschenkte das Eigentum erwarb und das Grundstück mit ihrer Bestattung unabhängig davon religiös wurde, wer sie dort bestattet hatte, weil sie in ihrem eigenen Grundstück bestattet worden war[702]. Offenbar arbeitete Ulpian mit der Fiktion, dass die Beschenkte durch eigene Bestattung das Eigentum am Grundstück rückwirkend, im letzten Augenblick ihres Lebens (*extremo vitae momento*) erwarb.

Mit Hilfe der sabinischen Konstruktion konnte auch die Schenkung eines *monumentum*[703] von hohem Wert gültig sein[704]. Nach den gleichen Regeln wie die *donatio sepulturae causa* galt letztlich auch die *donatio* einer Sache, die zu sakralen Zwecken bestimmt war[705].

Wie bei der *donatio manumissionis causa* eröffnete auch hier die Zweckbestimmung durch ihre besondere Natur den Weg zur Ausnahme vom Verbot der Ehegattenschenkungen. Dabei sollte der *favor religionis* aber nicht überschätzt werden. Es war nicht dieser, mit dem Ulpian argumentierte, sondern die Tatsache, dass durch die Schenkung zum Bestattungszweck die Beschenkte nicht reicher wurde (*hoc autem ex eo venit, quod definiri solet eam demum donationem impediri solere, quae et donantem pauperiorem et accipientem faciet locupletiorem: porro hic*

700 In diesem Sinn auch Misera, Der Bereicherungsgedanke, S. 20, N. 67.

701 Gai. Inst. 2,6: *Religiosum vero nostra voluntate facimus mortuum inferentes in locum nostrum, si modo eius mortui funus ad nos pertineat.* Marci. D. 1,8,6,4: *Religiosum autem locum unusquisque sua voluntate facit, dum mortuum infert in locum suum. in commune autem sepulchrum etiam invitis ceteris licet inferre. sed et in alienum locum concedente domino licet inferre: et licet postea ratum habuerit quam illatus est mortuus, religiosus locus fit.* Imp. Antonin. C. 3,44,2; Ulp. D. 10,3,6,6; Ulp. D. 11,7,2,1–2. Dazu Kaser, SZ 95 (1978), S. 35f.; Taubenschlag, SZ 38 (1917), S. 245ff.

702 Ulp. D. 11,7,4.

703 Zum *monumentum* Flor. D. 11,7,42; Ulp. D. 11,7,2,6: *Monumentum est, quod memoriae servandae gratia existat.*

704 Ulp. D. 24,1,5,10: *Secundum haec si uxori suae monumentum purum maritus magni pretii donaverit, valebit donatio, sic tamen, ut, cum fit religiosus, valeat.*

705 Ulp. D. 24,1,5,12: *Proinde et si maritus ad oblationem dei uxori donavit, vel locum, in quo opus publicum quod promiserat facere, velut aedem publicam, dedicaret, fiet locus sacer. sed et si quid ei det, ut donum deo detur vel consecretur, dubium non est, quin debeat valere: quare et si oleum pro ea in aede sacra posuerit, valet donatio.*

non videtur fieri locupletior in ea re quam religioni dicavit)[706]. Da die Bereicherung der Beschenkten mit der Zweckverwirklichung überhaupt wegfiel, waren die Juristen bemüht, die Schenkung zum Bestattungszweck dem Anwendungsbereich des Ehegattenschenkungsverbots zu entziehen.

III. *Donatio honoris causa*

Von der Schenkung zum Freilassungs- und Bestattungszweck unterschied sich die sogenannte *donatio honoris causa*. Wir begegnen ihr in folgenden Texten:

D. 24,1,40 (Ulpianus libro secundo responsorum)
Quod apiscendae dignitatis gratia ab uxore in maritum collatum est, eatenus ratum est, quatenus dignitati supplendae opus est:

D. 24,1,41 (Licinius Rufinus libro sexto regularum)
Nam et imperator Antoninus constituit, ut ad processus viri uxor ei donare possit.

D. 24,1,42 (Gaius libro undecimo ad edictum provinciale)
Nuper ex indulgentia principis Antonini recepta est alia causa donationis, quam dicimus honoris causa: ut ecce si uxor viro lati clavi petenti gratia donet vel ut equestris ordinis fiat vel ludorum gratia.

Ulpiani liber singularis regularum 7,1
Inter virum et uxorem donatio non valet, nisi certis ex causis, id est mortis causa, divortii causa, servi manumittendi gratia. Hoc amplius principalibus constitutionibus concessum est mulieri in hoc donare viro suo, ut is ab imperatore lato clavo vel equo publico similive honore honoretur.

Die *donatio honoris causa* war eine jüngere Ausnahme vom Verbot der Ehegattenschenkungen. Als Erster ließ sie Antoninus Pius[707] zu, später wurde sie auch von anderen Kaisern[708] (*principalibus constitutionibus concessum*) bestätigt. Unter der *donatio honoris causa* waren alle von der Frau an den Mann[709] vorgenommenen

---

706 Vgl. auch Misera, Der Bereicherungsgedanke, S. 18, der aber später (S. 176) wieder die Rolle des *favor religionis* betont und meint, dass die *donatio sepulturae causa* „wegen des *favor religionis* zugelassen wurde".

707 Hierzu jüngst Buongiorno, Il divieto, S. 213f.

708 Dazu Misera, Der Bereicherungsgedanke, S. 158, mit weiteren Nachweisen zum Schrifttum.

709 In D. 24,1,5,17, wo der Schenker der Ehemann ist, liegt keine *donatio honoris causa* vor:

Schenkungen zu verstehen, die zu dem Zweck geschahen, dem Beschenkten die Erlangung[710] des Senatoren-[711], des Ritterstandes[712] oder eines höheren Amtes zu ermöglichen. Die Zweckbestimmung konnte auch in der Deckung der Aufwendungen bestehen, die mit einem öffentlichen Amt verbundenen waren, beispielsweise für die Veranstaltung öffentlicher Spiele, deren Erfolg aber wiederum nicht unerheblich für die Wahl zu einem rangmäßig höheren Amt war[713]. Zieht man in Betracht, wie oft die römischen Ehen dem Zweck dienten, durch Heirat den gesellschaftlichen und politischen Einfluss des Mannes zu vergrößern[714], so überrascht, dass die *donatio honoris causa* erst unter Antoninus Pius vom Ehegattenschenkungsverbot ausgenommen wurde.

Im Unterschied zu den *donationes manumissionis* und *sepulturae causa* war hier das Geschenk nicht dazu bestimmt, durch die Erfüllung der Zweckbestimmung in ein anderes Rechtsobjekt umgewandelt zu werden. Häufig sollte der geschenkte Gegenstand im Vermögen des Mannes bleiben, damit das Geschenk bei der für den angestrebten Stand vorgeschriebenen Vermögenseinschätzung mitgerechnet werden konnte. Eher seltener waren die Fälle, wenn das Geschenk zum Verbrauch bestimmt war, zum Beispiel um den Aufwand für die öffentlichen Spiele zu decken (*ludorum gratia*). Daher war die sabinische Konstruktion, nach der der Beschenkte das Eigentum erst dann erwarb, wenn er mit der Zweckerfüllung anfing, in den meisten Fällen der *donatio honoris causa* nicht anzuwenden. Sollte durch die Zuwendung das Vermögen des Beschenkten ergänzt werden, dann musste

---

Ulp. D. 24,1,5,17: *Marcellus libro septimo Digestorum quaerit, si mulier acceptam a marito pecuniam in sportulas pro cognato suo ordini erogaverit, an donatio valeat? et ait valere nec videri locupletiorem mulierem factam, quamvis mutuam pecuniam esset acceptura et pro adfine erogatura.* Der Text enthält keinerlei Hinweise darauf, dass der Ehemann zu dem Zweck schenkte, die Frau solle das Geld für die *sportulae* ihres Verwandten herausgeben. *Donatio valet* bedeutet hier: Es sei eine verbotene Schenkung, bei der die Bereicherung aber entfallen ist und aus der der Mann gegen die Frau also keinen Anspruch mehr hat. So richtig MISERA, Der Bereicherungsgedanke, S. 162f.; SCHLEI, Schenkungen unter Ehegatten, S. 69f.

710 In diesem Sinn auch AVENARIUS, Der pseudo-ulpianische liber, S. 267f.

711 Zum *latus clavus* MOMMSEN, Römisches Staatsrecht, 3. Bd. II. Teil, S. 887f.

712 Solche Schenkungen kamen auch unter Freunden vor; siehe die Schenkung von Plinius an Firmus: Plin. epist. 1,19,2: *ut te non decurione solum verum etiam equite Romano perfruamur, offero tibi ad implendas equestres facultates trecenta milia nummum.* Hierzu BÜRGE, SZ 97 (1980), S. 141f.

713 WALDSTEIN/RAINER, Römische Rechtsgeschichte[11], S. 81 (in der Republik) und S. 176 (im Prinzipat). Zu den öffentlichen Spielen siehe auch Livius, Ab urbe condita 32,7,13; 30,39,8. Die Veranstaltung von *ludi* ist bereits unter Romulus belegt: Cicero, De re publica 2,7(12).

714 Schon in der Republik; zu Marcus Porcius Cato KIENAST, Cato, S. 48; zu Cicero FUHRMANN, Cicero, S. 57. TREGGIARI, Roman Marriage, S. 92: „Young men often seem to have provided themselves with a wife about the time when they first sought election. Financial motives were important here, which may have led some to settle for wealth if necessary, without birth of rank"; S. 95ff.

dieser das Eigentum erwerben und behalten können; die Erreichung des *honor*-Zwecks setzte die Bereicherung des Mannes *ex re mulieris* voraus.

Die Schenkung war aber lediglich in dem Umfang gültig[715], in dem sie erforderlich war, um das Vermögen bis zum bestimmten *census* zu ergänzen (*eatenus ratum est, quatenus dignitati supplendae opus est*), womit das Ehegattenschenkungsverbot zumindest beschränkt berücksichtigt wurde. Hätte sich der Beschenkte um den *honor* erfolglos beworben, könnte die Ehefrau vermutlich das ganze Geschenk zurückverlangen, weil die Zuwendung im ganzen Ausmaß nicht erforderlich war, wenn der Beschenkte den erstrebten *honor* nicht erlangte. Der gleiche Fall läge vor, wenn der Beschenkte die beabsichtigten *ludi* nicht ausgerichtet hätte. Dagegen spricht auch nicht C. 5,16,21.

C. 5,16,21 (11. August 293[716] Viminacium/Honoré/1931/20)
Imperatores Diocletianus et Maximianus AA. et CC. Cacaliae
Si propriis habitis contractibus quam acceperas mutuam pecuniam pro marito donationis causa erogasti, cum nec ad dignitatem profuerit nec locupletior sit factus, intellegis nullam tibi contra eum competere actionem.

Cacalia hatte Geld für ihren Mann schenkungshalber ausgegeben (*erogasti*), möglicherweise hatte sie dieses direkt auf eine Weise verwendet, die ihrem Mann zum erstrebten Rang verhelfen sollte. Diokletian und Maximian entscheiden, dass Cacalia gegen den Mann keine Klage auf Rückgabe des Geschenks habe, weil weder das Geld nützlich für die Erlangung der *dignitas* gewesen sei noch der Mann dadurch reicher geworden sei.

In der überlieferten Fassung ist das Reskript mit *cum nec ad dignitatem profuerit nec locupletior sit factus* verwirrend. Auffällig ist der erste Teil der Begründung – die Kaiser verneinen die Klage mit einem Argument, das man gerade *für die Bejahung* der Klage erwarten würde: Die Zuwendung war für die Standeserlangung nicht nützlich. Die Mehrheit der Literatur[717] liest daher statt des ersten *nec haec*, also: *cum haec ad dignitatem profuerit nec locupletior sit factus.* Diese Lesart stößt sich aber am zweiten Teil der Begründung (*nec locupletior sit factus*): Wäre die Schenkung erlaubt, weil sie zur Erreichung des *honor*-Zwecks führte, dann sollte sich das Argument *nec locupletior sit factus* erübrigen. Die *donatio honoris causa* war doch auch dann gültig, wenn der Beschenkte bereichert war. Erklärbar wäre diese Fassung nur dadurch, dass sich das *nec locupletior* lediglich auf das die

715 Für eine sofortige Gültigkeit der Schenkung Misera, Der Bereicherungsgedanke, S. 158f.
716 Anders Krüger, Codex Iustinianus[15], ad h. l., S. 211, für das Jahr 294.
717 Siehe bei Misera, Der Bereicherungsgedanke, S. 159, N. 136.

Zweckerreichung übersteigende Maß bezog[718], etwa: Die Schenkerin hatte keine Klage, weil die Zuwendung zur Erreichung des *honor*-Zwecks erforderlich war und darüber hinaus der Mann nicht reicher wurde – damit ist gemeint: Er bekam von der Frau nicht mehr geschenkt, als zur Zweckerreichung erforderlich war, oder verbrauchte das „Mehr" ersatzlos, also ohne ein Surrogat dafür zu haben.

Misera[719] liest den Text in der überlieferten *nec-nec*-Fassung[720] und meint, die Schenkung sei wirksam gewesen. Dass die Ausgaben nicht zum Erfolg führten, könne die Schenkung nicht unwirksam machen. Die Ehefrau könne vom Mann trotz Verfehlung des *honor*-Zwecks nichts verlangen, weil er auch nichts mehr von dem Geschenk in Händen habe. Hätte er noch etwas in Händen, „müßte er es schon nach den allgemeinen Grundsätzen herausgeben; denn insoweit er noch etwas hat, war es eben nicht *dignitatis apiscendae gratia* erforderlich".

Dies überzeugt nicht recht. Denn folgt man der Äußerung Ulpians in D. 24,1,40, dass *eatenus ratum est, quatenus dignitati supplendae opus est*, so war die Schenkung wirksam beziehungsweise gültig[721] in dem für die Zweckerreichung erforderlichen Umfang. Wenn es sich erst im Nachhinein zeigte, dass das Geschenk nicht oder nur teilweise zur Zweckerreichung erforderlich war, dann entstand offenbar rückwirkend die gleiche Situation, als wäre die Schenkung von Anfang an un- oder nur teilweise gültig gewesen. Um die Frage, wie man diese rückwirkende Unwirksamkeit im Sinn *nihil valeat quod actum est*[722] rechtstechnisch in den Griff bekommt, machten sich die Juristen anscheinend nicht viele Sorgen. In der überlieferten Fassung ist die *nec-nec*-Begründung daher eher so zu verstehen: Die Zuwendung war für die Zweckerreichung nicht erforderlich, etwa weil der Mann mit seiner Bewerbung um das Amt scheiterte. Die Schenkung konnte daher nicht als gültig betrachtet werden. Der Schenkerin stand dennoch keine Klage zu, weil die gesamte Zuwendung ersatzlos verbraucht wurde[723] (wahrscheinlich von ihr selbst für den Mann) und der Mann somit aus dem Vermögen der Schenkerin nicht bereichert war[724].

---

718 So Niederländer, Die Bereicherungshaftung, S. 70f., der aber offenbar die Fassung bevorzugt: *cum ad dignitatem profuerit, intellegis nullam tibi contra eum competere actionem.*

719 Misera, Der Bereicherungsgedanke, S. 159.

720 Für diese Fassung auch Biondi, Successione testamentaria e donazioni², S. 663, N. 2

721 Siehe Heumann/Seckel, Handlexikon¹¹, S. 491, wo die Bedeutungen „gültig" und „wirksam" an erster Stelle unter *ratus* stehen.

722 Ulp. D. 24,1,3,10: *Sciendum autem est ita interdictam inter virum et uxorem donationem, ut ipso iure nihil valeat quod actum est: proinde si corpus sit quod donatur, nec traditio quicquam valet, et si stipulanti promissum sit vel accepto latum, nihil valet: ipso enim iure quae inter virum et uxorem donationis causa geruntur, nullius momenti sunt.* Weitere Quellen in Fn. 69.

723 So wie auch die Schenkung in Ulp. D. 24,1,5,17 verbotswidrig war, der Schenker aber wegen WdB keine Klage hatte; siehe in Fn. 709.

724 Hätte der Mann selbst das Geld verbraucht, so müssten die Ausgaben nicht unbedingt mit dem

Die Grundzüge der *donatio honoris causa* und die Klagemöglichkeit der Schenkerin lassen sich wie folgt zusammenfassen. In dem Umfang, in dem die Zuwendung zur Erlangung des *honor*-Zwecks erforderlich war, war sie sogleich mit der Übergabe wirksam. In dem für die Zweckerreichung erforderlichen Umfang konnte der Mann *ex re mulieris* bereichert sein, das Verbot der Ehegattenschenkungen griff nicht ein. Das, was der Mann darüber hinaus von der Frau bekam, konnte die Schenkerin vindizieren. Hatte der Beschenkte die verbotswidrig geschenkten Sachen konsumiert, dann konnte die Schenkerin den Betrag kondizieren, um den der Beschenkte noch[725] bereichert war[726]. Die Kondiktion wäre immer eine *condictio ob iniustam causam*[727] und nicht eine wegen Zweckverfehlung (*condictio ob rem*)[728]. Die Erforderlichkeit für die Zweckerreichung entschied darüber, ob die Schenkung von Anfang an gültig, also vom Ehegattenschenkungsverbot ausgenommen war. Nicht die Zweckverfehlung war für die Kondiktion entscheidend, sondern die daraus resultierende Verbotswidrigkeit, die die Nichtigkeit der Schenkung zur Folge hatte.

IV. Die Schenkung zur Deckung der notwendigen Aufwendungen der Ehefrau

Als letzte Gruppe von Schenkungen, die infolge des besonderen Schenkungszwecks ebenfalls dem Geltungsbereich des Ehegattenschenkungsverbots entzogen war, lässt sich die Schenkung zur Deckung der notwendigen Aufwendungen der Frau anführen. In Bezug auf die Gültigkeitsvoraussetzungen weist sie Ähnlichkeiten mit der zuletzt erörterten *donatio honoris causa* auf. Deutlich wird dies in D. 24,1,14; dort trifft Paulus eine dem *eatenus ratum est, quatenus dignitati supplendae opus est* auffällig ähnliche Entscheidung bei der Schenkung zur Wiederherstellung eines abgebrannten Hauses.

---

honor-Zweck zusammenhängen, den Wegfall der Bereicherung kannte das klassische Recht; siehe Misera, Der Bereicherungsgedanke, S. 84ff.

725 Zum maßgeblichen Zeitpunkt für die Bereicherung siehe Misera, Der Bereicherungsgedanke, S. 189ff.

726 Ulp. D. 24,1,5,18: *In donationibus autem iure civili impeditis hactenus revocatur donum ab eo ab eave cui donatum est, ut, si quidem exstet res, vindicetur, si consumpta sit, condicatur hactenus, quatenus locupletior quis eorum factus est.*

727 Gai. D. 24,1,6; siehe in Fn. 208.

728 Diese hielt für möglich Misera, Der Bereicherungsgedanke, S. 159, N. 140, mit Hinweis auf die Analogie zur *donatio mortis causa*.

D. 24,1,14 (Paulus libro septuagesimo primo ad edictum)
Quod si vir uxori, cuius aedes incendio consumptae sunt, ad refectionem earum pecuniam donaverit, valet donatio in tantum, in quantum aedificii extructio postulat.

Wenn der Mann seiner Frau Geld zur Wiederherstellung der durch den Brand vernichteten Gebäude schenkte, gilt die Schenkung in dem Umfang, in dem es der Wiederaufbau erfordert[729]. Im Unterschied zu der *donatio honoris causa* setzte die Zweckerreichung hier den Verbrauch des geschenkten Geldes voraus. Es ist aber unwahrscheinlich, dass auf die Schenkung zum *refectio*-Zweck die sabinische Konstruktion angewendet wurde, etwa so: Die Beschenkte erwarb das Eigentum am Geld nur für eine logische Sekunde, wenn sie mit seiner Verwendung zum *refectio*-Zweck (zum Beispiel durch Einkauf des Baumaterials oder durch Bezahlung des Werklohnes) begann. Denn, während bei der *donatio manumissionis* und *sepulturae causa* die Bereicherung aus dem Vermögen des Schenkers durch die Zweckerreichung wegfiel, konnte die Beschenkte bei der *donatio ad refectionem* auch nach der Erreichung des *refectio*-Zwecks durch ein Surrogat bereichert sein[730]. Gerade deswegen war es auch notwendig zu bestimmen, im welchen Umfang sie die Bereicherung *behalten* durfte: *valet donatio in tantum, in quantum aedificii extructio postulat.* Darin war die *donatio ad refectionem* der *donatio honoris causa* verwandt.

Der Grund, aus dem die *donatio ad refectionem* dem Bereich des Ehegattenschenkungsverbots entzogen wurde, lässt sich aus den folgenden drei Texten entnehmen. Als erster ist jener zu erwähnen, an den die Kompilatoren die bereits erwähnte Äußerung von Paulus anknüpften.

D. 24,1,13,2 (Ulpianus libro trigesimo secundo ad Sabinum)
Cum quis acceperit, ut in suo aedificet, condici ei id non potest, quia magis donari ei videtur: quae sententia Neratii quoque fuit: ait enim datum ad villam extruendam vel agrum serendum, quod alioquin facturus non erat is qui accepit, in speciem donationis cadere. ergo inter virum et uxorem hae erunt interdictae.

In dem bereits erörterten ersten Teil[731] bekam der Beschenkte etwas zu dem Zweck, dass er auf eigenem Grund ein Gebäude errichtet. Ulpian meint, dass die Kon-

729 Nicht überzeugend ist die These von Slapnicar, Gratis habitare, S. 121, dass das *valet donatio* hier den Sinn hatte „es bedeutet Schenkung", sodass Paulus meinte: Das gegebene Geld bedeute insofern eine (verbotene) Schenkung, als es für die Errichtung des Gebäudes erforderlich sei. Dagegen zu Recht Knütel, AcP 184 (1984), S. 190 mit N. 7, und Misera, SZ 101 (1984), S. 405.

730 Verwendete sie etwa das geschenkte Geld zum Einkauf von Baumaterial, so wirkte die Bereicherung im Baumaterial fort.

731 Oben im zweiten Teil, ersten Kapitel I.1, S. 62ff.

diktion wegen Nichterfüllung der Zweckbestimmung (*condictio ob rem*) hier ausgeschlossen sei, da in der Zuwendung eher eine Schenkung zu sehen sei. Dann zitiert Ulpian Neraz: Das, was zum Bau eines Hauses oder für die Aussaat auf einem Acker gegeben werde, falle unter den Tatbestand der Schenkung, *wenn der Empfänger andernfalls das Bauen oder Aussäen nicht habe beabsichtigt zu tun*. Dass sich schon Neraz dabei mit einer Schenkung unter Ehegatten befasste, ist wohl möglich: Die Wendung *in speciem donationis cadere* (fällt unter eine Schenkung) könnte ein stilles Indiz dafür sein, dass Neraz damit meinte: „fällt unter das Verbot der Schenkung". Sicher ist, dass Ulpian hinzufügt[732], dass eine solche Schenkung unter Ehegatten verboten sei. Das *condici ei id non potest* vom Beginn des Textes passt nicht zur Ehegattenschenkung. Da die Schenkung eine verbotswidrige *donatio inter virum et uxorem* war, musste Ulpian zu dem Ergebnis kommen, dass das Geschenk mit der *condictio ob iniustam causam* rückforderbar war.

Dabei ist die Voraussetzung *quod alioquin facturus non erat is qui accepit* von besonderer Bedeutung. Mit *hae* (diese Schenkungen) *erunt interdictae* stellte Ulpian klar, dass die Schenkung zum Zweck des Bauens oder der Aussaat lediglich dann eine verbotene Ehegattenschenkung sei, wenn der Beschenkte ohne das Geschenk sonst nicht gebaut oder ausgesät hätte. Dass die Voraussetzung *quod alioquin facturus non erat is qui accepit* darüber entschied, ob das Gegebene unter den Tatbestand einer verbotswidrigen Ehegattenschenkung fiel, lässt sich auch aus D. 24,1,21pr. entnehmen.

D. 24,1,21pr. (Ulpianus libro trigesimo secundo ad Sabinum)
Si quis pro uxore sua vectigal, quod in itinere praestari solet, solvisset, an quasi locupletiore ea facta exactio fiat, an vero nulla sit donatio? et magis puto non interdictum hoc, maxime si ipsius causa profecta est. nam et Papinianus libro quarto Responsorum scripsit vecturas uxoris et ministeriorum eius virum itineris sui causa datas repetere non posse: iter autem fuisse videtur viri causa et cum uxor ad virum pervenit. nec interesse, an aliquid de vecturis in contrahendo matrimonio convenerit: **non enim donat, qui necessariis oneribus succurrit**. ergo et si consensu mariti profecta est mulier propter suas necessarias causas et aliquid maritus expensarum nomine ei praestiterit, hoc revocandum non est.

Von Bedeutung ist in unserem Zusammenhang der Schluss des Textes: Es war keine Schenkung, wenn der Ehemann die notwendigen Aufwendungen (*onera necessaria*) der Frau bestritt[733]. Das der Frau Gegebene konnte daher nicht zurück-

732 Zwar steht der anschließende Textteil *ergo rell.* nicht mehr im von *ait* abhängigen AcI, doch schließt dies nicht aus, dass auch der Schlusssatz auf eine Vorlage bei Neraz zurückging.

733 Dazu auch Astolfi, Il matrimonio, S. 276f., mit Stagl, SZ 125 (2008), S. 899.

gefordert werden. Vergleichen wir diese Auffassung mit jenen in Ulp. D. 24,1,13,2 und Paul. D. 24,1,14.

In D. 24,1,13,2 sagte Ulpian in Anschluss an Neraz, dass unter den Tatbestand der verbotenen Schenkung die Zuwendung zum Zweck des Bauens oder der Aussaat nur dann falle, wenn die Frau, ohne geschenkt zu bekommen, nicht gebaut oder gesät hätte. Müsste sie sonst nicht bauen oder säen, dann bestritt der Mann mit der Schenkung nicht ein *onus necessarium* der Frau. Da es sich nicht um die Deckung eines notwendigen Aufwands handelte, war die Schenkung verbotswidrig. An den Ulpian-Text knüpften die Kompilatoren die Äußerung von Paulus (D. 24,1,14) an, wo umgekehrt ein *onus necessarium* bestritten wurde; *necessarium* kommt in D. 24,1,14 zwar nicht ausdrücklich vor, doch ist plausibel, dass die Beschenkte, deren Haus abgebrannt war, dieses wiederherstellen musste. Damit bestritt der Mann mit der Schenkung einen notwendigen Aufwand seiner Frau und konnte daher das Geschenk nicht zurückfordern – eine ähnliche Entscheidung wie jene in D. 24,1,21pr. Die Texte Paul. D. 24,1,14 und Ulp. D. 24,1,21pr. unterscheiden sich lediglich dadurch, dass Paulus die Deckung der notwendigen Aufwendungen als eine gültige Schenkung betrachtete (*valet donatio in tantum, in quantum aedificii extructio postulat*), während Ulpian in einem solchen Fall keine Schenkung sah (*non enim donat, qui necessariis oneribus succurrit*). Die Konsequenzen sind aber die gleichen: Sowohl das paulinische *donatio valet* als auch das ulpianische *non enim donat* bedeuten, dass der Ehemann das Geschenkte nicht zurückfordern konnte.

Fassen wir das Gesagte kurz zusammen: Die Voraussetzung *quod alioquin facturus non erat is qui accepit* bezog sich auf die Schenkung unter Ehegatten und drückte das Kriterium aus, nach dem eine verbotswidrige Ehegattenschenkung von einer erlaubten abgegrenzt wurde. Hatte der Schenker zu einem bestimmten Zweck geschenkt und hatte die Beschenkte das Auferlegte nicht tun müssen, so war die Schenkung als verbotswidrige nichtig (Ulp. D. 24,1,13,2). Ging es dagegen um die Deckung eines notwendigen Aufwands (*onus necessarium*), dann konnte die Beschenkte das Geschenk behalten.

Wenn diese Erläuterung zutrifft, war für die paulinische Entscheidung *valet donatio in tantum, in quantum aedificii extructio postulat* nicht der konkrete *refectio*-Zweck bestimmend. Entscheidend war die Tatsache, dass die Zweckbestimmung eine Handlung enthielt, die die Beschenkte vornehmen musste. Die Zweckbestimmung konnte somit verschiedensten Inhalts sein, und die Schenkung wäre immer in dem Umfang gültig, in dem sie zur Bestreitung eines notwendigen Aufwands diente[734].

---

734 Biondi, Successione testamentaria e donazioni², S. 663, N. 3 (und mit ihm später etwa auch Mi-

Um unsere Erläuterung zu unterstützen, ist noch D. 24,1,50,1 zu erörtern.

D. 24,1,50,1 (Iavolenus libro tertio decimo epistularum)
Quod si mulier non emerat servum, sed ut emeret, a viro pecuniam accepit, tum vel mortuo vel deteriore facto servo damnum ad virum pertinebit: quia quod aliter emptura non fuit, nisi pecuniam a viro accepisset, hoc consumptum ei perit qui donavit, si modo in rerum natura esse desiit: nec videtur mulier locupletior esse, quae neque a creditore suo liberata est neque id possidet quod ex pecunia viri emerat.

Der Ehemann schenkte seiner Frau Geld, damit sie einen Sklaven kaufte (*ut emeret*). Nachdem die Frau den Sklaven gekauft hatte, starb der Sklave oder verlor an Wert. Den Schaden hat der Mann zu tragen, weil alles, *was die Frau nicht gekauft hätte, wenn sie nicht das Geld bekommen hätte*, bei Verlust zulasten des Schenkers geht, vorausgesetzt, dass es ersatzlos untergegangen ist.

Die Entscheidung lässt sich wie folgt erklären: Die Frau beabsichtigte nicht zu kaufen (*aliter emptura non fuit, nisi pecuniam a viro accepisset*) – der Kauf war nicht notwendig, mit der Schenkung bestritt der Mann nicht ein *onus necessarium*. Die Schenkung war daher verbotswidrig und somit nichtig. Das Geld gehörte nach der Übergabe an die Frau weiterhin dem Schenker. Durch Bezahlung des Kaufpreises verbrauchte die Frau das Geld, erwarb aber zugleich ein Surrogat – den gekauften Sklaven. Diesen könnte der Ehemann zurückfordern. Verstarb der Sklave, fiel die Bereicherung der Beschenkten weg[735] und damit auch die Rückforderung durch den Schenker. Der Schaden traf den Schenker, der den Wert des ungültig Geschenkten nun nicht mehr zurückbekam.

---

sera, SZ 101 (1984), S. 405 mit N. 10), scheint dies übersehen zu haben und kam somit zu einem anderen Ergebnis. Er meinte, dass die Schenkung zum *refectio*-Zweck als Ausnahme vom Ehegattenschenkungsverbot im Zusammenhang mit den senatorischen und kaiserlichen Verordnungen eingeführt worden sei, die die Demolierung zugunsten der Rekonstruktion hätten verhindern wollen.

735 Paul. D. 24,1,28pr.: *Si id quod donatum sit perierit vel consumptum sit, eius qui dedit est detrimentum, merito, quia manet res eius qui dedit suamque rem perdit.* Der Wegfall der Bereicherung war in Ulp. D. 24,1,50,1 möglich. Anders im *principium* der Stelle, wo der Ehemann nicht schenkte, damit die Frau einen Sklaven kaufte, sondern um sie von einer bereits bestehenden Verbindlichkeit aus dem bereits (vor der Schenkung) abgeschlossenen Kaufvertrag zu befreien. Im *principium* war der Wegfall der Bereicherung nicht möglich, da die Frau auch nach dem Tod des gekauften Sklaven bereichert war – ihre Schuld könnte noch bestehen, wenn der Mann nicht einen Teil des Kaufpreises bezahlt hätte. Zum Text Misera, Der Bereicherungsgedanke, S. 111f., gegen Niederländer, Die Bereicherungshaftung, S. 29ff.

V. Zwischenergebnis

Die von einer Zweckbestimmung begleiteten Ehegattenschenkungen können in zwei Gruppen gegliedert werden. Die erste Gruppe umfasst Schenkungen zum Zweck der Freilassung und der Bestattung. Veranlasst durch die Begünstigung der Freiheit (*favor libertatis*) und der Religion (*favor religionis*), suchten die Juristen nach einem Weg, in dem die *donationes manumissionis* und *sepulturae causa* nicht gegen das Ehegattenschenkungsverbot verstießen. Dafür boten der Freilassungs- und Bestattungszweck günstige Bedingungen, denn die Erfüllung der Zweckbestimmung bestand in einer Umwandlung der übergebenen Sache (des Sklaven in einen *libertus* und des Grundstücks in eine *res religiosa*), durch die die Bereicherung des Beschenkten aus dem Vermögen des Schenkers wegfiel. Um die Schenkungen dem Geltungsbereich des Schenkungsverbots zu entziehen, mussten die Juristen also nur die der Zweckverwirklichung vorangehende Bereicherung des Beschenkten vermeiden. Dies wurde mit der Konstruktion von Masurius Sabinus erreicht: Der Beschenkte erwarb das Eigentum am Sklaven oder am Grundstück erst dann, wenn er fristgerecht und bei aufrechter Ehe mit der Zweckverwirklichung anfing; einmal angefangen, wurde der Sklave oder das Grundstück auch schon wieder preisgegeben. Infolge der sabinischen Konstruktion wurde die Verwirklichung des Freilassungs- und des Bestattungszwecks zu einer Wirksamkeitsvoraussetzung für den Eigentumserwerb am Sklaven oder am Grundstück und die *donationes manumissionis* und *sepulturae causa* so zu Schenkungen, die es dem Beschenkten ermöglichten, durch die Zweckverwirklichung das Schenkungsobjekt (die Patronatsrechte oder die Grabstätte) zu erwerben.

Die zweite Gruppe zeichnet sich dadurch aus, dass die Anwendung des Ehegattenschenkungsverbots dort ausgeschlossen war, wo sie den sozialen Aufgaben und Zwecken einer Ehe widersprach. Vermieden wurde, das Verbot auf solche Zuwendungen anzuwenden, mit denen die Frau den gesellschaftlichen und politischen Einfluss ihres Mannes zu vergrößern bezweckte (*donatio honoris causa*). Dies auch deswegen, weil die Frau am höheren sozialen Status ihres Mannes partizipierte[736]. Nur eine Kehrseite ist es, wenn umgekehrt auch jene Zuwendungen nicht unter das Schenkungsverbot fielen, mit denen der Mann notwendige Aufwendungen seiner Frau bestritt. Es hätte dem Wesen der Ehe als Lebensgemein-

736 Die Frau eines Senators trug den Titel *femina clarissima* (abgekürzt c. f.). Die Frau eines Konsuls oder ehemaligen Konsuls hatte die *dignitas consularis* und wurde *femina consularis* genannt. Vgl. Ulp. D. 1,9,8; Ulp. D. 50,16,100; Impp. Diocl., Maxim. C. 5,4,10; Ulp. D. 1,9,1; Ulp. D. 1,9,12pr. Ferner Impp. Valent., Theod., Arcad. C. 12,1,13.

schaft (*consortium omnis vitae*[737]) widersprochen, wenn der Mann seiner Frau nicht finanziell hätte helfen können, falls ihr Haus durch Brand vernichtet wurde (D. 24,1,14) oder wenn sie etwa in dringenden Angelegenheiten verreisen musste (D. 24,1,21pr.). Um den Zwecken der Ehe nachzukommen, ließ man die Schenkungen der zweiten Gruppe in dem Ausmaß zu, in dem sie zur Zweckverwirklichung erforderlich waren. In diesem Umfang konnte der beschenkte Ehegatte aus dem Vermögen des Schenkers bereichert sein und das Eigentum sogleich mit der Übergabe erwerben. War das Geschenk, aus welchem Grund auch immer, zur Zweckverwirklichung nicht erforderlich, so war die Schenkung als verbotswidrig *ex tunc* ungültig und das Geschenk vindizier- oder mit *condictio ob iniustam causam* kondizierbar.

Einer Auflage entsprach die Zweckbestimmung in keiner der beiden Gruppen. Der Beschenkte war nicht verpflichtet, die Zweckbestimmung zu erfüllen. Die Verfehlung des der Schenkung beigefügten Zwecks hatte nur zur Folge, dass die Schenkung in der ersten Gruppe (*donatio manumissionis* und *sepulturae causa*) wegen Verbotswidrigkeit gar nicht erst wirksam wurde und in der zweiten Gruppe (*donatio honoris causa* und zur Deckung notwendiger Aufwendungen) die Schenkung im Nachhinein als ungültig anzusehen war.

737 Mod. D. 23,2,1: *Nuptiae sunt coniunctio maris et feminae et consortium omnis vitae, divini et humani iuris communicatio.*

Fünftes Kapitel: Keine auflösend bedingte Schenkung im klassischen Recht

Noch bevor wir zu der Frage übergehen, ob dem Schenker eine auf Erfüllung der Auflage gerichtete Klage zustand, ist der letzte Nachweis dafür zu erbringen, dass die klassische Schenkung mit dem Rückforderungsrecht des Schenkers unvereinbar war. Das Schenkungsmerkmal „nur derjenige schenkt, der eine Sache in der Absicht gibt, sie unter keinen Umständen zurückzubekommen" galt auch für die Schenkung von Todes wegen und für die Schenkung unter Verlobten.

I. *Die donatio mortis causa*

Das klassische Recht kannte die Schenkung von Todes wegen in zweierlei Gestalt[738]: erstens als eine aufschiebend bedingte Schenkung, bei der der Schenker nicht nur die *causa donationis*, sondern auch den Eigentumsübergang durch seinen Tod in bestehender Gefahr[739] aufschiebend bedingte; zweitens als sofortige Übereignung an den Beschenkten mit *dem Vorbehalt eines Rückforderungsrechts* für den Fall, dass der Schenker die bestehende Gefahr übersteht, oder dass der

738 So die herrschende Meinung: Kaser, IURA 2 (1951), S. 244; Schwarz, Die Grundlage der condictio, S. 166, N. 1; Amelotti, La donatio mortis causa, S. 15; Yaron, RIDA³ 3 (1956), S. 494; Simonius, Die donatio mortis causa, S. 189ff.; Kaden, SZ 76 (1959), S. 626; Rüger, Die donatio mortis causa, S. 30ff. Die Klassizität einer suspensiv bedingten *donatio mortis causa* leugnete Di Paola, Donatio mortis causa, S. 1ff.; für ihren späteren Ursprung Noordraven, Die Fiduzia, S. 92.

739 Die Klassizität einer *donatio sola cogitatione mortalitatis* ist strittig. Sie wurde geleugnet von: Simonius, Die donatio mortis causa, S. 79ff.; Di Paola, Donatio mortis causa, S. 127ff.; Yaron, RIDA³ 3 (1956), S. 496ff.; ders. in RIDA³ 13 (1966), S. 369ff.; Noordraven, Die Fiduzia, S. 92; mit diesen Tort-Martorell, La revocación, S. 38f.; dies. in SZ 130 (2013), S. 689. Die Klassizität verteidigen: Amelotti, La donatio mortis causa, S. 9f.; Harder, Zuwendungen unter Lebenden, S. 61; Jung, Fs. Huwiler 2007, S. 333f.; Rüger, Die donatio mortis causa, S. 26ff.

Beschenkte vor ihm verstirbt[740]. Es ist zu klären, wie das klassische Recht die letztgenannte Form mit dem Merkmal „*qui donat, sic dat, ne recipiat*“ in Einklang brachte. Deutlich ist der Gegensatz in dem bereits erörterten Julian-Text.

D. 39,5,1pr. (IULIANUS libro septimo decimo digestorum)
Donationes complures sunt. dat aliquis ea mente, ut statim velit accipientis fieri nec ullo casu ad se reverti, et propter nullam aliam causam facit, quam ut liberalitatem et munificentiam exerceat: haec proprie donatio appellatur. ... item cum quis ea mente dat, ut statim quidem faciat accipientis, si tamen aliquid factum fuerit aut non fuerit, velit ad se reverti, non proprie donatio dicitur, sed totum hoc donatio est, quae sub condicione solvatur. qualis est mortis causa donatio.

Im ersten Teil beschreibt Julian eine Handschenkung und formuliert ihr Merkmal, nach dem der Schenker eine Sache in der Absicht gibt, sie unter keinen Umständen zurückzubekommen (*nec ullo casu ad se reverti*). Der Schenkung von Todes wegen fehlt gerade dieses Merkmal, weil der Schenker *mortis causa* die Sache zurückbekommen will, wenn etwas geschieht oder nicht geschieht (*si aliquid factum fuerit aut non fuerit, velit ad se reverti*). Diesen auffälligen Widerspruch soll Julian - wenig glaubhaft - mit der Feststellung überwunden haben, die *donatio mortis causa* sei keine Schenkung „im eigentlichen Sinn“ (*non proprie donatio dicitur*), sondern eine solche, die beim Bedingungseintritt aufgelöst werde (*sub condicione solvatur*); modern ausgedrückt: eine resolutiv bedingte Schenkung.

Der Schlusssatz *item cum - causa donatio* war lange für unklassisch gehalten worden[741]. Die Klassizität einer auflösend bedingten *donatio mortis causa* nimmt neuerdings Rüger[742] an, er erklärt aber nicht den Widerspruch zum Schenkungsmerkmal „*qui donat, sic dat, ne recipiat*“. Den Interpolationsverdacht des älteren Schrifttums halten wir in Bezug auf die Worte *sed totum hoc donatio est, quae sub condicione solvatur* für berechtigt[743]. Es ist zu zeigen, dass die *donatio mortis*

740 Iul. D. 12,1,19pr.: *si donator convaluisset aut is qui accipiebat prior decessisset.*

741 HAYMANN, Die Schenkung unter einer Auflage, S. 59, N. 3; ders. in SZ 38 (1917), S. 233; STOCK, Zum Begriff der donatio, S. 38f.; AMELOTTI, La donatio mortis causa, S. 25f. Die ursprüngliche Fassung nach DI PAOLA, Donatio mortis causa, S. 4: *item cum quis ea mente dat, ut statim quidem faciat accipientis, si tamen aliquid factum* [*fuerit aut*] *non fuerit, velit ad se reverti,* [*non proprie donatio dicitur, sed totum hoc donatio est, quae sub condicione solvatur.*] *qualis est mortis causa donatio.* Übereinstimmend mit der Bemerkung, *fuerit aut* könne echt sein, KASER, IURA 2 (1951), S. 245, N. 4. Nach PETERS, Die Rücktrittsvorbehalte, S. 119ff., kannte Julian eine Resolutivbedingung beim Kaufvertrag. Generell gegen eine auflösende Bedingung im Obligationenrecht der klassischen Zeit EFFER-UHE, Die Wirkung der condicio, S. 125ff.

742 RÜGER, Die donatio mortis causa, S. 30ff.

743 Der Gedanke *donatio est, quae sub condicione solvatur* fehlt in: Ulp. D. 39,6,2: *Iulianus libro sep-*

causa in der Gestalt der sofortigen Übereignung nicht als eine auflösend bedingte Schenkung, sondern als ein gemischtes Geschäft konstruiert wurde. Da sich der Schenker die Rückforderung für den Fall vorbehielt, dass er die bestehende Gefahr übersteht, konnte die *donatio* erst mit seinem Tod zustande kommen; bis dahin bestand das Geschäft in der Gestalt einer *datio ob rem*.

1. Die *donatio mortis causa* als ein gemischtes Geschäft

Das Merkmal, das die *donatio mortis causa* von der *donatio inter vivos* unterschied, bestand in dem Rückforderungsrecht des Schenkers[744].

D. 39,6,27 (MARCIANUS libro quinto regularum)
Ubi ita donatur mortis causa, ut nullo casu revocetur, causa donandi magis est quam mortis causa donatio: et ideo perinde haberi debet atque alia quaevis inter vivos donatio. ideoque inter viros et uxores non valet et ideo nec Falcidia locum habet quasi in mortis causa donatione.

Schenkt jemand in der Weise *mortis causa*, dass er sich nicht ein Rückforderungsrecht vorbehält, so liegt eher eine *causa donandi* als eine *donatio mortis causa* vor und das Geschäft ist daher so zu behandeln wie jede andere *donatio inter vivos*. Dies hat insbesondere zur Folge, dass die *lex Falcidia* auf diese keine Anwendung findet. Die *causa donandi* stellt Marcian[745] der *donatio inter vivos* gleich und nimmt beide in dem Fall an, wenn der Schenker wollte, dass der Beschenkte das Geschenk unter allen Umständen behält. Daraus ergibt sich die Frage: Wenn sich der Schenker eine Rückforderung vorbehielt, lag dann keine *causa donandi* vor?

---

timo decimo Digestorum tres esse species mortis causa donationum ait, unam, cum quis nullo praesentis periculi metu conterritus, sed sola cogitatione mortalitatis donat. aliam esse speciem mortis causa donationum ait, cum quis imminente periculo commotus ita donat, ut statim fiat accipientis. tertium genus esse donationis ait, si quis periculo motus non sic det, ut statim faciat accipientis, sed tunc demum, cum mors fuerit insecuta.

744 So auch Paul. D. 39,6,35,2: *Sed mortis causa donatio longe differt ab illa vera et absoluta donatione, quae ita proficiscitur, ut nullo casu revocetur. et ibi qui donat illum potius quam se habere mavult: at is, qui mortis causa donat, se cogitat atque amore vitae recepisse potius quam dedisse mavult: et hoc est, quare vulgo dicatur: „se potius habere vult, quam eum cui donat, illum deinde potius quam heredem suum"*. Anders aber Paulus in Paul. D. 39,6,35,4: *sic quoque potest donari mortis causa, ut nullo casu sit repetitio, id est ne si convaluerit quidem donator*. Mit unterschiedlicher Erklärung zum Widerspruch zwischen den Aussagen von Paulus: AMELOTTI, La donatio mortis causa, S. 44f.; DI PAOLA, Donatio mortis causa, S. 53ff.; JUNG, Fs. Huwiler 2007, S. 336f.; LIEBS, Fs. Leipold 2009, S. 1016f.; RÜGER, Die donatio mortis causa, S. 41ff.

745 Vgl. auch Marci. D. 39,6,1pr.: *Mortis causa donatio est, cum quis habere se vult quam eum cui donat magisque eum cui donat quam heredem suum.*

Die Formulierung Marcians *causa donandi magis est quam mortis causa donatio* ist jener von Julian in D. 39,5,2,7 – *causa magis donationis quam condicio dandae pecuniae*[746] – auffällig ähnlich, nur mit dem Unterschied, dass hier an Stelle von *condicio dandi* die *donatio mortis causa* steht. Die *condicio dandi*, die Julian der *causa donationis* gegenüberstellte, bedeutete, dass sich der Geber für einen bestimmten Fall das Rückforderungsrecht vorbehielt, was auch der *donatio mortis causa* entspricht. Die *condicio dandi* hatte zugleich zur Folge, dass das Rechtsgeschäft wie eine *datio ob rem* qualifiziert wurde. Es wäre nun konsequent, wenn die *donatio mortis causa* so lange keine *causa donationis* enthielte, wie die Möglichkeit bestand, dass der Schenker zurückforderte, also bis zum Entscheiden der Frage, ob er die bestehende Gefahr überstanden hatte. Die *causa donationis* konnte demnach erst mit dem Tod des Schenkers zustande kommen, weil sie erst ab diesem Zeitpunkt als Behaltensgrund für die übergebene Sache dienen konnte.

Dass der von Todes wegen Beschenkte bis zum Tod des Schenkers eine dem *accipiens ob rem* ähnliche Rechtsstellung hatte, ist aus D. 39,6,42,1 zu erkennen:

D. 39,6,42,1 (Papinianus libro tertio decimo responsorum)
Cum pater in extremis vitae constitutus emancipato filio quaedam sine ulla condicione redhibendi donasset ac fratres et coheredes eius bonis contribui donationes Falcidiae causa vellent, ius antiquum servandum esse respondi: non enim ad alia constitutionem pertinere, **quam quae lege certa donarentur et morte insecuta quodammodo bonis auferrentur spe retinendi perempta**: eum autem, qui absolute donaret, non tam mortis causa quam morientem donare.

Die *mortis causa* geschenkte Sache hört „gewissermaßen“ erst nach dem Tod des Schenkers auf, Bestandteil seines Vermögens zu sein, weil erst mit dem Tod des Schenkers seine Hoffnung auf den Zurückempfang erlischt[747]. Daraus ergibt sich: Der Beschenkte war bis zum Tod des Schenkers zwar Eigentümer, hatte aber noch keinen Rechtsgrund zum Behalten der Sache, weil der Schenker sie bei der Genesung zurückfordern konnte. Mittels der Kondiktion hatte der Schenker noch einen rechtlichen Zugriff auf die Sache, sodass diese wirtschaftlich noch zu sei-

746 Dazu siehe im zweiten Teil, ersten Kapitel I.2, S. 65ff.

747 Vgl. auch die Aussagen *rem, quam habiturus eram, in bonis meis desinam propter donationem habere* in Iul. D. 24,1,4 und *non enim habeo quod habiturus essem* in Scaev. D. 24,1,56. Die Texte betreffen sehr wahrscheinlich eine *donatio mortis causa* mit sofortiger Eigentumsübertagung (da der Schenker bei Genesung kondizieren und nicht vindizieren konnte; dafür auch Simonius, Die donatio mortis causa, S. 195; Misera, Der Bereicherungsgedanke, S. 43, N. 81) und trotzdem bezogen die Juristen das *habeo* des Beschenkten erst auf den Todeszeitpunkt des Schenkers, also auf jenen Zeitpunkt, in dem das Rückforderungsrecht des Schenkers entfiel.

nem Vermögen gehörte. Die Zugehörigkeit der Sache vor dem Tod des Schenkers erinnert an die oben[748] erörterten Quellen zur *datio ob rem*: Der Geber (*dans ob rem*) verlor durch die Übergabe an den *accipiens* das Eigentum. Doch stand ihm die *condictio ob rem* zu und diese genügte dafür, dass die Sache vor der Zweckverwirklichung als noch dem *dans* gehörig angesehen wurde. Den Behaltensgrund konnte der Beschenkte bei der *donatio mortis causa* erst ab dem Zeitpunkt haben, in dem sich die Sache aus dem Vermögen des Schenkers endgültig loslöste – erst mit seinem Tod. Die *donatio* war somit suspensiv bedingt durch den Tod des Schenkers in der bestehenden Gefahr. Anders dagegen, wenn der Schenker *absolute*, also ohne Rückforderungsvorbehalt (*sine ulla condicione redhibendi*) schenkte. Dann konnte die *donatio* sogleich mit der Übergabe entstehen und es lag daher nur eine Schenkung „im Augenblick des Todes“ vor, nicht aber eine *mortis causa*, bei der die *donatio* durch den Tod des Schenkers bedingt wäre.

Bis zum Tod des Schenkers bestand die *donatio mortis causa* als ein *negotium*, so Paulus:

D. 39,6,35,3 (PAULUS libro sexto ad legem Iuliam et Papiam)
Ergo qui mortis causa donat, qua parte se cogitat, negotium gerit, scilicet ut, cum convaluerit, reddatur sibi: nec dubitaverunt Cassiani, quin condictione repeti possit quasi re non secuta propter hanc rationem, quod ea quae dantur aut ita dantur, ut aliquid facias, aut ut ego aliquid faciam, aut ut Lucius Titius, aut ut aliquid optingat, et in istis condictio sequitur.

Der Schluss des Textes könnte leicht überarbeitet sein, der Gedanke ist aber paulinisch[749]. Der Schenker *mortis causa*, insofern er an sich denkt, *gerit negotium*, nämlich das Geschäft, dass er das Hingegebene zurückbekommt, wenn er genesen sollte. Für diesen Fall gewährten ihm die Cassiani eine *condictio quasi re non secuta*, also die *condictio ob rem*[750]. Der altruistisch gewollten Schenkung ging

748 Im zweiten Teil, ersten Kapitel II., S. 70ff.

749 Den Schluss *propter... sequitur* hielt für unecht PERNICE, Labeo. 3. Bd. 1. Abt., S. 280, N. 1. Der Itp.-Verdacht ist bei *quasi re non secuta* unbegründet; dafür aber AMELOTTI, La donatio mortis causa, S. 141f.; BEHRENDS, Fs. Wacke 2001, S. 30, N. 35. Gegen Echtheit, jedoch mit der Annahme, der Verfasser habe ein klassisches Gut benutzt, SCHWARZ, Die Grundlage der condictio, S. 166f.

750 Die Klassizität der vereinzelt überlieferten dinglichen Klage des Schenkers (Ulp. D. 39,6,29; Iul. D. 39,6,14) ist strittig. Gegen die Klassizität: AMELOTTI, La donatio mortis causa, S. 100; 158ff.; SIMONIUS, Die donatio mortis causa, S. 148; 194; DI PAOLA, Donatio mortis causa, S. 8ff.; 24ff. Ulp. D. 39,6,29 kann im Wesentlichen klassisch sein nach WESEL, SZ 85 (1968), S. 109f., der aber den dinglichen Rückfall bei der *donatio mortis causa* grundsätzlich für justinianisch hielt (S. 171); mit alternativer Erklärung PETERS, Die Rücktrittsvorbehalte, S. 181, N. 16. Eher für echt halten Ulp. D. 39,6,29: BIONDI, Successione testamentaria e donazioni², S. 710, N. 1, und RÜGER, Die donatio mortis causa, S. 62 mit N. 217.

ein vom Geber egoistisch orientiertes Geschäft vor, das Paulus *negotium* nennt[751]. Dieses *negotium* verschaffte die rechtsgeschäftlichen Voraussetzungen für die Entstehung einer Rückgabeobligation[752], wenn der Schenker wieder gesund wurde oder wenn der Beschenkte vor ihm starb.

Dass das *negotium*, das zeitlich der *donatio* voranging, nur eine andere Bezeichnung der *datio ob rem* war, ergibt sich aus einem Vergleich mit der *dotis datio ante nuptias.*

D. 22,1,38 (Paulus libro sexto ad Plautium)
§ 1: Et quidem si fundus ob rem datus sit, veluti dotis causa, et renuntiata adfinitas, fructus quoque restituendi sunt, utique hi qui percepti sunt eo tempore quo sperabatur adfinitas, sed et posteriores, si in re mora fuit, ut ab illo, qui reddere debeat, omnimodo restituendi sunt. sed et si per mulierem stetit, quo minus nuptiae contrahantur, magis est, ut debeat fructus recipere: ratio autem haec est, quod, si sponsus non conveniebatur restituere fructus, licuerat ei neglegere fundum.
§ 3: Idemque est, si mortis causa fundus sit donatus et revaluerit qui donavit atque ita condictio nascatur.

In Erwartung der Eheschließung wurde ein Grundstück zur Bestellung einer Mitgift gegeben. Paulus beschäftigt sich mit der Frage, in welchem Ausmaß der Geber außer dem Grundstück auch die Früchte kondizieren kann, wenn das Verlöbnis aufgelöst wurde[753]. Zwei Paragrafen weiter erörtert er dieselbe Frage in Bezug auf die *donatio mortis causa.*

Derjenige, der noch vor der Eheschließung *dotis causa* gab, verfolgte einen künftigen Zweck: die *dos*-Bestellung. Die Mitgift konnte erst mit der Eheschließung zustande kommen[754], bis dahin lag ein Schwebezustand vor, eine Unentschiedenheit, ob

751 Zur Antithese *donare* und *negotium gerere* siehe Archi, Studi Volterra, Vol. I, 1971, S. 674f.

752 Jung, Fs. Huwiler 2007, S. 348f., versteht das *negotium* als die Rückgabepflicht begründenden bedingten Realvertrag.

753 *Adfinitas* scheint in D. 22,1,38,1 mit *et renuntiata adfinitas* und *eo tempore quo sperabatur adfinitas* eine doppelte Bedeutung zu haben, nämlich „das Verlöbnis" im ersten und „die Ehe" im zweiten Fall, sodass *et renuntiata adfinitas* bedeutet: „und das Verlöbnis ist aufgelöst worden", und *eo tempore quo sperabatur adfinitas* bedeutet: „in der Zeit, als man auf die Ehe hoffte". In diesem Sinn auch Behrends in Knütel/Kupisch/Seiler/Behrends, Corpus iuris civilis, Bd. IV, S. 102. Zur verschiedenen Bedeutung von *adfinitas* siehe Levy, SZ 36 (1915), S. 38f., N. 8, und mit ihm Pringsheim, SZ 78 (1961), S. 478. Hierzu auch Kupiszewski, SZ 84 (1967), S. 84f. Zum Itp.-Verdacht des Textes siehe auch in Fn. 756. Zur *adfinitas* ferner unten in Fn. 834.

754 Ulp. D. 23,3,3: *neque enim dos sine matrimonio esse potest. ubicumque igitur matrimonii nomen non est, nec dos est.* Tigerström, Das römische Dotalrecht, S. 18: Das hingegebene Gut habe vor der Eheschließung noch keine Dotalqualität gehabt.

der Leistungszweck erreicht wird. Da der Geber zu einem künftigen Zweck leistete, das Eigentum aber sogleich übertragen wollte, sah Paulus das Rechtsgeschäft wie eine *datio ob rem* an[755] (*si fundus ob rem datus sit, veluti dotis causa*)[756], und die Zweckverfehlung berechtigte den Geber zur Kondiktion. Der Leistungszweck (die *res*) war die *dos*. Wurde die Ehe geschlossen, so kam die *dos* zustande und diente als *causa retinendi* für die übereignete Sache. Unterblieb hingegen die Eheschließung, dann (und erst dann[757]) konnte der Geber kondizieren, weil der Leistungszweck verfehlt wurde.

Ähnlich sah Paulus die *donatio mortis causa*, bei der er in D. 39,6,35,3 an Stelle von *ob rem datum* von einem *negotium* sprach. Der Schenker übereignete eine Sache an den Beschenkten, um zu schenken, wenn er in der bestehenden Gefahr stirbt. Der Leistungszweck (die *res*) war die künftige *donatio*[758], die bis zum Tod des Schenkers suspensiv bedingt war. Bei der *datio* war das Zustandekommen der *donatio* noch ungewiss, sie konnte daher nicht als *causa traditionis* dienen. Die *causa* der Tradition war die Leistung zu einem bestimmten künftigen Zweck[759] – die *datio ob rem*.

---

755 Dafür, dass die *dotis datio ante nuptias* nach den Grundsätzen der *datio ob rem* behandelt wurde, bereits Czyhlarz, Das römische Dotalrecht, S. 143f.; zuletzt Harke, IURA 54 (2003), S. 59, und Sobczyk, TR 89 (2021), S. 370ff. Nach Behrends, Fs. Wacke 2001, S. 15ff., hatte die *condictio causa data causa non secuta* ihren Ursprung gerade in der *dotis datio ante nuptias*. Anders Chaudet, Condictio causa data, S. 124ff., der die *dotis datio ante nuptias* unter die *dationes ob causam* einordnete. *Dotis datio ante nuptias* als *datio ob rem* auch in Paul. D. 12,4,9pr.: *sed si ego contraxi cum sponso et pecuniam in hoc dedi, ut, si nuptiae secutae essent, mulieri dos adquireretur, si non essent secutae, mihi redderetur, quasi ob rem datur et re non secuta ego a sponso condicam.* Ulp. D. 12,4,6: *nam quasi causa non secuta habere potest condictionem, qui ob matrimonium dedit, matrimonio non copulato, nisi forte evidentissimis probationibus mulier ostenderit hoc eum ideo fecisse, ut ipsi magis mulieri quam sibi prospiceret. sed et si pater pro filia det et ita convenit, nisi evidenter aliud actum sit, condictionem patri competere Marcellus ait.* Ulp. D. 23,3,9pr.: *quod si pro ea res ego dem, si quidem ante nuptias, interest qua condicione dedi, utrum ut statim fiant accipientis an secutis nuptiis: si statim, nuntio misso condicam* (zum Text im zweiten Teil, ersten Kapitel II.2.b.cc, S. 102f.). Ulp. D. 23,3,7,3: *Si res in dote dentur … quid ergo, si ante matrimonium? si quidem sic dedit mulier, ut statim eius fiant, efficiuntur:… proinde si forte nuptiae non sequantur nuntio remisso, si quidem sic dedit mulier, ut statim viri res fiant, condicere eas debebit misso nuntio.*

756 Der Eingangssatz *Et quidem si fundus ob rem datus sit, veluti dotis causa* in D. 22,1,38,1 blieb vom Itp.-Verdacht verschont; siehe Levy/Rabel, Index interpolationum, Tom. II, ad h. l.; König, SDHI 29 (1963), S. 235f.; Kupiszewski, SZ 84 (1967), S. 84f.; Kaser, SDHI 46 (1980), S. 125, N. 155; Pellecchi, SDHI 64 (1998), S. 113.

757 Siehe unten Fn. 805.

758 Ähnlich Erxleben, Die condictiones, S. 165. Als *datio ob rem* betrachteten die *donatio mortis causa* auch Amelotti, La donatio mortis causa, S. 145f.; Simonius, Die donatio mortis causa, S. 222ff. (die *datio* erfolgte *ut donatio mortis causa locum habeat*; *ut post mortem meam rem donatam habeas*); Di Paola, Donatio mortis causa, S. 59ff.; Kaser, Das römische Privatrecht 1^2, S. 597, und neuerdings Sobczyk, TR 89 (2021), S. 373ff. Vgl. auch Pellecchi, SDHI 64 (1998), S. 108ff.

759 So in Bezug auf die *dotis datio ante nuptias* auch Ehrhardt, Justa causa traditionis, S. 80.

Dass die *res* bei der *donatio mortis causa* keine Gegenleistung darstellte, widersprach, wie im ersten Kapitel gezeigt wurde, einer *datio ob rem* nicht[760]. Zweifel richten sich jedoch dagegen, dass die *res* in keinem *dare* beziehungsweise *facere* bestand. Daraus hat man schließen wollen, dass die *donatio mortis causa* im klassischen Recht einen besonderen Kondiktionstatbestand dargestellt habe[761]. Richtiger scheint jedoch, die klassische *datio ob rem* allgemein als Leistung zu einem künftigen Zweck anzunehmen, dessen Erreichung bei der *datio* ungewiss war und dessen Verfehlung eine *condictio ob rem* begründete[762]. Dieser Konzeption entspricht die Beschreibung in Pomp. D. 12,6,52: *ob rem vero datur, ut aliquid sequatur, quo non sequente repetitio competit.*

Bis zum Eintritt der Bedingung *si donator convaluisset aut is qui accipiebat prior decessisset* war der Beschenkte Eigentümer und als solcher erwarb er auch die Früchte. Im Unterschied zu der sogenannten suspensiv bedingten *donatio mortis causa*, bei der nicht nur die *donatio*, sondern auch der Eigentumsübergang aufschiebend bedingt war, konnte der Beschenkte bei der durch sofortigen Eigentumsübergang vollzogenen *donatio mortis causa* aus dem Eigentum bereits vor dem Tod des Schenkers profitieren. Die durch den Tod des Schenkers zustande gekommene *donatio* verschaffte dem Beschenkten den Behaltensgrund nicht nur für die hingegebene Sache, sondern auch für die in der Zwischenzeit gezogenen Früchte. Wenn der Schenker dagegen die Gefahr überlebte, musste der Beschenkte die Sache samt den in der Zwischenzeit gezogenen Früchten herausgeben[763].

---

760 Die *datio ob rem* lag auch dann vor, wenn der künftige Zweck im Interesse des Empfängers war; entscheidend war nur, dass der Geber das endgültige Behalten durch den Empfänger von der Zweckerreichung abhängig machte. Auf die Vielfalt der Leistungszwecke (der *res*) wies auch Ernst, Die datio ob rem, S. 36, hin. Dafür, dass sich die *datio ob rem* auch auf Fälle erstreckte, „in denen die *res* nicht als Gegenleistung" erschien, „auf die sich eine Verpflichtung richten könnte, wie z. B. bei der *dos*-Bestellung in Erwartung der Eheschließung", auch Kupisch, Ungerechtfertigte Bereicherung, S. 12, N. 14.

761 Schwarz, Die Grundlage der condictio, S. 166ff.

762 Ähnlich neuerdings Sobczyk, TR 89 (2021), S. 356ff., S. 378, wonach der Zweck der *datio ob rem* „could refer to any future event, effect or state of affairs, provided that it did not infringe the law or good morals".

763 Paul. D. 12,4,12: *Cum quis mortis causa donationem, cum convaluisset donator, condicit, fructus quoque donatarum rerum et partus et quod adcrevit rei donatae repetere potest.* Ähnlich bei der *dotis datio ante nuptias*: Iul. D. 12,4,7,1: *Fundus dotis nomine traditus, si nuptiae insecutae non fuerint, condictione repeti potest: fructus quoque condici poterunt.* Vgl. dazu König, SDHI 29 (1963), S. 234ff., nach dem die Sache und ihre Früchte jeweils mit einer besonderen *condictio* geltend gemacht wurden. War zwischen den Verlobten nichts anderes vereinbart und wurde die Ehe später geschlossen, so wurden die Zwischenvorteile der Mitgift zugerechnet: Ulp. D. 23,3,7,1: *Si fructus constante matrimonio percepti sint, dotis non erunt: si vero ante nuptias percepti fuerint, in dotem*

Wir dürfen somit schließen, dass die durch sofortigen Eigentumsübergang vollzogene *donatio mortis causa* keine resolutiv bedingte Schenkung war[764], und folgen der überwiegenden Meinung[765] darin, dass der Satz *sed totum hoc donatio est, quae sub condicione solvatur* in Iul. D. 39,5,1pr. nicht von Julian stammt. Dafür, dass Julian eine *donatio mortis causa* bis zum Tod des Schenkers als eine *datio ob rem* betrachtete, spricht schließlich auch D. 12,1,19pr.[766], wo Julian die *donatio mortis causa* gleich neben der Rechtsfigur *si Titio decem dedero, ut Stichum intra Calendas manumitteret* erörterte.

Um nachzuweisen, dass die *donatio* durch das Vorversterben des Schenkers in der bestehenden Gefahr *suspensiv* bedingt war, ist noch ein scheinbares Hindernis zu überwinden: die belegte Möglichkeit des Beschenkten, die übergebene Sache bereits bei Lebzeiten des Schenkers zu ersitzen. Wenn die *donatio* erst mit dem Tod des Schenkers zustande kam, welcher Titel berechtigte dann den Beschenkten zur Ersitzung bereits vor dem Tod des Schenkers?

2. Die Ersitzung der *mortis causa* geschenkten Sache vor dem Tod des Schenkers

a. *Donatio mortis causa* in der Gestalt einer *datio ob rem*

D. 39,6,13pr. (IULIANUS libro septimo decimo digestorum)
Si alienam rem mortis causa donavero eaque usucapta fuerit, verus dominus eam condicere non potest, sed ego, si convaluero.

D. 39,6,33 (PAULUS libro quarto ad Plautium)
Qui alienam rem mortis causa traditam usucepit, non ab eo videretur cepisse, cuius res fuisset, sed ab eo, qui occasionem usucapionis praestitisset.[767]

---

convertuntur, nisi forte aliquid inter maritum futurum et destinatam uxorem convenit: tunc enim quasi donatione facta fructus non redduntur.

764 Dies sah bereits CZYHLARZ, Zur Lehre von der Resolutivbedingung, S. 91.

765 Siehe in Fn. 741.

766 Iul. D. 12,1,19pr.: *Non omnis numeratio eum qui accepit obligat, sed quotiens id ipsum agitur, ut confestim obligaretur. nam et is, qui mortis causa pecuniam donat, numerat pecuniam, sed non aliter obligabit accipientem, quam si exstitisset casus, in quem obligatio collata fuisset, veluti si donator convaluisset aut is qui accipiebat prior decessisset. et cum pecunia daretur, ut aliquid fieret, quamdiu in pendenti esset, an id futurum esset, cessabit obligatio: cum vero certum esse coepisset futurum id non esse, obligabitur qui accepisset: veluti si Titio decem dedero, ut Stichum intra Calendas manumitteret, ante Kalendas nullam actionem habebo, post Kalendas ita demum agere potero, si manumissus non fuerit.*

767 Zu D. 39,6,13pr. und 33 auch HAYMANN, Jher. Jahrb. 77 (1927), S. 193f.

Wenn eine fremde Sache *mortis causa* geschenkt wurde, so konnte sie der Beschenkte bereits vor dem Tod des Schenkers ersitzen[768]. Überstand der Schenker die Gefahr, so konnte er die ersessene Sache vom Beschenkten kondizieren. Dem ehemaligen Eigentümer stand weder die *rei vindicatio* zu, weil er das Eigentum durch die Ersitzung verlor, noch die *condictio*, da zwischen ihm und dem Beschenkten keine Leistung, kein *negotium* vorgenommen wurde[769]. Die Ersitzung vor dem Tod des Schenkers erfolgte jedoch nicht *pro donato*, nicht aufgrund einer *causa donationis*, sondern *pro suo*[770], was sich wieder analog zur *dotis datio ante nuptias* erschließen lässt.

D. 41,9,1,2 (Ulpianus libro trigensimo primo ad Sabinum)
Et primum de tempore videamus, quando pro dote quis usucapere possit, utrum post tempora nuptiarum an vero et ante nuptias. est quaestio volgata, an sponsus possit (hoc est qui nondum maritus est) rem pro dote usucapere. et Iulianus inquit, si sponsa sponso ea mente tradiderit res, ut non ante eius fieri vellet, quam nuptiae secutae sint, usu quoque capio cessabit: si tamen non evidenter id actum fuerit, credendum esse id agi Iulianus ait, ut statim res eius fiant et, si alienae sint, usucapi possint: quae sententia mihi probabilis videtur. ante nuptias autem non pro dote usucapit, sed pro suo.

Es war nach Ulpian eine vieldiskutierte Frage, ob ein Verlobter vor der Eheschließung die zur *dos* gegebene Sache ersitzen konnte. Julian meinte, dass die Ersitzung nicht stattfinde, wenn die Verlobte die Eigentumsübertragung bis zur Eheschließung aufschieben wollte. Wo aber die Absicht, die Übereignung suspensiv zu bedingen, nicht evident war, sei anzunehmen, dass die *sponsa* das Eigentum sogleich übertragen wollte[771], sodass dann auch die Ersitzung stattfinde, wenn die übergebenen Sachen fremd waren. Der Meinung Julians stimmt Ulpian zu und bemerkt, dass der Verlobte vor der Ehe nicht *pro dote*, sondern *pro suo* ersitze[772]. Die *usucapio pro suo* ist ferner in Fr. Vat. 111 belegt, wo auch Paulus Julian

768 Zur Ersitzung bei der *donatio mortis causa* unter Ehegatten Clem. D. 24,1,25; dazu Misera, Der Bereicherungsgedanke, S. 74ff.

769 Zum *negotium* und zur Übergabe als der Voraussetzung für die Kondiktion auch Iul. D. 12,6,33: *Si in area tua aedificassem et tu aedes possideres, condictio locum non habebit, quia nullum negotium inter nos contraheretur.* Zum Text Schwarz, Die Grundlage der condictio, S. 11f.; 192f.; vgl. auch Schwarz, IURA 3 (1952), S. 300f.; Laborenz, Solutio als causa, S. 120f.; 141ff.

770 Zur *usucapio pro suo* zuletzt Bělovský, Usucapio, S. 151ff.; Cannata, Scritti Corbino, Vol. 1, 2016, S. 489–530; Winkel, Essays for B. Nicholas 1989, S. 215–221; Vacca, Scritti Guarino 4, 1984, S. 1955–2000.

771 Ähnlich Call. D. 23,3,8: *Sed nisi hoc evidenter actum fuerit, credendum est hoc agi, ut statim res sponsi fiant et, nisi nuptiae secutae fuerint, reddantur.*

772 Anders bei der *dos aestimata*: Fr. Vat. 111 (zum Text sogleich in Fn. 773); Paul. D. 41,9,2: *Si aesti-*

zustimmte[773]. Eine *pro-dote*-Ersitzung war vor der Eheschließung nicht möglich, weil die *dos* erst mit der Ehe zustande kam.

Dies galt wohl auch für die *donatio mortis causa*: Zu Lebzeiten des Schenkers war die *donatio* in der Schwebe und konnte somit nicht als *iusta causa usucapionis* dienen. Der Beschenkte konnte aber *pro suo* ersitzen[774]. Aus der möglichen *usucapio* profitierte letztlich auch der Schenker selbst, denn erst durch die vollendete Ersitzung erwarb er die *condictio*.

Die *usucapio pro suo* setzte bei der *donatio mortis causa* und der *dotis datio ante nuptias* voraus, dass der Empfänger durch die *datio* Eigentum erworben hätte, wenn der Veräußerer Eigentümer gewesen wäre. Sie kam daher nur dann in Betracht, wenn die Parteien eine sofortige Eigentumsübertragung beabsichtigten[775]. Die *usucapio pro suo* war hier keine Putativtitelersitzung[776]. Die irrtümliche Annahme einer *causa* konnte die Ersitzung in diesen Fällen nicht rechtfertigen, weil sie in einem Rechtsirrtum bestehen müsste – entweder jenem des Verlobten, der

---

mata res ante nuptias tradita sit, nec pro emptore nec pro suo ante nuptias usucapietur; dazu MAZZANTE, Dos aestimata, S. 36; 95f.

773 Fr. Vat 111 (Paul. lib. VIII resp.): *Paulus respondit … Quamvis enim Iulianus et ante nuptias res dotis nomine traditas usucapi pro suo posse existimaverit et nos quoque idem probemus, tamen hoc tunc verum est, cum res dotales sunt. Cum vero aestimatae dantur, quoniam ex empto incipiunt possideri, ante nuptias pendente venditione, non prius usucapio sequi potest quam nuptiis secutis.* Die Klassizität der *usucapio pro suo* bei der *dotis datio ante nuptias* ist in der Literatur überwiegend unbestritten: BECHMANN, Das römische Dotalrecht 2, S. 8f.; ALBERTARIO, Sulla dotis datio ante nuptias, S. 325ff. (jedoch mit zahlreichen anderen Itp.-Annahmen); KASER, BIDR 64 (1961), S. 85, N. 96; HAUSMANINGER, Die bona fides, S. 51f.; JAKOBS, Fs. Flume, Bd I., 1978, S. 88f. Nach KÖNIG, SDHI 29 (1963), S. 223ff., war die Ersitzung vor der Ehe in der klassischen Zeit strittig. Das mag sein, jedoch enthalten D. 41,9,1,3 und 4 – entgegen König – nicht die abweichende Ansicht, denn der von Ulpian zitierte Cassius erörterte in D. 41,9,1,3 und 4 (siehe in Fn. 777) nicht mehr die *usucapio ante nuptias*, sondern jene *post tempora nuptiarum* (*constante matrimonio*) und meinte etwa: Nach der (vermeintlichen) Eheschließung kommt lediglich die *usucapio pro dote* in Betracht. War die Ehe aus beliebigem Grund ungültig, so war auch die *usucapio pro dote* ausgeschlossen, *quia et dos nulla sit* (anders Proculus D. 23,3,67, der bei einem *error facti* die *usucapio pro suo* bejahte).

774 So auch SIMONIUS, Die donatio mortis causa, S. 154. Anders AMELOTTI, La donatio mortis causa, S. 135, nach dem der Usukapionstitel die *donatio mortis causa* war; in diesem Sinn auch PFEIL, Der concursus duarum causarum, S. 146f. Ohne auf den Ersitzungstitel näher einzugehen, BAUER, Ersitzung und Bereicherung, S. 31ff.

775 Nicht dagegen, wenn der Eigentumsübergang durch den Tod des Schenkers oder durch die Eheschließung suspensiv bedingt sein sollte – dann würde die Ersitzung auch an der fehlenden Gutgläubigkeit des Empfängers scheitern, der wissen musste, dass er durch die Übergabe kein Eigentum erworben hatte.

776 So richtig in Bezug auf die *dotis datio ante nuptias* bereits PERNICE, Labeo. 2. Bd. 1. Abt.², S. 396; BONFANTE, Scritti giuridici varii II., S. 572; HAUSMANINGER, Die bona fides, S. 51; JAKOBS, Fs. Flume, Bd I., 1978, S. 89.

glaubte, die *dos* könne auch vor der Ehe wirksam bestellt werden, oder jenem des Beschenkten, der meinte, die *donatio* könne auch vor dem Tod des Schenkers zustande kommen. Der Rechtsirrtum nützte aber der *usucapio* nicht[777]. Der *usucapio pro suo* lag hier somit nicht eine durch den Rechtsirrtum falsch angenommene *causa donationis* oder *dotis* zugrunde.

Vielmehr stützte sich die *usucapio pro suo* auf einen *tatsächlich bestehenden* Eigentumserwerbsgrund[778]: auf die *datio ob rem* oder, konkreter, auf die Übergabe zum Zweck der künftigen *dos*-Bestellung oder zum Zweck der künftigen Schenkung[779]. Die *datio ob rem* rechtfertigte den guten Glauben des Verlobten oder des Beschenkten, dass er durch die *traditio* Eigentümer geworden war, und schloss zugleich die Notwendigkeit einer putativen *causa dotis* oder *donationis* aus. Der Grund dafür, dass es eine *pro-suo*-Ersitzung war, lag darin, dass die *dotis datio* vor der Ehe und die *donatio mortis causa* vor dem Tod des Schenkers zur Gruppe der unbenannten Zweckzuwendungen (*dationes ob rem*) gehörten und die *usucapio* sich somit nicht auf einen benannten Ersitzungstitel stützen konnte[780]. Es fehlte

777 Diese Meinung vertrat auch Paulus, der aber die Ersitzung *pro suo* vor der Ehe bejahte. Paul. D. 41,4,2,15 (*non capies usu, quia iuris error nulli prodest*). Den Grundsatz *numquam in usucapionibus iuris error possessori prodest* vertraten auch Pomponius und Proculus: [Paul.] <Pomp> 32 ad Sab. D. 41,3,31pr. (der Text ist nicht paulinisch, denn es sind lediglich 16 paulinische *libri ad Sabinum* bekannt; Lenel, Palingenesia I., S. 1293); Pomp. D. 22,6,4 (welchem Buch des Sabinus-Kommentars das Fragment zuzuordnen ist, ist umstritten, siehe Winkel, Error iuris nocet, 1985, S. 91f.); Pomp. D. 41,3,32,1; vgl. auch Paul. D. 22,6,9pr. Für die Klassizität der Regel „die Rechtsunkenntnis nützt bei der *usucapio* nicht": Mayer-Maly, Das Putativtitelproblem, S. 108ff.; 112f.; Winkel, Error iuris nocet, S. 90ff. Ulpian, ein weiterer Vertreter der Ersitzung *ante nuptias*, hat die Ersitzung im Fall einer putativen *causa dotis* sogar bei einem Tatsachenirrtum verneint, wenn der Empfänger an eine gültige *causa dotis* glaubte, da er die falsche Vorstellung hatte, er lebe in einer Ehe. Ulp. D. 41,9,1,3: *Constante autem matrimonio pro dote usucapio inter eos locum habet, inter quos est matrimonium: ceterum si cesset matrimonium, Cassius ait cessare usucapionem, quia et dos nulla sit.* § 4: *Idem scribit et si putavit maritus esse sibi matrimonium, cum non esset, usucapere eum non posse, quia nulla dos sit: quae sententia habet rationem.* Dafür, dass in D. 41,9,1,3–4 jede (das heißt auch *pro suo*) Ersitzung abgelehnt wurde, richtig Mayer-Maly, Das Putativtitelproblem, S. 52f.; Jakobs, Fs. Flume, Bd I., 1978, S. 88.

778 Dies hat Sargenti, SDHI 19 (1953), S. 238ff., nicht gesehen oder nicht anerkennen wollen. Daher war er gezwungen, die *usucapio pro suo* lediglich bei einer Manzipation zuzulassen, da diese abstrakt war. Gegen Sargenti ausführlich König, SDHI 29 (1963), S. 174ff.

779 Oder wie dies Simonius, Die donatio mortis causa, S. 223, in Bezug auf die *causa traditionis* schön ausdrückte: auf die als Realkontrakt aufgefasste kausale dingliche Einigung – die „Sachübertragung verbunden mit einer Einigung darüber, was als definitive *causa retinendi* zu gelten habe".

780 Vom „unbenannten Titel" sprach bereits Mayer, Die Justa causa, S. 189f. Ähnlich Jakobs, Fs. Flume, Bd. I., 1978, S. 89: „Der Erwerb dieser Sachen tritt, weil *dos* oder ein sonstiger zu nennender Erwerbsgrund ausscheiden, aufgrund einer *datio ob causam* ein, und folglich kann eine Ersitzung von der Frau nicht gehörenden Sachen ebenfalls nur aufgrund eines nicht besonders zu benennenden, aber doch aus einem wirklich vorhandenen und gültigen Erwerbsgrund eintreten,

„nicht die *causa*, sondern bloß ihr Name“[781], weswegen es sich auch um keine abstrakte Ersitzung handelte[782]. Der Titel *pro suo* übernahm hier eine lückenschließende Funktion und kam zum Einsatz, weil der benannte Spezialtitel (*pro dote, pro donato*) noch keinen Bestand hatte[783].

b. *Donatio mortis causa* in der Gestalt einer *fiducia cum amico*

Die Ersitzung des Beschenkten *mortis causa* erörterte auch Pomponius in D. 39,5,18,2 im Zusammenhang mit dem *negotium mixtum cum donatione.*

D. 39,5,18,2 (Ulpianus libro septuagensimo primo ad edictum)
Idem Aristo ait, si [donationis causa][784] in hoc [tradatur] <mancipetur> servus, ut post quinquennium manumittatur, sit autem alienus, posse dubitari an usucapiatur, quia aliquid donationis interveniret. et hoc genus quaestionis in mortis causa donationibus versari Pomponius ait et magis putat ut, si ita donetur, ut post quinquennium manumittatur, posse dici usucapionem sequi.

Ein fremder Sklave wurde mit der fiduziarischen Abrede manzipiert, der Fiduziar solle ihn nach fünf Jahren freilassen. Aristo, der sich in § 1 dafür aussprach, dass innerhalb der fünfjährigen Frist eine *aliqua donatio* vorliege[785], zweifelte nun, ob der Sklave vom Fiduziar ersessen werden könne. Die *fiducia* war kein Usukapionstitel[786], und das in ihr enthaltene *aliquid donationis* war nicht einer *causa donationis* gleichwertig, denn die Schenkung war eine typisierte *iusta causa usucapionis*[787], sodass ein Zweifel an der Ersitzung nicht entstehen könnte. Demgegenüber soll Pomponius, obwohl nach ihm in D. 39,5,18,1 der fünfjährige Aufschub der Freilassung nicht unbedingt bedeutete, dass der Fiduziant „etwas“ schenken wollte, jetzt nur eine *donatio* angenommen und die Ersitzung bejaht haben: *si ita d o n e t u r, ut post quinquennium manumittatur, posse dici usucapionem sequi.* Der Text in § 2 war wohl gekürzt. Pomponius hatte in der ursprünglichen Fassung sehr wahrscheinlich an sein früheres *quid acti sit inspiciendum*

---

nur also aufgrund des Titels *pro suo*. … es ist die einfache Konsequenz aus der Anerkennung der *datio ob causam* als Erwerbsgrund, die mit der Zulassung dieser Ersitzung *pro suo* gezogen wird“.

781 So zutreffend Hausmaninger, Die bona fides, S. 51, der hinzufügt (S. 52): „Julian, Ulpian und Paulus waren sich also einig, für den sachlich unbedenklichen Erwerb von Dotalsachen *ante nuptias* mangels einer benannten *causa* den Titel *pro suo* zur Verfügung zu stellen“.

782 So in Bezug auf die *dotis datio ante nuptias* zutreffend Ehrhardt, Justa causa tradtionis, S. 86.

783 Gleichsinnig Hausmaninger, Die bona fides, S. 54.

784 Siehe dazu im zweiten Teil, zweiten Kapitel I.3., S. 121f.

785 Siehe im zweiten Teil, zweiten Kapitel I., S. 115ff.

786 Siehe im zweiten Teil, zweiten Kapitel I.3 mit Fn. 437, S. 122.

787 Siehe oben in Fn. 76.

angeschlossen und auseinandergehalten: Wenn der Fiduziant die Freilassung nicht aufschob, um zu schenken, fand keine Ersitzung des Fiduziars statt; wenn er dagegen schenken wollte, also *ita d o n e t u r, ut post quinquennium manumittatur*, konnte der Fiduziar ersitzen.

Ferner bemerkte Pomponius, dass diese Art der Frage (*genus quaestionis*) – „ob ersessen wird, weil in der Zwischenzeit etwas von einer Schenkung vorliegt“[788] – auch bei der *donatio mortis causa* vorkomme. Überraschend ist, dass die Ersitzung des *mortis causa* Beschenkten nach Pomponius fraglich war, zumal sein Zeitgenosse Julian sie in D. 39,6,13pr.[789] als unbestritten darstellte. Für die Ersitzung (*posse dici usucapionem sequi*) sollten nach Pomponius offenbar dieselben Gründe sprechen wie beim *negotium mixtum cum donatione.*

Beim Satz „diese Art der Frage kommt auch bei den Schenkungen auf den Todesfall vor“[790], der die *donatio mortis causa* dem *nmcd* annähert, ist jedoch Vorsicht geboten. Gute Gründe für seinen Einschub in den § 2 konnten nämlich auch die justinianischen Kompilatoren haben. Wie zu zeigen versucht wurde, war die *donatio mortis causa* im klassischen Recht keine auflösend bedingte Schenkung. Waren es die Kompilatoren, die in D. 39,5,1pr. die Worte *sed totum hoc donatio est, quae sub condicione solvatur* einfügten[791], um auf diese Weise die resolutiv bedingte *donatio mortis causa* in die Digesten einzuarbeiten, dann konnten sie wohl auch in D. 39,5,18,2 den Satz *et hoc genus quaestionis in mortis causa donationibus versari* eingefügt haben, um damit sowohl die *donatio* im *nmcd* als auch die *donatio mortis causa* als resolutiv befristete/bedingte Schenkungen darzustellen und zugleich eine auflösend befristete/bedingte Schenkung als Usukapionstitel anzuerkennen. Das *genus quaestionis*, das sich aus ihrer Sicht sowohl beim *nmcd* als auch bei der *donatio mortis causa* stellte, konnte die Frage betreffen, ob eine auflösend bedingte oder befristete Schenkung ein Usukapionstitel war.

Will man, ungeachtet der hohen Wahrscheinlichkeit, dass der Satz *et hoc genus quaestionis in mortis causa donationibus versari* interpoliert ist, für ihn dennoch eine „klassische“ Erklärung finden, so scheint die Meinung plausibel, die das *genus quaestionis*, das sowohl beim *nmcd* als auch bei der *donatio mortis causa* vorkommt, mit der *fiducia cum amico* erklärt[792]: Pomponius habe eine in der Fi-

788 *An usucapiatur, quia aliquid donationis interveniret.*

789 Siehe oben S. 199.

790 *Hoc genus quaestionis in mortis causa donationibus versari.*

791 Siehe oben bei Fn. 741 und 765.

792 Dafür, dass die Form einer fiduziarischen Übereignung früher auch für die *donatio mortis causa* verwendet wurde: NOORDRAVEN, Die Fiduzia, S. 90ff.; ihm zustimmend WUBBE, SZ 108 (1991), S. 517; AMELOTTI, La donatio mortis causa, S. 57f.; ERBE, Die Fiduzia, S. 129ff. Nach SIMONIUS, Die donatio mortis causa, S. 149ff., war die *donatio mortis causa* in der *fiducia*-Form zwar nicht

duziaform vorgenommene *donatio mortis causa* dem *negotium mixtum* gegenübergestellt. Bei beiden habe die *fiducia* die Ersitzung fraglich gemacht[793].

aa. Die gemeinsame Grundlage der *pro-suo*-Ersitzung bei der *donatio mortis causa* und dem *negotium mixtum cum donatione* in den Fiduziafällen

Wenn die *fiducia cum amico* im ausschließlichen Interesse des Fiduzianten vereinbart war, stellte sie für den Fiduziar keinen Ersitzungstitel dar. Die *fiducia* war weder ein benannter noch – im Unterschied zur *datio ob rem* – ein unbenannter Eigentumserwerbsgrund (keine *iusta causa traditionis*). Deswegen setzte sie immer ein vollständiges, auf Eigentumsübertragung gerichtetes Rechtsgeschäft (*mancipatio, in iure cessio*) voraus und knüpfte sich an dieses nur, um auszudrücken, dass die Eigentümerstellung des Fiduziars im Innenverhältnis zum Fiduzianten eingeschränkt war[794]. Da bei der *fiducia* ein Eigentumserwerbsgrund und somit auch ein Ersitzungstitel fehlten, könnte allenfalls eine „titellose" Ersitzung des Fiduziars in Betracht kommen, wobei dann an die *usucapio pro suo* zu denken wäre[795]. Doch waren bei der gewöhnlichen *fiducia cum amico* auch für diese die Voraussetzungen nicht gegeben. Denn *pro suo* besaß, wer „eine Sache mit rechtlicher Billigung als eigene" besaß[796]. Nun konnte der Fiduziar die Sache im materiellen Sinn nicht als eigene besitzen[797], denn er wusste, dass er die Sache lediglich im Interesse des Fiduzianten hatte, dieser daher auch den Anspruch auf die aus der Sache erwachsenen Vorteile behielt und jederzeit die Rückgabe der Sache verlangen konnte.

Die Rechtsstellung des Fiduziars änderte sich aber, wenn die *fiducia* mit Schenkung der Zwischenvorteile gemischt war, sodass ein *negotium mixtum cum donatione* vorlag. Dies konnte dann vorkommen, wenn ein Sklave mit der Abrede übergeben wurde, der Fiduziar solle ihn nach fünf Jahren freilassen und könne

---

ausgeschlossen, in der Praxis aber sehr selten. Gegen die ursprüngliche Form der *donatio mortis causa* als *mancipatio fiduciaria* Di Paola, Donatio mortis causa, S. 98ff.

793 So Amelotti, La donatio mortis causa, S. 124, nach dem jedoch der Usukapionstitel bereits vor dem Tod des Schenkers eine *donatio* im eigentlichen Sinn war. Anders Simonius, Die donatio mortis causa, S. 153ff., der Cugia, Indagini sulla dottrina, S. 49, folgt und behauptet, Pomponius vergleiche nicht die *donatio mortis causa* mit der Freilassungsfiduzia, sondern wolle lediglich ausdrücken, dass sich das gleiche Problem auch dann stelle, wenn die Freilassungsfiduzia mit einer *donatio mortis causa* verbunden gewesen sei (die Freilassung sollte also erst nach dem Tod des Schenkers erfolgen).

794 Siehe im zweiten Teil, zweiten Kapitel I.3 mit Fn. 439.

795 Ähnlich wie etwa auch die ausnahmsweise zugelassene Putativtitelersitzung „titellos" war.

796 So fasste Hausmaninger, Die bona fides, S. 54, zutreffend den gemeinsamen Nenner der verschiedenen Verwendungen des Titels *pro suo* zusammen.

797 Siehe im zweiten Teil, zweiten Kapitel V.2., S. 141f.

die Zwischenvorteile behalten. Dann konnte der Fiduziar innerhalb der fünfjährigen Frist die Früchte aus dem Sklaven *für sich* ziehen und der Fiduziant konnte ihm nicht vorzeitig die Möglichkeit entziehen, aus dem Haben des Sklaven zu profitieren[798]. Die Schenkung der Zwischenvorteile verlieh dem Besitz des Fiduziars einen *pro-suo*-Aspekt; innerhalb der bestimmten Frist besaß er den Sklaven auch im *materiellen* Sinn „als eigenen", weil er ihn *für sich* besaß. Indem sich die Schenkung nur auf die Zwischenvorteile, nicht aber auf den Sklaven bezog[799], war die Ersitzung des Sklaven aus dem Titel *pro donato* ausgeschlossen. Der befristete Besitz im eigenen Interesse berechtigte den Fiduziar aber zu einer ausnahmsweise zugelassenen Ersitzung *pro suo*[800].

Nun sagte Pomponius: *et hoc genus quaestionis in mortis causa donationibus versari*; diese Frage, ob die *usucapio pro suo* möglich war, stellte sich auch bei der *donatio mortis causa*, wenn sie in der Form der *fiducia* vorgenommen wurde. Damit konnte Pomponius meinen: Auch dann, wenn eine Schenkung von Todes wegen mittels der *fiducia* vorgenommen wurde, handelte es sich nicht um eine *fiducia* im ausschließlichen Interesse des Fiduzianten. Auch hier sollte dem Fiduzianten, der für den Fall seines Todes schenken wollte, das Recht entzogen werden, in der Zwischenzeit jederzeit auf Rückgabe der Sache zu klagen. Und auch hier konnte man annehmen, dass der Fiduziar in der Zwischenzeit die Vorteile aus der Sache für sich ziehen konnte. Dies konnte nämlich auch jener *mortis causa* Beschenkte, für den die *donatio mortis causa* in der Form der *datio ob rem* vorgenommen wurde (die Früchte musste er an den Schenker nur dann erstatten, wenn die *donatio* nicht entstand, da der Schenker die bestehende Gefahr überstand).

Bezöge sich die Aussage von Pomponius lediglich auf die in der fiduziarischen Form vorgenommene *donatio mortis causa*, so wäre einfach erklärbar, warum sein Zeitgenosse Julian die Ersitzung vor dem Tod des Schenkers als zweifellos darstellte. Julian sprach von einer anderen Form der *donatio mortis causa* – von jener, die vor dem Tod des Schenkers in der Rechtsfigur der *datio ob rem* bestand. Wenn die *donatio mortis causa* die Rechtsgestalt der *datio ob rem* hatte, war die *usucapio pro suo* weniger problematisch; das, wozu Aristo bei der Fiduzia erst mit Anlehnung an das *negotium mixtum cum donatione* gelangte, galt für die in die Rechtsgestalt der *datio ob rem* eingekleidete *donatio mortis causa* wahrscheinlich seit jeher. Die *datio ob rem* war – wenn auch nur unbenannte – *iusta*

798 Die *obligatio* aus dem fiduziarischen Schuldverhältniss war aufschiebend befristet (*obligationem non contrahi eo casu, quo donatio est*), was bedeutete, dass die jederzeitige Rückforderung des Fiduzianten innerhalb der Frist ausgeschlossen war.

799 In Bezug auf diesen war das Schenkungsmerkmal „*qui donat, sic dat, ne recipiat*" nicht erfüllt.

800 Für die *usucapio pro suo* beim *nmcd* auch Simonius, Die donatio mortis causa, S. 153, N. 5.

causa für den Eigentumserwerb und somit ein Ersitzungstitel. Ferner besaß der Beschenkte in der Zwischenzeit im eigenen Interesse, denn er konnte die aus der Sache erwachsenen Früchte behalten, falls sich die *donatio* später (durch den Tod des Schenkers) verwirklichte[801]. Dass die Zwischenvorteile eine nicht unwichtige Rolle spielten, zeigt auch Ulp. D. 32,3,3[802]. Schließlich konnte der Schenker *mortis causa* dem Beschenkten die Sache auch nicht jederzeit entziehen, indem die *condictio ex paenitentia* wohl erst nachklassischen Ursprungs war[803]. Dafür spricht auch[804] die Tatsache, dass diese Form der *donatio mortis causa* im klassischen Recht analog zur *dotis datio ante nuptias* aufgebaut wurde. Bei der letzten ist belegt, dass der *dans* erst dann erfolgreich kondizieren konnte, wenn die Hoffnung auf die Eheschließung erlosch[805].

---

801 Die Vorteile der Zwischenzeit waren nur bei Zweckverfehlung kondizierbar: Paul. D. 22,1,38,3; ferner oben in diesem Kapitel unter I.1 mit Fn. 763.

802 Ulp. D. 32,3,3: *Sed si habenti tibi proprietatem usum fructum mortis causa cessero, potest dici fideicommittere me posse. nec quemquam moveat, quod usus fructus solet morte exstingui: nam medii potius temporis, quo vivat qui donavit, commodum cogitemus.*

803 Es ist die herrschende Meinung, dass der Schenker *mortis causa* im klassischen Recht kein Reurecht hatte, wobei die Ansicht überwiegt, dass die freie Widerruflichkeit der nachklassischen Periode entstamme (Iul. D. 39,6,16; Ulp. D. 39,6,30; Pauli Sent. 3,7,2): Kaser, IURA 2 (1951), S. 246; Schwarz, Die Grundlage der condictio, S. 267f.; Amelotti, La donatio mortis causa, S. 160; 207ff.; Simonius, Die donatio mortis causa, S. 117ff.; Yaron, RIDA³ 3 (1956), S. 506; ders. in RIDA³ 13 (1966), S. 369ff.; Harder, Zuwendungen unter Lebenden, S. 62f.; Di Paola, Donatio mortis causa, S. 42ff.; Noordraven, Die Fiduzia, S. 95f.; Tort-Martorell, La revocación, S. 51. Für die Echtheit des Reurechts: Pernice, Labeo. 3. Bd. 1. Abt., S. 263ff., obwohl er die Klassizität des Reurechts bei den *dationes ob rem* bestritt und die *donatio mortis causa* zu diesen zählte. Den Unterschied, der das Reurecht bei der *donatio mortis causa* berechtigt habe, sah er darin, dass Letztere ein Rechtsgeschäft von Todeswegen gewesen sei. Das Reurecht des Schenkers *mortis causa* halten für klassisch auch: Riechelmann, Paenitentia, S. 76ff.; Rüger, Die donatio mortis causa, S. 221ff.

804 Iul. D. 12,1,19pr.: *nam et is, qui mortis causa pecuniam donat, numerat pecuniam, sed non aliter obligabit accipientem, quam si exstitisset casus, in quem obligatio collata fuisset, veluti si donator convaluisset aut is qui accipiebat prior decessisset.* Zur *condictio ex paenitentia* bei den *dationes ob rem* siehe im zweiten Teil, zweiten Kapitel V.1.a., S. 136ff.

805 Nerat. D. 12,4,8: *non magis id repeti possit, quam quod sponsa sponso dotis nomine dederit, donec maneat inter eos adfinitas: quod enim ex ea causa nondum coito matrimonio datur, cum sic detur tamquam in dotem perventurum, quamdiu pervenire potest, repetitio eius non est.* Analog Iav. D. 23,3,83: *Si debitor mulieris dotem sponso promiserit, non posse mulierem ante nuptias a debitore eam pecuniam petere, quia ea promissio in pendenti esset, donec obligatio in ea causa est.* Iav. D. 23,3,80; Ulp. D. 23,1,10: *ipsa enim filia nubendo efficiet dotem esse condictionemque extinguet, quae causa non secuta nasci poterit;* Ulp. D. 23,3,7,3: *proinde si forte nuptiae non sequantur nuntio remisso, si quidem sic dedit mulier, ut statim viri res fiant, condicere eas debebit misso nuntio: enimvero si sic dedit, ut secutis nuptiis incipiant esse, nuntio remisso statim eas vindicabit. sed ante nuntium remissum si vindicabit, exceptio poterit nocere vindicanti aut doli aut in factum: doti*

c. Die *usucapio pro suo* bei allen *dationes ob rem*?

Es fragt sich, ob die bei der *donatio mortis causa* und der *dotis datio ante nuptias* überlieferte *usucapio pro suo* nicht bei allen *dationes ob rem* stattfinden konnte. Es lassen sich nämlich keine Gründe finden, die die unterschiedliche Behandlung der restlichen *dationes ob rem* rechtfertigen würden.

Zu verwerfen ist zunächst die Möglichkeit, dass die *usucapio pro suo* bei der *donatio mortis causa* und der *dotis datio ante nuptias* nur deswegen zugelassen war, weil der künftige Zweck gerade die *causa* war, die einen typisierten Usukapionstitel darstellte (*causa dotis, causa donationis*) und die daher ab der Übergabe *in pendenti* und somit bereits auf dem Weg zum Entstehen war[806]. Unwahrscheinlich ist diese These aus zwei Gründen: zum einen weil ein „Usukapionstitel im Entstehen" so gut wie kein Titel war[807], zum anderen weil die *usucapio pro suo* keinen Titel brauchte, wie dies die Fälle des Putativtitels zeigen, in denen die *usucapio pro suo* ausnahmsweise zugelassen war[808].

Somit bleiben nur noch die gemeinsamen Merkmale, die für die Zulässigkeit der Ersitzung bei allen *dationes ob rem* sprechen: Alle *dationes ob rem* begründeten die Eigentumsübertragung mittels *traditio* und stellten somit eine *iusta causa traditionis* dar. Bei allen besaß der *accipiens* in der für die Zweckverwirklichung bestimmten Frist insoweit im eigenen Interesse, als er die in der Zwischenzeit gezogenen Früchte behalten konnte, wenn er später den Leistungszweck verwirklichte[809]. Damit besaß der *accipiens* die Sache bereits vor der Zweckverwirkli-

enim destinata non debebunt vindicari. Auch in dem Fall (D. 23,3,7,3: *enimvero rell.*), wenn die Eigentumsübertragung auf den Mann durch die Eheschließung suspensiv bedingt war, konnte der Mann die *rei vindicatio* der Frau mit einer *exceptio doli* (beziehungsweise *in factum*) entkräften, wenn die Frau noch vor der Übersendung des Scheidebriefes vindizierte.

806 Vgl. etwa KOSCHEMBAHR/LYSKOWSKI, Die condictio als Bereicherungsklage, S. 175: „Eigentliche *dos* wird sie erst mit dem Eheabschluß. Aber sie wird schon vorher wie eine *dos* behandelt, und daher werden die Rechtssätze der *dos* auf diese Vermögensvermehrung übertragen". Nerat. D. 12,4,8: *non magis id repeti possit, quam quod sponsa sponso dotis nomine dederit, donec maneat inter eos adfinitas: quod enim ex ea causa nondum coito matrimonio datur, cum sic detur tamquam in dotem perventurum, quamdiu pervenire potest, repetitio eius non est.*

807 Zumal das Zustandekommen der *causa* hier von einem *ungewissen* Ereignis (Eheschließung, Tod des Schenkers in bestehender Gefahr) abhängig war. Ähnlich war die Ersitzung auch während der Pendenz des Kaufvertrags ausgeschlossen: Ulp. D. 18,2,4pr.: *Ubi autem condicionalis venditio est, negat Pomponius usucapere eum posse nec fructus ad eum pertinere.*

808 Vgl. Ulp. D. 41,3,27. Der von Ulpian in D. 41,3,27 zitierte Celsus lehnte die *usucapio pro suo* zwar ab, mit *errare eos ait, qui existimarent, … pro suo usucapere eum posse* belegt der Text jedoch, dass es andere Juristen gab, die bei einem Putativtitel eine *pro suo usucapio* zuließen. Dazu insbesondere MAYER-MALY, Das Putativtitelproblem, S. 1ff.; JAKOBS, Fs. Flume, Bd I., 1978, S. 43ff.

809 Die *condictio* der Zwischenvorteile ist lediglich für den Fall der Zweckverfehlung belegt; dies ausdrücklich nur bei der *dotis datio ante nuptias* und der *donatio mortis causa* (Paul. D. 22,1,38,1 und

chung mit rechtlicher Billigung[810] als eigene[811], und dies nicht nur in dem weiteren Sinn (in der Überzeugung, Eigentümer zu sein), sondern auch in jenem engeren (er besaß die Sache im *eigenen* Interesse). Die *dationes ob rem* bildeten somit eine eigene Fallgruppe, bei der sich die *usucapio pro suo* auf einen *tatsächlich bestehenden*, aber nicht speziell benannten Eigentumserwerbsgrund stützte: auf die Zweckzuwendung, verbunden mit dem Parteiwillen, das Eigentum zu übertragen (auf die *datio ob rem*).

Zweifel an der Zulassung der Ersitzung könnten vielleicht jene *dationes ob rem* erwecken, bei denen der *accipiens* die empfangene Sache nach der Zweckvereinbarung nicht behalten, sondern diese sogleich an einen Dritten (z. B. *datio, ut in dotem dares*) oder zurück an den *dans* übereignen sollte (z. B. *datio, ut mihi eandem crederes*). In diesen Fällen war das Behalten der Sache durch den *accipiens* gar nicht vorgesehen. Die Vollendung der Ersitzung setzte somit voraus, dass der *accipiens* die Sache gegen die Zweckvereinbarung länger behielt. Jedoch gab es auch hier für die Ersitzung des *accipiens* gute Gründe. Zum einen war die *datio ob rem* auch in diesen Fällen ein Eigentumserwerbsgrund (*iusta causa traditionis*). Zum anderen konnte der *dans* erst mit der Ersitzung durch den *accipiens* die *condictio ob rem* erwerben[812] und die Rückgabe wegen Zweckverfehlung erzwingen[813]. Somit war die *usucapio* trotz des abredewidrigen längeren Behaltens von Vorteil für den *dans*. Ferner bestand der Zweck in der Eigentumsübertragung an einen Dritten oder an den *dans*, seine Verwirklichung setzte somit voraus, dass der *accipiens* Eigentümer der Sache war[814]. Und schließlich ist auch nicht ersichtlich, warum

3, hierzu oben in diesem Kapitel I.1, S. 196 und Fn. 763), doch sagte Paulus in D. 22,1,38,1: *Et quidem si fundus ob rem datus sit, veluti dotis causa, et renuntiata adfinitas, fructus quoque restituendi sunt.* Die *dotis datio ante nuptias* wird hier nur als Beispiel einer *datio ob rem* erwähnt, daher ist es mehr als wahrscheinlich, dass die Regel für alle *dationes ob rem* gleich galt. Zur Kondiktion von Früchten vgl. auch SCHWARZ, Die Grundlage der condictio, S. 273.

810 Die *datio ob rem* war eine vom Prätor anerkannte *iusta causa traditionis*.

811 Siehe oben bei Fn. 796.

812 Außer den Fällen, in denen Geld gegeben wurde, sodass der *accipiens* das Eigentum daran bereits durch die Konsumption erwerben konnte. Zum Begriff *consumptio nummorum* siehe oben in Fn. 323.

813 Ähnlich hatte die Ersitzung auch bei der *indebiti solutio* nach JAKOBS, Fs. Flume, Bd. I, 1978, S. 52, „den Sinn, dem Leistenden, der seine Nichtberechtigung ja nicht kennen durfte, … mittels der Kondiktion die Sache zu geben: der Empfänger ersitzt für den Leistenden". Vgl. Pomp. D. 41,10,3: *Hominem, quem ex stipulatione te mihi debere falso existimabas, tradidisti mihi: si scissem mihi nihil debere, usu eum non capiam: quod si nescio, verius est, ut usucapiam, quia ipsa traditio ex causa, quam veram esse existimo, sufficit ad efficiendum, ut id quod mihi traditum est pro meo possideam. et ita Neratius scripsit idque verum puto.*

814 Als Nichteigentümer konnte der *accipiens* bei einer *datio, ut in dotem dares* durch die Weitergabe keine *dos* bestellen, sondern dem Dosempfänger höchstens eine Ersitzungslage verschaffen. In der

ein größerer Schutz des unbeteiligten Eigentümers vom Inhalt der Zweckvereinbarung abhängen sollte. War der Eigentümer, der durch die Ersitzung des *accipiens* das Eigentum verlor, in anderen Fällen der *datio ob rem* gegen die Ersitzung nicht geschützt, so galt dies konsequent wohl auch hier.

II. Die *donatio inter sponsum et sponsam*

Eine *donatio, quae sub condicione solvatur* kommt in einem Julian-Fragment noch einmal vor, in der Gestalt der Schenkung unter Verlobten. Auch hier stammt sie aber höchstwahrscheinlich nicht von Julian.

D. 39,5,1,1 (IULIANUS libro septimo decimo digestorum)
Igitur cum dicimus inter sponsum et sponsam donationem valere, propria appellatione utimur et factum demonstramus, quod ab eo proficiscitur, qui liberalitatis gratia aliquid dat, ut confestim faciat accipientis nec umquam ullo facto ad se reverti velit. cum vero dicimus, si hac mente donat sponsus sponsae, ut nuptiis non secutis res auferatur, posse repeti, non contrarium priori dicimus, sed concedimus inter eas personas fieri donationem eam, quae sub condicione solvatur.

Im ersten Satz beschreibt Julian die Schenkung unter Verlobten als Schenkung im eigentlichen Sinn, bei der alle drei im *principium*[815] erwähnten Begriffsmerkmale erfüllt sind: Der Schenker gibt *liberalitatis gratia* und in der Absicht, dass die Sache sofort Eigentum des Beschenkten werde und unter keinen Umständen an ihn zurückfallen solle (*nec umquam ullo facto ad se reverti velit*). Der zweite Satz, wie auch immer das sein Autor mit *non contrarium priori dicimus* bestreiten wollte, steht mit dem ersten in direktem Widerspruch, weil er auch dann eine Schenkung sieht, wenn der Verlobte in der Absicht *schenkt*, bei nicht erfolgter Ehe die Sache wieder an sich nehmen zu dürfen. Das Verb *donat* (in *hac mente donat sponsus sponsae*) passt nicht in den Sprachduktus des Textes, da Julian sowohl im *principium* als auch im ersten Satz des § 1 immer das Verb *dat* verwendet, und dies auch dann, wenn er Schenkung im eigentlichen Sinn erörtert (*dat aliquis ea mente, ut*). Auffällig ist ferner der *pluralis majestatis*: „Wir gestatten (!) (*concedimus*), dass unter diesen Personen auch eine solche Schenkung gemacht wird, die

---

zweiten Gruppe (Rückübereignung: *datio, ut mihi eandem crederes*) war die Zweckverwirklichung auch dann nicht möglich, wenn der *accipiens* Eigentümer war – kein *mutuum* mit der durch die Kondiktion gebundenen Sache; siehe im zweiten Teil, ersten Kapitel II.1, S. 73ff. und II.2, S. 95ff.

815 Siehe dazu im ersten Teil, zweiten Kapitel, S. 32ff.

unter einer Bedingung aufgelöst wird". „Wir gestatten" ist im Werk eines klassischen Juristen ungewöhnlich, passt aber zum kaiserlichen Erlass, was die Quellen bestätigen: Während *concedimus* bei Julian, soweit ersichtlich, nur dieses 1 Mal vorkommt, ist es im justinianischen Codex 61 Mal zu finden, davon 37 Mal in einer Konstitution von Justinian[816]. Noch zweifelhafter erscheint der zweite Satz in D. 39,5,1,1[817], wenn man ihn mit der im Jahr 319 erlassenen Konstitution von Konstantin I. (C. Th. 3,5,2[818]) konfrontiert. In dieser verkündete Konstantin, dass ihm die offenbar noch geltende Meinung der „alten Juristen" missfalle, nach der die Schenkungen an die Verlobte auch dann gültig bleiben sollten, wenn die Eheschließung nicht erfolgte[819] (*Cum veterum sententia displiceat, quae donationes in sponsam nuptiis quoque non secutis decrevit valere*), und er sie daher ändern werde. Während also die Ansicht der alten Juristen (*veterum sententia*) dem ersten Satz von Julian entsprach[820], war es erst Konstantin, der dem Verlobten auch *bei*

816 Im Codex findet sich *concedimus*: im 1. Buch 11 Mal, davon 7 Mal von Justinian, im 2. Buch 2 Mal, davon 1 Mal von Justinian, im 3. Buch 3 Mal, davon 2 Mal von Justinian, im 4. Buch 7 Mal, davon 6 Mal von Justinian, im 5. Buch 6 Mal, davon 2 Mal von Justinian, im 6. Buch 11 Mal, davon 11 Mal von Justinian, im 7. Buch 5 Mal, davon 4 Mal von Justinian, im 8. Buch 4 Mal, davon 2 Mal von Justinian, im 9. Buch 3 Mal, davon 0 Mal von Justinian, im 10. Buch 3 Mal, davon 2 Mal von Justinian, im 11. Buch 1 Mal, davon 0 Mal von Justinian, im 12. Buch 5 Mal, davon 0 von Justinian. Hierzu vgl. auch HONORÉ, Tribonian, S. 80 mit N. 79.

817 Für interpoliert hielt ihn auch WIEACKER, Textstufen, S. 364, N. 164. Anders die neueste Literatur, die auch den zweiten Satz in D. 39,5,1,1 für echt hält: ASTOLFI, Il fidanzamento, S. 106ff.; FERRETTI, Le donazioni tra fidanzati, S. 29ff.; MURILLO VILLAR, La revocación de las donaciones, S. 69ff.; mit ihm PICHONNAZ, SZ 127 (2010), S. 489.

818 Imp. Constantinus A. ad Maximum Praefectum urbi C. Th. 3,5,2 pr.: *Cum veterum sententia displiceat, quae donationes in sponsam nuptiis quoque non secutis decrevit valere, ea, quae largiendi animo inter sponsos et sponsas iure celebrantur, redigi ad huiusmodi condiciones iubemus, ut, sive in potestate patris degere sive ullo modo proprii videantur esse iuris et tamquam futuri causa matrimonii aliquid sibi ipsi vel consensu parentum mutuo largiantur, si quidem sponte vir sortiri noluerit uxorem, id quod ab eo donatum fuerit nec repetatur traditum, et si quid apud donatorem resedit, ad sponsam submotis ambagibus transferatur.* § 1: *Quod si matrimonii non contrahendi causa ab sponsa, vel in cuius agit potestate, detegatur exstitisse, tunc sponso eiusque heredibus sine aliqua deminutione redhibeatur.* § 2: *Quae similiter observari oportet, et si ex parte sponsae in sponsum donatio facta sit; nullis causis ulterius requirendis, ne forte mores aut origo dicatur, vel quidquam aliud opponatur, quod sibi quisquam non convenire existimat, cum longe ante, quam sponsalia contrahantur, haec cuncta prospici debuerint. sola igitur indagetur voluntas et mutata animi sententia ad restitutionem seu repetitionem rerum donaturum sufficiat, cum universis causationibus pulsis nihil amplius constare debeat, nisi ut appareat, qui sibi contrahendum matrimonium dixerit displicere.*

819 Vgl. auch die Verneinung der *in integrum restitutio*, wenn der Schenker ein *minor* war, in Epitome Codicis Gregoriani Wisigothica 2,2 (Impp. Valer., Gallien., a. 259) in FIRA II, S. 656f.

820 Der Begriff *veteres* ist relativ zu verstehen, je nachdem, wer die „alten" Rechtsgelehrten zitiert. Der in den Jahren 306–337 regierende Konstantin I. konnte mit *veteres* wohl die Juristen des zweiten, möglicherweise auch der ersten Hälfte des 3. Jahrhunderts n. Chr. bezeichnen. Nach dem Sprach-

Annahme einer Schenkung das Rückforderungsrecht gewährte, wenn es am Beschenkten lag, dass die Ehe nicht geschlossen wurde.

Dass die „*prudentes veteres*“[821] eine widerrufliche *donatio ante nuptias* nicht kannten, bestätigt auch Justinian in Inst. 2,7,3, der in C. 5,3,15 die Neuregelung von Konstantin mit nur kleinen Änderungen übernahm[822].

Just. Inst. 2,7,3

Est et aliud genus inter vivos donationum, quod veteribus quidem prudentibus penitus erat incognitum, postea autem a iunioribus divis principibus introductum est, quod ante nuptias vocabatur et tacitam in se condicionem habebat, ut tunc ratum esset, cum matrimonium fuerit insecutum: ideoque ante nuptias appellabatur, quod ante matrimonium efficiebatur et nusquam post nuptias celebratas talis donatio procedebat.

Eine Art Schenkung war den alten Rechtsgelehrten völlig unbekannt und wurde erst von jüngeren Kaisern eingeführt. Sie hieß *ante nuptias* und enthielt eine stillschweigende Bedingung, dass die Schenkung erst mit der (tatsächlich) nachfolgenden Ehe wirksam wurde (*ratum esset*). *Ante nuptias* hieß sie, weil sie bereits vor der Ehe erfolgte und nirgends nach der Eheschließung stattfinden konnte. Bevor die jüngeren Kaiser diese *donatio ante nuptias* eingeführt hatten, war die den *veteres* bekannte *donatio inter sponsum et sponsam* offenbar eine endgültige Zuwendung gewesen, die – wie dies Mitteis[823] zutreffend ausgedrückt hat – mit der Ehe „in keinem juristischen, sondern lediglich in tatsächlichem Zusammenhang“ stand; sie erfolgte als eine „Liebesgabe“ und beruhte „in erster Linie auf der Absicht, sich der Braut gefällig zu erweisen“[824].

Mit *a iunioribus divis principibus introductum est* weist Justinian auf mehrere Kaiser hin. Offenbar kam es bereits vor Konstantin vor, dass die Kaiser dem Schenker in vereinzelten Fällen gestatteten, das Geschenk nach Auflösung des Verlöbnisses zurückzufordern. Einer der Kaiser konnte Alexander Severus im Jahr

gebrauch Justinians bezog sich die Bezeichnung auf die „Pandektenjuristen“; hierzu Heumann/Seckel, Handlexikon[11], S. 621, *vetus* unter d) α). Gegen den Versuch, den Begriff *veteres* „im Munde der klassischen Juristen“ auf die republikanischen Juristen zu beschränken, Horak, Fs. Wesener 1992, S. 214ff.; dort (S. 201ff.) auch die Auseinandersetzung mit den einzelnen Ansichten.

821 Zur Bezeichnung *veteres* siehe in Fn. 820.

822 Und zugleich erweiterte, indem er gestattete, dass die Schenkungen auch während der Ehe stattfinden konnten, weswegen er den Namen *donationes ante nuptias* auf *donationes propter nuptias* änderte; Just. Inst. 2,7,3.

823 Mitteis, Reichsrecht, S. 287.

824 Im Unterschied zu dieser nationalrömischen *donatio* kam die *donatio adfinitatis contrahendae causa* nach Mitteis, Reichsrecht, S. 288f., aus den östlichen Provinzen.

222 sein[825], später etwa die Kaiser Carus, Carinus und Numerianus im Jahr 283 oder 284[826]. Im Unterschied zu diesen Einzelentscheidungen führte Konstantin das Rückforderungsrecht des Schenkers *ex lege* ein. Während die älteren Kaiser – um die Rückforderung zu billigen – eine ausdrückliche *lex dicta* verlangten[827], die nicht nur bei Übergabe vereinbart, sondern auch schriftlich festgehalten wurde[828], betrachtete Konstantin jede Schenkung unter Verlobten, als erfolgte sie „als der künftigen Ehe wegen" (*tamquam futuri causa matrimonii*)[829]; der Schenker konnte das Geschenk ohne ausdrücklichen Rückforderungsvorbehalt zurückfordern.

Während ferner Konstantin in C. Th. 3,5,2 nur von *repetere, redhibere* oder *restituere rerum donatarum* sprach, erläutert Justinian die Rechtsfigur der von den jüngeren Kaisern eingeführten *donatio ante nuptias* in Inst. 2,7,3 präziser mit *tacitam in se condicionem habebat, ut tunc ratum esset, cum matrimonium fuerit insecutum*. Es ist möglich, dass die bereits vor Konstantin gelegentlich erschienene *donatio ante nuptias* eine durchdachtere Konstruktion hatte, als sie in der Konstitution Konstantins hat oder zu haben scheint[830]. Einen Schlüssel dazu könnte Fr. Vat. 262 enthalten.

825 Imp. Alex. Severus C. 5,3,2: *Si praesidi provinciae probaveris, ut Eucliam uxorem duceres, munera te parentibus eius dedisse, nisi tibi Euclia nupserit, restitui tibi quod dedisti iubebit.* Codex Iust. enthält keine Zeitangabe; Honoré identifizierte den Sekretär als Sekretär Nr. 6 (siehe Palingenesia of Latin Private Rescripts), der im Libellamt von Februar bis Oktober 222 tätig war (Honoré, Emperors and Lawyers², S. 73).

826 Imppp. Carus, Carinus, Numer. C. 5,3,7: *Si, cum ante nuptias munera darentur, ita conventum est atque huiusmodi conscripta pactio est, ut, si qua fors extitisset contra voluntatem eius et matrimonium distraxisset, tunc quae data erant apud eum qui dedisset heredemve eius remanerent, potest, qui eius hereditatem accepit, cui pacta puella munera supra dicta lege susceperat, eadem iure postulare.* Honoré, Emperors and Lawyers², S. 180 mit N. 551, identifizierte den Sekretär als Sekretär Nr. 16A., der im Libellamt von Januar 283 bis August 284 tätig war (Honoré, ibid., S. 143).

827 Auf die Notwendigkeit einer ausdrücklichen *lex repetendi* wies auch Diokletian hin: Impp. Diocl., Maxim. C. 5,3,12: *Si mater vestra filiae suae sponso vel marito praedia sine ulla repetendi lege donavit et eum in vacuam induxit possessionem, nuptiis divortio solutis perfecta non dissolvitur donatio* (a. 294). Zum Text auch in Fn. 1106.

828 Siehe Imppp. Carus, Carinus, Numer. C. 5,3,7 in Fn. 826.

829 Oder: „gleichwie" in Bezug auf die künftige Ehe. Nach Ferretti, Le donazioni tra fidanzati, S. 100f., unterschieden die klassischen Juristen zwischen „donazioni semplici" und „donazioni a causa della promessa di matrimonio". Konstantin dagegen wollte alle Schenkungen unter Verlobten mit der zweiten genannten Gruppe identifizieren. „il termine *tamquam* – fatto precedere a *futuri causa matrimonii* – introduca un elemento di presunzione a favore di tutte le donazioni tra fidanzati, donazioni da intendersi come se elargite a causa del futuro matrimonio" (S. 102).

830 Vgl. Ferretti, Le donazioni tra fidanzati, S. 106, nach dem es nicht Konstantin war, der die *condicio tacita* einführte, denn – so sein Argument – nach der Konstitution von Konstantin (C. Th. 3,5,2) blieb die Schenkung *trotz nichterfolgter Ehe* dann unwiderruflich, wenn der Schen-

Fr. Vat. 262 (Papinianus libro XII responsorum)
Sponsae res simpliciter donatae non insecutis nuptiis non repetuntur. sed et si adfinitatis contrahendae causa donationes factae sunt et nuntium sponsus culpa sua remiserit, aeque non repetuntur. quod ita intellegi oportet, si revocan*dis* donationi*bus* condicio *non* comprehendatur non coniunct*o* matrimoni*o* non perficiendi contractus[831].

Der Text, der nach der Inskription aus den papinianischen *libri responsorum* stammt, ist schwer zu verstehen und gibt womöglich nur eine verstümmelte Fassung des Responsums wieder. Nach Wieacker[832] ist er mit seinen „nach Niveau und Stilgenus ganz unpapinianischen Sätzen nichts anderes als ein in die Responsen eingefügter Traktat über das neue konstantinische Recht", möglicherweise eine Interpretatio zu C. Th. 3,5,2[833]. Dies gilt es prüfen.

Während Konstantin in C. Th. 3,5,2 nur eine Art der Schenkung erwähnte, nämlich jene, die *tamquam futuri causa matrimonii* erfolgte, unterscheidet Fr. Vat. 262 zwischen einer *simpliciter* und einer *adfinitatis contrahendae causa* erfolgten Schenkung an die Verlobte. Schenkte der Verlobte oder sein Verwandter[834] ohne ausdrücklichen Bezug auf die einzugehende Ehe (*simpliciter*), so konnte auch bei nicht erfolgter Ehe das Geschenk nicht zurückgefordert werden. Dies galt aber auch dann, wenn die Schenkung der künftigen Eheschließung wegen (*adfinitatis contrahendae causa*[835]) geschah und es am Verlobten lag, dass die Ehe nicht geschlossen wurde. Den letzten, von Mommsen rekonstruierten Satz[836] kann man übersetzen: „Das muss man so verstehen, wenn für den Rückruf von

ker nicht heiraten wollte. „Altra cosa, dunque, rispetto al matrimonio come tacita condizione delle liberalitá".

831 Zit. nach Fragmenta Vaticana, recog. Mommsen in Collectio librorum iuris anteiustiniani. Tom. 3, S. 82f.

832 Wieacker, Textstufen, S. 365.

833 Insbesondere der Schlusssatz ist nach Wieacker, Textstufen, S. 364, in der überlieferten Form „hoffnungslos verstümmelt" und die vorgeschlagenen Rekonstruktionen „bloße Hilfen zum Verständnis eines allenfalls zu erratenden Restsinnes „das gilt aber nur, wenn nicht das Unterbleiben der Eheschließung ausdrücklich zur Bedingung des Rückrufs der Schenkung erhoben ward"".

834 Wer der Schenker war, wird im ersten Satz nicht gesagt. *Adfinitatis contrahendae causa* im zweiten Satz lässt beide Möglichkeiten zu. *Adfinitas* bedeutet sowohl „das Verhältnis der Verwandten eines Ehegatten zu dem anderen Ehegatten" als auch „das Verhältnis der Ehegatten oder Verlobten zu einander" (Heumann/Seckel, Handlexikon[11], S. 12). Die Worte *adfinitatis contrahendae causa* würden demnach im ersten Fall mit „wegen künftiger Verschwägerung", im zweiten mit „wegen künftiger Eheschließung" zu übersetzen sein. Zur Bedeutung von *adfinitas* siehe Pringsheim, SZ 78 (1961), S. 477f.; ferner Kupiszewski, SZ 84 (1967), S. 82ff., der aber (S. 85) die Wendung *si adfinitatis contrahendae causa* in Fr. Vat. 262 für unecht hielt; siehe auch in Fn. 753.

835 Zur Übersetzung siehe in Fn. 834.

836 Der in der Handschrift überlieferte Text lautet: *si revocantis donationis condicio non coniuncti*

Schenkung*en*[837] *keine* Bedingung enthalten ist, dass der Vertrag bei Ausfall der Eheschließung nicht perfekt werde"[838]. Treuer der handschriftlichen Überlieferung des letzten Satzes ist die Rekonstruktion von Savigny, Keller und Hollweg: *Quod ita intellegi oportet, si revocandae donationis condicio non coniuncti matrimonii comprehendatur non perficiendi contractus*[839], also: „Das muss man so verstehen, dass, wenn für den Widerruf der Schenkung die Bedingung enthalten ist, bei Nichtabschluss der Ehe der Vertrag nicht perfekt wird"[840]. In dieser Rekonstruktion erläutert der letzte Satz die Wirkung der *adfinitatis contrahendae causa*, etwa: Geschah die Schenkung wegen künftiger Eheschließung, war also die Bedingung für den Schenkungswiderruf enthalten, so konnte die *donatio* erst mit der Ehe perfizieren[841]. Ähnlich war die Perfektion der Schenkung auch bei der *donatio mortis causa* bis zum Tod des Schenkers suspendiert:

D. 39,6,32 (Ulpianus libro septuagensimo sexto ad edictum)
Non videtur perfecta donatio mortis causa facta, antequam mors insequatur.

Simonius[842] hat gezeigt, dass mit der Bezeichnung *imperfecta* bei der *donatio mortis causa* auf die Tatsache verwiesen wurde, dass die dem Ausführungsakt (der Eigentumsübertragung) zugrunde liegende eigentliche *donatio* bis zum Tod des

matrimoni compraehendatur non perficiendi contractus. Siehe Mommsen in Fragmenta Vaticana, recog. Mommsen in Collectio librorum iuris anteiustiniani. Tom. 3, S. 83, Apparat zu Zeile 1.

837 Im Sinn von „der geschenkten Sachen".

838 Für die kritische Anmerkung zur Übersetzung danke ich herzlich Herrn Professor Ulrich Manthe.

839 Weniger überzeugend ist die Rekonstruktion von Huschke: *si revocandi donationes condicio non coniuncto matrimonio comprehendatur, non perficiendi contractus.* Beide Rekonstruktionsvorschläge zitiert Mommsen in Fragmenta Vaticana, recog. Mommsen in Collectio librorum iuris anteiustiniani. Tom. 3, S. 83, Apparat zu Zeile 1.

840 Von *condicio* sind zwei parallel konstruierte Genitive abhängig: Wenn die Bedingung für den Widerruf der Schenkung (Gen. objectivus), nämlich die nicht geschlossene Ehe (Gen. explicativus), die Bedingung für den nicht perfekten Vertrag enthält.

841 Der wesentliche Unterschied zwischen diesem Rekonstruktionsvorschlag und jenem von Mommsen besteht in dem *non*, das Mommsen vor *comprehendatur* eingeschoben hat. Dieses *non* beschränkt die Aussage des vorangehenden Satzes und meint: Die Regel, dass das Geschenk nicht zurückgefordert werden konnte, wenn der Verlobte aus eigener Schuld das Verlöbnis aufkündigte, gilt nur, wenn die Bedingung für den Widerruf der Schenkungen *nicht* enthalten war. Wäre die *condicio* dagegen beigefügt, so könnte der Schenker offenbar auch dann zurückfordern, wenn die Auflösung des Verlöbnisses vom Verlobten iniziiert wäre. Dies würde aber bedeuten, dass die Schenkungen *adfinitatis contrahendae causa* mit und auch ohne eine *condicio revocandis donationibus* erfolgen konnten, was weniger überzeugt.

842 Simonius, Die donatio mortis causa, S. 125f.; 214.

Schenkers suspensiv bedingt war[843] (was freilich damit zusammenhing, dass der Schenker bis zum Tod noch kondizieren konnte). So konnte auch Fr. Vat. 262 neben der *simpliciter* vorgenommenen Schenkung unter Verlobten noch eine andere Gestalt der *donatio inter sponsum et sponsam* erörtern, die ähnlich wie eine *donatio mortis causa* konstruiert wurde: Wenn der Schenker die *donatio adfinitatis contrahendae causa* vornahm, war die Schenkung nur für den Fall der Eheschließung gewollt (ähnlich wie die *donatio mortis causa* nur für den Fall des Todes gewollt war – daher *mortis causa*). Das Eigentum ging sogleich mit der Übergabe an die beschenkte Verlobte über (nach der Eheschließung würde die Übereignung am Ehegattenschenkungsverbot scheitern), die *donatio* war aber noch nicht perfekt – sie konnte erst mit der Eheschließung zustande kommen. Bis dahin lag nur ein *negotium* (eine *datio ob rem*) vor, das den Eigentumsübergang rechtfertigte und eine Realobligation zur Rückgabe für den Fall begründete, dass die Ehe nicht geschlossen wurde (*condicio non coniuncti matrimonii*). Obwohl die *donatio* erst mit der Eheschließung zustande kam, sollte das Verbot der Ehegattenschenkungen in diesem Fall nicht eingreifen, da der Eigentumsübergang bereits vor der Ehe erfolgte[844]. Mit der Ehe erwarb die beschenkte Verlobte nur den Rechtsgrund für das endgültige Behalten (*causa retinendi*) der Sache samt den in der Zwischenzeit gezogenen Früchten.

Diese Konstruktion konnte auch Justinian in Inst. 2,7,3 gemeint haben: Die *tacita condicio „ut tunc ratum esset, cum matrimonium fuerit insecutum"* entspricht der Bedingung für die Perfektion der Schenkung und bedeutet etwa: Die Schenkung enthielt eine stillschweigende Bedingung, dass die *donatio* erst mit der Ehe perfekt (= wirksam) wurde. Keinen Widerspruch enthalten die Worte *ante matrimonium efficiebatur*, denn dies konnte nur bedeuten, dass das Eigentum bereits vor der Ehe übertragen wurde, was nach der Eheschließung nicht mehr möglich wäre (*nusquam post nuptias celebratas talis donatio procedebat*). Die *donatio ante nuptias*, die nach Just. Inst. 2,7,3 die jüngeren Kaiser einführten, wäre somit we-

843 Dies schließt nicht aus, dass die suspendierte Perfektion auch in Bezug auf die Anwendung der *lex Cincia* eine Rolle spielte. Zur Geltung der *lex Cincia* bei der *donatio mortis causa* Simonius, Die donatio mortis causa, S. 122ff.

844 Imp. Gordi. C. 5,3,4: *Quod sponsae ea lege donatur, ut tunc dominium eius adipiscatur, cum nuptiae fuerint secutae, sine effectu est* (a. 239). Ungültig war nur eine solche Schenkung unter Verlobten, bei der durch die Eheschließung auch der Eigentumsübergang bedingt war; auch diese Schenkung konnte daher mit dem Tod des Schenkers konvaleszieren nach der *oratio Severi*: Ulp. D. 24,1,32,22: *Si sponsus sponsae donaverit in tempus matrimonii collata donatione, quamvis inter virum et uxorem donatio non videatur facta et verba orationis minus sufficiant, tamen donationem dicendum est ad sententiam orationis pertinere, ut, si duraverit voluntas usque ad mortem, valeat donatio.*

der eine widerrufliche noch eine auflösend bedingte Schenkung, sondern ein gemischtes Geschäft: *negotium* und aufschiebend bedingte *donatio*.

Der Zeitpunkt, ab dem die *donatio ante nuptias* zu erscheinen begann, lässt sich auch mit Fr. Vat. 262 nicht bestimmen. Die schwere Lesbarkeit des letzten Satzes in Vat. 262 spricht dafür, dass in dem dort überlieferten Responsum Papinians mit Eingriffen zu rechnen ist. Die generelle Einschränkung im zweiten Satz, nach der der Schenker bei von ihm verschuldeter Auflösung des Verlöbnisses das Geschenk nicht zurückfordern konnte, gibt wohl die Neuregelung Konstantins wieder[845]. Andererseits macht es die Unterscheidung zwischen einer *simpliciter* und einer *adfinitatis contrahendae causa* erfolgten Schenkung unwahrscheinlich, dass Vat. 262 nur eine Interpretation zu C. Th. 3,5,2 ist. Vielmehr enthält das Fragment im ersten Satz (*simpliciter donatae*) auch Reste des Responsums von Papinian. Vat. 262 wurde womöglich von jemandem überarbeitet, der über juristische Kenntnisse verfügte und die Neuregelung Konstantins den klassischen Standards annähern wollte. In dieser Absicht ließ er im ersten Satz die papinianische Erörterung der *simplex donatio* stehen und wies darauf hin, dass, wenn die Schenkung in Bezug auf die einzugehende Ehe erfolgte, die Perfektion der Schenkung erst mit der Eheschließung eintreten konnte. Justinian kannte die rechtstechnische Interpretation der *donatio adfinitatis contrahendae causa* in Vat. 262 und verwendete sie bei der Darstellung der von den jüngeren Kaisern eingeführten *donatio ante nuptias* in Inst. 2,7,3. Dafür, dass er mit Fr. Vat. 262 vertraut war, spricht auch, dass er in C. 5,3,15, als er die Konstitution Konstantins (C. Th. 3,5,2) in den Codex übernahm, die Worte *sive adfinitatis coeundae causa sive non ita* einfügte. Da er in Vat. 262 die Unterscheidung zwischen einer *simplex donatio* und einer *donatio adfinitatis contrahendae causa* sah, wollte er mit dem Einschub Missverständnisse ausräumen, etwa: Gab der Beschenkte den Anlass dazu, dass die Eheschließung nicht erfolgte, so konnte der Schenker unabhängig davon das Geschenk zurückfordern, ob die Schenkung ausdrücklich in Bezug auf die künftige Ehe gemacht wurde.

Es stellt sich nun die Frage, ob auch die Juristen Julian und Papinian eine Schenkung „wegen künftiger Eheschließung“ kannten. Betrachtet man Iul. D. 39,5,1,1, wo der erste Satz einer *simplex donatio* aus Fr. Vat. 262 entspricht, so fragt man sich, warum Julian hier die Schenkung unter Verlobten überhaupt erwähnt und versichert, dass unter Verlobten eine Schenkung *im eigentlichen Sinn* vorliegt. Offenbar war diese Erläuterung erforderlich, da die Praxis auch den anderen Fall kannte, nämlich dass der Verlobte in der Absicht gab, das Hingegebene bei Nicht-

845 In der vorkonstantinischen Zeit – wie dies das Reskript Imppp. Carus, Carinus, Numer. C. 5,3,7 belegt –, wurden die Widerrufsgründe in jedem einzelnen Fall besonders vereinbart.

eintritt der Ehe zurückzubekommen. Die Konstruktion, nach der die Schenkung erst mit der Ehe perfekt und wirksam wurde, also erst dann, wenn das Geschenk nicht mehr rückforderbar war, ist einem klassischen Juristen zuzutrauen, zumal sie Ähnlichkeiten mit der *donatio mortis causa* aufweist. Diese bestand bis zur Perfektion ebenfalls als eine *datio ob rem*. Es ist daher möglich, dass Julian diese Konstruktion (*negotium* und aufschiebend bedingte *donatio*) im zweiten Satz des D. 39,5,1,1 tatsächlich erwähnte. Es würde gut zu den Eingangsworten *cum vero dicimus, si hac mente* <*dat*[846]> [*donat*] *sponsus sponsae, ut nuptiis non secutis res auferatur, posse repeti, non contrarium priori dicimus* passen. Der Schluss in D. 39,5,1,1 konnte ursprünglich lauten: „Wenn wir sagen, dass die Sache zurückgefordert werden kann, wenn der Verlobte der Verlobten in der Absicht gibt, dass er die Sache bei Nichteintritt der Ehe zurückbekommen will, so liegt darin kein Widerspruch zum ersten Satz, weil mit der Übergabe nur ein *negotium* zustande kommt[847] und die *donatio* erst für den Fall der Eheschließung gewollt ist". Die Worte *sed concedimus inter eas personas fieri donationem eam, quae sub condicione solvatur* wurden in D. 39,5,1,1 erst später eingeschoben, wobei *concedimus* für eine kaiserliche, womöglich justinianische Hand spricht.

Schließlich fragt sich, ob Konstantin nicht wusste, dass das klassische Recht eine solche Konstruktion der Schenkung unter Verlobten aufarbeitete. Die Antwort könnte im Zusammenspiel mehrerer Gründe liegen: zum einen darin, dass der Rückforderungsvorbehalt im klassischen Recht selten vorkam, da die Zuwendung an die Braut in den meisten Fällen als einfache „Liebesgabe" erfolgte. Damit stimmt überein, dass die vorkonstantinischen Kaiser einen ausdrücklichen und schriftlich beurkundeten Rückforderungsvorbehalt verlangten. Als ein möglicher Grund bietet sich ferner an, dass das Juristenrecht die Fälle, in denen die Zuwendung „wegen künftiger Ehe" erfolgte, überhaupt als eine Zweckzuwendung nach der Art einer *datio ob rem* betrachtete und nicht als eine Schenkung. Geschah die Hingabe dagegen *als Schenkung* an die Verlobte, so war die Rückforderung, aus welchem Grund auch immer, ausgeschlossen. Dagegen wandte sich Konstantin mit *Cum veterum sententia displiceat, quae donationes in sponsam nuptiis quoque non secutis decrevit valere* und gewährte dem Schenker das Rückforderungsrecht auch dann, wenn die Zuwendung als Schenkung ohne ausdrücklichen Bezug auf die Eheschließung erfolgte.

846 Also nicht *donat*, wie es in der überlieferten Fassung heißt; hierzu siehe oben im Text, S. 210.

847 Julian konnte den Gedanken etwa ähnlich ausdrücken wie Paulus in D. 39,6,35,3: *Ergo qui mortis causa donat, qua parte se cogitat, negotium gerit, scilicet ut, cum convaluerit, reddatur sibi.*

III. Ergebnis

Das Schenkungsmerkmal „*qui donat, sic dat, ne recipiat*", wonach eine Schenkung unvereinbar mit dem Rückforderungsrecht des Schenkers war, hielt das klassische Recht auch bei den Schenkungen von Todes wegen und unter Verlobten ein.

Die *donatio mortis causa*, die durch sofortige Eigentumsübertragung vollzogen wurde[848], konstruierten die Klassiker als *ein gemischtes Geschäft*[849]. *Dieses bestand aus zwei einander widersprechenden Rechtsinstituten, die zeitlich hintereinander folgten*: aus dem *negotium*[850] (*datio ob rem*) zu Lebzeiten des Schenkers und aus der *donatio*, nachdem der Schenker in bestehender Gefahr starb. Die Tatsache, dass die Schenkung erst mit dem Tod des Schenkers zustande kam[851], rechtfertigte die Bezeichnung *mortis causa donatio* und ihre Einordnung zu den erbrechtlichen Instituten mit den daraus gezogenen Konsequenzen[852].

Die *donatio mortis causa* hatte – entgegen Simonius[853] – eine vom *negotium mixtum cum donatione* abweichende Rechtsfigur, obschon Letzteres auch ein gemischtes Rechtsgeschäft war. Die Differenz bestand nicht nur darin, dass die Reihenfolge der zwei Komponenten bei der *donatio mortis causa* (*negotium* und *donatio*) im Vergleich zum *negotium mixtum cum donatione* (*aliqua donatio* und *negotium*) umgedreht war. Der wesentliche Unterschied betraf die Tatsache, dass das *negotium mixtum cum donatione* nicht aus zwei *vollwertigen* Rechtsinstituten zusammengesetzt war, weil die mit der *fiducia* gemischte *aliqua donatio* nur eine Schenkung der Zwischenvorteile war. Die manzipierte Sache selbst, die der Fiduziar nur zwischenzeitlich hatte, galt nicht als geschenkt. In Bezug auf diese behielt das *negotium mixtum cum donatione* den fiduziarischen Charakter mit temporär ausgeschaltetem Rückforderungsrecht. Die Schenkung in der *donatio mortis causa* dagegen, wenn sie mit dem Tod des Schenkers zustande kam, berechtigte den Beschenkten zum endgültigen Behalten der Sache selbst und war daher eine Schenkung im eigentlichen Sinn.

Eine auflösend bedingte *donatio* kannte das klassische Recht auch unter Verlobten nicht. In den meisten Fällen erfolgte eine Schenkung unter Verlobten als

---

848 Im Gegensatz zur suspensiv bedingten *donatio mortis causa*, bei der nicht nur die *donatio*, sondern auch die Eigentumsübertragung aufschiebend bedingt war.

849 Savigny, System, 4. Bd., S. 243.

850 Paul. D. 39,6,35,3: *Ergo qui mortis causa donat, qua parte se cogitat, negotium gerit.*

851 Also erst dann, wenn die Möglichkeit wegfiel, dass der Schenker das Geschenk zurückfordert. Vgl. hierzu in Bezug auf das deutsche Recht B. Knobbe-Keuk unten in Fn. 1286.

852 Vor allem die Erstreckung der gesetzlichen Legatsbeschränkungen und die Möglichkeit, den von Todes wegen Beschenkten mit einem Fideikommiss zu belasten.

853 Simonius, Die donatio mortis causa, S. 201ff.; 223f.

eine nicht rückforderbare Liebesgabe an die Braut in der Absicht, sich dieser „gefällig zu erweisen". Es ist allerdings möglich, dass die klassischen Juristen (Julian, Papinian) bereits auch jene Zuwendung an die Verlobte kannten, die nach Justinian in Inst. 2,7,3 die „jüngeren Kaiser" einführten. Diese konnte ähnlich konstruiert werden, wie die *donatio mortis causa*: Schenkte der Verlobte in der Absicht, dass er das Geschenk bei nicht geschlossener Ehe zurückbekommt, so bestand das Geschäft bis zur tatsächlichen Eheschließung als *negotium* (als Leistung zum künftigen Zweck der Schenkung, das heißt *datio ob rem*). Das *negotium* rechtfertigte den sofortigen Eigentumsübergang an die Verlobte[854] und begründete eine Realobligation zur Rückgabe *nuptiis non secutis*. Die *donatio*, deren Aufgabe sich darin erschöpfte, dass sie dem Beschenkten nun auch den Rechtsgrund zum Behalten der Sache verschaffte, konnte erst mit der Ehe zustande kommen, also erst dann, wenn der Schenker das Geschenk nicht mehr zurückfordern konnte.

854 Da die Beschenkte das Eigentum bereits vor der Ehe erwarb, verstieß die *donatio ante nuptias* nicht gegen das Ehegattenschenkungsverbot, obschon die *donatio* als Behaltensgrund für die Sache erst mit der Ehe perfizierte.

Sechstes Kapitel: Klage auf Erfüllung der Auflage?

Behielt sich der Schenker für den Fall, dass der Beschenkte die Auflage nicht erfüllt, das Rückforderungsrecht vor, so verneinten die klassischen Juristen den Schenkungscharakter des Rechtsgeschäfts und beurteilten dieses als eine „einzweckige“ *datio ob rem*. Nun stellt sich die Frage, ob die *donatio* mit einer auf Erfüllung der Auflage gerichteten Klage vereinbar war. Könnte der Schenker lediglich auf Erfüllung der Auflage klagen, so hätte der Beschenkte das Geschenk endgültig behalten können und das Merkmal „*qui donat, sic dat, ne recipiat*“ wäre somit gegeben. Denkbar wäre daher, dass das klassische Recht eine *donatio* wenigstens in dem Umfang annahm, in dem der Wert des Geschenks den Wert der Auflage (das Interesse an ihrer Erfüllung) überstieg[855]. Dies ist zu überprüfen.

Außer Acht lassen wir in diesem Kapitel jene Texte, in denen die Parteien neben der Schenkung eine Stipulation abschlossen. Die eine Schenkung begleitende Stipulation war ein selbständiger und von der Schenkung getrennter Vertrag, diese Fälle sind daher im nachfolgenden Kapitel darzulegen. Hier interessiert, ob durch die Übereignung der geschenkten Sache (durch ein Vollzugsgeschäft = durch eine *datio rei*) die Verpflichtung des Beschenkten zur Auflagenerfüllung entstehen konnte (*re obligari*). In Betracht kommt vornehmlich die auf *quidquid (dare) facere oportet* gerichtete präskribierte Klage[856], die in den Quellen als *actio praescriptis verbis* beziehungsweise *actio civilis incerti* oder *actio in factum civilis* vorkommt[857] (im Folgenden abgekürzt als *apv*).

---

855 Die Beschränkung der Schenkung auf den „unentgeltlichen Teil“ war dem klassischen Recht nicht unbekannt; vgl. Pap. D. 39,5,27: *dixi posse defendi non meram donationem esse, verum officium magistri quadam mercede remuneratum Regulum ideoque non videri donationem sequentis temporis irritam esse*; dazu im ersten Teil, zweiten Kapitel II.1, S. 43f. mit Fn. 139.

856 Die *bona-fides*-Klausel war nicht zwingend, dazu Artner, Agere praescriptis verbis, S. 51.

857 Zu den verschiedenen Bezeichnungen der *actio praescriptis verbis* zuletzt Kranjc, SZ 106 (1989), S. 444ff. Für ihre Klassizität gegenwärtig die überwiegende Meinung, wenn auch mit unterschiedlicher Erläuterung der Entwicklung: Kaser, Das römische Privatrecht 1², S. 582f.; Santoro, Il contratto nel pensiero di Labeone, S. 71ff.; MacCormack, SDHI 51 (1985), S. 131ff.; Burdese,

I. Keine *donatio* in Pomp. D. 19,5,16pr.

Zu dem Ergebnis, dass dem Schenker bei Nichterfüllung der Auflage bereits im klassischen Recht die *apv* zugestanden habe, kam ein Teil der Romanistik[858] aufgrund von Ulp. D. 39,5,6 und Pomp. D. 19,5,16pr.

D. 39,5,6 (Ulpianus libro quadragensimo secundo ad Sabinum)
Qui saxum mihi eximere de suo permisit donationis causa, statim cum lapis exemptus est meus fit, neque prohibendo me evehere efficit, ut meus esse desinat, quia quodammodo traditione meus factus est: plane si mercennarius meus exemit, mihi exemit. sed si is qui a me emerat sive mercede conduxerat, ut paterer eum sibi iure eximere, si antequam eximat, me paenituerit, meus lapis durat, si postea, ipsius factum avocare non possum: quasi traditio enim facta videtur, cum eximitur domini voluntate. quod in saxo est, idem erit etiam, si in arbore caesa vel dempta acciderit.

Jemand erlaubte *Ego* schenkungshalber, einen Stein aus seiner Steingrube herauszunehmen. In der Herausnahme *domini voluntate* sieht Ulpian eine *quasi traditio*, durch die *Ego* das Eigentum am Stein erwarb. Mit Annahme der *quasi traditio*[859] liegt hier eine Realschenkung des Steins vor. Die entsprechende Frage des Eigentumserwerbs erörtert Ulpian sodann in dem Fall, wenn das Recht, Steine herauszubrechen, verkauft oder verpachtet wurde.

Einen ähnlichen Fall, aber in anderem Zusammenhang, erörtert Pomponius.

D. 19,5,16pr. (Pomponius libro vicesimo secundo ad Sabinum)
Permisisti mihi cretam eximere de agro tuo ita, ut eum locum, unde exemissem, replerem: exemi nec repleo: quaesitum est, quam habeas actionem. sed certum est civilem actionem incerti competere: si autem vendidisti cretam, ex vendito ages. quod si post exemptionem cretae replevero nec patieris me cretam tollere tu, agam ad exhibendum, quia mea facta est, cum voluntate tua exempta sit.

Im Unterschied zu Ulpian ist bei Pomponius die Erlaubnis zum Kreideabbau mit der Abrede verbunden, dass der Empfänger die durch den Abbau entstandene Grube wieder auffüllt (*ut eum locum, unde exemissem, replerem*). Wenn der Emp-

IURA 36 (1985), S. 14ff.; Kranjc, SZ 106 (1989), S. 434ff.; Artner, Agere praescriptis verbis; Schmidlin, SZ 124 (2007), S. 53ff.; Zhang, Contratti innominati, S. 85ff.; Cannata, Études Ankum 1995, S. 65ff.; ders. in IURA 58 (2010), S. 33ff. Dagegen Sargenti, Studi Talamanca, VII., 2001, S. 235ff.

858 Die unten sogleich Genannten.

859 *Traditio* durch *pati*: Diese begegnet auch in Ulp. D. 36,1,38pr. und Iul. D. 19,1,25.

fänger abbaute, nicht aber wieder auffüllte, stellte sich die Frage, mit welcher Klage er zum Auffüllen gezwungen werden konnte. Pomponius unterscheidet zwei Fälle. Im ersten, in dem keine *causa* erwähnt ist, lässt er die *actio civilis incerti* zu, im zweiten, in dem die Kreide verkauft war, steht dem Verkäufer die *actio venditi* zu.

Da Pomponius im zweiten Fall einen Kaufvertrag erörterte, neigt die Literatur zu der Schlussfolgerung, dass er im ersten Fall, so wie Ulpian in D. 39,5,6, eine *donatio* angenommen habe[860]. Eine Schenkung sei es gewesen, weil die Erlaubnis unentgeltlich erfolgt sei und in dem Geschäft kaum eine andere Absicht des Gebers als die Ausübung einer *liberalitas* zu sehen sei. Die Auffüllung der Grube stelle keinen selbständigen zweiten Zweck dar, zu dem *Tu* den Abbau ermöglicht habe[861]. Durch das Auffüllen habe *Ego* nur die Folgen des Abbaus möglichst gering zu halten und somit die dem Geber entstandene Einbuße zu minimieren gehabt. Ausgehend davon nimmt die überwiegende Meinung in D. 19,5,16pr. eine „Schenkung unter Auflage" an[862]. Zhang fügt hinzu, dass sich die Frage *quaesitum est, quam habeas actionem* deswegen gestellt habe, weil die *obligatio civilis* nur durch ein *negotium*, nicht aber durch eine *donatio* habe begründet werden können; somit seien die Zweifel „sulla qualifica civile dell'obbligo di eseguire il *modus*"[863] entstanden. Eine Schenkung unter Auflage hat auch Haymann[864] angenommen, aber die *actio civilis incerti* für kompilatorisch gehalten[865], da eine auf

860 Auch die ulpianische *causa donationis* in D. 39,5,6 wurde aber in Zweifel gezogen, weil Ulpian in einem entsprechenden Fall, der aus demselben 42. Buch des Sabinuskommentars stammt, keine *causa donationis* erwähnte: Ulp. D. 4,3,34: *Si cum mihi permisisses saxum ex fundo tuo eicere vel cretam vel harenam fodere, et sumptum in hanc rem fecerim, et non patiaris me tollere: nulla alia quam de dolo malo actio locum habebit.* Da Ulpian in diesem Buch *damnum infectum* behandelte (Lenel, Palingenesia II., Ulp. 2894, S. 1172), hielt Krüger in Mommsen/Krüger, Corpus iuris civilis[22], ad h. l. N. 10, den Teil *qui saxum… causa* in D. 39,5,6 für einen kompilatorischen Einschub, der offenbar die Einordnung unter den Titel *De donationibus* rechtfertigen sollte; zustimmend Pringsheim, SZ 42 (1921), S. 326, N. 1.

861 Das denkbare Interesse des Grundeigentümers, „die Stabilität des Grundstücks zu erhalten" (Kaser, RIDA[3] 14 (1967), S. 286), entstand erst als Folge des aus der *liberalitas* erlaubten Abbaus. In diesem Sinn Artner, Agere praescriptis verbis, S. 159, N. 475.

862 De Francisci, ΣΥΝΑΛΛΑΓΜΑ, S. 255ff. (der aber die *actio civilis incerti* für interpoliert hielt); Kaser, Das römische Privatrecht 1[2], S. 581, N. 6; Artner, Agere praescriptis verbis, S. 159f.; Zhang, Contratti innominati, S. 212f.

863 Zhang, Contratti innominati, S. 213.

864 Haymann, Die Schenkung unter einer Auflage, S. 39, N. 2; S. 75; 128.

865 Lenel, Palingenesia II., Pomp. 702, S. 132, interpretierte die *actio civilis* als *condictio incerti*, da Pomponius im 22. Buch seines Sabinuskommentars die Kondiktion erörterte. Zur Kondiktion neigte auch De Francisci, ΣΥΝΑΛΛΑΓΜΑ, S. 256ff., der den Satz *Sed certum est … competere* für interpoliert hielt; so auch Klíma, Contractus innominati, S. 30. Gegen Interpolation der *actio civilis incerti* Artner, Agere praescriptis verbis, S. 160, N. 477.

Erfüllung der Schenkungsauflage gerichtete Klage erst Diokletian gekannt habe. Pomponius habe eher eine *actio doli* gewährt.

Die Behauptung, dass *dem Schenker* generell erst seit Diokletian die *apv* auf Erfüllung der Auflage zugestanden habe, wird wohl zutreffen[866]. Es scheint aber nicht richtig zu sein, hier nur aus dem Inhalt der Nebenabrede auf den Schenkungscharakter des Rechtsgeschäfts zu schließen. Pomponius erwähnt keine *donatio*[867]. Weder das *permittere* noch die Tatsache, dass der Empfänger durch den Abbau das Eigentum erwarb, bieten sichere Anhaltspunkte für eine Schenkung[868]. *Permittere* bezeichnet das Gestatten des Abbaus, sagt aber nichts über die *causa* aus. Vielmehr wurde damit der Sachverhalt auch für den zweiten Fall (Verkauf der Kreide) geschildert. Eine *donatio* war für den Eigentumserwerb im ersten Fall auch nicht notwendig. Die in den vorherigen Kapiteln erörterten Quellen zeigten, wie die klassischen Juristen die von den Parteien gewollte Übereignung begünstigten; eine typisierte, benannte *iusta causa* war für die Eigentumsübertragung nicht zwingend[869]. Daher konnte das Eigentum auch dann übergehen, wenn die Schenkung misslang, da sich der Geber das Rückforderungsrecht vorbehielt; als Rechtsgrund für den Eigentumsübergang genügte das *negotium* (die *datio ob rem*). Nach einem ähnlichen Muster konnte die Übereignung auch Pomponius hier aufgrund einer *datio ob rem* bejaht haben[870]. Der Unterschied läge nur darin, dass das *dare* hier nicht eine Realobligation zur Rückgabe, sondern eine Obligation zur Erfüllung der Abrede *ut replerem* erzeugte, die mit der *apv* durchsetzbar war.

Es ist nicht auszuschließen, dass Pomponius gerade deswegen keine *donatio* erwähnte, weil durch die *quasi traditio* die Realobligation des Empfängers zum Auffüllen der Grube entstand. Oder genauer: Pomponius musste sich entscheiden: Entweder bejaht er eine Schenkung *oder* eine Realobligation des Empfängers. Ulp. D. 39,5,18pr.–2 kann man entnehmen, dass Pomponius mit Aristo meinte: *obligationem non contrahi eo casu, quo donatio est*[871]. Zwar bezieht sich der Satz nur auf die *fiducia* und primär auf das Recht des Fiduzianten, die übergebene

866 Siehe dazu im dritten Teil, dritten Kapitel, S. 276ff.

867 Gegen eine *donatio* in D. 19,5,16pr. auch Biondi, Successione testamentaria e donazioni², S. 715, N. 2. Eher gegen eine Schenkung auch MacCormack, SDHI 51 (1985), S. 141f.

868 Jedoch dafür Zhang, Contratti innominati, S. 212, N. 137.

869 Zur „Begünstigung der Übereignung" siehe in Fn. 223, dort mit Behrends und oben im Text, S. 79f. (bei Fn. 270ff.).

870 Für ein *do ut facias* neuerdings auch Zarro, I nova negotia, S. 140, gegen Gallo, Synallagma e convento II., S. 235, der sich aufgrund der Unentgeltlichkeit des *permittere* eher weigert, ein *do ut facias* anzunehmen. Nach Gallo (S. 236f.) handelt es sich in D. 19,5,16pr. um eine von der aristonischen Lösung (D. 2,14,7,2) beeinflusste Erweiterung, die ursprünglich für ein *do ut des* und *do ut facias* eingeführt wurde.

871 Siehe im zweiten Teil, zweiten Kapitel I., S. 114ff.

Sache jederzeit zurückzufordern, doch ist denkbar, dass die Worte eine allgemeinere Reichweite hatten und die Tatsache ausdrücken, dass eine Obligation mit der Schenkung überhaupt unvereinbar war. Dementsprechend konnte die durch Übereignung begründete Realobligation (*re obligari*) dem Rechtsgeschäft unabhängig davon den Schenkungscharakter nehmen, ob die Obligation in der Rückgabe oder in einem bestimmten *facere* des Empfängers bestehen sollte[872]. D. 19,5,16pr. ist noch kein eindeutiger Beleg dafür, dass sich die *donatio* und die Verpflichtung zur Auflagenerfüllung einander ausschlossen, aufgrund des Textes sollte man diese These aber in Betracht ziehen.

II. *Donatio hereditatis* in Pap. D. 39,5,28

Bei Annahme der Schenkung gewährt Papinian dem Schenker die *apv* in D. 39,5,28. Ihre Gewährung scheint hier aber nicht Ausdruck einer generellen Klagbarkeit der Auflage zu sein als vielmehr die Folge des besonderen Charakters des Schenkungsobjekts.

D. 39,5,28 (Papinianus libro tertio responsorum)
Hereditatem pater sibi relictam filiae sui iuris effectae donavit: creditoribus hereditariis filia satisfacere debet, vel, si hoc minime faciat et creditores contra patrem veniant, cogendam eam per actionem praescriptis verbis patrem adversus eos defendere.

Ein Vater schenkte seiner gewaltfreien Tochter die von ihm erworbene *hereditas*. Durch das schenkungshalber vorgenommene Verfügungsgeschäft erwarb die Tochter lediglich Rechte an den einzelnen Erbschaftsgegenständen. Die Erbenposition behielt der Vater, der somit nach wie vor aus den Nachlassschulden verpflichtet war[873]. Die Tochter hat nach Papinian die Erbschaftsgläubiger zu befrie-

---

872 So auch Santoro, Il contratto nel pensiero di Labeone, S. 228f., der in D. 19,5,16pr. aber dennoch eine „donazione modale" annimmt (S. 233). Daraus, dass Pomponius im folgenden § 1 (D. 19,5,16,1: *Permisisti mihi, ut sererem in fundo tuo et fructus tollerem: sevi nec pateris me fructus tollere. nullam iuris civilis actionem esse Aristo ait: an in factum dari debeat, deliberari posse: sed erit de dolo*) einen Fall erörterte, der der Schenkung in Pomp. D. 39,5,9,1 (*Ex rebus donatis fructus perceptus in rationem donationis non computatur: si vero non fundum, sed fructus perceptionem tibi donem, fructus percepti venient in computationem donationis*) nahesteht, lässt sich nicht entnehmen, dass Pomponius auch den Fall *permisisti mihi cretam eximere ita, ut eum locum, replerem* als *donatio* betrachtete. Sowohl in D. 19,5,16,1 (wo eine *donatio* aber auch nicht erwähnt ist) als auch in D. 39,5,9,1 fehlt es an einer entsprechenden *ut*-Abrede.

873 Ähnlich bei der *in iure cessio hereditatis post aditionem* – vgl. Gai. Inst. 2,35: *post obligationem vero si cesserit, nihilo minus ipse heres permanet et ob id creditoribus tenebitur.* Gai. Inst. 3,85. Die Nach-

digen. Tut sie dies nicht und gehen die Gläubiger gegen den Vater vor, so hat der Vater eine *actio praescriptis verbis*, mit der er die Tochter zwingen kann, ihn gegen die Gläubiger zu verteidigen.

Seit Gradenwitz ist die Echtheit des Teils *si hoc minime ... praescriptis verbis* bestritten oder wenigstens bezweifelt worden[874]; für die Interpolation soll außer sprachlichen Indizien auch das *defendere* als Klagziel sprechen, da man zum *defendere* nicht durch die *actio*, sondern durch extraordinäre prätorische Mittel gezwungen worden sei. Doch scheint die Interpolationsannahme nicht stichhaltig zu sein.

Es ist denkbar, dass Papinian hier zur Analogie zur *venditio hereditatis* griff[875], die ursprünglich als Verkauf *nummo uno* auch beim Erbschaftsfideikommiss Anwendung fand[876]. Der *venditor hereditatis* behielt die Erbenstellung. Der faktischen Übertragung der Erbenposition im Innenverhältnis zwischen dem Verkäufer und dem Käufer kam man erst durch den Abschluss ergänzender Stipulationen *emptae et venditae hereditatis* nahe[877]. Mit der Stipulation ließ sich der Verkäufer versprechen, dass er für alles, dessen er in Erbschaftsangelegenheiten verurteilt wird, vom Käufer schadlos gehalten wird, und dass ihn der Käufer überhaupt wirksam verteidigt, falls ihn jemand als Erben verklagt (*si quis cum eo hereditario nomine ageret, ut recte defenderetur*)[878]. Später wurde dem Verkäufer zu demselben Zweck auch die *actio venditi* gewährt, wenn er keine *stipulatio venditae hereditatis* abschloss (*habeas actionem ex stipulatu, ut defendaris ab emptore vel tibi praestetur, quod hereditatis nomine soluturus sis, vel actionem ex vendito, si stipulatus non sis*)[879]. Die vom Papinian bejahte Verpflichtung zum *defendere* war somit auch für den Erbschaftskauf üblich.

---

lassforderungen sind dagegen mit Vornahme der *in iure cessio hereditatis* erloschen, dazu mwN. Kleňová, Právněhistorické studie 48/1 (2018), S. 97–110.

874 Gradenwitz, Interpolationen in den Pandekten, S. 130f.; Kniep, Präscriptio und Pactum, S. 86; Haymann, Die Schenkung unter einer Auflage, S. 39, N. 2; De Francisci, ΣΥΝΑΛΛΑΓΜΑ, S. 258f.; Biondi, Successione testamentaria e donazioni², S. 719, N. 4; Burdese, IURA 36 (1985), S. 51. Für die Echtheit der *actio praescriptis verbis* die neuere Literatur, zuletzt Gallo, Synallagma e convento II., S. 272f.; Artner, Agere praescriptis verbis, S. 220f.; Knütel, SCom 20–21 (2007/2008), S. 271 mit N. 48.

875 Gallo, Synallagma e convento II., S. 272f. Zur *venditio hereditatis* Torrent, Venditio hereditatis, S. 1ff.

876 Gai. Inst. 2,252. Voci, Diritto ereditario romano 2², S. 345; Longchamps De Beriér, Il fedecommesso universale, S. 1ff.

877 Zum Wortlaut der Stipulationen Manthe, Das senatus consultum Pegasianum, S. 27ff.

878 Gai. Inst. 2,252.

879 Siehe die rekonstruierte Fassung von Imp. Antoninus C. 4,39,2 bei Manthe, Das senatus consultum Pegasianum, S. 34.

In Anlehnung an die *actio venditi*[880] konnte Papinian einen ähnlichen Anspruch auch dem Schenker einer *hereditas* gewährt haben. Aufgrund des Grundsatzes der *condemnatio pecuniaria* würde das Klagziel der *apv* im Ergebnis auf das Interesse lauten, das der Schenker am *defendere* hatte[881], und nicht auf das *defendere* selbst. Damit verliert das Interpolationsargument von Gradenwitz an Gewicht.

Es wäre nur konsequent, wenn Papinian die Regel, die für eine *venditio hereditatis* galt, auch auf eine *donatio hereditatis* erstreckte. Dies würde bedeuten, dass die von Papinian zugelassene *apv* nicht dadurch zu begründen ist, dass es „um Durchsetzung einer Auflage geht"[882]. D. 39,5,28 enthält auch keinerlei Hinweis darauf, dass die Schenkung unter der Auflage, die Nachlassgläubiger zu befriedigen, gemacht wurde. Papinian ging davon aus, dass die Tochter schon deswegen die Gläubiger befriedigen musste, weil das Schenkungsobjekt eine Erbschaft war. Die *hereditas* war ein Vermögensinbegriff aus Aktiven und Passiven. Die Beschenkte sollte aus der Erbschaft lediglich um das bereichert werden, was nach Abzug der Schulden übrig blieb[883]. Auch wenn die Verpflichtung, die Erbschaftsschulden zu begleichen, dem typischen Willen eines Schenkers entsprach, hatte sie nicht die Rechtswirkung einer Auflage[884]; eher war sie bereits begrifflich im Schenkungsgegenstand einer *hereditas* eingeschlossen.

Sogar dann, wenn der *donatio* ausdrücklich eine Auflage wie etwa *ut creditoribus hereditariis satisfaciat* oder *ut contra creditores hereditarios defensionem suscipiat*[885] beigefügt wäre, wäre D. 39,5,28 kein zuverlässiger Beleg dafür, dass

880 Gallo, Synallagma e convento II., S. 272f.; dagegen Artner, Agere praescriptis verbis, S. 220, N. 226.

881 So richtig Artner, Agere praescriptis verbis, S. 221, der im Wesentlichen Gallo, Synallagma e convento II., S. 273, folgt.

882 Jedoch dafür Artner, Agere praescriptis verbis, S. 220f.

883 Scheurl, Zur Lehre von den Nebenbestimmungen, S. 256; Knütel, SCom 20–21 (2007/2008), S. 270. Unklar ist, ob nur die Aktiven nach Abzug der Schulden (analog der *hereditas*) das Schenkungsobjekt auch dann bildeten, wenn der Schenker sein ganzes Vermögen (*bona omnia*) schenkte. Vorstellbar wäre dies als Folge dessen, dass *„bona" intelleguntur cuiusque, quae deducto aere alieno supersunt* (Paul. D. 50,16,39,1). Jedenfalls galt dies, wenn das ganze Vermögen zur Mitgift gegeben wurde (in der Mitgiftbestellung war nur das enthalten, was nach Abzug der Schulden übrig blieb): Paul. D. 23,3,72pr.: *Mulier bona sua omnia in dotem dedit: quaero, an maritus quasi heres oneribus respondere cogatur. Paulus respondit eum quidem, qui tota ex repromissione dotis bona mulieris retinuit, a creditoribus conveniri eius non posse, sed non plus esse in promissione bonorum quam quod superest deducto aere alieno.* Biondi, Successione testamentaria e donazioni², S. 718f.

884 Jedoch für einen stillschweigenden *modus* De Francisci, ΣΥΝΑΛΛΑΓΜΑ, S. 258f.; Pernice, Labeo. 1. Bd., S. 340; Kniep, Präscriptio und Pactum, S. 85 („stillschweigende Verabredung"). Dagegen zu Recht Scheurl, Zur Lehre von den Nebenbestimmungen, S. 256f.; Biondi, Successione testamentaria e donazioni², S. 715, N. 2.

885 Vgl. beim Erbschaftskauf Imp. Antoninus C. 4,39,2: *quamvis enim ea lege emerit, ut creditoribus*

Papinian generell die Klage auf Erfüllung der Schenkungsauflage billigte, denn es ist immerhin möglich, dass er die *apv* deswegen gewährte, weil das Schenkungsobjekt die *hereditas* war. Zwar erkannte Papinian in diesem Fall an, dass durch die Übereignung des geschenkten Gegenstandes eine Obligation erzeugt werden konnte, für die Schenkungsauflage lassen sich aus dem Text aber keine generellen Schlüsse ziehen.

III. Die *permutatio* in Ulp. D. 10,2,20,3

Kein Beleg für eine *apv* auf Erfüllung der Schenkungsauflage lässt sich schließlich aus D. 10,2,20,3 gewinnen.

D. 10,2,20,3 (Ulpianus libro nono decimo ad edictum)
Si pater inter filios sine scriptura bona divisit et onera aeris alieni pro modo possessionum distribuit, non videri simplicem donationem, sed potius supremi iudicii divisionem Papinianus ait. plane, inquit, si creditores eos pro portionibus hereditariis conveniant et unus placita detrectet, posse cum eo praescriptis verbis agi, quasi certa lege permutationem fecerint, scilicet si omnes res divisae sint.

Ein Vater teilte ohne Teilungsbeurkundung[886] sein Vermögen unter seine Söhne auf. Die Schulden teilte er nach dem Maß der zugewiesenen Besitzungen zu[887]. Da die Teilung auch die Schulden und somit das gesamte Vermögen des Vaters betraf[888], sah Papinian in ihr keine *simplex donatio*, sondern eher eine letztwillige Teilungsanordnung. Zu Lebzeiten des Vaters war die Aufteilung ohne Rechtswirkung, die Söhne erwarben noch kein Eigentum an den einzelnen Sachen[889], vielleicht weil sie noch unter der väterlichen Gewalt standen[890].

---

hereditariis satisfaciat, excipere actiones hereditarias invitus cogi non potest; und die rekonstruierte Fassung von Manthe, Das senatus consultum Pegasianum, S. 34: C. 4,39,2: *quamvis enim ea lege emerit, ut contra creditores hereditarios defensionem suscipiat, excipere actiones hereditarias invitus cogi non potest.*

886 Rabel, Labeo 7 (1961), S. 64 mit N. 18.

887 *Pro modo possessionum* kann heißen: nach den Wertverhältnissen der Besitztümer oder nach Maßgabe der mit den jeweiligen Besitzungen verbundenen Schulden (die aus den Rechnungsbüchern für das jeweilige Besitztum ersichtlich waren).

888 Voci, Diritto ereditario romano 2^2, S. 478; Rabel, Labeo 7 (1961), S. 64.

889 Obwohl die Übergabe wegen *pro modo possessionum* möglicherweise stattfand; vgl. dazu Voci, Diritto ereditario romano 2^2, S. 478 mit N. 14.

890 Entgegen Artner, Agere praescriptis verbis, S. 226, N. 256, der mit Fr. Vat. 296: *Papinianus libro II resp. Donationem, quam pater in filium, quem in familia retinuit, frustra contulit, arbiter here-*

Da die *sine scriptura* gemachte Teilungsanordnung kein Testament ersetzte, trat nach dem Tod des Vaters die gesetzliche Erbfolge ein; die Söhne erwarben die Erbschaft nach Intestaterbquoten. Aufgrund des erwähnten *placita* ist von einem Einverständnis der Söhne mit der Aufteilung des Vaters auszugehen, also von einer Tauschvereinbarung (*permutatio*), durch die die *divisio* des Vaters nach seinem Tod bekräftigt wurde (*divisio rata est*)[891]: Jeder Sohn gab die Anteile an den Sachen auf, die den anderen vom Vater zugewiesen wurden, und erhielt von den anderen Anteile an denjenigen Sachen, die der Vater ihm zuteilte[892]. Diese *permutatio* war so anzusehen, als geschähe sie *certa lege*, also mit der Abrede, dass jeder von ihnen entsprechend dem Maß der so erworbenen *possessiones* die Schulden übernahm. Aus der Aufteilung, die vom Vater als Schenkung gemeint war, wurde unter den Söhnen eine Aufteilung aus Tausch.

Die in der *certa lex* enthaltene Abmachung wirkte nicht gegenüber den Gläubigern[893]. Sie konnten nach wie vor die Söhne nach ihren gesetzlichen Erbquoten in Anspruch nehmen und taten es auch. Die Söhne, die nach der *permutatio* von der betreffenden Schuld befreit werden sollten, konnten die Klage des jeweiligen Gläubigers nur dann entkräften, wenn derjenige, der den Schuldposten zu übernehmen hatte, dem Gläubiger Zahlung der Schuld anböte[894]. Einer der Söhne hielt sich nicht an die Vereinbarung. Für diesen Fall gewährte Papinian den an-

---

ditatis dividundae non sequitur, zugunsten der Emanzipierten argumentiert: Stünden die Söhne noch in der Hausgewalt, „so fiele die Zuwendung ins *peculium* und beeinflußte die Erbteilung nicht". Der Hinweis auf Fr. Vat. 296 ist aber schon deswegen unzutreffend, da nach Papinian in D. 10,2,20,3 eben keine *donatio* vorlag. Ferner waren die Söhne nach Papinian so anzusehen, als ob sie der *divisio* nach dem Tod des Vaters durch ein privates Übereinkommen (durch die *permutatio*) gefolgt wären; die Sache kam somit gar nicht vor den *arbiter familiae erciscundae*; in diesem Sinn auch FINKENAUER, Vererblichkeit und Drittwirkungen, S. 187. Da in D. 10,2,20,3 keine Schenkung vorlag, kam auch die Heilung der Schenkung mit dem Tod des Vaters nicht in Betracht; zur Konvaleszenz der Schenkung an die gewaltunterworfenen Kinder durch die Fortdauer des Schenkungswillens bis zum Tod des Schenkers siehe VOCI, Diritto ereditario romano 2^2, S. 475; SIBER, SZ 53 (1933), S. 127ff. Zur *divisio parentis inter liberos* VOCI, Diritto ereditario romano 2^2, S. 476ff. Zur Möglichkeit, die Erbengemeinschaft durch Übereinkommen der Miterben aufzuheben, KASER, Das römische Privatrecht 1^2, S. 728 mit N. 6; VOCI, Diritto ereditario romano 1^2, S. 751f.

891 Die dem Vater nicht gehörigen Sachen konnten die Söhne *pro suo* ersitzen, wenn sie im Zeitpunkt der Fortsetzung des Besitzes an den Eigentumserwerb aufgrund der *permutatio* glaubten; Pomp. D. 41,10,4,1: *Si pater cum filiis bona quae habebat partitus sit ex ea causa post mortem patris ea teneant, quod inter eos conveniret, ut ea divisio rata esset: usucapio his procedet pro suo in his rebus, quae alienae in bonis patris inveniuntur.* Zum Text HOFMOKL, Ersitzungstitel, S. 56f.

892 Zum tauschartigen Erfolg von Teilungsanordnungen WIMMER, Das Prälegat, S. 147 mit N. 829 mwN.

893 Impp. Diocl., Maxim. C. 2,3,26; dies. C. 3,36,23.

894 Vgl. Pap. D. 2,14,40,2. Zum Text KNÜTEL, SZ 111 (1994), S. 440ff.

deren die *actio praescriptis verbis*[895]. Mit dieser konnten die Erben vom sich weigernden Bruder etwa die Verteidigung im Prozess oder Ersatz dessen verlangen, was sie statt seiner an die Erbschaftsgläubiger leisten mussten (oder, allgemein, das Interesse, wegen dieses Schuldpostens nicht verklagt zu werden).

Nach Artner[896] bedurfte Papinian „eines Rückgriffs auf diese Konstruktion" nicht, um ein *agere praescriptis verbis* zu begründen, da die Verteilung des Vermögens unter Lebenden ohne weiteres als Schenkung unter Auflage habe verstanden werden können, und bereits diese rechtfertige die Klage. Doch geht dies zu weit; in D. 10,2,20,3 lag überhaupt keine Schenkung vor[897]. Die Begründung der Klagbarkeit beginnt mit der Ablehnung einer *simplex donatio* und mit der Feststellung, es liege eine Vermögensaufteilung von Todes wegen (*supremi iudicii divisio*) vor. Zu Lebzeiten des Vaters entstand also weder eine Schenkung noch eine Verpflichtung zur Schuldtilgung. Bis zu seinem Tod blieb der Vater Eigentümer der aufgeteilten Gegenstände und verpflichtet gegenüber seinen Gläubigern. Falls ihn die Gläubiger verklagten, hätte er aufgrund der *divisio* gegen die Söhne auch keine Klage, mit der er das *defendere* im Prozess oder Ersatz des Geleisteten geltend machen könnte. Die *apv* hatten erst die Söhne aufgrund der nach dem Tod des Vaters vereinbarten *permutatio*[898]. Mit einer Schenkung hatte die Klage nichts zu tun.

Darüber, ob dem Vater eine *apv* allenfalls zustünde, wenn eine Schenkung vorläge und die Söhne bereits durch Übergabe Eigentum erworben hätten, gibt D. 10,2,20,3 keine Auskunft. Im Unterschied zu D. 39,5,28 würde hier nicht Schenkung einer Gesamtsache (*hereditas*) vorliegen (aus der sich in D. 39,5,28 die Verpflichtung zum *defendere* ergab), sondern Schenkung selbständiger Gegenstände verbunden mit der Pflicht, in einem bestimmten Maß die Schulden zu begleichen. Ob dies dann aber überhaupt eine Schenkung wäre (und nicht etwa eine *datio ob rem*), ist ungewiss.

---

895 Vgl. die den Erben aus der testamentarischen Auflage zustehende *apv* in Ulp. D. 10,2,18,2: *Idem quaerit, si quis testamento caverit, ut servus exportandus veneat, officio familiae erciscundae iudicis contineri, ut voluntas defuncti non intercidat. sed et cum monumentum iussit testator fieri, familiae erciscundae agent, ut fiat. idem tamen temptat, quia heredum interest, quos ius monumenti sequitur, praescriptis verbis posse eos experiri, ut monumentum fiat.*

896 Artner, Agere praescriptis verbis, S. 228.

897 Also auch eine Schenkung unter Auflage nicht. Daraus, dass Papinian ausdrücklich „nur" eine *simplex donatio* ablehnte, lässt sich nicht schließen, dass er damit einer „Schenkung unter Auflage den Weg eröffnen" wollte, da er doch sagte, es sei eine *supremi iudicii divisio.*

898 Keine Schenkung sehen in dem Fall: Gallo, Synallagma e convento II., S. 274f.; Sciandrello, Studi sul contratto estimatorio, S. 339ff., und Zarro, I nova negotia, S. 109.

IV. Zwischenergebnis

Die überlieferten Quellen belegen nicht, dass dem Schenker im klassischen Recht eine Klage *auf Auflagenerfüllung* zustand, die durch die *donatio* (durch das Vollzugsgeschäft der Schenkung) begründet wäre[899]. Überraschend gering ist bereits die Zahl der Quellen, in denen die *actio praescriptis verbis* in Verbindung mit einem schenkungsähnlichen Rechtsgeschäft vorkommt.

In den vorangehenden Kapiteln wurde gezeigt, dass die von den Klassikern gestellte Frage lautete: „Ist dies eine Schenkung, *oder* erzeugt die *datio rei* eine Pflicht des Empfängers, bei Nichterfüllung der ‚Auflage' das ‚Geschenk' zurückzugeben, womit eine *datio ob rem* vorliegt?" Die Ergebnisse des letzten Kapitels machen wahrscheinlich, dass die durch das *dare rem* erzeugte Realobligation (*re obligari*) dem Rechtsgeschäft unabhängig davon den Schenkungscharakter nahm, ob diese auf Rückgabe des Gegebenen (*condictio ob rem*) oder auf Erfüllung der Auflage (*actio praescriptis verbis*) ging. Um eine Schenkung annehmen zu können, musste die *datio rei* geschehen, lediglich um die *donatio* zu vollziehen, und nicht, um zugleich eine Realobligation (gleichgültig welchen Inhalts) zu erzeugen. Die *donationis causa* erfolgte Sachhingabe konnte nicht zugleich ein Obligierungsgrund sein.

899 Zwar wurde dem Schenker eine *apv* einmal in Pap. D. 39,5,28 gewährt, ihre Gewährung stützte sich aber darauf, dass eine Erbschaft geschenkt wurde. Von einer Schenkungsauflage sprach Papinian dort nicht.

Siebtes Kapitel: *Donatio rei* und stipulierte Auflage

Die klassischen Juristen lehnten eine *donatio* ab, wenn eine *datio rei* sowohl die *causa donationis* vollziehen als auch eine Obligation des Empfängers erzeugen sollte. Demgegenüber konnte eine Schenkung dann zustande kommen, wenn die „Auflagenverpflichtung“ des Beschenkten aus einem selbständigen, von der *datio donationis causa* getrennten Vertrag entstand. Dies zeigen drei Texte Scaevolas.

I. Scaev. D. 32,37,3

Eine *donatio* nahm Cervidius Scaevola sogar dann an, wenn sich der Beschenkte mittels einer Stipulation verpflichtete, die geschenkten Sachen in einem bestimmten Fall an den Schenker zu restituieren.

D. 32,37,3 (Scaevola libro octavo decimo digestorum)
Pater emancipato filio bona sua universa exceptis duobus servis non mortis causa donavit et stipulatus est a filio in haec verba: „quae tibi mancipia quaeque praedia donationis causa tradidi cessi, per te non fieri dolove malo neque per eum ad quem ea res pertinebit, quo minus ea mancipia quaeque ex his adgnata erunt eaque praedia cum instrumento, cum ego volam vel cum morieris, quaequae eorum exstabunt neque dolo malo aut fraude factove tuo eiusque ad quem ea res pertinebit in rerum natura aut in potestate esse desissent, si vivam mihi aut cui ego volam reddantur restituantur, stipulatus est Lucius Titius pater, spopondit Lucius Titius filius“. idem pater decedens epistulam fideicommissariam ad filium suum scripsit in haec verba: „Lucio Titio filio suo salutem. certus de tua pietate fidei tuae committo, uti des praestes illi et illi certam pecuniam: et Lucrionem servum meum liberum esse volo“. quaesitum est, cum filius patris nec bonorum possessionem acceperit nec ei heres exstiterit, an ex epistula fideicommissa et libertatem praestare debeat. respondit, etsi neque hereditatem adisset neque bonorum possessionem petisset et nihil ex hereditate possideret, tamen nihilo minus et ex stipulatu ab heredibus patris et fideicommisso ab his quorum interest quasi debitorem conveniri posse, maxime post constitutionem divi Pii, quae hoc induxit.

Der Vater schenkte *non mortis causa* seinem emanzipierten Sohn sein gesamtes Vermögen, ausgenommen zwei Sklaven. Danach ließ er sich vom Sohn die Rückgabe des Geschenkten (*reddere restituere*) an sich oder einen zu bestimmenden Dritten (*si vivam mihi aut cui ego volam*) für den Fall promittieren, dass er dies will oder der Sohn stirbt (*cum ego volam vel cum morieris*). Im späteren Fideikommissbrief bat er den Sohn, *illi et illi* Geld zu zahlen und den Sklaven *Lucrio* freizulassen[900].

Scaevola hielt die Fideikommissbelastung des Sohns für wirksam, obgleich er nicht erbte[901]. Der Sohn könne aus der *reddere*-Stipulation von den Erben des Vaters und als Schuldner (*quasi debitor*) auch von den Fideikommissaren (den *illi et illi* und *Lucrio*) in Anspruch genommen werden (*et ex stipulatu ab heredibus patris et fideicommisso ab his quorum interest quasi debitorem conveniri posse*) mit der Beifügung „insbesondere nach der Konstitution des vergöttlichen Pius, die dies eingeführt hat".

Die Wirksamkeit des Fideikommisses hat Savigny damit erklärt, dass auf die *donatio*, die infolge der Stipulation auf *reddere restituere* widerruflich gewesen sei, die Regel erstreckt worden sei, die bereits für eine ebenfalls widerrufliche *donatio mortis causa* gegolten habe[902]. Dieser Erklärung hat schon Erxleben mit der Begründung widersprochen, dass der Sohn nicht deswegen mit einem Fideikommiss habe belastet werden können, weil er beschenkt worden sei, sondern weil er aufgrund der Stipulation die Stellung eines Nachlassschuldners gehabt

900 Unklar ist, ob der freizulassende Sklave zu den geschenkten Sklaven gehörte oder einer der zwei war, die der Vater behielt. Der Vater bezeichnete den Sklaven mit *Lucrio servus meus*; damit konnte er aber auch nur darauf hingewiesen haben, dass der Sklave aus seinem Vermögen stammte (vor der Schenkung sein gewesen war). Dass der Sklave zu den geschenkten gehörte: HAYMANN, Die Schenkung unter einer Auflage, S. 155, N. 1; eher dafür KNÜTEL, SCom 20–21 (2007/2008), S. 277f.; WINDSCHEID, Lehrbuch des Pandektenrechts, Bd. 2^9, S. 299, N. 4^a. Dafür, dass Lucrio einer der zwei war, die der Vater behielt: RÜGER, Die donatio mortis causa, S. 70.

901 Vgl. Ulp. D. 32,1,6; Imp. Gord. C. 6,42,9.

902 Wonach der von Todes wegen Beschenkte gleich einem Legatar mit einem Fideikommiss belastet werden konnte (Pap. D. 31,77,1); so SAVIGNY, System, 4. Bd., S. 275, 286. Neuerdings hat KNÜTEL, SCom 20–21 (2007/2008), S. 274, an die These Savignys angeknüpft und gemeint, die *donatio* in D. 32,37,3 sei durch die Stipulation widerruflich gemacht worden. Durch Unterlassung des Widerrufs erlangte der Beschenkte „einen Vorteil, den ihm der Schenker bis zu seinem Tod noch hätte entziehen können, der also wie bei der Schenkung von Todes wegen erst mit dem Tod des Schenkers endgültig wird". Da der Sohn mit dem Erbfall etwas erlangt habe, hätten ihn die Fideikommissare direkt in Anspruch nehmen können. Noch weiter geht RÜGER, Die donatio mortis causa, S. 80, der behauptet, Scaevola habe seine Entscheidung nicht allein auf das Pius-Reskript (siehe in Fn. 904) gestützt, weil der Fall in D. 32,37,3 dem im Reskript behandelten nicht völlig entspreche. Die fideikommissarische Belastung des Sohns sei aber ohnedies möglich gewesen, da der Sohn aufgrund der Rückgabestipulation einem Donatar *mortis causa* gleich gestanden sei.

habe[903] – somit nach der Figur des *fideicommissum a debitore relictum*. Die Zulässigkeit der fideikommissarischen Belastung eines Nachlassschuldners wurde durch das in D. 30,77 überlieferte Reskript von Antoninus Pius bekräftigt[904], und auf dieses Pius-Reskript beruft sich auch Scaevola am Ende des Textes: *maxime post constitutionem divi Pii, quae hoc induxit*. Erxleben ist zuzustimmen. Da wir uns mit D. 32,37,3 an einer anderen Stelle bereits befasst haben[905], ist hier nur zu zeigen, dass Scaevola die Schenkung weder als eine widerrufliche noch als eine *donatio mortis causa* sah, womit die Richtigkeit der These Erxlebens zu unterstützen ist.

1. Keine widerrufliche *donatio inter vivos*

Eine „widerrufliche Schenkung" wäre für die Klassiker ein Widerspruch in sich gewesen, weil die Widerruflichkeit in direktem Gegensatz zum Schenkungsmerkmal *„qui donat, sic dat, ne recipiat"* stand. Allein die Tatsache, dass die Rückgabepflicht des Sohns bedingt war (*cum ego volam vel cum morieris*), genügte nicht, um das Merkmal *„qui donat, sic dat, ne recipiat"* als erfüllt anzusehen. Es wurde gezeigt[906], dass die klassischen Juristen eine Schenkung auch dann verneinten, wenn sich der Schenker bei der Übereignung ein Rückforderungsrecht nur bedingt für einen bestimmten Fall vorbehielt. Zudem war die Bedingung in unserem Fall teilweise potestativ (*cum ego volam*), der Vater konnte die Rückgabepflicht jederzeit „aktivieren"[907]. Wenn daher Scaevola das Geschäft wie eine *donatio* bestehen ließ, so musste er sich entweder von der klassischen Auffassung weit entfernen oder demgegenüber die *donatio* als eine unwiderrufliche sehen. Die erste Möglichkeit ist wenig wahrscheinlich. Eher wurde das Merkmal *„dat ea*

903 Erxleben, Die condictiones sine causa, S. 304f.; ihm folgte Hellwig, Die Verträge auf Leistung an Dritte, S. 10f.; so auch Wacke, TR 39 (1971), S. 263.

904 Für den Fall, dass der Erblasser seinen Schuldner fideikommissarisch bat, das Geschuldete einem Dritten zu leisten (*fideicommissum a debitore relictum*), gewährte Pius dem begünstigten Fideikommissar einen direkten Anspruch gegen den Schuldner. Laut dem Reskript konnte der Schuldner fideikommissarisch beschwert sein, indem zugleich angenommen wurde, der Erbe sei fideikommissarisch gebeten worden, den Schuldner zu befreien. Daraus erlangte der Schuldner den Vorteil der *exceptio doli* und somit durch das *fideicommissum liberationis* aus der Erbschaft so viel, wie er an den Fideikommissar zu leisten hatte (Marci. D. 30,114,3: *quia placet non plus posse rogari quem restituere quam quantum ei relictum est*. Gai. Inst. 2,261). Ulp. D. 30,77: *Si pecunia fuit deposita apud aliquem eiusque fidei commissum, ut eam pecuniam praestet, fideicommissum ex rescripto divi Pii debebitur, quasi videatur heres rogatus remittere id debitori: nam si conveniatur debitor ab herede, doli exceptione uti potest: quae res utile fideicommissum facit. quod cum ita se habet, ab omni debitore fideicommissum relinqui potest.*

905 Kleňová, SZ 136 (2019), S. 345–357.

906 Oben im zweiten Teil, ersten Kapitel, S. 61ff. und im fünften Kapitel, S. 191ff.

907 Knütel, SCom 20–21 (2007/2008), S. 262.

mente, … nec ullo casu ad se reverti“ in D. 32,37,3 deswegen nicht als verletzt angesehen, weil die Verpflichtung zum *reddere* Inhalt eines anderen Vertrags – der Stipulation – war.

In den Quellen, in denen eine *donatio* infolge Rückforderungsrechts abgelehnt wurde, war dieses immer wie eine Realobligation begründet (*re obligari*). Das Rückforderungsrecht des Schenkers sollte durch das *dare rem* erzeugt werden, durch das auch die Schenkung vollzogen wurde. Bereits bei Vornahme der Übereignung erklärte der Schenker, die Sache solle nicht auf jeden Fall beim Beschenkten bleiben, die *causa retinendi* hing noch von der Erfüllung der Auflage ab. Die *donatio* misslang, da ihr bereits bei Vollzug der *datio* die Wirkung des endgültigen Behaltensgrundes fehlte.

Eine Realobligation kommt im Scaevola-Text nicht vor. Das Rückforderungsrecht des Schenkers erzeugte erst die Stipulation[908]. Es ist gut verständlich, dass die Trennung der *datio*, durch die die Schenkung vollzogen wurde, von der Stipulation, mittels derer die Rückforderung erzeugt wurde[909], eine entscheidende Rolle für die Bejahung der Schenkung spielte. Durch die Übereignung wurde die Schenkung vollzogen und somit perfekt. Die *reddere-restituere*-Stipulation war ein davon getrennter Geschäftstyp; sie sollte am Erfolg der Schenkung nichts mehr ändern. Wenn die mittels einer eigenständigen Stipulation vereinbarte Rückgabe die bereits perfekte Schenkung beeinträchtigen könnte, wäre das Bestehen einer Schenkung nie sicher. Jeder zwischen Schenker und Beschenktem nachträglich abgeschlossene Vertrag könnte dann ihre Gültigkeit in Frage stellen. Somit wurde die Schenkung infolge der Stipulation weder zu einer widerruflichen, noch wäre die Ausübung des Rückforderungsrechts aus der Stipulation als ein Schenkungswiderruf zu sehen[910].

2. Kein der *donatio mortis causa* vergleichbarer Fall

Dass sich die in D. 32,37,3 erwähnte Konstitution auf das Pius-Reskript aus D. 30,77 (*fideicommissum a debitore relictum*) bezieht, nimmt auch Rüger[911] an.

908 Pernice, Labeo. 3. Bd. 1. Abt., S. 146.

909 Die Übereignung erfolgte nicht „unter der auflösenden Bedingung der Rückforderung“ (so jedoch Wesenberg, Verträge zugunsten Dritter, S. 59.

910 Auch trifft es nicht zu, dass eine *donatio mortis causa* eine widerrufliche *donatio* war. Wie oben im zweiten Teil, fünften Kapitel I., S. 191ff., zu zeigen versucht wurde, bestand die *donatio mortis causa* bis zum Tod des Schenkers als eine *datio ob rem*. Die *donatio* war in der Zwischenzeit *in pendenti*, gerade als Folge der mit der *datio* begründeten bedingten Rückforderung des Schenkers, die einer *donatio* widersprach. Die *donatio mortis causa* war eine Schenkung, die erst mit dem Tod des Schenkers zustande kommen konnte und somit zu Recht eine Schenkung *von Todes wegen* war. In D. 32,37,3 lag sie aber nicht vor (siehe sogleich unten).

911 Rüger, Die donatio mortis causa, S. 72ff., 80.

Er meint jedoch, Scaevola wäre auch ohne die Anwendung des Pius-Reskripts zur Wirksamkeit der Fideikommisse gekommen. Die Verfallsbedingungen der Stipulation entsprächen einer *donatio sola cogitatione mortalitatis*[912]: Die Bedingung *cum morieris* bedeute Vorversterben des Beschenkten; die Bedingung *cum ego volam* sei „nichts anderes als die Vereinbarung eines für die *donatio mortis causa* typischen Reurechts". Die Parteien hätten bei der Schenkung besonders betont, es werde *non mortis causa* geschenkt, weil sie die Anwendung der erbrechtsbeschränkenden Gesetze umgehen hätten wollen. Dennoch sei die *donatio* durch die Stipulation zu einer widerruflichen Schenkung und damit letztlich zu einer *donatio mortis causa* geworden. Als solche bilde sie eine taugliche Grundlage für das Fideikommiss.

Es mag zutreffen, dass der Schenker mit der Stipulation einen Zweck verfolgte, der einer *donatio mortis causa* entsprechen könnte. Auch die Tatsache, dass der Sohn aus der Stipulation eventuell an einen Dritten (*cui ego volam*) zu leisten hatte, muss nicht gegen eine *donatio mortis causa* sprechen, obgleich für sie nur eine Rückgabeabrede typisch war. Wenn der Dritte *cui ego volam* die Stellung eines *solutionis causa adiectus* hatte[913], galt die Leistung an ihn als Leistung an den Schenker. Auch könnte die Klausel *cum ego volam* einer Reurechtsvereinbarung entsprechen[914], freilich müsste man sie dann so interpretieren, dass der Schenker nur zu Lebzeiten die Rückgabe verlangen konnte. Ein Schenker *mortis causa* wollte die geschenkte Sache *amore vitae* haben[915]; er wollte sie lediglich zu seinen Lebzeiten zurückverlangen können. Für den Fall seines Vorversterbens wollte er dagegen, dass der Beschenkte die geschenkte Sache behält[916]. Scaevola legte die Klausel *cum ego volam* aber so aus, dass der Schenker die Restitution auch von Todes wegen anordnen konnte. Die Willenserklärung, die nach den Worten *cum ego volam* zur Wirksamkeit der Restitutionspflicht erforderlich war, sah Scaevola im Fideikommissbrief, in dem der Vater auch sein Designationsrecht (*cui ego volam*) ausgeübt hatte. Dies ist ein Indiz dafür, dass er in dem Geschäft keine

912 Die Klassizität einer *donatio sola cogitatione mortalitatis* ist jedoch strittig, dazu in Fn. 739.

913 Siehe in Kleňová, SZ 136 (2019), S. 347f.

914 Wenn man die strittige freie Widerruflichkeit der *donatio mortis causa* für klassisch halten will; vgl. dazu oben bei Fn. 803.

915 Paul. D. 39,6,35,2: *amore vitae recepisse potius quam dedisse mavult: et hoc est, quare vulgo dicatur: „se potius habere vult, quam eum cui donat, illum deinde potius quam heredem suum".* Marci. D. 39,6,1pr.: *Mortis causa donatio est, cum quis habere se vult quam eum cui donat magisque eum cui donat quam heredem suum.*

916 Dem widerspricht nicht, dass der Schenker den Beschenkten *mortis causa* mit Fideikommissen belasten konnte, sodass der Beschenkte das von Todes wegen Geschenkte schließlich verlor. Das Fideikommiss war eine nachträgliche selbständige Anordnung und wirkte nicht als Widerruf der Schenkung. Anders aber Rüger, Die donatio mortis causa, S. 79.

donatio mortis causa sah. Ferner passt zu einer *donatio mortis causa* auch die *et-et*-Entscheidung Scaevolas nicht. Er sagt, dass der Sohn sowohl von den Erben *ex stipulatu* als auch von den Fideikommissaren *ex fideicommisso* belangt werden könne. Sähe man die Stipulationsklage als Folge des Widerrufs einer *donatio mortis causa*, so müsste die Möglichkeit *et fideicommisso ab his quorum interest quasi debitorem conveniri posse* wegfallen. Ein *mortis causa* Beschenkter konnte deswegen mit einem Fideikommiss belastet werden, weil er von Todes wegen etwas aus dem Vermögen des Schenkers erworben hatte. Hätte aber nun der Vater die *donatio mortis causa* widerrufen, so hätte die fideikommissarische Belastung somit keine Grundlage gehabt. Auch wenn man annehmen wollte, dass der Sohn diejenigen Gegenstände von Todes wegen erlangte, die er behalten konnte, indem der Widerruf der Schenkung nur partiell war[917], so stößt man sich daran, dass der partielle Widerruf doch von Todes wegen und nicht *amore vitae* erfolgte.

Wenn Scaevola die Schenkung als eine *donatio mortis causa* beurteilt hätte, so fragt sich, warum er sich dann überhaupt auf die *constitutio Pii* berufen haben sollte, um seine Entscheidung mit der Rechtsfigur des Fideikommisses zulasten des Nachlassschuldners zu unterstützen[918]. In keiner der Quellen, in denen die fideikommissarische Belastung eines Beschenkten *mortis causa* behandelt wurde, ist die *constitutio Pii* als zusätzliches Argument im Spiel[919]. Zwar hätte Scaevola *nur* mit der *donatio mortis causa* argumentieren können, doch tat er dies nicht, weil diese im vorliegenden Fall nicht zu sehen war. Berücksichtigt man schließlich, dass der Text keinen direkten Hinweis auf eine *donatio mortis causa* enthält und die Übereignung an den Sohn mit *non mortis causa donavit* geschildert wird, so bleibt kein Raum für die Annahme, Scaevola habe die Schenkung als eine Schenkung von Todes wegen beurteilt.

Der Grund, warum Scaevola die Schenkung nicht als eine *donatio mortis causa* ansah, wird in der Rückgabestipulation liegen. Simonius[920] hat gezeigt, dass dem Römischen Recht eine Rückgabestipulation bei der *donatio mortis causa* unbekannt war. Nicht einmal die Kompilatoren waren bereit, in D. 32,37,3 durch

917 Im Ergebnis so Knütel, SCom 20–21 (2007/2008), S. 265f.; 274f., der die *donatio mortis causa* zwar verneinte, aber doch die mögliche fideikommissarische Belastung mit einer analogen Stellung des Sohns erklärte. Ähnlich Haymann, Die Schenkung unter einer Auflage, S. 155, N. 1.

918 Rüger und seine Vorgänger gehen davon aus, dass es zur Zeit von Scaevola bereits geltendes Recht war, dass ein Beschenkter *mortis causa* mit Fideikommissen belastet werden konnte.

919 Die fideikommissarische Belastung des *mortis causa* Beschenkten belegen außer Pap. D. 31,77,1 auch Ulp. D. 2,15,8,2; Ulp. D. 32,3pr. und 3; Paul. D. 33,4,11; Imp. Gord. C. 6,42,9; Imp. Alex. Severus C. 8,56(57),1.

920 Siehe sogleich in Fn. 921.

Streichen des *non mortis causa* eine Schenkung von Todes wegen anzunehmen[921]. Offensichtlich verlieh die Rückgabestipulation (auch wenn sie inhaltlich einer für die *donatio mortis causa* typischen Rückgabevereinbarung entspräche) dem Geschäft eine andere Rechtsgestalt, indem zwei getrennte Geschäftstypen (*donatio inter vivos* und *reddere*-Stipulation) vorlagen.

Für eine durch sofortige Übereignung vollzogene *donatio mortis causa* war typisch, dass die Rückgabepflicht des Beschenkten als eine Realobligation (*re obligari*) begründet wurde[922]. Durch ein Vollzugsgeschäft (durch die *datio*) erwarb der Beschenkte das Eigentum und der Schenker das Rückforderungsrecht für den Fall, dass er die bestehende Gefahr überlebt, oder dass der Beschenkte vor ihm verstirbt. In D. 32,37,3 dagegen kam keine Realobligation zustande. Das *non mortis causa* am Beginn des Scaevola-Textes kann ein Hinweis darauf sein, dass der Schenker *sine ulla condicione redhibendi*[923] schenkte, indem er sich bei der Übereignung kein Rückforderungsrecht vorbehielt; es lag kein Fall von *re obligari* vor. Das Rückforderungsrecht des Vaters begründete erst die *reddere-restituere*-Stipulation. Die rechtlichen Konsequenzen (Übereignung und Rückforderungsrecht), die bei einer typischen *donatio mortis causa* schon bei der *datio* erzeugt wurden, wurden hier durch zwei nacheinander folgende Rechtsgeschäfte (*datio* und eine Stipulation) herbeigeführt. Die Tatsache, dass die vom Vater gewollten Rechtswirkungen nicht durch *ein* Vollzugsgeschäft (durch die *datio rei*) begründet wurden, stand auch nach Scaevola der Annahme einer *donatio mortis causa* entgegen.

II. Die Kombination von *lex dicta* und Stipulation in Scaev. D. 45,1,135,3

Eine neben der Schenkung abgeschlossene Stipulation ist bei Scaevola noch zweimal überliefert: In D. 45,1,135,3 begleitet die Stipulation eine *donatio* mit der Nebenabrede, dass der geschenkte Sklave nicht an bestimmte Familienangehörige des Beschenkten gelangen solle, und in D. 45,1,122,2 kommt sie bei einer *donatio*

---

921 Obwohl sie die Schenkung wahrscheinlich gern als eine *donatio mortis causa* gesehen hätten; hierzu Simonius, Die donatio mortis causa, S. 174f. Anders Haymann, SZ 38 (1917), S. 214, N. 2, der eine *donatio mortis causa* auch im Fall einer Stipulation anzunehmen schien, wobei er aus Fr. Vat. 286 (C. 8,54(55),3) schloss, dass die Sabinianer (D. 39,6,35,3) dem Schenker *mortis causa* eine *condictio* nur mangels Stipulation gewährt hätten.

922 Siehe im zweiten Teil, fünften Kapitel I., S. 191ff.

923 Pap. D. 39,6,42,1; Marci. D. 39,6,27: *Ubi ita donatur mortis causa, ut nullo casu revocetur, causa donandi magis est quam mortis causa donatio: et ideo perinde haberi debet atque alia quaevis inter vivos donatio.*

manumissionis causa vor[924]. In beiden Fällen ließ Scaevola das Geschäft als *donatio* bestehen, obwohl sie mit einer *ut*-Abrede verbunden war. Da die Parteien zur Sicherung der *ut*-Abrede eine Stipulation abschlossen, scheint Scaevola eine durch die Übereignung begründete Realobligation nicht anzunehmen. Durch die *datio* hat der Schenker weder eine *condictio* noch eine auf Erfüllung gerichtete Klage (*actio praescriptis verbis*) erworben. Daher konnte die Sachübergabe aufgrund einer *causa donationis* geschehen.

D. 45,1,135,3 (SCAEVOLA libro quinto responsorum)
Ea lege donatum sibi esse a Seia servum et [traditum] <mancipio datum>[925], ut ne ad fratrem eius aut filium aut uxorem aut socrum perveniret, scripsit et haec ita stipulante Seia spopondit Titius, qui post biennium heredes reliquit Seiam et fratrem, cui ne serviret, expressum erat: quaeritur an Seia cum fratre et coherede ex stipulatu agere possit. respondit posse in id quod eius interest.

Titius erklärte mittels einer Urkunde, Seia habe ihm mit der Bestimmung (*ea lege*) einen Sklaven geschenkt und manzipiert, dass dieser weder an seinen Bruder noch den Sohn noch seine Gattin noch seine Schwiegermutter gelangen solle. Das versprach Titius Seia auch mittels Stipulation[926]. Nach zwei Jahren starb Titius und hinterließ als Erben Seia und seinen Bruder. Die Bedeutung von *cui ne serviret, expressum erat* ist nicht ganz klar. Es könnte ein Hinweis auf die der Schenkung beigefügte Nebenabrede und die folgende Stipulation sein und bedeuten: „dem, wie ausdrücklich ausgemacht war, der Sklave nicht dienen sollte". In Betracht kommt aber auch die Möglichkeit, dass Titius im späteren Testament den Bruder zum Erben einsetzte und zugleich zum Ausdruck brachte – vielleicht mittels einer Erbeinsetzung *excepta re certa* –, dem Bruder solle der Sklave nicht dienen[927]. Die Rechtsfolgen wären in beiden Fällen gleich. Auch wenn Titius den Bruder *excepta re certa* zum Erben einsetzte, erwürbe dieser seinen ganzen Erbanteil (etwa die Hälfte) und damit auch den entsprechenden Miteigentumsanteil am Sklaven, weil die Einschränkung (*excepta re certa*) *pro non scripta* gälte[928]. Die

924 Dazu im folgenden Abschnitt III.

925 LEVY/RABEL, Index interpolationum, Tom. III, ad h. l.

926 Titius versprach die Einhaltung der *lex* (so auch KNÜTEL, Stipulatio poenae, S. 282, N. 7); der Text enthält keinerlei Hinweise darauf, dass es sich um eine Strafstipulation handelte. Für eine *stipulatio poenae* jedoch KIESS, Die confusio, S. 172.

927 Dafür KIESS, Die confusio, S. 172.

928 Lic. D. 28,5,75: *Si ita quis heres institutus fuerit: „excepto fundo, excepto usu fructu heres esto", perinde erit iure civili atque si sine ea re heres institutus esset, idque auctoritate Galli Aquilii factum est.*

an Scaevola gestellte Frage, ob Seia gegen den Bruder mit der Stipulationsklage vorgehen könne, wäre somit in beiden Fällen begründet.

Scaevola bejaht die Frage: Seia könne mit der Stipulationsklage ihr Interesse[929] an der Erfüllung der Nebenabrede verlangen[930]. Wohl war das Interesse auf Entziehung des Miteigentumsanteils des Bruders gerichtet. Dem könnte die Berechnung von Lübtow[931] entsprechen, wonach das Interesse durch die Differenz zwischen dem Wert des Alleineigentums und dem Wert des Miteigentums am Sklaven zu bestimmen war.

Scaevola wurde *nur* nach der Klagemöglichkeit *ex stipulatu* gefragt. Die *lex* allein verschaffte der Schenkerin Seia offenbar weder eine auf das Erfüllungsinteresse gerichtete Klage noch ein Rückforderungsrecht für den Fall, dass Titius die Auflage nicht erfüllt[932]. Möglich ist somit, dass Scaevola die *donatio* auch hier deswegen annehmen konnte, weil die schenkungshalber vorgenommene Übereignung keine klagbare Verpflichtung des Beschenkten begründete (kein Fall von *re obligari*). Verpflichtet war der Beschenkte nur aus der Stipulation. Diese war ein selbständiger Vertrag, woran auch die Tatsache nichts änderte, dass sie in Verbindung mit der Schenkung abgeschlossen war. Die inhaltliche Verbindung zwischen der Schenkung und der Stipulation bestand nur insoweit, als die Stipulation so lange noch gegenstandslos war, solange Titius durch den Vollzug der Schenkung noch nicht Eigentümer des Sklaven wurde.

Fraglich bleibt, ob die Realobligation durch die Übereignung des Sklaven gar nicht entstehen konnte oder zwar entstand, aber im vorliegenden Fall durch die Obligation aus der Stipulation konsumiert war. Die zweite Möglichkeit ist nicht ausgeschlossen, in der Konkurrenz von Real- und Stipulationsobligation hatte die Stipulation Vorrang beim Darlehen[933] und, wie unten gezeigt wird, unter Diokletian auch bei der *permutatio* und Schenkung[934]. Wohl denkbar ist aber auch die erste Möglichkeit, dass die Realobligation nicht zustande kommen konnte, weil Seia die Auflage einseitig, in Form der *lex mancipio dicta* anordnete, wozu auch *ea lege donatum* gut passt.

929 Zum Itp.-Verdacht des Teils *in id quod eius interest* vgl. HAYMANN, Die Schenkung unter einer Auflage, S. 134, N. 2. Dagegen LÜBTOW, Gedächtnisschrift Schmidt 1966, S. 420.

930 Zum Konfusionsausschluss bei der Stipulation LÜBTOW, Gedächtnisschrift Schmidt 1966, S. 419f.; KIESS, Die confusio, S. 171f.

931 LÜBTOW, Gedächtnisschrift Schmidt 1966, S. 420.

932 Vgl. die Kondiktion bei durch Auflage verbotener Veräußerung in Impp. Valer., Gallien. C. 4,6,3; dazu im dritten Teil, zweiten Kapitel II., S. 266ff.

933 KASER, Eranion Maridakis, Vol. I, 1963, S. 156ff., siehe auch in Fn. 1087.

934 Siehe unten im dritten Teil, dritten Kapitel II.2, S. 277ff.

Eine Vorstellung darüber, wie eine mit der Stipulation verbundene *donatio ea lege* zustande kam, kann man aus der Schenkungsurkunde des T. Flavius Syntrophus (2. bis 3. Jahrhundert n. Chr.[935]) gewinnen. Noch vor der Manzipation[936], aber bereits vor den Zeugen (*testatus est*)[937] sprach Flavius Syntrophus die Bestimmungen aus, unter denen er die *mancipatio* vornahm (*T. Flavius Syntrophus priusquam hortulos ... Aithale liberto suo mancipio daret, test[atus est se in hanc condi]cionem mancipare, ut infra scriptum est*). Er begann mit *Si tibi hortos ... mancipio dedero vacuamque possessionem tradidero, tum ...*, woraus noch deutlicher hervorgeht, dass er die Bestimmungen vor dem Übereignungsakt aussprach. Die Bestimmungen wurden zugleich zum Inhalt der Pönalstipulation[938]. Gleich nach Abschluss der Stipulation nahm Flavius die Manzipation der *hortuli* vor[939] und übertrug auch deren Besitz an den Beschenkten.

Das Aussprechen der Bestimmungen hat Lübtow mit der *nuncupatio*[940] identifiziert und somit mit den *leges mancipio dictae* (*legum dictio = nuncupatio*)[941]. Er meinte, diese *leges* seien keine dingliche Belastung der Gärten gewesen, sondern nur „obligatorische Einschränkungen der *donatio*“[942]. Sie hätten Leistungspflichten zu erzeugen vermocht, aber keine „Reaktionswirkungen“ für den Fall, dass der Beschenkte den Anordnungen des Schenkers zuwiderhandelte[943]. Solche „Reaktionswirkungen“ hätten erst durch die Stipulation geschaffen werden müssen.

Dies stimmt mit dem Ergebnis weiter oben bei der *lex dicta ut manumittatur*[944] überein: Die *lex mancipio dicta* gab dem Manzipanten kein Klagerecht. Sie war im klassischen Recht dazu bestimmt, die manzipierte Sache mit einem beschränkten dinglichen Recht zu belasten[945], offenbar war sie aber nicht geeignet, klagbare

935 FIRA III., Nr. 94, S. 298ff.

936 Damit der Erwerber die Bestimmungen nicht hinterher verweigern konnte, so KASER, Der Privatrechtsakt, S. 71, N. 29; FINKENAUER, SZ 135 (2018), S. 184.

937 PERNICE, Labeo. 3. Bd. 1. Abt., S. 100; LÜBTOW, Gedächtnisschrift Schmidt 1966, S. 417.

938 Eingehend zur Stipulation KNÜTEL, Stipulatio poenae, S. 281ff.; FINKENAUER, Vererblichkeit und Drittwirkungen, S. 110f.

939 *Tum hortulos ... empti sunt, et quae postea iis accesserunt, mancipio accepit T. Flavius Aitha[les de T. Flavio Syntropho (sestertio) n(ummo) I], libripende Ti. Claudio Phileto.*

940 LÜBTOW, Gedächtnisschrift Schmidt 1966, S. 416ff. Anders SOLAZZI, SDHI 18 (1952), S. 223.

941 Hierzu ausführlich auch in LÜBTOW, Studi de Francisci, Vol. 1, 1956, S. 415. So auch PERNICE, Labeo. 3. Bd. 1. Abt., S. 100; KNÜTEL, Stipulatio poenae, S. 282f.

942 Für eine nur „obligatorische *lex*“ auch PERNICE, Labeo. 3. Bd. 1. Abt., S. 100.

943 Anders jedoch KNÜTEL, Stipulatio poenae, S. 282, nach dem dem Syntrophus bei Nichtbefolgung der *leges dictae* ein Kondiktionsrecht zustand.

944 Im zweiten Teil, dritten Kapitel III.1, S. 160f.

945 Etwa mit Dienstbarkeiten. Die *lex dicta* habe den „sachenrechtlichen Umfang der übereigneten Sache“ betroffen; so zutreffend NOORDRAVEN, Die Fiduzia, S. 134.

Verbindlichkeiten zu erzeugen[946]. Dazu eignete sich ein *pactum fiduciae*, also eine *Übereinkunft* zwischen Veräußerer und Empfänger[947], nicht aber die einseitige Erklärung[948] des Manzipanten – die *legis dictio*. War daher kein *pactum fiduciae* abgeschlossen und die Nebenbestimmung lediglich einseitig vom Manzipanten ausgesprochen, so konnte die Übereignung als Schenkung angesehen werden und der Schenker benötigte noch eine Stipulation, um diese Nebenbestimmung klagbar zu machen.

III. Der Vorläufer der späteren *donatio ea lege, ut manumittas* mit dinglich eintretender Freiheit in Scaev. D. 45,1,122,2

Eine Schenkung mit *lex mancipio dicta* könnte auch im folgenden Text vorliegen.

D. 45,1,122,2 (SCAEVOLA libro vicensimo octavo digestorum)
Flavius Hermes hominem Stichum manumissionis causa donavit et ita de eo stipulatus est: „si hominem Stichum, de quo agitur, quem hac die tibi donationis causa manumissionisque dedi, a te heredeque tuo manumissus vindictaque liberatus non erit, quod dolo malo meo non fiat, poenae nomine quinquaginta dari stipulatus est Flavius Hermes, spopondit Claudius". quaero, an Flavius Hermes Claudium de libertate Stichi convenire potest. respondit nihil proponi, cur non potest. item quaero, an, si Flavii Hermetis heres a Claudii herede poenam supra scriptam petere voluerit, Claudii heres libertatem Sticho praestare possit, ut poena liberetur. respondit posse. item quaero, si Flavii Hermetis heres cum Claudii herede ex causa supra scripta nolit agere, an nihilo minus Sticho libertas ex conventione, quae fuit inter Hermetem et Claudium, ut stipulatione supra scripta ostenditur, ab herede Claudii praestari debeat. respondit debere.

Flavius Hermes schenkte Claudius *manumissionis causa* den Sklaven Stichus. Zugleich ließ er sich mittels Stipulation von Claudius eine Strafe für den Fall verspre-

946 Gegen die obligatorische Wirkung der *leges mancipii* auch BONFANTE, Corso, Vol. 2, parte II., 1968, S. 196, nach dem sich die „validità della *nuncupatio* e delle *leges mancipii*" auf solche Klauseln beschränkte, „che rientrano nel carattere alienatorio della mancipazione, cioè nell'ambito delle azioni che da essa scaturiscono (*rei vindicatio, actio auctoritatis, actio de modo agri*)".

947 Gai. Inst. 2,60: *fiducia contrahitur ... cum amico*; zum vertraglichen Charakter der *fiducia* vgl. BECHMANN, Der Kauf, 1. Teil, S. 290f. Das *pactum fiduciae* war keine *lex dicta*; so auch KASER, Der Privatrechtsakt, S. 72, N. 34, der jedoch für möglich hielt, dass das *pactum fiduciae* später, als sich die *lex mancipio dicta* allmählich von der Formbindung löste, zu den *leges dictae* gerechnet wurde.

948 So auch STOLL, SZ 53 (1933), S. 586; NOORDRAVEN, Die Fiduzia, S. 134.

chen, dass der Sklave weder vom Beschenkten noch von seinem Erben freigelassen wird. Das in der Stipulation enthaltene *dedi* im Perfekt (*si hominem Stichum …, quem hac die tibi donationis causa manumissionisque d e d i*) weist darauf hin, dass die Stipulation hier erst nach der Übereignung des Sklaven abgeschlossen war. Scaevola bejaht drei an ihn gestellte Fragen: 1) Kann Hermes den beschenkten Claudius „wegen der Freilassung in Anspruch nehmen" (*de libertate Stichi convenire*)? 2) Wenn der Erbe des Schenkers vom Erben des Beschenkten die Strafe fordern will, kann der Erbe des Beschenkten den Stichus freilassen, um sich von der Strafe zu befreien? 3) Wenn der Erbe des Schenkers nicht gegen den Erben des Beschenkten aus der Stipulation klagen will[949], muss der Erbe des Claudius dem Stichus aus der zwischen Hermes und Claudius getroffenen *conventio*, wie dies die Stipulation beweist, die Freiheit gewähren?

Der Freiheitserwerb des geschenkten Sklaven erforderte eine Manumission, die Anwendung der *constitutio Marci*[950] kam anscheinend nicht in Betracht. Dem entsprach auch die Möglichkeit, aus der Pönalstipulation zu klagen; die stipulierte *poena* wäre hingegen nicht durchsetzbar, wenn der Sklave bei ausgebliebener Freilassung aus der Konstitution *ipso iure* frei würde[951]. Es ist möglich, dass Scaevola sein *responsum* vor Erlass der *constitutio Marci* verfasste[952] oder dass die Konstitution zu dieser Zeit noch nicht auf Schenkungen ausgedehnt war[953]. Daher lässt sich aus der Nichtanwendung der Konstitution nicht schließen, dass sich Scaevola mit einem Fall der *fiducia cum amico contracta* befasste[954].

949 Mit *ex causa supra scripta nolit agere* wies der Anfragende auf *poenam supra scriptam petere voluerit* in der vorangehenden Frage hin.

950 Dazu im zweiten Teil, dritten Kapitel, S. 146ff.

951 *Per analogiam* zum Verkauf mit der Freilassungsauflage Pap. D. 40,1,20,2 (siehe in Fn. 609); Impp. Diocl., Maxim. C. 4,57,6: *Si puellam ea lege vendidisti, ut manumitteretur et, si manumissa non esset, centum aurei praestarentur, non servata fide nihilo minus eam raptam e vestigio servitutis ad libertatem, quae praestari potuit, constitit, nec pecunia quasi rupta fide suscepta recte petetur, cum non mutata venditoris voluntate condicionis potestate post manumittentis factum repraesentari optima ratione placuit.* Ähnlich verneinte Papinian in D. 18,7,6pr. die Durchsetzung einer stipulierten *poena* bei der dinglich wirkenden Klausel *ne manumittatur*; ähnlich Imp. Gordianus C. 4,57,5; vielleicht anders Sabinus; dazu Kleňová, Caro amico (Fs. Skřejpek) 2017, S. 212ff.

952 Lotmar, SZ 33 (1912), S. 323; 335; 351. Die *constitutio Marci* wurde zwischen den Jahren 177 und 180 erlassen; die *Digestorum libri* verfasste Scaevola nach dem Jahr 178, aber noch unter Mark Aurel (so Lenel, Palingenesia II., S. 215, N. 1). Im 7. Buch seiner Digesten (D. 18,7,10) erwähnte Scaevola noch die *constitutio divi Hadriani*, die *constitutio Marci* kommt erst in der Nota von Tryphoninus vor. Die *constitutio Marci* kannte er aber beim Verfassen des 14. Buchs seiner *Quaestiones*, siehe Ulp. D. 4,4,11,1.

953 Haymann, Freilassungspflicht und Reurecht, S. 19.

954 Die *constitutio Marci* bezog sich im klassischen Recht nicht auf die *fiducia cum amico*; siehe in Fn. 447f.

Dass hier eine *donatio* vorliegt, ist im Text nicht zweifelhaft. Die Rechtsfigur der erörterten *donatio manumissionis causa* entspricht keiner der bereits erwähnten drei Formen der Schenkung mit einer Freilassungsauflage. Sie ist keine *donatio manumissionis causa*, auf die die sabinische Konstruktion *tunc fit servus eius cui donatur, cum coeperit libertas imponi* anzuwenden wäre, weil es sich nicht um eine Ehegattenschenkung handelte. Sie ist ferner keine *donatio* mit dinglich wirkender *lex ut manumittas*, da der Sklave nur durch Freilassung frei werden konnte. Und sie ist schließlich auch kein *negotium mixtum cum donatione*, denn dieses setzte voraus, dass die Freilassung erst nach Fristablauf vorzunehmen war, sodass es möglich war, die *obligatio* bis zum bestimmten Termin hinauszuschieben. In D. 45,1,122,2 war für die Freilassung aber kein fester Termin bestimmt und Scaevola erwähnt auch keine *actio fiduciae*, die Flavius aus der fiduziarischen Übereignung aber zustehen würde.

Eine Freilassungsfrist bestimmte auch die Verfallsbedingung der Pönalstipulation *si hominem Stichum, … a te heredeque tuo manumissus vindictaque liberatus non erit* nicht. Die These, wegen der Erbenklausel (*heredeque tuo*)[955] habe die Verfallsbedingung erst mit dem Tod des Erben von Claudius eintreten können, hat Knütel bereits zurückgewiesen[956]. Eine solche Auslegung würde die Freilassung für den Sklaven regelmäßig irreal werden lassen. Außerdem ging der Anfragende in der zweiten *quaestio* davon aus, dass die Strafe nach dem Tod des Beschenkten bereits verfallen war. Fraglich war nur, ob sich der Erbe des Beschenkten von der verfallenen *poena* befreien konnte, wenn er den Sklaven freiließ[957], was Scaevola bejaht[958]. Aufgrund der fehlenden Freilassungsfrist kamen zwei Verfallszeitpunkte der vereinbarten *poena* in Betracht: 1) schon nach Ablauf einer angemessenen Frist, in der der beschenkte Claudius freilassen konnte, oder 2) beim Tod des Beschenkten, wenn die Möglichkeit, dass er freilässt, nicht mehr vorhanden war[959]. Scaevola entschied sich für den ersten Verfallszeitpunkt, worauf sogleich einzugehen ist.

---

955 Zum Zweck der *mentio heredis* FINKENAUER, Vererblichkeit und Drittwirkungen, S. 47.

956 KNÜTEL, Stipulatio poenae, S. 173.

957 Die Befreiung von der *poena* war nur bis zur *litiscontestatio* möglich; siehe BETTI, Istituzioni, Vol. 2, Parte prima, S. 148 mit N. 35; KNÜTEL, Stipulatio poenae, S. 174.

958 Ausnahme aus der Regel *semel commissa poena non evanescit*, die hier die fehlende Freilassungsfrist ermöglichte; so KNÜTEL, Stipulatio poenae, S. 174; 182. Dagegen GUARNERI CITATI, APal. 11 (1923), S. 235, der die Fassung *ut poena liberetur. respondit <non> posse* vorschlägt.

959 Vgl. Pap. D. 45,1,115,2. Beide Deutungserwägungen bei KNÜTEL, Stipulatio poenae, S. 173; für welche von ihnen sich Scaevola entschied, lässt Knütel offen.

Keine auf Vollzug der Freilassung gerichtete Klage des Schenkers

In der Literatur[960] wird vertreten, dass lediglich die zweite *quaestio* die Stipulationsklage betreffe. Die erste Frage solle dagegen bedeuten: „Kann der Schenker den Beschenkten auf Freilassung mit der *actio fiduciae*[961] oder mit der *actio praescriptis verbis* (*actio in factum*)[962] verklagen?" Den Anlass für diese Deutung sehen die Autoren offenbar in den Worten *de libertate Stichi convenire*, jedoch müssen diese nicht zwingend auf eine Vollzugsklage hinweisen. Es war eine Frage der Stipulationsauslegung, ob der Schenker den Beschenkten noch zu dessen Lebzeiten „zur Freilassung *mahnen, auffordern*"[963] durfte. Die Antwort hing davon ab, zu wessen Gunsten die Parteien den Freilassungstermin nicht bestimmten. War es im Interesse des Beschenkten, dann wäre dem Schenker die Mahnung untersagt und die *poena* könnte er erst dann einklagen, wenn Claudius nicht mehr freilassen konnte (nach dessen Tod oder dem des Sklaven). Legte man den Termin demgegenüber im Interesse des Schenkers nicht fest, so konnte er die Freilassung jederzeit verlangen. Scaevola interpretierte die Verfallsbedingung im letztgenannten Sinn und meinte: Der Schenker könne den Beschenkten zur Freilassung jederzeit auffordern und bei ausgebliebener Freilassung die *poena* einklagen.

Gegen eine auf Vollzug der Freilassung gerichtete Klage, sei es die *actio fiduciae*, sei es die *actio praescriptis verbis*, spricht außerdem die Tatsache, dass in § 2 nur die Pönalstipulation erwähnt ist, was auch der palingenetischen Einordnung des Textes entspricht (*De stipulationibus*[964]). Wenn im vorliegenden Fall auch eine andere als die Stipulationsklage in Betracht käme, so würde Scaevola wohl sagen, um welche Klage es sich handelte. Zudem benötigte der Schenker neben der Stipulationsklage auch keine andere. Wenn sich der Erbe des Beschenkten

---

960 Siehe die sogleich folgenden Fußnoten.

961 Für eine *fiducia mixta cum donatione* GROSSO, Sulla fiducia, S. 301f. (mir nicht zugänglich). *Donatio* streicht und durch *fiducia* ersetzt FREZZA, Le garanzie delle obbligazioni, Vol. I, S. 317, 330, N. 1; SCHERILLO, BIDR 36 (1928), S. 41, N. 3; BURDESE, Studi Solazzi 1948, S. 330, N. 16. Dagegen findet sich der Text nicht erwähnt bei ERBE, Die Fiduzia, S. 1ff. und NOORDRAVEN, Die Fiduzia, S. 1ff.

962 Nach HAYMANN, Freilassungspflicht und Reurecht, S. 18, ist die erste Frage (*quaero, an … potest. item*) kompilatorisch; die Kompilatoren hätten die formlose Abrede mit der *actio praescriptis verbis* klagbar machen wollen. Haymann folgend GUARNERI CITATI, APal. 11 (1923), S. 234; TALAMANCA, Ricerche in tema di „compromissum", S. 54. Die erste *questio* streicht auch FREZZA, Le garanzie delle obbligazioni, Vol. I, S. 317. Gegen die Interpolation der ersten Frage und eher für eine *actio in factum*, die bereits in der Klassik dadurch begründet werden konnte, dass es um eine „Schenkung unter Auflage" ging: KNÜTEL, Stipulatio poenae, S. 173.

963 Zu dieser Bedeutung HEUMANN/SECKEL, Handlexikon[11], S. 107, *convenire* unter 4. Vgl. auch *convenire* in Scaev. D. 45,1,122,3.

964 LENEL, Palingenesia II., Scaev. 121, S. 267.

von der verfallenen Strafe durch Freilassung befreien konnte (zweite *quaestio*), musste dies umso mehr für den Beschenkten selbst gelten (in der ersten *quaestio*). Der Schenker, der die Freilassung verlangte, konnte die Vertragsstrafe einklagen, und es lag dann lediglich an Claudius, ob er freiließ oder sich auf die *poena* verurteilen ließ. Wenn nun der Schenker dasselbe Ziel (die Freilassung) mittelbar über Druck der Pönalklage erreichen konnte, so ist fraglich, ob er vom Prätor auch eine *actio praescriptis verbis* bekommen hätte. Noch Diokletian gewährte dem Schenker eine *actio praescriptis verbis* nur in den Fällen, in denen die Parteien zur Absicherung der Auflage keine Stipulation abschlossen[965]. Die vereinbarte *poena* entsprach wohl im Wesentlichen dem Interesse des Schenkers an der Freilassung. Wenn Claudius nicht freiließ, war Hermes mit der Stipulationsklage nicht schlechtergestellt, als wenn er stattdessen mit der *actio fiduciae* oder der *actio praescriptis verbis* auf das Interesse klagte. Somit konnte der Schenker lediglich aus der Stipulation auf Leistung der *poena* klagen.

Trifft dies zu, so liegt die Annahme nahe, dass Hermes den Sklaven, für den er sich eine *manumissio vindicta* wünschte, an Claudius manzipierte und die Freilassungsauflage in Form einer *lex mancipio dicta* aussprach (*donationis causa manumissionisque dedi*). Da die *lex dicta* keine Klage erzeugte, konnte die Übergabe des Sklaven als Schenkung angesehen werden und Hermes musste eine zusätzliche *stipulatio poenae* abschließen, um für den Fall, dass Claudius den Sklaven nicht freiließ, eine Klage zu haben.

In der dritten *quaestio* weist Scaevola mit *Sticho libertas ... ab herede Claudii praestari debeat* auf das „Recht" des Sklaven hin, aufgrund der Freilassungsabrede Hilfe beim Prätor zu suchen[966]. Der Magistrat konnte (etwa wie bei einem fideikommissarisch freizulassenden Sklaven[967]) den Beschenkten zwingen, Stichus freizulassen. Vorrang kam freilich dem Anspruch des Veräußerers auf Strafe (und somit mittelbaren Zwang zur Freilassung) zu. Wenn der Schenker (oder sein Erbe) aber kein Interesse an der Durchsetzung der Strafe hatte, griff *favore libertatis* der Prätor ein und zwang den Beschenkten, der auferlegten Freilassung nachzukommen. Möglicherweise war es gerade diese Praxis der Magistrate, die die *constitutio Marci* veranlasste. Während es ursprünglich nötig war, dass die *lex*

965 Diocl., Maxim. C. 8,53(54),9: *Legem, quam rebus tuis donando dixisti, sive stipulatione tibi prospexisti, ex stipulatu, sive non, incerto iudicio (id est praescriptis verbis) apud praesidem provinciae debes agere, ut hanc impleri provideat.* Dazu im dritten Teil, dritten Kapitel II.2, S. 277.

966 Nach HAYMANN, Freilassungspflicht und Reurecht, S. 19f., hatte der unter Freilassungsmaßgabe veräußerte Sklave bereits vor der *constitutio Marci* das Recht, durch Anrufen der Verwaltungsbehörde auf Erfüllung der Auflage zu dringen. Zustimmend LOTMAR, SZ 33 (1912), S. 351, und TALAMANCA, Ricerche in tema di „compromissum", S. 55.

967 Siehe in Fn. 618.

mancipio dicta von der Stipulation begleitet wurde, weil erst die Stipulation dem Schenker eine Klage verschaffte, verlor die Stipulation mit dem Erlass der *constitutio Marci* an Bedeutung. Da der Sklave nun *ipso iure* frei wurde, konnte der Fall, für den die Strafe versprochen war, nicht mehr eintreten. Die *stipulatio poenae* wurde undurchsetzbar.

So wie bei der jüngeren *donatio ea lege, ut manumittas* (nach Erlass der *constitutio Marci*) lag auch in D. 45,1,122,2 eine Schenkung des Sklaven[968] vor und der Beschenkte war somit zum Behalten aller durch den Sklaven künftig zu erwerbender Vorteile berechtigt. Dies waren nicht nur die Vorteile aus dem Zwischeneigentum am Sklaven, sondern auch die Patronatsrechte und andere in Verbindung mit der Freilassung erworbenen Vorteile[969]. Die Übergabe des Sklaven konnte als Schenkung beurteilt werden trotz der Tatsache, dass der Schenker den Beschenkten mit der Pönalklage jederzeit zur Freilassung auffordern konnte. Denn auch wenn er die Freilassung nach einer sehr kurzen Zeit verlangte und somit das Schenkungsobjekt um die Zwischenvorteile kürzte, wäre die Beurteilung als Schenkung weiterhin dadurch gerechtfertigt, dass der Beschenkte Vorteile aus der Patronatsstellung behalten durfte. Im Unterschied zum *negotium mixtum cum donatione* sah man die Freilassung hier nicht als ein für den Schenker vorgenommenes Geschäft.

IV. Zwischenergebnis

Dass eine *donatio* vorlag, unterlag nach Scaevola keinem Zweifel, wenn die „Auflagenverpflichtung" des Beschenkten durch Stipulation begründet wurde. Der Inhalt der Obligation machte dabei keinen Unterschied: So bestand eine *donatio* in D. 32,37,3, wo der Beschenkte promittierte, die geschenkten Sachen in einem bestimmten Fall an den Schenker oder an einen Dritten zu restituieren. Ebenfalls war die Schenkung nicht zweifelhaft in D. 45,1,122,2, wo der Beschenkte eine *poena* für den Fall versprach, dass er den geschenkten Sklaven nicht freilässt. Und schließlich galt die Schenkung auch in D. 45,1,135,3, wo der Beschenkte versprach, dass der geschenkte Sklave nicht an bestimmte Angehörige gelangen werde.

Die Sachübergabe konnte deswegen als Schenkung beurteilt werden, weil der Schenker durch die Übereignung des Geschenks für den Fall der Nichterfüllung

968 Und nicht etwa nur der Zwischenvorteile wie dies beim *negotium mixtum cum donatione* der Fall war (siehe im zweiten Teil, zweiten Kapitel I.1, S. 116f.).

969 Etwa eine für die Freilassung erlangte Geldsumme.

der „Auflage“ weder eine *condictio ob rem* noch eine *actio praescriptis verbis* erwarb; die *datio donationis causa* erzeugte zwischen den Parteien keine Realobligation (kein *re obligari*). Verpflichtet war der Beschenkte nur aus der Stipulation, also aus einem selbständigen und von der Realschenkung (*datio donationis causa*) getrennten Vertrag. Nur insoweit bestand die Verbindung zwischen der Schenkung und der *stipulatio*, als die Stipulation sich in allen drei Fällen auf die geschenkte Sache bezog und daher den Eigentumserwerb seitens des Beschenkten voraussetzte. Hätte der Schenker das Eigentum an den Beschenkten nicht übertragen, so wäre eine Klage aus der Stipulation verfehlt[970].

Wenn die bisherigen Ergebnisse zutreffen, war die zusätzlich abgeschlossene Stipulation im klassischen Recht die einzige Möglichkeit dafür, dass eine *donatio rei* bei gleichzeitiger „Auflagenverbindlichkeit“ des Beschenkten bestehen konnte. Die Weise, in der Scaevola diese Fälle darstellte, enthält keine Spur von Zweifel am Bestehen der Schenkung. Daher lässt sich vermuten, dass seine Meinung – *die „stipulierte Auflage“ beraube die Übergabe der geschenkten Sache nicht des Schenkungscharakters* – nicht vereinzelt war. Die Trennung des Erwerbsgrundes (*donatio*) vom selbständigen Obligierungsgrund[971] erlaubt es aber noch nicht, in diesen Fällen eine „Schenkung unter Auflage“ im eigentlichen, modernen Sinn zu sehen.

Einen Schritt in Richtung der modernen Auffassung einer Schenkung unter Auflage ging erst das Kaiserrecht des 3. Jahrhunderts, wie im Folgenden zu zeigen ist.

970 Bei unrichtiger Behauptung des Schenkers, er habe die geschenkte Sache übergeben, wäre eine dennoch erhobene Stipulationsklage mit der *exceptio doli* abzuwehren, ähnlich wie auch bei fehlender Darlehensauszahlung die *exceptio non numertae pecuniae* die Stipulationsklage zurückschlug.

971 Vgl. Ulp. D. 12,1,9,4: *quasi duobus contractibus intervenientibus, uno qui re factus est, id est numeratione, alio qui verbis.* Die getrennte Betrachtung des Realkontrakts und der Stipulation ist auch in den folgenden Fragmenten D. 12,1,9,5–6 deutlich.

Dritter Teil:
Die Konstitutionen des 3. Jahrhunderts

Die *donatio rei* war im klassischen Recht unwiderruflich und unvereinbar mit einer Verpflichtung des Beschenkten, wenn diese als Realobligation durch die Übereignung der geschenkten Sache erzeugt werden sollte. Sollte dem Zuwendenden eine *condictio ob rem* oder eine *actio praescriptis verbis* zustehen, so behandelten die Klassiker das Rechtsgeschäft als eine *datio ob rem*. Nach dem Kaiserrecht des 3. Jahrhunderts war eine Schenkung mit einer Realobligation vereinbar. Die Entwicklung verlief aber nicht kontinuierlich. In der ersten Hälfte des 3. Jahrhunderts gewährten die Kaiser Alexander Severus, Valerian und Gallienus[972] dem Schenker eine Kondiktion, mit der er bei ausgebliebener Auflagenerfüllung das ganze Geschenk zurückfordern konnte. Demgegenüber hielt Diokletian am Ende des Jahrhunderts die *donatio* wieder für unwiderruflich, wich aber von der klassischen Auffassung in dem Punkt ab, dass er dem Schenker die *actio praescriptis verbis* auf Erfüllung der Auflage gewährte.

972 Die lateinische Endung Gallienus behalten wir bei, um die Verwechslung mit der Bezeichnung der Provinz Gallien zu vermeiden.

Erstes Kapitel: Alexander Severus

I. *Si ea lege sorori donavit, ut creditoribus ipsa satisfaceret* (C. 4,6,2)

C. 4,6,2 (18./26./29. November 227/Honoré 785/9)
Imperator Alexander Severus A. Asclepiadi
Si, ut proponis, pater tuus ea lege sorori tuae praedia ceteraque quorum meministi donavit, ut creditoribus ipsa satisfaceret ac, si placita observata non essent, donatio resolveretur, eaque contra fidem negotii gesti versata est, non est iniquum actionem condictionis ad repetitionem rerum donatarum tibi qui patri successisti decerni.

Der Vater schenkte seiner Tochter Grundstücke und andere Sachen mit der Auflage (*ea lege*), dass sie seine[973] Gläubiger befriedigt; tut sie dies nicht, so solle die Schenkung aufgelöst werden. Die Sicherung durch die Auflösungsklausel wäre insbesondere in dem Fall verständlich, wenn der Vater sein ganzes oder den Großteil seines Vermögens schenkte, sodass ihm keine Aktiven zur Deckung der Schulden verblieben. Möglicherweise wollte er, dass die Tochter die Leistung den Gläubigern stipulationsweise versprach, wodurch er sich sogleich von der Verbindlichkeit befreite. Die Tochter befriedigte aber weder die Gläubiger, noch versprach sie ihnen die Leistung, sodass diese nicht direkt gegen sie vorgehen konnten. Unsicher ist, ob die Gläubiger den Asclepiades als Erben nach dem verstorbenen Schenker bereits in Anspruch nahmen oder ob er schon aufgrund der Abrede *si placita observata non essent, donatio resolveretur* an die kaiserliche Kanzlei anfragte, ob er das Geschenk zurückfordern könne. Nach dem Reskript ist es nicht unbillig, dem anfragenden Erben eine *actio condictionis* auf Rückgabe des Geschenks zu erteilen.

973 So richtig zuletzt HÄHNCHEN, Die causa condictionis, S. 94.

1. Die Gewährung einer Rückforderungsklage bei gleichzeitiger Bejahung der Schenkung

Die dem Schenker gewährte *actio condictionis ad repetitionem rerum donatarum* ist umso überraschender, als das Reskript im Jahr 227, also kurz nach dem Tod von Domitius Ulpian[974], erlassen wurde. Ulpian war immer noch ein starker Vertreter der Meinung, dass die Rückforderung des Schenkers mit einer Schenkung unvereinbar sei[975].

Etwas näher der klassischen Auffassung stünde eine solche Entscheidung, die dem Schenker ausnahmsweise eine *actio praescriptis verbis* gewährte, wenn man ähnlichen Gründen folgte wie Papinian in dem Fall, wo eine Erbschaft geschenkt wurde (D. 39,5,28)[976]. Mit der *actio praescriptis verbis* konnte der Schenker einer Erbschaft dort die beschenkte Tochter zwingen, ihn im Prozess gegen die Erbschaftsgläubiger zu verteidigen. Analog könnte Alexander Severus diese Klage jenem Schenker gewähren, der sein ganzes oder den Großteil seines Vermögens schenkte; er tat dies aber nicht.

So wie in der bereits erwähnten Konstitution von Diokletian (C. 8,54(55),3pr.[977]) wurde auch in C. 4,6,2 die *actio condictionis* als interpoliert verdächtigt und durch die *actio fiduciae* ersetzt[978]. Die Wendungen *si placita observata non essent* und *contra fidem negotii gesti versata est*[979] erinnern tatsächlich an *placiti fide non impleta* aus der Konstitution Diokletians, wo die vom *ius vetus* gewährte Klage auch nach der vorliegend vertretenen Meinung ursprünglich eine *actio fiduciae* war. Alexander Severus erörterte aber einen anderen Fall. Der Vater hat die *praedia ceteraque* der Tochter *geschenkt*. Er wünschte, dass sie diese als eigene besaß und auch behalten durfte, die Abrede *si placita observata non essent, donatio resolveretur* diente nur als Sicherung für den Fall, dass sie seine Gläubiger nicht befrie-

974 Honoré, Ulpian, S. 46, setzt seinen Tod in August 223. Im Libellamt von Alexander Severus war auch ein zweiter Jurist Namens Ulpian, der aber nicht mit Domitius Ulpian zu verwechseln ist; siehe Honoré, Emperors and Lawyers², S. 97f.; Liebs, Reichskummerkasten, S. 141; ders. in Hofjuristen der römischen Kaiser, S. 68ff.

975 Sehr deutlich in D. 24,1,13,2: *condici ei id non potest, quia magis donari ei videtur*; siehe im zweiten Teil, erstes Kapitel, S. 62ff.

976 Dazu siehe im zweiten Teil, sechsten Kapitel II., S. 225ff.

977 *Donatio, ut post tempus id quod donatum est alii restituatur*; siehe im zweiten Teil, zweiten Kapitel III., S. 127ff.

978 Pernice, Labeo. 3. Bd. 1. Abt., S. 274, N. 1; Mitteis, Römisches Privatrecht, S. 201, N. 24; Schulz, Fs. Zitelmann 1913, S. 7f.; Erbe, Die Fiduzia, S. 180.

979 *Fides* bei Alex. Severus auch in Imp. Alex. Severus C. 2,4,6,1: *Verum si fides placitis praestita non est, in id quod interest diversam partem recte convenietis: aut enim, si stipulatio conventioni subdita est, ex stipulatu actio competit, aut, si omissa verborum obligatio est, utilis actio, quae praescriptis verbis rem gestam demonstrat, danda est* (a. 230).

digt. Das Rechtsgeschäft entsprach somit nicht einer fiduziarischen Übereignung, bei der der Empfänger nur ein fiduziarisch gebundenes Eigentum erwarb, das ihm der Fiduziant jederzeit entziehen konnte und dessen wirtschaftliche Vorteile dem Fiduzianten zugute kamen. Ebenso wenig entsprach der Fall einem *negotium mixtum cum donatione*, auf das sich die vom *ius vetus* in C. 8,54(55),3pr. gewährte *actio fiduciae* stützte, denn während das *ius vetus* bei der *donatio, ut post tempus alii restituatur* eine dem fiduziarischen Verhältnis vorangeschobene Schenkung der Zwischenvorteile anerkennen konnte, weil die Restitutionsauflage erst *post tempus* zu erfüllen war und die Obligation somit bis dahin hinausgeschoben wurde, war dies in dem von Alexander Severus reskribierten Fall nicht möglich[980]. Die Beschenkte sollte die Auflage sogleich, spätestens jedoch bei Fälligkeit der Schulden des Vaters erfüllen. Das Rückforderungsrecht des Schenkers konnte man somit nicht für eine bestimmte Zeit hinausschieben, die *actio condictionis* war nur von der Nichterfüllung der Auflage abhängig. Eine auf die Zwischenvorteile beschränkte Schenkung, die der klassischen Auffassung noch entsprechen könnte, kam hier nicht in Betracht. Anders als die klassische Jurisprudenz *bejahte Alexander Severus trotz des Rückforderungsrechts des Schenkers eine Schenkung im eigentlichen Sinn*[981].

Die *actio fiduciae* mit Erbe[982] nur auf die Behauptung zu stützen, dass im späten klassischen Recht eine die Manzipation begleitende Schenkungsauflage immer als *pactum fiduciae* gedeutet wurde, ginge wohl zu weit. Außerdem ist die *fiducia* in C. 4,6,2 von Pflüger[983] mit der Begründung in Zweifel gezogen worden, dass die Namen der Parteien auf ihre griechische Herkunft hingewiesen hätten (der Anfragende hieß Asclepiades), die Grundstücke daher in der Provinz gelegen hätten und die *mancipatio fiduciae causa* an solchen ausgeschlossen gewesen sei[984]. Dies spricht auch dagegen, dass das *ea lege* auf eine *lex mancipio dicta* hindeutete, da diese ebenfalls eine Manzipation voraussetzte. Wie sich in den weiteren Ausführungen zeigen wird, bezeichnete *ea lege* in den Konstitutionen dieser Zeit eine Nebenabrede, die die Übereignung der geschenkten oder auch zur Mit-

---

980 Die Auflage in C. 4,6,2 hatte nicht die Restitution auf einen Dritten zum Inhalt, wie dies in C. 8,54(55),3pr. der Fall war. Zu einer inhaltlichen Ähnlichkeit mit *ut post tempus id quod donatum est alii restituatur* könnte man nur durch die Annahme gelangen, dass die geschenkten *praedia ceteraque* selbst geschuldet waren, sodass die Tochter diese später an die Gläubiger herausgeben musste. Jedoch bietet C. 4,6,2 keinen Hinweis dafür.

981 Also eine Schenkung der übergebenen Sachen (*praedia ceteraque*) und nicht nur eine Schenkung der Zwischenvorteile.

982 Erbe, Die Fiduzia, S. 180; 198.

983 Pflüger, Zur Lehre vom Erwerbe, S. 72; mit ihm Hähnchen, Die causa condictionis, S. 95.

984 Dagegen freilich Erbe, Die Fiduzia, S. 180, N. 2.

gift gegebenen Sache unabhängig davon begleitete, ob dies eine Manzipation oder eine formlose *traditio* war.

Letztlich macht auch der zweite Teil der Nebenabrede eine *actio fiduciae* unwahrscheinlich: *si placita observata non essent, donatio resolveretur.* Der Fiduziant hätte diese nicht benötigt, da ihm aus der *fiducia* ohnedies die *actio fiduciae* auf Remanzipation zustünde. Auch die Begründung der Klage mit *non est iniquum* wäre in einem *fiducia*-Fall nicht notwendig[985]; einen Sinn ergäbe sie dann, wenn die *actio fiduciae* tatsächlich unvererblich wäre, was der Kaiser hier überwinden wollte[986]. Die Unvererblichkeit der *actio fiduciae* ist aber nicht nachgewiesen[987].

Somit ist die Bezeichnung *actio condictionis* zwar ungewöhnlich, zumal Alexander Severus sie mit *contra fidem negotii gesti* auf den Treubruch stützte, für eine *actio fiduciae* bietet C. 4,6,2 aber wenige Anhaltspunkte. Sie Justinian zuzuschreiben[988], nur weil sie der klassischen Auffassung widerspricht, wäre irreführend. Vielmehr wird die *actio condictionis* eine Neuschöpfung des Libellamts[989] von Alexander Severus sein; einen Hinweis darauf könnte man gerade in der Begründung *non est iniquum* sehen. Justinian, für den eine Kondiktion wegen Nichterfüllung der Auflage bereits selbstverständlich war, müsste nicht auf diese Weise argumentieren; anders aber Alexander Severus, dem bekannt war, dass eine Schenkung grundsätzlich unwiderruflich war[990], worauf C. 7,27,1 hindeuten könnte, wo er das Rückforderungsrecht des Schenkers in einem nicht näher zu erschließenden Zusammenhang ablehnte[991]. In C. 4,6,2 hielt er die Unwiderruflichkeit jedoch für nicht sachgerecht, vielleicht weil die beschenkte Tochter das Vertrauen des Schenkers besonders missbilligend verletzte – sie nahm die Geschenke an und weigerte sich dennoch, die mit diesem Vermögen verbundenen Schulden des Vaters zu begleichen. Möglich ist auch, dass Alexander Severus das Rückforderungsrecht generell für „nicht unbillig" hielt, wenn der Beschenkte der Nebenabrede nicht nachkam. Ausschließen lässt sich aber auch nicht, dass sich die Begründung *non*

985 So zutreffend Biondi, Successione testamentaria e donazioni², S. 714, N. 4, der in C. 4,6,2 eine *condictio* vertrat.

986 Dafür Pernice, Labeo. 3. Bd. 1. Abt., S. 274, N. 1.

987 Noordraven, Die Fiduzia, S. 279ff.; Wolff, Trust, S. 204f.

988 Dafür Haymann, Die Schenkung unter einer Auflage, S. 133.

989 Zum Entstehen der Reskripte siehe Honoré, Emperors and Lawyers², S. 33ff.; Liebs, Hofjuristen der römischen Kaiser, S. 167.

990 Erbe, Die Fiduzia, S. 180.

991 Imp. Alex. Severus C. 7,27,1: *Sive fuit dominus, qui tibi loca de quibus supplicasti donavit, sive a non domino bona fide donata suscepisti eaque usucepisti, auferri tibi quod iure quaesitum est non potest.* Mit *auferri tibi non potest* ist offenbar der Schenker gemeint, was erst die Banalität des Satzes ausschließt.

est iniquum nur auf den anfragenden Erben bezog[992], etwa: „Es ist nicht unbillig, *auch dir*, dem Erben des Schenkers, die Rückforderungsklage zu gewähren, da du die Schulden des Schenkers geerbt hast.“ Diese Deutung ließe die Eventualität offen, dass sich der Kaiser der bisher geltenden Unwiderruflichkeit der Schenkung doch nicht bewusst war.

Abgesehen davon können wir aber vorerst schließen, dass Alexander Severus die Schenkung in C. 4,6,2 als eine im eigentlichen Sinn beurteilte (und nicht als ein *negotium mixtum cum donatione*) und dennoch dem Schenker (seinem Erben) eine Rückforderungsklage zubilligte. Um die Grundlage dieser Rückforderungsklage zu erhellen, ist der Vergleich mit der *datio dotis causa* einen Versuch wert. Oben[993] wurde gezeigt, dass die Kondiktion bei der *donatio mortis causa* und der *dotis datio ante nuptias*[994] nach dem gleichen Prinzip gewährt wurde[995]. In beiden Fällen bestand das Rechtsgeschäft einstweilig als eine *datio ob rem*, der künftige Leistungszweck war die bei der Übereignung noch suspensiv bedingte *donatio* oder *dos* und die *condictio ob rem* stand dem Geber zu, wenn die Schenkung oder Mitgift später nicht zustande kamen. Nun wäre es denkbar, dass die Kondiktion auch dann den gleichen Prinzipien folgte, wenn die *donatio* oder *dos* bereits mit der Übereignung zustande kamen und das Rückforderungsrecht für einen anderen Fall ausbedungen wurde.

2. Eine analoge Grundlage der Kondiktion bei der *datio dotis causa* (C. 2,3,10 = C. 5,14,1)?

Am Anfang des 3. Jahrhunderts wurde bei der Mitgiftbestellung folgender Fall erörtert, der im justinianischen Codex zweimal überliefert ist.

C. 5,14,1 (26. Januar 206/Honoré 145/2)
Imperatores Severus et Antoninus AA. Nicae
Legem, quam dixisti, cum dotem pro alumna dares, servari oportet, nec obesse tibi debet, quod dici solet ex pacto actionem non nasci: tunc enim hoc dicimus, cum pactum nudum est: alioquin cum pecunia datur et aliquid de reddenda ea convenit, utilis est condictio.

---

992 Dafür Hähnchen, Die causa condictionis, S. 95.

993 Im zweiten Teil, fünften Kapitel I., S. 196ff.

994 Eine *actio condicticia* treffen wir auch bei der *dotis datio ante nuptias*: Iul. D. 12,4,7pr.: *si autem vere debitor fuisset et ante nuptias solvisset et nuptiae secutae non fuissent, ipse possit condicere, causa debiti integra mulieri ad hoc solum manente, ut ad nihil aliud debitor compellatur, nisi ut cedat ei condicticia actione.*

995 Zu den inhaltlichen Unterschieden zwischen der *dos*-Bestellung und der Schenkung Wacke, Zeszyty prawnicze 15.2 (2015), S. 77ff.

C. 2,3,10 (27. Februar 227/Honoré 778/*[996])
Imperator Alexander Severus A. Nicae
Legem, quam dixisti, cum dotem pro alumna dares, servari oportet, nec obesse tibi potuit, quod dici solet ex pacto actionem non nasci: tunc enim hoc iure utimur, cum pactum nudum est: alioquin cum pecunia datur et aliquid de reddenda ea convenit, utilis est condictio.

Außer zwei unerheblichen Unterschieden (*potuit* statt *debet*, *hoc iure utimur* statt *dicimus*) stimmen die Reskripte im Wortlaut überein, auch die Adressatin ist dieselbe. Laut C. 5,14,1 wurde das Reskript von Septimius Severus und Antoninus Caracalla im Jahr 206, laut C. 2,3,10 von dem später regierenden Alexander Severus im Jahr 227 erlassen. Es ist mit Wolff möglich, dass es bereits in den Quellen, die den Kompilatoren vorlagen, an zwei verschiedenen Stellen erschien[997], sodass sie die abweichenden Inskriptionen und Datierung nicht bemerkten. Auf die Frage der richtigen Inskription kommen wir später zurück.

Als Nica für ihre Pflegetochter (*alumna*[998]) die Mitgift durch Übereignung bestellte, sprach sie bei der *datio* die *lex* aus, dass ihr der Empfänger die dotalen Sachen in einem bestimmten Fall zurückgeben sollte (sehr wahrscheinlich bei Beendigung der Ehe durch Tod der Pflegetochter oder durch Scheidung[999]). Diese *lex dicta* lässt sich schon deswegen nicht mit einer *lex mancipio dicta* identifizieren, weil sie die *traditio* des Geldes begleitete (*alioquin cum pecunia datur et aliquid de reddenda ea convenit, utilis est condictio*).

Es war im klassischen Recht unumstritten, dass sich ein *extraneus* bei der *dos*-Bestellung die Rückgabe der Mitgift für den Fall des Todes der Frau oder der Scheidung stipulationsweise versprechen lassen konnte[1000]. In C. 2,3,10 = 5,14,1 sollte die Rückgabeobligation aber nicht mittels Stipulation, sondern durch eine die *datio* begleitende *lex* begründet werden. Damit stellte sich die Frage, ob die *lex*, die im weiteren Verlauf auch als *pactum* bezeichnet wurde, eine Klage erzeugte. Das Reskript bejahte dies und gewährte der anfragenden *dos*-Bestellerin

996 Mit * weist Honoré (siehe in Fn. 186) darauf hin, dass der Wortlaut dem amtierenden Libellsekretär Nr. 9 nicht zugeordnet werden kann.

997 Wahrscheinlich im Codex Gregorianus, so auch Wolff, SZ 69 (1952), S. 130f. Zur Überlieferung der Reskripte siehe auch im dritten Teil, dritten Kapitel VI. mit Fn. 1177ff., S. 301f.

998 Zur *alumna* Tirey, Das Pflegekind in der Rechtsgeschichte, S. 1ff.

999 Vgl. Paul. D. 50,16,240: *Cum quaerebatur, an verbum „soluto matrimonio dotem reddi" non tantum divortium, sed et mortem contineret, hoc est an de hoc quoque casu contrahentes sentirent, et multi putabant hoc sensisse, et quibusdam aliis contra videbatur: secundum: hoc motus imperator pronuntiavit id actum eo pacto, ut nullo casu remaneret dos apud maritum.*

1000 Scaev. D. 23,4,29,1; Mod. D. 23,3,63.

eine *condictio*[1001]. Der Rechtssatz, dass aus einem *pactum* eine Klage nicht entspringe, solle der Anfragenden nicht schaden, da sich der Satz nur auf ein *nudum pactum* beziehe. Der Fall, in dem Geld gegeben und über dessen Rückgabe eine Übereinkunft getroffen werde, sei jedoch anders zu behandeln.

Die Klagbarkeit des *pactum*, das die *datio* begleitete, war hier strittig, obwohl ein solches die Kondiktion erzeugte, wenn die Sache noch vor der Ehe zur *dos* gegeben wurde (*dotis datio ante nuptias*)[1002]. Die Klagbarkeit war deswegen fraglich, weil das *pactum* hier nur eine *Neben*abrede zum eigentlichen Leistungszweck – der Mitgiftbestellung – enthielt. Im Unterschied zur *dotis datio ante nuptias*, wo der einzige Leistungszweck (die *dos*) durch die Eheschließung suspensiv bedingt und die Kondiktion durch seine Verfehlung gerechtfertigt war (*condictio ob rem*), erfolgte hier die Mitgiftbestellung bereits mit der Übereignung. Mit der Mitgiftbestellung wurde der Leistungszweck erreicht, die Kondiktion wegen Zweckverfehlung war somit unpassend. Auch mit dem Wegfall des Behaltensgrundes wurde die Kondiktion nicht begründet, der Verfasser des Reskripts sah sie nicht als eine *condictio ob causam finitam*. Um die Kondiktion zu billigen, griff er vielmehr zu einer Argumentation, mit der die klassischen Juristen in den *datio-ob-rem*-Fällen dem Vorleistenden[1003] (statt der *condictio ob rem*) eine Erfüllungsklage gewährten: „es sei kein *nudum pactum*". Im Unterschied zu der Rückgabeobligation wegen Zweckverfehlung (*condictio ob rem*) bedurfte die Verpflichtung zur Zweck*erfüllung* bei der *datio ob rem* offenbar einer besonderen Rechtfertigung[1004].

1001 *Utilis est condictio* wurde unterschiedlich gedeutet. Am besten gefällt die Übersetzung „ist die Kondiktion statthaft" von SCHWARZ, Die Grundlage der condictio, S. 265. Dagegen für „nützlich" Martins in OTTO/SCHILLING/SINTENIS, Das Corpus Iuris Civilis, 5. Bd., S. 763. Für „brauchbar" EHRHARDT, Justa causa traditionis, S. 72, N. 47 und WOLFF, SZ 69 (1952), S. 136, N. 16.

1002 Ein *pactum* begleitete wohl auch die Übereignung zum Zweck der Darlehensgewährung; nach KASER, Eranion Maridakis, Vol. I, 1963, S. 172ff., konnte die Zweckabrede, die die *datio causa credendi* begleitete, seit Sabinus und Cassius auch die Fristabrede und die Vereinbarung eines Leistungsortes in sich aufnehmen. Bestätigend auch SACCONI, Index 15 (1987), S. 423–438.

1003 Die Vorleistung konnte nach Ulpian auch im *facere* bestehen: Ulp. D. 19,5,15: *quod si solutum quidem nihil est, sed pactio intercessit ob indicium, hoc est ut, si indicasset adprehensusque esset fugitivus, certum aliquid daretur, videamus, an possit agere. et quidem conventio ista non est nuda, ut quis dicat ex pacto actionem non oriri, sed habet in se negotium aliquod: ergo civilis actio oriri potest, id est praescriptis verbis. nisi si quis et in hac specie de dolo actionem competere dicat, ubi dolus aliquis arguatur.* MACCORMACK, SDHI 51 (1985), S. 148f.

1004 Bei den *pacta* in den Fällen der *datio ob rem* war lediglich umstritten, ob aus dem *pactum* eine Erfüllungsklage zustand (siehe MACCORMACK, SDHI 51 (1985), S. 151; SCHMIDLIN, SZ 124 (2007), S. 84ff.). Aristo befürwortete in D. 2,14,7,2 gegen Celsus die Verbindlichkeit formloser Abreden, obwohl die *condictio ob rem* in den Fällen *dedi, ut dares* oder *dedi, ut facias* unbestritten war. Aristo musste daher eine Erfüllungsklage durchsetzen wollen; so die überwiegende Meinung: ARTNER, Agere praescriptis verbis, S. 107f. mit N. 203 (mit weiteren Nachweisen zum Schrift-

Diese stützte sich auf die Realnatur der Obligation: Das *pactum* war nicht als *nudum*[1005], also nicht als ein unklagbares anzusehen, wenn es die Eigentumsübertragung (*datio*) begleitete[1006]. Die Abrede wurde in der Übereignung einer Sache substantiiert und dadurch zu einer klagbaren erhoben (*re obligari*)[1007]. Diese Begründung erweitert nun das Reskript auch auf den Fall, in dem keine einfache *datio ob rem* vorlag, da das *pactum* nur eine Nebenabrede zur Mitgiftbestellung enthielt. Auch hier war die Nebenabrede klagbar, da sie in der Übereignung der Dotalsache substantiiert wurde und daher kein *nudum pactum* war. Diese Substantiierung spiegelt sich deutlich in den Worten *legem, quam dixisti, cum … dares* wider[1008]. Möglicherweise wurde die Kondiktion im betreffenden Fall als eine auf Erfüllung der *lex de reddenda pecunia* gerichtete Klage aufgefasst. Statt der *condictio* gewährte Maximinus einige Jahre später im entsprechenden Fall eine *actio praescriptis verbis*[1009], womit sich die auf Erfüllung gerichtete Verpflichtung tatsächlich durchsetzte.

In C. 2,3,10 = 5,14,1 zeigt sich also die Tendenz, den Abreden, die eine Übereignung begleiteten (*leges dictae*), die Klagbarkeit auch dann zu verschaffen, wenn sie nur als „Nebenabrede" bei einer anderen Haupt*causa* standen. So konnte durch die Übergabe der Dotalsache die *causa dotis* verwirklicht und zugleich eine

tum); zuletzt Cannata, IURA 58 (2010), S. 53f. Zur Bedeutung von *causa* in D. 2,14,7,2 neuerdings Schermaier, Dg. Nishimura 2018, S. 293–310.

1005 Pauli Sent. 2,14,1; Ulp. D. 2,14,7,4: *Sed cum nulla subest causa, propter conventionem hic constat non posse constitui obligationem: igitur nuda pactio obligationem non parit, sed parit exceptionem.* Zu einschränkend ist die Erläuterung von Fögen, Fs. Huwiler 2007, S. 256ff., nach der das Römische Recht dem *pactum nudum* nur dann den Rechtsschutz versagte, wenn die Reziprozität von Leistung und Gegenleistung, von Interesse und Gegeninteresse, von Gewinn und Verlust fehlte.

1006 *Certa lege dari* auch in Pap. D. 19,5,8: *praescriptis verbis incerti et hic agi posse, nec videri nudum pactum intervenisse, quotiens certa lege dari probaretur.* Dagegen war das *placitum* bei fehlender *datio* nicht klagbar: Impp. Diocl., Maxim. C. 4,64,3: *Ex placito permutationis re nulla secuta constat nemini actionem competere, nisi stipulatio subiecta ex verborum obligatione quaesierit partibus actionem.* Zu D. 19,5,8 zuletzt Artner, Agere praescriptis verbis, S. 215ff.

1007 Schmidlin, SZ 124 (2007), S. 86.

1008 Eine ähnliche Terminologie verwendete auch Paulus, ein einflussreicher juristischer Ratgeber der Regierung von Alexander Severus (Liebs, Hofjuristen der römischen Kaiser, S. 68f.): Paul. D. 23,4,20,1: *Si extraneus de suo daturus sit dotem, quidquid vult pacisci et ignorante muliere, sicut et stipulari potest: legem enim suae rei dicit.* Das *pactum* hielt Paulus für klagbar auch in D. 50,16,240. Bezüglich einer vom Vater bestellten *dos* vgl. Pomp. D. 23,4,7: *Cum dos filiae nomine datur, optimum est pactum conventum cum utroque generum facere, quamquam initio dotis dandae legem quam velit etiam citra personam mulieris is qui dat dicere possit.*

1009 Imp. Maximinus C. 5,12,6 (a. 236); aufgrund der Datierung musste das Reskript von Maximinus und nicht von Alexander Severus stammen; so auch Krüger, Codex Iustinianus[15], ad h. l., S. 204. Unter Diokletian scheint die Möglichkeit, sich durch ein *pactum* die Rückforderung zu sichern, bereits unstrittig zu sein; Impp. Diocl., Maxim. C. 5,12,24 (a. 294).

Verpflichtung des *dos*-Empfängers erzeugt werden, die im *pactum* enthaltene Nebenabrede zu erfüllen (die Dotalsachen *finito matrimonio* an den *dos*-Besteller rückzuübereignen). Die Literatur zweifelt daran, dass das Reskript eine Ausnahme von dem Grundsatz habe einführen wollen, dass sich ein *extraneus* die Rückgabe *finito matrimonio* nur mittels einer Stipulation sichern könne[1010]. Das Vorhaben, eine neue Regelung einzuführen, soll aber vorerst deswegen nicht ausgeschlossen werden, weil eine ähnliche Tendenz im Kaiserrecht dieser Zeit auch bei der Schenkung auftauchte, wie dies Alex. Severus C. 4,6,2 belegt[1011]. Auch jene *lex*, die in einer *datio donationis causa* substantiiert wurde, begründete nun das Rückforderungsrecht. Und ebenso wie bei der Mitgift, konnte auch bei der Schenkung die Rückgabeobligation im klassischen Recht nur mittels Stipulation begründet werden[1012]. Bei der Mitgift ist die Möglichkeit, durch die *datio dotis causa* eine Rückgabeobligation zu begründen, noch weniger überraschend als bei der Schenkung, für die bisher galt: *qui donat, sic dat, ne recipiat.*

Daher ist fraglich, ob hinter der Gewährung der Kondiktion bei der *dos*-Bestellung und bei der Schenkung in C. 4,6,2 der gleiche Rechtsgedanke stand. Wahrscheinlich wäre dies, wenn man mit Krüger annähme, dass die richtige Inskription der *lex geminata* in C. 2,3,10 enthalten sei[1013]. In einem solchen Fall wären beide Entscheidungen, sowohl jene zur *dos*-Bestellung als auch jene zur Schenkung, im Jahr 227 unter Alexander Severus von demselben Libellsekretär Nr. 9 verfasst worden[1014], von dem man folglich annehmen könnte, dass er in beiden Fällen den Weg für eine neue Regelung eröffnen wollte. Anders dagegen,

1010 Wolff, SZ 69 (1952), S. 136, der die Entscheidung auf ein Missverständnis zurückführte. Die *pacta dotalia* eines *extraneus* hielten für sämtlich verfälscht: Schwarz, Die Grundlage der condictio, S. 265; 272; Pflüger, Zur Lehre vom Erwerbe, S. 72f. Gegen die Klagbarkeit eines Dotalpakts im klassischen Recht Stagl, Favor dotis, S. 155f. Anders Ehrhardt, Justa causa traditionis, S. 82, der in C. 2,3,10=C. 5,14,1 nur *tunc enim … nudum est* als unecht strich. Jüngst für die Klagbarkeit eines Dotalpakts am Anfang des 3. Jahrhunderts Schnabel, Der solutionis causa adiectus, S. 160ff.

1011 Es war letztlich auch nicht so ein großer Schritt von der durch ein *pactum* begründeten Kondiktion bei der *dotis datio ante nuptias* zu einer Kondiktion, die durch das *pactum* dann vorbehalten wurde, wenn die Mitgift gleich mit der Übereignung zustande kam. Wie glatt der Übergang zwischen diesen zwei Fällen war, zeigt Ulpian in D. 12,4,6, wo er dem *dos*-Besteller, der sich die Kondiktion nur für den Fall vorbehielt, dass die Ehe später aufgelöst wird (*pactus esset, ut, quoquo modo finitum esset matrimonium, dos ei redderetur*), diese auch dann billigte, wenn die Ehe letztlich gar nicht zustande kam.

1012 Scaev. D. 32,37,3 – siehe im zweiten Teil, siebten Kapitel I., S. 232ff.

1013 In Krüger, Codex Iustinianus[15], S. 492, findet sich C. 2,3,10 im Jahr 227 ohne Fragezeichen, während er (S. 490) C. 5,14,1 im Jahr 206 mit Fragezeichen versah.

1014 Zum Sekretär Nr. 9 siehe Honoré, Emperors and Lawyers[2], S. 73; 107–109.

wenn man die Urheberschaft der *lex geminata* mit Wolff[1015] und Honoré[1016] den Kaisern Severus und Caracalla zuschriebe, sodass die Inskription in C. 5,14,1 zuträfe. Das Originalreskript (C. 5,14,1) hätte dann sehr wahrscheinlich Domitius Ulpian verfasst, der zu dieser Zeit Libellsekretär war[1017]. Da Ulpian das Rückforderungsrecht bei der Schenkung ausnahmslos verneinte[1018], konnte er bei der Bejahung der Kondiktion der *dos*-Bestellerin keine Analogie zur Kondiktion des Schenkers sehen. Denkbar bliebe jedoch, dass sich der Libellsekretär Nr. 9 durch das 21 Jahre zuvor von Ulpian verfasste Reskript hatte inspirieren lassen, nach dessen Vorbild er dem Asclepiades in C. 4,6,2 die Kondiktion wegen Nichterfüllung der Schenkungsauflage gewährte. Trifft dies zu, so sollte die Argumentation in C. 4,6,2 Ähnlichkeiten mit jener in C. 5,14,1 aufweisen. Dies ist im Folgenden zu überprüfen.

3. Die Grundlage der Kondiktion in Imp. Alex. Severus C. 4,6,2

Auch in C. 4,6,2 heißt die Nebenabrede *lex* (*ea lege*), doch begegnet uns hier nicht eine entsprechende Begründung, die die Klagbarkeit der *lex* damit rechtfertigen würde, dass es kein *nudum pactum* ist. Diese findet sich erst später bei Diokletian und Maximian, die mit eben dieser Begründung dem Schenker eine *actio praescriptis verbis* auf Erfüllung der Auflage gewähren: *cum huiusmodi conventio non nudi pacti nomine censeatur, sed rebus propriis dictae legis substantia muniatur* (C. 4,64,8); *ita legi, quam tuis rebus donans dixisti, parere convenit* (C. 4,38,3).

Der Libellsekretär (Nr. 9) von Alexander Severus begnügte sich in C. 4,6,2 mit der Begründung *non est iniquum*, offenbar verspürte er kein Bedürfnis, die Verbindlichkeit der *lex* rechtstechnisch begründen zu müssen. Es ist daher wenig wahrscheinlich, dass der Sekretär Nr. 9 in einem früheren Reskript ein Vorbild für seine Entscheidung suchte. Aufgrund des geringen Interesses für die rechtstechnische Begründung muss man umso mehr die Behauptung verwerfen, dass der Verfasser der in C. 4,6,2 und C. 2,3,10 = 5,14,1 überlieferten Reskripte dieselbe Person war. Zieht man ferner in Betracht, dass Honoré in C. 2,3,10 (a. 227) keine Formulierungseigentümlichkeiten des Sekretärs Nr. 9, wohl aber in C. 5,14,1 (a. 206) jene des Ulpians (des Sekretärs Nr. 2) fand, so kommt man zu dem Ergebnis, dass die richtige Inskription in C. 5,14,1 (a. 206) enthalten ist, das Reskript

1015 Wolff, SZ 69 (1952), S. 138, nach dem aber die zwei letzten Sätze (von *tunc enim* bis zum Schluss) in der ursprünglichen Fassung des Reskripts fehlten und erst von einem vorgregorianischen Glossator stammten (S. 128ff.).

1016 Honoré, Emperors and Lawyers², S. 85 mit N. 161f.

1017 Der Sekretär Nr. 2 war Domitius Ulpian, siehe Honoré, Emperors and Lawyers², S. 73; 81–86; Skřejpek, Acta universitatis Carolinae – Iuridica 2–3 (1991), S. 104 (unter Nr. 18).

1018 Siehe im zweiten Teil, ersten Kapitel, S. 62ff; 95ff.

zur *dos*-Bestellung somit unter Severus und Caracalla erlassen wurde und dieses kein besonderes Vorbild für die Entscheidung in C. 4,6,2 bildete.

Die *actio condictionis* in C. 4,6,2 fassten noch die justinianischen Kompilatoren als eine *condictio ob rem* (*ob causam datorum*) auf[1019]. Daher liegt die Erklärung nahe, dass Alexander Severus auf die Schenkung unter Auflage lediglich die Regelung erstreckte, die im klassischen Recht für die „einzweckigen“ *dationes ob rem* galt[1020]. Die Nichterfüllung der Auflage *ut creditoribus ipsa satisfaceret* hatte die gleiche Wirkung wie die Nichterfüllung des Leistungszwecks bei der *datio ob rem*. Aus dem Reskript lässt sich nicht entnehmen, ob Alexander die Kondiktion nur wegen der zusätzlichen Auflösungsabrede *si placita observata non essent, donatio resolveretur* billigte oder ob er diese vielleicht für entbehrlich hielt.

Mit der Gewährung der Kondiktion durchbrach Alexander Severus zum ersten Mal die klassische Auffassung „entweder eine *datio ob rem* mit Kondiktion *oder* eine Schenkung und daher keine Rückforderung“. Sowohl die *donatio* als auch das bedingte Rückforderungsrecht des Schenkers wurden in C. 4,6,2 durch die Übergabe der geschenkten Sachen erzeugt, die Abrede *ut creditoribus ipsa satisfaceret* zeigte nun zum ersten Mal den zweiten Zweck neben der Schenkung. Mit der Auflage verpflichtete der Schenker die Beschenkte zur Rückgabe des Geschenks, falls sie seine Schulden nicht tilgte. Die Schuldtilgung selbst war keine Rechtspflicht, so wie auch sonst die *ut*-Abrede den *ob rem accipiens* (vor der generellen Einführung der Erfüllungsklage) nicht zur Erfüllung, sondern nur zur Rückgabe im Fall der Zweckverfehlung verpflichtete.

Anders als bei einer „einzweckigen“ *datio ob rem* hatte die Beschenkte hier eine Zeit lang den Rechtsgrund für das Behalten der geschenkten Gegenstände (die *donatio*). Der Grund der Kondiktion konnte somit nicht die fehlende *causa retinendi* sein (wie bei der *datio ob rem*), sondern ihr Wegfall, also Wegfall der Schenkung. Indem Alexander Severus das Bestehen der *donatio* bejahte, würde die *condictio* eher einer *ob causam (retinendi) finitam*[1021] entsprechen, das Reskript enthält aber keinerlei Hinweise darauf, dass Alexander sie so verstand.

Trotz des Wortlauts der Nebenabrede (*si placita observata non essent, donatio resolveretur*) wirkte diese nicht als eine einfache Resolutivbedingung[1022]. Die Nichterfüllung der Auflage gestattete lediglich die Kondiktionserhebung, was dem Schenker (und seinem Erben) noch die Möglichkeit beließ, die Zuwendung eventuell bestehen zu lassen, indem er auf die Kondiktion verzichtete. Die Konst-

1019 Mit der Einordung des Reskripts unter den Kodextitel *De condictione ob causam datorum*.

1020 Für die *condictio ob rem* auch HÄHNCHEN, Die causa condictionis, S. 95.

1021 Zur *condictio ob causam finitam* SCHWARZ, Die Grundlage der condictio, S. 268ff.

1022 Doch dafür KOSCHEMBAHR/LYSKOWSKI, Die condictio als Bereicherungsklage, S. 204f.

ruktion einer resolutiv bedingten Schenkung war Alexander Severus (wenigstens in diesem Zusammenhang) noch fremd. Die Nebenabrede hatte nur die Wirkung eines Widerrufsvorbehalts[1023].

1023 Keine Auskunft darüber, wie Alexander Severus eine Schenkung unter Auflage behandelte, ergibt sich aus Alex. Severus C. 5,3,2: *Si praesidi provinciae probaveris, ut Eucliam uxorem duceres, munera te parentibus eius dedisse, nisi tibi Euclia nupserit, restitui tibi quod dedisti iubebit*. Der Text steht im Codex unter dem Titel *De donationibus ante nuptias vel propter nuptias et sponsaliciis*. Die Restitutionspflicht der Eltern ergibt sich hier aus dem speziellen Charakter der *donatio*, die der Eheschließung wegen geschah; siehe im zweiten Teil, fünften Kapitel II. mit Fn. 825, S. 210ff. Zum Text zuletzt Ferretti, Le donazioni tra fidanzati, S. 42, 258.

Zweites Kapitel: Valerian und Gallienus

Dreißig Jahre nach Alexander Severus gewährten auch die Kaiser Valerian und Gallienus dem Schenker eine Kondiktion wegen Nichterfüllung der Auflage, und dies auch in dem Fall, wenn die Auflage nicht den Zusatz *si placita observata non essent, donatio resolveretur* enthielt.

I. *Ea lege a te esse donatum, ut certa tibi alimenta praeberet* (C. 8,54(55),1)

C. 8,54(55),1 (26. November 258/Honoré 1340/14)
Imperatores Valerianus et Gallienus AA. Gamicae
pr.: Si doceas, ut adfirmas, nepti tuae ea lege a te esse donatum, ut certa tibi alimenta praeberet, vindicationem etiam hoc casu utilem eo, quod legi illa obtemperare noluerit, impetrare potes, id est actionem, qua dominium pristinum restituatur tibi. § 1: Nam condictio quidem hoc casu (id est in personam actio) iure procedit: verum vindicationem quoque divi principes in hoc casu dandam esse sanxerunt.

Gamica schenkte ihrer Enkelin unter der Auflage (*ea lege*), die Beschenkte solle ihr einen bestimmten Unterhalt leisten. *Alimenta* konnten alles zum Leben Notwendige einschließen, also Nahrungsmittel, Bekleidung und Wohnung[1024]. In welchem Verhältnis der Wert der *alimenta* zu dem Wert des Geschenks stand, wurde nicht gesagt, es schien für die Kaiser nicht von Belang zu sein[1025]. Relevant war nur, dass Gamica in der Anfrage anführte, sie habe *geschenkt*. Der Text enthält auch keinerlei Hinweis darauf, dass die Kaiser die *alimenta* als partielle Gegen-

1024 D. 34,1,6 – siehe in Fn. 1206.

1025 Ob *certa* ein Hinweis darauf ist, dass die Alimente in der Anfrage konkretisiert waren, ist unsicher, jedenfalls spielte das Wertverhältnis für die Entscheidung keine Rolle, da es nicht mehr erwähnt wurde.

leistung oder als ein teilweises Entgelt ansahen[1026]. Vielmehr wurde das Rechtsgeschäft in seiner Gesamtheit als Schenkung betrachtet und das ganze Geschenk durfte die Schenkerin auch zurückfordern, wenn sich die Beschenkte weigerte, der beigefügten *lex* nachzukommen.

Nach dem Reskript standen der Schenkerin zwei Rechtsmittel zu: eine Kondiktion und eine *vindicatio utilis*, mit der sie die Restitution des früheren Eigentums erreichen konnte (*dominium pristinum restituatur tibi*). Die *condictio* steht im Schatten der auffällig bevorzugten *vindicatio utilis*, die bei der Auflage der Unterhaltsleistungen (*in hoc casu*) bereits frühere Kaiser (*divi principes*) zugestanden haben. Um welche Kaiser es sich handelte, verdeutlicht das Reskript nicht.

Mit *id est actionem, qua dominium pristinum restituatur tibi* sagt die Codexstelle ausdrücklich, dass die *vindicatio utilis* auf Rückübertragung des „früheren" Eigentums gerichtet war[1027]. Die Nichterfüllung der Auflage bewirkte keinen dinglichen Rückfall an die Schenkerin. Für die hier belegte *vindicatio utilis* trifft wohl die Charakteristik von Jhering[1028] zu, was unten noch näher auszuführen ist[1029]. Nach Jhering bezweckte die *vindicatio utilis* nur die „Verstärkung" einer persönlichen Klage (hier: der *condictio*), setzte somit eine Obligation voraus und war nach Inhalt und Richtung durch die *actio in personam* bestimmt. Die *vindicatio utilis* ermögliche es einem Nichteigentümer, seinen obligatorischen Anspruch auf Rückgabe in privilegierter Form geltend zu machen[1030], denn im Vergleich mit einer persönlichen Klage habe die *vindicatio utilis* zwei Vorteile: Dank der Arbiträrklausel erhöhe sie die Chancen, dass der Kläger die Sache selbst[1031] und nicht nur ihren Geldwert zurückbekomme. Sei der Beklagte im Konkurs, so verschaffe sie dem Kläger den weiteren Vorteil, dass er seinen Anspruch „unter den Vindikanten geltend" machen könne[1032].

1026 Ein teilweises Entgelt schloss HAYMANN, Die Schenkung unter einer Auflage, S. 120, mit der Begründung aus, dass die *alimenta* nur dazu bestimmt gewesen seien, dem Schenker etwas zurückzubringen, was er ohne die Zuwendung gar nicht eingebüßt hätte.

1027 So richtig HARKE, Actio utilis, S. 165ff.; JHERING, Jahrb. 1 (1857), S. 123. Dagegen WINDSCHEID, Die actio des römischen Civilrechts, S. 217.

1028 JHERING, Jahrb. 1 (1857), S. 101ff.; 158ff.

1029 Siehe unten bei Nichterfüllung des *modus* und beim Vermächtnis im justinianischen Recht im vierten Teil, zweiten Kapitel III., S. 323ff. und S. 327ff.

1030 Sie wirke nur gegen den zur Eigentumsübertragung verpflichteten Eigentümer, nicht auch gegen Dritte: JHERING, Jahrb. 1 (1857), S. 161ff. Zur Wirkung der *vindicatio utilis* gegen Dritte vgl. aber MAYR, SZ 26 (1905), S. 119ff.; 123.

1031 Sofern der Beklagte das *iussum de restituendo* erfüllte.

1032 JHERING, Jahrb. 1 (1857), S. 170. Die (etwas missverständliche) Wendung „unter den Vindikanten" meint auch bei Jhering ein Aussonderungsrecht aus der Masse oder (im Fall der Geldverurteilung, wenn nicht restituiert wurde) abgesonderte Befriedigung mit dem Wert aus der Masse

Haymann[1033] hat die Echtheit der *vindicatio utilis* (und auch der *condictio*) mit der Begründung bestritten, dass Diokletian später in zwei Entscheidungen (C. 4,64,8; C. 4,38,3), die gleichfalls Nichterfüllung „einer Verpflegungsauflage" betrafen, eine *vindicatio utilis* mit keinem Wort erwähnt habe. Entgegen Haymann lässt sich aber aus den Entscheidungen Diokletians noch nicht der Schluss ziehen, Valerian und Gallienus seien der gleichen Meinung gewesen, da der Kaiser durch die Reskripte seiner Vorgänger nicht gebunden war[1034]. Das nachfolgende Kapitel wird zeigen, dass Diokletian von den Ansichten der Kaiser der ersten Hälfte des Jahrhunderts auch darin abwich, dass er die Kondiktion des Schenkers mit *perfecta donatio revocari non possit* ablehnte. Die Verweigerung der *vindicatio utilis* war nur eine folgerichtige Konsequenz dieses Standpunkts. Keinen Beweis für einen späteren Eingriff bilden die Umschreibungen *condictio ... (id est in personam actio)* und *vindicationem ... utilem ... id est actionem, qua dominium pristinum restituatur tibi.* Nach Honoré neigte der Sekretär Nr. 14, auf den das Reskript C. 8,54(55),1 zurückgeht, gerade zu solchen Erklärungen der juristischen Begriffe, um mit diesen den Reskriptentext auch Laien verständlich zu machen[1035]. Zweifel an der Echtheit der *vindicatio utilis*[1036] erweckt aber der Aufbau der Codexstelle. Die *vindicatio utilis* ist in den Text gekünstelt eingefügt, in § 1 taucht auf einmal die Kondiktion auf, die in der überlieferten Fassung in den Hintergrund gedrängt ist, und der Text danach erinnert wieder, fast aufdrängend, an die Vindikation[1037].

Will man die *vindicatio utilis* trotz der Zweifel in die Kaisergesetzgebung von Valerian und Gallienus eingliedern, so ist den überlieferten Quellen zu entnehmen, dass sie nur ein außerordentliches Rechtsmittel war. Sie ist allein bei der *lex* der Unterhaltsleistungen belegt. In C. 4,6,3, wo die Nebenabrede ein Veräußerungsverbot enthielt, gewährten Valerian und Gallienus nur die Kondiktion. Die Annahme, bei der Schenkung unter Auflage habe die *vindicatio utilis* nach

---

vor anderen Gläubigern. Für Bevorzugung vor den Gläubigern auch HARKE, Actio utilis, S. 167; 235.

1033 HAYMANN, Die Schenkung unter einer Auflage, S. 137, zustimmend LEHFELDT, Die Schenkung unter einer Auflage, S. 92f.

1034 Dazu auch im dritten Teil, dritten Kapitel VI., S. 301f.

1035 HONORÉ, Emperors and Lawyers², S. 126: „to paraphrase technicalities"; „circumlocution to avoid a technical term".

1036 Die *vindicatio utilis* hielten für kompilatorisch: AMELOTTI, La donatio mortis causa, S. 162, N. 222; VALIÑO, Actiones utiles, S. 252f.; SCHNEBELT, Reskripte der Soldatenkaiser, S. 140f. mwN. Dagegen für die Echtheit MAYR, SZ 26 (1905), S. 120 und neuerdings HARKE, Actio utilis, S. 165, mit N. 379.

1037 Vgl. C. 5,3,15,1, wo Justinian in die Konstitution Konstantins (C. Th. 3,5,2,1) die Worte *per condictionem aut per utilem in rem actionem* einschob. Zur *vindicatio utilis* im justinianischen Recht siehe auch im vierten Teil, zweiten Kapitel III., S. 322ff.

Valerian und Gallienus eine generelle Anwendung gefunden, ginge somit zu weit. Als außerordentliches Rechtsmittel konnte sie durch das besonders schutzwürdige Objekt der *lex* – die Gewährung des Lebensunterhalts – veranlasst gewesen sein[1038].

Das Recht der Schenkerin, das Geschenk bei Nichterfüllung der Auflage zu kondizieren, stellt das Reskript als unzweifelhaft dar. Man könnte auf den Gedanken kommen, auch diese Darstellungsweise sei Folge des byzantinischen Eingriffs gewesen – hätten die Kompilatoren die *vindicatio utilis* hineininterpoliert, so hätten sie auch die ursprüngliche Begründung der Kondiktion streichen können. Eine besondere Begründung der Kondiktion fehlt aber auch in C. 4,6,3, wo Valerian und Gallienus dem Schenker die gleiche Klage gewährten. Es ist daher möglich, dass sie die Kondiktion des Schenkers tatsächlich für unumstritten hielten.

II. ***Ea lege in vos collata donatio, ut neutri alienandae suae portionis facultas ulla competeret* (C. 4,6,3)**

C. 4,6,3 (1. April 257/Honoré 1327/14)
Imperatores Valerianus et Gallienus AA. Aurelio et Alexandro
Ea lege in vos collata donatio, ut neutri alienandae suae portionis facultas ulla competeret, id efficit, ne alteruter eorum dominium prorsus alienaret, vel ut donatori vel heredi eius condictio, si non fuerit condicio servata, quaeratur.

Aurelius und Alexander wurde unter dem Verbot, die erworbenen Miteigentumsanteile weiterzuveräußern, geschenkt. Für den Fall, dass die Beschenkten gegen das Veräußerungsverbot verstoßen, gestehen die Kaiser dem Schenker oder seinem Erben eine *condictio* zu. Mit *prorsus*[1039] weisen sie darauf hin, dass als Verstoß gegen das Verbot erst die Veräußerung als solche, nicht etwa schon die Eigentumsbelastung zu verstehen ist.

Die Terminologie schwankt: Das Verbot wird zuerst mit *lex* (*ea lege in vos collata donatio*), später mit *condicio*[1040] (*si non fuerit condicio servata*) bezeichnet. Die Beschenkten werden zu Beginn in der zweiten Person (*vos*) angesprochen, dann taucht die dritte Person (*eorum*) auf. Doch lässt sich aus diesen Schwankun-

---

1038 So bereits Savigny, System, 4. Bd., S. 284 und Benner, Über die donatio sub modo, S. 30.

1039 Beide Sinnrichtungen von *prorsus* (*alienare*) sind hier denkbar: völlig, ganz (veräußern) oder *prorsus* als „nach vorwärts" also weiterveräußern.

1040 Zur Begriffsbedeutung der *condicio* im postklassischen Recht Levy, Weströmisches Vulgarrecht, S. 88ff.

gen nicht der justinianische Ursprung der Kondiktion entnehmen[1041]. Die dritte Person (*eorum*) konnte sich daraus ergeben, dass *id efficit* nunmehr die Wirkung des Verbots ausdrückte (damit nicht der eine oder der andere sein = deren Eigentumsanteil veräußert) und daher nicht mehr in der Reskriptsanrede der zweiten Person gehalten wurde. Es ist möglich, so lässt sich umgekehrt schließen, dass Justinian gerade in den Konstitutionen dieser Zeit die Kondiktion vorfand und folglich übernahm. Denn die Kondiktion stand dem Schenker weder im klassischen noch im späteren diokletianischen Recht zu[1042]. Wenn auch in den Konstitutionen dieser Zeit keine *condictio* erschiene, würde Justinian die Schenkung unter Auflage möglicherweise überhaupt nur unter die Undanksregelung subsumieren. Wäre dies der Fall, so müsste er dem Erben des Schenkers in dem betreffenden Fall die Rückforderungsklage versagen, weil die Schenkung wegen Undanks nur der Schenker selbst widerrufen konnte[1043].

Ähnlich wie bei Alexander Severus in C. 4,6,2 kann auch hier der Widerspruch zur klassischen Auffassung nicht durch die Annahme überwunden werden, dass an Stelle der *condictio* ursprünglich eine *actio fiduciae* stand[1044]. Die Klassiker lehnten auch bei der *fiducia* die *donatio* ab. Nicht einmal eine im *negotium mixtum cum donatione* enthaltene Schenkung der Zwischenvorteile käme hier in Betracht, weil der befristete Aufschub der *obligatio* nicht möglich war. Der Schenker konnte jederzeit zurückfordern, wenn einer der Beschenkten seinen Anteil veräußerte. Eine Schenkung im eigentlichen Sinn (Schenkung der übergebenen Sache) könnte im klassischen Recht aber dann zu bejahen sein, wenn das Veräußerungsverbot dingliche Wirkung hätte, analog der *donatio ea lege, ut manumittas* nach dem Erlass der *constitutio Marci*. *Dort* hatte der Beschenkte zeitliches Eigentum[1045], *hier* fehlte ihm das *ius alienandi*. Der Beschenke erwürbe ein beschränktes Eigentum, was der Schenkungsnatur nach den Klassikern nicht widersprach. Freilich wäre im klassischen Recht die im Reskript gewährte Kondiktion mit der Schenkung nicht vereinbar („*qui donat, sic dat, ne recipiat*").

1. Dingliche Wirkung des Veräußerungsverbots?

Tatsächlich ist in der Literatur häufig behauptet worden, dass die Codexstelle das Veräußerungsverbot als ein dinglich wirkendes darstelle[1046]. Die dingliche

1041 Dies insbesondere gegen HAYMANN, Die Schenkung unter einer Auflage, S. 133f.

1042 Siehe im dritten Teil, dritten Kapitel, S. 272ff.

1043 Siehe dazu im vierten Teil, zweiten Kapitel I., S. 316ff.

1044 Dafür aber SCHWARZ, Die Grundlage der condictio, S. 144, N. 12.

1045 Siehe im zweiten Teil, dritten Kapitel III.1, S. 159.

1046 Womit die Unechtheit des Teilsatzes *ne alteruter eorum dominium prorsus alienaret, vel* begründet wurde: MITTEIS, Römisches Privatrecht, S. 254, N. 72; HAYMANN, Die Schenkung unter einer

Kraft des Veräußerungsverbots bestehe nur in der Nichtigkeit der verbotswidrigen Veräußerung[1047]. Unwahrscheinlich ist die These von Schnebelt[1048], dass die Beschenkten zur Veräußerung überhaupt nicht in der Lage gewesen seien, weil ihre Berechtigung durch die Weiterveräußerung auflösend bedingt gewesen sei; gemeint ist damit offenbar ein durch die Weiterveräußerung bedingter dinglicher Rückfall an den Schenker. Fiele durch verbotswidrige Weiterveräußerung das Eigentum an den Schenker zurück, so hätte er eine Vindikation und nicht die in der Entscheidung gewährte Kondiktion[1049].

Doch fragt sich, ob die *condictio* hier nicht ein Indiz dafür sein kann, dass eine Veräußerung wirksam wäre, mit anderen Worten einen *effectus* hätte, das Verbot also bloß obligatorisch wirkte. Denn versteht man die Kondiktion als Sanktion der Verbotsverletzung analog zu einer Vertragsstrafe, so ist zweifelhaft, ob die Sanktion überhaupt eintrat, wenn das verbotswidrige Handeln keinen *effectus* nach sich zog. So sagte Papinian in einem ähnlichen Fall zum Freilassungsverbot, dass nicht schon die verbotswidrige Handlung für sich, sondern erst ihr *effectus* (der Freiheitserwerb) die Sanktion auslöse[1050]. Lässt man dieses *effectus*-Denken hier hineinspielen, so bedeutete dies auf den ersten Blick, dass keine Sanktion (Kondiktion) eintrat, wenn die verbotswidrige Weiterveräußerung unwirksam blieb. Allerdings käme der Dritte, auch wenn der Beschenkte Eigentümer bliebe, in eine Ersitzungslage[1051]. Das allein schon könnte genügen, um die Kondiktion als eine Sanktion auszulösen. Ferner ist die Meinung „nur bei *effectus* eine Sanktion" nur beim Kauf überliefert. Bei der Schenkung konnte die Verletzung der Vereinbarung strenger behandelt worden sein, sodass bereits der bloße Wortbruch die Sanktion auslösen konnte. Immerhin lassen sich damit Gründe finden, dass die Kondiktion auch bei dinglicher Verbotswirkung begründet werden könnte. Das Reskript scheint jedoch in eine andere Richtung zu gehen.

Auflage, S. 133f. Nach Kaser, Rechtsgeschäftliche Verfügungsbeschränkungen, S. 17, schließt die Undeutlichkeit des überlieferten Textes einen bereits in der Urfassung enthaltenen Ansatz zur dinglichen Wirkung nicht völlig aus; mit ihm Finkenauer, SZ 135 (2018), S. 228.

1047 So richtig Kaser, Rechtsgeschäftliche Verfügungsbeschränkungen, S. 17, N. 31.

1048 Schnebelt, Reskripte der Soldatenkaiser, S. 139.

1049 Die Kondiktion stand regelmäßig einem Nichteigentümer zu; siehe oben in Fn. 273.

1050 Pap. D. 18,7,6pr.: *Si venditor ab emptore caverit, ne serva manumitteretur neve prostituatur, et aliquo facto contra quam fuerat exceptum evincatur aut libera iudicetur, et ex stipulatu poena petatur, doli exceptionem quidam obstaturam putant, Sabinus non obstaturam. sed ratio faciet, ut iure non teneat stipulatio, si ne manumitteretur exceptum est: nam incredibile est de actu manumittentis ac non potius de effectu beneficii cogitatum*. Siehe hierzu auch in Fn. 951.

1051 Die Veräußerung gegen das Verbot war wahrscheinlich nicht als *furtum rei suae* zu sehen, und die Sache war somit ersitzungsfähig.

Die dingliche Wirkung war zweifellos in die Überlegung einbezogen, da das Verbot lautete: „damit keiner der Beschenkten die Fähigkeit hat, sein Miteigentumsanteil zu veräußern" (*ut neutri alienandae suae portionis facultas ulla competeret*). Formulierte der Schenker das Verbot mit diesen Worten, so beabsichtigte er offenbar eine dingliche Verbotswirkung. Vielleicht haben auch die Beschenkten selbst auf diese in der Anfrage hingewiesen und gefragt, welche Wirkung die *lex* habe, ob sie die Nichtigkeit der Veräußerung zur Folge habe. Und daraufhin haben die Kaiser die Wirkung des Verbots geklärt[1052]: „Die *lex*, unter der euch geschenkt wurde, bewirkt (*efficit*), dass euch verboten ist, das Eigentum zu übertragen (*dominium prorsus alienaret*), oder, wenn ihr dies tut, also das Eigentum an den Dritten *wirksam* übertragt, dass dem Schenker oder seinem Erben die Kondiktion zusteht". Bei dieser Deutung halten wir es für wahrscheinlicher, dass das Verbot nur obligatorisch wirkte. Auch bei wirksamer Veräußerung konnte der Schenker mit der Kondiktion auf den Wert der geschenkten Sache (des veräußerten Miteigentumsanteils) klagen. Hätte der Beschenkte das Geschenk etwa auch unentgeltlich weiterveräußert, so ist wenig wahrscheinlich, dass die Kondiktion dadurch hinfällig geworden wäre, denn der Beschenkte hätte den Verlust der geschenkten Sache gegen das Veräußerungsverbot herbeigeführt und somit in Kenntnis oder in Kennenmüssen der dadurch zu begründenden Kondiktionsverpflichtung. Er stünde somit einem Beschenkten *mortis causa* gleich, der, obwohl er wusste, dass der Schenker nach dessen Genesung das Geschenk kondizieren konnte, dieses dennoch an einen Dritten veräußerte. Auch dieser haftete nach der Veräußerung weiterhin auf den Wert der Sache[1053]. Ähnlich konnte der Schenker auch in C. 4,6,3 mit der perpetuierten Kondiktion[1054] den Wert der Sache verlangen[1055].

1052 Im Folgenden paraphrasierend.

1053 Iul. D. 39,6,19: *is, qui rem, quam mortis causa acceperat, alii porro dederit: nam donator huic non rem, sed pretium eius condiceret*. Zur Begründung der Kondiktion vgl. Paul. D. 39,6,39: *Si is, cui mortis causa servus donatus est, eum manumisit, tenetur condictione in pretium servi, quoniam scit posse sibi condici, si convaluerit donator*. Iul. D. 39,6,19 erwähnt keinen Verkauf, *alii porro dederit* umfasst somit wohl auch Fälle einer unentgeltlichen Veräußerung. Aus diesem Grund muss hier *pretium* die Bedeutung von „Wert" und nicht von „Kaufpreis" haben. Für „Wert" zuletzt Albers, Perpetuatio obligationis, S. 188, sowie bereits Flume, Fs. Niedermeyer 1953, S. 107. Vgl. Lübtow, Beiträge, S. 77ff.; 83, nach dem der Kondiktionsschuldner sogar dann auf den Wert der Sache haftete, wenn er die Sache gutgläubig (ohne von der Kondiktionsschuld zu wissen) veräußerte.

1054 Die durch die Veräußerung verschuldete subjektive Unmöglichkeit, die empfangene *certa res* zu leisten, genügte. Eine Pflicht des Kondiktionsschuldners, die Sache wiederzuerwerben, um sie an den Kondiktionsgläubiger zurückzugeben, ergibt sich aus den Quellen nicht. Zur Perpetuationsregel neuerdings Albers, Perpetuatio obligationis, S. 1ff.

1055 Vgl. im vierten Teil, zweiten Kapitel I., S. 316ff. beim justinianischen Schenkungswiderruf wegen Undanks: Dort konnte der Beschenkte im Fall des Schenkungswiderrufs nur zur Rückgabe dessen gezwungen werden, was er bei Prozessbeginn aus der Schenkung noch hatte. Der Unter-

III. Zwischenergebnis zu Alexander Severus, Valerian und Gallienus

In den Reskripten von Alexander Severus, Valerian und Gallienus tauchte zum ersten Mal ein Rechtsgeschäft auf, das einer Schenkung unter Auflage nahesteht. Während die Verpflichtung des Beschenkten bisher eine selbständige, von der *datio donationis causa* getrennte Grundlage (nämlich eine Stipulation) benötigt hatte, entstanden sowohl die *donatio* als auch die Auflagenverpflichtung des Beschenkten in den Konstitutionen des 3. Jahrhunderts bereits durch ein Vollzugsgeschäft (durch die Übereignung der geschenkten Sache). Die Verpflichtung des Beschenkten ging noch nicht auf Erfüllung der Auflage, dem Schenker stand nur die Kondiktion zu, mit der er die Rückgabe der geschenkten Sache verlangen konnte, wenn die Auflagenerfüllung ausblieb. Die Kondiktion hatte der Schenker nicht nur dann, wenn die *lex* dem Beschenkten eine bestimmte Leistung auferlegte („die Beschenkte soll die Schulden des Schenkers tilgen" oder „die Beschenkte soll der Schenkerin Unterhalt leisten"), sondern auch dann, wenn der Beschenkte eine Handlung unterlassen sollte (Veräußerungsverbot der geschenkten Miteigentumsanteile).

Die Nebenabrede hieß zu dieser Zeit *lex* (*ea lege donavit*), wobei diese *lex* von der klassischen *lex mancipio dicta* zu unterscheiden ist. Die klassische *lex dicta*, die eine Manzipation voraussetzte, erzeugte keine klagbare Verpflichtung. Die neue *lex* konnte dagegen auch eine *traditio* begleiten[1056] und begründete ein Rückforderungsrecht des Schenkers für den Fall, dass der Beschenkte die *lex* nicht erfüllte. Damit trat sie an die Stelle der klassischen *condicio dandi*; statt *dare ea condicione, ut* hieß es nun: *donare ea lege, ut*.

Die *lex dicta* bezeichnete zu dieser Zeit auch eine die *datio dotis causa* begleitende Nebenabrede über die Rückgabe der Dotalsache bei Beendigung der Ehe. Die Klagbarkeit der *lex* wurde bei der Mitgift damit begründet, dass die Obligation aus der *lex* durch die Sachhingabe als eine Realobligation entstand und die *lex* daher kein nichtklagbares *nudum pactum* war. Diese Argumentation treffen wir bei der Schenkung in den Reskripten von Alexander Severus, Valerian und Gallienus nicht an. Im Unterschied zur *datio dotis causa* lässt sich aus den Reskripten keine Bemühung ablesen, der Kondiktion des Schenkers eine neue dogmatische Grundlage zu verschaffen. Alles spricht dafür, dass die Kaiser auf die Schenkung unter Auflage einfach die Regelung anwandten, die bisher für die „einzweckigen"

schied erklärt sich dadurch, dass dort die Veräußerung erfolgte, noch bevor sich der Beschenkte als „undankbar" erwies. Zum Zeitpunkt der Veräußerung schuldete er die Rückgabe noch nicht, die Veräußerung an den Dritten geschah somit gutgläubig.

1056 Vgl. dazu Finkenauer, SZ 135 (2018), S. 185.

dationes ob rem galt, ohne dass sie an dieser etwas änderten. Ähnlich wie der *dans ob rem* bei Zweckverfehlung konnte auch der Schenker bei Nichterfüllung der Auflage das ganze Geschenk zurückfordern und nicht etwa nur den Wert der Auflage[1057]. Nicht einmal einen Teil des Geschenks konnte der Beschenkte bei Nichterfüllung der Auflage behalten. Daher war die Schenkung unter Auflage auch kein aus zwei Teilen - einer partiellen Schenkung und einer partiellen Gegenleistung (oder aus Schenkung und Innominatkontrakt) - bestehendes gemischtes Geschäft[1058]. Ob die Kondiktion wenigstens bei Auflagen von geringer Bedeutung oder geringem Wert ausgeschlossen war, lässt sich den überlieferten Quellen nicht entnehmen. Die Konstitutionen zeigen auch kein Bedürfnis der Kaiser, sich mit der Auflösung der Schenkung, zu der die Erhebung der Kondiktion führte, zu befassen. Obschon dem Tatbestand besser eine *condictio ob causam finitam* entspräche, reihten noch die justinianischen Kompilatoren zwei von den Reskripten (C. 4,6,2 und C. 4,6,3) in die Rubrik *De condictione ob causam datorum* ein.

Offen bleibt schließlich, ob sich die Kaiser der ersten Hälfte des 3. Jahrhunderts zumindest der Tatsache bewusst waren, dass die Kondiktion des Schenkers eine Abweichung vom bisher geltenden Recht bedeutete. Einen Hinweis darauf könnte man vielleicht bei Alexander Severus (C. 4,6,2) sehen, der die Gewährung der Kondiktion mit *non est iniquum* begründete. Valerian und Gallienus stellten die Kondiktion aber bereits als unzweifelhaft dar.

1057 Siehe die Problemstellung bei Savigny, System, 4. Bd., S. 283f.

1058 Vgl. aber Savigny, System, 4. Bd., S. 280ff.

Drittes Kapitel: Diokletian

I. Die Unwiderruflichkeit der Schenkung und die Fortsetzung des klassischen Musters „entweder eine Schenkung oder eine *condictio ob rem*“

„The last defender of classical standards“, so bezeichnet Levy[1059] den in den Jahren 284–305 n. Chr. regierenden und in der Tetrarchie[1060] wohl eine übergeordnete Stellung innehabenden Kaiser Diokletian. Die Literatur sieht in ihm oft einen Kaiser, der „von den Leistungen der klassischen Jurisprudenz“ überzeugt gewesen sei und versucht habe, die klassische Tradition auch dadurch zu erhalten, dass er „fremde Rechtsgedanken, die von den nichtrömischen Reskriptsbewerbern aus den Ostprovinzen an ihn herangetragen wurden“, zurückgewiesen habe[1061].

1. *Interest multum, utrumne donandi animo dedit, an ob manumittendam filiam* (C. 4,6,6)

Deutlich kommt die konservative Haltung Diokletians in C. 4,6,6 zum Ausdruck, in einem Reskript, das Diokletian im Jahr 293 zusammen mit dem im Westen regierenden Seniorkaiser (*Augustus*) Maximian erließ. Nach der Zwischenphase, die die Reskripte von Alex. Severus, Valerian und Gallienus belegen, kehrte hier Diokletian wieder zur klassischen Auffassung zurück.

C. 4,6,6 (14. Mai 293/Honoré 1886/20)

Imperatores Diocletianus et Maximianus AA. et CC. Curioni et Plotioni

Cum ancillam patrem vestrum ei, contra quem supplicastis, dedisse proponatis, interest multum, utrumne donandi animo dedit, an ob manumittendam filiam, quam ancillam

---

1059 Levy, West Roman Vulgar Law, S. 1.

1060 Hierzu Corcoran, The Empire of the Tetrarchs, S. 5ff.

1061 Kaser, Das römische Privatrecht 2², S. 19 mwN.

existimabat, cum perfecta quidem donatio revocari non possit, causa vero dandi non secuta repetitio competat.

Der Vater der Reskriptsempfänger übereignete eine Sklavin mit der Abrede, der Empfänger solle die Tochter des Vaters freilassen, die der Vater irrtümlich für eine dem Empfänger gehörige Sklavin hielt (*quam ancillam existimabat*). Nachdem sich herausgestellt hatte, dass die *filia* eine Freie war, wollten die Erben des inzwischen verstorbenen Vaters die übereignete *ancilla* zurückfordern.

Die Entscheidung der Kaiser entspricht dem klassischen Muster „entweder – oder": Es kommt darauf an, ob der Vater *donandi animo* oder *ob manumittendam filiam dedit*. Im ersten Fall besteht eine perfekte Schenkung, diese ist unwiderruflich und die Rückforderung daher ausgeschlossen. Die Kondiktion steht den Erben des Gebers nur dann zu, wenn er die *ancilla* ohne Schenkungsabsicht lediglich zu dem Zweck übergab, dass der Empfänger seine Tochter freilässt (eine „einzweckige" *datio ob rem*[1062]). Da in dem zweiten Fall die *donatio* fehlte, konnte der Empfänger erst mit Erreichen des Freilassungszwecks den Rechtsgrund für das Behalten der empfangenen *ancilla* erwerben. Wie sich später zeigte, war die Zweckerreichung anfänglich unmöglich, da die freizulassende *filia* bereits bei der *datio* eine Freie war[1063]. Als Folge konnten die Erben des Vaters die übereignete *ancilla* wegen Zweckverfehlung (*causa dandi non secuta*[1064]) zurückfordern.

2. *Si in possessionem rei causa donationis, ut te aleret, induxisti* (C. 4,38,3)

Diokletian versagte dem Schenker in C. 4,6,6 die Rückforderung wegen Nichterfüllung der Auflage, folgte aber in seiner Reskriptenpraxis dem klassischen Recht nicht in allen Punkten. Die Grenzen der klassischen Unvereinbarkeit der Schenkung mit einer Realobligation überschritt er in C. 4,38,3: Eine *donatio* ist zwar unwiderruflich, die Übereignung der geschenkten Sache kann aber eine Pflicht zur Auflagenerfüllung erzeugen.

1062 Eine „einzweckige" *datio ob rem* findet sich auch in Impp. Diocl., Maxim. C. 4,6,9: *Si liber constitutus, ut filiae tuae manumittantur, aliquid dedisti, causa non secuta de hoc tibi restituendo condictio competit.*

1063 Für anfängliche Unmöglichkeit auch Schwarz, Die Grundlage der condictio, S. 144.

1064 Nach Schwarz, Die Grundlage der condictio, S. 149, enthält die echte diokletianische Terminologie die Konstitution Impp. Diocl., Maxim. C. 4,64,3: *Ex placito permutationis re nulla secuta constat nemini actionem competere.* In Einklang damit las Schwarz (S. 143) den Schlusssatz in C. 4,6,6 wie folgt: *cum perfecta quidem donatio revocari non possit, ob rem vero dati re non secuta repetitio competat.*

C. 4,38,3 (vor 29. Mai 293/Honoré 1898/20)
Imperatores Diocletianus et Maximianus AA. et CC. Valeriae Viacrae
Si donationis causa venditionis simulatus contractus est, emptio sui deficit substantia. sane si in possessionem rei sub specie venditionis causa donationis, ut te aleret, induxisti, sicut donatio perfecta facile rescindi non potest, ita legi, quam tuis rebus donans dixisti, parere convenit.

Wenn die Reskriptsempfängerin Valeria den Verkauf simulierte, tatsächlich aber unter der Auflage schenken wollte, dass der Empfänger ihr Unterhalt gewährt, gilt das Geschäft nicht als Kauf[1065]. Weigert sich der Empfänger, den Unterhalt zu gewähren, so steht Valeria nicht die *actio venditi* zu. Es ist eine *donatio*[1066] und der *lex ut aleret*, die Valeria bei der Übereignung ihrer Sachen ausgesprochen hat (*quam tuis rebus donans dixisti*), muss der Empfänger nachkommen.

Die Kondiktion der Schenkerin lehnte Diokletian mit *sicut donatio perfecta facile rescindi non potest* ab. Die Perfektion der Schenkung, nach der der Widerruf nicht mehr möglich war, erfolgte mit der Sachübergabe (*si in possessionem rei ... induxisti*). *Facile* (vor: *rescindi non potest*) ist im Text ein Fremdkörper. Während die Unwiderruflichkeit der Schenkung durch viele Reskripte Diokletians belegt ist[1067], hat der Schenkungswiderruf in seinen Konstitutionen keinen Stütz-

1065 Der Satz *emptio sui deficit substantia* bedarf näherer Erklärung: *Deficere* bezeichnete oft das Fehlen als eintretend, „zu fehlen anfangen", mangeln, an etwas fehlen lassen, schwinden (Subjekt im Nominativ) und wurde (auch im Aktiv, nicht nur im Passiv) häufig mit Ablativ konstruiert (Beispiel: *deficere animo*). Vgl. zum Ablativ bei den Verben der Fülle und des Mangels: Kühner/Stegmann, Ausführliche Grammatik, 2. Teil, 1. Bd., S. 467: „weit häufiger jedoch der Ablativ"; Menge, Repetitorium der lateinischen Syntax und Stilistik[17], S. 26, Nr. 33, Anm. 1. Menge, Lehrbuch der lateinischen Syntax und Semantik, S. 474, nennt diesen Ablativ bei den Verben des Mangels „Ablativus inopiae". *Deficio* mit Gen. kann Gräzismus sein (Leumann/Hofmann/Szantyr, Lateinische Grammatik, 2. Bd., S. 83), wird hier aber nicht so aufzufassen sein. *Sui* ist Genitiv des Neutrums und drückt „statt der Person" (oder Sache) „das für sie Eigentümliche aus", so Leumann/Hofmann/Szantyr, Lateinische Grammatik, 2. Bd., S. 61. Am wahrscheinlichsten ist daher *emptio sui deficit substantia* zu übersetzen: „Der Kauf ermangelt der Substanz seines Wesens" = dem Kauf fehlt die Substanz seines Wesens (des „Seinigen", des „Eigentümlichen").

1066 Vgl. zur Ersitzung, wenn Valeria nicht Eigentümerin wäre: Herm. D. 41,6,6: *Donationis causa facta venditione non pro emptore, sed pro donato res tradita usucapitur*. Zur Stellung Hermogenians unter Diokletian und Maximian siehe unten in diesem Kapitel V., S. 296f.

1067 Impp. Diocl., Maxim. C. 8,55(56),5: *Si donationem rite fecisti, hanc auctoritate rescripti nostri rescindi non oportet* (a. 293). C. 8,55(56),4 (a. 293); C. 8,55(56),6 (a. 294); C. 5,3,9: *Cum te sponsae filii tui quaedam donasse confitearis, perfectam donationem rescindi nec nostro oportet rescripto, quam tua voluntas iurisque auctoritas fecit ratam* (a. 293). C. 7,27,3: *Irritam facere donationem perfectam nemini licet*. C. 5,16,23: *Si te in vacuam possessionem praedii socrus tua titulo donationis ante matrimonium vel post induxit, ad rescindendam donationem paenitentia nihil proficit* (a. 294). C. 8,53(54),17pr.: *Sive emancipatis filiis res donasti sive in potestate constitutis et sui iuris*

punkt[1068], aus dem hervorgehen würde, wann nun die Schenkung doch (wenn auch nicht *facile*) rescindiert werden konnte. Viel besser passt das *facile rescindi non potest* zum justinianischen Recht[1069], das die Schenkungen grundsätzlich für unwiderruflich erklärte[1070], aus bestimmten Gründen (wegen Undanks und bei Nichterfüllung der Auflage) den Schenkungswiderruf aber dennoch gestattete[1071]. Um die Entscheidung Diokletians (*sicut donatio perfecta rescindi non potest*) in Einklang mit dem justinianischen Recht zu bringen, fügten die Kompilatoren in das Reskript das Wort *facile* ein[1072].

Die Auflage *ut te aleret* nannte Diokletian eine *lex* – eine Bezeichnung, die bereits Alexander Severus, Valerian und Gallienus verwendeten. Im Unterschied zu diesen Kaisern erzeugte die *lex dicta* Diokletians aber keine Rückgabe-, sondern eine Erfüllungspflicht des Beschenkten (*legi ... parere convenit*). Die Differenzierung aus C. 4,6,6 *utrumne donandi animo dedit an ob rem* kommt in C. 4,38,3 nicht vor, die Erfüllungsklage der Schenkerin konnte dem Geschäft die Schenkungsnatur offenbar nicht nehmen[1073]. Die Klage der Schenkerin wurde zwar nicht ausdrücklich erwähnt, die folgenden Konstitutionen zeigen aber deutlich, dass Diokletian dem Schenker eine *actio praescriptis verbis* (beziehungsweise eine *actio civilis incerti*) gewährte.

---

effectis ac tenentibus non ademisti, blandiri tibi non debes, velut res donatas ex paenitentia liceat auferre (a. 293). C. 4,10,8 (a. 294). Diokletian lehnte auch den Widerruf wegen Undanks ab: Fr. Vat. 275: *perfectam donationem mutata voluntate donatoris, etsi parum gratus existet, cui dono res data est, minime rescindi posse saepe rescriptum est* (a. 286). Widerrufen konnte der Schenker eine Schenkung auch dann nicht, wenn ihm der Beschenkte bei Bedürftigkeit nicht aushalf: Fr. Vat. 314 (a. 294); Fr. Vat. 279 (a. 286); Fr. Vat. 284. Hierzu mwN. Biondi, Scritti Ferrini, Vol. I, 1947, S. 121, N. 1. Zu C. 4,6,7 siehe in Fn. 1121 und oben im ersten Teil, zweiten Kapitel II.2, S. 54; zu C. 5,3,12 unten in Fn. 1106. Für die Unwiderruflichkeit einer perfekten Schenkung unter Diokletian auch Taubenschlag, Das römische Privatrecht zur Zeit Diokletians, S. 100f., und neuerdings dazu Harke, Iuris prudentia Diocletiana, S. 275ff.

1068 Außer der sehr wahrscheinlich interpolierten Konstitution C. 4,6,8 – siehe unten in diesem Kapitel III., S. 283.

1069 So auch Haymann, Die Schenkung unter einer Auflage, S. 135f., mit dem Hinweis auf eine ähnliche Methode, mit der „Tribonian die Regeln über die *laesio enormis* bei Kauf demselben Diokletian in die Schuhe schiebt".

1070 Imp. Iust. C. 8,55(56),10pr.: *Generaliter sancimus omnes donationes lege confectas firmas illibatasque manere.*

1071 Dazu im vierten Teil, S. 316ff.

1072 Das *facile rescindi non potest* konnte im Rahmen der justinianischen Kodifikation auch darauf hinweisen, dass die vom Schenker behaupteten Gründe vor Gericht bewiesen und von diesem als Widerrufsgründe erachtet werden mussten (vgl. Imp. Iust. C. 8,55(56),10pr.).

1073 In C. 4,6,6 zog Diokletian die Erfüllungsklage schon deswegen nicht in Betracht, weil die Auflagenerfüllung dort anfänglich unmöglich war.

II. Die *actio praescriptis verbis* des Schenkers

1. *Ea lege rebus donatis Candido, ut quod placuerat menstruum seu annuum tibi praestaret* (C. 4,64,8)

Ähnlich wie in C. 4,38,3 (*legi, quam tuis rebus donans dixisti, parere convenit*) begründeten Diokletian und Maximian die der Schenkerin gewährte Erfüllungsklage auch in C. 4,64,8 damit, dass die Obligation *re* zustande kam.

C. 4,64,8 (5. Dezember 294 Nicomedia/Honoré 2528/20)
Imperatores Diocletianus et Maximianus AA. et CC. Paulinae
Ea lege rebus donatis Candido, ut quod placuerat menstruum seu annuum tibi praestaret, cum huiusmodi conventio non nudi pacti nomine censeatur, sed rebus propriis dictae legis substantia muniatur, ad implendum placitum, sicut postulas, praescriptis verbis tibi competit actio.

Die Auflage „dass er dir monatlich oder jährlich das Verabredete leiste" verpflichtet den Beschenkten Candidus zur Erfüllung der Auflage, weil diese durch die Kraft der für die eigenen Sachen ausgesprochenen *lex* bekräftigt wurde (*rebus propriis dictae legis substantia muniatur*) und somit kein *nudum pactum*[1074] war. Damit formuliert Diokletian die Voraussetzungen für die Gewährung der *actio praescriptis verbis*[1075]: Der Schenker musste Eigentümer der geschenkten Sache sein[1076] und als solcher die *lex* bei der Eigentumsübertragung an den Beschenkten aussprechen. Da die Verpflichtung des Beschenkten nur als Realobligation zustande kommen konnte, war sie ohne Schenkungsvollzug undenkbar.

Die gleiche Grundlage wie bei der Schenkung unter Auflage hatte die Erfüllungspflicht nach Diokletian auch bei der „einzweckigen" *datio ob rem* (deren Rechtsgestalt auch die *permutatio*[1077] hatte). Auch bei dieser stützte sich die *actio*

1074 Das *nudum pactum* findet sich bei Diokletian auch in Cons. 4,9: Diocl., Maxim. AA. Sebastiano (*ex corpore Hermogeniani tit. de pact. et transact.*): *Neque ex nudo nascitur pacto actio, neque si contra bonos mores verborum intercessit obligatio, ex his actionem dari convenit et reliqua* (a. 293).

1075 Der Itp.-Verdacht gegen die *actio praescriptis verbis* ist unberechtigt: siehe aber De Francisci, ΣΥΝΑΛΛΑΓΜΑ, S. 26ff.; Schulz, Fs. Zitelmann 1913, S. 10. Nach Erbe, Die Fiduzia, S. 201, stand an Stelle der *actio praescriptis verbis* ursprünglich die *actio fiduciae*.

1076 Wäre der Schenker nicht Eigentümer, so entstünde aus der Auflage keine Obligation, ähnlich wie bei einer *permutatio*: Paul. D. 19,4,1,3: *Ideoque Pedius ait alienam rem dantem nullam contrahere permutationem*. Denkbar ist allerdings, dass die Auflagenverpflichtung des Beschenkten nachträglich durch die Ersitzung der geschenkten Sache entstand.

1077 Dass es sich in C. 4,64,6 um eine *permutatio* handelte, lässt sich dem Codextitel C. 4,64 *De rerum permutatione et de praescriptis verbis actione* entnehmen.

praescriptis verbis auf die in der *datio* substantiierte *lex dicta*, wie dies C. 4,64,6 belegt.

C. 4,64,6 (vor dem 20. Oktober 294/Honoré 2416/20)
Imperatores Diocletianus et Maximianus AA. et CC. Protogeni
Rebus certa lege traditis, si huic non pareatur, praescriptis verbis incertam civilem dandam actionem iuris auctoritas demonstrat.

2. Die Konkurrenz der Stipulationsklage und der *actio praescriptis verbis*

Die *actio praescriptis verbis* gewährte Diokletian dem Schenker nur dann, wenn der Beschenkte die Auflagenerfüllung nicht mittels einer Stipulation versprach.

C. 8,53(54),9 (16. April 293/Honoré 1808/20)
Imperatores Diocletianus et Maximianus AA. et CC. Augustinae
Legem, quam rebus tuis donando dixisti, sive stipulatione tibi prospexisti, ex stipulatu, sive non, incerto iudicio (id est praescriptis verbis) apud praesidem provinciae debes agere, ut hanc impleri provideat.

Die Worte *id est praescriptis verbis* konnten in der ursprünglichen Fassung fehlen, für die Annahme jedoch, dass auch das *incerto iudicio* hineininterpoliert sei, fehlen überzeugende Gründe. Die Behauptung, der echte Fall habe nur die Stipulation betroffen[1078], lässt sich nicht mit Hinweis auf C. 8,54(55),3pr. unterstützen und annehmen, es sei „ein Schema der Byzantiner, bei Stipulation die *actio ex stipulatu*, bei Fehlen der Stipulation eine *actio praescriptis verbis* oder andere Klage" zu gewähren[1079]. Der Vergleich mit C. 8,54(55),3 ist schon deswegen unpassend, weil der Text eine Stipulation zwischen dem Beschenkten und einem Dritten behandelte[1080], während in C. 8,53(54),9 eine Stipulation zwischen der Schenkerin Augustina und dem Beschenkten gemeint ist.

1078 So De Francisci, ΣΥΝΑΛΛΑΓΜΑ, S. 259ff., der die Durchsetzung der Auflage in diokletianischer Zeit mit einer *actio praescriptis verbis* generell bestritt. *Actio praescriptis verbis* bei Diokletian hielten auch für unecht: Schulz, Fs. Zitelmann 1913, S. 8f. und Taubenschlag, Das römische Privatrecht zur Zeit Diokletians, S. 101; 175.

1079 Partsch, SZ 35 (1914), S. 341, der der Itp.-Vermutung von De Francisci, ΣΥΝΑΛΛΑΓΜΑ, S. 267, folgte. Zu den Itp.-Annahmen im älteren Schrifftum siehe Erbe, Die Fiduzia, S. 199f.

1080 Der Schenker verlor die *actio condicticia* in C. 8,54(55),3pr. erst dadurch, dass der Beschenkte dem Dritten die Restitution promittierte – ein der Verpflichtungsanweisung ähnlicher Fall. Zu C. 8,54(55),3pr. siehe im zweiten Teil, zweiten Kapitel III., S. 127ff.

Die *actio praescriptis verbis* (beziehungsweise *actio civilis incerti*) in C. 8,53(54),9 gewährte der Schenkerin bereits Diokletian. Dagegen spricht auch nicht die Tatsache, dass das überlieferte Reskript mit der „soluzione alternativa" allzu generell lautet[1081]. Denn es kann sich nur um eine Abkürzung[1082] (vielleicht den Schluss aus) der Originalfassung handeln. Diokletian wusste nicht, ob zwischen den Parteien auch eine Stipulation zur Bekräftigung der *lex* abgeschlossen worden war. Vielleicht betraf die Anfrage ursprünglich ein anderes Grundproblem als die Klage der Schenkerin gegen den Beschenkten; die Schenkerin Augustina konnte fragen, ob ihr eine Klage gegen einen Dritten zustehe[1083] oder ob ein Dritter direkt den Beschenkten verklagen könne[1084]. Die Klagen der Schenkerin gegen den Beschenkten erwähnte Diokletian folglich nur als eine subsidiäre Lösung, nachdem er die in der Anfrage verlangte abgelehnt hatte. Es war üblich, dass die kaiserliche Libellkanzlei auch bei einer negativen Antwort bemüht war, den Reskriptsempfängern zu zeigen, dass ihre Rechtslage nicht hoffnungslos ist[1085].

a. Die Verwandtschaft mit der *permutatio*

Alternativ (neben der *actio praescriptis verbis* oder *condictio*) wurde die Stipulation auch in zwei anderen Reskripten Diokletians erwähnt, die eine *permutatio* betrafen[1086]. Offenbar war auch beim Tausch die Bekräftigung des *placitum* durch

---

1081 De Francisci, ΣΥΝΑΛΛΑΓΜΑ, S. 260f.

1082 Die Abkürzung vor der Einfügung in den Codex war nichts Ungewöhnliches; siehe Corcoran, The Empire of the Tetrarchs, S. 19.

1083 So konnte die Anfrage etwa gelautet haben: „Wenn der Beschenkte die Auflage nicht erfüllte und das Geschenk inzwischen an einen Dritten veräußerte, kann ich (die Schenkerin) das Geschenk vom Dritten verlangen?" Vgl. C. 4,64,4.

1084 Etwa: „Wenn die Auflage dem Beschenkten auferlegte, meine Schulden zu tilgen, können meine Gläubiger direkt gegen den Beschenkten vorgehen?" Vgl. C. 8,53(54),22pr., dazu sogleich unten.

1085 Corcoran, The Empire of the Tetrarchs, S. 54 und 56: „Petitioners should not leave the emperor without something to their advantage."

1086 C. 4,64,4,1: *Secundum fidem autem placiti, si stipulatio subsecuta est, successores eius, cum quo contractum habuisti, convenire non prohiberis: si vero nulla stipulatio intercessit, praescriptis verbis actione, ut vel fides placiti servetur tibi vel, quod alterius accipiendi fundi gratia dedisti, causa non secuta restituatur* (zum Text siehe auch in Fn. 1089). C. 4,64,7: *si placitis citra stipulationis sollemnitatem non exhibeant fidem, quantum dedisti, causa non secuta condicere pro desiderio tuo potes.* Alternativ zur Stipulationsklage gewährte Diokletian die *actio praescriptis verbis* auch bei der Teilung der Erbengemeinschaft durch ein *pactum divisionis*: Impp. Diocl., Maxim. C. 3,38,7: *Si fratres vestri pro indiviso commune praedium citra vestram voluntatem obligaverunt et hoc ad vos secundum pactum divisionis nulla pignoris facta mentione pervenit, evictis partibus, quae ante divisionem sociorum fuerunt, in quibus obligatio tantum constitit, ex stipulatu, si intercessit, alioquin quanti interest praescriptis verbis contra fratres agere potestis. nam si fundi scientes obligationem dominium suscepistis, tantum evictionis promissionem sollemnitate verborum vel pacto promissam probantes eos conveniendi facultatem habetis.*

eine Stipulation üblich. Sowohl bei der Schenkung als auch bei der *permutatio* erwähnte Diokletian zunächst die Stipulationsklage und die durch die *datio rei* erzeugte Klage (*actio praescriptis verbis*, bei der *permutatio* auch die Kondiktion) kam erst subsidiär zum Zug, wenn keine Stipulation abgeschlossen war. Eine Stipulation musste daher die durch die Sachübergabe erzeugte Realobligation absorbieren[1087].

Zieht man die aufgezeigte Entwicklung in Betracht, so ist die „Bekräftigung" der *lex dicta* durch eine Stipulation bei der Schenkung gut verständlich. Die *condictio ob rem* und die Schenkung schlossen im klassischen Juristenrecht einander aus und durch die Übergabe der geschenkten Sache konnte der Schenker auch keine Erfüllungsklage erwerben. Wenn die Parteien die Erfüllungspflicht des Beschenkten erzeugen wollten, mussten sie zusätzlich zur Schenkung noch eine Stipulation abschließen. Die Praxis der zusätzlich abgeschlossenen Stipulation dauerte noch in der diokletianischen Zeit fort. Das Neue in der Auffassung Diokletians war, dass er bei fehlender Stipulation auch der *lex dicta* eine verpflichtende Wirkung zusagte, deren Erfüllung der Schenker nun mit der *actio praescriptis verbis* durchsetzen konnte.

Beim Tausch war die *condictio ob rem* aber bereits im klassischen Recht unbestritten. Die Stipulation konnte daher in der diokletianischen Zeit nach der Vorstellung der Parteien nicht die Aufgabe erfüllen, dem Geber *überhaupt* eine Klage zu verschaffen, wie dies bei der Schenkung der Fall war. Der Grund dafür, dass die Parteien beim Tausch die Stipulation noch zur Zeit Diokletians abzuschließen pflegten, wird vielmehr darin gelegen sein, dass die mit der *actio praescriptis verbis* durchsetzbare *Erfüllungs*pflicht immer noch keine Selbstverständlichkeit war[1088]. Wollten die Parteien die Pflicht des Empfängers, die Abmachung zu erfüllen, begründen, so schlossen sie vorsichtshalber eine Stipulation ab.

Die *actio praescriptis verbis* konnte bei der Schenkung unter Auflage und der *permutatio* eine gemeinsame Wurzel haben. Der Unterschied in der Behandlung der *donatio* und der *permutatio* bestand aber darin, dass, während beim Tausch

1087 Zum Zweck der neben einer *mutui datio* abgeschlossenen Stipulation vgl. KASER, Eranion Maridakis, Vol. I, 1963, S. 155ff. und 157ff., nach dem die Darlehensrealschuld – zumindest der vorherrschenden Ansicht der Klassiker zufolge – in der Stipulationsschuld aufging, sodass nur eine Verbindlichkeit entstand: die aus der Stipulation.

1088 Die *actio praescriptis verbis* hatte mit der Stipulationsklage gemeinsam, dass beide auf Erfüllung der Abmachung (und nicht auf Rückgabe des Gegebenen) gerichtet waren. Es ergeben sich keine Gründe, welche die Verdopplung der Rückgabeobligation (aus der Stipulation neben der mit der *condictio ob rem* durchsetzbaren Realobligation) rechtfertigen könnten, außer etwa dem Ausschluss der jederzeitigen Rückforderung *ex paenitentia* (wobei das Reurecht höchst zweifelhaft ist; siehe im zweiten Teil, zweiten Kapitel V.1.a, S. 136ff.), wenn der Empfänger die Rückgabe mittels Stipulation nur bedingt durch die Zweckverfehlung versprochen hätte.

der Geber beide Klagen hatte (sowohl die *condictio ob rem* als auch die *actio praescriptis verbis*)[1089], die *condictio ob rem* des Schenkers ausgeschlossen war, weil eine perfekte Schenkung nicht widerrufen werden konnte.

b. *Donatio ea condicione, ut creditoribus donatoris solveret* (C. 8,53(54),22)

Eine die Schenkung begleitende Stipulation wird auch in C. 8,53(54),22 erwähnt.

C. 8,53(54),22 (26. März 294 Sirmium/Honoré 2251/20)
Imperatores Diocletianus et Maximianus AA. et CC. Diomedi
pr.: Cum res filio emancipato ea condicione, ut creditoribus tuis solveret, te donasse proponas, si stipulatione vel in continenti habito pacto huic rei prospexisti, creditoribus quidem non contra eum ex placito vestro, sed adversus te competit actio. § 1: Eum autem, cui certa lege praedia donasti, incerta civili actione ad placitorum obsequium urgueri secundum legem donationibus dictam convenit.

Den gesamten § 1 hielt das ältere Schrifttum für kompilatorisch und beschränkte die Echtheit des *principium* nur auf die Stipulation; *vel in continenti habito pacto* in *principium* sei hineininterpoliert – dem Kaiser sei ein konkreter Tatbestand vorgelegt worden, aus dem er ersehen habe müssen, ob die Abrede Inhalt einer Stipulation oder lediglich eines *pactum* gewesen sei[1090]. Es kann wohl stimmen, dass die Kompilatoren in das Reskript eingegriffen haben, sachlich enthält die überlieferte Fassung aber keine grundlegenden Abweichungen von der Regelung Diokletians.

Im *principium* schenkte der Vater seinem emanzipierten Sohn eine Sache mit der Auflage (*ea condicione*), der Sohn solle die Gläubiger des Vaters befriedigen. Der Vater wandte sich an den Kaiser mit der Frage, ob seine Gläubiger aufgrund dieser Nebenabrede direkt gegen den beschenkten Sohn vorgehen können. Dies verneint Diokletian, aus dem *placitum* zwischen dem Schenker und dem Beschenkten erwarben die Gläubiger keine Klage gegen den Sohn, und das unabhängig davon, ob die Auflage in einer Stipulation oder lediglich in einer bei der Übereignung getroffenen Abrede (*in continenti habito pacto*) enthalten war; offenbar erwähnte der Schenker die Auflage in der Weise, dass Diokletian nicht wusste, ob sie lediglich bei der Übereignung ausgesprochen oder auch zum Inhalt

1089 In C. 4,64,4,1 bedeutet der Schluss – *praescriptis verbis actione, ut vel fides placiti servetur tibi vel, quod alterius accipiendi fundi gratia dedisti, causa non secuta restituatur* – nicht, dass der Geber mit der *actio praescriptis verbis* alternativ auch die Rückgabe verlangen konnte, sondern dass die Nichterfüllung zur Kondiktion führen konnte (siehe dazu Huschke, ZCP 5 (1848), S. 128ff.). In C. 4,64,5 (*condictionis ratione datum restituere*) und C. 4,64,7 (*causa non secuta condicere pro desiderio tuo potes*) wird die Kondiktion schon ausdrücklich erwähnt.

1090 De Francisci, ΣΥΝΑΛΛΑΓΜΑ, S. 261ff.; Schulz, Fs. Zitelmann 1913, S. 9f.

einer Stipulation wurde[1091]. Vorgehen konnten die Gläubiger lediglich gegen den Schenker als ihren Schuldner.

§ 1 beschäftigt sich folglich mit der Klage des Schenkers gegen den Beschenkten[1092], fährt jedoch mit einem unbestimmten *eum* fort, das den emanzipierten Sohn ersetzt; statt der *res* sind im § 1 *praedia* geschenkt. An Stelle der Auflage *ut creditoribus tuis solveret* steht ein generelles *certa lege*; die Unterscheidung *stipulatione vel in continenti habito pacto* geht verloren, erwähnt ist lediglich eine *lex dicta donationibus*. Das im § 1 enthaltene Reskript konnte sich ursprünglich auf einen anderen Sachverhalt beziehen[1093] und erst nachträglich mit jenem im *principium* verbunden worden sein. Der Vergleich mit den bereits erwähnten Reskripten Diokletians macht es aber mehr als wahrscheinlich, dass Diokletian bei Fehlen der Stipulation[1094] dem Schenker eine *actio civilis incerti* (*actio praesriptis verbis*) gewährte. Mit dieser konnte der Schenker bei der *lex ut creditoribus tuis solveret* den Beschenkten etwa zum *defendere* im Prozess (möglicherweise nach dem Muster Pap. D. 39,5,28) zwingen[1095] oder auf Interesseersatz klagen, wenn er selbst zahlen musste. Unsicher ist, ob der Schenker bereits bei Fälligkeit klagen konnte, noch bevor er von seinen Gläubigern in Anspruch genommen wurde. In § 1 bezieht sich die Klage auf „Befolgung" der *lex dicta* (*ad placitorum obsequium*) auf jede mögliche Auflage; hält man diese Lösung auch im *principium* für möglich, müsste auf *solvere* an die Gläubiger geklagt werden können, noch ehe der Schenker angegangen wird[1096].

1091 Wenn das *pactum* durch eine Stipulation bekräftigt wurde, konnte es bei der Auslegung der Stipulation berücksichtigt werden. Vgl. Paul. D. 12,1,40: *pacta in continenti facta stipulationi inesse creduntur* (zum Itp.-Verdacht des Textes siehe bei Knütel, Fs. Kaser 1976, S. 201ff.).

1092 Im *principium* blieb diese Frage offen. Anders meinte Krüger, Codex Iustinianus[15], ad h. l., S. 363, dem Knütel, SCom. 20–21 (2007/2008), S. 269f., folgte, dass die Kompilatoren am Ende des *principium* die Worte *tibi autem adversus filium ex stipulatu competit actio* gestrichen hätten.

1093 So auch Erbe, Die Fiduzia, S. 200f., jedoch mit der Annahme, die in § 1 enthaltene Konstitution habe ursprünglich von einer *actio fiduciae* gesprochen.

1094 Die Stipulation wäre gültig, obwohl der Sohn die Leistung an die Gläubiger versprach; an der Leistung an *seine* Gläubiger hatte der Vater ein schutzwürdiges Interesse (vgl. Ulp. D. 45,1,38,23). Das Interesse des Stipulationsgläubigers an der Leistung an einen Dritten war für die Gültigkeit der Stipulation unter Diokletian immer noch notwendig; Impp. Diocl., Maxim. C. 8,38(39),3pr.; siehe dazu auch in Fn. 1140.

1095 Dazu im zweiten Teil, sechsten Kapitel II., S. 225ff.; Kaser, Das römische Privatrecht 1[2], S. 655, N. 31.

1096 Wegen *solvere* sehr wahrscheinlich zu verwerfen ist eine Klage auf Schuldübernahme, also auf *promittere* der Zahlung durch den Beschenkten.

Was die Terminologie betrifft, heißt die Auflage statt der *lex* (*lege dicta*) zunächst *condicio* (*ea condicione*), später *placitum*[1097]. Mit *ea condicione* (*dedisse*) ist die Abrede auch in C. 4,64,5 beim Tausch benannt. Die *condicio* scheint bei beiden Rechtsinstituten der *lex dicta* gleichbedeutend zu sein und knüpft an die klassische Terminologie *ea condicione, ut* an. Auffällig sind die Bezeichnungen *in continenti habito pacto*[1098] und *legem donationibus* (im Plural!) *dictam*, bei denen die notwendige Substantiierung der Auflage in der *datio* beiseitegelassen wird. Man könnte dazu neigen, die Ausdrücke Justinian zuzuschreiben, in dessen Gesetzgebung die *donatio* zum verpflichtenden Vertrag *ad exemplum venditionis* wurde. Terminologisch ist die *lex donationis* der *lex venditionis* auffallend ähnlich. Jedoch enthält die Gesetzgebung Justinians keinen Hinweis darauf, dass die Ähnlichkeit zwischen dem Schenkungs- und Kaufvertrag so weit gezogen würde, dass durch den bloßen Konsens auch eine klagbare Verpflichtung des Beschenkten erzeugt werden könnte[1099]. Vielmehr stützte auch Justinian die *actio praescriptis verbis* auf das *re obligari* und benötigte – konform mit Diokletian – für die Klagbarkeit die Substantiierung der *lex* in der Übereignung. Wurde die Auflage nicht einer *datio* beigefügt, so konnte der Schenker die *donatio* nur nach der Undanksregelung widerrufen[1100]. Wie ungenau daher die Bezeichnungen *in continenti habito pacto, legem donationibus dictam* auch sind, wäre es doch nicht richtig, daraus weitgehende Schlüsse zu ziehen. *In continenti habito pacto* kann man daher als eine *im unmittelbaren Zusammenhang* mit der Übereignung getroffene Abrede verstehen; die *donatio* bedeutet in der Wortfolge *legem donationibus dictam* die Realschenkung, die erst durch die Übereignung erfolgt und die *lex donationis dicta* wird somit eine bei der *datio donationis causa* ausgesprochene *lex* sein. Eine *lex dicta donationi* findet sich auch in der interpolierten Konstitution C. 4,6,8[1101]. Die Bezeichnung deutet aber auch dort auf eine in der Übereignung substantiierte Abrede hin, was deutlich aus dem zweiten Satz hervorgeht, in dem es heißt: *si titulo liberalitatis res tuas in sponsam conferendo certam dixisti legem.*

1097 *Placitum* kommt auch bei der *permutatio* vor: C. 4,64,3; C. 4,64,4.

1098 *In continenti pacto* bei Diokletian auch bei der *datio dotis causa:* C. 5,12,24: *Si dotem marito libertae vestrae dedistis nec eam reddi soluto matrimonio vobis in continenti pacto vel stipulatione prospexistis, hanc culpa uxoris dissoluto matrimonio penes maritum remansisse constitit, licet eam ingratam circa vos fuisse ostenderitis.* Ein ähnlicher Ausdruck kommt auch beim Kaufvertrag vor in Impp. Diocl., Maxim. C. 4,58,3,1: *Sin autem venditor non vitiosum etiam in posterum fieri servum temere promiserit, quamvis hoc impossibile esse videtur, secundum fidem tamen antecedentis vel in continenti secuti pacti experiri posse non ambigitur: posteriores enim casus non venditoris, sed emptoris periculum spectant.*

1099 Hierzu im vierten Teil, zweiten Kapitel II., S. 321.

1100 Siehe im vierten Teil, zweiten Kapitel, S. 319ff.

1101 Siehe sogleich unten.

III. Die Unmöglichkeit der Erfüllung der *lex dicta*

Während Diokletian dem Geber die Kondiktion im Mai 293 (C. 4,6,6) je nachdem gab, ob der Geber *causa donandi* (also unter Kondiktionsausschluss) oder *ob rem* leistete, soll er bereits einige Monate später in einem Reskript, das von demselben Sekretär Nr. 20 (Hermogenian[1102]) verfasst wurde, die Kondiktion des *Schenkers* mit der Begründung gutgeheißen haben: „das lehrt die *iuris disciplina*".

C. 4,6,8 (11. Februar 294[1103]/Honoré 2189/20)
Imperatores Diocletianus et Maximianus AA. et CC. Flaviano
Dictam legem donationi, si non impossibilem contineat causam, ab eo qui hanc suscepit non impletam condictioni facere locum iuris dictat disciplina. quapropter si titulo liberalitatis res tuas in sponsam conferendo certam dixisti legem, nec huic illa, cum posset, paruit, successores ipsius de repetendis quae dederas, si hoc tibi placuerit, convenire non prohiberis.

Wurde eine *lex dicta donationi* nicht erfüllt, obwohl dies möglich war, so ist die Kondiktion statthaft. Falls daher der Bräutigam an seine Braut *titulo liberalitatis* bestimmte Sachen übergab und dabei eine *lex* aussprach, kann er die übereigneten Sachen von deren Erben zurückfordern, wenn die Braut der *lex* nicht nachkam, obschon sie die Auflage erfüllen konnte.

Auffällig ist die Eindeutigkeit, mit der Diokletian die Kondiktion gewährt. Die Unwiderruflichkeit der Schenkung ist plötzlich überwunden und die Erfüllungsklage durchaus außer Betracht gelassen; eine Interpolation ist daher nicht auszuschließen[1104]. Doch lässt sich der Maß der Eingriffe möglicherweise einschränken, wenn man berücksichtigt, dass das an Flavian ergangene Reskript eine Schenkung unter Verlobten betraf. Der zweite Satz, aus dem sich dieser Bezug ergibt, richtet sich direkt an den Anfragenden und entspricht damit der Reskriptensprache besser als der allgemein lautende erste Satz, der eine generelle Regel formuliert. Der Bezug auf die Schenkung unter Verlobten könnte die Zulassung

1102 Siehe S. 296f. mit Fn. 1158.

1103 Für die Datierung 11. Februar 294: HONORÉ, Emperors and Lawyers², S. 164 mit N. 319; S. 169 mit N. 384. Vgl. aber in HONORÉ, Palingenesia of Latin Private Rescripts, unter Nr. 2189 mit Doppeldatierung.

1104 Aus sprachlichen und inhaltlichen Gründen hielt C. 4,6,8 für interpoliert HAYMANN, Die Schenkung unter einer Auflage, S. 134f. Dagegen, dass dem Schenker unter Diokletian das Rückforderungsrecht wegen Nichterfüllung der Auflage zustand, auch TAUBENSCHLAG, Das römische Privatrecht zur Zeit Diokletians, S. 101, mit Ausnahme des Falls, dass die Auflage die Herausgabe des Geschenks an einen Dritten auferlegte.

der Rückforderung erklären, wobei zwei Deutungen in Betracht kommen: zum einen – so die vorzuziehende Deutung –, dass die *lex dicta* keine Auflage beinhaltete, sondern nur den Rückforderungsvorbehalt für den Fall, dass die Ehe nicht geschlossen wird. Trifft dies zu, so hieß es in der Originalfassung womöglich nicht *certam dixisti legem*, sondern etwa *repetendi dixisti legem*[1105]. Durch *certa* wurde der mögliche Inhalt der *lex dicta* nachträglich auf jede beliebige Auflage erweitert, um die generelle Fassung des ersten Satzes fortzusetzen. Zwar ist in den Quellen – soweit ersichtlich – kein eindeutiger Beleg dafür zu finden, dass Diokletian neben einer unwiderruflichen Schenkung unter Verlobten[1106] auch eine solche kannte, bei der das Rückforderungsrecht wegen nicht erfolgter Ehe zulässig wäre[1107]. Dies lässt sich auch daraus nicht schließen, dass bereits vor Diokletian Alexander Severus (C. 5,3,2) und Carus, Carinus und Numerianus (C. 5,3,7) dem Verlobten ein Rückforderungsrecht gewährten[1108], denn von den Entscheidungen früherer Kaiser wandte sich Diokletian auch in Bezug auf Schenkungswiderruf wegen Nichterfüllung der Auflage ab. Bei der Schenkung unter Verlobten wäre die Zulassung des Rückforderungsrechts aber deswegen denkbar, weil dieses womöglich bereits das klassische Juristenrecht kannte[1109], dem Diokletian folgte. Und so wie im klassischen Recht müsste das Rückforderungsrecht auch unter Diokletian dem Schenkungsrecht nicht entgegenstehen. Diokletian müsste nicht einmal die klassische Konstruktion des gemischten Geschäfts übernehmen, wonach mit der

---

1105 Zur *lex repetendi* vgl. C. 5,3,12 sogleich in Fn. 1106.

1106 In den Reskripten, die sich im Codextitel C. 5,3 *De donationibus ante nuptias vel propter nuptias et sponsaliciis* finden, entschied Diokletian gegen den Schenkungswiderruf. Vgl. auch C. 5,16,23 (siehe in Fn. 1067). Dies kann aber auch nur bedeuten, dass er über eine *simplex donatio* zu entscheiden hatte (zur *simplex donatio* unter Verlobten siehe im zweiten Teil, fünften Kapitel II., S. 214). Darauf, dass Diokletian den Rückforderungsvorbehalt bei der Schenkung unter Verlobten zuließ, könnte etwa C. 5,3,12 (Text sogleich unten) hindeuten. Diokletian lehnte dort das Rückforderungsrecht ab, wenn sich die Schenkerin keine *lex repetendi* ausbedungen hatte. Der Umkehrschluss – hätte sich die Schenkerin die *lex repetendi* ausbedungen, so hätte sie das Geschenk zurückfordern können – steht freilich auf schwachen Beinen, weil Diokletian die Worte *sine ulla repetendi lege* nur als bekräftigendes Argument verwenden konnte, etwa in dem Sinn: „nicht einmal eine *lex* fügte die Schenkerin der Zuwendung bei". Impp. Diocl., Maxim. C. 5,3,12: *Si mater vestra filiae suae sponso vel marito praedia sine ulla repetendi lege donavit et eum in vacuam induxit possessionem, nuptiis divortio solutis perfecta non dissolvitur donatio* (a. 294). Außerdem ist das Reskript mit der Alternative *sponso vel marito* und der Tatsache, dass sich die Frage *nuptiis divortio solutis* stellte, vielleicht nicht ganz ohne Veränderungen erhalten. Vgl. hierzu Solazzi, SDHI 24 (1958), S. 35.

1107 Dafür, dass Diokletian eine solche Schenkung zuließ: Ferretti, Le donazioni tra fidanzati, S. 38ff.; in diesem Sinn offenbar auch Taubenschlag, Das römische Privatrecht zur Zeit Diokletians, S. 102.

1108 Hierzu siehe oben S. 213 mit Fn. 825f.

1109 Siehe im zweiten Teil, fünften Kapitel II., S. 210ff.

Übergabe nur ein *negotium* (*datio ob rem*) zustande kam und die Schenkung als Behaltensgrund erst mit der Ehe wirksam wurde. Es würde genügen, wenn er mit dem Begriff der Perfektion[1110] arbeitete und die Schenkung bis zur tatsächlichen Eheschließung für imperfekt hielt[1111]. Bei dieser Betrachtung stünde die Rückforderung des Verlobten der Reskriptenpraxis Diokletians nicht entgegen, da nach dieser nur eine perfekte Schenkung unwiderruflich war (*perfecta donatio revocari non possit*; C. 4,6,6). Der Sachverhalt des in C. 4,6,8 reskribierten Falls ließe sich dann etwa so erschließen: Nach der Schenkung kündigte die *sponsa* das Verlöbnis auf und starb kurz darauf. Als der *sponsus* das Geschenk zurückfordern wollte, ließ Diokletian dies zu, weil die Schenkung imperfekt gewesen war (*successores ipsius de repetendis quae dederas, si hoc tibi placuerit, convenire non prohiberis*).

Dadurch, dass die Schenkung unter Verlobten erst mit der Ehe perfizierte[1112], lässt sich die Kondiktion auch dann in Einklang mit der Gesetzgebung Diokletians bringen, wenn die *lex dicta* eine Auflage enthielte. Der Fall ist etwa so denkbar: Der Bräutigam übergab Sachen schenkungshalber an die Verlobte, behielt sich aber das Rückforderungsrecht für den Fall vor, dass die Beschenkte Anlass zur Auflösung des Verlöbnisses gibt. Vereinbart wurde zugleich, dass die Beschenkte etwas Bestimmtes tut (Auflage). Die *sponsa* starb vor der Eheschließung, ohne die Auflage zu erfüllen, aber nach Ablauf einer Zeit, innerhalb derer sie die Auflage hätte erfüllen können. Flavian bat den Kaiser um Entscheidung, ob er die geschenkten Sachen zurückfordern dürfe. Die Rückforderung war etwa deswegen strittig, weil die *sponsa* bei aufrechtem Verlöbnis starb[1113]. Da die Eheschließung durch ihren Tod verhindert war, sah man die Rückforderungsbedingung „wenn die Verlobte Anlass zur Auflösung des Verlöbnisses gibt ...“ als nicht erfüllt. Daher fragte Flavian, ob er das Geschenk aus dem Grund zurückfordern könne, dass die Verlobte die Auflage nicht erfüllte, was Diokletian bejahte. Die Rückforderungsklage wegen Nichterfüllung der Auflage ließ Diokletian in diesem Fall ausnahmsweise zu, weil die Schenkung noch nicht perfekt gewesen war.

Justinian wollte den Bezug auf die einzugehende Ehe offenbar tilgen. Dafür spricht bereits, dass die Kommission das Reskript nicht in den Titel C. 5,3 *De*

1110 Zur Perfektion der Schenkung in der Reskriptenpraxis Diokletians zuletzt HARKE, Iuris prudentia Diocletiana, S. 272f.

1111 Hierzu siehe im zweiten Teil, fünften Kapitel II., S. 214ff. Dort auch die Begründung dafür, dass die Schenkung nicht gegen das Ehegattenschenkungsverbot verstieß.

1112 Freilich nur dann, wenn sich der *sponsus* für diesen Fall das Rückforderungsrecht vorbehielt, denn sonst wäre das Geschenk auch unter Verlobten nicht rückforderbar.

1113 Vgl. die im Jahr 319 erlassene Konstitution von Konstantin (C. Th. 3,5,2,3), wonach die Rückforderung auch dann zuzulassen ist, wenn die Beschenkte bei aufrechtem Willen, die Ehe einzugehen, starb. Zur späteren Regelung von Konstantin (C. Th. 3,5,6) siehe sogleich in Fn. 1114.

donationibus ante nuptias vel propter nuptias et sponsaliciis einordnete, sondern in C. 4,6 *De condictione ob causam datorum*[1114]. Durch Aufnahme des Reskripts in den Codex sollte die Regel eingeführt werden, dass die Rückforderung wegen Nichterfüllung der Auflage dem Schenker nur dann zustand, wenn die Auflagenerfüllung möglich war. Um dies zu verdeutlichen, fügte die justinianische Kommission in das Reskript den belehrenden ersten Satz ein[1115].

Nach Diokletian dagegen war es für die ausnahmsweise Zulassung der Kondiktion wohl entscheidend, dass die Schenkung unter Verlobten erfolgte. Nimmt man die weniger wahrscheinliche Deutung des Reskripts an, dass die *lex dicta* eine Auflage enthielt, und hält man auch die Worte *cum posset* in *nec huic illa, cum posset, paruit* für diokletianisch, so ist C. 4,6,8 ein Beleg dafür, dass die Kondiktion nach Diokletian eine mögliche (aber ausgebliebene) Auflagenerfüllung voraussetzte. Zu dem gleichen Ergebnis kommt man aber auch durch den Vergleich mit der *datio ob rem*; auch für diese bildete die Möglichkeit der Zweckerreichung Voraussetzung für die *condictio ob rem*:

C. 4,6,10 (3. Dezember 294 Nicomedia/Honoré 2519/20)
Imperatores Diocletianus et Maximianus AA. et CC. Cononianae
Pecuniam a te datam, licet causa, pro qua data est, non culpa accipientis, sed fortuito casu secuta non est, minime repeti posse certum est.

Licet bezieht sich auf *causa … secuta non est*[1116], sodass Diokletian der anfragenden Cononiana antwortet[1117]: „Obwohl der Leistungszweck nicht erreicht wurde, kannst du das hingegebene Geld nicht zurückfordern, wenn der Zweck nicht aus

1114 Eigentlich müsste Justinian in dem Fall, wenn die Ehe am Tod der Beschenkten scheiterte, die in den Codex aufgenommene Konstitution von Konstantin (C. 5,3,16pr. = C. Th. 3,5,6) berücksichtigen und je nachdem entscheiden, ob die *sponsa* „geküsst" (*interveniente osculo*) starb. War dies nicht der Fall, so hätte der Verlobte auch ohne die Auflage das ganze Geschenk zurückfordern können. Starb sie dagegen *interveniente osculo*, so konnte der Schenker nach ihrem Tod allenfalls die Hälfte zurückverlangen.

1115 Vgl. aber Honoré, Emperors and Lawyers², S. 169 mit N. 384, nach dem die Wendung *iuris disciplina*, die auch in Impp. Diocl., Maxim. C. 4,32,22 begegnet, „Hermogenianic" ist. Zur Identifizierung des Sekretärs Nr. 20 mit Hermogenian siehe unten in Fn. 1158.

1116 So mit weiteren zutreffenden Gründen Klingenberg, Fs. Hausmaninger 2006, S. 136ff., gegen den Itp.-Verdacht von Pernice, Labeo. 3. Bd. 1. Abt., S. 303f.; Schwarz, Die Grundlage der condictio, S. 147; Betti, SZ 82 (1965), S. 22 und anderen. Klingenberg, S. 136: „Der Reskriptsverfasser … setzt damit der Erwartungshaltung der Adressatin, die ja auch mit der ursprünglichen Struktur der *condictio ob causam datorum* übereinstimmt, die nunmehr gegenteilige, aber eben doch schon gefestigte Rechtslage entgegen."

1117 Im Folgenden paraphrasierend.

Verschulden des Empfängers, sondern zufällig verfehlt wurde." Da es wenig wahrscheinlich ist, dass die Haftung des Beschenkten strenger als jene des *accipiens ob rem* war, ist diese Haftungsbeschränkung auch für die Schenkungsauflage anzunehmen, die unter Diokletian regelmäßig mit der *actio praescriptis verbis* klagbar war. Auch mit dieser konnte der Schenker lediglich bei verschuldeter (*dolus, culpa*) Nichterfüllung der Auflage klagen.

Bei der *datio ob rem* waren die Konsequenzen der anfänglichen und nachträglichen Unmöglichkeit offenbar verschieden, da Diokletian bei der anfänglichen Unmöglichkeit die Kondiktion in C. 4,6,6 billigte. Bei der nachträglichen zufälligen Unmöglichkeit lehnte er die Rückforderung dagegen ab, der Empfänger haftete nur für *dolus* und *culpa*. Während das Risiko, dass die Zweckerreichung nachträglich unmöglich wurde, im klassischen Recht – wenn auch nicht ausnahmslos – der *accipiens* trug[1118], der das Empfangene zurückgeben musste, wurde die Gefahr in der diokletianischen Zeit auf den Geber verlagert. Diese Verlagerung der Gefahr konnte damit zusammenhängen, dass am Ende des 3. Jahrhunderts die Erfüllungspflicht des Empfängers bereits im Vordergrund stand, während das klassische Recht bei der *datio ob rem* überwiegend nur die *condictio ob rem* kannte. Die Grundlage der klassischen Kondiktion bestand in der objektiven Tatsache der Zweckverfehlung[1119]. Wenn später die *datio* primär die Erfüllungspflicht (*actio praescriptis verbis*) erzeugte, wandte man auf die *datio ob rem* ähnliche Regeln an, die für den Kauf galten[1120] – der Empfänger haftete nur bei verschuldeter Nichterreichung des Leistungszwecks. Und bei vom *accipiens* nicht zu vertretender Unmöglichkeit ging der vorleistende *dans* leer aus und stand damit so wie ein Käufer im *periculum*-Fall.

Wir dürfen somit schließen: C. 4,6,8 ist ein unzuverlässiger Beleg dafür, dass Diokletian dem Schenker generell eine Kondiktion wegen Nichterfüllung der Auflage gewährte[1121]. Das dort überlieferte Reskript bezog sich ursprünglich auf eine

---

1118 Hierzu insbesondere Klingenberg, Fs. Hausmaninger 2006, S. 119ff.; 135. Zur Gefahrtragung bei den Innominatkontrakten Angerer, Fs. Wesener 1992, S. 7ff.

1119 Koschembahr/Lyskowski, Die condictio als Bereicherungsklage, S. 196.

1120 Klingenberg, Fs. Hausmaninger 2006, S. 135.

1121 In diesem Punkt anders Harke, Iuris prudentia Diocletiana, S. 280ff., nach dem „die Figur der Schenkung unter Auflage, die sowohl *donatio* als auch kondiktionsbegründend ist, in den Reskripten Diokletians gut belegt" sei. Dies ergebe sich – so Harke (S. 280) – aus den Bescheiden, in denen „auf die Möglichkeit einer *condictio* verwiesen wird". Damit gemeint ist offenbar (s. Harke, S. 278) C. 4,6,7: *Si repetendi, quod donabas uxori eius, quem ad proficiscendum tecum huiusmodi liberalitate provocare proposueras, nullam addidisti condicionem, remanet integra donatio, cum levitati perfectam donationem revocare cupientium iure occurratur* (a. 293); und C. 8,54(55),4: *Perfecta donatio condiciones postea non capit. quare si pater tuus donatione facta quasdam post aliquantum temporis fecisse condiciones videtur, officere hoc nepotibus eius fratris tui filiis minime*

Schenkung unter Verlobten. Das Rückforderungsrecht bei der Schenkung unter Verlobten ist außer in C. 4,6,8 in den Reskripten Diokletians nicht einmal für den Fall belegt, dass die Ehe später nicht geschlossen wurde. Eine Interpolation in C. 4,6,8 ist daher nicht ganz unwahrscheinlich. Will man dennoch annehmen, dass Diokletian das Rückforderungsrecht des Verlobten billigte, weil er etwa dem klassischen Juristenrecht folgte, so kann die ausnahmsweise Zulassung der Rückforderung bei der Schenkung unter Verlobten damit begründet werden, dass die Schenkung vor der Ehe nicht perfekt war. Man könnte auf den Gedanken kommen, die Kondiktion lasse sich auch bei Schenkung unter Auflage damit rechtfertigen, dass Diokletian die Schenkung *immer* für imperfekt gehalten habe, wenn sich der Schenker für einen bestimmten Fall (also auch jenen der unterlassenen Auflagenerfüllung) eine *lex repetendi* vorbehielt. Dagegen spricht aber C. 4,6,6, wo Diokletian, wenn eine Sklavin gegeben wurde, damit der Empfänger eine andere Sklavin freiließ, unterscheidet: Entweder ist das eine Schenkung, die *perfekt* und die Rückforderung daher ausgeschlossen ist, oder eine *datio ob manumittendam filiam*, und der Geber kann daher *causa non secuta* zurückfordern.

---

posse non dubium est (a. 291). Aus C. 4,6,7 lässt sich jedoch nicht entnehmen, dass, wenn der Schenker eine *condicio repetendi* beifügte, Diokletian ihm die Kondiktion gewähren und das Geschäft *dennoch* als eine Schenkung beurteilen würde. Vielmehr rechtfertigt C. 4,6,6 die Behauptung, dass Diokletian das Rechtsgeschäft bei Gewährung der Kondiktion als eine „einzweckige" *datio ob rem* sähe (zu C. 4,6,7 siehe im ersten Teil, zweiten Kapitel II.2, S. 54). Was C. 8,54(55),4 betrifft, ist nicht einmal sicher, ob sich das Reskript mit einer Auflage befasste; Diokletian sagt nur, dass der Vater eine Schenkung nachträglich nicht wirksam mit *condiciones* versehen konnte und es daher den Beschenkten nicht schadet, wenn er später die Schenkung unter solche *condiciones* zu stellen schien. Für die These soll nach Harke (S. 280) ferner C. 8,55(56),4 (a. 293) sprechen; doch kommt dort keine Auflage vor und Diokletian lehnte das Rückforderungsrecht ab. Weiter führt Harke (S. 281f.) Quellen an, in denen Diokletian die *actio praescriptis verbis* gewährte. Aus der Tatsache, dass Diokletian dem Schenker eine *actio praescriptis verbis* gewährte, kann man aber nicht schließen, dass dem Schenker als Alternative auch die *condictio ob rem* zustehen musste. Somit bleibt C. 4,6,8 der einzige Beleg für die von Harke vertretene These, dass der Schenker unter Diokletian wegen Nichterfüllung der Auflage das Geschenk kondizieren konnte. Das in C. 4,6,6 enthaltene Reskript, das dem Reskript in C. 4,6,8 direkt widerspricht, meint Harke (S. 280) mit der Vermutung zu entkräften, die Wortwahl des Reskripts C. 4,6,6 könne „durchaus dem Ziel einer verkürzenden Darstellung geschuldet sein". Bedenkt man aber, wie deutlich Diokletian in C. 4,6,6 das *dare donandi animo* dem *dare ob manumittendam filiam* gegenüberstellte, so ist dies wenig wahrscheinlich. Auf die Entscheidung Diokletians *sicut donatio perfecta facile rescindi non potest, ita legi, quam tuis rebus donans dixisti, parere convenit* (C. 4,38,3), in der Diokletian das Rückforderungsrecht des Schenkers wegen Nichterfüllung der Auflage ablehnte und stattdessen dem Schenker den Anspruch auf Auflagenerfüllung zuerkannte, geht Harke (S. 281) nicht näher ein.

IV. Die *donatio temporalis*

1. Die auferlegte Restitution des Geschenks an einen Dritten (Fr. Vat. 286)

Die Kondiktion des Schenkers stand der Regel „*perfecta donatio revocari non possit*" dann nicht entgegen, wenn die Schenkung von vornherein nur auf Zeit beabsichtigt war, zum Beispiel wenn die *ut*-Abrede dem Beschenkten auferlegte, das Geschenk nach einer bestimmten Zeit an einen Dritten herauszugeben. Die Rückforderungsklage hatte für den Schenker zur Zeit Diokletians aber keine praktische Bedeutung, weil sie durch eine direkte *actio utilis* des Drittbegünstigten ersetzt wurde.

Fr. Vat. 286 = Codex Gregorianus libro XIII (21. September 290/Honoré 1632/19)
Divi Diocletianus et Maximianus Iuliae Marcellae
pr.[1122]: Quoties donatio ita conficitur, ut post tempus id quod donatum est alii restituatur, veteris iuris auctoritate rescriptum est, si is in quem liberalitatis compendium conferebatur stipulatus non sit, placiti fide non servata, ei qui liberalitatis auctor fuit vel heredibus eius condicticiae actionis persecutionem competere.
§ 1: Sed cum postea benigna iuris interpretatione divi principes ei qui stipulatus non sit utilem actionem iuxta donatoris voluntatem decernendam esse admiserint, actio, quae sorori tuae, si in rebus humanis ageret, potuit decerni, si quae proponis vera sunt, tibi adcommodabitur.[1123]

Nach dem *ius vetus*, dessen Auffassung bereits erörtert wurde[1124], hatte der begünstigte Dritte aus der *donatio, ut post tempus id quod donatum est alii restituatur* keinen Anspruch gegen den Beschenkten. Um die Restitution vom Beschenkten verlangen zu können, musste der Dritte mit dem Beschenkten eine Stipulation abschließen. Einen Schritt weiter gingen erst die *divi principes*[1125], die dem Dritten bei Fehlen der Stipulation eine *actio utilis* gegen den Beschenkten gewährten.

1122 Gliederung des Reskripts folgt der Doppelüberlieferung in C. 8,54(55),3 (siehe im vierten Teil, ersten Kapitel II., S. 312).

1123 FIRA II., S. 527. Zum Text zahlreiche Literatur bei Talamanca, Studi Metro, Tomo VI., 2010, S. 249, N. 1.

1124 Oben im zweiten Teil, zweiten Kapitel III., S. 128ff.

1125 Es war nicht ungewöhnlich, dass Diokletian den Namen des Urhebers der Konstitution, auf die er sich berief, nicht erwähnte, siehe Taubenschlag, Das römische Privatrecht zur Zeit Diokletians, S. 6. Dafür, dass die in Fr. Vat. 286 zitierten *divi principes* Mark Aurel und Verus sind: Hellwig, Die Verträge auf Leistung an Dritte, S. 26; dagegen für Gordian und andere, die vor Diokletian dem Zessionar die *actio utilis* gewährten: Valiño, Actiones utiles, S. 206. Nicht zuzustimmen ist Finazzi, Studi Metro II., 2010, S. 465, dass die *divi principes* Diokletian und Maximian selbst seien; gegen Finazzi auch Finkenauer, SZ 135 (2018), S. 246, N. 414.

Diese *actio utilis* billigte nun Diokletian auch der Erbin der verstorbenen Dritten (der Anfragenden Julia Marcella) zu.

Die Grundlage der *actio utilis* ist in der Literatur unterschiedlich erklärt worden. Vermutet worden ist, dass die *actio utilis* der Klage des Schenkers (der *actio fiduciae*[1126] beziehungsweise der *condictio*[1127]) nachgebildet gewesen sei oder dass ihr eine fingierte *stipulatio* zwischen dem Beschenkten und dem Dritten zugrunde gelegen habe[1128]. Auch eine *actio praescriptis verbis*[1129] oder eine dem Fideikommiss analoge Belastung des Beschenkten[1130] sind vertreten worden.

Nach dem Reskript steht die *actio utilis* dem Dritten „gemäß dem Willen des Schenkers" zu (*utilem actionem iuxta donatoris voluntatem*). Dieser ausdrückliche Hinweis auf den Willen des Schenkers im Zusammenhang mit dem Klägerwechsel zwischen *principium* und § 1 (im *principium* der Schenker, in § 1 der Dritte) spricht dafür, dass der *actio utilis* eine Zessionskonstruktion[1131] zugrunde lag. Diokletian spricht die *actio condicticia* des Schenkers im *principium* deswegen an, weil diese Klage – als Objekt einer konkludenten Zession[1132] – die Grundlage für die *actio utilis* bildete. Wollte der Schenker die Restitution an den Dritten, so wollte er nun genau genommen viel eher seine Kondiktion an den Dritten abtreten als selbst wieder die Sache zurückhaben. Nach dieser Willensauslegung ist die Kondiktion als konkludent an den Dritten zediert zu verstehen (*iuxta donatoris voluntatem*). Mit der *actio utilis* nach Subjektumstellung – *reddere* an den Schenker ist umgestellt auf *reddere* an den Dritten – erreicht man direkt das gewollte *restituere* des Auflagenverpflichteten an den Dritten. Stirbt

1126 Erbe, Die Fiduzia, S. 198 mit N. 4.

1127 Haymann, Die Schenkung unter einer Auflage, S. 158; Mitteis, Römisches Privatrecht, S. 203; De Francisci, ΣΥΝΑΛΛΑΓΜΑ, S. 266; Giffard, L'actio civilis incerti, S. 137ff. (für eine *condictio incerti*).

1128 Wesenberg, Studi Arangio-Ruiz, I., 1953, S. 415ff. („Der Ausgangspunkt des Rechtes der Drittbedachten für die Entscheidung der *divi principes* war nicht die zugunsten der Marcella gesetzte Auflage, nicht also ein Vertrag zugunsten Dritter sondern vielmehr ein an seine Stelle tretendes Surrogat eine dem Dritten vom Beschenkten zu leistende *stipulatio*, die der Verkehr herausgebildet hatte"); Simon, SZ 87 (1970), S. 385. Die Annahme einer stillschweigenden Stipulation war dem justinianischen Recht nicht fremd, vgl. bei der *dos* in Imp. Just. C. 5,13,1. Pernice, Labeo. 3. Bd. 1. Abt., S. 285, N. 1, sogar für eine *rei vindicatio utilis*?

1129 Artner, Agere praescriptis verbis, S. 38; 160, N. 478; Knütel, SCom. 20–21 (2007/2008), S. 272. Für *actio praescriptis verbis* auch Theodorus mit Eudoxius im Scholion zu Bas. 47,1,72 (Heimb. IV, S. 593 = Schelt. B VII., S. 2783f.).

1130 Savigny, System, 4. Bd., S. 285f. Dagegen bereits Erxleben, Die condictiones sine causa, S. 302ff.

1131 Harke, Actio utilis, S. 296f.

1132 Für eine fingierte Zession Erxleben, Die condictiones sine causa, S. 300ff. Dagegen Hellwig, Die Verträge auf Leistung an Dritte, S. 26f.

dann der Dritte, kommt es zur *accommodatio* (Anpassung der Aktivlegitimation zur *utilis*) an seinen Erben (an die Julia Marcella). Wir sehen daraus, dass die *benigna interpretatio* der Kaiser die Regeln des Zessionsrechts in der Weise erweitert, dass der Dritte die *actio utilis* bekommt, obgleich er mit dem Schenker kein *mandatum ad agendum* abgeschlossen und gegen den Schenker auch sonst keinen Anspruch auf Übertragung der Forderung hatte[1133]. Der Dritte kann nun selbst „zurückfordern"; das Ergebnis, das nach *ius vetus* zwei Übereignungsakte erforderte (Rückgabe an den Schenker und danach Übereignung der Sache an den Dritten), wird nun mittels einer Klage erreicht. Der Vorteil der *actio utilis* bestand nicht nur in der Verkürzung des Vollzugs, sie sicherte den Dritten vor allem in dem Fall ab, dass der Schenker zum Zeitpunkt der auferlegten Restitution nicht mehr lebte. Falls der Beschenkte die Restitutionsauflage nicht freiwillig erfüllte, bestand das Risiko, dass die Erben des Schenkers kein Interesse an der Durchsetzung der Auflage haben würden[1134]. Als Folge würde das Geschenk abredewidrig dem Beschenkten verbleiben, da der Dritte weder gegen die Erben des Schenkers noch gegen den Beschenkten eine Klage hätte.

Die vorzuziehende Deutung: Julia Marcella ist Schwester und Erbin der Auflagenbegünstigten

Aus dem Reskript könnte man den Eindruck gewinnen, dass auf die Zession direkt der Satz *actio, quae sorori tuae, si in rebus humanis ageret, potuit decerni, si quae proponis vera sunt, tibi adcommodabitur* hinweist, der so verstanden werden könnte: „Die Klage (*actio condicticia*), die deiner Schwester (= Schenkerin) gewährt werden könnte, wenn sie zu Lebzeiten klagte, wird dir ‚angepasst'". Bei dieser Interpretation wäre die Auflagenbegünstigte die Julia Marcella selbst, die zugleich die Schwester der Schenkerin wäre[1135], nicht aber ihre Erbin – wäre sie ihre Erbin, so hätte sie aus der ererbten *actio condicticia* klagen können und hätte keine *actio utilis* benötigt[1136]. Der Satz müsste dann aber zugleich bedeuten, dass die Zession erst nach dem Tod der Schenkerin anzunehmen ist, weil sie zu Leb-

1133 Harke, Actio utilis, S. 297.

1134 Gleichsinnig Harke, Actio utilis, S. 296.

1135 Dafür, dass die Schenkerin Schwester der auflagenbegünstigten Julia Marcella war: Erxleben, Die condictiones sine causa, S. 301f.; De Francisci, ΣΥΝΑΛΛΑΓΜΑ, S. 265f.; zuletzt Harke, Actio utilis, S. 296 (nach dem der Empfänger des Reskripts der Bruder (etwa Irrtum?) der verstorbenen Schenkerin war); Finkenauer, SZ 135 (2018), S. 246f. Dagegen bereits Hellwig, Die Verträge auf Leistung an Dritte, S. 24; Haymann, Die Schenkung unter einer Auflage, S. 156; Schulz, Fs. Zitelmann 1913, S. 6; Kaden, SZ 67 (1950), S. 554, N. 35.

1136 Die Vererblichkeit der *actio condicticia* ist im *principium* ausdrücklich erwähnt: *ei qui liberalitatis auctor fuit vel heredibus eius condicticiae actionis persecutionem competere.*

zeiten selbst klagen konnte (*quae sorori tuae, si in rebus humanis ageret, potuit decerni*). Dieser Auffassung widerspricht der erste Teil des § 1, nach dem die Gewährung der *actio utilis* lediglich die fehlende Stipulation zwischen dem Beschenkten und dem Dritten voraussetzte (*ei qui stipulatus non sit utilem actionem iuxta donatoris voluntatem decernendam esse admiserint*).

Der Fallauffassung (Julia Marcella = Auflagenbegünstigte) hat zuletzt auch Finkenauer[1137] den Vorzug gegeben. Eine Zessionskonstruktion lehnt Finkenauer jedoch ab, indem er meint, dass die Auflagenbegünstigte Julia Marcella die *actio utilis* und die Schenkerin daneben die *actio condicticia* gehabt habe[1138]. Als Folge könnten sich die Schenkerin und die Auflagenbegünstigte offenbar entscheiden, wer von ihnen die Herausgabe vom Beschenkten verlangt. Dagegen ist einzuwenden: Das *principium* spricht von *si is in quem … conferebatur stipulatus non sit, … ei qui liberalitatis auctor fuit … condicticiae actionis persecutionem competere* und meint: Der Schenker hat die *actio condicticia nur dann*, wenn der Auflagenbegünstigte keine Klage hat. Schon dies macht es wenig wahrscheinlich, dass der Schenker die *actio condicticia* neben der *actio utilis* der aus der Auflage Begünstigten hatte. § 1 gibt aus *benigna interpretatio* der Begünstigen, die keine Stipulation hat, eine *utilis* (*iuxta donatoris voluntatem*) und setzt fort mit: *actio*, *quae sorori tuae … potuit decerni, tibi adcommodabitur*. Dies müsste nun die *condicticia* der Schenkerin sein, die die Julia Marcella, die aber schon die *utilis* hatte, nun dazubekam. Nach Finkenauer gelangt die *condicticia* (insoweit konsequent) an den Erben nach der Schenkerin, aber dann passt eben der Schlusssatz nicht, dass die *actio*, die die Schenkerin hatte (die *condicticia*), *tibi adcommodabitur*. Besser passt also, dass die *soror* als Begünstigte die *utilis* hatte und diese nun „angepasst wird" an die Julia Marcella.

Trifft es zu, dass die *actio utilis* der Auflagenbegünstigten auf der Klageabtretung kraft Willensauslegung beruhte, so erwarb sie aus der Schenkung kein originäres Klagerecht, weswegen die *donatio, ut alii restituatur* einem Vertrag zugunsten Dritter noch fern stand[1139] – dies entspricht auch anderen überlieferten Konstitutionen Diokletians[1140]. Allerdings ist zuzugeben, dass aus der Sicht der

1137 Finkenauer, SZ 135 (2018), S. 245ff.

1138 Finkenauer, SZ 135 (2018), S. 247: „Solange die Schwester (und Schenkerin) also am Leben war, hatte sie die *condictio* und der Begünstigte daneben die *actio utilis.*"

1139 Gegen Drittwirkung der Schenkung auch Harke, Actio utilis, S. 296f.; Wesenberg, Studi Arangio-Ruiz, I., 1953, S. 417ff. Gegen einen Vertrag zugunsten Dritter ferner Albertario, Fs. Koschaker, II. Bd., 1939, S. 24ff. Vgl. aber Kaden, SDHI 19 (1953), S. 389; Ankum, Études Macqueron 1970, S. 23, N. 17.

1140 Einen echten Vertrag zugunsten Dritter scheint Diokletian nicht anzuerkennen: Impp. Diocl., Maxim. C. 4,27,1pr.; C. 5,12,19pr.: *ex alieno pacto nec prorsus ei ulla competit actio*. Die Gültigkeit eines unechten Vertrags zugunsten Dritter setzte voraus, dass der Gläubiger an der Leistung an den Dritten ein schutzwürdiges Interesse hatte. C. 8,38(39),3pr.: *Ut inter absentes verborum*

Auflagenbegünstigten durch die Zessionslösung ein dem echten Vertrag zugunsten Dritter entsprechendes Ergebnis erreicht wurde[1141]. Von einem Vertrag zugunsten Dritter lässt sich hier aber dennoch nicht sprechen, weil die Klage (= der Direktanspruch des Dritten) nicht durch eine Vereinbarung zwischen den Vertragsteilen begründet wurde, sondern sich nur auf den Willen des Schenkers stützte (*iuxta donatoris voluntatem*)[1142].

Erxleben meinte, dass die Zession erst nach dem Tod des Schenkers fingiert gewesen sei (erst dann, wenn der Schenker selbst „sich nicht nur nicht im entgegengesetzten Sinn erklärt hat, sondern auch nicht mehr im entgegengesetzten Sinn erklären kann"[1143]). *Iuxta donatoris voluntatem* ist aber eher so zu sehen, dass bereits die dem Beschenkten auferlegte Restitution genügte, um die Zessionsfiktion zu rechtfertigen. Der Schenker erklärte mit der Auflage seinen Willen, auf die Sache (und somit auch auf die Rückforderungsklage) zugunsten des Dritten zu verzichten[1144].

Mit der *actio utilis* konnte der Dritte nur dann vorgehen, wenn er mit dem Beschenkten keine Stipulation abgeschlossen hatte (*ei, qui stipulatus non sit*). Bei abgeschlossener Stipulation hätte auch der Schenker keine *actio condicticia* gehabt, die Zessionsfiktion wäre somit ausgeschlossen. Freilich hatte der Dritte die *actio condicticia utilis* nur in dem Fall, wenn der Beschenkte *das ganze Geschenk* (außer der in der Zwischenzeit gezogenen Früchte) zu restituieren[1145] hatte. Sa-

---

obligatio contrahi non potest, ita alteri, cuius iuri subiectus non est, aliquid dari vel restitui, nisi sua intersit, nemo stipulari potest. Ungewiss ist jedoch, worin das Interesse bestand, dass der Stipulator in C. 8,38(39),3,1 an der Leistung an Julian hatte; zum Text Kaser, Fs. Seidl 1975, S. 82ff. Die *actio utilis* des Dritten in Impp. Diocl., Maxim. C. 5,14,7 ist sehr wahrscheinlich interpoliert; verdächtigt wurde auch die *actio utilis* in Paul. D. 24,3,45; siehe dazu Harke, Actio utilis, S. 291ff.; Schnabel, Der solutionis causa adiectus, S. 156ff.; Stagl, Favor dotis, S. 146ff.; Kaser, Fs. Seidl 1975, S. 84, N. 43; Simon, RIDA[3] 16 (1969), S. 302f.; Taubenschlag, Das römische Privatrecht zur Zeit Diokletians, S. 173.

1141 Vgl. Finkenauer, SZ 135 (2018), S. 247f.

1142 Sprachlich kann offen sein, ob man dem Sinn nach versteht: a) Die *divi principes* ließen es zu, dass ihm, dem nicht versprochen wurde, *iuxta donatoris voluntatem* eine Klage zusteht (*der Schenker* wollte, dass sie ihm abgetreten wurde), oder – nur um eine Nuance anders – b) die *divi principes* gaben ihm eine Klage, weil sie sahen, dass dies *iuxta donatoris voluntatem* (ganz nahe bei dem Willen des Schenkers – *iuxta* im Sinn von *secundum*) ist.

1143 Erxleben, Die condictiones sine causa, S. 309.

1144 Oder genauer: Auf den, der die Restitution an den Dritten will, wendet die kaiserliche Kanzlei die gleichen Folgen an wie bei einem Verzicht der Rückforderungsklage zugunsten des Dritten, so hin, wie wenn zediert wäre, denn es entspricht dem Willen des Schenkers besser, dass dann gleich der Dritte klagen können soll.

1145 Daher stand keine *actio utilis* den Gläubigern in Diocl., Maxim. C. 8,53(54),22pr. zu (siehe dazu in diesem Kapitel unter II.2.b., S. 280). Hierzu auch Finazzi, Studi Metro, II., 2010, S. 467f.

vigny[1146] ist daher zu weit gegangen, wenn er die „stillschweigende Zession" der Kondiktion mit der Begründung ablehnte, die These führe dahin, dass, wenn ein Landgut verschenkt worden wäre, „mit dem Modus einen alten treuen Diener zu verpflegen, so würde derselbe nicht blos die verweigerten Alimente, sondern das ganze Landgut einklagen können".

Auch wenn die Zession bereits infolge der Restitutionsauflage begründet war, sodass der Schenker die Kondiktion tatsächlich nicht hatte, war die *actio utilis* dennoch eine zedierte Rückforderungsklage, die bei der Auflage *ut post tempus alii restituatur* daher ausnahmsweise zugelassen werden musste. Während das klassische Recht (*ius vetus*) in der *donatio, ut post tempus alii restituatur* nur eine Schenkung der Zwischenvorteile *(negotium mixtum cum donatione)* sah[1147], ist es wohl denkbar, dass Diokletian das Rechtsgeschäft trotz der Kondiktion als Schenkung im eigentlichen Sinn (Schenkung der übergebenen Sache selbst) betrachtete. Die Schenkung war auch zu seiner Zeit unwiderruflich, doch stünde die Kondiktion dem Schenker erst *post tempus* zu. Die Restitutionsauflage setzte der Schenkung ein Zeitmaß; sie bestimmte dem schenkungshalber erworbenen Vorteil des ersten Beschenkten die zeitlichen Grenzen, sodass die Schenkung eine *ad tempus* wurde. Da die *donatio* von vornherein als eine befristete vereinbart war, sah Diokletian die Rückforderungsklage nicht als Schenkungswiderruf.

2. *Dono dedisti ita, ut post mortem eius qui accepit ad te rediret* (Fr. Vat. 283)

Durch den *ad-tempus*-Charakter der Schenkung ist Fr. Vat. 286 mit dem in Fr. Vat. 283 überlieferten Reskript Diokletians verwandt.

Fr. Vat. 283 (11. März 286/Honoré 1475/17)
Divi Diocletianus et Maximianus [Aurelio Carrenoni] <Aurelio Zenoni>[1148]
Si <praediorum> stipendiariorum proprietatem dono dedisti ita, ut post mortem eius qui accepit ad te rediret, donatio inrita est, cum ad te<mpus> proprietas transferri nequiverit. si vero usum fructum in eam, contra quam supplicas, contulisti, usum fructum a proprietate alienare non potuisti.[1149]

1146 Savigny, System, 4. Bd., S. 285f.

1147 Siehe dazu im zweiten Teil, zweiten Kapitel III., S. 127ff.

1148 So die richtige Inskription in der sonst interpolierten Überlieferung in C. 8,54(55),2: *Si praediorum proprietatem dono dedisti ita, ut post mortem eius qui accepit ad te rediret, donatio valet, cum etiam ad tempus certum vel incertum ea fieri potest, lege scilicet quae ei imposita est conservanda* (a. 286). Dazu im vierten Teil, zweiten Kapitel III., S. 323ff.

1149 FIRA II., S. 526.

Zenon übergab Provinzialgrundstücke schenkungshalber mit der Abrede[1150], dass sie beim Tod des Beschenkten zu ihm zurückkehren. Der Diktion *ad te rediret* lässt sich entnehmen, dass sich der Schenker einen dinglichen Rückfall des Eigentums vorbehalten wollte[1151]. Denkbar ist, dass er den Rückfall nur für den Fall beabsichtigte, dass er den Beschenkten überlebt (*ad te rediret*; somit eine auflösende Bedingung). Ganz ausschließen lässt sich jedoch auch der vom Überleben des Schenkers unabhängige Rückfall nicht (somit *dies certus an incertus quando*)[1152], wovon die Erben des Schenkers profitieren könnten. Nach Diokletian war die Schenkung ungültig, da das Eigentum nicht auf Zeit übertragen werden konnte (*ad te<mpus>*[1153]). Das Problem des zweiten Satzes[1154] kann hier offenbleiben.

Jüngst hat Chorus[1155] angenommen, die Entscheidung Diokletians habe keine allgemeine, das Eigentum auf Zeit verneinende Bedeutung. Vielmehr beschränke sie sich auf den vorliegenden Fall und hänge mit der *causa donandi* zusammen. Diokletian habe gemeint: Das Eigentum könne aufgrund der *causa donandi* nicht auf Zeit übertragen werden, da eine *donatio* nur dann gültig sei, wenn jemand eine Sache so gebe, dass er sie nicht zurückbekomme. Entgegen Chorus sagt die Begründung *cum ad te<mpus> proprietas transferri nequiverit* jedoch, dass die Sachschenkung bereits an der Unzulässigkeit des zeitlichen Eigentums scheiterte. *Donatio inrita est* bedeutet, dass die schenkungshalber vorgenommene Übereig-

1150 Die *praedia stipendiaria* bildeten eine Unterart der Provinzialgrundstücke (Gai. Inst. 2,21), die, da sie keine *res mancipi* waren, mit der *traditio ex iusta causa* übereignet werden konnten. Dazu ausführlich Pernice, Labeo. 3. Bd. 1. Abt., S. 93. Vgl. im justinianischen Recht: Just. Inst. 2,1,40.

1151 So auch Pernice, Labeo. 3. Bd. 1. Abt., S. 94; Amelotti, La donatio mortis causa, S. 99; Chorus, Essays Winkel 2014, S. 168. Vgl. aber Rüger, Die donatio mortis causa, S. 60f.

1152 Für den *dies certus an incertus quando* zuletzt Chorus, Essays Winkel 2014, S. 168; Flume, Rechtsakt, S. 150f. (nicht zuzustimmen ist seiner Meinung, dass in Fr. Vat. 283 eine *donatio mortis causa* vorliegt).

1153 Für den Einschub *ad te<mpus>* zuerst Rudorff, Das Recht der Vormundschaft, S. 294, N. 2; siehe auch Fragmenta Vaticana, ed. A. Maius, ad h. l. N. 110 in Corpus iuris romani anteiustiniani, Vol. I; zuletzt Chorus, Essays Winkel 2014, S. 164 (dort auch Meinungsüberblick in N. 8). Für *ad te<mpus>* spricht ferner die Argumentation in der interpolierten Codexstelle C. 8,54(55),2, die direkt gegen diesen Problempunkt gerichtet ist (dazu im vierten Teil, zweiten Kapitel III., S. 323ff.). Demgegenüber für *ad te* Appleton, BIDR 1 (1888), S. 194ff.; später hielt *ad te* für möglich auch Peters, Die Rücktrittsvorbehalte, S. 173ff.; dagegen Talamanca, IURA 24 (1973), S. 370f.

1154 Dazu zuletzt Chorus, Essays Winkel 2014, S. 163ff. und Harke, Iuris prudentia Diocletiana, S. 264, nach dem die Kanzlei Diokletians die Umdeutung des Geschäfts in die schenkweise Bestellung eines Nießbrauchs auf Lebenszeit des Beschenkten in Betracht zog, jedoch für diese eine „uns nicht mehr nachvollziehbare Schwierigkeit" sah und der Zuwendung daher auch „unter diesem Gesichtspunkt die Wirksamkeit" absprach.

1155 Chorus, Essays Winkel 2014, S. 171f.

nung nichtig war; die *donatio* lässt sich nicht von der Übereignung trennen, da sie sich als Handschenkung erst mit der *datio* verwirklichen konnte[1156].

Fraglich ist, ob Diokletian die *donatio* und den Eigentumsübergang auch dann abgelehnt hätte, wenn sich der Schenker statt des dinglichen Rückfalls lediglich ein Rückforderungsrecht vorbehalten hätte. Ähnlich wie oben in Fr. Vat. 286 wollte der Schenker auch hier dem Beschenkten nur den zeitlich beschränkten Genuss der Sache zuwenden. Der Unterschied zwischen den zwei Fällen bestünde nur darin, dass das Zeitmaß der *donatio* in Fr. Vat. 286 zugunsten des Dritten, hier dagegen zugunsten des Schenkers gesetzt würde. So hatte der Schenker in Fr. Vat. 286 primär die Restitution an den Dritten vor Augen, während er in Fr. Vat. 283 in der ausdrücklichen Absicht *ut ad se reverti* übereignete. Fr. Vat. 286 zeigt, dass Diokletian nicht mehr der klassischen Auffassung folgte, nach der der Schenkung jedes Rückforderungsrecht des Schenkers entgegenstand. Das Merkmal „*qui donat, sic dat, ne recipiat*" ersetzte Diokletian durch die Regel der Unwiderruflichkeit einer Schenkung (*perfecta donatio revocari non possit*). Und ein Schenkungswiderruf lag dann nicht vor, wenn die Schenkung von Anfang an nur für eine bestimmte Zeit gewollt war und der Schenker die Rückforderungsklage[1157] erst nach Ablauf der vereinbarten Zeit erhob. Somit ist zu vermuten, dass, wenn sich der Schenker in Fr. Vat. 283 nur ein Rückforderungsrecht nach dem Tod des Beschenkten vorbehalten hätte, Diokletian die *donatio* als gültig betrachtet hätte.

V. *Ea lege donationis causa pecunia Titio numerata, ut statim donatori mutuo detur* (Herm. D. 39,5,33,1)

Dass die diokletianische Libellkanzlei die strikte klassische Auffassung des Schenkungsmerkmals „*qui donat, sic dat, ne recipiat*" verließ, kann man auch aus D. 39,5,33,1 entnehmen. Der Text stammt von Hermogenian, der in den Jahren 293/294, als die meisten erörterten Reskripte Diokletians erlassen wurden, die

1156 Richtig Voci, Diritto ereditario romano 1², S. 205. Anders jedoch zuletzt Rüger, Die donatio mortis causa, S. 61. Vgl. Ulp. D. 41,2,17,1: *Differentia inter dominium et possessionem haec est, quod dominium nihilo minus eius manet, qui dominus esse non vult, possessio autem recedit, ut quisque constituit nolle possidere. si quis igitur ea mente possessionem tradidit, ut postea ei restituatur, desinit possidere.*

1157 Möglicherweise könnte der Schenker die Rückgabe (das Interesse an der Rückgabe) auch mit der *actio praescriptis verbis* durchsetzen, da die Auflage die Rückgabe nach Zeitablauf beinhaltete. Vgl. zur *actio praescriptis verbis* auf Rückgabe einer zur *dos* gegebenen Sache C. 5,12,6 (zur Konstitution auch oben bei Fn. 1009).

diokletianische Libellkanzlei leitete[1158] und somit höchstwahrscheinlich auch Verfasser der Reskripte war[1159].

D. 39,5,33,1 (HERMOGENIANUS libro sexto iuris epitomarum)
Ea lege donationis causa pecunia Titio numerata, ut statim donatori mutuo detur, non impeditur dominii translatio: ac propterea isdem nummis donatori creditis novum dominium in his quaeritur.

Hermogenian erörtert eine *donatio* mit der Auflage, der Beschenkte solle das geschenkte Geld sogleich an den Schenker als Darlehen zurückauszahlen. Mit einem ähnlichen Fall beschäftigte sich Julian in dem bereits erwähnten Text D. 12,1,20[1160].

D. 12,1,20 (IULIANUS libro octavo decimo digestorum)
Si tibi pecuniam donassem, ut tu mihi eandem crederes, an credita fieret? dixi in huiusmodi propositionibus non propriis verbis nos uti, nam talem contractum neque donationem esse neque pecuniam creditam: donationem non esse, quia non ea mente pecunia daretur, ut omnimodo penes accipientem maneret: creditam non esse, quia exsolvendi causa magis daretur, quam alterius obligandi. igitur si is, qui pecuniam hac condicione accepit, ut mihi in creditum daret, acceptam dederit, non fore creditam: magis enim meum accepisse intellegi debeo. [sed haec intellegenda sunt propter suptilitatem verborum: benignius tamen est utrumque valere.]

Statt der julianischen Bezeichnung *hac condicione* verwendet Hermogenian *lex* (*ea lege*), eine Auflagenbezeichnung, die auch für die Reskripte von Alexander Severus, Valerian und Gallienus typisch war. Die *lex ut statim donatori mutuo detur* kann nach Hermogenian die Eigentumsübertragung an den Beschenkten nicht verhindern. Zahlt daher der Beschenkte dieselben Geldstücke als Darlehen

---

1158 Als Sekretär Nr. 20. Später, von März 295 bis März 296, leitete Hermogenian die Kanzlei von Maximian, dazu HONORÉ, Emperors and Lawyers², S. 143; 163ff.

1159 Die Reskripte der Jahre 293/294 enthielt der von demselben Hermogenian verfasste und im Jahr 295 veröffentlichte Codex Hermogenianus; so die herrschende Meinung: CORCORAN, The Gregorianus and Hermogenianus, P. 15ff., mit der Bemerkung: „Thus what Hermogenian produced was a book of his own *responsa*, if hidden behind an imperial mask … The fact that Hermogenian was an imperial official makes the production of his code seem part of imperial policy." LIEBS, Die Jurisprudenz im spätantiken Italien, S. 36; 137; LIEBS, Römische Jurisprudenz in Africa², S. 106f.; HONORÉ, Emperors and Lawyers², S. 142; KARAMBOULA, Von Diokletian, S. 125 mit N. 7, S. 126f. Zur Rekonstruktion des Codex Hermogenianus CENDERELLI, Ricerche sul Codex Hermogenianus, S. 143ff.

1160 Siehe im zweiten Teil, ersten Kapitel II.1.a, S. 73ff.

an den *donator* zurück, so erwirbt der Schenker daran ein neues Eigentum (*novum dominium*).

Wenn Hermogenian die julianische Auffassung kannte[1161], könnte man den Worten *non impeditur dominii translatio* entnehmen, dass nach Hermogenian Julian nicht nur die *donatio*, sondern auch den Eigentumsübergang verneinte. Julian bestritt die Eigentumsübertragung jedoch nicht[1162], nichtig waren lediglich die bezweckten *causae* (Schenkung und Darlehen). Die Schenkung scheiterte nach Julian nicht nur daran, dass die Auflagenerfüllung in der Rückgabe an den Schenker bestand, sondern bereits weil der Schenker durch das *dare, ea condicione ut* die *condictio ob rem* für den Fall erwarb, dass die Auflage nicht erfüllt wurde. Zwar wurde der Beschenkte aus der *datio ob rem* Eigentümer, hatte aber keinen Titel, der ihn zum Behalten des Geldes berechtigte. Da der Schenker kondizieren konnte, war das Geld noch nicht endgültig aus seinem Vermögen ausgeschieden, sodass der Schenker bei der Rückgabe so anzusehen war, als hätte er „das Seine" zurückempfangen (*magis enim meum accepisse intellegi debeo*). Und mit aus der Kondiktion geschuldetem Geld konnte der Beschenkte kein wirksames Darlehen auszahlen.

Entgegen des julianischen *magis enim meum accepisse intellegi debeo* erwirbt der Schenker nach Hermogenian ein *novum dominium*[1163]. Hermogenian bejaht nicht nur die Schenkung, sondern auch das Darlehen, und diese *causae* rechtfertigen nach seiner Auffassung den Eigentumsübergang[1164]. Seine Entscheidung, nach der auch das Darlehen zustande kommt, lässt sich auf zweifache Weise verstehen. Erstens: Die feine Überlegung von Julian, dass man mit geschuldetem Geld kein *mutuum* gewähren könne, war Hermogenian entgangen. Als problematisch sah er nur die Schenkung an, die seiner Meinung nach an der auf Rückgabe gerichteten Auflage nicht scheitern sollte. Erklärte man nun die Schenkung für gültig, so erwarb der Beschenkte das Eigentum und konnte durch die Rückauszahlung das Darlehen begründen. Denkbar ist aber auch die zweite Möglichkeit: Hermogenian kannte die Auffassung, dass mit geschuldetem Geld kein Darlehen gewährt werden konnte, betrachtete aber den Fall, in dem der Geber die Rückgabe mit der Kondiktion verlangen konnte (was für Julian das eigentliche Hindernis war), anders als jenen Fall in D. 39,5,33,1, wo die Rückauszahlung (konsequent zur neuen

1161 Dafür Liebs, Hermogenians iuris epitomae, S. 78f., nach dem Hermogenian der Auffassung von Julian auch folgte – siehe unten Fn. 1166.

1162 Hierzu und zu abweichenden Meinungen siehe im zweiten Teil, ersten Kapitel II.1.a, S. 78ff. und bei Fn. 260.

1163 Dazu im anderen Zusammenhang Behrends, SZ 125 (2008), S. 79, N. 109.

1164 Dies ist wohl wahrscheinlicher als der abstrakte Eigentumserwerb, vgl. Backhaus, Casus perplexus, S. 120, N. 72.

Regelung Diokletians-Hermogenians) aus der *actio praescriptis verbis* geschuldet war. Denn die *condictio* diente als Fortsetzung der *vindicatio*[1165], wenn der Geber das Eigentum verlor, die Sache aber immer noch *als zu seinem Vermögen gehörend* anzusehen war, weil sie sich beim Empfänger ohne Behaltensgrund befand. Durch die Rückauszahlung der kondizierbaren *nummi* an den „Schenker" konnte der „Beschenkte" kein Darlehen gewähren, da der „Schenker" so anzusehen war, als hätte er nur das zu seinem Vermögen gehörende Geld zurückbekommen. Anders aber, wenn die Schenkung zustande kam und der Beschenkte die Rückauszahlung als Auflagenerfüllung aus der *actio praescriptis verbis* schuldete (der Fall Hermogenians). Die Schenkung war hier gültig und die *pecunia* damit nicht ohne Behaltensgrund im Vermögen des Beschenkten. Der Beschenkte schuldete zwar das Rück-*dare*, aber nun nicht die Rückgabe des zum Vermögen des Schenkers gehörenden Geldes, sondern Rückauszahlung *causa credendi* aus eigenem Vermögen. Das *mutuum* war daher wirksam.

Der Interpolationsverdacht der Hermogenian-Stelle ist somit unberechtigt[1166]. Seine Entscheidung passt in das Gesamtbild des diokletianischen Rechts, in dem die Rückauszahlung als Darlehen bereits als Auflagenerfüllung geschuldet war. Die so verstandene Rückgabe des geschenkten Geldes stand der Regel *perfecta donatio revocari non possit* nicht entgegen, da sie keinen Schenkungswiderruf bedeutete. Durch die Rückgabe an den Schenker verlor der Beschenkte den schenkungshalber erworbenen Vorteil nicht, da er durch die *mutui datio* die Darlehensklage erwarb und so die Bereicherung in der Form der Darlehensforderung behielt.

VI. Zwischenergebnis

Während die Auflage im klassischen Recht fast ausschließlich den Charakter einer Zweckbestimmung hatte[1167], mit der dem Beschenkten eine Verwendung

1165 Siehe hierzu auch im zweiten Teil, ersten Kapitel II.1.d., S. 89f.

1166 Vgl. Liebs, Hermogenians iuris epitomae, S. 76ff., und die dort genannten Autoren, nach denen der Text ursprünglich lautete: *Ea lege donationis causa pecunia Titio numerata, ut statim donatori mutuo detur, [non] impeditur dominii translatio: ac propterea isdem nummis donatori creditis novum dominium in his <non> quaeritur.* Dagegen für die Echtheit: Haymann, Die Schenkung unter einer Auflage, S. 71; Schlossman, Jher. Jahrb. 44 (1902), S. 386; Broise, Animus donandi, S. 58, N. 57; Betti, Fs. Koschaker, I. Bd., 1939, S. 319; Knobbe-Keuk, Fs. Flume, Bd. II, 1978, S. 169f.

1167 Doch das, was von den Parteien als Schenkung unter Auflage gemeint war, wurde von den Juristen des Schenkungscharakters entkleidet, wenn der Schenker das Geschenk bei Nichterfüllung der Auflage kondizieren konnte; dann lag eine *datio ob rem* vor.

der empfangenen Sache auferlegt wurde, zeichnet sich die Schenkungsauflage in den kaiserlichen Reskripten des 3. Jahrhunderts durch neue Leistungsinhalte aus. Zu den Auflagen, die sich auf die geschenkte Sache bezogen, indem sie die Restitution an einen Dritten[1168], die Rückgabe an den Schenker[1169] oder ein Veräußerungsverbot[1170] auferlegten, kommt eine größere zweite Gruppe hinzu, in der die Auflage ein Bedürfnis des Schenkers deckte: Der Beschenkte sollte dem Schenker Unterhalt leisten[1171], ihm verabredete monatliche beziehungsweise jährliche Leistungen[1172] gewähren oder seine Schulden tilgen[1173]. Auffällig ist, dass das Wertverhältnis zwischen Schenkung und Auflage in keinem der Reskripte thematisiert oder auch nur am Rande erwähnt wird. Möglicherweise ließ sich dieses auch nicht genau bestimmen, insbesondere bei der Auflage der Unterhaltsleistung, wenn diese von unbestimmter Dauer war, etwa auf Lebenszeit des Schenkers. Da die Reskripte keinen Hinweis auf die Relevanz der Wertrelation enthalten, liegt die Annahme nahe, dass es nicht das Wertverhältnis war, das über den Charakter des Rechtsgeschäfts als Schenkung entschied, sondern die Beurteilung der Parteien selbst, insbesondere die des Schenkers[1174]. Gab der Schenker in der Anfrage an den Kaiser an, er habe geschenkt, so beurteilte die Reskriptenkanzlei das Rechtsgeschäft als Schenkung und nicht als eine „einzweckige“ *datio ob rem*. Noch verstärkt wird dieser Eindruck durch C. 4,6,6, wo eine Sklavin mit der Auflage zugewendet wurde, der Beschenkte solle eine andere Sklavin freilassen. Obwohl die Freilassung wertmäßig eine echte Gegenleistung darstellte (*datio* einer Sklavin gegen Freilassung einer Sklavin), kam es Diokletian nur darauf an, ob der Geber die Sklavin *donandi animo* oder *ob manumittendam filiam* gab.

Eine perfekte Schenkung war nach Diokletian unwiderruflich (*perfecta donatio revocari non possit*) und daher auch unvereinbar mit einer *condictio ob rem* des Schenkers. Insoweit folgte Diokletian der klassischen Auffassung und stellte sich gegen die Meinung der Kaiser der ersten Hälfte des 3. Jahrhunderts. Die überlie-

1168 Fr. Vat. 286.

1169 Fr. Vat. 283.

1170 Valer., Gallien. C. 4,6,3.

1171 Diocl., Maxim. C. 4,38,3; Valer., Gallien. C. 8,54(55),1.

1172 Diocl., Maxim. C. 4,64,8.

1173 Diocl. Maxim. C. 8,53(54),22; Alex. Severus C. 4,6,2.

1174 Die erörterten Reskripte Diokletians enthalten keine Spur von der klassischen Tendenz, den Schenkungsbegriff eher eng aufzufassen, um das Eingreifen der Schenkungsverbote auszuschließen; dies, obschon sowohl das Ehegattenschenkungsverbot als auch das Verbot der *lex Cincia* am Ende des 3. Jahrhunderts immer noch galten. Hierzu weiterführend mit Quellenbelegen Taubenschlag, Das römische Privatrecht zur Zeit Diokletians, S. 99f.; 102; Harke, Iuris prudentia Diocletiana, S. 272.

ferten Reskripte, die das Rückforderungsrecht wegen Nichterfüllung der Auflage verneinen, stammen aus den Jahren 293/294 und wurden wohl von Hermogenian verfasst, der zu dieser Zeit das Libellamt von Diokletian leitete[1175]. Die Abkehr von der Gesetzgebung von Alexander Severus, Valerian und Gallienus begann aber womöglich nicht erst unter Hermogenians Leitung, denn Diokletian lehnte bereits im Jahr 286 (Fr. Vat. 275) den Schenkungswiderruf bei Undank des Beschenkten ab. Zwar stand der Undank des Beschenkten nicht ganz auf gleicher Stufe mit der Nichterfüllung der Auflage, da Letztere eine Pflichtverletzung beinhaltete, doch lässt dies schon eine gewisse Tendenz Diokletians gegen das Rückforderungsrecht erkennen[1176].

Interessant ist in diesem Zusammenhang die Rolle des Codex Gregorianus. In diesem in den Jahren 291/292 veröffentlichten[1177] Codex fanden die justinianischen Kompilatoren die vordiokletianischen Konstitutionen[1178] vor[1179] und somit auch jene Reskripte, in denen Alexander Severus, Valerian und Gallienus dem Schenker bei Nichterfüllung der Auflage das Rückforderungsrecht gewährten. Wenn Diokletian-Hermogenian ein bis zwei Jahre später dem Schenker das Rückforderungsrecht wegen Nichterfüllung der Auflage verneinte, so kannte er den kurz vorher veröffentlichten Gregorianus wahrscheinlich. Dennoch fühlte er sich durch die dort veröffentlichten Konstitutionen, die eine gegensätzliche Gesetzgebung enthielten, offenbar nicht gebunden. Umgekehrt fragt sich, warum der Verfasser Gregorian[1180] in seinen Codex auch jene Konstitutionen einreihte, die der Gesetzgebung Diokletians zur Unwiderruflichkeit der Schenkung widersprachen. Denk-

---

1175 Siehe oben Fn. 1158.

1176 Die Rückforderungsklage bei der Schenkung mit Restitutionsauflage (Fr. Vat. 286; a. 290) stellte nach Diokletian wohl nur eine Ausnahme dar; zur *donatio temporalis* siehe oben S. 289 und 294.

1177 Die jüngeren Konstitutionen waren spätere Zutaten; siehe hierzu Honoré, Emperors and Lawyers², S. 48; 140; Corcoran, The Empire of the Tetrarchs, S. 37; Karamboula, Von Diokletian, S. 125 mit N. 8.

1178 Neben den von Diokletian aus den Jahren 284–290, Liebs, Die Jurisprudenz im spätantiken Italien, S. 134; Corcoran, The Empire of the Tetrarchs, S. 28, 298f.; ders. in The Gregorianus and Hermogenianus, P. 3; Karamboula, Von Diokletian, S. 126, N. 22.

1179 Bekanntlich schöpfte die justinianische Kommission bei der Vorbereitung des Codex Iustinianus aus drei *codices*: Codex Gregorianus, Hermogenianus und Theodosianus (c. Haec pr.; c. Summa 1). Die ersten zwei, die kurz nacheinander unter Diokletian verfasst wurden, enthielten sowohl die oben erörterten Konstitutionen von Alexander Severus, Valerian und Gallienus (Codex Gregorianus) als auch jene von Diokletian-Hermogenian aus den Jahren 293/294 (Codex Hermogenianus, Fn. 1159); im Codex Theodosianus finden sich die Konstitutionen erst seit Konstantin. Corcoran, The Gregorianus and Hermogenianus, P. 2ff.

1180 Ob der Verfasser Gregorius oder Gregorianus oder etwa ganz anders hieß, ist unklar; siehe Corcoran, The Gregorianus and Hermogenianus, P. 21.

bar ist, dass seine Aufgabe darin bestand[1181], möglichst viele Konstitutionen der früheren Zeit einzusammeln, und dies unabhängig davon, ob sie mit der Gesetzgebung Diokletians vereinbar waren. Zieht man aber in Betracht, wie viele eine Schenkung unter Auflage betreffende Konstitutionen aus der Zeit Hermogenians (Jahre 293/294) überliefert sind, so fällt auf, dass aus der „vorhermogenianischen" Zeit (Jahre 284–292) zur Schenkung unter Auflage keine Reskripte Diokletians vorliegen, außer gerade das Reskript in Fr. Vat. 286 (a. 290), das im Codex Gregorianus enthalten war und wo dem Schenker eine Rückforderung gewährt wurde. Dies lässt die Möglichkeit offen, dass der Codex Gregorianus nicht auf Auftrag Diokletians verfasst wurde, sondern eine private Sammlung war. Gregorian schloss in „seinen" Codex deswegen keine weiteren, eine Schenkung unter Auflage betreffenden Konstitutionen Diokletians mit ein, weil ihm die Regelung Diokletians, wonach dem Schenker auch bei Nichterfüllung der Auflage kein Rückforderungsrecht zustand, missfiel[1182]. Er bevorzugte die Auffassung von Alexander Severus, Valerian und Gallienus, dass der Schenker bei Nichterfüllung der Auflage das Geschenk kondizieren konnte, und arbeitete daher diese in den nach ihm genannten Codex ein.

Anders als im klassischen Recht war das Rückforderungsrecht des Schenkers unter Diokletian nur dann unvereinbar mit einer *donatio*, wenn es Folge des Schenkungswiderrufs war. Wo dagegen die Schenkung von Anfang an als zeitlich begrenzte beabsichtigt war, also eine *donatio temporalis*, war sie gültig, obschon der Schenker nach Ablauf der vereinbarten Frist auf Rückgabe des Geschenks klagen konnte. Eine *donatio temporalis* lag nicht nur dann vor, wenn der Beschenkte das Geschenk *post tempus* an den Schenker zurückgeben, sondern auch dann, wenn er dieses an einen Dritten restituieren sollte. In der angeordneten Restitution an den Dritten war (wenn nicht ohnedies der Beschenkte diesem die Restitution stipulationsweise versprach) eine Zession der Kondiktion des Schenkers an den Dritten stillschweigend mitzuverstehen, die dem auflagenbegünstigten Dritten als *actio utilis* gewährt wurde. Zur *actio utilis* war der Dritte nicht schon bei jeder zu seinen Gunsten auferlegten Leistung berechtigt, sondern nur, wenn die Auflage

1181 Nach der überwiegenden Meinung war Gregorian ein kaiserlicher Beamter; vgl. Honoré, Emperors and Lawyers², S. 155; mit ihm Liebs, Die Jurisprudenz im spätantiken Italien, S. 35; Corcoran, The Empire of the Tetrarchs, S. 29; Karamboula, Von Diokletian, S. 128f.

1182 Der Codex Gregorianus enthielt auch das in Fr. Vat. 283 (a. 286) überlieferte Reskript Diokletians. Dieses stand der von Gregorian bevorzugten Auffassung, dass der Schenker bei Nichterfüllung der Auflage kondizieren konnte, nicht entgegen, da dort Diokletian eine Schenkung bereits wegen Unzulässigkeit des zeitlichen Eigentums für ungültig erklärte. Dafür, dass das in Fr. Vat. 283 überlieferte Reskript im 13. Buch des Codex Gregorianus enthalten war, Krüger in Conspectus Fragmentorum omnium Gregoriani et Hermogeniani codicum in Collectio librorum iuris anteiustiniani, Tom. 3, S. 241.

die Restitution der geschenkten Sache zum Inhalt hatte. Die Abtretungskonstruktion funktionierte nur dann, wenn der Schenker zugunsten des Dritten endgültig disponierte (etwa bei einer Schenkung im Valutaverhältnis), denn dann wollte er dem Dritten in erster Linie die Sache durch Leistung des Beschenkten oder, wenn dies scheiterte, sein Rückforderungsrecht verschaffen.

Im Unterschied zur klassischen Jurisprudenz und auch zum Kaiserrecht der ersten Hälfte des 3. Jahrhunderts gewährte Diokletian dem Schenker eine *actio praescriptis verbis* auf Erfüllung der *lex*, die der Schenker bei der Übereignung der geschenkten Sache aussprach. Da die Auflagenverpflichtung des Beschenkten nur als eine Realobligation erzeugt werden konnte, setzte die Klagbarkeit der Auflage den Schenkungsvollzug voraus. Der Beschenkte haftete nur für verschuldete (*dolus, culpa*) Nichterfüllung der *lex*. Versprach der Beschenkte die Vollziehung der *lex* auch mittels Stipulation, so wurde die Realobligation durch diese konsumiert, sodass der Schenker *nur* aus der Stipulation klagen konnte.

Die gewonnenen Ergebnisse gestatten folgende Bemerkungen zur Reskriptenpraxis Diokletians: In der Ablehnung des Rechts, eine perfekte Schenkung zu widerrufen, zeigte sich die konservative Tendenz des Kaisers. Diokletian bewahrte das klassische Kernmerkmal einer Schenkung[1183] oder, präziser, wiederbelebte es, indem er sich den Entscheidungen der früheren Kaiser entgegenstemmte. Die Reskripte zur Schenkung unter Auflage zeigen aber zugleich, dass man Diokletian keinen „sturen Konservativismus" zuschreiben kann[1184], denn entgegen dem klassischen Recht war die Schenkung mit dem Rückforderungsrecht des Schenkers nicht absolut unvereinbar, eine *donatio temporalis* ließ die Kondiktion zu[1185]. Die Gewährung der *actio praescriptis verbis* auf Auflagenerfüllung verkörperte zudem eine Weiterbildung des Rechts, die den Anforderungen der Praxis entgegenkam und sich zugleich durch eine dogmatische Klarheit auszeichnete[1186].

1183 Auf das Bestreben Diokletians, das Recht der klassischen Jurisprudenz in vielen Bereichen zu erhalten, wies die Literatur oftmals hin, siehe in Fn. 1059 und 1061.

1184 Auf dem Gebiet des Obligationenrechts gelangte zu diesem Ergebnis neuerdings HARKE, Iuris prudentia Diocletiana, S. 349, und vor ihm in einer generelleren Untersuchung bereits TAUBENSCHLAG, Das römische Privatrecht zur Zeit Diokletians, S. 177.

1185 Eine *donatio temporalis* war im klassischen Recht nur als Schenkung der Zwischenvorteile (in der Rechtsfigur des *negotium mixtum cum donatione*), nicht aber als zeitliche Schenkung der Sache denkbar.

1186 Somit ist HARKE, Iuris prudentia Diocletiana, S. 348, zuzustimmen, dass die Reskriptenkanzlei Diokletians das Recht in einer Weise fortbildete, „die auch den spätklassischen Juristen alle Ehre gemacht hätte".

Vierter Teil:
Das justinianische Recht

Erstes Kapitel: *Donatio quae sub modo conficitur* – Begriffsbedeutung

Die justinianischen Kompilatoren führten den Begriff *donatio sub modo* im Codextitel C. 8,54(55) *De donationibus quae sub modo vel condicione vel ex certo tempore conficiuntur* als Terminus technicus ein[1187]. Auffällig an diesem Titel ist, dass er lediglich fünf Konstitutionen enthält und auch von diesen fünf nur drei eine Schenkung mit *ut*-Abrede erörtern; die zwei letzten (Diocl., Maxim. C. 8,54(55),4 und C. 8,54(55),5) betreffen eine bedingte Schenkung. Die meisten Schenkungen unter einer Auflage sind dagegen in vier anderen Codextiteln verstreut. So fragt man sich, warum die Kommission auch diese Reskripte nicht unter den Titel C. 8,54(55) einordnete, was umso mehr zu erwarten wäre, als sie die *donatio sub modo* als Rechtsbegriff einführte und somit auch inhaltlich bestimmen musste. Sah die Kommission jene Fälle, die sich außerhalb des Titels C. 8,54(55) finden, nicht als *donationes sub modo* an?

Die Einordnung unter einen anderen Codextitel als C. 8,54(55) ist verständlich bei C. 4,38,3. Dort befasste sich Diokletian mit einem simulierten Kauf, durch den die *donatio, ut te aleret* verschleiert werden sollte. Es ist somit nachvollziehbar, dass das Reskript unter der Rubrik *De contrahenda emptione* steht. In den übrigen Fällen erscheint die Einordnung unter einen anderen Codextitel nicht notwendig. Der Titel C. 4,6 *De condictione ob causam datorum* enthält von den gesamten elf fünf Reskripte, die eine Schenkung erörtern[1188]. Die *actio praescriptis verbis* auf Erfüllung der Auflage wird dem Schenker einmal unter der Rubrik C. 4,64 *De rerum permutatione et de praescriptis verbis actione*[1189] und zweimal im Titel C. 8,53(54) *De donationibus*[1190] gewährt.

1187 Dazu ausführlich Pernice, Labeo. 3. Bd. 1. Abt., S. 12ff.

1188 Alex. Severus C. 4,6,2; Valer., Gall. C. 4,6,3; Diocl., Maxim. C. 4,6,6; C. 4,6,7; C. 4,6,8.

1189 Diocl., Maxim. C. 4,64,8.

1190 Diocl., Maxim. C. 8,53(54),9; C. 8,53(54),22.

Noch bevor diese in den konkurrierenden Codextiteln enthaltenen Auflagen mit jenen in C. 8,54(55) *De donationibus quae sub modo* verglichen werden, lohnt sich ein kurzer Exkurs in das Erbrecht, der ein besseres Verständnis des Begriffs *modus* bei der Schenkung bezweckt. Auch im Bereich der letztwilligen Verfügungen findet sich *modus* in den Überschriften der justinianischen Kodifikation, und das sowohl im Codex (C. 6,45 *De his quae sub modo legata vel fideicommissa relinquuntur*) als auch in den Digesten (D. 35,1 *De condicionibus et demonstrationibus et causis et modis eorum, quae in testamento scribuntur*).

I. *Modus* im Bereich des Erbrechts

Den Schlüssel zum Verstehen der justinianischen Auffassung vom *modus* bietet D. 35,1,17,4; der Text sollte in der justinianischen Kodifikation wohl die Aufgabe der Legaldefinition des *legatum sub modo* erfüllen[1191].

D. 35,1,17,4 (Gaius libro secundo de legatis ad edictum praetoris)
Quod si cui in hoc legatum sit, ut ex eo aliquid faceret, veluti monumentum testatori vel opus aut epulum municipibus faceret, vel ex eo ut partem alii restitueret: sub modo legatum videtur.

Pernice[1192] hat zu Recht bemerkt, dass der Gaius-Text allzu lehrhaft klinge. Ursprünglich konnte er eine Einzelentscheidung enthalten, die die Kompilatoren in eine Definition verwandelten, um ihr *legatum sub modo* inhaltlich zu bestimmen[1193].

Ein *legatum sub modo* liegt demnach vor, wenn der Erblasser dem Vermächtnisnehmer auferlegte, er solle aus dem vermachten Gegenstand (*ex eo*) etwas tun, zum Beispiel dem Testator ein Denkmal errichten oder ein Festmahl für die Mitbürger geben oder er solle einen Teil des Vermächtnisses (*ex eo ut partem*) an einen anderen restituieren. Auffällig ist das wiederholte *ex eo*, woraus zu schließen ist, dass der *modus* als eine Einschränkung oder Reduktion der Zuwendung anzusehen war: Durch die Erfüllung des *modus* wurde dem Legatar ein Teil des Vermächtnisses wieder entzogen, entweder weil er es in bestimmter Weise zugunsten eines anderen verwenden oder weil er es an einen anderen restituieren musste.

1191 So bereits Scheurl, Zur Lehre von den Nebenbestimmungen, S. 246; Haymann, Die Schenkung unter einer Auflage, S. 77, N. 3.
1192 Pernice, Labeo. 3. Bd. 1. Abt., S. 17f.
1193 In diesem Sinn auch Di Salvo, Il legato modale, S. 97f.

In Verbindung mit dem Vermächtnis findet sich *modus* auch in D. 37,5,3,6, wo er wieder eine Restitution des vermachten Gegenstandes zum Inhalt hat.

D. 37,5,3,6 (ULPIANUS libro quadragesimo ad edictum)
Hoc amplius et si extraneo relictum sit sub hoc modo, ut alicui ex liberis praestet, aequissimum erit dicere non debere ei praetorem denegare actionem.

Dem Kontext[1194] nach erörtert der Text ein *legatum*, das ausnahmsweise auch bei der *contra tabulas* erteilten *bonorum possessio* gültig blieb. Erteilte der Prätor die *bonorum possessio* gegen das Testament, so mussten dennoch jene Vermächtnisse aus dem Testament erfüllt werden, die der Erblasser zugunsten bestimmter naher Angehöriger (*personae exceptae*) hinterließ[1195]. D. 37,5,3,6 beschreibt demnach die Variante, dass der Erblasser das Vermächtnis nicht zugunsten eines Verwandten, sondern zugunsten eines *extraneus* anordnete, zugleich aber mit der Auflage (*sub hoc modo*), dass der Legatar dasselbe einem der Kinder des Erblassers restituiert[1196]. Aufgrund der auferlegten Restitution war auch das Vermächtnis zugunsten des *extraneus*[1197] gültig[1198].

Während die auferlegte Restitution im vorangehenden § 5 noch als ein Fideikommiss aufgefasst wurde (*rogatumque eum*)[1199], kommt sie in § 6 bereits als ein *modus* vor, was Pernice wiederum den Kompilatoren zugeschrieben und den § 6 für deren Werk gehalten hat[1200]. Eine Textveränderung ist wahrscheinlich, denn der § 6 ist nur eine Wiederholung des vorangehenden Paragrafen, und seine Aufgabe erschöpft sich tatsächlich im Einschub des neuen *sub hoc modo*.

1194 D. 37,5 *De legatis praestandis contra tabulas bonorum possessione petita.*

1195 Ulp. D. 37,5,1.

1196 Im Text heißt es nur *praestet*, leistet. Da aber nicht gesagt wird, was zu leisten ist, dürfte dies wohl auf *relictum* zu beziehen sein, sodass *alicui ex liberis praestet* das Gleiche meint wie *ut alii restitueret* in D. 35,1,17,4.

1197 *Ei* in *non debere ei praetorem denegare actionem* bezieht sich auf *extraneo*, nicht auf *alicui ex liberis*. Der Teilsatz meint nicht die Denegation wegen Verweigerung der Kautionsleistung für den Fall, dass der *modus* nicht erfüllt wird. Er bedeutet, dass, wenn der *extraneus* den Erben auf Erfüllung des Vermächtnisses klagen will, ihm die Klage nicht denegiert werden solle, obwohl dies sonst der Fall wäre, weil bei der *bonorum possessio contra tabulas* lediglich Vermächtnisse zugunsten der *personae exceptae* zu erfüllen waren. Vgl. aber DI SALVO, Il legato modale, S. 297.

1198 Ulp. D. 37,5,3,2ff.

1199 Ulp. D. 37,5,3,5: *Sed si proponas extero legatum rogatumque eum praestare hoc alicui ex liberis parentibusque, consequenter dicemus praestari debere.*

1200 PERNICE, Labeo. 3. Bd. 1. Abt., S. 18. DI SALVO, Il legato modale, S. 66; 103; 296f. für „mani postclassiche“.

Ob die Restitution in D. 37,5,3,6 sogleich oder nach einer bestimmten Zeit vorgenommen werden sollte, lässt sich dem Wortlaut nicht entnehmen. Beide Varianten sind denkbar (es ist wohl möglich, dass das Vermächtnis auch dann gültig war, wenn die Herausgabe an die *persona excepta* erst nach einer bestimmten Zeit erfolgen sollte). Je nach dem Restitutionstermin konnte der *modus* dem Vermächtnisnehmer entweder den ganzen vermachten Gegenstand sogleich wegnehmen, sodass er aus dem Legat letztlich keinen Vorteil hatte[1201], oder ihm eine bestimmte Zeitspanne einräumen, innerhalb derer er die Zwischenvorteile ziehen konnte (somit *legatum ad tempus*).

Eine Restitution kommt schließlich auch in einer der zwei Konstitutionen vor, die im Codextitel *De his quae sub modo legata vel fideicommissa relinquuntur* (C. 6,45) enthalten sind.

C. 6,45,2pr. (8. August 240/Honoré 1096/12)
Imperator Gordianus A. Ammonio
Ex his verbis: „Titio decem millia vel insulam relinquo, ita ut quinque millia ex his vel eandem insulam Mevio restituat", licet antea neque legati neque fideicommissi petitio nascebatur, tamen in libertate a divo Severo hoc admissum est.

Gordian erwähnt zwei Beispiele eines Vermächtnisses oder Fideikommisses *sub modo*, möglicherweise handelte es sich um ein Wahlvermächtnis: Erwirbt Titius die vermachten zehntausend, so solle er fünf davon (*ex his*) an Mevius restituieren, erwirbt er dagegen das vermachte Haus, so solle er das ganze Haus Mevius herausgeben. In beiden Fällen beschränkte der *modus* die Größe dessen, was der Vermächtnisnehmer aus dem Vermächtnis behalten durfte.

Die zweite in diesem Titel enthaltene Konstitution, Imp. Antoninus C. 6,45,1[1202], erörtert weder eine inhaltliche noch eine zeitliche Beschränkung des Vermachten, sondern ein *iussum* zu heiraten. Daraus hat Scheurl[1203] geschlossen, dass der ältere Begriff des *modus* („Verwendung eines Teils der durch die Hauptbestimmung zugedachten Vermögenszuwendung") später und insbesondere im justinianischen Recht erweitert worden sei. Je nach der Titelrubrik müsse man nämlich den Ge-

1201 Ein gültiges Legat lag auch dann vor, wenn der Honorierte auch nur die Rolle einer „Mittelsperson für die Weiterbegebung an einen Dritten" hatte: vgl. Brinz, Lehrbuch der Pandekten, 3. Bd. I. Abt.², S. 307, N. 3 mwN. Ferner vgl. Iul. D. 30,84pr./1; Voci, Diritto ereditario romano 2², S. 231.

1202 Imp. Antoninus C. 6,45,1: *In legatis quidem et fideicommissis etiam modus adscriptus pro condicione observatur. sed si per te non stat, quominus voluntati testatoris pareas, sed per eum, cui nubere iussa es, quominus id quod tibi relictum est retineas, non oberit* (a. 211).

1203 Scheurl, Zur Lehre von den Nebenbestimmungen, S. 246f.

brauch des Wortes *modus* „im technischen Sinn" erwarten. Zu beachten ist jedoch, dass C. 6,45,1 die einzige Stelle ist, wo das *iussum* zu heiraten in der justinianischen Kodifikation *modus* genannt wird[1204]. In D. 35,1,71,1 lassen die Kompilatoren Papinian weiterhin von einer *condicio* sprechen[1205]. Nur aus C. 6,45,1 auf einen breiteren Begriff des *modus* zu schließen, muss daher nicht richtig sein. Sieht man von C. 6,45,1 ab und legt man dagegen ein größeres Gewicht auf die restlichen Texte, insbesondere D. 35,1,17,4 (der den Eindruck einer beabsichtigten Legaldefinition erweckt) und D. 37,5,3,6 (dessen einziger Zweck es war, die Restitution des vermachten Gegenstandes unter den Begriff *modus* zu bringen), so ergibt sich Folgendes: Der erbrechtliche *modus* bezeichnete eine Nebenbestimmung, durch die der Erblasser dem Zuwendungsempfänger eine bestimmte Verwendung des Empfangenen im Interesse des Erblassers (*monumentum testatori*) oder zugunsten eines Dritten auferlegte (*ut ex eo aliquid faceret; ut (ex eo partem) alii restitueret*). Der *modus* beschränkte die Größe dessen, was aus dem Legat dem Legatar verbleiben sollte, entweder inhaltlich oder zeitlich. Maßgeblich für den *modus* war das *ex eo* – der Legatar sollte durch die Erfüllung des *modus* die vermachten Gegenstände selbst (teilweise oder ganz) wiederum verlieren. Dieser Sinngehalt würde auch der allgemeinen Bedeutung von *modus* als „Maß" oder „Beschränkung" gut entsprechen.

Der kurze Exkurs bezweckte keineswegs eine eingehende Analyse des erbrechtlichen *modus*, dafür bietet die vorliegende Arbeit keinen Raum. Es war hier nur auf eine plausible Bedeutung von *sub modo* hinzuweisen, die erklären würde, warum die Kommission in den Titel *De donationibus quae sub modo* (C. 8,54(55)) nicht alle im Codex verstreuten Schenkungen unter Auflage einordnete, sondern lediglich einen kleinen Teil von ihnen. Vergleicht man die in C. 8,54(55) enthaltenen „Auflagen" mit dem erbrechtlichen *modus*, so scheint dies die Auswahl der Konstitutionen in C. 8,54(55) zu erklären. In zwei der drei Konstitutionen in C. 8,54(55) bestimmt die Schenkungsauflage eine Verwendung der geschenkten Sache zugunsten des Schenkers oder eines Dritten. In der dritten Konstitution kann man die Auflage in diesem Sinn verstehen.

1204 Pernice, Labeo. 3. Bd. 1. Abt., S. 18, N. 1.

1205 Obwohl dort ebenfalls eine Auflage vorliegt. Dies ist nicht nur der Formulierung mit *ut* zu entnehmen (*ut Maeviam uxorem quae vidua est ducat*); es ergibt sich auch aus der erörterten Frage, die lautete, ob der mit der Auflage belastete Vermächtnisnehmer eine Kaution zu leisten hatte; Pap. D. 35,1,71,1: *Titio centum relicta sunt ita, ut Maeviam uxorem quae vidua est ducat: condicio non remittetur et ideo nec cautio remittenda est. huic sententiae non refragatur, quod, si quis pecuniam promittat, si Maeviam uxorem non ducat, praetor actionem denegat: aliud est enim eligendi matrimonii poenae metu libertatem auferri, aliud ad testamentum certa lege invitari.* Für eine Auflage auch Babusiaux, Papinians Quaestiones, S. 161.

II. Begriffliche Abgrenzung der *donatio sub modo* von den sonstigen Schenkungen unter Auflage

Zweimal beschränken die *ut*-Abreden, die die justinianische Kommission durch ihre Einordnung in C. 8,54(55) als *modus* einstufte, das Geschenk zeitlich, indem sie dem Beschenkten nach Zeitablauf die Restitution der geschenkten Sache an den Schenker oder einen Dritten auferlegen.

C. 8,54(55),2 (11. März 286/Honoré 1475/17)
Imperatores Diocletianus et Maximianus AA. Aurelio Zenoni
Si praediorum proprietatem dono dedisti ita, ut post mortem eius qui accepit ad te rediret, donatio valet, cum etiam ad tempus certum vel incertum ea fieri potest, lege scilicet quae ei imposita est conservanda.

C. 8,54(55),3 (21. September 290/Honoré 1632/19)
Imperatores Diocletianus et Maximianus AA. Iuliae Marcellae
pr.: Quotiens donatio ita conficitur, ut post tempus id quod donatum est alii restituatur, veteris iuris auctoritate rescriptum est, si is in quem liberalitatis compendium conferebatur stipulatus non sit, placiti fide non impleta, ei qui liberalitatis auctor fuit vel heredibus eius condicticiae actionis persecutionem competere. § 1: Sed cum postea benigna iuris interpretatione divi principes ei qui stipulatus non sit utilem actionem iuxta donatoris voluntatem competere admiserint, actio, quae sorori tuae, si in rebus humanis ageret, competebat, tibi accommodabitur.

In C. 8,54(55),2 durfte der Beschenkte die geschenkten Grundstücke bis zu seinem Tod behalten, dann sollten sie wieder an den Schenker zurückkehren. In C. 8,54(55),3 hatte der Beschenkte die geschenkte Sache nach einer bestimmten Zeit an einen Dritten zu restituieren – wiederum ein Zeitmaß für die Zuwendung. In der bezweckten Restitution an den Dritten sahen die Kompilatoren wahrscheinlich eine zweite Schenkung dem Dritten gegenüber, und diese sollte die im Codextitel erwähnte *donatio ex certo tempore* repräsentieren.

Zweifel darüber, ob *modus* tatsächlich nur solche Auflagen bezeichnete, die eine bestimmte Verwendung des Geschenks auferlegten, könnte C. 8,54(55),1 erwecken, wo die Beschenkte der Schenkerin Unterhalt leisten sollte.

C. 8,54(55),1 (26. November 258/Honoré 1340/14)
Imperatores Valerianus et Gallienus AA. Gamicae
pr.: Si doceas, ut adfirmas, nepti tuae ea lege a te esse donatum, ut certa tibi alimenta praeberet, vindicationem etiam hoc casu utilem eo, quod legi illa obtemperare noluerit, impet-

rare potes, id est actionem, qua dominium pristinum restituatur tibi. § 1: Nam condictio quidem hoc casu (id est in personam actio) iure procedit: verum vindicationem quoque divi principes in hoc casu dandam esse sanxerunt.

Auch diese Auflage könnte aber dann eine „inhaltliche Schenkungsbeschränkung" bezeichnen, wenn die Beschenkte die *alimenta* aus dem Geschenkten (*ex eo*) zu leisten hatte. Wohl denkbar ist beispielsweise eine Hofübergabe mit der Auflage, der Schenkerin aus den erwirtschafteten Erträgen Nahrungsmittel zu leisten und diese am Hof weiter wohnen zu lassen[1206]. In diesem Sinn konnte die Kommission die Auflage aufgefasst haben oder darstellen wollen. Zieht man in Betracht, dass den Kompilatoren nur eine beschränkte Zahl der in Kaiserkonstitutionen erörterten Schenkungsauflagen zur Verfügung stand, so ist verständlich, dass sie zu einer Auflage griffen, die ihrer Auffassung am nächsten kam, und diese als *modus* darstellten, also in dem Sinn, dass die *alimenta* aus dem Geschenk zu leisten waren.

Vergleicht man nun diese in C. 8,54(55) enthaltenen *donationes sub modo* mit jenen Schenkungen, die die Kompilatoren in die anderen Codextitel einordneten, so ergibt sich folgendes Bild: Valer., Gall. C. 4,6,3 enthält ein Veräußerungsverbot, das sich zwar auf die geschenkte Sache bezog, aber weder eine Verwendungsbestimmung noch ein Restitutionsgebot enthielt. In Diocl., Maxim. C.4,6,6, wo die Kaiser zwischen einer *donatio* und einer *datio ob rem* unterschieden, wurde eine Sklavin übergeben, damit der Empfänger *eine andere* freiließ – die Auflage betraf also nicht die geschenkte Sache. In Diocl., Maxim. C. 4,6,7 wollte der Schenker durch die Zuwendung den Gatten der Beschenkten zum gemeinsamen Reisen veranlassen: wieder keine zeitliche oder inhaltliche Beschränkung der Gabe. In Diocl., Maxim. C. 4,6,8 und C. 8,53(54),9 ist der Auflageninhalt nicht erwähnt. In Alex. Severus C. 4,6,2 und Diocl., Maxim. C. 8,53(54),22 wurde mit der Auflage geschenkt, der Beschenkte solle die Schulden des Schenkers tilgen. Aus den Texten ergibt sich nicht, dass der Beschenkte an die Gläubiger die geschenkten Sachen oder einen Teil von ihnen zu leisten hatte (also wieder kein *ex eo*).

Wegen ihrer inhaltlichen Verwandtschaft mit Valer., Gall. C. 8,54(55),1 (*ut certa tibi alimenta praeberet*) könnte man die Auflagen in Diocl., Maxim. C. 4,38,3 und C. 4,64,8 als ein Indiz gegen den engen Begriff des *modus* sehen. In C. 4,38,3 sollte der Beschenkte dem Schenker Unterhalt gewähren (*ut te aleret*), in C. 4,64,8 die verabredeten monatlichen oder jährlichen Leistungen (*ut quod placuerat mens-*

1206 Der Begriff *alimenta* konnte Essen, Bekleidung und Wohnung einschließen; Iav. D. 34,1,6: *Legatis alimentis cibaria et vestitus et habitatio debebitur, quia sine his ali corpus non potest: cetera quae ad disciplinam pertinent legato non continentur.*

truum seu annuum tibi praestaret). Die Nichteinordnung dieser zwei Reskripte in den Titel C. 8,54(55) *De donationibus quae sub modo* lässt sich aber auch hier damit erklären, dass die verabredeten Leistungen nicht aus den geschenkten Gegenständen zu erbringen waren. Diese Differenz zu C. 8,54(55),1 würde auch die unterschiedlichen Klagen erklären: Wenn der Unterhalt aus den geschenkten Gegenständen zu leisten war (somit *modus*), hatte die Schenkerin bei Nichterfüllung der Auflage eine *vindicatio utilis* oder eine *condictio* (C. 8,54(55),1)[1207]. Wenn der Beschenkte dagegen den Unterhalt aus sonstigem eigenem Vermögen zu leisten hatte, hatte der Schenker eine Erfüllungsklage (C. 4,38,3 und C. 4,64,8).

Dieser Gegenüberstellung darf man mit einiger Wahrscheinlichkeit entnehmen, dass der *modus* nach der justinianischen Auffassung nicht jede *ut*-Abrede war. Er bezeichnete nur eine solche Auflage, die eine bestimmte Verwendung *des geschenkten Gegenstandes* zugunsten des Schenkers oder eines Dritten auferlegte. Der *modus* beschränkte das Geschenk entweder inhaltlich (der Beschenkte durfte nur einen Teil des Geschenks behalten) oder zeitlich (der Beschenkte durfte nur die innerhalb einer bestimmten Frist erworbenen Zwischenvorteile behalten; die Sache selbst musste er nach Ablauf der bestimmten Frist entweder einem Dritten oder dem Schenker selbst herausgeben).

Die justinianische Auffassung vom *modus* lässt sich vielleicht noch vervollständigen, indem man die Digestentexte – als Teil der justinianischen Kodifikation – mitberücksichtigt. Aussagekräftig erscheinen insbesondere zwei: In D. 23,3,5,9[1208], wo dem *pater familias* eine bestimmte Geldsumme mit der Zweckbestimmung gegeben wurde, er solle damit die Mitgift für seine Tochter bestellen, ließen die Kompilatoren die julianische Entscheidung bestehen, nach der diese Zuwendung keine Schenkung war (*nec videri uxorem marito donasse*), weil dem Vater nicht so gegeben wurde, dass er das Erlangte behielt, sondern dass er damit die Mitgift bestellte. Daraus darf man schließen, dass im Unterschied zum Legat, bei dem der *modus* dem Vermächtnisnehmer auch den ganzen vermachten Vorteil entziehen konnte[1209], das justinianische Recht eine *donatio* nur dann anerkannte, wenn dem Beschenkten nach Erfüllung des *modus* etwas aus der Zuwendung in Händen blieb – sei es, dass er nur einen Teil davon herausgeben musste, sei es, dass die Herausgabe erst *post tempus* erfolgen sollte. Einen die Schenkung rechtfertigenden Grund sah das justinianische Recht auch nicht in der Tatsache,

1207 Vgl. Bas. 47,1,70, wo dem Schenker bereits die *actio praesriptis verbis* zusteht. Isidorus in Scholion erwähnte aber wiederum die *condictio ob causam dati causa non secuta* (Heimb. IV, S. 592 = Schelt. A VI., S. 2143 und Schelt. B VII., S. 2783).

1208 Zum Text und zu seiner Auffassung im klassischen Recht siehe im zweiten Teil, ersten Kapitel II.2.b.aa, S. 95ff.

1209 Siehe oben bei Fn. 1201.

dass sich der Vater in D. 23,3,5,9 den Aufwand einer eigenen Sache zur *dos*-Bestellung ersparte. Eine Rolle konnte dabei spielen, dass die Mitgift als eine vom *dans ob rem* und nicht als eine vom Vater bestellte *dos profecticia* betrachtet wurde. Demgegenüber sah das justinianische Recht eine Schenkung in dem Fall, wenn dem Empfänger auferlegt wurde, er solle das „geschenkte Geld" dem Schenker als Darlehen gewähren (D. 12,1,20[1210]). Zwar musste der Beschenkte die ganze Zuwendung sogleich zurückübereignen, mit der Rückübereignung an den Schenker erwarb er aber die Darlehensklage, die die Kompilatoren als Surrogat für hinreichend erachteten, um eine Schenkung zu bejahen.

Aus der Begriffsabgrenzung der *donatio sub modo* ergeben sich zwei Fragen, die im zweiten Kapitel zu erörtern sind: Erstens: In welchem Verhältnis standen die in den erwähnten Codextiteln[1211] enthaltenen Regelungen zu dem von Justinian eingeführten Widerruf wegen Undanks? Und zweitens: Ging für den Schenker aus dem *modus*, im Unterschied zu den übrigen *ut*-Abreden, eine abweichende Klagemöglichkeit hervor?

1210 Zur klassischen Auffassung des Textes siehe im zweiten Teil, ersten Kapitel II.1.a., S. 73ff.; zur Interpolation oben S. 74f. mit Fn. 245.

1211 C. 8,53(54) *De donationibus*; C. 8,54(55) *De donationibus quae sub modo … conficiuntur*; C. 4,6 *De condictione ob causam datorum*; C. 4,38 *De contrahenda emptione*; C. 4,64 *De rerum permutatione et de praescriptis verbis actione.*

Zweites Kapitel: Die Klagen des Schenkers bei Nichterfüllung der Auflage

I. Der Schenkungswiderruf wegen Undanks

Justinian nahm die Weigerung des Beschenkten, eine Nebenabrede (*conventio*) zu erfüllen, unter die Undanksfälle auf und gestattete dem Schenker aus diesem Grund, die Schenkung zu widerrufen[1212]. Die generelle Regelung des Widerrufs wegen Undanks[1213] und zugleich eine taxative Aufzählung der Undanksfälle findet sich in C. 8,55(56),10.

C. 8,55(56),10 (Imperator Iustinianus A. Iuliano pp.)
pr.: Generaliter sancimus omnes donationes lege confectas firmas illibatasque manere, si non donationis acceptor ingratus circa donatorem inveniatur, ita ut iniurias atroces in eum effundat vel manus impias inferat vel iacturae molem ex insidiis suis ingerat, quae non levem sensum substantiae donatoris imponit vel vitae periculum aliquid ei intulerit vel quasdam conventiones sive in scriptis donationi impositas sive sine scriptis habitas, quas donationis acceptor spopondit, minime implere voluerit. § 1: Ex his enim tantummodo causis, si fuerint in iudicio dilucidis argumentis cognitionaliter adprobatae, etiam donationes in eos factas everti concedimus, ne sit cuidam licentia et alienas res capere et fragilitatem ridere donatoris et iterum ipsum donatorem suasque res perdere et praefatis malis ab ingrato donationis acceptore adfici. § 2: Haec tamen usque ad primas personas tantummodo stare censemus, nulla licentia concedenda donatoris successoribus huiusmodi querimoniarum primordium instituere. etenim si ipse qui haec passus est tacuit, silentium eius maneat semper et non a posteritate eius suscitari concedatur vel adversus ipsum qui ingratus esse dicitur vel adversus eius successionem. D. XV k. April. Constantinopoli Lampadio et Oreste vv. cc. conss. (a. 530).[1214]

1212 Die Regelung sollte wohl präventiv wirken, um den Beschenkten vom undankbaren Verhalten abzuhalten, so richtig Meincke, FHI 2010, P. 36.

1213 Dazu zuletzt Murillo Villar, La revocación de las donaciones, S. 56ff.

1214 Vgl. Just. Inst. 2,7,2: *sciendum tamen est, quod, etsi plenissimae sint donationes, tamen si ingrati*

Die nach den gesetzlichen Vorschriften errichteten Schenkungen erklärte Justinian grundsätzlich für unwiderruflich, der Widerruf war nur aus bestimmten Gründen erlaubt. Die Aufhebung der gültigen Schenkung setzte voraus, dass einer der Undanksfälle vor Gericht bewiesen wurde. Zum Schenkungswiderruf war nur der Schenker selbst berechtigt. Ob der Widerruf zu Lebzeiten des Beschenkten erfolgen musste[1215], geht aus der Konstitution nicht eindeutig hervor. § 2 sagt zwar, dass der Widerruf *usque ad primas personas* gestattet ist, im weiteren Verlauf geht es aber lediglich um die Aktivlegitimation zur Klage wegen Schenkungswiderrufs. Auch der letzte Satz, in dem am Schluss *vel adversus eius successionem* steht, scheint nur die Tatsache zum Ausdruck zu bringen, dass es *dem Erben des Schenkers* nicht gestattet war, gegen den Beschenkten oder seine Nachkommen vorzugehen, wenn der Schenker „schweigend" starb. Die Zweifel darüber, ob die Passivlegitimation nur dem Beschenkten selbst zukam, sind jedoch dadurch behoben, dass Justinian die engere Konstitution von Constantius und Constans in seinen Kodex unter den Titel C. 8,55(56) *De revocandis donationibus* aufgenommen hat.

C. 8,55(56),7 (Imperatores Constantius et Constans AA. ad Philippum pp.)
pr.: His solis matribus, quae non in secundi matrimonii foedus nupserint, sed unius tantum matrimonii sunt, revocandarum donationum quas in filios fecerint ita decernimus facultatem, si in eos ingratos circa se esse ostenderint. § 1: Quidquid igitur is qui a matre impietatis arguitur ex titulo donationis tenet eo die, quo controversiae qualecumque principium iussu iudicantis datur, matri cogatur reddere. § 2: Ceterum quae ante adhuc matre pacifica iure perfecta sunt et ante inchoatum coeptumque iurgium vendita donata mutata in dotem data ceterisque causis legitime alienata, minime revocamus. § 3: Actionem vero matris ita personalem esse volumus, ut vindicationis tantum habeat effectum nec in heredem detur nec tribuatur heredi. D. XII k. Oct. Limenio et Catullino conss. (a. 349).[1216]

Ausdrücklich bezieht sich die Konstitution auf die Schenkungen der Mutter an die Kinder, aus den unter dem Codextitel *De revocandis donationibus* enthaltenen Konstitutionen ergibt sich aber nicht, dass Justinian für die Mütter ein anderes Regime einführen wollte als für die sonstigen Schenkungen[1217]. Vielmehr wurde die

---

existant homines in quos beneficium collatum est, donatoribus per nostram constitutionem licentiam praestavimus certis ex causis eas revocare, ne, qui suas res in alios contulerunt, ab his quandam patiantur iniuriam vel iacturam, secundum enumeratos in nostra constitutione modos.

1215 Dafür Savigny, System, 4. Bd., S. 232; Windscheid, Lehrbuch des Pandektenrechts, Bd. 2[9], S. 561.

1216 Vgl. die Originalfassung der Konstitution in Impp. Constantius, Constans C. Th. 8,13,1pr.–1 (20. Sept. 349).

1217 So bereits Savigny, System, 4. Bd., S. 233.

im betreffenden Codextitel nur einmal erwähnte Klage generell für Undanksfälle verheißen. Sie hatte einen der *vindicatio* ähnlichen *effectus*, war sonst aber eine persönliche, gegen Dritte nicht durchsetzbare Klage. Sie war weder dem Erben des Schenkers noch gegen den Erben des Beschenkten zu geben. Bei bewiesenem Undank konnte der Beschenkte nur zur Rückgabe dessen gezwungen werden, was er bei Prozessbeginn aus der Schenkung noch besaß. Hat er daher, als er mit der Schenkerin noch in Frieden lebte, die geschenkten Sachen veräußert, sei es entgeltlich oder unentgeltlich, so konnte die Schenkung (in diesem Umfang) nicht mehr widerrufen werden (*minime revocamus*)[1218].

Savigny[1219] hat die in C. 8,55(56),7 erörterte Klage als eine *condictio ex lege* erklärt. Zwar besteht kein Zweifel, dass der Schenker bei Undank des Beschenkten einen obligatorischen Anspruch auf Rückgabe des Geschenks hatte. Auch war die in § 3 erwähnte Klage eine persönliche (*actionem ... ita personalem esse volumus*). Sie hatte aber *vindicationis effectum* und scheint daher eher eine der *vindicatio utilis* in C. 8,54(55),1 ähnliche Wirkung gehabt zu haben. Wie bereits ausgeführt[1220], war die *vindicatio utilis* in C. 8,54(55),1 eine Klage, die es dem Kläger ermöglichte, seinen obligatorischen Anspruch auf Eigentumsübertragung in vorteilhafterer Form geltend zu machen[1221]. Der auf diese Weise geschützte obligatorische Anspruch hatte aber beim Schenkungswiderruf wegen Undanks und bei Nichterfüllung des *modus* einen unterschiedlichen Umfang. Während die Schenkerin bei Nichterfüllung des *modus* in C. 8,54(55),1 das ganze Geschenk zurückfordern konnte[1222], war der undankbare Beschenkte nur zur Rückgabe dessen verpflichtet, was er beim Prozessbeginn aus dem Geschenk noch hatte[1223].

1218 Der im Titel C. 8,55(56) enthaltenen Regelung lässt es sich nicht entnehmen, dass Justinian dem Schenker bei entgeltlicher Veräußerung des Geschenks eine *condictio* auf das Surrogat gewähren wollte; doch dafür Savigny, System, 4. Bd., S. 238f.

1219 Savigny, System, 4. Bd., S. 231.

1220 Oben im dritten Teil, zweiten Kapitel I., S. 264, dort mit Jhering.

1221 Mit der Arbiträrklausel erhöhte die *vindicatio utilis* die Chancen, dass der Schenker statt des Geldwertes die Sache selbst zurückbekam. War der Beschenkte in Konkurs, so konnte der Schenker mit der *vindicatio utilis* die Aussonderung aus der Masse verlangen und war auf diese Weise bevorzugt vor anderen Konkursgläubigern.

1222 Jedenfalls mit der *condictio ob rem*. Zur Drittwirkung der *vindicatio utilis*, wenn der Beschenkte die geschenkten Sachen veräußerte, siehe in Fn. 1030 und unten in diesem Kapitel III., S. 329.

1223 Dies ergibt sich deutlich aus *minime revocamus* in C. 8,55(56),7,2. Damit ist klar, dass sich die Aussage nicht nur auf die Wirkung der *vindicatio utilis* bezog, sondern dass überhaupt der Umfang, in dem die Schenkung widerrufen werden konnte, beschränkt war. Anders bei der Schenkung eines Patrons an den Freigelassenen – Imp. Philippus C. 8,55(56),1pr.: *Etsi perfectis donationibus in possessionem inductus libertus quantolibet tempore ea quae sibi donata sunt pleno iure ut dominus possederit, tamen, si ingratus sit, omnis donatio mutata patronorum voluntate revocanda sit* (a. 249).

Warum hielt es Justinian für notwendig, die Nichterfüllung der *conventio* als einen besonderen Undanksfall einführen zu müssen, wenn er dem Schenker im Titel C. 4,6 *De condictione ob causam datorum* eine Kondiktion gewährte? Mit dieser konnte der Schenker bei Nichterfüllung der Auflage doch (wenn auch aus einer schwächeren Position) die Rückgabe des Geschenks verlangen. Ferner bestand zwischen dem Rückforderungsrecht wegen Undanks und der *condictio ob causam datorum* ein wesentlicher Unterschied darin, dass Ersteres unvererblich war, während die Kompilatoren die *condictio ob causam datorum* als eine aktiv (C. 4,6,2; C. 4,6,3) und passiv (C. 4,6,8) vererbliche Klage beließen. Durfte die Schenkung wegen Undanks nur der Schenker selbst widerrufen, mit der *condictio ob causam datorum* dagegen auch sein Erbe die Rückgabe des Geschenks verlangen, so leuchtet ein, dass die Kondiktionsfälle nicht als Undank anzusehen waren, sondern – dies bietet sich an – als eine Pflichtverletzung. Und es ist wohl möglich, dass sich die Undanksregelung Justinians nicht auf die Fälle der „Pflichtverletzung" bezog. Vielmehr betraf sie nur die Nichterfüllung der sonstigen, bei Schenkungsabschluss getroffenen *conventiones*, die keine klagbare Verpflichtung des Beschenkten begründeten, weil sie weder die Form einer Stipulation noch die der *lex rei suae dicta* hatten. Bei diesen hatte die Subsumption unter die Undanksfälle somit auch eine besondere Rechtfertigung. Dies ist im Folgenden zu verdeutlichen.

II. Das Verhältnis der Undanksregelung zu den Auflagen, die die Rechtsgestalt einer *lex dicta* oder einer Stipulation hatten

Denjenigen Schenkungen, die sich im justinianischen Codex in den Titeln C. 4,6; 4,38; C. 4,64 und C. 8,53(54) finden, ist gemeinsam, dass die Auflage überwiegend als eine *lex dicta* bezeichnet wurde. Die *lex dicta* erzeugte im justinianischen Recht sowohl die *condictio ob causam datorum* der Kaiser Alexander Severus, Valerian und Gallienus als auch die diokletianische *actio praescriptis verbis*. Die *leges dictae* brauchten für ihre Klagbarkeit in der Undanksregelung keine andere (neue) Grundlage, so wie diese auch eine mittels Stipulation versprochene Auflagenerfüllung[1224] nicht benötigte.

Dagegen erwähnte Justinian in C. 8,55(56),10 eine *lex dicta* nicht. Den Undanksfall stellte er mit den Worten dar: *quasdam conventiones sive in scriptis do-*

1224 Im Unterschied zu einer *lex dicta*, die eine Auflagenverpflichtung erzeugte, indem sie die Übergabe der geschenkten Sache begleitete (*re obligatur*), war die Stipulation, wie bereits im zweiten Teil, siebten Kapitel, S. 232ff. erörtert, ein selbständig klagbarer Vertrag.

nationi impositas sive sine scriptis habitas, quas donationis acceptor spopondit, minime implere voluerit. Justinian spricht von den *conventiones*, die der Schenkung in Schriften beigefügt oder ohne Schrift vom Beschenkten versprochen wurden. Wie bereits angedeutet, ist es gut möglich, dass er damit auf solche *conventiones* hinwies, die sonst unklagbar wären, da sie weder in der Übereignung der geschenkten Sache substantiiert (*re obligatur*) noch mittels Stipulation versprochen wurden. Man denke nur an eine formlose *conventio*, die einen schenkungshalber vorgenommenen Schulderlass oder eine schenkungsweise Schuldübernahme begleitete; wegen fehlender Sachübergabe hätte die Auflage nicht die Gestalt der *lex dicta*, die die Verpflichtung begründen könnte. Mangels *lex rei suae dicta* hätte der Schenker auch bei einem Schenkungsversprechen unter Auflage weder die *condictio ob causam datorum* noch die *actio praescriptis verbis*, wenn er die Auflage bei der späteren Schenkungserfüllung (Sachübergabe) nicht wiederholte[1225]. Freilich konnte der Beschenkte in den Fällen, wenn die Auflage nicht als *lex dicta* zustande kommen konnte, die Auflagenerfüllung mittels Stipulation versprechen. Doch würde die Stipulation – obwohl sie im justinianischen Recht nicht mehr an die strikte Form von Frage und Antwort gebunden war[1226] – dann nicht in Betracht kommen, wenn die Schenkung unter Abwesenden abgeschlossen wäre. Wohl denkbar sind Fälle wie beispielsweise dieser: Ein in Rom lebender Onkel schrieb an seinen in Sizilien sich aufhaltenden Neffen: „Ich werde schenkungshalber deine Schuld beim Gläubiger G tilgen, du musst aber deinem Vater eine Zeit lang Unterhalt leisten“. Der Neffe schrieb zurück, er sei damit einverstanden. Hätte sich der Neffe später geweigert, dem Vater Unterhalt zu leisten, so hätte der Onkel keine Klage gegen ihn: Er hätte keine *actio praescriptis verbis* beziehungsweise keine *condictio ob causam datorum*, weil die „Auflagenverpflichtung“ nicht *re* zustande kam, und auch keine Stipulationsklage, weil *verborum obligatio inter absentes concepta inutilis est*[1227]. Um dem Schenker in solchen Fällen den Rechtsschutz zu verschaffen, stellte Justinian die Nichterfüllung dieser *conventiones* unter den Undank. Dadurch erwarb der Schenker eine rechtliche Möglichkeit, die Rückgabe des Geschenks zu verlangen und somit einen mittelbaren Druck zur Erfüllung der *conventio* auszuüben. Bei anderen Schenkungen als Sachschenkungen (beispielsweise die erwähnte Schuldübernahme oder der Schulderlass) ist zu vermuten, dass dem Schenker zur Durchsetzung des Schenkungswiderrufs statt

1225 Erst die bei Erfüllung wiederholte Auflage wäre eine verpflichtende *lex dicta*.

1226 Indem Justinian die Konstitution von Leo (a. 472) übernahm: Imp. Leo C. 8,37(38),10: *Omnes stipulationes, etiamsi non sollemnibus vel directis, sed quibuscumque verbis pro consensu contrahentium compositae sint, legibus cognitae suam habeant firmitatem.* Zur Form der Stipulation im justinianischen Recht siehe Kaser, Das römische Privatrecht 2², S. 381f. mwN.

1227 Just. Inst. 3,19,12; Imp. Just. C. 8,37(38),14.

der *vindicatio utilis* ein anderer Rechtsbehelf gewährt wurde, mit dem er den geschenkten Vorteil zurückverlangen konnte[1228].

Dagegen, dass im justinianischen Recht Fälle vorkamen, in denen die Schenkungsauflage ohne die Subsumtion unter Undank nicht klagbar wäre, spricht nicht die Anordnung Justinians (Inst. 2,7,2), dass die Schenkung „dem Beispiel des Kaufs" folgt (*ad exemplum venditionis*), denn die Angleichung an den Kauf erschöpfte sich darin, dass die Schenkung bereits vor der Übergabe (*traditio*) zustande kam und sie den Schenker – ähnlich wie der Kaufvertrag den Verkäufer – verpflichtete, das Geschenk zu übereignen[1229]. Die Gesetzgebung Justinians enthält keinerlei Hinweis darauf, dass er die Verwandtschaft mit dem Kauf so weit führte, dass durch den bloßen Konsens auch eine klagbare Verpflichtung des Beschenkten entstehen konnte. Ganz im Gegenteil: Da der bloße Konsens keine Verpflichtung des Beschenkten begründen konnte, ordnete Justinian die Schenkung in den Institutionen systematisch nicht unter die Konsensualverträge ein[1230]. Als Klagegrundlage für die Auflage ist im Codex stets entweder eine Stipulation oder eine *lex dicta* erwähnt[1231]. Die *actio praescriptis verbis* wurde dem Schenker einmal unter dem Titel *De rerum permutatione et de praescriptis verbis actione* (C. 4,64) gewährt, sie sollte also denselben Prinzipien wie beim Tausch folgen, bei dem die *actio praescriptis verbis* die Übereignung der Sache voraussetzte[1232]. Dementsprechend wurde auch die Klagbarkeit der Schenkungsauflage mit der *actio praescriptis verbis* ausdrücklich damit begründet, dass die Auflage in der Übereignung der geschenkten Sache substantiiert und somit als eine Realobligation klagbar wurde: *cum huiusmodi conventio non nudi pacti nomine censeatur, sed rebus propriis dictae legis substantia muniatur*[1233]. Ebenso benötigte die *condictio ob causam datorum* eine die Übereignung begleitende *lex dicta* (*si titulo liberalitatis res tuas in sponsam conferendo certam dixisti legem*[1234]). Eine anders als durch die *lex dicta* oder Stipulation begründete *klagbare* Verpflichtung des Beschenkten ist nicht bekannt.

1228 Dass Justinian den Schenkungswiderruf wegen Undanks auf Sachschenkungen beschränken wollte, ist wenig glaubhaft.

1229 Hierzu mit Quellenzeugnissen im ersten Teil, ersten Kapitel I., S. 28.

1230 Die Schenkung ist neben den sachenrechtlichen Erwerbstatbeständen eingeordnet: *Est etiam aliud genus adquisitionis donatio* (Just. Inst. 2,7pr.). Dies bemerkte richtig Chiusi in Staudingers Kommentar, S. 12.

1231 C. 8,53(54),9; C. 8,53(54),22 – zu den Bezeichnungen *in continenti habito pacto* und *lex donationibus dicta* in C. 8,53(54),22 siehe im dritten Teil, dritten Kapitel II.2.b, S. 282.

1232 Impp. Diocl., Maxim. C. 4,64,3: *Ex placito permutationis re nulla secuta constat nemini actionem competere, nisi stipulatio subiecta ex verborum obligatione quaesierit partibus actionem.*

1233 Impp. Diocl., Maxim. C. 4,64,8.

1234 Impp. Diocl., Maxim. C. 4,6,8.

So dürfte für das justinianische Recht folgendes Ergebnis gewonnen sein: Entweder lag eine Stipulation oder eine *lex dicta* vor, bei deren Nichterfüllung dem Schenker eine Klage zustand oder eine nichtklagbare *conventio*, deren Nichterfüllung unter die Undanksfälle fiel[1235]. Gegen diese elektive Konkurrenz (entweder eine klagbare Auflage[1236] oder Schenkungswiderruf wegen Undanks) könnte scheinbar C. 8,54(55),1 sprechen. Das Reskript gewährte der Schenkerin bei Nichterfüllung des *modus* nicht nur die *condictio ob causam datorum*, sondern auch eine *vindicatio utilis*. Nähme man an, dass sich die *vindicatio utilis* dort auf die Undanksregelung stützte, so würde dies bedeuten, dass die Schenkerin die *donatio* wegen Undanks widerrufen konnte, obwohl der *modus* auch mit der *condictio ob causam datorum* klagbar war. Doch ist im Abschnitt III zu zeigen, dass die *vindicatio utilis* in C. 8,54(55),1 nicht die Undanksregelung zur Grundlage hatte, sondern mit dem besonderen Charakter des *modus* zusammenhing. Bei den Auflagen, die keinen *modus donationis* enthielten (in den Codextiteln C. 4,6; 4,38; 4,64 und 8,53(54)), ist nur die *condictio ob causam datorum* erwähnt (eine neben dieser zusätzlich gewährte *vindicatio utilis* fehlt).

III. Die Klagen des Schenkers bei Nichterfüllung des *modus*

Zu beantworten bleibt die Frage, ob dem Schenker bei Nichterfüllung des *modus* eine andere Klage zustand, als er bei den übrigen Auflagen hatte. Klar in diese Richtung deutet die erste der Konstitutionen im Titel C. 8,54(55) *De donationibus quae sub modo*:

C. 8,54(55),1 (26. November 258/Honoré 1340/14)
Imperatores Valerianus et Gallienus AA. Gamicae
pr.: Si doceas, ut adfirmas, nepti tuae ea lege a te esse donatum, ut certa tibi alimenta praeberet, vindicationem etiam hoc casu utilem eo, quod legi illa obtemperare noluerit, impetrare potes, id est actionem, qua dominium pristinum restituatur tibi. § 1: Nam condictio quidem hoc casu (id est in personam actio) iure procedit: verum vindicationem quoque divi principes in hoc casu dandam esse sanxerunt.

1235 Somit anders als Savigny, System, 4. Bd., S. 234, nach dem der Schenker unter Justinian die Wahl hatte, ob er bei Nichterfüllung der Auflage die Schenkung wegen Undanks widerrief oder „jene allgemeineren Rechtsmittel gebrauchen will".

1236 Mit der Klage aus der Stipulation oder mit der *condictio ob causam datorum* beziehungsweise der *actio praescriptis verbis*.

Sollte die Beschenkte der Schenkerin bestimmte *alimenta* leisten und weigerte sie sich, den *modus* zu erfüllen, so konnte die Schenkerin die Rückgabe des Geschenks mit der *vindicatio utilis* verlangen. Neben dieser Klage erwähnt das Reskript auch die Kondiktion, doch wurde diese eher beiseite geschoben und die *vindicatio utilis* favorisiert. Wie bereits erwähnt[1237], konnte dies die Folge eines späteren Eingriffs sein. Valerian und Gallienus gewährten nur die *condictio ob rem*, und die justinianischen Kompilatoren schoben diese zugunsten der von ihnen zusätzlich gestatteten *vindicatio utilis* in die Ecke. Sie ließen die Kondiktion aber bestehen, da der *modus* im vorliegenden Fall in eine *lex dicta* eingekleidet war (*ea lege a te esse donatum*). Es entsprach ihrer Auffassung, dass die in der Übereignung substantiierte Auflage eine *condictio ob causam datorum* erzeugte.

Obwohl die *vindicatio utilis* in C. 8,54(55),1 ähnliche Wirkung hatte wie jene Klage, die dem Schenker auch nach der Undanksregelung zustand[1238], musste ihre Gewährung nicht mit der Undanksregelung zusammenhängen. Das Besondere am *modus* – im Unterschied zu den anderen Auflagen – war, dass er dem Beschenkten stets eine bestimmte Verwendung der geschenkten Sache auferlegte. Sollte der Beschenkte die geschenkte Sache *zugunsten des Schenkers* verwenden, so wollten die Kompilatoren dem Schenker mittels der *vindicatio utilis* offenbar einen stärkeren Schutz verleihen. Stellt man sich unter der *donatio, ut alimenta praeberet* eine Hofübergabe unter dem *modus* vor, die Beschenkte solle der Schenkerin aus den erwirtschafteten Erträgen Nahrung bereitstellen und sie am Hof weiter wohnen lassen[1239], so ist das Vorhaben, einen verstärkten Schutz einzuführen, verständlich. Sollte die Beschenkte der Auflage nicht nachkommen, konnte die Schenkerin den ihr „zustehenden“ Hof in privilegierter Form zurückverlangen und so auf mittelbarem Weg das Ergebnis erreichen, welches die Erfüllung der Auflage hätte – nach dem Rückempfang des Hofes würde sie über den Gegenstand verfügen, aus dem die *alimenta* zu erbringen waren.

Es fragt sich, ob die Kompilatoren an die *vindicatio utilis* als zuständige Klage nicht auch in C. 8,54(55),2 dachten.

C. 8,54(55),2 (11. März 286/Honoré 1475/17)

Imperatores Diocletianus et Maximianus AA. Aurelio Zenoni

Si praediorum proprietatem dono dedisti ita, ut post mortem eius qui accepit ad te rediret, donatio valet, cum etiam ad tempus certum vel incertum ea fieri potest, lege scilicet quae ei imposita est conservanda.

1237 Siehe im dritten Teil, zweiten Kapitel I., S. 265.

1238 C. 8,55(56),7 – hierzu oben in diesem Kapitel unter I., S. 317f.

1239 Siehe oben in diesem Teil, erstem Kapitel II., S. 313.

Justinian hat die Worte von Diokletian und Maximian[1240] *donatio inrita est, cum ad te<mpus> proprietas transferri nequiverit* gestrichen und stattdessen eine *donatio ad tempus* mit dem Zusatz zugelassen, dass eine auferlegte *lex* respektiert werden müsse. Nach der überwiegenden Meinung wollte Justinian damit eine dinglich wirkende Auflösungsabrede und somit das Eigentum auf Zeit anerkennen[1241]. Diese Interpolation solle zugleich ein starker Hinweis darauf sein, dass der dingliche Rückfall auch bei der *donatio mortis causa*[1242] und den Rücktrittsabreden beim Kauf das Werk Justinians gewesen sei[1243]. Dass Justinian in den zwei letztgenannten Fällen den dinglichen Rückfall kannte, soll nicht bestritten werden. Fraglich ist aber, ob er den dinglichen Rückfall auch in C. 8,54(55),2 hineininterpolierte, denn dort läge somit ein Eigentum auf Zeit im eigentlichen Sinn vor; im eigentlichen Sinn deswegen, weil der Veräußerer nur dann ein zeitliches Eigentum übertrug, wenn der Rückfall unvermeidbar war. So war dies in C. 8,54(55),2, wo der Rückfall nur befristet war[1244], nicht aber bei den Rücktrittsabreden beim Kauf und bei der *donatio mortis causa*, wo im Moment der Eigentumsübertragung die Möglichkeit bestand, dass die Resolutivbedingung[1245] nicht eintrat und der Empfänger die Sache endgültig behielt. Der weitere Unterschied zwischen Kauf und *donatio mortis causa* einerseits und *donatio ad tempus* in C. 8,54(55),2 andererseits lag darin, dass im ersten Fall die Auflösung der *causa emptionis*[1246] und *donationis*[1247]

1240 Fr. Vat. 283 (Divi Diocletianus et Maximianus [Aurelio Carrenoni] <AA. Zenoni>): *Si <praediorum> stipendiariorum proprietatem dono dedisti ita, ut post mortem eius qui accepit ad te rediret, donatio inrita est, cum ad te<mpus> proprietas transferri nequiverit.* Siehe dazu im dritten Teil, dritten Kapitel IV.2, S. 294ff.

1241 Jhering, Jahrb. 10 (1871), S. 578f.; Windscheid, Lehrbuch des Pandektenrechts, Bd. 1[9], S. 502 mit N. 6 und Hinweis auf § 90; Amelotti, La donatio mortis causa, S. 99 (mit ausführlicher Auseinandersetzung mit dem älteren Schrifttum); Biondi, Successione testamentaria e donazioni[2], S. 702; 710; Voci, Diritto ereditario romano 1[2], S. 207f., N. 15; Wesel, SZ 85 (1968), S. 106ff.

1242 Siehe dazu auch in Fn. 750.

1243 Amelotti, La donatio mortis causa, S. 97ff.; Simonius, Die donatio mortis causa, S. 148; weitere Literaturnachweise bei Wesel, SZ 85 (1968), S. 95, 106.

1244 Die vorherrschende Meinung vertritt in C. 8,54(55),2 einen vom Überleben des Schenkers unabhängigen *dies certus an incertus quando*, siehe oben Fn. 1152.

1245 Bei den Kaufabreden setzte die Auflösung des Kaufvertrags freilich noch den Rücktritt des Verkäufers voraus.

1246 Vgl. Iav. D. 41,3,19: *Si hominem emisti, ut, si aliqua condicio extitisset, inemptus fieret, et is tibi traditus est et postea condicio emptionem resolvit: tempus, quo apud emptorem fuit, accedere venditori debere existimo, quoniam eo genere retro acta venditio esset redhibitioni similis, in qua non dubito tempus eius qui redhibuerit venditori accessurum, quoniam ea venditio proprie dici non potest.* Siehe ferner unten in Fn. 1248.

1247 Als Beweis dient schon die Tatsache, dass der Beschenkte *mortis causa* auch die in der Zwischenzeit gezogenen Früchte herausgeben musste, wenn der Schenker die Gefahr überlebte. Dies ist

ex tunc wirkte, was nach einer Meinung auch den *ex tunc* erfolgten dinglichen Rückfall nach sich zog[1248]. *Ex post* war die Rechtslage also so zu sehen, als ob die Eigentumsübertragung nie erfolgte. Dies war in C. 8,54(55),2 nicht möglich, weil dort eine *donatio ad tempus* gewollt war. Die erworbenen Zwischenvorteile sollte der Beschenkte behalten, die *donatio* konnte somit nicht *ex tunc* aufgelöst und die Eigentumsübertragung als nicht geschehen angesehen werden.

Gegen die Absicht, in C. 8,54(55),2 eine dingliche Rückfallabrede anzunehmen, spricht die Art der Interpolation. Hätte Justinian der Abrede *ut post mortem eius qui accepit ad te rediret* eine dingliche Wirkung verleihen wollen, so konnte er die Worte Diokletians *donatio inrita est, cum ad te<mpus> proprietas transferri nequiverit* sehr bequem auf *donatio valet, cum etiam ad tempus certum vel incertum proprietas transferri potest* ändern. Demgegenüber heißt es: *donatio valet, cum etiam ad tempus certum vel incertum ea fieri potest.* Justinian sagt nur, dass eine *donatio ad tempus* gültig sei (*ea* = *donatio*); daraus lässt sich noch nicht schließen, dass auch ein Eigentum *ad tempus* erlaubt war[1249]. Hätte ferner die Rückgabeabrede dingliche Wirkung haben sollen, so konnte Justinian seine Begründung mit *fieri potest* beenden. Stattdessen fügte er noch die Worte *lege scilicet quae ei imposita est conservanda* hinzu, die einen erklärenden Sinn haben, etwa: „Das heißt, die beigefügte *lex* muss respektiert = erfüllt werden = das Eigentum muss zurückübertragen werden."

Kein Beleg für den dinglichen Rückfall ergibt sich aus der anderen Konstitution Justinians (C. 6,37,26), die die Literatur mit der Interpolation in C. 8,54(55),2 in Zusammenhang gebracht hat[1250], denn in C. 6,37,26 spricht Justinian wiederum nur von einer *donatio temporalis* und einem *contractus temporalis*, nicht aber vom zeitlichen Eigentum.

C. 6,37,26 (Imperator Iustinianus A. Iohanni pp.)
pr.: Illud, quod de legatis vel fideicommissis temporalibus utpote irritis a legum conditoribus definitum est, emendare prospeximus sancientes et talem legatorum vel fideicommissorum speciem valere et firmitatem habere.

---

auch auf den dinglichen Rückfall zu schließen, und zwar analog aus D. 22,1,38,1 und 3 und anderen Belegen (Fn. 763) – siehe oben im zweiten Teil, fünften Kapitel I.1, S. 196ff.

1248 Wesel, SZ 85 (1968), S. 110, 169. Dagegen in Bezug auf die dingliche Wirkung Peters, Die Rücktrittsvorbehalte, S. 293, der aber betreffend „der übrigen Wirkungen" dennoch eine *ex-tunc*-Auflösung annimmt.

1249 In diesem Sinn auch Schulin, Ueber Resolutivbedingungen, S. 198f.; Scheurl, Zur Lehre von den Nebenbestimmungen, S. 66; Czyhlarz, Zur Lehre von der Resolutivbedingung, S. 17, N. 19.

1250 Nach Chorus, Essays Winkel 2014, S. 170, verweist C. 6,37,26,1 mit *cum enim iam constitutum est fieri posse* auf die Anordnung in C. 8,54(55),2.

§ 1: Cum enim iam constitutum est fieri posse temporales donationes et contractus, consequens est etiam legata vel fideicommissa, quae ad tempus relicta sunt, ad eandem similitudinem confirmari: post completum videlicet tempus ad heredem isdem legatis vel fideicommissis remeantibus, necessitatem habente legatario vel fideicommissario cautionem in personam heredis exponere, ut post transactum tempus res non culpa eius deterior facta restituatur. D. XV k. Nov. Constantinopoli post consulatum Lampadii et Orestis vv. cc. anno secundo (a. 532).

Dass eine *donatio temporalis* den dinglichen Rückfall des Eigentums nach sich zog, lässt sich auch aus der analogen Ausdehnung der Regelung auf die Legate nicht entnehmen[1251]. Denkbar ist, dass die *cautio*, die der Legatar *ad tempus* dem Erben leisten musste, die Verpflichtung zur Rückübereignung[1252] sicherte; *restituere* in einem nicht verschlechterten Zustand[1253] ließe sich in diesem Sinn verstehen. Trifft dies zu, so würde die Anordnung Justinians bedeuten: So wie die Schenkungen, darf nun auch ein Vermächtnis *ad tempus* in der Weise hinterlassen werden, dass der Vermächtnisnehmer bei Termineintritt zur Rückübereignung an den Erben verpflichtet[1254] ist.

Man könnte dagegen einwenden, dass die Anordnung Justinians (C. 6,37,26) nichts Neues eingeführt hätte, wenn das *legatum ad tempus* nur eine obligatorische Verpflichtung zur Rückgabe erzeugte. Zwar war vorher bei den Legaten eine auflösende Befristung oder Bedingung untersagt gewesen[1255], doch hatte der Erblasser das gewollte Ergebnis damit erreichen können, dass er den Legatar mit einem Fideikommiss zugunsten des Erben[1256] belastet hatte. Das justinianische *legatum ad tempus* würde sich von der bisherigen Regelung aber doch dadurch unterscheiden, dass das Ergebnis, für das man vorher zwei Anordnungen benötigt hatte (*legatum* und aufschiebend befristetes Fideikommiss), nun durch ein ein-

1251 Jedoch anders WESEL, SZ 85 (1968), S. 108.

1252 Anders VOCI, Diritto ereditario romano 1², S. 207f. mit N. 15: „la *cautio* .... serva a garantire non la restituzione, ma la buona conservazione della cosa".

1253 In der Konstitution mit den Worten: „nicht aus seinem Verschulden verschlechtertem Zustand" (*non culpa eius deterior facta restituatur*). Bei Beschädigung oder Zerstörung durch Dritte wäre die deliktische Schadenersatzklage abzutreten oder vom Legatar *ad tempus* bezogener aquilischer Ersatz dem Erben herauszugeben, ähnlich dem Restitutionsinhalt der Vindikation, vgl. Julian in Ulp. D. 6,1,17,1; dazu WIMMER, Besitz und Haftung, S. 106.

1254 So richtig SCHULIN, Ueber Resolutivbedingungen, S. 200ff.; SCHEURL, Zur Lehre von den Nebenbestimmungen, S. 65f.

1255 Hierzu mit weiteren Quellennachweisen BIONDI, Successione testamentaria e donazioni², S. 562.

1256 Paul. D. 35,2,29: *Si a me tibi fideicommissum vel legatum est tuque id post tempus rogatus sis mihi restituere, non puto hoc imputandum esse in Falcidiam, quia incipio postea quasi fideicommissarius id recipere.*

heitliches *legatum ad tempus* zu erreichen war: Das Legat erzeugte mit Fristablauf auch die Verpflichtung des Legatars zur Rückübereignung an den Erben.

Eine Neigung Justinians zur Verdinglichung der obligatorischen Ansprüche ist ferner auch in C. 6,43 nicht zu sehen. Zwar gewährte er dort[1257] jedem Legatar und Fideikommissar unabhängig von der Form des Vermächtnisses neben der persönlichen Klage auch eine *actio in rem*[1258], diese war aber nicht die direkte *rei vindicatio*, die der Legatar früher aus dem Vindikationslegat hatte: Zum einen, weil der Vermächtnisnehmer auch einen obligatorischen Anspruch auf Leistung der vermachten Sache hatte; dies war bei einem Vindikationslegat nicht der Fall[1259]. Dass der Legatar nach der neuen Regelung Justinians einen obligatorischen Anspruch hatte, wird auch dadurch bestätigt, dass ihm zur Sicherung dieses Anspruchs eine *Serviana utilis* zustand, also ein Pfandrecht an Sachen, die der Vermächtnisbeschwerte aus dem Nachlass erworben hat[1260]. War der Vermächtnisbeschwerte zur Übereignung der vermachten Sache verpflichtet[1261], so konnte die *in rem actio* nicht aus einem direkten Eigentumserwerb des Vermächtnisnehmers hervorgegangen sein. Zum anderen ist zu berücksichtigen, dass Justinian erst zwei Jahre nach der Einführung der *in rem actio*[1262] das Veräußerungsverbot anordnete[1263], das zur Folge hatte, dass die verbotswidrige Veräußerung der vermachten Sache durch den Vermächtnisbeschwerten ungültig war[1264]. Bis dahin hatte der Vermächtnisbeschwerte sogar bei einem *pure* hinterlassenen Vermächtnis die vermachte Sache wirksam veräußern, verpfänden oder einen vermachten Sklaven freilassen können[1265]. Bei einem dinglich wirkenden Legat wäre eine

1257 Imp. Just. C. 6,43,1pr.–5 (a. 529).

1258 Sofern dies der Gegenstand des Vermächtnisses erlaubte; siehe dazu Marezoll, ZCP 9 (1836), S. 297f.

1259 In Iul. D. 30,84,13 konnte ein Vermächtnis mit der Formel *do lego darique iubeo* vorliegen, wie etwa in Ulp. D. 33,7,12,43; vgl. auch Scaev. D. 34,4,30pr. und 4 (*do lego darique volo*); mit anderer Erklärung dazu und zu weiteren Ausnahmen Marezoll, ZCP 9 (1836), S. 87ff.

1260 Etwa auch im Fall von Nachlegaten: War der Vorlegatar vermächnisbeschwert zugunsten des Nachlegatars, so hatte der Nachlegatar ein Pfandrecht an Nachlasssachen, die der Vorlegatar erlangte. Vgl. unten Fn. 1271.

1261 Das Erfordernis der Sachübergabe ergibt sich auch aus Imp. Just. C. 6,49,8 (a. 532).

1262 Durch C. 6,43,1; a. 529.

1263 Durch C. 6,43,3,2–4; a. 531.

1264 Bei einem *pure* hinterlassenen Vermächtnis sogleich, bei einem suspensiv bedingten mit dem Bedingungseintritt und *ex-tunc*-Wirkung.

1265 Imp. Just. C. 6,43,3,2a: *Nemo itaque ea, quae per legatum vel pure vel sub certo die relicta sunt vel quae restitui aliis disposita sunt vel substitutione posita, secundum veterem dispositionem putet esse in posterum alienanda vel pignoris vel hypothecae titulo adsignanda vel mancipia manumittenda, sed sciat, quod hoc quod alienum est non ei liceat utpote sui patrimonii existens alieno iuri applicare, quia satis absurdum est et inrationabile rem, quam in suis bonis pure non possidet, eam ad alios*

wirksame Veräußerung undenkbar, denn ging es um ein *pure* Legat, so erwürbe der Belastete das Eigentum an der Sache gar nicht. Das neue Vermächtnis Justinians musste also obligatorisch wirken, war aber durch die *Serviana utilis* und die *in rem actio* besonders geschützt. Die Koexistenz des obligatorischen Anspruchs mit einer *vindicatio* war im justinianischen Recht keine Ausnahme. Wie bereits gezeigt, stand dem Schenker[1266] bei Nichterfüllung des *modus*[1267] neben der *condictio* auch eine *vindicatio utilis* zu; in C. 5,12,30 ist die *in rem actio* (so wie beim Vermächtnis) in Begleitung der *hypothecaria* belegt[1268].

Die *in rem actio* des Vermächtnisnehmers in C. 6,43 konnte ähnlich wie die *vindicatio utilis* bei der *donatio sub modo* konstruiert sein. Dagegen, dass die *in rem actio* in C. 6,43 nicht die Wirkung einer eigentlichen *rei vindicatio* hatte, spricht auch die Tatsache nicht, dass der Vermächtnisnehmer die *in rem actio* bei verbotswidriger Veräußerung der vermachten Sache durch den Belasteten auch gegen Dritte erheben konnte. Denn dies ordnete Justinian erst in C. 6,43,3,3b (a. 531) zusammen mit dem Veräußerungsverbot an; die Durchsetzbarkeit der *in rem actio* gegen dritte „*detentatores*" war somit erst die Folge des dinglich wirkenden Veräußerungsverbots. Vorher[1269] war die Veräußerung durch den Belasteten gültig und die *in rem actio* gegen Dritte offenbar nicht durchsetzbar gewesen.

Somit darf als Ergebnis angenommen werden, dass das Vermächtnis nach der Regelung Justinians obligatorisch wirkte, der Anspruch des Vermächtnisnehmers aber durch die *Serviana utilis* gesichert und durch eine *vindicatio utilis*[1270] verstärkt war. Wendet man dies nun auf das *legatum ad tempus* an, so wäre auch der Vermächtnisnehmer mit Fristablauf zur Rückübereignung *verpflichtet*, wobei dem Erben zur Verstärkung seines obligatorischen Anspruchs die *Serviana utilis* und die *vindicatio utilis* zustünden[1271]. Freilich müsste man den Erben als Nachlegatar

---

posse transferre vel hypothecae pignorisve nomine obligare vel manumittere et alienam spem decipere.

1266 Eine Kondiktion und zugleich eine *actio utilis in rem* gehen auf Justinian auch in C. 5,3,15,1 bei einer Schenkung unter Verlobten zurück; siehe oben Fn. 1037. Zu weiteren Fällen siehe HARKE, Actio utilis, S. 163ff.

1267 C. 8,54(55),1.

1268 Imp. Just. C. 5,12,30,1: *Volumus itaque eam in rem actionem quasi in huiusmodi rebus propriis habere et hypothecariam omnibus anteriorem possidere, ut, sive ex naturali iure eiusdem mulieris res esse intellegantur vel secundum legum subtilitatem ad mariti substantiam pervenisse, per utramque viam sive in rem sive hypothecariam ei plenissime consulatur* (a. 529).

1269 Also zwischen den Jahren 529 (C. 6,43,1) und 531 (C. 6,43,3,2–4).

1270 Für eine *vindicatio utilis* auch MAREZOLL, ZCP 9 (1836), S. 293ff., der aber bereits nach C. 6,43,1 eine Drittwirkung annahm. Gegen die *vindicatio utilis* WINDSCHEID, Lehrbuch des Pandektenrechts, Bd. 3⁹, S. 641, N. 1.

1271 Die *Serviana utilis* und *in rem actio* hatte der Vermächtnisnehmer nicht nur gegen den belasteten

sehen, der die Sache *post tempus* aus dem Singulartitel (*iure legati*) erwarb und nicht *iure hereditario*, wie dies bei dinglichem Rückfall mit Wiederaufleben des Erbrechtstitels anzunehmen wäre.

Ein Klagenschutz mit der *vindicatio utilis* konnte auch für die *donatio ad tempus* in C. 8,54(55),2 beabsichtigt gewesen sein: Der *modus ut post mortem eius qui accepit ad te rediret* wirkte lediglich obligatorisch, Justinian wollte dem Schenker aber dennoch (ähnlich wie in C. 8,54(55),1) mit der *vindicatio utilis* einen stärkeren Schutz verleihen. Freilich müsste die *vindicatio utilis* in diesem Fall auch gegen die Erben des Beschenkten wirken, da das *redire* zurück an den Schenker erst bei dem Tod des Beschenkten vereinbart war. Wie wenig gemeinsam die *vindicatio utilis* in diesem Fall mit dem Undank des Beschenkten hätte, leuchtet ein. Sie wäre eine Klage, mit der der Schenker die Erfüllung des *modus* erzwingen könnte, und dies aus einer stärkeren Position als aus jener, die er hätte, wenn ihm lediglich die Kondiktion zustünde.

Man fragt sich, ob die *vindicatio utilis* in C. 8,54(55),1 und C. 8,54(55),2 auch gegen Dritte durchsetzbar war, wenn der Beschenkte die Sache veräußerte. Auf den ersten Blick könnte die Analogie zum Vermächtnis (C. 6,43,3,3b) dafür sprechen. Man muss aber beachten, dass die Drittwirkung dort sehr wahrscheinlich erst die Folge des Veräußerungsverbots war, das die verbotswidrige Veräußerung nichtig machte. Bei der Schenkung führte Justinian ein Veräußerungsverbot nicht ein und aus C. 6,43,3,2–4 lässt sich nicht entnehmen, dass der Erlass über die Vermächtnisse hinaus wirken sollte. Wahrscheinlicher ist daher, dass die *vindicatio utilis* des Schenkers in C. 8,54(55),1 und C. 8,54(55),2 nur gegen den Beschenkten durchsetzbar war. Hat er die Sache veräußert, so war diese Veräußerung gültig und der Schenker lediglich auf die Kondiktion verwiesen.

Ist diese Deutung richtig, so verlieh die *vindicatio utilis* dem Schenker einen stärkeren Rechtsschutz in den Fällen, in denen der *modus* dem Beschenkten auferlegte, das Geschenk oder einen Teil davon *zugunsten des Schenkers* zu verwenden. Demgegenüber hatte der Schenker sie dann nicht, wenn der *modus* Restitution an einen Dritten zum Inhalt hatte (C. 8,54(55),3: *donatio ita conficitur, ut post tempus id quod donatum est alii restituatur*). Nach der Konstitution der *divi principes* stand in diesem Fall eine *actio utilis* direkt dem Dritten zu, was Justinian offenbar als einen ausreichenden Klagenschutz betrachtete.

Erben, sondern auch gegen andere Onerierte (siehe oben Fn. 1260), sie bezogen sich aber immer nur auf die vom Erblasser erhaltenen Sachen (*in rebus, quas a testatore consecutus est*; C. 6,43,1,4). Dafür, dass sich auch die *in rem actio* (und nicht nur die *Serviana utilis*) lediglich auf die Sachen aus dem Nachlass bezog, richtig bereits WINDSCHEID, Lehrbuch des Pandektenrechts, Bd. 3[9], S. 641; VANGEROW, Lehrbuch der Pandekten, 2. Bd.[7], S. 458f. gegen MAREZOLL, ZCP 9 (1836), S. 299f.

Drittes Kapitel: Die Differenzierung zwischen einer *datio ob rem* und einer Schenkung unter Auflage

Justinian gewährte dem Schenker auch bei Bestehen einer *donatio* die Kondiktion wegen Nichterfüllung der Auflage (*condictio ob causam datorum*). Dennoch ließ er sowohl im Codex (C. 4,6,6) als auch in den Digesten (D. 24,1,13,2; D. 39,5,2,7; D. 39,5,3) diejenigen Texte unverändert, die die Kondiktion mit der Begründung ablehnten, es sei eine Schenkung, beziehungsweise die die Kondiktion dem Schenker je nachdem gewährten, ob eine „einzweckige" *datio ob rem* oder eine Schenkung vorlag. Diese Unterscheidung zwischen der *datio ob rem*[1272] mit Kondiktion und der *donatio* mit Kondiktionsausschluss scheint im justinianischen Recht in zwei Fällen eine Rolle gespielt zu haben: erstens wenn die Auflage eine solche Verwendung des Empfangenen auferlegte, die allein zum Vorteil des Beschenkten war, und zweitens wenn die Erfüllung der *ut*-Abrede anfänglich unmöglich war.

I. Die Zweckbestimmung zugunsten des Beschenkten

Die Digestenstellen, aus denen die Unterscheidung zwischen einer *datio ob rem* und der *donatio* besonders deutlich hervorgeht, betreffen diejenigen Fälle, in denen der Empfänger *das Empfangene* zum eigenen Nutzen verwenden sollte: zum Bau oder zur Aussaat am eigenen Grundstück (Ulp. D. 24,1,13,2)[1273] oder zum Einkauf eines Sklaven (Iul. D. 39,5,2,7)[1274].

1272 Der klassische Ausdruck *datio ob rem* wurde im justinianischen Recht vorwiegend durch *datio ob causam* ersetzt, was sich deutlich in der Benennung der *condictio ob causam datorum* widerspiegelt. Dennoch wird für die Zweckleistungen weiter der Begriff *datio ob rem* verwendet, um die Verwechslung mit der klassischen *datio ob causam* (siehe im ersten Teil, zweiten Kapitel II.1, S. 42ff.) zu vermeiden.

1273 Zum Text siehe im zweiten Teil, ersten Kapitel I.1, S. 62ff.

1274 Zum Text siehe im zweiten Teil, ersten Kapitel I.2, S. 65ff.

Im ersten Text (D. 24,1,13,2) lehnte Ulpian bei Nichterfüllung der Zweckbestimmung die Kondiktion des Schenkers mit der Begründung ab, *quia magis donari ei videtur.* Julian (D. 39,5,2,7) unterschied je nachdem, ob der Geber das Geld auf jeden Fall zuwenden wollte (*donatio* mit Kondiktionsausschluss) oder nur für den Fall, dass der Empfänger den Stichus kaufte („einzweckige“ *datio ob rem*). Im Anschluss an diese Entscheidung zogen die Kompilatoren Ulpian (D. 39,5,3) heran, wonach bei Schenkungen zu differenzieren sei, ob eine *causa donandi* oder eine *condicio* (*dandi*) beabsichtigt war. Während bei der *causa donandi* das Hingegebene nicht zurückgefordert werden konnte, ergab sich bei der *condicio* (*dandi*) für die Kondiktion ein Raum (*multum interesse, causa donandi fuit an condicio: si causa fuit, cessare repetitionem, si condicio, repetitioni locum fore*).

Die Zweckbestimmung zugunsten des Empfängers wollten die Kompilatoren offenbar einem besonderen Regime unterziehen: Entweder bezweckte der Geber eine Schenkung, so konnte der Beschenkte nicht gezwungen werden, die Zweckbestimmung zu erfüllen, die *nur auf seinen Vorteil* abzielte (*ad ipsum dumtaxat emolumentum*[1275]); oder der Geber wollte nur für den Fall geben, dass der Empfänger der auferlegten Verwendung nachkam, so lag aber keine *donatio*, sondern eine „einzweckige“ *datio ob rem* vor[1276]. Sollte diese Deutung überzeugen, so war die *donatio sub modo*, die den Schenker bei Nichterfüllung des *modus* zur Kondiktion berechtigte, im justinianischen Recht lediglich auf solche Fälle beschränkt, in denen der *modus* die Verwendung des Empfangenen zugunsten *des Schenkers* oder *eines Dritten* auferlegte.

1275 Ähnlich im Erbrecht: Pap. D. 35,1,71pr.; hierzu siehe in Fn. 201.

1276 Offenbar nicht als eine Schenkung sah das justinianische Recht jenen Fall, in dem Seia eine Sache mit der Zweckbestimmung gegeben wurde, sie solle mit dieser die Mitgift für sich bestellen (Ulp. D. 23,3,9pr.: *Si ego Seiae res dedero, ut ipsa suo nomine in dotem det, efficientur eius, licet non in dotem sint datae: sed condictione tenebitur*). Mit der auferlegten Verwendung bezweckte der Geber den Vorteil von Seia. Da ihm die Kompilatoren von Ulpian die Kondiktion geben ließen, sahen sie den Fall offenbar als eine *datio ob rem*. Der Grund dafür, dass sie das Rechtsgeschäft nicht als eine Schenkung mit Kondiktionsausschluss beurteilten, konnte auch hier darin liegen, dass der Geber nur für den Fall die Sache Seia geben wollte, dass sie die *dos* bestellt und *aliter non daturus*. Allerdings konnte der Grund auch darin liegen, dass Seia durch die auferlegte Verwendung kein unmittelbares Surrogat erwerben konnte, wie dies demgegenüber der Fall in D. 24,1,13,2 (das gebaute Haus) und in D. 39,5,2,7 (der gekaufte Sklave) war. Die *actio rei uxoriae* hätte sie erst bei Eheauflösung, somit blieb weder ein Teil der Zuwendung noch ein Surrogat in ihren Händen.

II. Die anfängliche Unmöglichkeit der Auflagenerfüllung

Der zweite Fall, wo die justinianischen Kompilatoren die Unterscheidung zwischen einer *datio ob rem* mit Kondiktion und der *donatio* mit Kondiktionsausschluss bestehen ließen, betrifft das Reskript von Diokletian und Maximian.

C. 4,6,6 (14. Mai 293/Honoré 1886/20)
Imperatores Diocletianus et Maximianus AA. et CC. Curioni et Plotioni
Cum ancillam patrem vestrum ei, contra quem supplicastis, dedisse proponatis, interest multum, utrumne donandi animo dedit, an ob manumittendam filiam, quam ancillam existimabat, cum perfecta quidem donatio revocari non possit, causa vero dandi non secuta repetitio competat.

Im Text geht es nicht um eine *donatio sub modo*, da sich die Zweckbestimmung nicht auf die übereignete Sklavin bezieht: Der „Beschenkte" sollte nicht die empfangene, sondern eine eigene Sklavin freilassen, doch war dies bereits bei der Übergabe nicht möglich[1277]. Wenn der Vater die Sklavin *donandi animo* übereignete, hatten dessen Erben keine Kondiktion, da die perfekte Schenkung nicht widerrufen werden konnte. Während dies nach Diokletian generell für alle Schenkungen galt, konnte der Schenker im justinianischen Recht auch dann die *condictio ob causam datorum* erheben, wenn er *donandi animo* leistete. Die Entscheidung mussten die Kompilatoren daher auf den konkreten Fall beschränken; möglicherweise hing dies mit der anfänglichen Unmöglichkeit der Freilassungsauflage zusammen. Die von ihnen bezweckte Regelung dürfte gelautet haben: Wenn die Auflagenerfüllung bereits bei der Übergabe unmöglich war, konnte der Geber die übergebene Sache lediglich dann kondizieren, wenn die Auflagenerfüllung der einzige Zweck der Leistung war (*datio ob rem*). Die eventuelle Schenkungsabsicht (*donandi animo dedit*) schloss die Kondiktion dagegen aus.

Im Unterschied zur anfänglichen Unmöglichkeit konnte der Geber bei der nachträglichen, vom Empfänger nicht verschuldeten Unmöglichkeit der Auflage die hingegebene Sache nicht nur bei der Schenkung unter Auflage, sondern auch bei der *datio ob rem*[1278] nicht zurückfordern. Dies geht bezüglich der Schenkung

1277 Die freizulassende „Sklavin" war eine Freie.

1278 Doch ist diese bereits bei Diokletian erkennbare Tendenz nur im justinianischen Codex ganz deutlich. In den Digesten beließen die Kompilatoren auch jene Texte, die dem *dans ob rem* auch bei nachträglicher Unmöglichkeit die *condictio ob rem* gewähren; z. B. D. 39,5,2,7.

aus C. 4,6,8[1279], bezüglich der *datio ob rem* aus C. 4,6,10[1280] und C. 4,6,11[1281] hervor.

III. Zwischenergebnis zu Justinian

Die bei einer Schenkung getroffenen Nebenabreden lassen sich im justinianischen Recht in drei Gruppen einteilen.

1. Die Auflagen in der Rechtsgestalt der *lex dicta*

Der *Codex Iustinianus* umfasst Schenkungen unter Auflagen verschiedensten Inhalts, die die Kommission nicht in den Codextitel C. 8,54(55) *De donationibus quae sub modo* einordnete. Das gemeinsame Merkmal dieser Auflagen ist die Form der *lex rei suae dicta* – es geht um Auflagen, die der Schenker bei der Übereignung der geschenkten Sache aussprach, wodurch die Auflage klagbar wurde (*re obligari*).

In Bezug auf diese Auflagen übernahm Justinian die Regelung der Kaiser des 3. Jahrhunderts: Bei Nichterfüllung der *lex dicta* konnte der Schenker entweder das ganze Geschenk mit der *condictio ob causam datorum* zurückfordern oder mit der *actio praescriptis verbis* auf Erfüllung der *lex* klagen. Diese Klagen standen dem Schenker nur dann zu, wenn die Erfüllung der Auflage nicht mittels einer Stipulation versprochen wurde, bei dieser würde die Realobligation durch die Stipulationsobligation konsumiert. Bei Nichterfüllung einer *lex dicta* konnten auch die Erben des Schenkers die Rückgabe des Geschenks verlangen, und zwar auch von den Erben des Beschenkten.

Es ist nicht ganz ersichtlich, ob Justinian dem Schenker die Wahl zwischen der Kondiktion und der *actio praescriptis verbis* überlassen wollte oder ob er die Erfüllungsklage bevorzugte und die Kondiktion nur in denjenigen Fällen zuließ, in denen die Erfüllungsklage als unpassend erschien. Die Bevorzugung der Erfüllungsklage könnte man in C. 4,38,3 sehen, wo die Kompilatoren die Entscheidung Diokletians *sicut donatio perfecta facile rescindi non potest, ita legi, quam tuis rebus donans dixisti, parere convenit* bestehen ließen und dort nur *facile* hineininter-

1279 Impp. Diocl., Maxim. C. 4,6,8, zum Text siehe im dritten Teil, dritten Kapitel III., S. 283ff.

1280 Impp. Diocl., Maxim. C. 4,6,10: *Pecuniam a te datam, licet causa, pro qua data est, non culpa accipientis, sed fortuito casu secuta non est, minime repeti posse certum est.*

1281 *E contrario*: Impp. Diocl., Maxim. C. 4,6,11: *Advocationis causa datam pecuniam, si per eos qui acceperant, quominus susceptam fidem impleant, stetisse probetur, restituendam esse convenit.*

polierten. Andererseits kommt in der interpolierten Konstitution C. 4,6,8 nur die Kondiktion vor, und zwar ohne Bezug auf eine konkrete Nebenabrede.

Der Beschenkte haftete lediglich für verschuldete Nichterfüllung der *lex dicta*. Bei anfänglicher Unmöglichkeit der Auflagenerfüllung konnte der Beschenkte das Geschenk behalten.

2. Die nichtklagbaren Nebenabreden

Diejenigen *conventiones*, die nicht als *leges dictae* bei der Übergabe der geschenkten Sache (*re obligari*) zustande kamen und auch nicht zum Inhalt einer Stipulation wurden, unterlagen dem Schenkungswiderruf wegen Undanks. Justinian gewährte das Recht, eine Schenkung wegen Undanks des Beschenkten zu widerrufen, das bisher nur auf einen bestimmten Personenkreis beschränkt gewesen war[1282], generell allen Schenkern. Indem Justinian die Nichterfüllung der nichtklagbaren Nebenabreden unter die Undanksfälle einfügte, gewährte er dem Schenker einen Rechtsbehelf, den dieser sonst nicht gehabt hätte. Dadurch schloss er die Lücke, die trotz der Tatsache weiterbestand, dass dem Schenker bei Nichterfüllung der Auflage bereits am Anfang des 3. Jahrhunderts eine *condictio ob rem* und später eine *actio praescriptis verbis* gewährt wurde. Die Lückenschließung bietet zugleich die Antwort auf die von Haymann[1283] gestellte Frage, was Justinian bewogen haben könne, dem Schenker neben der ihm schon zustehenden *condictio ob rem* noch ein zweites, aber schwächer wirkendes Schutzmittel zu gewähren. Schwächer als der Schutz bei Nichterfüllung der *leges dictae* war die Undanksregelung tatsächlich in zwei Punkten: Zum einen konnte die Schenkung wegen Undanks nur der Schenker selbst widerrufen und nur zu Lebzeiten des Beschenkten[1284]. Zum anderen betraf der Widerruf nur das, was der Beschenkte bei Prozessbeginn noch hatte. Die Stärke der Undanksregelung lag aber darin, dass der Schenker bei Undank des Beschenkten die Rückgabe des Geschenks mit einer *vindicatio utilis* verlangen und somit seinen obligatorischen Anspruch auf Rückübereignung aus der privilegierten Stellung eines Vindikanten geltend machen konnte.

3. Die *donatio sub modo*

Der Begriff *donatio sub modo* wurde erst im justinianischen Recht zum Terminus technicus. Dem inhaltlichen Aufbau des Codextitels C. 8,54(55) *De donationibus quae sub modo* lässt sich entnehmen, dass die *donatio sub modo* eine inhaltlich

---

1282 Siehe oben S. 37 mit Fn. 100f.

1283 Haymann, Die Schenkung unter einer Auflage, S. 130ff.

1284 Die *condictio ob causam datorum* war dagegen aktiv und passiv vererblich.

oder zeitlich beschränkte Schenkung war. Im Unterschied zur modernen Rechtsterminologie bezeichnete der justinianische *modus* nicht jede dem Beschenkten auferlegte Verpflichtung, sondern nur eine solche, die in bestimmter Verwendung der geschenkten Sache oder ihres Teils zugunsten des Schenkers oder eines Dritten bestand. Die auferlegte Verwendung umfasste oft die Verpflichtung, das Geschenk nach Fristablauf an einen Dritten oder an den Schenker zu restituieren. Aus den Quellen ergibt sich nicht, dass Justinian dem *modus*, wenn dieser die Rückgabe an den Schenker auferlegte, dingliche Wirkung zuerkennen und somit ein zeitliches Eigentum anerkennen wollte.

Hatte der *modus* die Rechtsgestalt der *lex dicta*, so stand dem Schenker die *condictio ob causam datorum* nach der für die Schenkung unter Auflage geltenden Regelung zu[1285]. Einen stärkeren Rechtsschutz hatte der Schenker dann, wenn der *modus* dem Beschenkten eine Verwendung des Geschenks *zugunsten des Schenkers* auferlegte. Dann hatte der Schenker zusätzlich die *vindicatio utilis*, die aber nicht mit der Undanksregelung zusammenhing. Im Unterschied zu anderen *leges dictae* ist beim *modus* eine *actio praescriptis verbis* nicht überliefert.

Eine Sonderregelung galt für den *modus* dann, wenn eine Verwendung des Geschenks zum eigenen Nutzen des Beschenkten auferlegt war (bei dem Bau oder der Aussaat auf dem eigenen Grundstück, dem Kauf eines Sklaven). Da der Schenker schenken wollte, konnte er den Beschenkten nicht zwingen, dem Zweck nachzukommen, der ohnedies nur auf den Vorteil des Beschenkten abzielte. Anderenfalls, wollte der Geber etwa nur für den Fall der Zweckerfüllung „zuwenden", fasste Justinian das Rechtsgeschäft als eine „einzweckige" *datio ob rem* auf.

1285 Siehe oben in diesem Kapitel unter III.1, S. 333.

Zusammenfassung der Ergebnisse

Das klassische Juristenrecht

Eine Schenkung unter Auflage, das heißt eine, *aus der* dem Beschenkten zugleich eine klagbare Verpflichtung entsteht, kannte das klassische Römische Recht nicht. Die klassischen Juristen dachten nicht: „Ist dies eine Schenkung ohne Klagemöglichkeit des Schenkers oder eine Schenkung unter Auflage?", sondern: „Ist das eine Schenkung oder eine *datio ob rem*?"

Eine Schenkung war im klassischen Recht nur dann anzunehmen, wenn der Schenker dem Beschenkten eine Sache *endgültig* zuwenden wollte[1286], die *donatio* war somit unvereinbar mit dem Rückforderungsrecht des Schenkers (*qui donat, sic dat, ne recipiat*[1287]). Wenn der Schenker *nur für den Fall* zuwenden wollte, dass der Beschenkte seinerseits etwas tat oder unterließ, war die Schenkung durch den schlüssig mitzuverstehenden Rückforderungsvorbehalt[1288] des Schenkers zerstört. Das klassische Recht erhielt das Rechtsgeschäft aber dadurch aufrecht, dass die *donatio, ut aliquid facias* auf eine „einzweckige" *datio ob rem*, nämlich nur noch auf den zweiten Zweck der „Auflage" reduziert wurde. Aufgrund der *datio ob rem* erwarb der „Beschenkte" das Eigentum an der Sache, jedoch ohne dass bis zur Erfüllung der „Auflage" eine den endgültigen Erwerb rechtfertigende *causa* (ein

1286 Ähnlich in Bezug auf das deutsche Recht KNOBBE-KEUK, Fs. Flume, Bd. II, 1978, S. 158ff. und die dort zitierte Rechtsprechung: Solange der Schenker einen (wenn auch nur) aufschiebend bedingten Rückforderungsanspruch habe, liege noch keine materielle Bereicherung des Empfängers der Zuwendung und somit keine Schenkung vor. „Erst in dem Augenblick, von dem ab der Widerruf oder der Eintritt der auflösenden Bedingung nicht mehr möglich ist, wird der Erwerb zu einem definitiven, wird aus der bislang lediglich formalen Position des Erwerbers als Eigentümer … eine materielle Bereicherung, und erst in diesem Zeitpunkt wird die der Zuwendung zugrundeliegende *causa* als wirkliche Schenkung perfiziert". Daher trete auch die Steuerpflicht erst dann ein, wenn der Eigentumserwerb bei dem Beschenkten eine endgültige materielle Bereicherung werde. Zur materiellen Bereicherung auch KOCH in Münchener Kommentar, Bd. 4[8], S. 1208f.

1287 Siehe im zweiten Teil, ersten Kapitel, S. 61ff. und fünften Kapitel, S. 191ff.

1288 Also durch den Rückforderungsvorbehalt für den Fall, dass die Auflage nicht erfüllt wird.

Behaltensgrund) vorläge. Der Eigentumserwerb war inzwischen nur ein „provisorischer", da der Zuwendende bei Nichterfüllung der „Auflage" die Sache zurückfordern konnte. Somit lag bis zur Zweckerreichung noch keine materielle Bereicherung im Vermögen des „Beschenkten" vor und die Sache war noch als eine dem Vermögen des „Schenkers" zugehörig anzusehen. Die Reduktion auf eine *datio ob rem* funktionierte gut in den Fällen, in denen der Zuwendende Geld mit der Zweckbestimmung gab, dass es der Empfänger zum Kauf einer bestimmten Sache verwende. Kam der Empfänger der Zweckbestimmung nach, so konnte er die gekaufte Sache behalten[1289]; verwendete er das Geld dagegen nicht zweckkonform, so konnte es der Zuwendende mit der *condictio ob rem* zurückfordern[1290]. Der „provisorische" Sacherwerb, durch den der „Beschenkte" über das Eigentum an der Sache zwar verfügte, diese aber materiell noch dem Vermögen des „Schenkers" zugehörte, *löste in zwei anderen Fallgruppen spezifische Folgen bei Erfüllung der „Auflage" aus*: zum einen dann, wenn die Zweckbestimmung in der Rückübereignung an den „Schenker" bestand, etwa um ein Darlehen dem „Schenker" zu gewähren oder eine Schuld des „Beschenkten" gegenüber dem „Schenker" zu tilgen. Indem der „Schenker" die *condictio ob rem* hatte, durch welche die Sache noch obligatorisch an sein Vermögen gebunden war, war die Rückübereignung so anzusehen, als hätte der „Schenker" nur das „Seine" zurückbekommen und der „Beschenkte" die Rückgabeverpflichtung aus der Kondiktion erfüllt. Dies verhinderte die gleichzeitige Verwirklichung eines weiteren Zwecks – in den genannten Beispielen also keine Gewährung des Darlehens an den „Schenker"[1291] oder Tilgung der Schuld gegenüber dem „Schenker" mit dem durch die Kondiktion

---

1289 Vgl. hierzu die heutige Diskussion darüber, ob in solchen Fällen (wenn ein Geldbetrag zur Anschaffung eines bestimmten Gegenstandes überlassen wird) der Geldbetrag selbst (unmittelbare Schenkung) oder erst die zu kaufende Sache (mittelbare Schenkung) das eigentliche Schenkungsobjekt bilden. Hierzu und zu den vielfältigen Konsequenzen dieser Unterscheidung Koch in Münchener Kommentar, Bd. 4[8], S. 1207f. und Ertl in Klang Kommentar, §§ 938 bis 1001[3], S. 23.

1290 Siehe im zweiten Teil, ersten Kapitel I.2, S. 65ff.

1291 Vgl. die deutsche Rechtsprechung zum entsprechenden Fall (die Eltern schenken ihren Kindern einen Geldbetrag mit der Abrede, diesen sogleich als verzinsliches Darlehen zurückzubekommen, um sich so die Darlehenszinsen als Betriebsausgabe abziehen zu können) in Knobbe-Keuk, Fs. Flume, Bd. II, 1978, S. 168ff. und Koch in Münchener Kommentar, Bd. 4[8], S. 1280: Während die Literatur zum Schenkungsrecht in diesem Fall eine Schenkung unter Auflage sieht, überwiegt im steuerrechtlichen Schrifttum die Meinung, dass hier keine Schenkung des Geldes mit der Auflage der Rückzahlung als Darlehen zu sehen ist, „weil noch keine endgültige Vermögensverschiebung zwischen Eltern und Kindern vorliegt". Den Schenkungsgegenstand bilden lediglich die den Kindern künftig in Form der Darlehensrückgewähr und der Zinszahlung zukommenden Geldbeträge, die keine abziehbaren Betriebsausgaben, sondern nicht abziehbare Zuwendungen im Sinn des § 12 Nr. 2 EStG darstellen.

gebundenen Geld[1292]. Die Kondizierbarkeit, infolge derer die Sache noch nicht endgültig aus dem Vermögen des „Schenkers" ausgeschieden war, wirkte sich auf die Zweckverwirklichung auch dann aus, wenn die Auflage dem „Beschenkten" gebot, die Sache an einen Dritten weiterzugeben[1293], etwa zur *dos*-Bestellung. Bei Weiterveräußerung sah man es so an, als ob die Sache an den Dritten direkt aus dem Vermögen des „Schenkers" überginge, obwohl das Eigentum im Weg vom „Schenker" an den „Beschenkten" und von diesem an den Dritten übertragen wurde; und dies, weil der „Beschenkte" aus der *datio ob rem* zwar Eigentümer war, jedoch (nach dem Misslingen der Schenkung) ein Eigentümer ohne *causa retinendi*, weswegen die Sache nicht seinem Vermögen, sondern immer noch jenem des „Schenkers" zugehörte[1294]. Damit ist beispielsweise zu erklären, dass in D. 23,3,5,9 keine *dos profecticia* bestellt werden konnte, indem diese voraussetzte, dass die Sache aus dem Vermögen des Vaters stammte[1295].

Aus den überlieferten Quellen geht nicht hervor, dass dem Schenker im klassischen Recht eine Klage auf Erfüllung der Auflage (*actio praescriptis verbis*) zustand[1296]. Vielmehr scheint es, dass die Schenkung nicht nur mit der Kondiktion unvereinbar war, sondern überhaupt mit irgendeiner Verpflichtung des Beschenkten, die durch Übergabe der geschenkten Sache (*re obligari*) entstehen sollte. Eine *donatio* war die Sachübergabe lediglich dann, wenn das Tun oder Unterlassen, zu dem der Schenker den Beschenkten durch die Zuwendung veranlassen wollte, nicht die Grenzen einer Hoffnung überschritt und somit bloß eine *spe datio*[1297] war, denn es war nach der klassischen Auffassung nicht möglich, durch ein Verfügungsgeschäft sowohl die *causa donandi* zu vollziehen als auch eine Realobligation zu begründen, und zwar unabhängig davon, ob das *re obligari* auf Rückgabe des Geschenkten (wie bei der Kondiktion) oder auf Erfüllung der Auflage gerichtet werden sollte.

Donatio rei und „Auflagenverpflichtung" des Beschenkten konnten gleichzeitig nur dann nebeneinander bestehen, wenn die Verpflichtung des Beschenkten

1292 Siehe im zweiten Teil, ersten Kapitel II.1, S. 72ff.

1293 Siehe im zweiten Teil, ersten Kapitel II.2, S. 91ff.

1294 Keinen Rechtsgrund zum endgültigen Behalten hatte der „Beschenkte" nicht deswegen, weil er an den Dritten herausgeben sollte, sondern weil das „Geschenkte" rückforderbar mit der *condictio ob rem* an das Vermögen des „Schenkers" gebunden blieb. Vgl. zum deutschen Recht Knobbe-Keuk, Fs. Flume, Bd. II, 1978, S. 155ff.; 167ff., die die Rückgabeverpflichtung des Zuwendungsempfängers der Verpflichtung zur Weitergabe an einen Dritten („Kettenschenkungen") gleichstellt und in beiden die materielle Bereicherung des „Beschenkten" und somit auch das Vorliegen einer Schenkung verneint.

1295 Siehe im zweiten Teil, ersten Kapitel II.2.b, S. 95ff.

1296 Siehe im zweiten Teil, sechsten Kapitel, S. 221ff.

1297 Siehe im ersten Teil, zweiten Kapitel II.2, S. 52ff.

mittels einer Stipulation erzeugt wurde; und dies, weil die Stipulation einen selbständigen Obligierungsgrund darstellte und die Verpflichtung somit nicht durch die Übereignung der geschenkten Sache (durch die *donatio rei*) entstand[1298].

Von der modernen gemischten Schenkung verschieden ist das *negotium mixtum cum donatione*, das das klassische Römische Recht in bestimmten Fällen der fiduziarischen Übereignung kannte (nicht dagegen bei der *datio ob rem*[1299]). Während bei der modernen gemischten Schenkung die *donatio* und die Verpflichtung des Beschenkten gleichzeitig zustande kommen und nebeneinander bestehen, existierten die zwei Bestandteile (*aliqua donatio* und *negotium*) des römischen *negotium mixtum cum donatione* hintereinander. Sie waren voneinander zeitlich in der Weise getrennt, dass das *negotium* seine volle Wirkung erst dann entfalten konnte, wenn die *aliqua donatio* die eigene Wirkung bereits verlor. Solange die Schenkung bestand, war der Fiduziar mit keiner Verpflichtung belastet. Mit dem Begriff *negotium mixtum cum donatione* können alle Fälle bezeichnet werden, in denen der Fiduziant eine Sache unter der Auflage übereignete, der Fiduziar solle sie nach einer bestimmten Zeit auf eine Weise verwenden, die regelmäßig zum Verlust des Eigentums an der Sache führte (Freilassung eines Sklaven, Restitution an einen Dritten). Statt einer einfachen *fiducia cum amico contracta* lag in diesen Fällen das *negotium mixtum cum donatione* vor, wenn der Fiduziant die Auflagenerfüllung hinausschob, um dem Fiduziar die Zwischenvorteile zuzuwenden; nur diese bildeten das Objekt der in der *fiducia* enthaltenen Schenkung[1300].

Die Freilassungsauflage konnte den Inhalt eines *pactum fiduciae* oder einer *lex mancipio dicta* bilden. Im ersten Fall konnte das gerade beschriebene *negotium mixtum cum donatione* zustande kommen, vorausgesetzt, dass der Fiduziant dem Fiduziar die Zwischenvorteile schenken wollte. Griff der Schenker demgegenüber auf die Form der *lex mancipio dicta* zurück, so hatte die Auflage – und abhängig davon auch die Schenkung – unterschiedliche Rechtswirkung. Die vom Manzipanten einseitig ausgesprochene *lex mancipio dicta* erzeugte im klassischen Recht keine klagbare Verpflichtung des Beschenkten. Daher konnte die *donatio ea lege, ut manumittas* eine Schenkung im eigentlichen Sinn sein – im Unterschied zum *negotium mixtum cum donatione* bestand das Schenkungsobjekt nicht nur in den Früchten der Zwischenzeit, sondern auch im Sklaven selbst und somit auch in den Vermögensvorteilen, die der Beschenkte durch die Freilassung erwarb. Da durch die Übereignung des Sklaven seitens des Beschenkten keine klagbare Verpflichtung zustande kam, pflegte sich der Schenker für den Fall, dass der Beschenkte

1298 Siehe im zweiten Teil, siebten Kapitel, S. 232ff.

1299 Siehe im zweiten Teil, zweiten Kapitel V.1, S. 135ff.

1300 Siehe im zweiten Teil, zweiten Kapitel, S. 114ff.

das Freilassungsgebot nicht erfüllte, eine Vertragsstrafe versprechen zu lassen[1301]. Undurchsetzbar wurde die *stipulatio poenae* nach Erlass der *constitutio Marci*, die der in der *lex mancipio dicta* enthaltenen Freilassungsauflage dingliche Wirkung verlieh, womit sich kein Raum mehr für den Verfall der Strafstipulation bot. Ab der *constitutio* konnte der Beschenkte nur ein zeitlich beschränktes Eigentum am Sklaven erwerben, da dieser *ex constitutione* auch dann frei und *libertus* des Beschenkten wurde, wenn der Beschenkte die Freilassungsauflage nicht erfüllte[1302].

Die Kaisergesetzgebung des 3. Jahrhunderts

Die Schenkung unter Auflage, wie wir sie heute kennen, erschien zum ersten Mal unter den Kaisern Alexander Severus, Valerian und Gallienus. In den Konstitutionen der ersten Hälfte des 3. Jahrhunderts wurden die Schenkung und die „Auflagenverpflichtung" des Beschenkten *durch dasselbe Rechtsgeschäft erzeugt*, nämlich durch die Übereignung der geschenkten Sache. Die Verpflichtung des Beschenkten war noch nicht auf Erfüllung der Auflage gerichtet, dem Schenker stand nur die *condictio ob rem* zu, mit der er die Rückgabe des ganzen Geschenks verlangen konnte, wenn die Auflagenerfüllung ausblieb. Jedoch beruhte die dem Schenker gewährte *condictio ob rem* auf keinem neuen dogmatischen Konzept der Schenkung unter Auflage. Die Kaiser erstreckten nur die Regelung, die bisher für eine „einzweckige" *datio ob rem* gegolten hatte, auch auf eine Schenkung. Dies erklärt, warum der Schenker bei Nichterfüllung der Auflage immer die Rückgabe des *ganzen* Geschenks und nicht nur den Wert der Auflage verlangen konnte[1303].

Diokletian schloss sich am Ende des 3. Jahrhunderts wieder der klassischen Auffassung an, erklärte die Schenkung für unwiderruflich (*perfecta donatio revocari non possit*) und lehnte eine Kondiktion wegen Nichterfüllung der Auflage ab. Doch gewährte er dem Schenker zum ersten Mal die auf Erfüllung der Auflage gerichtete *actio praescriptis verbis*. Die Verpflichtung des Beschenkten kam durch die Übereignung der geschenkten Sache zustande (*re obligari*), und der Beschenkte haftete nur bei verschuldeter (*dolus*, *culpa*) Nichterfüllung der Auflage. Versprach der Beschenkte die Auflagenerfüllung auch mittels einer Stipulation, so stand dem Schenker *nur* die Stipulationsklage zu. War die Schenkung von Anfang an nur als eine temporäre (*donatio temporalis*) beabsichtigt, etwa wenn die Auflage die Rückgabe *post tempus* an den Schenker zum Inhalt hatte, so verwehrte Diokletian die Rückforderungsklage nicht, da darin kein Schenkungswiderruf lag. Die Kondiktion des Schenkers bei *donatio temporalis* war als *actio utilis* in dem

1301 Siehe im zweiten Teil, siebten Kapitel III., S. 242ff.
1302 Siehe im zweiten Teil, dritten Kapitel, S. 146ff.
1303 Siehe im dritten Teil, ersten und zweiten Kapitel, S. 251ff.

Fall einem Dritten zu geben, wenn der Schenker dem Beschenkten die Restitution an diesen auferlegte[1304]. Die *actio utilis* des Dritten ergab sich hier aus dem Willen des Schenkers (*iuxta donatoris voluntatem*), dem wohl die Konstruktion einer konkludenten Zession am besten entsprach[1305].

Das justinianische Recht

Unter Justinian konnte der Schenker schließlich entweder die Auflagenerfüllung mit der *actio praescriptis verbis* oder die Rückgabe des ganzen Geschenks mit der *condictio ob causam datorum* verlangen. Aus den überlieferten Quellen lässt sich nicht entnehmen, ob der Schenker die Wahl zwischen diesen zwei Klagen hatte oder ob Justinian der Erfüllungsklage den Vorzug gab und die *condictio ob causam datorum* dann in Betracht kam, wenn die Erfüllungsklage als unpassend erschien. Der Beschenkte haftete wiederum nur für verschuldete Nichterfüllung der Auflage. Sowohl die *condictio ob causam datorum* als auch die *actio praescriptis verbis* sind nur in den Fällen belegt, in denen die Auflagenverpflichtung als eine Realobligation zustande kam, also in denen der Schenker die Auflage bei der Übereignung der geschenkten Sache aussprach (*lex rei sùae dicta*). Auf Fälle, in denen die Auflage weder die Form der *lex dicta*[1306] noch die der Stipulation hatte, bezog Justinian die Regelung des Schenkungswiderrufs wegen Undanks. Durch die Undanksregelung gewährte er dem Schenker den Klagenschutz in solchen Fällen, in denen die Auflage sonst unklagbar wäre.

Im Unterschied zur modernen Terminologie bezeichnete der justinianische *modus* nicht jede Auflage, sondern nur eine solche, die dem Beschenkten eine bestimmte Verwendung *des Geschenks zugunsten des Schenkers oder eines Dritten* auferlegte. Die *donatio sub modo* war im justinianischen Recht eine inhaltlich oder zeitlich beschränkte Schenkung. Wenn der *modus* die Übereignung der geschenkten Sache begleitete, sodass die Verpflichtung des Beschenkten als Realobligation zustande kam, stand dem Schenker bei Nichterfüllung des *modus* die *condictio ob causam datorum* auf Rückgabe des ganzen Geschenks zu (die *actio praescriptis*

1304 Fr. Vat. 286 (C. 8,54(55),3); das im Text erwähnte *ius vetus* bezog sich ursprünglich wohl auf einen Fall der *fiducia cum amico contracta*. Vgl. dazu die im österreichischen Recht vertretene Meinung, dass die Treuhandverträge als Verträge zugunsten Dritter aufgefasst werden können, wenn der Treugeber den Treuhandvertrag im Interesse eines Dritten abschließt (dreipersönliche Treuhand), in Kastner, Die Treuhand im österreichischen Recht, S. 603.

1305 Siehe im dritten Teil, dritten Kapitel, S. 272ff.

1306 Etwa wenn das Schenkungsobjekt nicht eine Sache war, zum Beispiel ein Schulderlass, eine schenkungshalber vorgenommene Übernahme oder Zahlung der Schuld des Beschenkten oder ein Schenkungsversprechen, bei dem der Schenker die Auflage bei späterem Schenkungsvollzug nicht wiederholte.

verbis ist nicht belegt). Einen stärkeren Schutz hatte der Schenker in denjenigen Fällen, in denen der *modus* dem Beschenkten eine Verwendung des Geschenks *zugunsten des Schenkers* auferlegte. Dann hatte der Schenker auch eine *vindicatio utilis*, mit der er seinen schuldrechtlichen Anspruch auf Rückgabe des Geschenks aus der vorteilhafteren Stellung eines Vindikanten geltend machen konnte. Keine Klage hatte der Schenker dagegen dann, wenn durch den *modus* dem Beschenkten auferlegt war, das Geschenk im eigenen Interesse zu verwenden[1307].

Sowohl die *vindicatio utilis* als auch die *condictio ob causam datorum* waren immer auf Rückgabe des *ganzen* Geschenks gerichtet[1308]. Das Römische Recht gelangte nie zu der von Savigny[1309] geäußerten Überlegung, wonach der Schenker bei Nichterfüllung der Auflage nur den Wert der Auflage zurückverlangen kann. Der Grund dafür mag darin liegen, dass die Obligation des Beschenkten im postklassischen und justinianischen Recht ähnlich wie bei der *datio ob rem* zustande kam, das heißt als eine Realobligation auf Rückgabe des Empfangenen bei Verfehlung des Leistungszwecks. Eine andere Möglichkeit als Rückgabe des ganzen Empfangenen kam daher nicht in Betracht[1310]. Die Schenkung unter Auflage wurde stets zur Gänze als Schenkung und nicht als ein gemischtes Geschäft angesehen.

Schenkung unter Auflage oder ein entgeltliches Geschäft?

Darüber, ob eine Schenkung durch die beigefügte Auflage zu einem entgeltlichen Geschäft wurde, entschied das Römische Recht in keiner seiner Entwicklungsphasen nach dem objektiven Wert des Geschenks und der Auflage. Ebenso wenig bestimmte den Charakter des Rechtsgeschäfts allein der Inhalt der Auflage beziehungsweise allein die Tatsache, in wessen Interesse die Auflagenerfüllung lag. Dies zeigen deutlich diejenigen Auflagen, deren Erfüllung lediglich dem Beschenkten zum Vorteil war. Sogar in diesen Fällen entschied das klassische Recht über den Schenkungscharakter je nachdem, welche Bedeutung die Auflage für den Schenker hatte. Wollte der Schenker zwar eine Wohltat erweisen, kam es ihm aber so sehr auf die Auflagenerfüllung an, dass er anders nicht schenken wollte, so lag keine Schenkung, sondern eine *datio ob rem* vor, aus der dem Schenker bei Nichterfüllung der Auflage eine *condictio ob rem* zustand[1311]. Im kaiserlichen

1307 Siehe im vierten Teil, S. 307ff.

1308 Anders beim Schenkungswiderruf wegen Undanks, siehe im vierten Teil, zweiten Kapitel I., S. 316ff.

1309 Savigny, System, 4. Bd., S. 283.

1310 Eine ähnliche Lösung wie beim Darlehen – „ich gebe dir zehn, damit du mir neun schuldest" (Ulp. D. 12,1,11,1) – ist uns bei der *datio ob rem* nicht bekannt.

1311 Siehe im zweiten Teil, ersten Kapitel I., S. 65ff.

Recht des 3. Jahrhunderts, das sich in den Reskripten widerspiegelt, bestimmte die subjektive Beurteilung des Schenkers die Natur des Rechtsgeschäfts. Hatte dieser in der Anfrage an den Kaiser angegeben, „er habe geschenkt", so war dies für das kaiserliche Libellamt ausschlaggebend. Wenn der Reskriptsempfänger nicht der Schenker selbst war, fragte der Kaiser dennoch nach dessen Willen: *interest multum, utrumne donandi animo dedit, an ob manumittendam filiam* (C. 4,6,6). Das justinianische Recht führte in diesem Bereich keine neue Regelung ein. Bei Auflagen „zugunsten des Beschenkten" übernahm Justinian die klassische Auffassung und unterschied je nach der Bedeutung, welche die Auflage für den Schenker hatte. Hat er *geschenkt*, so konnte er den Beschenkten nicht zwingen (weder direkt durch eine *actio praescriptis verbis* noch indirekt mit *condictio ob causam datorum*), der Auflage nachzukommen. Wollte aber der Schenker nur für den Fall geben, dass der Beschenkte die in seinem Interesse liegende Auflage erfüllte, so lag keine *donatio*, sondern eine „einzweckige" *datio ob rem* vor, und diese berechtigte den „Schenker" zur Kondiktion wegen Zweckverfehlung. Eine Schenkung mit klagbarer Auflage kannte Justinian bei der Zweckbestimmung zugunsten des Beschenkten somit nicht.

Literaturverzeichnis

Quelleneditionen und Übersetzungen

Basilicorum libri LX post A. Fabroti curas a G. E. Heimbachio restituit. Translationem latinam et adnotationem criticam adiecit K. W. E. Heimbach. Tom. IV. Lipsia, 1846, Nachdruck, Frankfurt am Main: Vico Verlag, 2014.

Basilicorum libri LX. Series A, Vol. VI. Ediderunt H. J. Scheltema et N. Van der Wal. Groningen: Wolters-Noordhoff N. V., 1969.

Basilicorum libri LX. Series B, Vol. VII. Ediderunt H. J. Scheltema et D. Holwerda. Groningen: J. B. Wolters, 1965.

Collectio librorum iuris anteiustiniani. Tom. 3. Ediderunt Krüger, P./Mommsen, Th./Studemund, G. Berlin: Weidmann, 1890.

Corpus iuris civilis. Volumen primum. Institutiones, recognovit P. Krüger. Digesta, recognovit Th. Mommsen, retractavit P. Krüger. 22. ed. Dublin/Zürich: Weidmann, 1973.

Corpus iuris civilis. Volumen secundum. Codex Iustinianus, recognovit et retractavit P. Krüger. 15. ed. Dublin/Zürich: Weidmann, 1970.

Corpus iuris romani anteiustiniani. Consilio professorum Bonnensium E. Böckingii A. Bethmann-Hollwegii et dum in vivis erat E. Puggaei institutum. Vol. 1. Editio Bonnensia A. 1837–1844. Neudruck Scientia Verlag Aalen, 1987.

Fontes iuris romani antejustiniani. Pars altera. Auctores. Edidit notisque illustravit J. Baviera. Florentia: Barbèra, 1968.

Fontes iuris romani antejustiniani. Pars tertia. Negotia. Edidit V. Arangio-Ruiz. Florentia: Barbèra, 1968.

Gai Institutiones secundum Codicis Veronensis apographum Studemundianum et reliquias in Aegypto repertas iterum edidit M. David. ed. minor. Leiden: E. J. Brill, 1964.

Gaius Institutiones. Herausgegeben, übersetzt und kommentiert von U. Manthe. Darmstadt: Wissenschaftliche Buchgesellschaft, 2004.

Leges novellae ad Theodosianum pertinentes. Edidit adiutore Th. Mommseno P. M. Meyer. 4. ed. Dublin/Zürich: Weidmann, 1971.

Theodosiani libri XVI cum constitutionibus Sirmondianis. Edidit adsumpto apparatu P. Kruegeri Th. Mommsen. 4. ed. Dublin/Zürich: Weidmann, 1971.

Behrends, O./Knütel, R./Kupisch, B./Seiler, H. H. (Hgg.): Corpus iuris civilis. Text und Übersetzung. Bd. III. Heidelberg: C. F. Müller Verlag, 1999.

Honoré, T.: Palingenesia of Latin Private Rescripts, verfügbar im Internet: http://www.iuscivile.com/materials/honore/rescripta/, letzter Zugriff: 29.11.2022.

Knütel, R./Kupisch, B./Seiler, H. H./Behrends, O. (Hgg.): Corpus iuris civilis. Text und Übersetzung. Bd. IV. Heidelberg: C. F. Müller Verlag, 2005.

Lenel, O.: Palingenesia iuris civilis. I. Leipzig: B. Tauchnitz, 1889.

LENEL, O.: Palingenesia iuris civilis. II. Leipzig: B. Tauchnitz, 1889.
SCHILLING, B./SINTENIS, C. F. F. (Hgg.): Das Corpus Juris Civilis in's Deutsche übersetzt. 2. Bd. Leipzig: Verlag von Carl Focke, 1831.
SCHILLING, B./SINTENIS, C. F. F. (Hgg.): Das Corpus Juris Civilis in's Deutsche übersetzt. 4. Bd. Leipzig: Verlag von Carl Focke, 1832.
OTTO, C./SCHILLING, B./SINTENIS, C. F. F. (Hgg.): Das Corpus Juris Civilis in's Deutsche übersetzt. 5. Bd. Leipzig: Verlag von Carl Focke, 1832.

Sekundärliteratur

ALBERS, G.: Perpetuatio obligationis. Leistungspflicht trotz Unmöglichkeit im klassischen Recht. Wien/Köln/Weimar: Böhlau, 2019.
ALBERTARIO, E.: Dos profecticia e dos adventicia. In: Studi di diritto romano. Vol. primo. Milano: Giuffrè, 1933, S. 283–291.
ALBERTARIO, E.: Sulla dotis datio ante nuptias. In: Studi di diritto romano. Vol. primo. Milano: Giuffrè, 1933, S. 319–336.
ALBERTARIO, E.: I contratti a favore di terzi. In: Festschrift Paul Koschaker. II. Bd. Weimar: Böhlau, 1939, S. 16–48.
AMELOTTI, M.: La donatio mortis causa in diritto romano. Milano: Dott. A. Giuffrè, 1953.
ANGERER, S.: Die Gefahrtragung bei den sogenannten Innominatkontrakten. In: KLINGENBERG, G./RAINER, J. M./STIEGLER, H. (Hgg.): Vestigia iuris romani. Festschrift für Gunter Wesener zum 60. Geburtstag. Graz: Leykam Verlag, 1992, S. 7–20.
ANKUM, H.: Une nouvelle hypothèse sur l'origine de la règle alteri dari stipulari nemo potest. In: Études offertes à Jean Macqueron. Aix ein Provence 1970, S. 21–29.
ANKUM, H./GESSEL-DE ROO, M./POOL, E.: Die verschiedenen Bedeutungen des Ausdrucks in bonis alicuius esse/in bonis habere im klassischen römischen Recht. In: SZ 105 (1988), S. 334–435.
ANKUM, H.: Das Legatum sub modo im klassischen Römischen Recht. In: TR 87 (2019), S. 351–355.
APATHY, P.: Rez. Brinkhof, J. J.: Een studie over het peculium in het klassieke Romeinse recht, 1978. In: SZ 96 (1979), S. 398–407.
APATHY, P.: Die Treuhandschaft aus rechtshistorischer Sicht. In: APATHY, P. (Hg.): Die Treuhandschaft. Wien: Manz, 1995, S. 1–17.
APPLETON, C.: Sul Frag. Vat. § 283. In: BIDR 1 (1888), S. 194–204.
ARCHI, G. G.: Condictio liberationis e restitutio in integrum nella donazione. In: Studi in onore di Siro Solazzi. Napoli: Dott. E. Jovene, 1948, S. 740–762.
ARCHI, G. G.: Dote e donazione nel diritto romano. In: Studi in memoria di Emilio Albertario. Vol. 2. Milano: Dott. A. Giuffrè, 1953, S. 231–275.
ARCHI, G. G.: L'evoluzione della donazione nell'epoca postclassica. In: RIDA[3] 5 (1958), S. 391–426.
ARCHI, G. G.: La donazione. Corso di diritto romano. Milano: Dott. A. Giuffrè 1960.
ARCHI, G. G.: Donare e negotium gerere. In: Studi in onore di Edoardo Volterra. Vol. I. Milano: Dott. A. Giuffrè, 1971, S. 669–692.

Artner, M.: Agere praescriptis verbis. Atypische Geschäftsinhalte und klassisches Formularverfahren. Berlin: Duncker & Humblot, 2002.

Astolfi, R.: Il fidanzamento nel diritto romano. Padova: Dott. Antonio Milani, 1989.

Astolfi, R.: Il matrimonio nel diritto romano classico. Padova: Cedam, 2006.

Avenarius, M.: Der pseudo-ulpianische liber singularis regularum. Entstehung, Eigenart und Überlieferung einer hochklassischen Juristenschrift. Göttingen: Wallstein Verlag, 2005.

Bablitz, L.: Actors and Audience in the Roman Courtroom. London/New York: Routledge, 2007.

Babusiaux, U.: Id quod actum est. Zur Ermittlung des Parteiwillens im klassischen römischen Zivilprozeß. München: C. H. Beck, 2006.

Babusiaux, U.: Papinians Quaestiones. Zur rhetorischen Methode eines spätklassischen Juristen. München: C. H. Beck, 2011.

Babusiaux, U.: Rez. Kleiter, T.: Entscheidungskorrekturen mit unbestimmter Wertung durch die klassische römische Jurisprudenz. München, 2010. In: SZ 129 (2012), S. 745–764.

Backhaus, R.: Casus perplexus. Die Lösung in sich widersprüchlicher Rechtsfälle durch die klassische römische Jurisprudenz. München: C. H. Beck, 1981.

Baldus, Ch.: Regelhafte Vertragsauslegung nach Parteirollen im klassischen römischen Recht und in der modernen Völkerrechtswissenschaft. Zur Rezeptionsfähigkeit römischen Rechtsdenkens. Teil 2. Frankfurt am Main: Peter Lang, 1998.

Bauer, K.: Ersitzung und Bereicherung im klassischen römischen Recht und die Ersitzung im BGB. Berlin: Duncker & Humblot, 1998.

Bechmann, A.: Das römische Dotalrecht. 1. Abt. Erlangen: A. Deichert, 1863.

Bechmann, A.: Das römische Dotalrecht. 2. Abt. Erlangen: A. Deichert, 1867.

Bechmann, A.: Der Kauf nach gemeinem Recht. 1. Teil. Erlangen: A. Deichert, 1876. Neudruck Aalen: Scientia Verlag, 1965.

Behrends, O.: Rez. Kahn, O.: Der Nothilfevertrag im römischen Recht. Der Vertrag zur Lebensrettung in den Volkserzählungen. Natal: Botha's Hill. In: SZ 96 (1979), S. 352–359.

Behrends, O.: Rez. Jakobs, H. H./Knobbe-Keuk, B./Picker, E./Wilhelm, J. (Hgg.): Festschrift für Werner Flume zum 70. Geburtstag. Bd. II. Köln, 1978. In: SZ 97 (1980), S. 451–486.

Behrends, O.: Die condictio causa data causa non secuta. Ihr familienrechtlicher Tatbestand im klassischen Bereicherungssystem und ihre Erweiterung zur Kondiktion wegen Zweckverfehlung unter vorklassischem Einfluß. In: Knothe, H. G./Kohler, J. (Hgg.): Status familiae. Festschrift für A. Wacke zum 65. Geburtstag. München: C. H. Beck, 2001, S. 15–64.

Behrends, O.: Die geistige Mitte des römischen Rechts. In: SZ 125 (2008), S. 25–107.

Belocci, N.: La struttura della fiducia. II. Napoli: Jovene, 1983.

Bělovský, P.: Advokacie a jurisprudence ve starověkém Římě. Praha: Karolinum, 2005.

Bělovský, P.: Usucapio. Vydržení v římském právu. Praha: Auditorium, 2018.

Benner, R.: Über die donatio sub modo nach gemeinem Recht. Halle: Ehrhardt Karras, 1888.

Benöhr, H. P.: Die Schenkung: Eine Skizze zur BGB-Gesetzgebung. In: Muscheler, K./ Zimmermann, R. (Hgg.): Zivilrecht und Steuerrecht, Erwerb von Todes wegen und Schenkung. Festschrift für J. P. Meincke zum 80. Geburtstag. München: C. H. Beck, 2015, S. 49–64.

Bertoldi, F.: Il negozio fiduciario nel diritto romano classico. Modena: Mucchi Editore, 2012.

Beseler, G.: Beiträge zur Kritik der römischen Rechtsquellen. III. Tübingen: J. C. B. Mohr, 1913.

Beseler, G.: Romanistische Studien. In: SZ 50 (1930), S. 18–77.

Bessenyő, A.: Alternative Interpretationen zur celsinischen Durchgangstheorie. In: SZ 133 (2016), S. 176–238.

Betti, E.: Bewußte Abweichung der Parteiabsicht von der typischen Zweckbestimmung (causa) des Rechtsgeschäfts. In: Festschrift Paul Koschaker. I. Bd. Weimar: Böhlau, 1939, S. 296–333.

Betti, E.: Istituzioni di diritto romano. Vol. 2. Parte prima. Padova: Dott. Antonio Milani, 1960.

Betti, E.: Zum Problem der Gefahrtragung bei zweiseitig verpflichtenden Verträgen. In: SZ 82 (1965), S. 1–23.

Binder, M. in Schwimann ABGB Praxiskommentar. Bd. 4[3]. Wien: Lexis Nexis, 2006.

Biondi, B.: Il concetto di donazione. In: Scritti in onore di C. Ferrini pubblicati in occasione della sua beatificazione. Vol. I. Milano: Società editrice, 1947, S. 102–168.

Biondi, B.: Successione testamentaria e donazioni[2]. Milano: Dott. A. Giuffrè, 1955.

Birks, P.: Ulpius Marcellus and an Ancient Mystery – Part 1: Multiple Transfer and Threefold Mancipation. In: The Irish Jurist 23 (1988), S. 99–128.

Blank, H.: Condemnatio pecuniaria und Sachzugriff. In: SZ 99 (1982), S. 303–316.

Bonfante, P.: Le singole iustae causae usucapionis e il titolo putativo. In: Scritti giuridici varii. II. Torino: Editrice Torinese, 1926, S. 552–682.

Bonfante, P.: Corso di diritto romano. Vol. 2. La proprietà, parte II. Milano: Dott. A. Giuffrè, 1968.

Bremer, F. P.: Zur Lehre von den Schenkungen unter Ehegatten. In: AcP 51 (1868), S. 175–233.

Bretone, M.: Ius controversum nella giurisprudenza classica. Roma: Bardi, 2008.

Brinkhof, J. J.: Een studie over het peculium in het klassieke Romeinse recht. Krips Repro B.V., Meppel, 1978.

Brinz, A.: Lehrbuch der Pandekten. 3. Bd. I. Abt.[2] Erlangen: A. Deichert, 1886.

Brinz, A.: Lehrbuch der Pandekten. 4. Bd.[2] Erlangen/Leipzig: A. Deichert, 1892.

Broise, S.: Animus donandi. Concetto romano e suoi riflessi sulla dogmatica odierna. I. Pisa: Pacini editore, 1975.

Bruck, E. F.: Bedingungsfeindliche Rechtsgeschäfte. Ein Beitrag zur Lehre von der Unzulässigkeit von Bedingung und Zeitbestimmung. Breslau: Verlag von M & H. Marcus, 1904.

Buckland, W. W.: The Roman Law of Slavery. The Condition of the Slave in Private Law from Augustus to Justinian. Cambridge: University Press, 1908.

Bund, E.: Untersuchungen zur Methode Julians. Köln/Graz: Böhlau, 1965.

Buongiorno, P.: Il divieto di donazione fra coniugi nell'esperienza giuridica romana. I. Origini e profili del dibattito giurisprudenziale fra tarda repubblica ad età Antonina. Lecce: Edizioni Grifo, 2018.

Burckhard, H.: Zum Begriff der Schenkung. In: Festgabe für Ernst Immanuel Bekker zum Doktorjubiläum. Erlangen: Palm & Enke, 1899, S. 3–145.

Burckhard, H.: Zu Fragmenta Vaticana 269. Ein Beitrag zur Lehre von der Schenkung und Dos. In: Festgabe für Heinrich Dernburg. Leipzig: A. Deichert, 1900, S. 3–72.

Burdese, A.: La menzione degli eredi nella fiducia cum creditore. In: Studi in onore di Siro Solazzi. Napoli: Jovene, 1948, S. 324–344.

Burdese, A.: Sul riconoscimento civile dei c. d. contratti innominati. In: IURA 36 (1985), S. 14–69.

Bürge, A.: Vertrag und personale Abhängigkeiten im Rom der späten Republik und der frühen Kaiserzeit. In: SZ 97 (1980), S. 105–156.

Calore, A.: La rimozione del giuramento. „Condicio iurisiurandi" e „condicio turpis" nel testamento romano. Milano: Dott. A. Giuffrè, 1988.

Cannata, C. A.: Der Vertrag als zivilrechtlicher Obligierungsgrund in der römischen Jurisprudenz der klassischen Zeit. In: Feenstra, R./Hartkamp, A. S./Spruit, J. E./ Sijpesteijn, P. J./Winkel, L. C. (eds.): Collatio iuris romani. Études dédiées à Hans Ankum à l'occasion de son 65. anniversaire. Amsterdam: J. C. Gieben, 1995, S. 59–70.

Cannata, C. A.: Labeone, Aristone e il sinallagma. In: IURA 58 (2010), S. 33–100.

Cannata, C. A.: Per un'impostazione istituzionale della nozione di pro suo possidere. In: Scritti per Alessandro Corbino. Vol. 1. Roma: Libellula 2016, S. 489–530.

Casavola, F.: Lex Cincia. Contributo alla storia delle origini della donazione romana. Napoli: Jovene, 1960.

Cenderelli, A.: Ricerche sul Codex Hermogenianus. Milano: Dott. A. Giuffrè, 1965.

Chaudet, F.: Condictio causa data causa non secuta. Critique historique de l'action en enrichissement illégitime de l'art. 62 al. 2 CO. Lausanne: Imprimerie Vaudoise, 1972.

Chiusi, T. J.: Zu Archaismen und „Wiederkehrungen" im Schenkungsrecht. In: IURA 60 (2012), S. 234–246.

Chiusi, T. J.: §§ 516–534 (Schenkungsrecht). In: J. von Staudingers Kommentar zum Bürgerlichen Gesetzbuch. Buch 2. Berlin: Sellier-de Gruyter, 2013.

Chorus, J. M. J.: Unmöglichkeit der auflösend befristeten traditio? Fragmenta Vaticana 283 und Scholion 1 ad Basilica 16.1.4 revisited. In: Essays in honour of Laurens Winkel. Fundamina 20 (1). University of South Africa, 2014, S. 163–174.

Corcoran, S.: The Empire of the Tetrarchs. Imperial Pronouncements and Government AD 284–324. Revised paperback ed. Oxford: Clarendon press, 2000.

Corcoran, S.: The Gregorianus and Hermogenianus Assembled and Shattered. In: Mélanges de l'École française de Rome 125/2 (2013), open access edition.

Cugia, S.: Indagini sulla dottrina della causa del negozio giuridico: L'espressione mortis causa. Napoli, 1910.

Czyhlarz, K.: Das römische Dotalrecht. Gießen: Verlag von Emil Roth, 1870.

Czyhlarz, K.: Zur Lehre von der Resolutivbedingung. Prag: Verlag von H. Dominicus, 1871.

Daube, D.: Zur Palingenesie einiger Klassikerfragmente. In: SZ 76 (1959), S. 149–264.

DAUBE, D.: Roman Law. Linguistic, Social and Philosophical Aspects. Edinburgh: University Press, 1969.

DE DOMINICIS, M.: Il ius sepulchri nel diritto successorio romano. In: RIDA[3] 13 (1966), S. 177–204.

DE FRANCISCI, P.: ΣΥΝΑΛΛΑΓΜΑ. Storia e dottrina dei cosiddetti contratti innominati. Vol. I. Pavia: Mattei & C., 1913.

DI PAOLA, S.: Donatio mortis causa. Corso di diritto romano. Napoli: Jovene, 1969.

DI SALVO, S.: Impostazione terminologica di una ricerca sul „modus" in diritto romano. In: Atti dell' Accademia di scienze morali e politiche. Vol. 80 (1969), Napoli, 1970, S. 147–198.

DI SALVO, S.: Il legato modale in diritto romano. Elaborazioni dommatiche e realtà sociali. Camerino: Jovene, 1973.

DOMISCH, J.: Zum Status von Gräbern und Grabmälern im römischen Recht. In: AYASCH, E./BEMMER, J./TRITREMMEL, D. (Hgg.): Wiener Schriften. Neue Perspektiven aus der jungen Romanistik. Wien: Manz, 2018, S. 111–131.

DONATUTI, G.: Studi di diritto romano. Vol. primo. Milano: Dott. A. Giuffrè, 1976.

DOSTALÍK, P.: Condictiones. Ke kořenům bezdůvodného obohacení. Praha: Auditorium, 2018.

DÜLL, R.: Studien zum römischen Sepulkralrecht I. In: Festschrift Fritz Schulz. I. Bd. Weimar: Böhlau, 1951, S. 191–208.

DU PLESSIS, P. J.: Letting and Hiring in Roman Legal Thought: 27 BCE – 284 CE. Leiden/Boston: Brill, 2012.

DUPONT, C.: Les donations dans les constitutions de Constantin. In: RIDA[3] 9 (1962), S. 291–324.

EFFER-UHE, D. O.: Die Wirkung der condicio im römischen Recht. Baden-Baden: Nomos, 2008.

EHRHARDT, A.: Justa causa traditionis. Eine Untersuchung über den Erwerb des Eigentums nach römischem Recht. Berlin/Leipzig: Walter de Gruyter, 1930.

EISENRING, G.: Die römische Ehe als Rechtsverhältnis. Wien/Köln/Weimar: Böhlau, 2002.

ELISCHER, D.: Darování a jeho podoby v novém soukromém právu. Praha: Wolters Kluwer, 2016.

ERBE, W.: Die Fiduzia im römischen Recht. Weimar: Böhlau, 1940.

ERNST, W.: Die datio ob rem als Austauschgeschäft – Ein Beitrag zu einseitig geregelten Geschäftsvorgängen im Verkehrsrecht. In: ERNST, W./JAKAB, E (Hgg.): Usus antiquus juris romani. Antikes Recht in lebenspraktischer Anwendung. Berlin/Heidelberg: Springer, 2005, S. 29–58.

ERTL, G. in FENYVES, A./KERSCHNER, F./VONKILCH, A. (Hgg.): Klang Kommentar zum ABGB. §§ 938 bis 1001[3]. Wien: Verlag Österreich, 2013.

ERXLEBEN, A.: Die condictiones sine causa. 2. Abt. Die condictio causa data causa non secuta. Göttingen: Verlag der Dieterischen Buchhandlung, 1853.

FELGENTRAEGER, W.: Antikes Lösungsrecht. Berlin/Leipzig: Walter de Gruyter, 1933.

FERCIA, R.: Fiduciam contrahere e contractus fiduciae. Prospettive di diritto Romano ed europeo. Napoli: Jovene, 2012.

FERRETTI, P.: Le donazioni tra fidanzati nel diritto romano. Milano: Dott. A. Giuffrè, 2000.

Finazzi, G.: Il contratto a favore di terzo proprio nell'esperienza giuridica romana. In: Ruggeri, C. R. (Hg.): Studi in onore di Antonino Metro. II. Milano: Giuffrè, 2010, S. 423–482.

Finkenauer, Th.: Anmerkungen zur redemptio servi suis nummis. In: Altmeppen, H./ Reichard, I./Schermaier, M. J. (Hgg.): Festschrift für Rolf Knütel zum 70. Geburtstag. Heidelberg: C. F. Müller Verlag, 2009, S. 345–357.

Finkenauer, Th.: Die Rechtsetzung Mark Aurels zur Sklaverei. Mainz: Akademie der Wissenschaften und der Literatur, 2010.

Finkenauer, Th.: Vererblichkeit und Drittwirkungen der Stipulation im klassischen römischen Recht. Tübingen: Mohr Siebeck, 2010.

Finkenauer, Th.: Drittwirkende pacta im klassischen Recht. In: SZ 135 (2018), S. 179–260.

Flume, W.: Der Wegfall der Bereicherung in der Entwicklung vom römischen zum geltenden Recht. In: Festschrift für Hans Niedermeyer zum 70. Geburtstag. Göttingen: Verlag Otto Schwartz, 1953, S. 103–176.

Flume, W.: Rechtsakt und Rechtsverhältnis: Römische Jurisprudenz und modernrechtliches Denken. Paderborn: Ferdinand Schöningh, 1990.

Forschner, B.: Servus dotalis. Der Sklave in der Ordnung des klassischen römischen Mitgiftsrechts. Mainz: Franz Steiner Verlag, 2020.

Fögen, M. T.: Vom „Typenzwang" des römischen Rechts am Beispiel des Realvertrags. In: Pichonnaz, P./Vogt, N. P./Wolf, S. (Hgg.): Spuren des römischen Rechts. Festschrift für Bruno Huwiler zum 65. Geburtstag. Bern: Stämpfli Verlag, 2007, S. 249–265.

Frezza, P.: Le garanzie delle obbligazioni. Vol. I. Le garanzie personali. Padova: Cedam, 1962.

Fuchs, C.: Kritische Studien zum Pandektentexte. Leipzig: Verlag von B. G. Teubner, 1867.

Fuchs, J. G.: Iusta causa traditionis in der Romanistischen Wissenschaft. Basel: Helbing & Lichtenhahn, 1952.

Fuhrmann, M: Cicero und die römische Republik. Düsseldorf: Patmos, 2007.

Gade, G. D.: Donationes inter virum et uxorem. Berlin: Duncker & Humblot, 2001.

Gallo, F.: Synallagma e convento nel contratto. II. Torino: G. Giappichelli, 1995.

Gamauf, R.: Vindicatio nummorum. Eine Untersuchung zur Reichweite und praktischen Durchführung des Eigentumsschutzes an Geld im klassischen römischen Recht. Habilitationsschrift. Wien, 2001.

Garofalo, F. P.: La „lex Cincia de donis et muneribus". In: BIDR 15 (1903), S. 310–312.

Gaulhofer, J.: Metus. Der prätorische Rechtsschutz bei Furcht, Zwang und Gewalt. Wien/ Köln/Weimar: Böhlau, 2019.

Georgesco, V.: Essai d'une théorie générale des „leges privatae". Paris: Rousseau, 1932.

Giaro, T.: Excusatio necessitatis nel diritto romano. Warszawa: Wydawnictwo Uniwersytetu Warszawskiego, 1982.

Giffard, A. E.: L'actio civilis incerti et la donation avec charges dans le droit classique. In: Atti del congresso internazionale di diritto romano. Vol. II. Pavia: Fusi, 1935, S. 135–142.

Glück, Ch. F.: Ausführliche Erläuterung der Pandekten. 14. Teil, 2. Abt. Erlangen: Palm, 1813.

Glück, Ch. F.: Ausführliche Erläuterung der Pandekten. 20. Teil, 1. Abt.[2] Erlangen: Palm, 1845.

GONZALES, A.: The Possible Motivation of the Lex Cincia de donis et muneribus. In: RIDA[3] 34 (1987), S. 161–171.

GRADENWITZ, O.: Interpolationen in den Pandekten. Kritische Studien. Berlin: Weidmannsche Buchhandlung, 1887.

GROSSO, G.: Sulla fiducia a scopo di manumissio. In: Rivista Italiana per le scienze giuridiche 4 (1929), S. 251–336.

GUARNERI CITATI, A.: Contributi alla dottrina della mora. In: APal 11 (1923), S. 161–328.

HAFERKAMP, H. P.: Zur Konstruktion des Schenkungsbegriffs in der Pandektenwissenschaft des 19. Jahrhunderts. In: MUSCHELER, K./ZIMMERMANN, R. (Hgg.): Zivilrecht und Steuerrecht, Erwerb von Todes wegen und Schenkung. Festschrift für J. P. Meincke zum 80. Geburtstag. München: C. H. Beck, 2015, S. 129–141.

HÄHNCHEN, S.: Die causa condictionis. Ein Beitrag zum klassischen römischen Kondiktionenrecht. Berlin: Duncker & Humblot, 2003.

HÄHNCHEN, S.: Sab.-Ulp. D. 12,5,6 und die condictio ex iniusta causa. In: SZ 121 (2004), S. 385–395.

HARDER, M.: Zuwendungen unter Lebenden auf den Todesfall. Berlin: Duncker & Humblot, 1968.

HARDER, M.: Zum transmortalen und postmortalen Auftrag nach römischem und geltendem Recht. In: BECKER, W. G./SCHNORR von CAROLSFELD L. (Hgg.): Sein und Werden im Recht. Festgabe für Ulrich von Lübtow zum 70. Geburtstag. Berlin: Duncker & Humblot, 1970, S. 515–535.

HARKE, J. D.: Argumenta Iuventiana. Entscheidungsbegründungen eines hochklassischen Juristen. Berlin: Duncker & Humblot, 1999.

HARKE, J. D.: Das klassische römische Kondiktionensystem. In: IURA 54 (2003), S. 49–86.

HARKE, J. D.: Rez. Hähnchen, S.: Die causa condictionis. Ein Beitrag zum klassischen römischen Kondiktionenrecht. Berlin, 2003. In: SZ 121 (2004), S. 678–681.

HARKE, J. D.: Si error aliquis intervenit – Irrtum im klassischen römischen Vertragsrecht. Berlin: Duncker & Humblot, 2005.

HARKE, J. D.: Argumenta Iuventiana – Argumenta Salviana. Entscheidungsbegründungen bei Celsus und Julian. Berlin: Duncker & Humblot, 2012.

HARKE, J. D.: Der Eid im klassischen römischen Privat- und Zivilprozessrecht. Berlin: Duncker & Humblot, 2013.

HARKE, J. D.: Argumenta Pomponiana. Berlin: Duncker & Humblot, 2014.

HARKE, J. D.: Actio utilis. Anspruchsanalogie im römischen Recht. Berlin: Duncker & Humblot, 2016.

HARKE, J. D.: Iuris prudentia Diocletiana. Kaiserliche Rechtsprechung am Ende des dritten Jahrhunderts. Berlin: Duncker & Humblot, 2019.

HAUSMANINGER, H.: Die bona fides des Ersitzungsbesitzers im klassischen römischen Recht. Wien/München: Verlag Herold, 1964.

HAUSMANINGER, H.: Subtilitas iuris. In: BENÖHR, H. P./HACKL, K./KNÜTEL, R./WACKE, A. (Hgg.): Iuris professio. Festgabe für Max Kaser zum 80. Geburtstag. Wien/Köln/Graz: Böhlau, 1986, S. 59–72.

HAUSMANINGER, H.: Celsus filius – naturali aequitate motus – gegen Celsus pater (Ulp. D. 12,4,3,7). In: SCHERMAIER, M. J./RAINER, J. M./WINKEL, L. C. (Hgg.): Iurisprudentia universalis. Festschrift für Theo Mayer-Maly zum 70. Geburtstag. Köln/Weimar/Wien: Böhlau, 2002, S. 271–285.

Haymann, F.: Die Schenkung unter einer Auflage nach römischem und deutschem bürgerlichen Recht. Berlin: Verlag von Franz Vahlen, 1905.

Haymann, F.: Freilassungspflicht und Reurecht. Ein quellenkritischer Beitrag zur Kondiktionslehre. Berlin: Verlag von Franz Vahlen, 1905.

Haymann, F.: Zur lex 42 pr. D. de mortis causa donationibus, 39,6. In: SZ 38 (1917), S. 209–244.

Haymann, F.: Zuwendung aus fremdem Vermögen. In: Jher. Jahrb. 77 (1927), S. 188–233.

Heinemeyer, S.: Der Freikauf des Sklaven mit eigenem Geld – Redemptio suis nummis. Berlin: Duncker & Humblot, 2013.

Hellwig, K.: Die Verträge auf Leistung an Dritte nach deutschem Reichsrecht unter besonderer Berücksichtigung des Handelsgesetzbuchs. Neudruck der Ausgabe Leipzig 1899, Aalen: Scientia Verlag, 1968.

Heumann, H./Seckel, E.: Handlexikon zu den Quellen des römischen Rechts[11]. Graz: Akademische Druck- u. Verlagsanstalt, 1971.

Hofmokl, F.: Ersitzungstitel des römischen Rechts. Wien: Manz, 1905.

Honoré, T.: Tribonian. London: Duckworth, 1978.

Honoré, T.: Ulpian. Oxford: Clarendon Press, 1982.

Honoré, T.: Emperors and Lawyers[2]. Oxford: Clarendon Press, 1994.

Honsell, H.: Die Rückabwicklung sittenwidriger oder verbotener Geschäfte. München: C. H. Beck, 1974.

Hoppenz, R.: Schenkung. In: Prütting, H./Wegen, G./Weinreich, G. (Hgg.): BGB Kommentar[9]. Köln: Wolters Kluwer, 2014, S. 962–973.

Horak, F.: Wer waren die „veteres"? Zur Terminologie der klassischen römischen Juristen. In: Klingenberg, G./Rainer, J. M./Stiegler, H. (Hgg.): Vestigia iuris romani. Festschrift für Gunter Wesener zum 60. Geburtstag. Graz: Leykam Verlag, 1992, S. 201–236.

Huschke, P. E.: Über die conditio iurisiurandi. In: ZCP 14 (1840), S. 334–416.

Huschke, P. E.: Kleine kritische Versuche über Pandektenstellen und Pandektenmaterien. In: ZCP 5. Bd. Neuer Folge. Gießen, 1848, S. 104–131.

Jacob, M.: Franz Haymann und die Schenkung unter Auflage. Dissertation. Köln, 1995 (unveröffentlicht).

Jahr, G.: Zur iusta causa traditionis. In: SZ 80 (1963), S. 141–174.

Jakobs, H. H.: Error falsae causae. In: Jakobs, H. H./Knobbe-Keuk, B./Picker, E./Wilhelm, J. (Hgg): Festschrift für Werner Flume zum 70. Geburtstag. Bd. I. Köln: Verlag Dr. Otto Schmidt, 1978, S. 43–99.

Jhering, R.: Uebertragung der Reivindicatio auf Nichteigenthümer (Cession derselben, reiv. utilis, Connossement). In: Jahrb. 1 (1857), S. 101–188.

Jhering, R.: Passive Wirkungen der Rechte. In: Jahrb. 10 (1871), S. 387–586.

Jhering, R.: Der Zweck im Recht. I. Bd[3]. Leipzig: Breitkopf & Härtel, 1893.

Jung, P.: Das Rückforderungsrecht des Schenkers mortis causa. Zugleich eine Abhandlung zu D 39,6,39 und D 39,6,35,2–3. In Pichonnaz, P./Vogt, N. P./Wolf, S. (Hgg.): Spuren des römischen Rechts. Festschrift für B. Huwiler zum 65. Geburtstag. Bern: Stämpfli Verlag, 2007, S. 325–357.

KADEN, E. H.: Rez. Wesenberg, G.: Verträge zugunsten Dritter. Rechtsgeschichtliches und Rechtsvergleichendes. Weimar, 1949. In: SZ 67 (1950), S. 547–557.

KADEN, E. H.: Rez. Studi in onore di Vincenzo Arangio-Ruiz nel XLV anno del suo insegnamento. Vol. 4. Napoli, 1953. In: SDHI 19 (1953), S. 375–401.

KADEN, E. H.: Rez. Simonius, P.: Die donatio mortis causa im klassischen römischen Recht. Basel, 1958. In: SZ 76 (1959), S. 621–628.

KAISER, W.: Zur Herkunft der Gaiusexzerpte in D. 38,0,1+3. In: SZ 134 (2017), S. 491–513.

KARAMBOULA, D.: Von Diokletian zu Iustinian. Kontinuität und Legitimität in der Beziehung zwischen Kaisern und Untertanen. Berlin: Lit Verlag, 2015.

KARLOWA, O.: Römische Rechtsgeschichte. 1. Bd. Leipzig: Veit & Comp., 1885.

KARLOWA, O.: Römische Rechtsgeschichte. 2. Bd. Leipzig: Veit & Comp., 1901.

KASER, M.: Die Geschichte der Patronatsgewalt über Freigelassene. In: SZ 58 (1938), S. 88–135.

KASER, M.: Ruhende und verdrängte Hausgewalt im älteren römischen Recht. In: SZ 59 (1939), S. 31–51.

KASER, M.: Die Anfänge der manumissio und das fiduziarisch gebundene Eigentum. In: SZ 61 (1941), S. 153–186.

KASER, M.: Das altrömische ius. Göttingen: Vandenhoeck & Ruprecht, 1949.

KASER, M.: Rez. Di Paola, P.: Donatio mortis causa. Catania 1950. In: IURA 2 (1951), S. 243–253.

KASER, M.: Neue Studien zum altrömischen Eigentum. In: SZ 68 (1951), S. 130–190.

KASER, M.: Infamia und ignominia in den römischen Rechtsquellen. In: SZ 73 (1956), S. 220–278.

KASER, M.: Rez. Endemann, W.: Der Begriff der Delegatio im Klassischen Römischen Recht. Marburg, 1959. In: SZ 77 (1960), S. 464–471.

KASER, M.: Zur iusta causa traditionis. In: BIDR 64 (1961), S. 61–97.

KASER, M.: Das Geld im römischen Sachenrecht. In: TR 29 (1961), S. 169–229.

KASER, M.: In bonis esse. In: SZ 78 (1961), S. 173–220.

KASER, M.: Mutuum und stipulatio. In: Eranion in honorem Georgii S. Maridakis. Vol. I. Athen, 1963, S. 155–182.

KASER, M.: Die formula der actio ad exhibendum. In: RIDA[3] 14 (1967), S. 263–299.

KASER, M.: Restituere als Prozessgegenstand. Die Wirkungen der litis contestatio auf den Leistungsgegenstand im römischen Recht[2]. München: C. H. Beck, 1968.

KASER, M.: Das römische Privatrecht. 1. Abschn.[2] Das altrömische, das vorklassische und klassische Recht. München: C. H. Beck, 1971.

KASER, M.: Zur Methodologie der römischen Rechtsquellenforschung. Wien: Böhlau, 1972.

KASER, M.: Zur Geschichte des precarium. In: SZ 89 (1972), S. 94–148.

KASER, M.: Das römische Privatrecht. 2. Abschn.[2] Die nachklassischen Entwicklungen. München: C. H. Beck, 1975.

KASER, M.: Zur Interessebestimmung bei den sog. unechten Verträgen zugunsten Dritter. In: HÜBNER, H./KLINGMÜLLER, E./WACKE, A. (Hgg.): Festschrift für Erwin Seidl zum 70. Geburtstag. Köln: Peter Hanstein Verlag, 1975, S. 75–87.

KASER, M.: Über Verbotsgesetze und verbotswidrige Geschäfte im römischen Recht. Wien: Verlag der Österreichischen Akademie der Wissenschaften, 1977.

KASER, M.: Rechtsgeschäftliche Verfügungsbeschränkungen im römischen Recht. In: BAUR, F./LARENZ, K./WIEACKER, F. (Hgg.): Beiträge zur europäischen Rechtsgeschichte und zum geltenden Zivilrecht. München: C. H. Beck, 1977, S. 11–31.

KASER, M.: Zum römischen Grabrecht. In: SZ 95 (1978), S. 15–92.

KASER, M.: Der Privatrechtsakt in der römischen Rechtsquellenlehre. In: Römische Rechtsquellen und angewandte Juristenmethode. Wien/Köln/Graz: Böhlau, 1986, S. 65–83 [BEHRENDS, O./DIESSELHORST, M./LANGE, H./LIEBS, D./WOLF, J.G./WOLLSCHLÄGER, Chr. (Hgg.): Festschrift für Franz Wieacker zum 70. Geburtstag. Göttingen: Vandenhoeck & Ruprecht, 1978, S. 90–114].

KASER, M.: Perpetuari obligationem. In: SDHI 46 (1980), S. 87–146.

KASER, M.: Furtum pignoris und furtum fiduciae. In: SZ 99 (1982), S. 249–277.

KASER, M.: Studien zum römischen Pfandrecht. Neudrucke mit Nachträgen des Verfassers. Napoli: Jovene, 1982.

KASER, M./HACKL, K.: Das römische Zivilprozessrecht². München: C. H. Beck, 1996.

KASER, M./KNÜTEL, R./LOHSSE, S.: Römisches Privatrecht²². München: C. H. Beck, 2021.

KASTNER, W.: Die Treuhand im österreichischen Recht. In: DORALT, P. (Hg.): Gesammelte Aufsätze 1946–1981. Gesellschafts- und Unternehmensrecht. Wien: Manz, 1982, S. 591–512.

KELLY, J. M.: A Hypothesis on the Origin of mutuum. In: The Irish jurist 5 (1970), S. 156–163.

KIEFFER, W.: Schenkung unter Auflage nach B. G. B. Inaugural-Dissertation. Heidelberg, 1908.

KIENAST, D.: Cato. Der Zensor. Roma: L'Erma di Bretschneider, 1973.

KIESS, P.: Die confusio im klassischen römischen Recht. Berlin: Duncker & Humblot, 1995.

KLEITER, T.: Entscheidungskorrekturen mit unbestimmter Wertung durch die klassische römische Jurisprudenz. München: C. H. Beck, 2010.

KLEŇOVÁ, V./TAKÁČ, Z.: Condicio supervacua and Related Conditions in Roman Law. In: TR 1–2 (2015), S. 77–106.

KLEŇOVÁ, V.: Predaj s doložkou „ne manumittatur" a pokuta pre prípad jej porušenia (ad D.18,7,6pr. Pap. 27 quaest.). In: BĚLOVSKÝ, P./STLOUKALOVÁ, K. (eds.): Caro amico: 60 kapitol pro Michala Skřejpka aneb Římské právo napříč staletími. Praha: Auditorium, 2017, S. 212–226.

KLEŇOVÁ, V.: Zur evictio in libertatem. In: TR 85 (2017), S. 434–473.

KLEŇOVÁ, V.: In iure cessio hereditatis. In: Právněhistorické studie 48/1 (2018), S. 97–110.

KLEŇOVÁ, V.: Scaevola D. 32,37,3: Fideicommissum a debitore oder a donatario relictum? In: SZ 136 (2019), S. 345–357.

KLEŇOVÁ, V.: Zuwendungen einer zur Mitgift bestimmten Sache (zugleich zur Schenkung unter Auflage). In: Societas et Iurisprudentia 4 (2019), S. 63–97.

KLÍMA, J.: Contractus innominati. Praha: Nákladem Právnické fakulty University Karlovy, 1932.

KLINCK, F.: Rez. Finkenauer, Th.: Die Rechtsetzung Mark Aurels zur Sklaverei. Mainz, 2010. In: SZ 129 (2012), S. 724–735.

KLINCK, F.: Papinian D.18,7,6pr. und die Sanktionierung von Freilassungs- und Prostitutionsverboten bei Sklavenverkäufen. In: HARKE, J. D. (Hg.): Argumenta Papiniani. Berlin/Heidelberg: Springer, 2013, S. 79–98.

KLINGENBERG, G.: Gefahrtragungsprobleme bei atypischen Geschäften über Sklaven. In: GAMAUF, R. (Hg.): Festschrift für Herbert Hausmaninger zum 70. Geburtstag. Wien: Manz, 2006, S. 119–138.

KNIEP, F.: Präscriptio und Pactum. Jena: Verlag von Gustav Fischer, 1891.

KNOBBE-KEUK, B.: „Verunglückte" Schenkungen. In: JAKOBS, H. H./KNOBBE-KEUK, B./ PICKER, E./WILHELM, J. (Hgg): Festschrift für Werner Flume zum 70. Geburtstag. Bd. II. Köln: Verlag Dr. Otto Schmidt, 1978, S. 149–172.

KNÜTEL, R.: Stipulatio poenae. Studien zur römischen Vertragsstrafe. Köln/Wien: Böhlau Verlag, 1976.

KNÜTEL, R.: Stipulatio und pacta. In: MEDICUS, D./SEILER, H. H. (Hgg.): Festschrift für Max Kaser zum 70. Geburtstag. München: C. H. Beck, 1976, S. 201–228.

KNÜTEL, R.: Rez. Broise, S.: Animus donandi. Concetto romano e suoi riflessi sulla dogmatica odierna. Pisa, 1975. In: SZ 95 (1978), S. 486–490.

KNÜTEL, R.: In obligatione generis quid est in obligatione? In: Studi in onore di C. Sanfilippo. III. Milano: Dott. A. Giuffrè, 1983, S. 353–380.

KNÜTEL, R.: Rez. Slapnicar, K.: Gratis habitare. Unentgeltliches Wohnen nach römischem und geltendem Recht. Berlin, 1981. In: AcP 184 (1984), S. 188–192.

KNÜTEL, R.: Papinian D. 2,14,40. In: SZ 111 (1994), S. 438–443.

KNÜTEL, R.: Ein vorsichtiger Schenker. Scaev. D. 32,37,3. In: SCom. 20–21 (2007–2008), S. 257–278.

KNÜTEL, R.: Ulpians Katalog unentgeltlicher Zuwendungen. In: MUSCHELER, K./ZIMMERMANN, R. (Hgg.): Zivilrecht und Steuerrecht, Erwerb von Todes wegen und Schenkung. Festschrift für J. P. Meincke zum 80. Geburtstag. München: C. H. Beck, 2015, S. 207–217.

KNÜTEL, R.: Salvius Iulianus und die Patronskinder. Betrachtungen zu Ulp. D. 37,14,17. In: SZ 134 (2017), S. 280–309.

KOCH, J.: Schenkung. In: SÄCKER, F. J./RIXECKER, R./OETKER, H./LIMPERG, B. (Hgg.): Münchener Kommentar zum Bürgerlichen Gesetzbuch. Bd. 4^8. Schuldrecht – Besonderer Teil I. München: C. H. Beck, 2019, S. 1201–1315.

KOHLER, J.: Zwölf Studien zum Bürgerlichen Gesetzbuch: I. In: Archiv für bürgerliches Recht 12 (1897), S. 1–88.

KOSCHEMBAHR – LYSKOWSKI, J.: Die condictio als Bereicherungsklage im klassischen römischen Recht. I. Bd. Weimar: Böhlau, 1903.

KÖNIG, H. H.: Die vor der Ehe bestellte Dos nach klassischem römischem Recht. In: SDHI 29 (1963), S. 151–237.

KRANJC, J.: Die actio praescriptis verbis als Formelaufbauproblem. In: SZ 106 (1989), S. 434–468.

KROPPENBERG, I.: Die Insolvenz im klassischen römischen Recht. Köln/Weimar/Wien: Böhlau, 2001.

KROPPENBERG, I.: Amicitia und römisches Delegations- und Auftragsrecht. In: SZ 126 (2009), S. 284–304.

KRÜGER, H.: Das Versäumnisverfahren um die libertas fideicommissa. In: SZ 48 (1928), S. 170–196.

KRÜGER, H.: Die unmäßige Schenkung. In: SZ 60 (1940), S. 80–94.

KULKA, E.: Unentgeltlichkeit und Freigebigkeit. In: ÖJZ 18 (1969), S. 477–482.

KUPISCH, B.: Ungerechtfertigte Bereicherung. Geschichtliche Entwicklungen. Heidelberg: R. v. Decker & C. F. Müller, 1987.

KUPISCH, B.: Überlegungen zum Metusrecht: Die actio quod metus causa des klassischen römischen Rechts. In: PICHONNAZ, P./VOGT, N. P./WOLF, S. (Hgg.): Spuren des römischen Rechts. Festschrift für Bruno Huwiler zum 65. Geburtstag. Bern: Stämpfli Verlag, 2007, S. 415–438.

KUPISZEWSKI, H.: Studien zum Verlöbnis im klassischen römischen Recht I. In: SZ 84 (1967), S. 70–103.

KÜHNER, R. – STEGMANN, C.: Ausführliche Grammatik der lateinischen Sprache. 2. Teil, 1. Bd. Hannover: Verlag Hahnsche Buchhandlung, 1982.

LABORENZ, M.: Solutio als causa. Die Frage des Abstraktionsprinzips im römischen Recht. Köln/Weimar/Wien: Böhlau, 2014.

LÉGIER, H. J.: La libéralité conditionnelle entre vifs en droit romain. In: Varia. Études de droit romain. III. Paris, 1958, S. 155–238.

LEHFELDT, B.: Die Schenkung unter einer Auflage nach römischem Recht. Berlin: Emil Ebering, 1911.

LENEL, O.: Quellenforschungen in den Edictcommentaren. In: SZ 3 (1882), S. 104–120.

LENEL, O.: Rez. Gradenwitz, O.: Interpolationen in den Pandekten. Kritische Studien. Berlin, 1887. In: SZ 9 (1888), S. 177–183.

LEVY, E.: Zur Lehre von den sog. actiones arbitrariae. In: SZ 36 (1915), S. 1–82.

LEVY, E.: West Roman Vulgar Law. The Law of Property. Philadelphia: American Philosophical Society, 1951.

LEVY, E.: Weströmisches Vulgarrecht. Das Obligationenrecht. Weimar: Böhlau, 1956.

LEVY, E.: Gesammelte Schriften. I. Bd. Köln/Graz: Böhlau, 1963.

LEVY, E./RABEL, E.: Index interpolationum quae in Iustiniani Digestis inesse dicuntur. Tom. II. Weimar: Böhlau, 1931.

LEVY, E./RABEL, E.: Index interpolationum quae in Iustiniani Digestis inesse dicuntur. Tom. III. Weimar: Böhlau, 1935.

LEUMANN, M./HOFMANN, J. B./SZANTYR, A.: Lateinische Grammatik. 2. Bd. Lateinische Syntax und Stilistik. München: C. H. Beck, 1965, Nachdruck 1972.

LIEBS, D.: Hermogenians iuris epitomae. Zum Stand der römischen Jurisprudenz im Zeitalter Diokletians. Göttingen: Vandenhoeck & Ruprecht, 1964.

LIEBS, D.: Bereicherungsanspruch wegen Mißerfolgs und Wegfall der Geschäftsgrundlage. In: JZ 33 (1978), S. 697–703.

LIEBS, D.: Rez. Rastätter, J.: Marcelli notae ad Iuliani Digesta. Inaugural Dissertation. Freiburg i. Br., 1981. In: IURA 32 (1981), S. 280–290.

LIEBS, D.: The History of the Roman Condictio up to Justinian. In: MACCORMICK, N./BIRKS, P. (ed.): The Legal Mind. Essays for Tony Honoré. Oxford: Clarendon Press 1986, S. 163–183.

LIEBS, D.: Die Jurisprudenz im spätantiken Italien. Berlin: Duncker & Humblot, 1987.

Liebs, D.: Römische Jurisprudenz in Africa mit Studien zu den pseudopaulinischen Sentenzen[2]. Berlin: Duncker & Humblot, 2005.

Liebs, D.: Reichskummerkasten: Die Arbeit der kaiserlichen Libellkanzlei. In: Kolb, A. (Hg.): Herrschaftsstrukturen und Herrschaftspraxis. Konzepte, Prinzipien und Strategien der Administration im römischen Kaiserreich. Berlin: Akademie Verlag, 2006, S. 137–152.

Liebs, D.: Die Rolle der Paulussentenzen bei der Ermittlung des römischen Rechts. In: Avenarius, M. (Hg.): Hermeneutik der Quellentexte des Römischen Rechts. Baden-Baden: Nomos, 2008, S. 157–175.

Liebs, D.: Die Schenkung von Todes wegen im römischen Recht. In: Stürner, R./Matsumoto, H./Lüke, W./Deguchi, M. (Hgg.): Festschrift für Dieter Leipold zum 70. Geburtstag. Tübingen: Mohr Siebeck, 2009, S. 1013–1025.

Liebs, D.: Hofjuristen der römischen Kaiser bis Justinian. München: C. H. Beck, 2010.

Liebs, D.: Wenn Fachliteratur Gesetz wird. In: SZ 135 (2018), S. 395–473.

Liebs, D.: Rez. Ruggiero, I.: Ricerche sulle Pauli Sententiae. Milano, 2017. In: SZ 136 (2019), S. 465–479.

Longchamps De Beriér, F.: Il fedecommesso universale nel diritto romano classico. Warszawa: Liber, 1997.

Lotmar, Ph.: Marc Aurels Erlaß über die Freilassungsauflage. In: SZ 33 (1912), S. 304–382.

Lübtow, U.: Beiträge zur Lehre von der Condictio nach römischem und geltendem Recht. Berlin: Duncker & Humblot, 1952.

Lübtow, U.: Die Entwicklungsgeschichtlichen Grundlagen des römischen Erbrechts. In: Studi in onore di Pietro de Francisci. Vol. primo. Milano: Dott. A. Giuffrè, 1956, S. 407–516.

Lübtow, U.: Die Bestellung einer Eigentümerservitut oder eines Eigentümernießbrauchs im römischen Recht. In: Seidl, E. (Hg.): Aktuelle Fragen aus modernem Recht und Rechtsgeschichte. Gedächtnisschrift für Rudolf Schmidt. Berlin: Duncker & Humblot, 1966, S. 413–420.

Lucrezi, F.: Senatusconsultum Macedonianum. Napoli: Edizioni scientifiche Italiane, 1992.

MacCormack, G.: Contractual Theory and the innominate contracts. In: SDHI 51 (1985), S. 131–152.

MacCormack, G.: Gift, Debt, Obligation and the Real Contracts. In: Labeo 31 (1985), S. 131–154.

Manthe, U.: Das senatus consultum Pegasianum. Berlin: Duncker & Humblot, 1989.

Manthe, U.: Rez. Babusiaux, U.: Papinians Quaestiones. Zur rhetorischen Methode eines spätklassischen Juristen. München: C. H. Beck, 2011. In: SZ 131 (2014), S. 453–459.

Manthe, U.: Ulpian D. 16,1,8,2. In: Finkenauer, Th./Sirks, B. (Hgg.): Interpretationes iuris antiqui. Dankesgabe für S. Nishimura. Wiesbaden: Harrassowitz Verlag, 2018, S. 165–192.

Manzo, A.: Sull'origine del divieto di donazioni tra coniugi. In: Labeo 37 (1991), S. 342–350.

Marra, P.: Fiduciae causa. Milano: Wolters Kluwer, 2018.

Marezoll: Ueber die Insinuation der Schenkungen nach dem neuesten römischen Rechte. In: ZCP 1 (1828), S. 1–46.

MAREZOLL: Zu der Lehre von den Vermächtnissen. In: ZCP 9 (1836), S. 61–134; 247–310.
MAREZOLL: Ueber die zur donatio inter vivos nötige Form. In: MfRG 4 (1844), S. 175–203.
MARTENS, S.: Durch Dritte verursachte Willensmängel. Tübingen: Mohr Siebeck, 2007.
MAYER, O.: Die Justa causa bei Tradition und Usukapion. Ein Versuch auf dem Gebiete des römischen Rechts. Erlangen: Verlag von Eduard Besold, 1871.
MAYER-MALY, Th.: Das Putativtitelproblem bei der usucapio. Graz/Köln: Böhlau, 1962.
MAYER-MALY, Th.: Juristische Reflexionen über ius I. In: SZ 117 (2000), S. 1–29.
MAYR, R.: Vindicatio utilis. In: SZ 26 (1905), S. 83–124.
MAZZANTE, F. M.: Dos aestimata, dos vendita? Marburg: Tectum Verlag, 2008.
MCGINN, Th.: Ne serva prostituatur. In: SZ 107 (1990), S. 315–353.
MEDICUS, D.: Bürgerliches Recht[18]. Köln/Berlin/Bonn/München: Heymanns, 1999.
MEINCKE, J. P.: Perspektiven des Schenkungsrechts in den Institutionen Iustinians. In: FHI 2010, verfügbar im Internet: http://www.forhistiur.de/zitat/1005meincke.htm, letzter Zugriff: 29.11.2022.
MENGE, H.: Repetitorium der lateinischen Syntax und Stilistik[17]. Bearb. von Thierfelder, A. Darmstadt: Wissenschaftliche Buchgesellschaft, 1979.
MENGE, H.: Lehrbuch der lateinischen Syntax und Semantik. Neu bearb. von Burkard, Th. und Schauer, M. Darmstadt: Wissenschaftliche Buchgesellschaft, 2000.
MEYERFELD, F. W. L.: Die Lehre von den Schenkungen nach römischem Recht. 2,1. Marburg: Elwert, 1837.
MICHEL, J.: Gratuité en droit romain. Bruxelles, 1962.
MISERA, K.: Gebrauchsüberlassung und Schenkungsverbot unter Ehegatten. In: Index 3 (1972), S. 397–420.
MISERA, K.: Der Bereicherungsgedanke bei der Schenkung unter Ehegatten. Köln/Wien: Böhlau, 1974.
MISERA, K.: Die Zeugnisse zum Grund des Schenkungsverbots unter Ehegatten. In: MEDICUS, D./SEILER, H. H. (Hgg.): Festschrift für Max Kaser zum 70. Geburtstag. München: C. H. Beck, 1976, S. 407–435.
MISERA, K.: Rez. Slapnicar, K.: Gratis habitare. Unentgeltliches Wohnen nach römischem und geltendem Recht. Berlin, 1981. In: SZ 101 (1984), S. 402–407.
MITTEIS, L.: Römisches Privatrecht bis auf die Zeit Diokletians. I. Bd. Leipzig: Duncker & Humblot, 1908.
MITTEIS, L.: Reichsrecht und Volksrecht in den östlichen Provinzen des römischen Kaiserreichs. Hildesheim: Georg Olms Verlagsbuchhandlung, 1963, Nachdruck der Auflage Leipzig, 1891.
MOMMSEN, Th.: Römisches Staatsrecht. 3. Bd., II. Teil. Nachdruck der dritten Auflage. Graz: Akademische Druck- u. Verlagsanstalt, 1953.
MOMMSEN, Th.: Römisches Strafrecht. Nachdruck der Ausgabe von 1899. Graz: Akademische Druck- u. Verlagsanstalt, 1955.
MURGA, J. L.: La actio condicticia ex lege: una acciòn popular justinianea. In: RIDA[3] 15 (1968), S. 353–387.
MURILLO VILLAR, A.: La revocación de las donaciones en el derecho romano y en la tradición romanística española. Universidad de Burgos, 2007.

NEUMANN, A.: Der Bürgenregress im Rahmen des römischen Auftragsrechts. Studien zur formula in factum concepta. Baden-Baden: Nomos, 2011.

NIEDERLÄNDER, H.: Die Bereicherungshaftung im klassischen römischen Recht. Der Ursprung der Haftungsbefreiung durch Wegfall der Bereicherung. Weimar: Böhlau, 1953.

NOORDRAVEN, B.: Die Fiduzia im römischen Recht. Amsterdam: J. C. Gieben, 1999.

OBERMAYR, G.: Die Schenkung unter Auflage. In: ÖNZ 12 (1969), S. 178–181.

PARTSCH, J.: Rez. de Francisci, P.: Synallagma. Storia e dottrina dei cosidetti contratti innominati. Vol. I. Pavia, 1913. In: SZ 35 (1914), S. 335–342.

PELLECCHI, L.: L'azione in ripetizione e le qualificazioni del dare in Paul. 17 ad Plaut. D. 12.6.65. Contributo allo studio della condictio. In: SDHI 64 (1998), S. 69–160.

PERNICE, A.: Labeo. Römisches Privatrecht im ersten Jahrhundert der Kaiserzeit. 1. Bd. Neudruck der Ausgabe Halle 1873. Aalen: Scientia Verlag, 1963.

PERNICE, A.: Labeo. Römisches Privatrecht im ersten Jahrhunderte der Kaiserzeit^2. 2. Bd. 1. Abt. Halle: Max Niemeyer, 1895.

PERNICE, A.: Labeo. Römisches Privatrecht im ersten Jahrhunderte der Kaiserzeit. 3. Bd. 1. Abt. Halle: Max Niemeyer, 1892.

PETERLONGO, M. E. L.: In tema di jus sepulchri. In: Studi in memoria di Emilio Albertario. Milano: Dott. A. Giuffrè, 1953, S. 27–42.

PETERS, F.: Die Rücktrittsvorbehalte des römischen Kaufrechts. Köln/Wien: Böhlau, 1973.

PFEIFER, G.: §§ 516–534. Schenkung, in: Historisch-kritischer Kommentar zum BGB. Bd. III. Schuldrecht: Besonderer Teil. §§ 433–853. Tübingen: Mohr Siebeck, 2013, S. 439–463.

PFEIL, S.: Der concursus duarum causarum im klassischen römischen Recht. Frankfurt am Main: Peter Lang, 1998.

PFLÜGER, H. H.: Zur Lehre vom Erwerbe des Eigentums nach römischem Recht. München/Leipzig: Duncker & Humblot, 1937.

PICHONNAZ, P.: Rez. Murillo Villar, A.: La revocación de las donaciones en el derecho romano y en la tradición romanística española. Universidad de Burgos, 2007. In: SZ 127 (2010), S. 485–491.

PRINGSHEIM, F.: Animus donandi. In: SZ 42 (1921), S. 273–327.

PRINGSHEIM, F.: Liberalitas. In: Studi in memoria di E. Albertario. Vol. 1. Milano: Dott. A. Giuffrè 1953, S. 661–683.

PRINGSHEIM, F.: Id quod actum est. In: SZ 78 (1961), S. 1–91.

PRINGSHEIM, F.: Rez. Archi, G. G.: La donazione. Corso di diritto romano. Milano, 1960. In: SZ 78 (1961), S. 474–484.

PUCHTA, G. F.: Ueber die Convalescenz eines Schenkungsversprechens unter Ehegatten. In: Georg Friedrich Puchta's kleine civilistische Schriften. Leipzig: Verlag von Breitkopf und Härtel, 1851, S. 332–347.

PUCHTA, G. F.: Pandekten. 12. auf Grund der früheren Rudorff'schen Bearbeitung sorgfältig revidirte und vermehrte Auflage von Th. Schirmer. Leipzig: Verlag von Johann Ambrosius Barth, 1877.

RABEL, E.: Nachgeformte Rechtsgeschäfte. Mit Beiträgen zu den Lehren von der Injurezession und vom Pfandrecht. In: SZ 27 (1906), S. 290–335.

RABEL, E.: Elterliche Teilung. In: Labeo 7 (1961), S. 59–74.

Rabl, Ch.: Die Nichterfüllung letztwilliger Auflagen. In: ÖNZ 3 (1998), S. 97–107.

Randazzo, S.: Leges mancipii. Contributo allo studio dei limiti di rilevanza dell'accordo negli atti formali di alienazione. Milano: Giuffrè, 1998.

Rastätter, J.: Marcelli notae ad Iuliani Digesta. Inaugural Dissertation. Freiburg im Breisgau, 1981.

Reggi, R.: In tema di donazione remuneratoria. In: Studi in onore di P. de Francisci. Vol. III. Milano: Dott. A. Giuffrè, 1956, S. 229–247.

Ribas Alba, J. M.: De la donación al contrato. Madrid: Tecnos, 2016.

Riechelmann, A.: Paenitentia: Reue und Bindung nach römischen Rechtsquellen. Frankfurt am Main: Peter Lang, 2005.

Rudorff, A. F.: Das Recht der Vormundschaft aus den gemeinen in Deutschland geltenden Rechten entwickelt. 1. Bd. Berlin: Ferdinand Dümmler, 1832.

Ruggiero, I.: Ricerche sulle Pauli Sententiae. Milano: Dott. A. Giuffrè, 2017.

Rüger, D.: Die donatio mortis causa im klassischen römischen Recht. Berlin: Duncker & Humblot, 2011.

Saccoccio, A.: Si certum petetur. Dalla condictio dei veteres alle condictiones giustinianee. Milano: Dott. A. Giuffrè, 2002.

Sacconi, G.: Conventio e mutuum. In: Index 15 (1987), S. 423–438.

Santoro, R.: Il contratto nel pensiero di Labeone. In: Annali del seminario giuridico della Università di Palermo. Vol. 37. Palumbo, 1983, S. 5–304.

Sargenti, M.: Usucapio pro suo e costituzione di dote. In: SDHI 19 (1953), S. 235–250.

Sargenti, M.: Actio civilis in factum e actio praescriptis verbis. Ancora una riflessione. In: Iuris vincula. Studi in onore di Mario Talamanca. VII. Napoli: Jovene, 2001, S. 235–278.

Savigny, F. C.: System des heutigen Römischen Rechts. 4. Bd. Berlin: Veit und Comp., 1841.

Savigny, F. C.: System des heutigen Römischen Rechts. 5. Bd. Berlin: Veit und Comp., 1841.

Scevola, R.: Negotium mixtum cum donatione. Origini terminologiche e concettuali. Padova: Cedam, 2008.

Scevola, R.: Il negozio misto con donazione: elaborazioni romane e ricostruzioni moderne. In: Garofalo, L. (Hg.): Scambio e gratuità. Confini e contenuti dell'area contrattuale. Padova: Cedam, 2011, S. 247–330.

Schanbacher, D.: Zur Bedeutung der Leistungszweckbestimmung bei der Übereignung durch traditio und beim Leistungsversprechen durch stipulatio. In: TR 60 (1992), S. 1–27.

Scheidel, W.: Servi alieni als Erben: Zum gesellschaftlichen Hintergrund. In: SZ 110 (1993), S. 648–651.

Scherillo, G.: La trasmissibilità della stipulatio in faciendo. In: BIDR 36 (1928), S. 29–97.

Schermaier, M.: Kausalität oder Finalität? Überlegungen zur causa in Ulpian D. 2,14,7. In: Finkenauer, Th./Sirks, B. (Hgg.): Interpretationes iuris antiqui. Dankesgabe für S. Nishimura. Wiesbaden: Harrassowitz Verlag, 2018, S. 293–310.

Schermaier, M.: Rez. Laborenz, M.: Solutio als causa. Köln, 2014, In: SZ 135 (2018), S. 786–800.

Scheurl, Ch. G. A.: Zur Lehre von den Nebenbestimmungen bei Rechtsgeschäften. Erlangen: Verlag von Andreas Deichert, 1871.

Schlei, H.: Schenkungen unter Ehegatten. Göttingen: Muster-Schmidt, 1993.

Schlossman, S.: Zu l. 20 D. de rebus creditis 12, 1. Ein Beitrag zur Lehre von den Scheingeschäften. In: Jher. Jahrb. 44 (1902), S. 377–392.

Schmidlin, B.: Das Nominatprinzip und seine Erweiterung durch die actio praescriptis verbis – Zum aktionenrechtlichen Aufbau der römischen Konsensualverträge. In: SZ 124 (2007), S. 53–93.

Schmidlin, B.: Rez. Scevola, R.: Negotium mixtum cum donatione. Origini terminologiche e concettuali. Padova, 2008. In: SZ 129 (2012), S. 849–851.

Schnabel, Ch.: Der solutionis causa adiectus im römischen Recht. München: C. H. Beck, 2015.

Schnebelt, G.: Reskripte der Soldatenkaiser. Ein Beitrag zur römischen Rechtsgeschichte des dritten nachchristlichen Jahrhunderts. Karlsruhe: C. F. Müller, 1974.

Schulin, F.: Ueber Resolutivbedingungen und Endtermine. Marburg: Elwert, 1875.

Schulz, F.: Interpolationenkritische Studien. In: Festschrift für Ernst Zitelmann zu seinem 60. Geburtstage. München/Leipzig: Duncker & Humblot, 1913, S. 1–24.

Schwarz, F.: Die Grundlage der condictio im klassischen römischen Recht. Münster/Köln: Böhlau, 1952.

Schwarz, F.: Rez. Donatuti, G.: Le causae delle condictiones. In: Studi Parmensi 1950 (Milano 1951), S. 35–169. In: IURA 3 (1952), S. 297–305.

Sciandrello, E.: Studi sul contratto estimatorio e sulla permuta nel diritto romano. Trento: Università degli Studi di Trento, 2011.

Siber, H.: Rez. Koeppen, W.: Das negotium mixtum cum donatione nach Pandektenrecht und Reichsgesetzen. Berlin, 1901. In: Krit. Vjschr. 9 (1904), S. 308–326.

Siber, H.: Confirmatio donationis. In: SZ 53 (1933), S. 99–150.

Sicari, A.: Leges venditionis. Uno studio sul pensiero giuridico di Papiniano. Bari: Cacucci editore, 1996.

Simon, D.: Aus dem Codexunterricht des Thalelaios. In: RIDA[3] 16 (1969), S. 283–308.

Simon, D.: Aus dem Kodexunterricht des Thalelaios. In: SZ 87 (1970), S. 315–394.

Simonius, P.: Die donatio mortis causa im klassischen römischen Recht. Basel: Helbing & Lichtenhahn, 1958.

Skřejpek, M.: Studie z dějin římské ústřední správy za principátu. In: Acta universitatis Carolinae – Iuridica 2–3 (1991), S. 19–139.

Skřejpek, M.: Mistero della condictio. In: Stloukalová, K./Šejdl, J. (Eds.): Diritto romano e attualità. La terminologia giuridica nel diritto processuale romano e moderno: La decisione giudiziaria e sua esecuzione. Atti del VII seminario internaziole in onore di Hans Ankum. Praha, 2013, S. 106–112.

Slapnicar, K.: Gratis habitare. Unentgeltliches Wohnen nach römischem und geltendem Recht. Berlin: Duncker & Humblot, 1981.

Sobczyk, M.: Datio ob rem and datio ob causam – The Purpose of Performance in Roman Law. In: TR 89 (2021), S. 356–378.

Sokolowski, K. P.: Ausgewählte Probleme der Auflagenschenkung nach polnischem und deutschem Recht. In: BAR, Ch./WUDARSKI, A. (Hgg.): Deutschland und Polen in der europäischen Rechtsgemeinschaft. München: Selp, 2012, S. 193–222.

SOKOLOWSKI, K. P.: Die modale Schenkung als eine gemischte Schenkung nach deutschem und europäischem bürgerlichem Recht. In: Zeitschrift für das Notariat in Baden-Württemberg 6 (2013), S. 162–170.

SOKOLOWSKI, K. P.: Die gemischte Schenkung. Eine dogmatische und rechtsvergleichende Analyse. Dissertation. München: Verlag Dr. Hut, 2013.

SOLAZZI, S.: Servitutis mentio in mancipatione. In: SDHI 18 (1952), S. 220–223.

SOLAZZI, S.: Costituzioni glossate o interpolate nel Codex Iustinianus. In: SDHI 24 (1958), S. 1–79.

SORGE, Ch.: Verpflichtungsfreier Vertrag als schuldrechtlicher Rechtsgrund. Göttingen: V & R unipress, 2017.

SÖLLNER, A.: Bona fides – guter Glaube? In: SZ 122 (2005), S. 1–61.

STAFFHORST, A.: Die Teilnichtigkeit von Rechtsgeschäften im klassischen römischen Recht. Berlin: Duncker & Humblot, 2006.

STAGL, J. F.: Rez. Astolfi, R.: Il matrimonio nel diritto romano classico. Padova, 2006. In: SZ 125 (2008), S. 897–900.

STAGL, J. F.: Favor dotis. Die Privilegierung der Mitgift im System des römischen Rechts. Wien/Köln/Weimar: Böhlau 2009.

STAGL, J. F.: Die Ratio des Schenkungsverbotes unter Ehegatten. In: TR 85 (2017), S. 141–165.

STOCK, J.: Zum Begriff der donatio, insbesondere im Verhältnis zum commodatum. Leipzig: Verlag von Theodor Weicher, 1932.

STOLL, H.: Rez. Georgesco, V.: Essai d'une théorie générale des „leges privatae". Paris, 1932. In: SZ 53 (1933), S. 582–587.

STURM, F.: Rez. Saccoccio, A.: Si certum petetur. Milano, 2002. In: SZ 124 (2007), S. 513–530.

STURM, F.: Rez. Heine, S.: Condictio sine datione. Berlin, 2006. In: SZ 126 (2009), S. 546–558.

TALAMANCA, M.: Ricerche in tema di „compromissum". Milano: Dott. A. Giuffrè, 1958.

TALAMANCA, M.: Donazione possessoria e donazione traslativa. In: BIDR 64 (1961), S. 249–283.

TALAMANCA, M.: Rez. Peters, F.: Die Rücktrittsvorbehalte des römischen Kaufrechts. Köln/Wien, 1973. In: IURA 24 (1973), S. 364–395.

TALAMANCA, M.: Diocl. et Maxim. C. 8.54.3 = FV. 286: Donatio sub modo, datio ob rem e contratto a favore di terzi. In: Studi in onore di Antonino Metro. Tomo VI. Milano: Dott. A. Giuffrè, 2010, S. 249–295.

TAUBENSCHLAG, R.: Miszellen aus dem römischen Grabrecht. In: SZ 38 (1917), S. 244–262.

TAUBENSCHLAG, R.: Das römische Privatrecht zur Zeit Diokletians. In: Opera minora. I. Bd. Allgemeiner Teil. Warszawa: Panstwowe wydawnictwo naukowe, 1959, S. 3–177.

THIELMANN, G.: Schenkung durch Delegation. In: Sodalitas. Scritti in onore di Antonio Guarino. 5. Napoli: Jovene, 1984, S. 2309–2330.

THOMANN, W.: Die Schenkung unter einer Auflage nach dem BGB. Inaugural Dissertation. Forchheim: Buchdruckerei Otto Mauser, 1935.

Tigerström, F. W.: Das römische Dotalrecht. Bd. 1. Berlin, 1831, Neudruck Aalen: Scientia Verlag, 1983.

Tirey, A.: Das Pflegekind in der Rechtsgeschichte. Köln/Weimar/Wien: Böhlau, 1996.

Tondo, S.: Aspetti simbolici e magici nella struttura giuridica della manumissio vindicta. Milano: Dott. A. Giuffrè, 1967.

Torrent, A.: Venditio hereditatis. La venta de herencia en Derecho Romano. Salamanca: Universidad de Salamanca, 1966.

Tort-Martorell, C.: La revocación de la donatio mortis causa en el Derecho Romano clásico. Madrid: Dykinson, 2003.

Tort-Martorell, C.: Rez. Rüger, D.: Die donatio mortis causa im klassischen römischen Recht. Berlin, 2011. In: SZ 130 (2013), S. 687–690.

Treggiari, S.: Roman Marriage. Iusti Coniuges from the Time of Cicero to the Time of Ulpian. Oxford: Clarendon Press, 1993.

Vacca, L.: Iusta causa e bona fides nell' usucapio romana a proposito del titolo pro suo. In: Sodalitas. Scritti in onore di Antonio Guarino. 4. Napoli: Jovene 1984, S. 1955–2000.

Valiño, E.: Actiones utiles. Pamplona: Universidad de Navarra, 1974.

Van Der Wal, T. B. D.: Nemo condicit rem suam. Over de samenloop tussen de rei vindicatio en de condictio. Den Haag: Boom juridisch, 2019.

Vangerow, K. A.: Lehrbuch der Pandekten. 2. Bd.[7] Marburg/Leipzig: Elwert, 1867.

Visky, K.: Retribuzioni per il lavoro giuridico nelle fonti del diritto romano. In: IURA 15 (1964), S. 1–31.

Voci, P.: Diritto ereditario romano. Vol. 1[2]. Milano: Dott. A. Giuffrè, 1967.

Voci, P.: Diritto ereditario romano. Vol. 2[2]. Milano: Dott. A. Giuffrè, 1963.

Wacke, A.: Das fideicommissum a debitore relictum. Die Exceptio doli im Dienste der Rechtsfortbildung. In: TR 39 (1971), S. 257–272.

Wacke, A.: Zur causa der Stipulation. In: TR 40 (1972), S. 231–261.

Wacke, A.: Die Zahlung mit fremdem Geld. In: BIDR 79 (1976), S. 49–144.

Wacke, A.: Das Verbot der Darlehensgewährung an Hauskinder und die Gebote wirtschaftlicher Vernunft. Der Macedonianische Senatsbeschluß in Theorie und Praxis. In: SZ 112 (1995), S. 239–329.

Wacke, A.: Zur Folgen-Berücksichtigung bei der Entscheidungsfindung, besonders mittels deductio ad absurdum. In: Gerkens, J. F./Peter, H./Trenk-Hinterberger, P./Vigneron, R. (Hgg.): Mélanges Fritz Sturm. Liège: Editions Juridiques de l'Université de Liège, 1999, S. 547–568.

Wacke, A.: Die Konstruktion des Anwartschaftsrechts aus bedingter Übereignung und der favor dotis bei Ulpian D. 23,3,9,1. In: Pichonnaz, P./Vogt, N. P./Wolf, S. (Hgg.): Spuren des römischen Rechts. Festschrift für Bruno Huwiler zum 65. Geburtstag. Bern: Stämpfli Verlag, 2007, S. 651–674.

Wacke, A.: Dos und donatio. Mitgiftbestellung ist keine Schenkung. In: Zeszyty prawnicze 15/2 (2015), S. 77–98.

Waldstein, W.: Operae libertorum. Untersuchungen zur Dienstpflicht freigelassener Sklaven. Stuttgart: Franz Steiner, 1986.

Waldstein, W./Rainer, M.: Römische Rechtsgeschichte[11]. München: C. H. Beck, 2014.

Watson, A.: Contract of Mandate in Roman Law. Oxford: Clarendon Press, 1961.

Watson, A.: The Origins of fiducia. In: SZ 79 (1962), S. 329–334.
Wesel, U.: Zur dinglichen Wirkung der Rücktrittsvorbehalte des römischen Kaufs. In: SZ 85 (1968), S. 94–172.
Wesenberg, G.: Verträge zugunsten Dritter. Weimar: Böhlau, 1949.
Wesenberg, G.: Der Anspruch des Drittbedachten bei einer modalen Schenkung nach Fr. Vat. 286. In: Studi in onore di Vincenzo Arangio-Ruiz nel XLV anno del suo insegnamento. I. Napoli: Jovene, 1953, S. 415–421.
Wesener, G.: Rez. Casavola, F.: Lex Cincia. Contributo alla storia delle origini della donazione Romana. Napoli, 1960. In: SZ 78 (1961), S. 485–493.
Wieacker, F.: Textstufen klassischer Juristen. Göttingen: Vandenhoeck & Ruprecht, 1960.
Wieacker, F.: Rez. Daube, D.: Roman Law. Linguistic, Social and Philosophical Aspects. Edinburgh, 1969. In: Labeo 17 (1971), S. 57–64.
Wilinski, A.: Ricerche sull'alienazione degli schiavi nel diritto romano. Vendita dello schiavo con la clausola „ne manumittatur". In: Index 5 (1974/75), S. 321–330.
Wimmer, M.: Besitz und Haftung des Vindikationsbeklagten. Köln/Weimar/Wien: Böhlau, 1995.
Wimmer, M.: Zum Leistungserfolg bei der Anweisung zum Zahlen an einen Nichtberechtigten. In: OIR 4 (1998), S. 116–148.
Wimmer, M.: Das Prälegat. Wien/Köln/Weimar: Böhlau, 2004.
Wimmer, M.: Konstruktionen gebundenen Eigentums. In: Gamauf, R. (Hg.): Festschrift für H. Hausmaninger zum 70. Geburtstag. Wien: Manz, 2006, S. 341–356.
Windscheid, B.: Die Lehre des römischen Rechts von der Voraussetzung. Düsseldorf: Verlagshandlung von Julius Buddeus, 1850.
Windscheid, B.: Die actio des römischen Civilrechts vom Standpunkte des heutigen Rechts. Düsseldorf: Verlagshandlung von Julius Buddeus, 1856.
Windscheid, B.: Lehrbuch des Pandektenrechts. Bd. 1.[9] Neudruck der Ausgabe Frankfurt am Main 1906. Aalen: Scientia Verlag, 1963.
Windscheid, B.: Lehrbuch des Pandektenrechts. Bd. 2.[9] Neudruck der Ausgabe Frankfurt am Main 1906. Aalen: Scientia Verlag, 1963.
Windscheid, B.: Lehrbuch des Pandektenrechts. Bd. 3.[9] Neudruck der Ausgabe Frankfurt am Main 1906. Aalen: Scientia Verlag, 1963.
Winkel, L.: Error iuris nocet: Rechtsirrtum als Problem der Rechtsordnung. Zutphen: Terra Publishing, 1985.
Winkel, L.: Usucapio pro suo and the Classification of the causae usucapionis by the Roman Jurists. In: Birks, P. (ed.): New Perspectives in the Roman Law of Property. Essays for Barry Nicholas. Oxford: Clarendon Press, 1989, S. 215–221.
Wolf, J. G.: Causa stipulationis. Köln/Wien: Böhlau, 1970.
Wolf, J. G.: Die manumissio vindicta und der Freiheitsprozeß. Ein Rekonstruktionsversuch. In: Behrends, O./Diesselhorst, M. (Hgg.): Libertas. Grundrechtliche und rechtsstaatliche Gewährungen in Antike und Gegenwart. Symposion aus Anlaß des 80. Geburtstages von Franz Wieacker. Ebelsbach: Verlag Rolf Gremer, 1991, S. 61–96.
Wolff, H. J.: Vorgregorianische Reskriptensammlungen. In: SZ 69 (1952), S. 128–153.
Wolff, J.: Trust, Fiducia und fiduziarische Treuhand. Frankfurt am Main: Peter Lang, 2005.
Wubbe, F.: Benignus redivivus. In: Ankum, J. A./Feenstra, R./Leemans, W. F. (Hgg.):

Symbolae iuridicae et historicae Martino David dedicatae. Tom. 1. Leiden: E. J. Brill, 1968, S. 237–262.

WUBBE, F.: Benigna interpretatio als Entscheidungskriterium. In: HORAK, F./WALDSTEIN, W. (Hgg.): Festgabe für Arnold Herdlitczka zu seinem 75. Geburtstag. München/Salzburg: Wilhelm Fink, 1972, S. 295–314.

WUBBE, F.: Rez. Noordraven, G.: De fiducia in het Romeinse recht. Deventer/Arnhem, 1988. In: SZ 108 (1991), S. 515–523.

YARON, R.: Some remarks on donatio mortis causa. In: RIDA[3] 3 (1956), S. 493–512.

YARON, R.: Donatio sola cogitatione mortalitatis. In: RIDA[3] 13 (1966), S. 369–375.

ZAMORANI, P.: Precario habere. Milano: Dott. A. Giuffrè, 1969.

ZARRO, G.: I nova negotia. Dalla mera nuda conventio alla protezione giudiziaria. Napoli: Satura, 2018.

ZHANG, L.: Contratti innominati nel diritto romano. Impostazioni di Labeone e di Aristone. Milano: Dott. A. Giuffrè, 2007.

ZIMMERMANN, R.: The Law of Obligations. Roman Foundations of the Civilian Tradition. Oxford: University Press, 1996.

Sachregister

acceptilatio 27, 45
actio
- *ad rem reciperandam* 90[310], 142[527]
- *civilis incerti* 221ff., 275, 278, 281
- *condicticia* 128ff., 135, 255[994], 277[1080], 290ff.
- *condictionis* 251ff., 261
- *doli* 224
- *fiduciae* 90[310], 116ff., 126f., 129f., 132f., 134, 142[527], 157[607], 244ff., 252ff., 267, 276[1075], 290
- *hypothecaria* 328
- *in factum* 20, 221, 245
- *in rem* 265[1037], 327ff.
- *operarum* 49[169]
- *praescriptis verbis* 20, 69[225], 90, *221ff.*, 239, 245ff., 250, 252, 258, 260, 275, *276ff.*, 290, 296[1157], 299, 303, 307, 319ff., 333ff., 338, 340ff.
  - Konkurrenz mit der Stipulationsklage (s. *stipulatio*) *277ff.*
- *propter paenitentiam* 133
- *rei uxoriae* 74, 108, 112, 331[1276]
- *Serviana utilis* 327ff.
- Stipulationsklage 30[64], 76, 128, 130, 237, 240, 245f., 248, 277ff., 320, 340
- *utilis* 129, *289ff.*, 302, 329, 340f.

adfinitas 196, 214[834]
aes
- *alienum* 80[276], 89[308], 90[311]
- *suum* 80

alimenta 263, 312f., 322f.
Aufenthaltsverbot 155
Auflage
- Alimentationsauflage *263ff.*, 312f., 322f.
- dass der geschenkte Sklave nicht an bestimmte Familienangehörige gelangen solle *238ff.*
- der Darlehensgewährung *73ff.*, *296ff.*
- der Restitution an einen Dritten *91ff.*, *124ff.*, *127ff.*, *289ff.*
- der Rückübereignung an den Schenker *72ff.*
- der Schuldtilgung *84ff.*, *91ff.*, *251ff.*, *280ff.*
- die Freiheitsbedingung zu erfüllen *82ff.*
- dinglicher Rückfall an den Schenker 324f., 335
- ein Haus zu bauen *62ff.*, 185ff.
- eine Mitgift zu bestellen *95ff.*
- eine Sache zu kaufen *65ff.*
- einen Sklaven freizulassen (s. Freilassungsauflage)
- Klage wegen Nichterfüllung 19ff.
- s. auch *condictio*
- s. auch *actio praescriptis verbis*
- Verbot der Weiterveräußerung (s. Veräußerungsverbot)
- wiederkehrender Leistungen *263ff.*, *273ff.*, *276ff.*
- zugunsten des Beschenkten *61ff.*, 88, 112, 342f.

Bedingung (s. *condicio*)
Behaltensgrund (s. *causa retinendi*)
Belohnung *42ff.* (s. auch *donatio* belohnende)
Bittleihe (s. *precarium*)
Bürgenregress 44f.
Bürgschaft 44f., 45[154]
bonorum possessio contra tabulas 147[549], 309

causa
- *dandi* 69, 97
- *dotis* (s. *dos*)
- *exsolvendi* 77, 82, 84
- *falsa* 47

- *iusta traditionis* (s. *iusta causa traditionis*)
- *obligandi* 77
- *praeterita* 42, 46, 52[182]
- *retinendi* 69, *72ff.*, 82, *91ff.*, 130, 235, 261

Codex Gregorianus 48[163], *301f.*

Codex Hermogenianus 48[163], 297[1159], 301[1179]

commixtio nummorum 94[323]

commodatum 34f., 38[114], 51, 86[299]

condicio 20, 22, 79, 162, 166f., 192ff., 212, 215f., 236, 244f., 268, 285, 307
- *dandi* 68f., 78, 82, 84, 87f., 92ff., 104, 108, 111, 194, 270, 331
- *dandae pecuniae* *66ff.*
- Freiheitsbedingung – *statuliber* 53, 83, 152ff.
- *iuris* 173
- *iurisiurandi* 40, 41[126]
- *non coniuncti matrimonii* 214ff.
- *postestativa* 173, 234
- *suspensiva* 32f., 102, 191ff., 217f., 327[1264], 336[1286]
- *repetendi* 54, 288[1121]
- *resolutiva* 17[4], 32f., 37, 173[677], 192ff., 217, 219, 261f., 295, 324, 326, 336[1286]

condictio 20, *61ff.*
- *ex iniusta causa (ob iniustam causam)* 64[208], 80[273], 184, 186, 190
- *ex paenitentia* *136ff.*, 207, 279[1088]
- Fortwirkung des untergegangenen Eigentums 89f.
- *ob causam datorum* 37, 42[131], 261, 286[1116], 319f., 321ff., 330, 332f., 335, 341ff.
- *ob causam finitam* 257, 261, 271
- *ob rem* 17[12], 20, 22, 36, 41, 52, 54, *61ff.*, 129, 135, 139, 142, 167f., 172, 184, 186, 195, 198, 209, 231, 248, 255, 257, 261, 272, 279f., 286ff., 298, 300, 323, 334, 337, 340, 342
- *possessionis* 64[208], 80[273]
- *sine causa* 64[208]

constitutio
- *Marci* 118, 123, 134, *146ff.*, 169, 171, 243, 246f., 267, 340
- *Pii* 232ff.

consumptio nummorum 31[69], 94[321; 323f.]

contractus temporalis 325

conventio 162[634], 243, 260, 276, 316, 319ff.

credita pecunia (s. *pecunia credita*)

Darlehen (s. *mutuum*)

datio
- *dotis ante nuptias* (s. *dos*-Bestellung)
- *ob causam* *42ff.*, 52, 57, 330[1272]
- *propter condicionem* 53, 79
- *spe* *52ff.*, 57

datio ob rem 34[82], 36, 42, 54, 57, *63ff.*, *70ff.*, 124, 125[451], 131, *135ff.*, 157[606], *193ff.*, 216, 218ff., 221, 224, 230f., 255, 257f., 261, 273, 276, 285ff., 298, 300, 313, 330ff., 337ff.
- als Ersitzungstitel (s. *usucapio*)
- Unterschied zur *fiducia* *135ff.*, *141ff.*

dies certus an, incertus quando 135[491], 295, 324[1244]

dignitas 180, 182ff., 189[736]

divisio bonorum (s. Teilungsanordnung)

donatio *27ff.*, *32ff.*
- *ad oblationem dei* unter Ehegatten 167
- *ad tempus* (s. *donatio temporalis*)
- *adfinitatis contrahendae causa* 212[824], *214ff.*
- *aliqua* 114, *116ff.*
- *ante nuptias* *212f.*, 216f., 220[854]
- auflösend bedingte 17[4], 33, *191ff.*, *210ff.*
- aufschiebend bedingte 33, 191, 198, 217f.
- belohnende (remuneratorische) *43ff.*
- Definition 16, *32ff.*
- der Zwischenvorteile 102, 114, *116ff.*, 126f., 131, 140f., 205f., 219, 253, 267
- *dotis causa* 112
- *ea lege, ut manumittas* 118f., *146ff.*, 165, 175, 241, 242ff., 267, 339
- *ex certo tempore* 312
- *gemischte* 17[5], 43, 49, 143ff., 339
- *hereditatis* *225ff.*
- *honoris causa* unter Ehegatten *180ff.*, 184f., 189f.
- *imperfecta* 30, 215
- *inter sponsum et sponsam* 37, *210ff.*, *283ff.*, 328[1266]
- *manumissionis causa* unter Ehegatten *166ff.*
- mittelbare 337[1289]
- *perfecta* 215, 265, 274f., 285, 289, 299f.
- *proprie appelatur* *32f.*
- *pura* 32[77], 98, 103, 112
- *sepulturae causa* unter Ehegatten 167, 170[663], 176ff., 181, 185, 189f.
- *simplex* 217, 228, 230, 284[1106]
- *sub modo* 21, 37, *308ff.*, *312ff.*, 328, 331f., *334f.*
- *temporalis* *289ff.*, 302f., 312, *324ff.*, 340

- unter Ehegatten 29ff., 38[111], 50f., 62ff., 96[326f.], *124ff.*, 155, *165ff.*, 200[768]
- zur Deckung der notwendigen Aufwendungen der Ehefrau *184ff.*

donatio mortis causa 33, 37, 96[326], 110[393], *191ff.*, 219f., 233f., 235ff., 255, 324
- in der Gestalt der *datio ob rem* *191ff.*
- in der Gestalt der *fiducia cum amico* *203ff.*
- Unterschied zum *negotium mixtum cum donatione* 219

donationes mutuae *50f.*

dos 73, 79f., 80[277], 92[318], *95ff.*, 167, *196ff.*, *255ff.*, 290[1128], 296[1157], 331[1276]
- *adventicia* 95ff., 98
- *profecticia* 96ff., 113, 315, 338

dos-Bestellung 79, *196ff.*, *255ff.*, 315, 338
- *dotis datio ante nuptias* 100, 137[505], 141, *196ff.*, 255[994], 257, 259[1011]
- mit den vom Mann geschenkten Sachen 107[376]

Durchgangstheorie 98, 103

Ehegattenschenkungsverbot *29ff.*, 50, 56, 62ff., 96, 104ff., 165ff., 216, 220[854], 300[1174]

Eigentum
- auf Zeit 267, 295f., 324, 335
- faktisch geteiltes 141[525]
- ohne Behaltensgrund *71ff.*

Entgelt für die Freilassung 118, 174f.

Erbeinsetzung *excepta re certa* 239

Erbrecht des Patrons 118, 172[672]

error facti (Tatsachenirrtum) 201[773], 202[777]

error iuris (Rechtsirrtum) 201f.

Ersitzung (s. *usucapio*)

Ersitzungstitel (s. *iusta causa usucapionis*)

exceptio
- *doli* 41[126], 69f., 71[235], 208[805], 234[904], 248[970]
- *legis Cinciae* 30, 40, 45, 76

favor
- *dotis* 109
- der Schenkungskonvaleszenz 108f., 111
- *libertatis* 148f., 156, 167, 189, 246
- *religionis* 179, 180[706], 189

fideicommissaria libertas 118[427], 160[616]

fideicommissum
- *a debitore relictum* 234ff.
- *hereditatis* 226
- *liberationis* 234[904]
- zugunsten des Erben 326

fiducia cum amico contracta *114ff.*, 203ff., 219, 242[947], 339
- Ersitzung (s. *usucapio*)
- Recht auf die wirtschaftlichen Vorteile der Sache 117
- unter Ehegatten 124ff., 168, 171
- Unterschied zur *datio ob rem* (s. *datio ob rem*)

fiducia cum creditore contracta 117[417], 142[527], 143

fiducia manumissionis causa *115ff.*, 148, 157f., 163, 168
- Erwerb der Patronatsrechte *117ff.*
- Gründe für 115[412]

Fiktion 91, 93ff., 179, 293

filius familias 91ff.

Freigebigkeit (s. *liberalitas*)

Freilassung (s. *manumissio*)

Freilassungsauflage *114ff.*, *146ff.*, *165ff.*, *242ff.*
- dingliche Wirkung *146ff.*, 159ff.
- *lex mancipio dicta* *146ff.*, *242ff.*
- *pactum fiduciae* *114ff.*

Freilassungssteuer 144

Freilassungsverbot 154f., 243[951]
  dingliche Wirkung 154

Gegengeschenk (s. *donationes mutuae*)

habitatio 43f., 145

hereditas
- *liberti* (s. Erbrecht des Patrons) s. auch *donatio hereditatis* und *venditio hereditatis*

Hoffnung (s. *datio spe*)

Hofübergabe 313, 323

honorarium 44[145f.]

hypotheca 142[527], 328

indebitum solutum 30[60], 31[69], 47, 63[203], 71[232], 79

infamia 85[294], 157[607], 168

inhibenda erit repetitio 72[239], 138, 140

iudicium familiae erciscundae 143[532], 229[890]

iusta causa traditionis 35, 69, 77, *79f.*, 115[411], 141, 205, 208f., 224
- unbenannte 202[780], 203, 206f.

iusta causa usucapionis 32, 122, 141, 201, 203

ius vetus 102, 128ff., 252f., 289, 291, 294

Kettenschenkungen 338[1294]
Konvaleszenz der Schenkung 104, 107ff., 229[890]

Lebensrettung (Belohnung)
legatum 62, 308ff., 326ff.
- *ad tempus* 326ff.
- *per praeceptionem* 143
- *per vindicationem* 143[531], 327
legatum sub modo 308f., 310, 326ff.
Leihvertrag (s. *commodatum*)
lex
- *Cincia* 21[33], *29f.*, 34[86], 38, 43f., 48f., 56, 67[220], 73[243], 76, 300[1174]
- *dicta (lex rei suae dicta)* 118, 146ff., 213, 238ff., 242ff., 256, 270, 275, 277, 279, 281f., 283ff., 319ff., 333f.
- *donationis* (s. auch *lex dicta*) 147, 149, 160, 282
- *mancipio dicta* 132[484], 160ff., 240f., 242ff., 253, 256, 270, 339f.
- *repetendi* 213[827], 284[1106], 288
- *venditionis* 282
liberalitas 34f., *37ff.*, 61, 70, 110[394], 223
libertus 49[169], 119[430], 120, 146, 150, 172[672], 174, 189, 340
locus religiosus 176f.
ludi 181[713], 182

mandatum 62, 131, 172
- *ad agendum* 291
- *post mortem* 131f.
manumissio
- *censu* 116[412]
- der dotalen Sklaven 171f.
- testamentarische 53, 83f.
- *vindicta* 116[412], 242, 244, 246
manus iniectio 158
merces 19[23], 44[145f.], 47[162], 48f.
Mitgift (s. *dos*)
Mittelsperson 92[319], 310[1201]
modus 21, 152, 223, 227[884], 294, *308ff.*, 312ff., 318, *322ff.*, 331, 335, 341f.
- beim *legatum* (s. *legatum sub modo*)
- *donationis* 21[33], 36[96], 322
- *qualificatus* 19f., 61
- *simplex* 19f., 61, 64, 70
monumentum 176[689], 179, 308
mulier indotata 104
munera (munus) 38[110], 43[138]
- *ob causam orandam* 29[55]
munificentia *37ff.*, 56[191]
mutuum 34[82], 73ff., 90[309 u. 311], 91ff., 98[339], 105, 145, 240, 257[1002], 279[1087], 297ff., 315, 337, 342[1310]

ne manumittatur (s. Freilassungsverbot)
ne prostituatur (s. Prostitutionsverbot)
negotium 103, 147, 168, 171ff., 195ff., 200, 216ff., 223f., 285
negotium mixtum cum donatione *114ff.*, 148, 153, 162ff., 175, 203ff., 244, 247, 253, 255, 267, 294, 339
- Ersitzung (s. *usucapio*)
- Objekt der „*aliqua donatio*" *116ff.*
- Zwischenvorteile *116ff.*, 126f., 131, 133
nuncupatio 241, 242[946]

obligatorische Gebundenheit an das Vermögen des Gebers 71, 81, 89
officia magistri 44, 145
operae liberti 118, 120, 146, 172[672], 174
oratio Severi 31, 50, 103f., 107ff., 169f., 216[844]

pactum fiduciae 115f., 122, 132[484], 144, 163, 242, 253, 339
pactum nudum 255ff., 258[1005], 260, 270, 276
paenitentia (s. auch Widerruf *ex paenitentia*) 117, 131, 133, 136ff., 207, 279[1088],
Patronatsrechte *117ff.*, 146, 161f., 171[668], 173f., 189, 247
pauperior – locupletior 31, 177, 178[695]
peculium servi 83f., 174
pecunia credita 71
permutatio 51, *228ff.*, 240, 276, *278ff.*, 282, 321
personae exceptae
- *bonorum possessio contra tabulas* 309
- *lex Cincia* 29
pignus 142[527]
placitum (placita) 229, 251f., 254, 258[1006], 261, 263, 278, 280, 282
precarium 34f., 38, 115
Prostitutionsverbot 155, 161f.

re obligari (Realobligation) 69, 96, 130[471], 145, 216, 220f., 224f., 231, 235, 238f., 240, 248, 250, 258, 270, 273, 276, 279, 282, 303, 319[1224], 320f., 333f., 338, 340ff.

Realobligation (s. *re obligari*)
Rechtsirrtum (s. *error iuris*)
remuneratio (s. *donatio* belohnende)
res religiosa 176f., 179, 189
Reurecht (s. Widerruf *ex paenitentia*)
Rücktrittsabrede beim Kauf 324f.

SC Macedonianum 91[315]
Schenkung (s. *donatio*)
Schenkungsmerkmale 31, *32ff.*, 210
Schenkungsverbote *28ff.*
Schulderlass 30[64], 31[69], 44f., 55, 85, 320
servus suis nummis emptus 119[430], 160[616 u. 618]
simulierter Verkauf 274, 307
solutio 35[92], 85ff.
solutionis causa adiectus 236
spe datio (s. datio spe)
statuliber 82ff., 88, 152ff., 156
Stellvertretung 115[412]
stipulatio 40f., 45f., 76, 128, 130, *232ff.*, 241, 256, 259, 270, 280f., 289ff., 302f., *319ff.*, 333f., 339ff.
- *emptae et venditae hereditatis* 226
- Konkurrenz mit der *actio praescriptis verbis* *277ff.*
- *mercedis* 45[154]
- *ob causam* 45f., 56
- *poenae* 163[637], 242f., 246f., 340

Tatsachenirrtum (s. *error facti*)
Tausch (s. *permutatio*)
Teilungsanordnung – letztwillige 228ff.
traditio durch *pati* 222[859]
traditio ex iusta causa (s. *iusta causa*)
transactio 54f.
Treuhandvertrag zugunsten Dritter 341[1304]

Unentgeltlichkeit als Schenkungsmerkmal 16, 18, 34[81], 38, 40, 51, 52[180], 56, 61
Unmöglichkeit der Auflagenerfüllung 273, *283ff.*, 332f., 334
Unmöglichkeit der Zweckerreichung
- anfängliche 287
- nachträgliche 287
usucapio
- abstrakte 203
- bei der *datio ob rem* 141, *199ff.*, *208ff.*
- bei der *donatio mortis causa* *199ff.*
- bei der *dotis datio ante nuptias* *200ff.*
- bei der *fiducia* 122, 141, 203, *203ff.*
- beim *negotium mixtum cum donatione* *122f.*, *203ff.*
- *pro donato* 32, 35[92], 123, 200, 203, 206, 274[1066]
- *pro dote* 200ff.
- *pro suo* 136, 141, *200ff.*, *205ff.*, *208ff.*
- titellose 205
Unwiderruflichkeit der Schenkung 33ff., 36f., 274
usureceptio ex fiducia 142, 143[533]

venditio hereditatis 226f.
Veräußerungsverbot
- Schenkung 265, *266ff.*, 300, 313, 329
  - dingliche Wirkung 267ff.
- Vermächtnis 327ff.
Verbot der Ehegattenschenkungen (s. Ehegattenschenkungsverbot)
Vermächtnis (s. *legatum*)
Verpflichtungsanweisung 130
Vertrag zugunsten Dritter 290[1128], 292f.
veteres 80[273], 211[820], 212
videri 93
vindicatio utilis 37, *264ff.*, 314, 318, 322, *323ff.*, *328f.*, 334f., 342

Wahlvermächtnis 310
Widerruf
- der *lex ut manumittatur* *148ff.*
- der Schenkung wegen nicht erfolgter Eheschließung 210ff., 284ff.
- der Schenkung wegen Undanks 22, 37, 275, 301, *316ff.*, 319ff., 334f.
- *ex paenitentia* (Reurecht) *136ff.*, 151, 207[803], 236

Zession 290ff., 302
Zugehörigkeit zum Vermögen des Gebers 87, 112, *141ff.*, 195
Zweckbestimmung zugunsten des Empfängers *61ff.*, 88, 112
Zweckleistung (Zweckzuwendung, s. *datio ob rem*)
Zweckschenkung 16f., 46[157]
Zwischenvorteile 96, 102, *116ff.*, 123, 125[452], 126f., 131, 133, *140f.*, 143, 167f., 198[763], 205ff., 294, 310, 314, 325, 339

Quellenregister

1. Juristische Quellen

1.1 Nichtjustinianische Quellen

Basilica

47,1,1 39[118]
47,1,70 314[1207]

Basilicorum Scholia

Sch. 2 zu Bas. 47,1,1 39[118]
Sch. ʾΙσιδ. zu Bas. 47,1,70 314[1207]
Sch. Θεοδ. zu Bas. 47,1,72 290[1129]

Codex Theodosianus

3,5,2 37[102], 213f., 217
3,5,2pr.-2 211[818]
3,5,2,1 265[1037]
3,5,2,3 285[1113]
3,5,6 285[1113f.]
8,12,1 27[41]
8,12,3 27[45]
8,13,1pr.-1 317[1216]
8,13,1 37[101]
8,13,2 37[101]
8,13,3 37[101]
8,13,4 37[101]
8,13,6 37[101]

Consultatio veteris cuiusdam iurisconsulti

4,9 276[1074]

Epitome Codicis Gregoriani Wisigothica

2,2 211[819]

Fragmenta Vaticana

111 141[522], 200, 201[773]
248 37[101]
249 27[41]
249,5 27[44]
249,6 27[43], 27[44]
249,10 27[45], 30[65]
254 21[33], 36[96]
262 *214f.*, 217
266 30[60]
269 112
272 37[100]
275 301
279 275[1067]
282 28[46]
283 159[614], *294ff.*, 300[1169], 302[1182], 324[1240]
284 275[1067]
286 128[464], 129, 238[921], *289ff.*, 296, 300[1168], 302, 341[1304]
296 228[890]
310 30[61]
314 275[1067]

Gai Institutiones

1,35 115[407], 160[622]
2,1-9 177[694]
2,6 179[701]
2,21 295[1150]
2,25 136[499]
2,35 225[873]
2,59 115[411], 142[528]
2,60 142[528], 143[533], 242[947]
2,65 136[498]
2,219 143[532]

2,220 143
2,252 226[878]
2,261 234[904]
3,40 118[424]
3,41 118[424]
3,85 225[873]
3,90 77[261]
3,144 51[178]
3,156 62[202]
3,158 132
3,201 115[411], 142[528]
4,4 79[266], 80[273]
4,114 128[461]
4,182 168[656]

Novellae Theodosiani

14,1,3 106[376]

Pauli sententiae

1,7,5 48
2,13,2 117[417]
2,14,1 258[1005]
2,23,2 167[648]
2,23,3 104[362]
2,23,5 104[362]
2,23,7 *103ff.*
3,6,69 143[531]
3,7,2 207[803]
4,1,1 81[277]
5,11,1 36[96]
5,11,6 *47ff.*, 56[193]

Ulpiani liber singularis regularum

1,1 29[59]
1,16 160[622]
6,5 98[340]
7,1 *180f.*
19,4 136[498]
19,9 136[499]
22,8 160[622]
24,19 47[160]

1.2 Corpus Iuris Civilis

Codex Iustinianus

c. Haec pr. 301[1179]
c. Summa 1 301[1179]
2,3,10 *256ff.*, 260
2,3,26 229[893]
2,4,6,1 252[979]
2,4,16 55[188]
2,4,25 53f.
2,4,39 55[188]
3,36,5 155[590]
3,36,23 229[893]
3,38,7 278[1086]
3,44,2 176[689], 179[701]
4,6 42[131], 286, 319, 322
4,6,2 *251ff.*, *259ff.*, 271, 313, 319
4,6,3 240[932], 265, *266ff.*, 271, 313, 319
4,6,6 36[98], 54[187], *272f.*, 275, 283, 285, 287, 288[1121], 300, 313, 330, 332
4,6,7 53ff., 275[1067], 287[1121], 313
4,6,8 282, *283ff.*, *286ff.*, 313, 319, 321[1234], 333f.
4,6,9 273[1062]
4,6,10 *286f.*, 333
4,6,11 333
4,10,8 275[1067]
4,27,1pr. 292[1140]
4,32,22 286[1115]
4,38 319, 322
4,38,3 36[99], 260, 265, *273ff.*, 276, 288[1121], 300[1171], 307, 313f., 333
4,39,2 226[879], 227[885]
4,56,1 155[592]
4,56,2 162[631]
4,57,1 147, *150ff.*, 156, 159f.
4,57,2-3pr. 146[545]
4,57,5 243[951]
4,57,6 148[562], 243[951]
4,58,3,1 282[1098]
4,64 307, 319, 321f.
4,64,3 258[1006], 273[1064], 282[1097], 321[1232]
4,64,4 278[1083], 282[1097]
4,64,4,1 278[1086], 280[1089]
4,64,5 280[1089], 282
4,64,6 276[1077], 277
4,64,7 278[1086]
4,64,8 260, 265, *276f.*, 300[1172], 307[1189], 313f., 321[1233]
5,3 284[1106], 285

5,3,1 73, 88[303], *106f.*, 110
5,3,2 213[825], 262[1023], 284
5,3,4 216[844]
5,3,7 213[826 u. 828], 217[845], 284
5,3,9 274[1067]
5,3,10 51[176]
5,3,12 213[827], 284[1105f.]
5,3,15 37[102]
5,3,15,1 265[1037], 328[1266]
5,3,16pr. 286[1114]
5,4,10 189[736]
5,9,5,1 106[376]
5,11,1 110[395]
5,12,6 258[1009], 296[1157]
5,12,19pr. 292[1140]
5,12,24 258[1009], 282[1098]
5,12,30 328
5,12,30pr. 75[247]
5,12,30,1 75[247], 328[1268]
5,12,31,6 75[247]
5,13,1 290[1128]
5,14,1 *255ff.*, 260
5,14,7 293[1140]
5,15,2 108, *109f.*
5,16,21 *182f.*
5,16,23 274[1067], 284[1106]
5,16,25,2 108[387]
5,37,21 27[41]
6,3,2 118[426]
6,4,1pr. 120[430]
6,23,31pr. 75[247]
6,23,31,5 75[247]
6,37,26 325f.
6,37,26,1 325[1250]
6,42,9 233[901], 237[919]
6,43 327f.
6,43,1 327[1262], 328[1269f.]
6,43,1pr. 75[247]
6,43,1pr.-5 327[1257]
6,43,1,4 329[1271]
6,43,3,2a 327[1265]
6,43,3,2-4 327[1263], 328[1269]
6,43,3,3b 328f.
6,45 21[32], 308, 310
6,45,1 310f.
6,45,2pr. 310
6,49,7pr. 75[247]
6,49,8 327[1261]
7,2,13 154[586]
7,12,2 155[591]
7,27,1 254
7,27,3 274[1067]
8,37(38),10 320[1226]
8,37(38),14 320[1227]
8,38(39),3pr. 281[1094], 292[1140]
8,38(39),3,1 293[1140]
8,53(54) 307, 319, 322
8,53(54),9 246[965], *277f.*, 307[1190], 313, 321[1231]
8,53(54),17pr. 274[1067]
8,53(54),22 *280ff.*, 293[1145], 313, 321[1231]
8,53(54),22pr. 278[1084]
8,53(54),25 27[41]
8,53(54),34pr. 28[50]
8,53(54),34,1 28[50]
8,53(54),35,5 28[47]
8,53(54),36,3 28[50]
8,54(55) 21, 307f., 311ff., 314, 322, 333f.
8,54(55),1 *263ff.*, 312ff., 318, *322f.*, 328[1267], 329
8,54(55),2 294[1148], 295[1153], 312, *323ff.*
8,54(55),3 238[921], 277, 289[1122], 312, 329, 341[1304]
8,54(55),3pr. 101f., *127ff.*, 135, 252f.
8,54(55),4 287[1121], 288[1121], 307
8,54(55),5 307
8,55(56) 318[1218]
8,55(56),1 37[100] 318[1223]
8,55(56),1pr. 318[1223]
8,55(56),2 36[97]
8,55(56),3 36[97]
8,55(56),4 274[1067], 288[1121]
8,55(56),5 274[1067]
8,55(56),6 274[1067]
8,55(56),7 37[101], *317f.*, 323[1238]
8,55(56),7,2 318[1223]
8,55(56),8 37[101]
8,55(56),9 37[101]
8,55(56),10 *316ff.*, 319
8,55(56),10pr. 275[1070 u. 1072]
8,56(57),1 237[919]
12,1,13 189[736]

Digesta Iustiniani

1,5,22 147[554 u. 556]
1,8,1pr. 176[694]
1,8,6,4 179[701]
1,9,1 189[736]

1,9,8 189[736]
1,9,12pr. 189[736]
2,4,9 118[427]
2,4,10pr. 119[430], 146[546], 146[549]
2,4,10,1 155[592], 161[630]
2,14,7,2 135[494], 257[1004]
2,14,7,4 258[1005]
2,14,40,2 229[894]
2,15,1 40[121]
2,15,8,2 237[919]
4,2,9,1 48
4,3,34 223[860]
4,4,11,1 243[952]
5,1,53 160[618]
5,1,67 160[618]
5,3,25,11 51[176], 51[179]
6,1,17,1 326[1253]
6,1,77 34[83]
6,2,3,1 35[93]
6,2,7,3 35[93], 40[121]
6,2,12pr. 106[374]
7,9,12 80[273]
8,5,1 176[694]
10,1,4,1 44[146]
10,2,18,2 230[895]
10,2,20,3 *228ff.*
10,2,28 143[530]
10,3,6,6 179[701]
11,6,1pr. 44[146]
11,7,2,1-2 179[701]
11,7,2,4 176[689]
11,7,2,6 179[703]
11,7,4 179[702]
11,7,6,1 176[689]
11,7,42 179[703]
12,1,1,1 71[231]
12,1,2,2 77[261]
12,1,9,4 248[971]
12,1,9,5-6 248[971]
12,1,11,1 145
12,1,11,2 94[324]
12,1,12 95[324]
12,1,13pr.-2 95[324]
12,1,14 94
12,1,18pr. 70[228], 79[267 u. 269]
12,1,18,1 95[324]
12,1,19pr. 72[239], 137[504], 192[740], 199, 207[804]
12,1,19,1 95[324]
12,1,20 39, *73ff.*, 83f., 87ff., 91, 92[318], 101, 105, 107[379], 297, 315
12,1,40 281[1091]
12,4 42[131]
12,4,2 79[271]
12,4,3,2 137f., 140
12,4,3,3 72[239], 137f., 140
12,4,3,7 53, 55
12,4,5pr. 137, 139
12,4,5,1 *133f.*, 138
12,4,5,2 137, 139
12,4,6 197[755], 259[1011]
12,4,7pr. 255[994]
12,4,7,1 140[520], 198[763]
12,4,8 79[272], 137[505], 207[805], 208[806]
12,4,9pr. 103[357], 197[755]
12,4,12 140[520], 198[763]
12,4,16 69[225]
12,5,1pr. 42[130]
12,6,15pr. 71[232]
12,6,15,1 86[298]
12,6,29 94[324]
12,6,33 200[769]
12,6,44 80[276]
12,6,52 42, 47[159], 50, 52, 137[505], 198
12,6,53 79[271]
12,6,65pr. 42[130]
12,6,65,2 42, *46f.*, 50[171], 52
12,6,65,3 79[271]
12,6,65,4 137[505]
12,7,1,1 41[126]
12,7,5pr.-1 79[272]
13,6,3,1 86[298]
13,6,4 86[299]
14,6,9,1 *91ff.*, 113
16,3,27 92[318]
17,1,2pr. 62[202]
17,1,2,6 62[202]
17,1,6pr. 43[137]
17,1,6,5 62[202]
17,1,10,13 44
17,1,12pr. 44
17,1,27,1 *131ff.*
17,1,30 133[485]
17,1,47pr. 45[150]
17,2,9 57[194]
18,1,38 145[541]
18,1,41pr. 173[677]

18,2,4pr. 208[807]
18,7,1 155[593]
18,7,3 148[562], 149[566]
18,7,6pr. 243[951], 268[1050]
18,7,8 134[488], 158
18,7,10 243[952]
19,1,23 120[436]
19,1,25 222[859]
19,2,19,6 47[159]
19,4,1,3 276[1076]
19,5,7 137[505]
19,5,8 258[1006]
19,5,15 116[416], 257[1003]
19,5,16pr. *222ff.*
19,5,16,1 225[872]
19,5,17,3 51
19,5,25 51[178]
21,1,62 35[94]
22,1,32pr. 66[216]
22,1,38,1 140[520], 196f., 208[809]
22,1,38,1-3 71[232]
22,1,38,3 140[520], 196f., 208[809]
22,6,4 202[777]
22,6,9pr. 202[777]
23,1,10 207[805]
23,2,1 190[737]
23,2,33 55[189]
23,2,45pr. 147[549]
23,3,3 196[754]
23,3,5pr. 91[314], 97[336]
23,3,5,2 *98f.*
23,3,5,8 98[339]
23,3,5,9 93[319], *95ff.*, 99f., 107[377], 111[398f.], 113, 167, 314f.
23,3,6,1 98[339]
23,3,7,1 198[763]
23,3,7,3 197[755], 207[805]
23,3,8 200[771]
23,3,9pr. *100ff.*, 104, 113[405], 197[755], 331[1276]
23,3,9,1 170[665]
23,3,20 109[389]
23,3,34 112
23,3,51 99[346]
23,3,59,2 79[272]
23,3,63 256[1000]
23,3,67 201[773]
23,3,72pr. 227[883]
23,3,74 79[272]
23,3,76 109[389]
23,3,80 207[805]
23,3,81 95[324], 98[339]
23,3,83 207[805]
23,4,7 258[1008]
23,4,20,1 258[1008]
23,4,29,1 256[1000]
24,1,1 29[54]
24,1,3,1 31[67]
24,1,3,2-8 30[66]
24,1,3,4 124[450]
24,1,3,10 31[69], 100[377], 183[722]
24,1,3,11 100[377]
24,1,3,12 98[343]
24,1,4 194[747]
24,1,5,1 31[69], 178[695]
24,1,5,5 145[541]
24,1,5,8 *176ff.*
24,1,5,9 170[663], *176ff.*
24,1,5,10 179[704]
24,1,5,11 176[688], *178f.*
24,1,5,12 179[705]
24,1,5,13 175[685f.], 178[695]
24,1,5,14 175[686]
24,1,5,15 38[109]
24,1,5,16 166[641]
24,1,5,17 180[709], 183[723]
24,1,5,18 31[69], 64[208], 95[324], 184[726]
24,1,6 64[208], 184[727]
24,1,7,2 50[173], 51[174]
24,1,7,8 96[327], 147[554], 155, *169ff.*
24,1,7,9 96[327], *165f.*
24,1,8 170
24,1,9pr. 166[644], 177[691]
24,1,9,1 *174f.*
24,1,11,10 170[664]
24,1,13,2 *62ff.*, 68, 70, *185ff.*, 252[975], 330f.
24,1,14 *184f.*, 187, 190
24,1,17pr. 126[455]
24,1,21pr. *186f.*, 190
24,1,21,1 103[360]
24,1,22 173[677]
24,1,25 31[68], 200[768]
24,1,28pr. 188[735]
24,1,31,7 175[686]
24,1,31,8 38[111]
24,1,32 31[71], 104[361]
24,1,32,1 109[388]

24,1,32,2ff. 104[363]
24,1,32,9 50[173]
24,1,32,14 50[173], 51[174f.]
24,1,32,22 216[844]
24,1,36pr. 31[69]
24,1,40 *180f.*, 183
24,1,41 *180f.*
24,1,42 *180f.*
24,1,48 31[69]
24,1,49 96[327], 107[377], *124ff.*, 130, 133, 135, 167f., 171
24,1,50pr. 178[695]
24,1,50,1 188
24,1,52,1 96[326]
24,1,56 194[747]
24,1,59 *103ff.*
24,1,64 55
24,1,67 50[173]
24,2,2pr. 178[695]
24,2,3 55[189]
24,2,5 98[340]
24,3,24,4 120, 171f.
24,3,45 293[1140]
24,3,62 172[673]
24,3,63 172[674]
24,3,64pr. 172[672]
24,3,64,2 172[672]
26,4,3,2 146[549]
26,8,9,2 95[324]
27,1,24 118[427]
27,2,1,3 67[219]
28,5,75 239[928]
28,5,93,1 47[160]
28,7,8 41[126]
29,5,3,15 155[591]
30,77 234f.
30,84pr.-1. 310[1201]
30,84,13 327[1259]
30,109pr. 170[662]
30,114,3 234[904]
31,77,1 233[902], 237[919]
32,1,6 233[901]
32,3pr. 237[919]
32,3,1 117[419]
32,3,3 207, 237[919]
32,37,3 *232ff.*, 247
32,72 142[527]
32,73,2 142[527]
33,4,2,1 81[277]
33,4,11 237[919]
33,7,12,43 327[1259]
34,1,6 263[1024], 313[1206]
34,4,18 37[107]
34,4,30pr. 327[1259]
34,4,30,4 327[1259]
35,1 21[32], 308
35,1,12 42[132]
35,1,17,2 47[160]
35,1,17,4 *308*, 309[1196], 311
35,1,71pr. 62[201], 331[1275]
35,1,71,1 311[1205]
35,1,72,6 47[160]
35,2,29 326[1256]
35,2,81,1 80[277]
36,1,38pr. 222[859]
37,5 309[1194]
37,5,1 309[1195]
37,5,3,2ff. 309[1198]
37,5,3,5 309[1199]
37,5,3,6 *309ff.*
37,14,6,1 118[423]
37,14,7pr. 161[630]
37,14,8,1 146[546]
37,15,3 119[430]
38,1,2,1 49[169]
38,1,7,2 174[681]
38,1,7,4 118[427]
38,1,13pr. 146[547]
38,2,3,3 147[549]
38,16,3,3 146[546], 147[549], 150[571]
39,5,1pr. *32ff.*, 37, 39f., 56, 65, *192f.*, 199, 204
39,5,1,1 *210f.*, 217f.
39,5,2,2 98[344]
39,5,2,5 170[665]
39,5,2,7 63, *65ff.*, 70, 78f., 82, 89, 91f., 194, 330f.
39,5,3 45[154], *67*, 70, 330f.
39,5,6 222f.
39,5,7,3 38[109]
39,5,8 49[169]
39,5,9pr. 44[144]
39,5,9,1 225[872]
39,5,18pr.-1 *114ff.*, 203
39,5,18pr.-2 130, 134f., 141, 145[541], 153, 163
39,5,18,2 *121ff.*, *203ff.*
39,5,19,1 43[137], 45

39,5,19,2 28[46]
39,5,19,5 46
39,5,19,6 *40f.*, 61
39,5,27 *43f.*, 49, 145, 221[855]
39,5,28 *225ff.*, 230, 252, 281
39,5,29pr. 38[108]
39,5,31,1 21[33], 36[96]
39,5,33,1 75, 90, *296ff.*
39,5,34,1 47[162]
39,6,1pr. 193[745], 236[915]
39,6,2 192[743]
39,6,13pr. 141[522], *199f.*, 204
39,6,14 195[750]
39,6,16 207[803]
39,6,19 269[1053]
39,6,26 51[174]
39,6,27 193, 238[923]
39,6,29 195[750]
39,6,30 207[803]
39,6,32 215
39,6,33 *199f.*
39,6,35,2 193[744], 236[915]
39,6,35,3 195f., 197, 218[847], 219[850], 238[921]
39,6,35,4 193[744]
39,6,39 269[1053]
39,6,42,1 81[279], 194f., 238[923]
40,1,4,9 154[588]
40,1,9 154[588]
40,1,13 116[412]
40,1,20pr. 147[556], 157[601]
40,1,20,2 158[609], 243[951]
40,1,20,3 *152ff.*
40,2,16,1 147[554 u. 556], 156[601], 160
40,2,20,1 147[554 u. 556], 157[601], 160, 163
40,4,9,1 154[589]
40,5,24,21 153[583], 160[618]
40,5,40,1 154[590], 155[596]
40,7,3,9 95[324]
40,7,9,1 154[586]
40,7,9,3 153[584]
40,7,11 *82ff.*, 88f.
40,7,17 83[288]
40,7,39,2 84[289]
40,8,1 148
40,8,3 146[545f.], 148[562], 149[566], 150[570], 170[666]
40,8,7 155[592]
40,8,8 125[451], 147[554], *148f.*, 160, 170[666]
40,9,9,2 154[588]
40,9,30pr. 146[548]
40,9,32,2 118[423]
40,12,37 162[634]
40,12,44pr. 174[681]
40,12,44,1 174[680]
41,1,9,3 68[223]
41,1,36 79[269]
41,1,37,1 21[33]
41,1,52 90[310], 142[527]
41,2,17,1 296[1156]
41,3,19 324[1246]
41,3,27 208[808]
41,3,31pr. 202[777]
41,3,32,1 202[777]
41,4,2,15 202[777]
41,6,1pr. 32[76], 123[442]
41,6,6 274[1066]
41,9,1,2 141[522], *200f.*
41,9,1,3 201[773], 202[777]
41,9,1,4 201[773], 202[777]
41,9,2 200[772]
41,10,3 209[813]
41,10,4,1 229[891]
42,5,17,1 79[272]
43,26,1 *34*, 37f., 39[116]
43,26,1,2 65
43,26,2,2 38[113]
43,26,14 34[81]
44,7,24,2 95[324]
45,1,38,23 281[1094]
45,1,115,2 244[959]
45,1,122,2 160[623], 163[637], 238, *242ff.*, 247
45,1,122,3 245[963]
45,1,135,3 *238ff.*, 247
46,1,56,2 95[324]
46,2,12 47[161]
46,3,14,8 95[324]
46,3,17 95[324]
46,3,19 95[324]
46,3,55 35[92], 86[296]
46,3,67 *84ff.*, 88f.
46,3,72,4 85[293]
46,3,94,2 95[324]
46,4,13,7 44[148]
46,4,16,1 44[148]
47,2,14,11 34[81], 36[94]
47,2,55(54),1 51[179]
49,17,6 171[668]

50,1,21,4 113[405]
50,10,2pr. 37[107]
50,13,1 44[145]
50,16,39,1 227[883]
50,16,94 86[298]
50,16,100 189[736]
50,16,194 38[110], 43[138]
50,16,213,1 80[276]
50,16,214 38[110], 43[138]
50,16,240 256[999], 258[1008]
50,17,15 90[310], 142[527]
50,17,53 47[161], 63[203]
50,17,77 166[646]
50,17,82 38[108]

Institutiones Iustiniani
2,1,40 295[1150]
2,7pr. 321[1230]
2,7,2 28[46f.], 316[1214], 321
2,7,3 212f., 216f., 220
2,20,31 47[160]
3,19,12 320[1227]

1.3 Negotia

FIRA
III Nr. 94 241[935]

1.4 Geltendes Recht

ABGB
§ 710 17[4]
§ 938 16[3]
§ 942 52[180]
§ 525 Abs. 1 17[12]
§ 527 Abs. 1 17[12]
§ 534 38[112]
§ 812 Abs. 1 S. 2 17[12], 56[190]

BGB
§ 267 93[319]
§ 516 Abs. 1 16[3]

ZGB
Art. 239 Abs. 1 OR 16[3]

2. Nichtjuristische Quellen

M. Tullius Cicero
De re publica
2,7(12) 181[713]

Titus Livius
Ab urbe condita
30,39,8 181[713]
32,7,13 181[713]

G. Plinius Caecilius Secundus
Epistulae
1,19,2 181[712]

L. Annaeus Seneca
De beneficiis
3,14,2 65[213]
5,18 65[212]
7,23,3 65[213]
7,29,1 65[213]

P. Cornelius Tacitus
Annales
11,5 29[55]
13,42 29[55]
15,20 29[55]

M. Terentius Varro
De lingua latina
5,179 38[110]